目　录

绪　言

“上帝之物”与“恺撒之物”

政教关系问题，通常被称为“西方历史上最重要的主题”，在美国尤以为甚。从建立殖民地时期一直到今天这三四个世纪里，政教关系问题在美国社会生活中一直占据着突出的中心地位。有学者甚至认为，整个美国史就是一部政教关系问题的探索与试验史。事实表明，不论在何种时期，不论在何种处境，政教之间的关系都是一种极其复杂的关系，并往往为一些似是而非的表述和不假思索的言辞所遮蔽。譬如，在论及政教之间的关系时，许多人立即都会联想到一句源自基督教圣经的俗语：把恺撒的物给恺撒，把上帝的物给上帝。仿佛两者之间的关系是一清二楚、泾渭分明的。事实上，这样一种表述和类推，亦即“把A的物给A，把B的物给B”，在今日已经被广泛引用于其他领域，并成为世人皆知的日常用语和思考方式。但是，问题果真如此简单吗？

基督教圣经有关伪善者用纳税问题为难耶稣的描述，见于新约对观福音书。《马太福音》(22：15—22)、《马可福音》(12：13—17)以及《路加福音》(20：20—26)等三部福音书，都提到了“纳税给恺撒的问题”：几个不怀好意的伪善者，存心要抓住把柄陷害耶稣。他们来到耶稣面前，首先用话将住耶稣：“我们知道你是诚实人”，所以不论对谁，你都应当实话实说。接着，他们就抛出了含有陷阱的问题：“纳税给恺撒可以不可以？”这样一个问题在当时处境里，暗含着进退维谷的陷阱：如果作出肯定性回答，就会使遭受欺压的犹太人将其看作叛徒或卖国者；如果作出否定性回答，则会使罗马统治者将其看作煽动不满与颠覆者，并受到相应的惩处。耶稣当然洞察了那些伪善者的恶意与诡诈，于是就着银钱上标刻的恺撒符号，作出了如下机智回答：“恺撒的物当归给恺撒，神的物当归给神。”

但什么是“神的物”，什么是“恺撒的物”呢？换言之，是否存在着一条清晰界线，能够将“神的物”与“恺撒的物”分离或区别开来呢？这里，耶稣并没有对此作出回答。但根据耶稣宣讲的福音与教导我们不难发现，耶稣所宣扬的是万物都来自上帝、属于上帝和归于上帝，上帝是这世界及万物的创造者、统治者和救赎者。这就是说，按照耶稣的教导，并没有什么真正属于“恺撒的物”，万事万物都处在上帝的神圣佑护与掌控下，一切归根结蒂都是“上帝之物”。然而，对于那些不信奉和不追随耶稣基督的不信仰者来说，他们甚至连上帝存在可能都不相信，更遑论将万事万物归于上帝了。专制统治者及其扈从，无疑会认定世间万物皆处在王权和君权之下。他们信奉的教条通常是：普天之下，莫非王土；普天之下，莫非君臣。

从这个角度讲，耶稣在对观福音书里的这个表述，实际上并没有正面回答这个问题，而是使那些心怀不轨的伪善者陷入了似是而非和茫然失措的尴尬境地。于是，那几个心怀不轨的人，正如福音书所记载的，对这样的回答就只能感到稀奇和诧异，只能是无言以对、悻然离去了，但这个问题却保留了下来。耶稣以机敏睿智斥退了那些预设圈套的伪善者，但却留下了有关“上帝之物”与“恺撒之物”的关系问题。在某种意义上，这个问题就是西方历史苦苦探求并使西方历史深陷其中的所谓“政教关系”问题。而本书研究的主题，则是西方历史在一个特定时期与特定处境里发生的具有革命意义的试验与探索：美国的政教关系问题。

“政”“教”及“关系”这些术语可能的歧义性

语言具有惊人的诡诈性，其内涵与外延的变异与游移就是施展这种诡诈性的主要手段。将英文表述“the relationship of church and state”对应翻译为中文的“政教关系”，尽管是一种误打误撞，但应该说是最恰当不过的了，因为不论是英文表述还是中文表述，其具体含义和指涉均存在着诸多理解的可能性，都需要根据具体上下文才能判定其具体含义。这就是说，人们在使用“政教关系”这样一种表述形式时，亦应对这些概念与术语在不同语境里所具有的不同语意保持足够的警醒。

不论在中文还是在英文里，根据指涉程度的不同，按照从狭义到广义的排列顺序，“政”这一术语，可以指政府，可以指纯政治性的“狭义政治”，也可以指无所不包的“广义政治”或“大政治”。“教”这一术语，可以指单纯的基督教教会，可以指基督教或基督教某个宗派或教派，也可以指一切宗教或信仰。政教之间的“关系”，同样也是多种多样的。如果是“分离”，这一术语可以指具有“分立与分治”意味的“中性分离”，可以指彼此相互排斥性的“消极分离”，也可以指主动实施限制与打压性质的“否定性分离”。如果是“结合”，这一术语可以指彼此互补性的“结合”，可以指相互合作性的“结合”，也可以指彼此完全融合性的“结合”。

类似的，与“政教关系”这一表述密切相关的一些其他表述，同样也可能具有多重歧义性，譬如“世界”这个术语，仅仅在圣经新约里就具有三重基本含义。它可以指自然的物质世界，可以指人类社会或国家，也可以指背离上帝及上帝之道的堕落人性。所以说，人们在谈到“政教关系”这一渐趋日常化的概念组合时，应当对这一概念可能涉及的不同宽泛或狭窄程度，以及可能存在的含混与歧义性，保持一种适当的警醒与自觉意识。这样，才能明确自己的论述，理解他人的言说。这样，才能实现不失真与不变形的沟通与交流。

美国政教关系发展的大体分期问题

美国基督教的历史发展与美国历史大致保持着同一节奏，但并未采取同一步调。美国基督教发展史的分期，在殖民地时期与独立革命时期之后，19世纪上半叶可以被看作一个相对独立的时期。这一时期大致从共和国创立起，到“美国内战”时止，其主要标志性事件是美国的“第二次大觉醒运动”，主要成就是自然神论的式微和正统基督教信仰的回归，以及基督教信仰的扩张和对美国的福音化。

从19世纪下半叶开始，来自教会外部的达尔文自然进化论以及赫伯特·斯宾塞社会进化论，来自教会内部的自由主义神学和圣经高批判原则，对传统基督教信仰构成了空前的挑战。美国基督教发展明显进入了另一个阶段。学术界流行的做法是，将这个阶段截止于第一次世界大战或者第二次世界大战。这种分期方法当然是一种方便之举。况且，两次世界大战亦属人类历史进程中的重大事件，对人类生活的各个方面都产生了重要影响。但需要指出的是，这两次世界大战都未涉及美国本土，对美国国内社会生活的干扰与影响相对有限。更重要的是，它们对于美国基督教的发展只是一些重要的外部事件，并未促成具有起承转合意义的内在逻辑发展。以20世纪40年代的第二次世界大战这一时间点为例，美国基督教在神学走向、教会发展以及与其他领域的关联等方面，与此前的30年代或与此后的50年代相比，虽然受到一定程度的冲击，但并未出现什么明显的转折与变化，美国基督教各领域在与外部世界的持续互动中，仍然保持着原有的逻辑和趋势，仍然遵循着既有的议程和规划。譬如，美国福音派的发展在"二战"期间及"二战"前后就保持着一贯的议程安排。再譬如，美国联邦最高法院就宪法"宗教条款"的司法实践，是以横跨"二战"的1940年"坎特韦尔案"和1947年"埃弗森案"为现代开端的，而第二次世界大战本身在其中并未产生什么决定性影响。可以说，19世纪后半叶逐渐发展起来的科学实证主义、自然主义、理性主义以及世俗主义，以一种既定的步调与节奏，跨越了"世界大战"这两个历史节点，影响了美国基督教的发展模态。这一影响一直持续到20世纪60年代和70年代，在达到极端化程度后，方才呈现出物极必反的转折性变化。所以说，仅就美国基督教历史而言，与两次世界大战相比，20世纪60年代和70年代在美国基督教史上更明显地构成了一个拐点。从70年代末开始，包括宗教在内的整个美国社会文化开始向保守和正统回归，并一直持续至今。此外，还有一个原因，那些主张以第二次世界大战为美国基督教发展分期节点的主张，主要出自20世纪后半叶的学术研究。在那时，基督教由自由派向保守正统派的转化持续时间尚短，发展态势尚不清晰，作为一个阶段分期尚不够平衡，而现在，它则有足够理由作为一个独立发展时期了。

美国宗教发展史上这个具有争议性的阶段确定后，整个美国宗教历史的阶段划分就变得很清晰了。如果以19世纪初至"美国内战"为一个阶段，那么在这个阶段之前的美国宗教史，大致可以区分为两大发展阶段，这就是殖民地时期与美国独立与建国时期。前者大致包括从17世纪初到1776年约一个半世纪；后者包括从1776年美国宣布独立到1789年建国，更宽泛的划分则可以一直持续到

18世纪末。新共和国时期从建国开始一直到“美国内战”，构成了一个相对独立的阶段与时期。而在“美国内战”以后到20世纪60年代和70年代，则属于美国宗教发展的现代时期。从70年代末80年代初一直到今日，则可以称为美国宗教史的当代时期。这样一种划分模式就把整个美国宗教史区分成了五个主要发展阶段，分别是殖民地时期、建国时期、新共和国时期、现代时期和当代时期。当然，在这五个阶段之上或之下，还可以作出更概括或更细致的阶段划分，那就服务于不同的研究目的了。

本书虽然在形式结构上并没有完全按照这种历史分期来进行叙述，因为本书并不是一部历史论著，而且也不专注于事件的具体历史发展进程，但在历史观念上，仍然采用了这种历史划分概念和架构。事实上，这样一种大体历史分期，也构成了本书讨论美国政教关系问题的历史背景与基础，因为本书认为，美国政教关系在其实际发展过程中，形成了并存在着这样一种阶段性特征。

本研究部分引用资料的来源与体例说明

美洲大学（American University at Washington, D. C.）的宪法学教授丹尼尔·德赖斯巴赫（Daniel L. Dreisbach）与乔治·福克斯大学（George Fox University at Newberg, Oregon）的政治学教授马克·霍尔（Mark David Hall），于2009年通过自由基金会（Liberty Fund, Indianapolis）编辑出版了一部题名为《良心的神圣权利：美国创立时期宗教自由与政教关系问题文献选读》的资料汇编。这部内容详尽的断代专题文献汇编，猬集了美国从殖民地时期到19世纪初期有关宗教自由与政教关系的几乎所有重要文献与资料，内容包括政治声明、政府文件、法律、法规、章程、演说、布道、报刊、著述等各种相关资料。整部汇编按照主题与年代进行了编辑，提供了简明背景资料与说明，集中展现了美国宗教自由观念与实践的演进历程。

该资料汇编收录的所有文献，都标明了详尽的来源与出处，有利于研究者进一步追踪和探查那些文献的原初状况。在所收录文献中，有些文献是新近发现或解密的，有些是经过最新校订编排的，有些是经过重新整理和翻译的。对于在历史上经过修改的书信与文件，该书通过运用标记符号等办法，同时展示了那些文献在修改前后的真实风貌，有利于研究者洞悉那些文献作者在那些关键问题上的原意与变化。譬如，对美国政教关系问题产生过重要影响的《托马斯·杰斐逊致丹伯里浸信会联合会的书信》，及托马斯·杰斐逊与两位内阁同僚的往来通信，这部资料汇编就收录了迄今最准确和全面的权威文本，同时还展现了那些书信在修改前后的原貌。可以说，这部文献资料汇编是现有最全面、最详尽和最权威的有关美国政教关系问题的断代史资料汇编。

鉴于该书具有上述这些优势，对于本项研究所涉及的这一时期某些重要公共文献，譬如《独立宣言》《美国宪法》或《权利宣言》等，考虑到这些重要公共文献或政府文件已经以多种形式和多种方式存在于多种文献或信息载体中，而且也可以很容易、很方便地为人们通过各种渠道和手段所查阅，特别是通过互联网和在线数据库进行查阅，为保证引用文本的统一性和权威性，本研究在比对原始文献的基础上，主要以这部文献汇编为引用来源，同时为方便进一步研究，在进行转引的同时，将标注出转引文献的原始出处，以供参考和查阅。

本书所有引用文献的中文翻译，除极个别标明出处的以外，均为本书作者的独立译文。

本书的中文圣经经文，均引自中文圣经新标点和合本。

至于其他文献引文，本书则按照通用学术规范，加以标注。

引用联邦最高法院判例的指称与标识说明

除作出特殊标注外，本书引用的联邦最高法院判例，均出自《美国联邦最高法院判例汇编》或者《美国联邦最高法院判例报告》(*United States Reports*)，并主要依据的是 Findlaw、Supremecourt、Oyez 与 SCOTUSblog 等网站在线数据库的电子版。

本书在论述与行文中，涉及了不少案件或判例。为了醒目和便于阅读，对这些判例名称的标识，应当简单明了、便于辨识。英文学术著作一般都是用判例名称“首字母大写斜体字加空格”的方式加以标明的。考虑到中文标点符号的使用习惯和排版习惯，以及中文没有大小写字母的区别，如果不以特殊形式标识判例名称，则无法达到易于识别的效果；如果沿用英文做法，采用斜体字加空格，不但缺乏醒目效果，而且还易于令读者产生阅读中断与误解；如果采用加置中文书名号的形式，这些案例又不完全属于著述，显得有些不伦不类。

鉴于此，本书对所有涉及的案例名称均采用加置引号的方式，以达到视觉标识目的，同时在案例名称后面加置中文“案”字，以达到听觉标识目的。譬如，以中文“埃弗森诉教育委员会案”，对应英文“*Everson v. Board of Education*”；以“雷诺兹诉美国案”，对应英文“*Reynolds v. United States*”。另外，采用这种中文表述形式还有一个优势，就是易于表述其简称形式，譬如，上文两个案例就分别可以简称为“埃弗森案”和“雷诺兹案”。

本书引用或引证的美国联邦最高法院判例，均引自公开发表的英文原文。为了行文简明，译文省略了原判例中附加的尾注和引文注解。美国学术界在引用联邦最高法院判例时，通行的标注方式是“卷次+U.S.+页码+（年代）”。譬如，“坎特韦尔诉康涅狄格案”就标注为“310 U.S. 296（1940）”，意指该案的判决意见在“1940年《美国联邦最高法院判例报告》第310卷第296页”。其中，标示出的年代，为该案件作出判决的年代；标示出的页码，为该案件在该卷案例汇编中的起始页码。一个判例，少则十来页，多则近百页，平均有二三十页；内容一般包括低级法院判决经过及结果、案情申述、判决要旨、多数派意见、协同意见和少数派意见。按照美国学术界通行惯例，引用某一判例中的法院意见、协同意见或不同意见的某些语句或段落，并不需要特别标注出引文所在的具体页码。这可能是考虑到那些判例在纸质和电子出版物中，均存在多种编排体例与方式等特殊情形。

本书论及的案件主要是有关宗教自由或宗教问题的案例。在引证和讨论这些案例时，本书并不特别关注案件当事者的具体案情辨析，也不特别关注那些案件在各级法院审理的具体细节与进展，甚至也不特别关注审判最终形成的判决结果。本书关注的是那些涉及宗教问题特别是宪法“宗教条款”的案件，在申诉、审理与判决当中，所涉及的原则、标准、推论与原理，以及这些案件牵涉到的宗教自由历史与宪法历史等理论问题。本书特别关注，在争执与诉讼过程中，当事人就宗教自由所提出的具体权利诉求。本书尤为重视，法院及其大法官们的历史叙述、司法解释、审理标准、司法原则、对宗教信仰的理解、对政教关系的阐释、对社会文化的传承等一般性理论问题。

本项研究以美国联邦最高法院有史以来，就宗教问题审理裁决的全部约 150 例案件为基础，进行了全面系统的考察、分析和研究，并对其中约半数比较典型或者曾引发争议的判例作出了更深入的个案考察；至于一些特别重要和关键的判例，则从社会背景、具体案情、法院意见、协同意见、不同意见、多数派意见、少数派意见、案情申述、法庭之友观点、司法影响、社会文化意义等多角度，进行了深入细致的分析与评判。同时，本研究还涉及一些联邦巡回和地区法院以及各州法院的相关判例。此外，还涉及一些虽然与宗教问题无直接关联，但对宗教案件判决具有重要意义的判例。对这些有关宗教问题具体判例的研读、分析、讨论和批判，构成了本书研究美国政教关系的一个重要基础和起点。

本项研究是与不是什么

本项研究，正如书名所示，是美国政教关系研究。

为了进一步明确本书论述的内容与主题，在表明本书是什么的同时，还可以指出本书不是什么，或者更准确地说，本书主要不是什么。尽管在相关论题与附带意义上，可能会有一定程度的涉及，尽管在背景与推论意义上，可能会有不少的牵涉，但本书所探讨的主要或核心内容，并不是以下这些论题。

本书当然不是一部美国专门史或断代史，既不是美国宗教史，也不是美国宪法史，更不是美国宗教政治参与史或社会关切史，尽管历史的背景与叙述是不可或缺的构成元素。

本书主要不是关于宗教与政治关系的论述。政治是一个具有多重指涉的术语，本书并非在一般意义上探讨这一话题，所涉及的主要是宪法政治与体制性政治。本书并不关注宗教政治学或政治宗教学，也不集中于宗教政治的哲学或伦理学向度。

本书主要不是关于宗教的社会关切。宗教作为社会实体，当然涉及诸多社会问题，譬如社会正义、社会福利、社会救济、社会团体等等，但宗教的社会关切是另外一个论题。

本书主要不是关于宗教与法律的关系。

本书主要不是对某种宗教政治哲学（political philosophy）的研究。后者主要关注的是确定一些原则与共同立场，以便使宗教与政治在一个自由民主社会里达致和谐或一致性。

本书主要不是关于宗教的社会学研究。

本书主要不是关于宗教的社会道德伦理问题。

本书不是要研究美国宗教或基督教与美国社会之间的关系。

本书不是要研究美国宗教或基督教的社会关切。

本书不是要研究美国宗教或基督教与美国政治。

本书不是要研究美国宗教或基督教与美国政府或其他公共政体。

本书不是要研究美国宗教或基督教的神学教义问题、道德伦理问题、外延事奉问题、教会学问题、社会文化更新问题、福音化问题、世俗化问题。

因为，本书研究的是狭义而特定的美国政教关系问题。

本项研究企图达到的目标

一、确立一套分支学科性质的术语与概念系统。

二、提供一套具有分支学科标准的结构与模式。

三、提出一套基本的专题研究原则与标准。

四、提出一系列基本的专项研究问题与难点。

五、提供一系列主要研究领域和研究成果。

六、提供一些主要的总结、反思、批评与挑战。

七、提供一整套基本的文献资源与参考书目。

八、提供一整套有关本课题重要文献的可靠中文译本与解读。

第一部分

在历史中的探索与发展

“一页历史胜似一卷逻辑”

——大法官小奥利弗·霍姆斯

（Oliver Wendell Holmes, Jr., *New York Trust Co. v. Eisner,* 256 U.S. 345, 349［1921］.）

第一章

由宗教迫害与宽容进化而来的宗教自由

美国的现实并不完全是“在自由女神注视下手持星条旗列队行进并间以才艺表演”的奇妙世界。美国的往昔，也不纯粹是“由白色教堂与红色校舍装点起来的信奉某种共同价值观”的理想世界。美国往往被称作“一个以教会为灵魂的国家”。宗教对于美国人民具有特别重要的意义。宗教是美国最初得以创立的一个主要动因，宗教也一直在美国社会文化生活中发挥着重要作用。美国社会及人民对宗教信仰的推重、迷恋和追求，在世界民族之林中，都构成了一道引人注目的景观。在四个世纪的历史河流里，美国人民试验和塑造出了一套独特的政教关系模式。这种模式通过对公共权力的限制与制衡（checks and balances），而确保了个人包括信仰权利在内的自然权利，并由此确立了美国式的宗教自由。

第一节　基督教对于政教关系的传统理解

宗教的存在提醒着人们，人类不论是个体层面上还是社会层面上，都存在着尘世关切与精神关切这两个向度。就这两种向度的关系而言，一种是从属论或政教合一论：认为精神权威应当从属于尘世权威的是以拉斯图主义（Erastianism），譬如早期的英国国教会；认为尘世权威应当从属于精神权威的为教权至上论或神权政治（theocracy），譬如16世纪中叶处在约翰·加尔文影响下的日内瓦。与从属论并列的还有平行论或政教分离论：温和平行论认为，尘世权威与精神权威应当在某个框架内或者在某种绝对权威下各司其职、相辅相成，譬如早期的马萨诸塞与康涅狄格殖民地；极端平行论认为，这两种权威应当完全分离、互不干涉，譬如现代世俗主义的严格分离论。

尘世与精神这两种权威在彼此协调一致时，表现为相互依赖和相互促进的关系。这两种权威彼此呈现出对立与对抗情形时，就表现为相互排斥和相互分离的关系。各自独立的“政”与“教”之间的关系，大致可以有如下几种情形：隔离（segregation）、中立（neutrality）、协调（coordination）与合作（cooperation）。隔离，指两者完全中断关系。中立，指两者各自为政。协调，指两者各自为政同时又相互关照。合作，指两者为某种共同目标相互促进。无疑，这只是一些粗略的理论性划分，政教之间的关系在实际生活中要更为复杂和多变。

不过，就“政”与“教”二者之间的独立性而言，在许多情形下，尤其是在近现代早期，二者界限并非那么清晰。在较早期的理解与思维中，人们往往认为“政”与“教”这二者彼此部分性地包含着对方的某些因素，因而也部分性地禀有了对方的义务与职能。这样一种特征，也为明确判断“政教”之间的关系增加了暧昧成分。譬如，臭名昭著的以拉斯图主义，就因为这种内在的含混性，而使自己多少蒙受了不白之冤。在现代“国家”与“政府”概念诞生以前，在17世纪初期的荷兰，以及在处于早期殖民地时期的北美新英格兰，人们大都持有一种与我们现今理解的世俗“国家”或“政府”概念大不相同的、更为古老的“政府”或“政体”概念。他们那时所谓的“行政权力”或“行政当局”（the magistrates），首先是公开宣信基督教的团体，其行政权威是神圣性赋予的并赋有一种神圣的使命。在那样一种更为古老的“基督教社会”里，“地方当局”或“行政官员”，不论在私人生活中还是在公共生活中，都是作为基督教信仰者而行使其职能与权力的。也就是说，那个时候的“行政当局”或“行政长官”，亦具有一种灵性的属性。相应地，它对其照看的对象，也就负有了“自然”与“灵性”这双重的义务与职责。

在基督教神学中，人或者基督徒应“居于此世但不属于此世”，同时隶属于两个不同的王国，同时具有双重的公民身份。每个人或基督徒不仅是隶属于两个不同王国的公民，而且在社会层面上亦都保持着双重属性，同时属于教会的成员和某个政治共同体的成员。灵性生活以尘世社会为前提，尘世生活以灵性生活为定向。譬如17世纪上半叶波士顿殖民地的约翰·科顿牧师，就以《新约》保罗书信中提到的，每人都有“内在的人”与“外在的人”这双重属性为依据，指出每人都会涉及一种双重关系，这种双重关系就表现为隶属于教会的关系和隶属于社会共同体的关系，并分别对应着每人的灵性关切与民事关切。约翰·科顿还认为，这两种并行的关系彼此之间应当保持相辅相成的关系，而不应彼此对立和对抗，并由此削弱和损害各自的地位与利益。[1]

基督教圣经并没有直接提及后世所谓的“政教关系”这样的表述话语，而是预先设定为，忠实于上帝也要求服从于由上帝任命并作为上帝仆人的尘世权威，譬如新约《罗马书》13：1—7所论述的。早期教会也没有明确论述这个主题，因为早期教会并不为罗马帝国所承认。而遭受迫害与排挤的早期教会，亦被世俗或异教权威看作自己合理合法性的竞争性权威组织，从而将其置于与己对立和需要加以克服的地位。这一时期，早期基督教与罗马异教政权处于敌对状态，二者之间的关系也就只能是排斥与否定性的关系了。

比较接近于现代意义上所谓“政教关系”的这种指称，从逻辑上讲，应当出现于4世纪，君士坦丁皈依基督教并将基督教“国教化”以后。在基督教成为罗马帝国国教后，基督教会既受到了罗马政权的支持，又受到了罗马政权的控制。这种新型的政教关系，激发圣奥古斯丁对神圣与世俗二者之间的关系进行了深入思考，并提出了共存于世上的“上帝之城”与“世人之城”的神学主张。尽管存在着某种隶属或交互影响的关系，但圣奥古斯丁与许多教父认为，神圣与世俗、教会与尘世、圣职与非圣职分属两个不同的领域，各有其职责和义务，并涉及两种不同的权威。

到5世纪，更是出现了著名的“两把剑理论”，来解释世俗权威与灵性权威之间的关系。对此，有学者总结指出：

> 在公元5世纪末，教宗格拉修斯一世提出了描述西方历史特征的有关教会与国家的基本预设。这个预设，简单地讲，有两点。“两把剑”或者“两种权威结构”，意味着一个社会处在两种管辖之下——一种是尘世的，另一种是灵性的。从神学观点看，基督的到来以及教会的建立，使得由一位人物来行使这两种权威成为不合法的事情。所以有两点。祭司与亲王，或者教会

1　Cf. John F. Wilson & Donald L. Drakeman eds, *The Church and State in American History: Key Documents, Decisions, and Commentary from the Past Three Centuries*. Third Edition, Westview Press, 2003, pp. 15-18.

与国家，每一种都需要另一种，两者都是同一个社会的不同方面。这种分离的双重权威结构，将西方基督教世界与东方基督教区分开来；它正当地确定了“教会与国家”的重要性。一般认定，一种普遍性基督教社会，应有一种双重政府或统治。教会体现着那个社会的灵性秩序，帝国则按照尘世条件组织着那同一个社会。而一个持久性难题就是，教会与民事权威之间的相互作用问题。[1]

而这两种权威结构，亦被分别指称为“政”与“教”，并分别是在其广义指涉上言说的。政教之间的相互作用或相互关系，不论是在“政”一方，还是在“教”一方，都成了一个持久性难题：或者紧张或者和缓，或者密切或者松弛，或者对抗或者协调；一切都因人因事而不同，一切都因时因地而有异。

就现实层面来讲，在西方历史上，教会权威与政治权威之间，并不存在一种单一的静态关系模式。以漫长的中世纪为例，上述两种权威首领之间的关系，在大部分时间里，都是教宗从属或依附于皇帝。但这种情形也不是没有例外，特别是在12世纪和13世纪，就出现了教权至上的主张与理论，认为教权应当高于王权。到中世纪末期，随着近现代意义上国家概念与实体的逐渐成形，教权与王权之间的这种既合作又竞争的关系，就进入了一个崭新的时代。

在“宗教改革”时期，路德派倾向于认为，神圣权威与世俗权威这两种不同权威，各自直接依赖于上帝的两个不同领域，并在上帝救赎计划中，各有其职责与使命。加尔文派倾向于将这两重权威合而为一，由教会圣徒来执掌尘世权威。而更为激进的再洗礼派则倾向于在神圣权威与世俗权威之间，采取更为严格的区分，并进而使两者呈现出排斥与对立的关系。

而在理解与信仰上，基督教历来都坚持一种基本的神圣与世俗“二分法”。基督教信仰与渴慕的，不是这个世界或国度，而是别一个不同的世界或国度；基督徒渴慕与追求的不是成为此世的属民，而是彼世的属民；基督徒在这世界上只是过客，他们奔向的目的地是天国。圣经《以赛亚书》60：12说道：“哪一邦哪

---

1 John F. Wilson & Donald L. Drakeman eds, *The Church and State in American History: Key Documents, Decisions, and Commentary from the Past Three Centuries*. Third Edition, Westview Press, 2003, pp.3-4.

一国不侍奉你，就必灭亡，也必全然荒废。"《约翰福音》18：36记载耶稣说："我的国不属这世界。"圣经里还曾多次提及这样一种比较或对比："伊甸的花园"与"西奈的旷野"、"麦子"与"稗子"、"洁净的"与"不洁净的"、"属灵的"与"属血气的"、"重生者"与"未重生者"、"更新者"与"未更新者"，等等。可以说，从圣奥古斯丁到圣托马斯·阿奎那，从马丁·路德到约翰·加尔文，从改革宗、福音派到再洗礼派、浸信会，从《多特信纲》到《威斯敏斯特信纲》，无不承认在上帝与世人之间、在神圣与世俗之间、在虔敬与非虔敬之间、在教会与世俗团体之间，存在着一条大致明确的分界线。这条界线可以将隶属于民事权威下的世俗行为与隶属于教会权威下的精神事务区分开来。它们两者尽管全都处于至高而全能的上帝之下，但又各自拥有专属于自己的职责与义务，拥有自己的对象与领域。正是在这种基本区分的基础上，才形成了基督教信徒的双重公民身份，并开启了其居于此世而不属于此世的"寄居之旅"。也同样是在这种基本区分的基础上，才派生出所谓的"政教关系"问题。

相应地，从耶稣及使徒时代起，一直到19世纪以前，人们从各自的立场出发，遵循物质与精神，或者神圣与世俗，或者尘世与教会的二分法，提出了各种有关划分与区别的概念。主要强调从概念上、从机构体制上以及从人员专业分工上，并主要为了保持纯洁或不受纷扰，而主张在教会和世界之间保持一种分别与界限。所有这些早期的划分观念，都与当代的政教分离概念有着实质性的不同，尽管在某种意义上可以从早期划分概念中，发现一些现代政教关系原则的基本元素。但应当清楚，现代政教关系特别是分离原则，完全是现代世界的一种创新，是平行或分离原则在观念与实践上的一种激进革命。

值得一提的是，基督教新教较早期的改革宗阵营，特别是在清教信仰阵营，就政教之间的关系，还曾提出过所谓的"养父"或"养父母"观念。圣经《以赛亚书》49：23曾提及："列王必做你的养父，王后必做你的乳母。"1611年的"詹姆斯王本"英文圣经，分别将"养父"和"乳母"，译作"nursing fathers"和"nursing mothers"。早在16世纪中期，约翰·加尔文在其圣经注解中，就进一步发挥了这一观念，认为在浓厚的罗马天主教敌意与威胁中，各国君王或权威有必要担负起真教会监护者的职责，以真教会"养父"身份，来保护自己国家的新教教会。英国国王詹姆斯一世和查理一世都信奉这一原则，他们不仅成为"王中的神学家”，而且也成为“神学家中的王”。

有关教会“养父母”的观念，也影响到了早期北美殖民者。事实上，早期北美殖民者在构建他们自己的政教关系中，可资借鉴与利用的来源：一是圣经，因为他们是新教“唯有圣经”这一传统的继承人；二是英国的建制法规与传统，毕竟他们还是英国国王的属民，还是刚刚离开故国不久的英国人社团；三是基督教传统思想与西欧文化思潮，基督教传统在继续发挥巨大影响的同时，各种新兴的哲学与社会思想，也为当时殖民者探索新型政教关系提供了指导与启迪；四是自我创新，在人类自我试验的基础上，逐步摸索出一种适合自身实际处境的政教关系模式，并通过持续不断的试探与检验，来逐步丰富与完善这种新型的政教关系。

具体说来，早期北美圣职人员在汲取了宗主国圣职人员参与政治的教训后，大都将自己的职责限制在宗教事务上。他们在属灵事物与属血气事物之间，在内在事物与外在事物之间，在良心事务与民事事务之间，主动作出了一种明确划分与归属。在17世纪和18世纪前后，英国和北美的清教神学，主要依据旧约《以赛亚书》49：23等经文，逐步发展和完善了一套基督教教会的“养父”概念和理论，认为政府或行政当局应当成为教会的“养父”，帮助教会压制异端和恪守正统，为教会提供物质和财政支持，担负起保护、照顾和支持教会的职责。而教会则肩负着为各个殖民地培育公民伦理与美德的重任。这种观点甚至在当时一些新教权威信纲里都获得了认可，譬如英国的《威斯敏斯特信纲》和马萨诸塞地区的《剑桥纲领》，都采纳了类似的立场。

按照这种教会“养父母”观念，教会与民事政府应当各有分工和各司其职，同时教会与政府应当相互密切合作，以共同维护殖民地的发展与繁荣。正是在这一传统下，在殖民地时期以及在独立以后，北美有许多州譬如新英格兰各州、马里兰、佐治亚等，都制定了相应的法律，试图通过征收普遍税等具体方式，来一视同仁地支持和帮助教会。但这一惯例于18世纪80年代在弗吉尼亚遭到了严峻挑战。

事实上，北美人民在1776年宣布独立于英国，就迫使原先的各个殖民地转变成了具有各自主权的州，也要求各个州制定自己的宪法并建立起自己的政府体系。在各个州制定宪法和建立政府过程中，一个需要考虑的重要问题就是，如何处理政府与教会之间的关系。一方面，人民普遍认为宗教对于建立和保持一个美德社会是必不可少的，这在逻辑上就要求政府至少间接地对如此重要的事务予以支持与鼓励，而这也就涉及政府对宗教事务的某种卷入与干预。而另一方面，人们又普遍认为良心自由与宗教自由是每个人不可剥夺的自然权利，这在逻辑上就意味着人们在行使这种自然权利时，不应受到任何民事权威的限制与羁绊，要求民事政府撤离或退出宗教领域。这样一种“似是而非”同时又“似非而是”的关系，就在广义的“政教”之间制造了一种矛盾与紧张的关联，并为美国人民探索和试验新型政教关系提出了新课题或新挑战。

第二节 “良心与信仰”寻求的权利与宽容

英国在“清教革命”前的宗教政策

在16世纪上半叶席卷欧洲的“宗教改革”浪潮中，英国国王亨利八世（1509—1547年在位）出于各种现实考虑，使英国基督教教会脱离了罗马教宗的控制，并将其纳入自己的统治之下，从而在极其有限的意义上完成了英国式的“宗教改革”。随着英国教会与罗马直接管辖权的分离，所明确的只是英国国王成为英国全国教会的尘世首领。而英国教会的教义与仪式、信仰与教会组织，应当在多大程度上保留天主教色彩，在多大程度上改变成新教色彩，则是一个含混不清的事情，也是一个将会导致英国教会及社会在接下来一个多世纪里动荡不安的重要因素。这就意味着英国基督教教会在接下来的一个多世纪里，还需要对教会具体信仰与组织方式继续进行真正意义上的“宗教改革”，这也导致了英国的清教革命与社会剧变。

就宗教的一般状况而言，亨利八世统治时期施行的宗教政策相对比较温和，全国并没有出现大规模的宗教迫害与流血。短命的爱德华六世（1547—1553年在位）和玛丽一世（1553—1558年在位）在各自执政期间，分别实行了五年严厉的宗教政策。前者因严格推行“共祷书”和圣礼仪式，而对天主教徒施行了严厉迫害；后者则因力图恢复罗马天主教信仰，而对基督教新教徒施行了严厉镇压。宗教，不论是天主教还是新教，都因国王的宗教政策而处于激烈变化与动荡不安之中。

伊丽莎白一世（1558—1603年在位）在其漫长统治时期，在宗教问题上采取了“坚持中间道路”的策略。这种做法不仅令企图重新回归罗马阵营的天主教徒感到不满，而且也使得许多渴望进一步改革英国教会的激进新教徒感到无法忍耐。所谓“伊丽莎白协议”（the Elizabethan settlement），其实只是一个妥协与折中的解决方案，它将天主教或高教会一些元素与新教精神和原则调和在一起，组成了现代英国国教会。许多激进新教徒都对这种宗教混合或混杂感到不满，并希望能够进一步“清洁”“净化”或“纯洁”他们的国教会。

当“改革”或“纯洁”国教会的希望受到阻碍后，一些人选择继续留在国教会内，并希望能够在适当时候，从国教会内部发起宗教改革，因为国教会是当时国内唯一合法的基督教教会。还有一些人则选择了“分离”“分裂”或“独立”，他们希望通过脱离英国国教会，来保持自己信仰的纯正性，因为远离“污染”，也是使自己保持“净洁”的“没有办法的办法”。相应地，那些脱离了英国国教会的激进清教徒，因不同特征和侧重，而被称为“分离派”“分裂派”或“独立派”。后来，创建普利茅斯殖民地的移民属于“分裂派”清教徒，而创建马萨诸塞殖民地的移民，主要为继续留在国教会内的清教徒。所有这些清教徒，在信仰上，都属于加尔文派改革宗新教徒，都看重“清洁”“纯粹”和“圣洁”自己的灵魂、信仰和教会。

信奉清教的英王詹姆斯一世（1603—1625年在位），同样也令激进派清教徒感到失望，因为国王担心激进清教徒的改革抱负，并不仅仅局限于改革纯粹的宗教事务，而可能会进而寻求政治与社会的改革。詹姆斯一世的著名声明——“没有主教，就没有国王”，就是对这一妥协立场的最佳解说。

至于在詹姆斯一世之后即位的查理一世（1625—1649年在位），其与国教会高教派的密切关联，以及对清教徒的严厉镇压，使全国一度陷入严重的政治与宗教危机，引发了英国内战和清教革命。

这一时期，与创立北美殖民地密切相关的政治事件就是，早在伊丽莎白一世统治期间，英国就为占领和开发北美新大陆作了大量的准备与努力。但授权在北美组建殖民地则始于詹姆斯一世统治时期。弗吉尼亚和普利茅斯两个殖民地的许可状都是由詹姆斯一世颁发的。而这两个英属殖民地的建立，也开启了北美历史的新篇章。

良心权利与宗教宽容

通常，在英语语境里，“freedoms”是指比“liberties”更具一般性和抽象性的“自由”，而后者则多用于指涉更为具体或特定的“自由”。“liberties”在更多时候强调的是某种具体权利，亦即“自由权利”（liberty rights）。这种“自由权利”是每个人自然的、不可转让的、不可剥夺的和不容侵犯的权利，是人之为人的基本属性与特征。人们通过社会契约等形式组成社会并进而形成政府后，就享有包括“自由权利”在内的各种“民事权利”（civil rights）；而表现为“民事权利”之一的“自由权利”，以这种个人的基本权利为基础，但又在一定意义上需要接受社会义务的限制。

在17、18世纪的英国和北美，“良心”这个术语不仅指涉一种生理官能，更指涉一种精神机能，通常关乎一个人的终极精神追求与最高价值判断，而终极精神追求与最高价值判断又往往关乎信仰和宗教，其含义基本等同于信仰或宗教。所谓“良心自由”，实质上就是信仰自由，并主要就是宗教信仰自由。不论是良心，还是信仰或宗教，其本质属性就是自由。事实上，“宗教本身就要求宗教自由。心与心自由地言说，灵与灵自由地面对”[1]。

有学者认为，早在伊丽莎白时期，剑桥清教神学家威廉·帕金斯（William Perkins，1558—1602年）的良心神学，就对英国良心自由观念的形成与发展作出了有力的推进。帕金斯认为，良心自由既是圣经的要求，也是官能心理学的预设。良心指令，就是个人观念与行为的最高指令。

> 良心与认识有关，因为良心的活动离不开理性，理性又是认识必不可少的要素。帕金斯用家喻户晓的“马车夫和马车”的例子，来阐明良心是认识的一部分的观点。就像马车夫可以引导马车一样，认识中的理性和良心也引导着人。[2]

---

1 John Thomas Noonan, Jr., *The Lustre of Our Country: The American Experience of Religious Freedom*. University of California Press, 1998, p. 358.

2 ［美］约翰·范泰尔：《良心的自由：从清教徒到美国宪法第一修正案》，张大军译，贵州大学出版社，2011年第一版，第18—19页。

英国教会的最权威信纲——1643年制定的《威斯敏斯特信纲》第20章，将基督教自由与良心自由看作同一回事。它指出：

> 唯有上帝是良心之主，并使其摆脱了任何违背上帝之道，或者在上帝之道以外论及信仰或崇拜的人类教导与指令。所以，在良心之外，相信那些教义，或者遵从那些指令，就是背叛了良心的真正自由；而要求无条件的信仰，以及绝对与盲目的顺从，就是摧毁了良心以及理性的自由。

人们普遍认为，良心，是人必不可缺的本质属性，是人对上帝及其真理的正见和正信。良心在本质上是个人的和自由的。良心是神圣的和不可侵犯的。个人良心的主宰或主人，就是个人的造物主上帝，唯有上帝才能指示和命令每个人的良心。而包括教会权威和行政权威在内的任何其他人或人为事务，都无权规定、限制、控制或指示人的良心。既然这种基本权利是人的自然权利，也就意味着这种权利是内在于人的、与人不可分离的。它构成了人之为人的本质实在与基本特征。它在起源上和逻辑上，先于任何政府设计和社会存在，也不属于人为的发明或创造。

在清教徒看来，良心自由就是一个人按照上帝的判断对自己所作的判断；只有上帝能够约束人的良心，而上帝的真理就是启示的上帝之道，特别是启示在基督和圣经里的上帝之道；好良心就是上帝圣灵所启明的良心，而好良心所行使的理性，也是属灵的理性而非属血气的理性。

既然良心是自由而不可羁绊的，既然人人都应遵从自己良心的指令，那么各人遵从各自良心的问题，就会牵涉到如何看待他人遵从他们自己良心的问题。在坚持自己的良心权利的同时，也不得不承认他人亦有坚持他们自己良心立场的权利。这在逻辑上必然就会产生容忍或宽容的问题。当然，容忍或宽容与自己不同的人及其信仰，也存在着诸多现实的考虑：必须要彻底消灭那些坚持不同信仰或观念的同胞吗？难道不能默许或容忍异见者的存在吗？一种多元的局面与存在，难道就不是一种有益的现实吗？所有这些考虑与因素，都促进了宽容观念的产生与进化。

在英文中，表述宽容的术语绝大多数情形下都是“toleration”一词。但亦有人认为应当在“toleration”与“tolerance”之间作出区分，认为前者比后者具有更为狭窄的意义，仅指对于迫害的克制。[1]不过，本文遵循通常用法，认为没有必要对这两个英文术语作出进一步区分，两者都可以翻译为“宽容”或“容忍”。当然，宽容或容忍在价值取向上也存在着程度乃至性质的差异。

宽容是相对于不宽容（intolerance）而言的，是一种否定之否定。它是在坚持自己信念的同时，对他人坚持不同信念之权利的意识与认同。宗教宽容是对宗教不同与分歧的接纳。这可以是一种消极无奈的接纳，因为强行消除这种分歧的代价，要远远大于忍受这种差异或麻烦所招致的代价；也可以是一种尊重或积极欣赏式的接纳，因为培育和维护一种差异性或多样性，也是使彼此获益的一种途径和过程。严格说来，消极的宽容其实并不是真正的宽容，它缺乏对不同者的尊重或欣赏，其实只是一种忍耐或克制（forbearance），是一种默许或勉强同意（sufferance），是一种自我施加的克制或隐忍不发（self-restraint）。而中性或积极的宽容，才是人们在通常意义上所说的“宽容”。积极或至少中性的宽容，才是对异见者权利的一种出于尊重的承认与妥协。人们通常所提倡或要求的宗教宽容，都是在积极宽容或至少中性宽容的意义上言说的。

从另一个角度说，通常意义上的宽容并不是自由，它还远未达到自由的程度或高度。准确地讲，它只是一种极其狭义的自由，是一种不完全的自由，或是一种有条件与限制的自由。宽容是某种更高级权威的施恩、授权或赋予，是可以收回和撤销的。而自由则建立在平等与自主的原则上。譬如，早期北美殖民地的宗教自由就只是狭义的宗教自由，因为与自由政策并行的，还有许多限制与约束性规定；就只是消极的自由，是任由那些人自行其是的某种容忍与忽略。

此外，采纳或坚持宗教宽容立场，还存在着一个更为现实的理由，亦即，可以把宽容区分为不同类型与领域的宽容，并采取不同的应对之策。一种常见的区分就是把宽容划分为宗教宽容与民事宽容。民事法庭涉及的仅仅是民事宽容问题，而宗教宽容则往往由宗教法庭作出裁决。宗教宽容（religious toleration）或者

---

1 ［美］约翰·范泰尔：《良心的自由：从清教徒到美国宪法第一修正案》，张大军译，贵州大学出版社，2011年第一版，第6页。

神学宽容（theological toleration），对于某些信仰者来说也许是难以接受的，因为他们可能无法接受他人的信仰或宗教与自己的以绝对真理为基础的宗教具有同等的真理性或救赎性。但是民事宽容（civil toleration）却是完全不同的，它是在自由与平等基础上对他人良心的尊重，是相对于一个政治社团或社会而言的，是一个多元社会里“自己活也让他人活”的民事原则。

对于这一点，整个英国社会在经历了数十载风云跌宕、争竞杀伐的内战和革命以后，无疑具有了更为深入的感受。具体地讲，在英国17世纪40年代的内战中，通过血与火的洗礼，才逐渐浮现出了“宽容”这一“新”观念。当人们因为信仰不同而陷入互相争斗与杀伐，但又发现通过争斗与杀伐依然无法取得一致时，也许彼此妥协并容忍不同观念的存在，就不失为一条现实的出路。况且，自己因为坚信自己的信仰而宁愿牺牲，别人也会坚信他们自己的信仰而宁愿牺牲。当不同观念的坚信者都愿意为自己的信仰作出牺牲时，也许反省自己信仰的绝对性也就成为一种自觉或不自觉的心灵与理智操练。为信仰而甘愿承受负担与殉道，是每个宗教信徒坚守信仰的极端立场。当不同信仰的信徒各自坚守自己的极端信仰立场，并导致不同的信仰极端相互碰撞和消解时，这些彼此竞争或抵消着的极端或绝对，就会孕育出一种相对。随着相对性在原先绝对观念里的潜移默化，对不同观念的宽容也就获得了生长的土壤和气候。

《宽容法案》的颁布与实施

北美殖民地的母国英国，在经过数十年与宗教紧密相关的革命、动乱、迫害与杀伐后，最终不得不在宗教宽容问题上达成妥协与一致。1689年，英国国王和议会通过了《宽容法案》，以处理持续引起纷争的宗教问题。这项法案所给予宽容的对象，仅限于不信奉国教会的正统新教徒。天主教徒和反三位一体论信徒不在宽容范围之内。法案规定，不信奉国教会派牧师，在签署《三十九条信纲》和宣誓效忠后，可以自行举行宗教崇拜活动；他们的聚会所经过登记后，可以任由他们自行使用。不过，不信奉国教者仍然面临着诸多限制与歧视，譬如不得担任公职，不得接受大学教育，必须缴纳宗教税，等等。

不仅如此，《宽容法案》的通过与实施，还提出了这样一个理论问题，即英国政府为何还要支持国教会呢？表面的答案就是，宗教倡导的永恒赏罚信仰，为社会和平与稳定提供了一种保障机制；它通过塑造热爱和平和遵纪守法的公民，而为公民社会所不可或缺。但这样一种答案又引发了另一个问题，为何这样一种有益机制和功用，仅仅限于这种宗教而不是那种宗教呢？这样一种追问，势必会牵扯到宗教之外的评判标准问题，而政府或民事权威并不具备这种评判能力。这就使得宽容有时亦成为社会的一种无奈选择。

尽管人们对这项法案的评价因各自立场而褒贬不一，但不可否认，《宽容法案》的提出，在基督教历史上仍然具有十分重要的意义。当代历史学家曾对这项法案作出了这样的评价：

> 《宽容法案》的新颖之处，事实上，它的革命之处，就是粉碎了自罗马帝国以来就存在的国家支持宗教这一原则的基本原理。按照传统理论，一种宗教应当独占真理，而“负责照看人们灵魂”的国家，则有义务为其人民强加上那种真理，以免人民丧失获得永恒救赎的机会。而《宽容法案》宣布，在英国，不再存在由国家负责促进的独占性宗教真理。它允许四个宗派——长老会、独立派、浸信会与贵格会——提供它们自己的真理版本，以与英国国教会展开竞争。抑或，反过来讲，《宽容法案》允许四个宗派不受处罚地宣扬原先英国国教会认为属于致命神学谬误的东西。它在宗教真理方面，开辟了一个自由市场，并由英国消费者而不是国家，来决定什么是最符合自己利益的东西。[1]

这就意味着，1689年英国王室颁布的《宽容法案》，从法律上停止了对不信奉国教者的迫害。但是这个法案对于英国那些不信奉国教者所给予的，只是一种消极的容忍或宽容。它容忍那些不从国教者可以自行按照自己的良心指令与意愿去崇拜上帝。换言之，那些不从国教者，不会只是因为按照有别于英国国教会的方式进行崇拜而受到惩罚，但他们因此在社会与政治生活中受到的限制与歧视并未撤销。他们可以自由地在私人生活中以自己的方式进行崇拜，但他

1 James H. Hutson, *Church and State in America: The First Two Centuries*. Cambridge University Press, 2008, p. 53.

们在公共生活中仍然受到了各种限制与束缚。在这个意义上,《宽容法案》所提供的宗教宽容，还是具有更多消极意义的宗教宽容。它与完全意义上的宗教宽容相比，还存在一定的差距。此外，这项法案并未将这种宽容扩展到罗马天主教信徒和一位论信徒身上；后两种信仰的追随者，依然在为自己的良心与信仰而遭受着惩罚与迫害。

《宽容法案》肯定了这一基本原则，即不从国教者可以与信奉国教者共同存在，尽管这种共存并不是在平等基础上确立的。《宽容法案》只是承认了不从国教者社会存在的权利，但他们仍然被看作丧失了政治权利的“二等公民”。有研究指出：

> 问题不在于良心自由的主张在光荣革命中取得了胜利，而在于它强化了一种更为宽松地容忍不从国教者的运动。1689 年的《容忍法案》包含了国会同意为非国教徒们所制定的条款。该法案并不是慷慨大度的，但它确实给予了许多非国教徒们合法的地位。先前的迫害法案并没有被废止，它们只是在某些特定案件中被暂停实施。……法案的文本长约五千字，这体现了立法的精神，也体现了这样一种设想：容忍的限度必须被非常详细地定义。[1]

对于宗教宽容的阐释与理解

就在颁布《宽容法案》的同一年，英国还出版了一部论述宗教宽容的重要著述。尽管有学者仍在争论英国著名哲学家约翰·洛克（John Locke，1632—1704 年）是否是一个严格意义上的基督徒，以及他的著述是否与传统基督教信仰相吻合；但毋庸置疑，洛克的著述对新英格兰殖民地产生了重要影响。许多求助于其权威性的人，都预设了其著述主旨与基督教信仰的一致性。洛克的《论宗教宽容》与英国政府的《宽容法案》发表于同一年，由此也越发促进了彼此的影响与相关性。

1689 年，因逃避政治迫害而旅居荷兰的约翰·洛克发表了《论宗教宽容》。

1 ［美］约翰·范泰尔：《良心的自由：从清教徒到美国宪法第一修正案》，张大军译，贵州大学出版社，2011 年第一版，第 140 页。

这篇论著原本是一封书信，系约翰·洛克写给好友阿姆斯特丹“抗辩派”神学院教授菲利普·范·利姆鲍尔奇（Philip van Limborch，1633—1712 年）的。在这篇论著里，洛克一开首就指出，基督教各教派信徒之间的宽容，是真教会的基本特征。各教派基督徒在各自坚持自己教派为正统的同时，应当对其他教派信徒以仁爱与宽容相待。洛克认为，教会是为了共同崇拜上帝而由人们自愿组成的团体。除宗教异端外，基督教内部因崇拜仪式或组织方式等非信仰问题而形成的不同教派，彼此应当以基督教之爱宽容相待。

而若要实行宗教宽容，则应当严格区分民事权威与宗教权威的领域与界限，令其各司其职并行使各自的管辖权。洛克指出，政府的行政管辖权只能涉及民事事务，而不能延伸至灵魂的救赎事务，因为上帝没有授权民事行政当局去照看灵魂，而任何人也无权委托其他人来照看自己的灵魂救赎事宜。换言之，民事行政权力只是涉及外在的力量，而宗教信仰则关乎内在的心灵说服力；民事权威处理的是此世的世俗事物，宗教权威应对的是超越的精神事物。[1] 在约翰·洛克看来，行政权威无权统治人的灵魂，宗教应当建立于内在信念而非外在强迫之上，在个人宗教信仰上应当尊重人的良心权利。人的自由、生命与财产均属于不可剥夺的权利；这些权利是每个人天生就具有的，因而也是先于人类社会组织形式及其政府的。换言之，后来出现的政府或社会公共权威，无权侵犯人的自由、生命和财产等天赋人权。

洛克认为，宗教信仰对于一个社会的道德与精神生活是不可或缺的。无神论者由于不信仰上帝，穆罕默德教徒由于信仰虚妄上帝，所以不在洛克所谓的宗教宽容范围之内。亦即，约翰·洛克坚持的宗教宽容，并不涵盖无神论者和异教徒。就其思想渊源而言，约翰·洛克在神学上持有一种“自由放任主义”观点，在政府职能上持有一种“不干涉主义”立场，在社会观上坚持，社会本质上是由完全自足的个体组成的。这样一种综合立场，决定了洛克在宗教信仰上所持宽容态度的基本格调。

在那个宗教迫害泛滥的时代，社会现实使得一些人不得不认真思考宗教宽容的问题。在约翰·洛克之前，有北美殖民地罗杰·威廉斯的思考与著述。在约

1　参见［英］洛克：《论宗教宽容》，吴云贵译，商务印书馆，1982 年第一版，第 5—8 页。

翰·洛克之后，对18世纪北美政治与宗教生活发生重大影响的，还有其他一些开明思想家的著述与观点。而18世纪的启蒙运动，更是为宗教宽容精神提供了推广的沃土，譬如，法国政治哲学家孟德斯鸠于1748年出版的《论法的精神》。在书中，孟德斯鸠认为，容忍一种宗教与赞成一种宗教是完全不同的。当立法者允许有多种宗教存在时，就有必要在那些宗教或教派之间推行一种宽容政策。孟德斯鸠认为，一个国家面对一种新宗教，如果既可以接受它也可以拒绝它，那么，最好是拒绝它；但如果接纳，就应当对它以宽容相待。再譬如，英国著名法学家威廉·布莱克斯通（William Blackstone，1723—1780年）的下列观点，亦曾深刻影响了托马斯·杰斐逊的宗教自由观，亦即，法律规范调节的是人的行为，涉及的是社会性与关系性的义务，等等。

其实，北美移民先驱最初创建殖民地时，宗教宽容并非那些殖民地的奠基原则和首要目标。只是随着各种宗教信仰在那些殖民地的存在与发展，宗教宽容原则才得以逐步确立。美国从一开始就是一个信仰多元的社会。在英国和欧洲，宗教多元性在某种意义上是原先宗教统一性的破碎或衰变；而在美国，宗教多元并存是与生俱来的客观社会现实：新教内部各种宗派或教派之间的并存，基督教新教与罗马天主教、东正教或犹太教的并存，上述各种宗教或宗派与各种新兴宗教和其他世界各宗教的并存，等等。持有不同信仰真理的不同宗教团体及个体之间的多元并存局面，构成了北美宗教生态的一个显著特征和基本生存条件，从而也决定了良心自由和宗教宽容在北美将获得异乎寻常的发展。启蒙哲学家伏尔泰在《哲学通信》（*Lettres sur les Anglais*）里，曾这样评论过英国的宗教生态：

> 假如在英国只有一种宗教，它就会令其专制者感到可怕。假如只有两种宗教，它们两者就会相互残杀。而假如有三十种宗教，它们就会和平相处。

伏尔泰这种貌似机智的表述，也许并不完全符合历史事实。但它从一个侧面表明，宗教多元并存的社会存在，是促成宗教宽容的一个有力动因。而北美殖民地内的宗教多元发展，亦为北美人采纳和支持宗教宽容原则提供了背景与支持。

就历史起源而言，最初到达普利茅斯和马萨诸塞湾的英国清教徒移民，并不是要在那片海岸上建立起宗教宽容或自由原则，而毋宁说是希望能不受干扰地施行他们自己的“正统信仰”。也正是为了维护他们的正统信仰，那些早期殖民者才于1648年达成了妥协性的《剑桥纲领》。而对他们的“宗教异端”，譬如贵格会信徒和浸信会信徒，则实施了宗教迫害与惩罚。有时，逃避宗教迫害的人为了正统信仰，并不惮于使自己成为宗教迫害者；渴慕能够按照自己良心指令进行宗教崇拜的人，也并不总是能尊重他人的良心对他人所作的指令。但这一切都将彻底改变。导致这种变革的，是北美特定的宗教与社会现实，促成这种变革的动力，则来自那些殖民先驱不屈不挠的宗教自由追求与斗争。

第三节　“一座建造在山上的城”

清教徒移民先驱的荷兰渊源

早在伊丽莎白一世执政时期，一些无法忍受英国国教会“不纯洁性”的激进清教徒，就不得不选择离开家乡，而到国外寻找可以自由实践其宗教信仰的栖身之所。虽然早在1559年，就制定了解决宗教问题的所谓“伊丽莎白协议”，但由于时局关系，一直到1588年英国击败西班牙“无敌舰队”以后，英国王室才有机会强化推行这一协议的具体内容。极端清教徒受到打击和迫害，一些执意从英国国教会分离出来的所谓“分离派”或“独立派”被监禁或处死。而更多的分离派分子开始逃离英国，前往信奉加尔文主义改革宗的“低地国家”，亦即荷兰，寻求宗教避难。

在那些分离派看来，英国国教会已经没有希望再启改革，已经没有机会和能力重归圣洁，并由此沦为虚假教会。恪守纯洁信仰的圣徒，唯有与已遭玷污的国教会分离开来，才能够保持自己信仰的纯正。这些清教徒，在理论上，可以追溯到欧洲中世纪的一些虔敬派。16世纪的“宗教改革”，特别是严格加尔文主义信仰，则使得他们在宗教信仰与实践上形成了一套体系，并构成了当时比较激进的“宗教改革”派。他们强调个人虔敬，信奉盟约神学，看重上帝恩典对人所犯罪恶的救赎。从16世纪80年代起，英国一些分离派清教徒，开始前往荷兰寻求宗教避难，其中的代表人物就包括罗伯特·布朗（Robert Browne）和亨利·巴罗

（Henry Barrow）。而信奉新教改革宗的荷兰联省，由于奉行宗教宽容政策和鼓励移民前来发展经济贸易，而成为英国激进清教徒寻求宗教避难的主要目的地。

到17世纪初，英国国内瞬息万变的局势，对激进派清教徒又变得严峻与残酷起来。宗教逃亡成为许多人不得不面对的现实。在众多逃亡国外，特别是"低地国家"荷兰的宗教难民中，大约于1607年前后，一个在英格兰中部诺丁汉郡（Nottinghamshire）斯克鲁比镇（Scrooby）进行秘密聚会的分离派或分裂派教会，由于担心遭受当局的惩罚与迫害，而乘船秘密逃往荷兰的阿姆斯特丹。这些后来乘坐"五月花号"抵达北美的清教徒移民先驱（the Pilgrim Fathers）在跨越大西洋之前，曾作为宗教避难者在荷兰生活过十多年。在阿姆斯特丹和莱顿等地，他们从荷兰人那里学习到了宗教宽容的重要性，以及以新教改革宗为主体的教会与民事权威组织方式。

在17世纪北美殖民地创立时期，荷兰在许多方面都领先于当时的西欧。甚至有人夸张地断言，其在哲学、神学、科学、艺术与技术等方面，领先整个欧洲两个世纪。[1] 荷兰是西方第一个确立了宗教宽容原则的国家，是西方第一个近现代意义上的共和国，其确立和实践的自由与共和原则，成为早期北美殖民者追求的理念参照物。在欧洲"三十年战争"之前的半个多世纪里，小小的荷兰联省还成为欧洲新教与罗马天主教两大阵营斗争的核心与焦点。荷兰人争取宗教自由与民族独立的斗争，成为激励其他民族国家寻求自由独立的先驱与楷模。美国早期历史发展与经历，同荷兰有诸多相像之处。这两个共和国都曾以联盟形式，为寻求自由与独立，而在自己领土上与宗主国进行了长期的斗争。以至于可以说早期北美，在某种意义上就是荷兰的翻版或拓本。在包括良心自由与宗教宽容在内的许多方面，荷兰不仅为美国提供了学习的榜样，更在美国建国前后为其提供了诸多支持与帮助。

早在17世纪初，那批英国激进派清教徒，亦即来自伦敦北部诺丁汉地区的那个分裂派教会团体，在牧师约翰·罗宾逊（John Robinson）和长老威廉·布鲁斯特（William Brewster）率领下，为了寻求良心自由与宗教宽容而前往荷兰避难。

---

1 Cf. Henry Albert Willem Coenen van Torchiana, *Holland, The Birthplace of American Political, Civil and Religious Liberty: An Historical Essay*. James H. Rook Company Publishers, 1915, Nabu reprint, p. 35.

他们先在阿姆斯特丹居住了一年。在获得莱顿行政当局许可后，他们前往莱顿，在那里居住了大约十一年，并因主要从事农业而获得繁荣。[1]

1620年，由于荷兰联省与西班牙十二年休战条约即将到期，以及可能爆发的战事危险和重新流行的宗教迫害，那些居住在莱顿的英国宗教难民，被迫开始考虑新的避难所。况且，这些英国移民在旅居荷兰十余年后，也在担忧他们的后代可能会逐渐丧失他们的英国人身份，不再传承语言文化，从而被彻底同化为荷兰人。而冒险前往英国在“新世界”的殖民地，则为这些陷入困顿境地的英国移民提供了第三种可能。这时，荷兰联省的西印度公司，已经在北美哈得孙河（Hudson River）下游地区，开创了名为“新荷兰”的殖民地，并急需移民前往那里定居和发展。在获得荷兰大议会许可后，罗宾逊牧师及其追随者，看来愿意前往属于或靠近荷兰殖民地的北美地区，以便在那里发展他们擅长的农业和拓展定居点的事业。与此同时，他们还与英国“伦敦公司”进行了复杂的谈判，后者愿意并支持这些英国人，前往急需人手的英属弗吉尼亚殖民地。

可能是为了补给财物和征召更多人手，这批移民先返回英国，并通过高利贷等方式找到了两艘船。其中一艘因无法适应远程航行而被放弃，剩下的那艘名为“五月花号”的帆船，则搭载了尽可能多的人，包括许多在荷兰出生的儿童，于9月初，亦即在冬季到来之前适于横渡大西洋的最后时刻，重新从荷兰出发，开始了危险重重的跨越大西洋的航行。而这些移民的原初倡导者约翰·罗宾逊牧师，则因故继续留在荷兰。虽然期待着能够前往北美与他的教堂会众会合，但约翰·罗宾逊牧师最终却因病去世于荷兰。[2]

在此后的岁月里，由荷兰率先开启的宗教宽容实践，对北美的宗教政策探索提供了诸多启发与借鉴，深深影响了早期殖民地领袖人物的思想与实践。康涅狄格殖民地的创立者托马斯·胡克（Thomas Hooker），早先曾居住在荷兰的阿姆斯特丹，后来在荷兰联省的德尔夫特和鹿特丹等地担任传道人，并从鹿特丹直接前往北美的新英格兰。托马斯·胡克在1638年曾写信给马萨诸塞总督，

1　Cf. William R. Estep, *Revolution within the Revolution: The First Amendment in Historical Context, 1612-1789*. William. B. Eerdmans Publishing Company, 1990, pp. 34-48.

2　Cf. Sydney E. Ahlstrom, *A Religious History of the American People*. Yale University Press, 1972, pp. 137-139.

希望两个殖民地能够像荷兰联省那样，建立一个共同防御联盟。这一计划最终在五年后得以实现。宾夕法尼亚殖民地创建人威廉·佩恩，主要是从他母亲那里获得了自己的贵格会信仰；他母亲来自荷兰鹿特丹的一个商人家庭，并在那里接受了贵格会信仰。罗杰·威廉斯则谙熟荷兰文献，并深受荷兰宗教宽容精神的影响。威廉斯正是基于荷兰的成功范例，坚定了自己的宗教宽容可以与经济繁荣一同发展的信念。约翰·科顿在其《论民事政府》里，曾多次引证荷兰神学家朱尼厄斯（Junius）的观点，认为他是一位学识渊博和富有虔敬心的人。科顿尤其欣赏后者就民事权威与教会权威之间关系所作的论述。[1]可以说，约翰·科顿十分熟悉17世纪初荷兰严格加尔文派与阿米尼乌派之间发生的神学斗争，并在其著述里引用了莫里斯亲王在荷兰联省大议会授权下，用强力驱逐阿米尼乌派的历史事件。[2]约翰·克拉克可能是在荷兰莱顿大学接受过法律、医学和神学等方面的教育。克拉克1637年移民马萨诸塞，后转往罗得岛定居。“开国者”托马斯·杰斐逊在《自传》里回忆那段关键岁月时，曾提到过荷兰革命对处于类似情形中的北美殖民地独立事业所发挥的积极鼓舞作用。[3]1833年，詹姆斯·麦迪逊再次肯定了荷兰人开启的宗教试验，并认为正是北美人对那一试验作出了决定性的验证与影响。

《五月花公约》与普利茅斯殖民地

原本可能打算前往弗吉尼亚的“五月花号”，9月初从荷兰莱顿起程，经过两个月的艰苦航行，最终抵达了弗吉尼亚以北的科德角（Cape Cod）附近。这批精疲力竭的英国移民，决定顺从上帝的旨意，就在此处扎营驻寨、安身立命。他们用自己从英国出发的地点的名称，将自己在新大陆的登陆地命名为普利茅斯（Plymouth）。这就是英国清教徒在北美建立的第一个殖民地。

1620年，搭乘“五月花号”前往北美的所有男性清教徒移民，在登陆前，都签署了一份由威廉·布拉德福德（William Bradford，1590—1657年）起草的《新普利

---

1 Cf. *The Sacred Rights of Conscience*. p. 142.（John Cotton, *A Discourse about Civil Government*, the microfilm of the 1663 pamphlet.）

2 Ibid., 145.

3 参见［美］杰斐逊：《杰斐逊选集》，朱曾汶译，商务印书馆，2011年第一版，第46页。

茅斯定居者协定》。这份文件后来被推崇美国这段历史起源的人俗称为《五月花公约》(*The Mayflower Compact*)。这份公约全文如下:

> 以上帝的名义,阿门。我们,其姓名签署如下,系蒙上帝恩典的大不列颠、法兰西及爱尔兰的至高至敬主人、"护教者"詹姆斯国王的忠实臣民。为上帝的荣耀,为推进基督教信仰,为国王和国家的荣誉,我们远渡重洋,来到弗吉尼亚北部,以开创第一个殖民地。为更好地建立秩序和保护安全,为推进上述那些目的,我们这些签署者,在上帝临在里和在彼此之间,相互郑重立约,并使自己结合为一个民事政治体(a civil Body Politick)。借此,可以按最适合和适宜于殖民地整体利益的方式,不时地,颁布、制定和建立,公正与公平的法律、法令、法规、宪章和公职;对其,我们承诺,将完全服从和遵守。作为见证,于公元1620年11月11日,在英格兰、法兰西、爱尔兰第十八世国王暨苏格兰第五十四世国王我主詹姆斯王统治下,在科德角,特签署我们的姓名。[1]

《五月花公约》系清教徒移民在登陆北美之前签署的一份具有基督教背景和内容的政治文件。它是那些清教徒在漫长而艰险的横渡大西洋航行期间,对未来使命与目标潜心思索和精心规划的结果。它表明了那些清教徒移民先驱的这一精神与现实考虑:为了荣耀上帝和推进基督教信仰,而彼此在基督里组成一个有机政治共同体,以应对他们共同面临的生存危机和生活前景。在基督里通过爱的纽带,使这些清教徒移民组成一个具有共同目标和使命的社团,正是这些移民在"新世界"面临的当务之急。这一点后来亦体现在约翰·温斯洛普那篇著名布道中。

客观地讲,这些清教徒移民是为了自己的宗教自由而移民北美的。他们并不想要创建一个对其他所有人都开放的殖民地。他们寻求的是自己的良心自由,而

---

1 Cited from *The Sacred Rights of Conscience*. pp. 86-87.(*The Federal and State Constitutions, Colonial Charters, and Other Organic Laws of the States, Territories, and Colonies*, ed. F. N. Thorpe, U.S. Government Printing Office, 1909, 3: 1841.)

不是任何人都可以享受的宗教自由。他们不远万里、历尽艰难来到北美"新世界"，决心要按照自己的信仰建立一个"模范"社会，从而为他们自己的故国英国、为旧大陆、为整个世界，对基督信仰作出见证。这个主旋律在殖民地初期一再获得强调和重复，并为整个殖民地赋予了一种特殊的使命。

与其他殖民地相比，普利茅斯殖民地一直发展缓慢，规模始终不大，居民人数始终不多。在最初那段艰难岁月里，许多人不幸夭折或过早去世了。对于普利茅斯殖民地初期的艰难生活，长期担任该殖民地总督的威廉·布拉德福德，曾对这个处境维艰的小小殖民地有过生动的记述。到1630年，整个普利茅斯殖民地只有数百人。十年后，也只有一千人左右。一直到1660年，这个殖民地居民人数也只有区区两千人。再到后来，这个时运不济的殖民地，就被合并进了"后起之秀"马萨诸塞湾殖民地。普利茅斯殖民地，从此不再以一个独立政治共同体面目而存在。

"建造在山上的城"与马萨诸塞殖民地

与普利茅斯殖民地相比，规模大得多的马萨诸塞殖民地，是从17世纪30年代发展起来的。马萨诸塞殖民地的早期移民，同样是在英国无法立足的清教徒。略有不同的是，普利茅斯殖民地是由"分裂派"清教徒（separatist Puritans）建立起来的；而马萨诸塞殖民地则是由"非分裂派"清教徒（non-separatist Puritans）创立的。在伊丽莎白一世和詹姆斯一世统治时期，英国施行的是比较温和的宗教政策。英国国教会被确立为官方教会，王权与教权紧密结合在一起。而那些不信奉国教会的信徒和激进清教徒，虽然受到了排挤歧视，并被剥夺了担任社会公职的机会，但他们作为异议者，仍在某种程度上受到了默认或默许。查理一世执政后，开始重用威廉·劳德等高教派分子，对不信奉国教者和激进清教徒实施了更为严厉的迫害。这样，那些留在国教会内但仍希望改革国教会的清教徒，就无法再以异议者身份与地位而存在了。他们要么进行革命，要么流亡境外。

大致也正是在这一时期，亦即詹姆斯一世执政晚期和查理一世执政早期，英国为了同法国、荷兰与西班牙等国争夺北美地盘，而积极鼓励本国人前往新大陆殖民。17世纪20年代末，一批以律师约翰·温斯洛普（John Winthrop，1588—

1649 年）为首的清教徒商人，从英国王室那里获得授权与许可，开始开发利用北美新英格兰的土地。由此成立了所谓的马萨诸塞湾公司（Massachusetts Bay Company），并开始征召志愿前往那里定居的移民，其第一任总督就是约翰·温斯洛普本人。马萨诸塞湾公司的成立，为大规模移民提供了可能。

1630 年 4 月 7 日，约翰·温斯洛普及其同党搭乘"阿尔贝拉号"（Arbella）帆船离开了英国。两个月后，他们抵达了马萨诸塞湾的塞勒姆港（Salem harbor），并在那里组建了一个小型殖民地。稍后，这些英国移民出于获取更大面积土地，以及抵御海浪和印第安人攻击的需要，沿着海岸线向南迁移了约 30 公里，在后来被称为波士顿的地方定居了下来。马萨诸塞殖民地的早期生活是极其艰苦的，疾病、极度的物质匮乏、糟糕天气与恶劣的生存环境，迫使殖民地一开始只能为生存而苦苦挣扎。虽然历尽千辛万苦，但这个殖民地还是存活了下来，并将在未来十年里，迎来近两万名新移民和大发展。

1630 年，约翰·温斯洛普在横渡大西洋前往美洲的"阿尔贝拉号"帆船上，面对与自己同行的这批清教徒移民，作了题名为《基督教博爱的典范》（*A Modell of Christian Charitie*）的著名布道。这篇布道阐明了清教关于"一座建造在山上的城"（A Citty upon a Hill）的理念与追求。新约《马太福音》5：14 指出："城造在山上，是不能隐藏的。"这批清教徒移民，不辞辛苦来到这个陌生与未开化的大陆，就是要建造一座位于山上的城。这座"城"不但不能隐藏，而且还要向"旧世界"和"新世界"彰明：他们才是坚持上帝之道、奉行真信仰、恪守真教会的基督徒；他们组成的社团和缔造的共同体，才是整个世界应当效仿和追随的受基督祝福的人类社会组织。

这份长篇布道，必定是这一船移民首领的约翰·温斯洛普，在漫长而充满危险的海上航行中，长时间潜心思索的结果。这篇布道的主题是加尔文派清教徒深感兴趣的神学论题：上帝对世人及万物的神圣佑护（providence）。事实上，在新教特别是清教神学中，上帝佑护教义与上帝预定教义，往往是关联在一起的。在某些极端情形里，这两者还被等同为一体，并形成了严格预定论信仰。温斯洛普这篇布道一开首就表明了：

> 万能的上帝在其最神圣和睿智的佑护中，已经如此这般决定了人类的

情形。[1]

一切均处在上帝救赎“计划”（scheme）或“经济”（economy）之中，人们在世上的富贵贫贱、生死祸福，均是出乎神圣的旨意，并具有神圣的目的。

接着，温斯洛普指出，上帝在神圣佑护里对待世人的两种原则，同样也是世人在上帝掌管下彼此相待的原则。这两种原则就是“公义”和“仁慈”。为公义，上帝彰明了自然律法与恩典律法。为仁慈，上帝发出了爱上帝爱邻人的诫命，并向世人显明了施舍、借贷和宽恕的效仿样式。如若聆听上帝之道，遵从上帝的诫命，他们这些在字面直解意义上“同舟共济”的基督徒，就应当在基督里通过爱的纽带紧密结合在一起，以践行上帝的旨意，成就上帝的荣耀。

在约翰·温斯洛普看来，将公义与仁慈，特别是爱之诫命，应用于他们当下的具体处境，就是要落实在人物、事工、目的与手段这四点上。第一，就人物而言：

我们是公开宣称，自己属基督同类成员的一个群体……我们应当凭借这种爱之纽带，将我们联系在一起，并在实践这种爱里去生活。[2]

第二，就当下事工而言：

根据相互所认同的，通过一种特殊的支配性神圣佑护，以及基督教会的正常授权，前去寻找一个在民事与教会之正当政体形式下，同居同处（Cohabitation and Consorteshipp）的地方。[3]

第三，这么做的目的则在于：

---

1 Cited from *The Sacred Rights of Conscience*. p. 123.（*Winthrop Papers*, ed. S. Mitchell, Massachusetts Historical Society, 1931, 2: 282-295.）

2 Ibid., 129.

3 Ibid.

> 改进我们的生活，以更好地事奉救主安慰者，和增加我们属于其肢体的基督身体。这使我们自己和后代，能够更好地从这邪恶世界的普遍腐败中保存下来，以事奉救主和在其神圣律令的权能与纯粹性下获得救赎。[1]

第四，就手段或途径而言，则有常规和超常手段，而核心则是培育和实践基督教的仁爱。基督教之爱是成就这一切的利器和法宝。

至此，这篇布道再次突出了清教徒信奉的盟约神学这一主题。作为与上帝处在盟约中的人，为了成就上帝的荣耀，为了不招致上帝的愤怒，就要谨遵上帝之道：

> 所以，避免船只沉没和为后代作好预备的唯一途径，就是遵从弥迦的劝告：公义行事，热爱仁慈，谦卑地与上帝同行。为了这个目的，我们必须在这种事工里紧密结合为一人；我们必须以兄弟情谊对待彼此；我们必须乐意缩减自己的盈余以提供他人的必需；我们必须在温和、谦让、忍耐和慷慨中，共同维持一种友好的交际往来；我们必须悦纳彼此，同呼吸，共甘苦。要始终把我们在这种事工里的使命和社团摆在面前，以我们的社团为同一身体的各个节肢。如果我们以和平纽带保持这种精神的联合，主就将是我们的上帝，乐于居住在我们当中，以我们为自己的子民，并在各个方面都祝福我们。这样，我们就会看到先前曾熟知的，上帝的诸多智慧、权能、良善与真理，我们就会发现以色列的上帝居住在我们当中。这样，我们就能以一当十抗拒强敌，就能成为上帝的赞美与荣耀。人们将会这样谈论这成功的种植园：主使得它成为新英格兰。所以，我们必须考虑，我们将会是一座建造在山上的城，万众的目光都在注视着我们。[2]

倘若做不到这些，就只能为敌人留下口实与把柄。在“一座建造在山上的

---

1 Cited from *The Sacred Rights of Conscience*. pp. 129-130.

2 Ibid.

城”中，这些基督的门徒，是否能够取得成功，是否能够荣耀上帝，将为世人所见证。这样一种神圣目标与使命，当然并不仅仅为马萨诸塞殖民地所持有，而是成为了早期大多数殖民地的义务与追求。

“新英格兰之道”

早期的新英格兰，不论是在马萨诸塞，还是在康涅狄格和新罕布什尔，并不是传统意义上的神权政体或政教合一政体。在这里，教会权威与民事权威各司其职但又紧密合作。人们同时隶属于这两种权威之下，而这两种权威之间，则呈现出友好合作与相互支持的关系。一个城镇一个教会，亦即清教徒的公理会教会。在殖民地初期，由于没有其他教会竞争，而是只有一个教会，于是这唯一的教会也就顺理成章地获得了地方民事权威的确立或支持。这一方面的典范，就是马萨诸塞殖民地。

由于英国国内局势的持续恶化，马萨诸塞殖民地的建立吸引了大批移民前往北美寻求栖身之地，以马萨诸塞殖民地为中转点和仿效模范，在该殖民地南部和北部分别建立了康涅狄格殖民地、纽黑文殖民地（New Haven colony）和新罕布什尔殖民地。这些后起殖民地所采取的政教关系模式，大体上都受到了马萨诸塞的影响，并保持着高度的相似性。

以康涅狄格殖民地为例，清教徒托马斯·胡克（Thomas Hooker，1586—1647年）为逃避英国对不从国教派的迫害，于1633年到达了新英格兰，并在马萨诸塞殖民地一所教会担任牧师。三年后，胡克及其教堂会众在马萨诸塞西南部的哈特福德（Hartford），创立了康涅狄格殖民地。在早期康涅狄格殖民地，教会与殖民社团在很大程度上是相互重合的，奉行的宗教信仰是比马萨诸塞更为严格的加尔文主义。1662年，康涅狄格殖民地与位于自己南部的纽黑文殖民地，合并成了一个新的康涅狄格殖民地。

1638年至1639年，康涅狄格殖民地制定的《康涅狄格基本法则》（*Fundamental Order of Connecticut*），明确提到了上帝的神圣佑护。这部基本法则明确指出，由位于康涅狄格河谷这几个定居点联合组成的“政治共同体”或者“政府”，其目标除了负责处理民事事务外，就是要“维持和保护我们现今宣信的我主耶稣福音的自由与纯洁，以及我们现今所实施的按照上述福音真理制定的教会准则”。[1]

这部基本法则还进一步规定，在总督或者行政官员的就职宣誓中，应以耶稣基督的名义，来祈求上帝的帮助与佑护。

总之，以加尔文主义清教信仰为基础，在教会权威与民事权威上采取各司其职、相互合作的政教关系模式，构成了所谓“新英格兰之道”的突出特征。而“新英格兰之道”的最初原型和典范，就是马萨诸塞殖民地的探索与试验。

早在1630年，总督约翰·温斯洛普的著名布道——《基督教博爱的典范》，就为马萨诸塞殖民地确立了基本原则。马萨诸塞殖民地教会领袖人物约翰·科顿，则从宗教神学角度进一步阐述了这种基本原则。约翰·科顿的《论民事政府》一文，大约撰写于1637年至1639年，即创建纽黑文殖民地期间。在创建这个新殖民地过程中，似乎有人开始怀疑，是否应当将选举和担任殖民地公职的人限定为教会成员。约翰·科顿对此提出了自己的看法。科顿指出，正如新约《哥林多后书》4:16等处经文所说，每个人都可以二分为“内在的人”和“外在的人”：

> 由此，睿智的上帝也就确立了两类不同的管理形式：教会的（ecclesiastical）与民事的（civil）。所以说它们处理的是一种双重关系，并具有相应于它们两者的行为和权力，即民事的与教会的。相应地，也应当在各自领域去行使它们，而不应混淆这两种不同的状态，或者破坏其中的一种。在处理民事事务时，应按照其民事关系；而教会状态则只适宜于按照上帝旨意来处理。[2]

这样，就可以区分出两种不同类型的管理或政体形式——教会的与民事的：

> 教会管理是为神圣事物的神圣共融而指派给信徒的一种神圣秩序。民事

1　Cited from *The Sacred Rights of Conscience*. pp. 88-89.（*The Federal and State Constitutions, Colonial Charters, and Other Organic Laws of the States, Territories, and Colonies*, ed. F. N. Thorpe, U.S. Government Printing Office, 1909, 1: 519-520, 522-523.）

2　Cited from *The Sacred Rights of Conscience*. p. 134.（John Cotton, *A Discourse about Civil Government*, the microfilm of the 1663 pamphlet.）

管理则是为人类事务的民事同伴关系而由上帝指派给人的一种人类秩序。[1]

在科顿看来，理想的状况应当是在这两种秩序之间保持一种平衡，而切勿走向极端。一种极端是将两者混同在一起：或者将灵性置于民事行政权威之下，或者使教会权威掩盖民事权威。另一种极端是将两者对立起来，要避免将教会的与民事的这两种不同秩序与状态置于相互对立的地位，不是要使一方摧毁另一方，而是要使两者达到相互协调的状态。[2]

任何人作为教会成员，就其“外在的人”而言，应当服从那些秉承上帝旨意进行治理的民事权威；作为“内在的人”，则应当在精神方面服从基督在教会里所赋予的灵性权威。

不过，约翰·科顿指出，单就纽黑文这个初创的新殖民地而言，既然那里几乎所有人都愿意在基督律令下生活，几乎所有人都隶属于基督的教会，那么如果他们愿意，他们就可以按照上帝之道，为自己和后代建立一个政治性的“基督教共同体”（a Christian Common-wealth）。

到17世纪中叶，北美殖民地的发展进入了快速轨道。在新英格兰殖民地早期发展进程中，为协调和规范殖民地各个清教教会之间的信仰与关系，在40年代后期，马萨诸塞殖民地各教会代表聚集在剑桥召开了“剑桥宗教会议”（The Cambridge Synod，1646—1648年）。主要由理查德·马瑟（Richard Mather）、约翰·科顿与拉尔夫·帕特里奇（Ralph Partridge）等人起草，并于1648年通过的《剑桥纲领》（*The Cambridge Platform*），成为新英格兰清教徒的权威信纲。

就政教之间的关系而言，这份权威纲领的第十七章，阐述了民事当局在教会事务中的权力问题。按照这份纲领，虽然基督徒在教会里按照上帝之道行使基督律令，并不一定要获得行政当局的同意，但教会政体与民事共同体的民事政府绝不是相互对立的。理想的状态，以及那些殖民者在当时可以追求的现实目标就是：各司其职，相辅相成。教会政体与民事政体，就是两把各有专职但又互相配合的“利剑”，虽然

1 Cited from *The Sacred Rights of Conscience*. p. 134.（John Cotton, *A Discourse about Civil Government*, the microfilm of the 1663 pamphlet.）

2 Cf. *The Sacred Rights of Conscience*. p.136.

各有专职，但又相得益彰：

> 正如教会管理人员干涉行政当局之剑是非法的一样，行政当局干涉教会管理人员的正当工作也是非法的。摩西与大卫——他们不仅是帝王而且还是先知——的做法是超常的，因而也是不可模仿的。[1]

这里的行政当局，不仅是由信仰者组成的，而且其作为一个整体，还负有某种精神义务和灵性使命。行政当局的目标，不仅是要追求正义和诚实，而且还要追求美德和虔敬：

> 民事当局的职责就是，不但通过遵守“第二块石版”（the second table）[2]的诫命，而且还通过遵守“第一块石版”（the first table）[3]的诫命，来照料宗教事务，增进其民事权威。[4]

按照圣经立场将人区分为“内在的人”与“外在的人”这种二分法，属于当时流行的观念与看法。《剑桥纲领》也同样遵循了这种划分与限定。它明确指出，民事行政权威处理的对象，只能是人的“外在”方面，而不能擅自干涉人的“内在”方面：

> 民事行政权力的对象，不是那些仅仅属于内在性的东西。不信仰、人心的刚硬以及没有流露的错误观念，这些都不应处在其监察与审视之下。它涉及的只能是外在之人的所作所为。[5]

那么，“外在之人”关乎宗教信仰的所作所为，具体包括哪些内容呢？这份

---

1 Cited from *The Sacred Rights of Conscience*. p. 172.（*Creeds and Confessions of Faith in the Christian Tradition*, ed. J. Pelikan and V. Hotchkiss, Yale University Press, 2003, 3: 81-91.）

2 “第二块石版”，通常指摩西“十诫”中的第五至第十诫命，主要涉及人与人之间的关系。

3 “第一块石版”，通常指摩西“十诫”中的第一至第四诫命，主要涉及人与神之间的关系。

4 Cited from *The Sacred Rights of Conscience*. p. 173.（*Creeds and Confessions of Faith in the Christian Tradition*, ed. J. Pelikan and V. Hotchkiss, Yale University Press, 2003, 3: 81-91.）

5 Ibid.

纲领指出：

> 偶像崇拜、亵渎神圣、异端、散布那些能够摧毁根基的败坏与恶毒观念、公开蔑视所宣扬的“道”、亵渎或滥用主日、干扰崇拜仪式及上帝的神圣事务等等，应当受到民事权威的约束与惩罚。[1]

但《剑桥纲领》在关于民事权威对待教会分裂问题上，表现出了明显的保留态度，并带有一定的矛盾心态。它只是谨慎地指出，当教会分裂呈现出必然趋势，其发展明显有违上帝之道，并且在必需的情况下，“行政权威可以提供其强制性权力”[2]。

大致在这同一时期，与教会当局的做法相仿，马萨诸塞行政当局也在试图通过立法来规范殖民地的社会生活。1647 年，马萨诸塞议会（the General Court）颁布的《马萨诸塞居民基本法规与自由法典》（*The Book of the General Laws and Libertyes Concerning the Inhabitants of the Massachusetts*），是在以前几稿法律条文基础上，发展与丰富起来的一部内容全面系统的法典，代表了当时新英格兰殖民地的最高水准，并对其他殖民地法规的制定产生了深远影响。

这部法典将马萨诸塞居民在这个新大陆的经验，与古代以色列人在旷野里的经验作了比照，指出上帝为了使古以色列人恪守公义之道而为他们颁布了律法与准则，而追随上帝荣耀的马萨诸塞居民为了“共同利益”，也有必要按照上帝的指导，为自己制定一部共同遵守的行为准则。在行政当局与教会当局这两者的关系上，其总体原则是，两者紧密合作但又各司其职。教会主要负责宗教信仰事宜；行政当局主要负责民事事宜，如有必要，还应为教会提供必要的支持和保护。

法典明确了人们按照正当途径和方式进行宗教活动的自由权利。在教会事务上，法典明确指出教会在处理信仰问题、举行宗教仪式、从事宗教活动、管理运作

---

1 Cited from *The Sacred Rights of Conscience*. p. 173.（*Creeds and Confessions of Faith in the Christian Tradition*, ed. J. Pelikan and V. Hotchkiss, Yale University Press, 2003, 3: 81-91.）.

2 Ibid.

教会、任命圣职人员和教会管理人员等方面，拥有完全的权力，去按照上帝之道和圣经经文，从事或履行一切必要而正当的事宜。对于任何干扰或破坏正常宗教活动的人或事情，行政当局将采取一定的必要手段，来保证教会的正当权益。

在对待异端问题上，《马萨诸塞居民基本法规与自由法典》表明，行政当局处在一种矛盾的地位：

> 虽然任何人世权力都不能成为人们信仰与良心的主宰，因而也不能限制人们违背良心去信仰或信奉；但鉴于所传入的可恶异端倾向于颠覆基督教信仰，毁灭人们的灵魂，因而应当限制其脱离这种恶毒的不虔敬。[1]

因而，作为行政当局的马萨诸塞议会，对任何被确定为异端的个人或团体，都将会实施驱逐出境的处罚。而所谓异端，按照这部法典的界定就是：

> 否定灵魂不朽；否定肉体复活；否定在重生里有可以悔改的罪过；否定外在之人所作的恶可以被当作罪；否定基督为世人的罪向他自己交付了赎金；或者断定我们不是凭借基督的死亡与公义，而是凭借我们自己事工之完善性被称义；或者否定第四诫命的道德性。[2]

宣扬和传布这些教义的人，都将会被判定为异端而遭到驱逐。至于偶像崇拜以及亵渎神圣这类更严重的罪行，马萨诸塞议会这部法典规定，将对冒犯者处以死刑。

这部法典还作出了一些具体规定：再洗礼派因宣扬婴儿洗礼的无效性及其他一些异端信条，而在马萨诸塞遭到法律禁止；在其管辖范围内，再洗礼派信徒一旦被定罪，就会遭受驱逐出殖民地的惩罚；除非有特殊原因，譬如避险或海难，禁止耶稣会成员进入马萨诸塞管辖区；鼓励和支持面向印第安人宣教，

---

1 Cited from *The Sacred Rights of Conscience*. p. 98.（*The Laws and Liberties of Massachusetts*, 1929; The Henry E. Huntington Library, 1998, 1-56.）

2 Ibid.

等等。

早期马萨诸塞当局对待所谓异端的不宽容立场，在处理贵格会信徒这一问题上，表现得尤为明显。1658 年，马萨诸塞议会专门针对新近兴起的异端贵格会作出了立法。贵格会被认为是对现有民事与教会秩序的反叛者与破坏者，从而在其管辖范围内，严格禁止贵格会的存在与一切活动。法令规定，任何与该异端相关的人员，将被强力驱逐，违者处死。

就在下一年里，马萨诸塞当局按照这项法规，逮捕了三名擅自进入其辖区的贵格会信徒。这三名贵格会信徒，在被驱逐一个月后又返回马萨诸塞，并再次被捕。根据《1659 年 10 月 18 日在新英格兰波士顿召集的马萨诸塞议会，就处决两名贵格会信徒发布的公告》，当局为了维护已建立的和平与秩序，按照议会授权、国家法律以及上帝诫命，仿效英格兰处理耶稣会士的先例，处死了这三名贵格会信徒中的两名男性信徒。而对于其中的女性贵格会信徒玛丽·戴尔（Mary Dyer，约 1611—1660 年），这份公告的说法是："鉴于她儿子的请求，以及本议会的仁慈与怜悯，允许玛丽·戴尔在两天内离开这里；对此，她接受了。"[1]

该公告还遮遮掩掩地表示，希望当局在对待贵格会信徒上所给予的"宽大处理"方式，能为自己洗脱"严酷"[2]的指责。然而，玛丽·戴尔是一位勇敢而坚定的信仰者。她在第二次被驱逐后不久，又返回了马萨诸塞，并于次年夏被处以绞刑，从而成为自己信仰与良心自由的殉道者。

第四节 罗杰·威廉斯及其"活生生的试验"

威廉斯发起的孤独精神探索

激进清教徒罗杰·威廉斯（Roger Williams，约 1603—1683 年）为良心自由进行的斗争及付出的代价，构成了美国宗教自由历程的预演与胚胎。受激进分离主义与完美主义驱使，罗杰·威廉斯首先试图寻找一种纯洁的教会，但最终放弃

---

1 Cited from *The Sacred Rights of Conscience*. p. 113.（*The Laws and Liberties of Massachusetts, 1641-1691*, comp. J. D. Cushing, Scholarly Resources, 1976, 1: 67.）

2 Ibid.

了这一企图。极其看重自己灵魂纯洁性及精神独立性的威廉斯，拒绝与任何人，甚至包括自己的妻子，同领灵性共融圣礼。罗杰·威廉斯的一生，是因精神与信仰追求而不断分离与撤退的一生。他先是与自己的祖国英国以及安身立命之本英国国教会分离，为了良心自由和奉行纯洁信仰而远赴北美。在马萨诸塞与普利茅斯殖民地，他因无法接受民事权威与教会权威相结合，以及当地公理会保留部分国教会等做法，而被迫与之分离并遭到放逐。在普罗维登斯，他在自己的精神朝圣之旅中，又与那些“分离派”“分离”了。到最后，他专心致力于精神探索，而放弃了谋取权力与财富等一切世俗事物，因而也与“这世界”分离，并致力于向属灵世界的撤退或迁移。

在某种意义上，信奉严格加尔文主义的罗杰·威廉斯是一个分离派（Separatist）。在那个时候，所谓“分离”，意味着“清”与“浊”的分离；是真信仰者及真教会，与遭到污染扭曲的信仰者及教会的分离。分离的目的，是使自己免遭侵袭沾染，从而确保自己的纯洁与正道。同时，这种分离还有更为明确的指涉。按照罗杰·威廉斯的看法，真教会应当与这个世界相分离，至少教会不能与这个世界混合或混杂在一起。“上帝的花园”与“世界的荒漠”之间是断裂的，两者之间是存在“间隔”和“篱笆”的。像马萨诸塞殖民地当局那样，以行政权威来协助和促进教会事宜，以政治权力来树立教会权威，就是让这世界入侵和败坏了教会。这也正是罗杰·威廉斯与约翰·科顿发生宗教争论的核心论题。[1]

北美殖民地在建立初期，在探索新型政教关系之初，有许多方面还不得不借鉴旧有的传统语言与模式。譬如罗杰·威廉斯，尽管否定了官方确立宗教的正当性，但他仍然利用了许多传统术语与概念，来表述自己的立场与看法。同许多清教徒一样，罗杰·威廉斯的信仰也同样包含强烈的千禧年主义（millennialism）因素。随时可能发生的基督二次降临、末日审判、千年王国的建立，以及基督降临之前的大迫害与大灾难等，似乎为他们现下所处的世界与现实提供了一种很好的解释与期待。而且，按照这种千禧年神学来审视世界与历史，这世界与历史似乎也正在实现和印证着这种千禧年信仰。罗杰·威廉斯的宗教自由论证，建立在深奥晦涩的基督教预示论（typology）上，难以为常人

1　Cf. Edwin S. Gaustad, *Liberty of Conscience: Roger Williams in America*. Judson Press, 1999, p. 43.

所理解。在论述宗教问题时，当时的著述作者大都从自己所在的具体情形出发，而罗杰·威廉斯则试图从更抽象和更普遍的背景出发，从而使得他的论述具有了更高的理论意义。

应当隔离的“上帝花园”与“尘世荒野”

罗杰·威廉斯于1603年出生于英国伦敦一个中产阶级家庭。他在少年时期就经历了灵性皈依，[1]并积极投身于当地国教会的宗教活动。值得一提的是，弗吉尼亚殖民地开创者之一约翰·史密斯（John Smith，1580—1631年），与威廉斯属于伦敦当地的同一所教会。罗杰·威廉斯自幼就接受了良好教育，1621年入读一所文法学校，1624年进入剑桥大学学习。1627年毕业取得文学学士学位后，威廉斯留在剑桥继续深造了一年半。1729年，他受邀到英格兰东部埃塞克斯郡（Essex），担任威廉·马沙姆爵士（Sir William Masham）庄园的私人牧师。同年末，威廉斯在那里与一位圣职人员的女儿结婚。有证据表明，同样是在那一年，罗杰·威廉斯还结识了清教徒律师约翰·温斯洛普。事实上，在威廉斯生活的那一地区，存在着许多公开或隐秘的清教徒团体。威廉斯无疑同包括约翰·温斯洛普在内的许多清教徒都保持着联系。

大约于1630年末，就在约翰·温斯洛普等人离开英国仅仅8个月以后，罗杰·威廉斯夫妇，连同另外20余名乘客，就扬帆起程前去与他们会合了。那个时期，在冬季横跨大西洋是一件非常危险的事情。但由于形势危殆，马萨诸塞湾殖民地急需物资供给，这艘名为“莱昂号”（Lyon）的船，才涉险执行了这一艰险使命。1631年2月初，“莱昂号”抵达马萨诸塞湾。总督温斯洛普在这一天的日志里，作了这样简短的记载，“威廉斯先生，一位圣洁的牧师，连同妻子”[2]，抵达了这个“新世界”。

在塞勒姆这个小小殖民地短暂逗留后，罗杰·威廉斯偕同妻子，很快就来到了波士顿。在那里，作为训练有素的圣职人员，威廉斯受到了那些宗教移民的欢

1 Cf. Edwin S. Gaustad, *Liberty of Conscience: Roger Williams in America*. Judson Press, 1999, p. 6.

2 John Winthrop, *The History of New England from 1630 to 1649*. ed. James Savage, Phelps & Farnham, 1825, repr. by Arno Press, 1972, vol. I, pp. 41-42.

迎。但是当这个新创建的殖民地邀请他担任他们的牧师时，罗杰·威廉斯拒绝了，并旋即返回了塞勒姆。威廉斯在波士顿可能发现，那些移民在宗教上并未肃清英国国教会的习惯与影响，教会同行政当局密切结合在一起，并借助于行政权威来推进宗教事宜。远渡重洋前来追求纯洁教会与信仰的威廉斯，无法接受这些做法。可能在他看来，与其这样还不如留在英国。他们之所以选择背井离乡、含辛茹苦，就是为了保持教会信仰的纯洁性。

在塞勒姆，罗杰·威廉斯协助当地教会牧师，从事了一些教牧事奉，但此地仍处在马萨诸塞管辖范围之内。为寻找更适宜自己信仰标准的地方，1631 年夏末，威廉斯与妻子一道前往普利茅斯殖民地，并在那里居住了两年。其间，威廉斯协助那里的牧师进行工作，并同当地印第安人展开交往。罗杰·威廉斯是最早了解并掌握印第安人语言文化的英国人，他还专门撰写了介绍印第安人语言与人类学方面的著述并在英国出版。但最终坚持圣洁与诚实原则的威廉斯，也同那里的教会发生了争执，因为那里的教会，对曾返回英国并在英国重新回归国教会的人采取了容忍态度。于是，1633 年末，威廉斯一家再次返回了塞勒姆，这个他们最初抵达该大陆的港口村镇。

这时，马萨诸塞殖民当局已经开始警惕和防备罗杰·威廉斯的言行了。威廉斯在到达北美不久，就开始批评殖民地教会继续保留着国教会的许多形式与内容，批评殖民地政治与宗教结合在一切，并将行政当局确立的宗教称为"政治教会"。然后，威廉斯又有了新的批评理由。通过对印第安人的了解，威廉斯开始质疑马萨诸塞湾公司仅仅通过英国国王授权就占有印第安人土地这一做法的合法合理性。他认为，殖民者应当与当地土著人谈判协商，并通过购买等方式来取得那些土地。此外，威廉斯还批评殖民地教会的一些宗教实践。罗杰·威廉斯这些言行，大大触怒了马萨诸塞行政当局。他在塞勒姆教会一开始似乎赢得了相当程度的支持，但是随着他的看法变得越来越极端，并有可能导致塞勒姆教会与波士顿教会发生分裂时，他的那些追随者退却了。

这样，罗杰·威廉斯在 1634 年及 1635 年，就与以约翰·温斯洛普为首的行政当局和以约翰·科顿为首的教会当局，产生了严重争执与分歧。对于这个新创立的殖民地来说，威廉斯似乎是质疑和挑战一切人和一切事的"刺头"，是产生不稳定与分裂的"危险分子"。在通过种种途径敦促威廉斯放弃自己的观点无果后，殖民地当局在1635年10月作出决议，罗杰·威廉斯要么放弃自己的那些危险观点，要么在六周内离开马萨诸塞当局的管辖范围。1636年1月，罗杰·威廉斯获悉殖民地当局正准备用强力手段将他送回英国。于是，他立即越过了马萨诸塞辖区的界限，以惊人的毅力和胆略，消失在狂风怒号、大雪漫天的旷野里。

罗杰·威廉斯一直向南来到了纳拉甘西特湾（Narragansett Bay）的源头，并在那里凭借惊人毅力，在当地印第安人帮助下，建立起了自己的村庄普罗维登斯（Providence）。威廉斯宣布他创建的定居点对任何追求良心自由的人都是开放的。在这里，任何人都不应因为良心缘故而受到骚扰。此后几年里，有人陆续加入进来。

从马萨诸塞湾被驱逐后，罗杰·威廉斯及其追随者建立了普罗维登斯和罗得岛殖民地。1637年他们签署了《普罗维登斯协约》（*Providence Agreement*）。这份内容十分简单的协约，在强调秩序的同时，并没有使用什么神学语言。而且，它明确规定，这种通过立约而设立的政治体或村镇行政当局，只是负责处理民事方面的事务，而不涉及任何非民事事务，譬如宗教信仰问题。

摆脱了马萨诸塞行政与教会当局的束缚后，罗杰·威廉斯及其追随者终于可以自由实施自己的宗教试验了。1638年罗杰·威廉斯在自己的定居点，与另外二十来个人组成了北美第一个浸信会教会。威廉斯指定其中一名成员为自己施洗。然后，他为那个成员以及其他所有成员举行了洗礼仪式。这个教会终于可以自由遵循成人受洗和民事权威不能干预宗教事务等原则了。而这个小型殖民地的生活也逐渐走上了正常轨道。

"血腥的信条"：良心迫害与不宽容

1643年夏，罗杰·威廉斯返回了动荡混乱的英国，并在那里逗留了一年有余。其间，在朋友们帮助下，他完成了自己一直希望实现的目标：为他那块夹在马萨诸塞与康涅狄格之间的小小殖民地谋取了一份许可状，并出版了表达自己这些年来的一些宗教思考与见解的著作。其中表明自己宗教立场的，是于1644年出版的两部小册子。这两部小册子的出版，使得罗杰·威廉斯与约翰·科顿在遥远的北美殖民地发生的宗教分歧开始为他们的母国英国所了解，甚至还对英国国内的宗教自由进程产生了一定的影响。

罗杰·威廉斯于1644年在英格兰发表了一份论战小册子，题名为《对科顿先生新近出版信札所作的检查与回答》(*Mr. Cottons Letter Lately Printed, Examined and Answered*)。威廉斯指出，耶稣基督的无数忠实见证者，已经充分证明了这一点：

> 在预示（the type）中处于旧约下的犹太人教会，以及在相对预示（the antitype）中处于新约下的基督徒教会，都是与这世界相分离的。当他们在“教会花园”与“世界荒野”之间的分离篱笆或墙（the hedge or wall of separation）上打开一个缝隙时，上帝就已经打烂了那堵墙，移走了那烛台，使得他的花园变成了荒野，正如今日所是的。因此，如若上帝愿意重新恢复他的花园与天堂，那必定是要从这世界里，用墙为他自己围进去一些东西；所有那些将被拯救出这世界的，都将被迁移出这世界的荒野，而添加到他的教会或花园里。[1]

在威廉斯看来，将圣洁与不圣洁、悔改与不悔改、虔敬与不虔敬分离，乃是组成教会的一种必要的基本原则。正是信靠基督的人，正是这些公开忏悔与公开认信的基督信徒，才与其他人相区分与分离并组成了教会。但他们却受到了以约翰·科顿为代表的殖民地教会与行政当局的迫害。

1644年7月，同样是在回访英国期间，威廉斯还出版了他为宗教自由而撰写的最重要著作——《血腥的信条：为良心缘故而迫害》(*The Bloudy Tenent, of Persecution, for Cause of Conscience*)。这部著述属于作者处于动荡不安中的急就之作，内容杂乱，论证含混，表述粗糙。但其想要表达的主旨，还是可以识辨出来的：上帝并不要求一种宗教齐一性。不论是圣经还是历史都清楚表明，绝对不能使用强力手段来限制和禁锢人的良心，对那些坚持自己良心的人应该予以容忍。这种预示了约翰·洛克后来有关宽容思想的立场在当时完全无法为人们所理

1　Cited from *The Sacred Rights of Conscience*. p. 147.（*The Complete Writings of Roger Williams*, ed. Reuben Aldridge Guild, Russell & Russell, 1963, 1: 106-112.）

解，因为在当时要求任何人容忍而不是消灭自己认为属于异端与邪恶之人，实在是一件令人无从理喻和不可思议的事情。

《血腥的信条：为良心缘故而迫害》这本小册子，是罗杰·威廉斯题献给英国议会的，就新英格兰教会当局的宗教不宽容行为所作的控诉与批判。威廉斯坚持"人的良心绝不应受到侵犯、逼迫和束缚"[1]，因为按照圣经教导，为了良心缘故而进行迫害是违背耶稣基督教义的，上帝不会以暴力和流血来种植其教会。《马太福音》第13章"稗子的比喻"说明，要任由麦子和稗子留在地里，直到收割时才将它们拔出；信守真理的人和固守愚妄的人，也是要等到世界末日才得以甄别和明判。况且，有些事情并不是凝固不变的：

> 如今是稗子的，日后可能变成麦子；如今瞎眼的，日后可能得以看见；如今抵制他的，日后可能接纳他；如今处在魔鬼罗网里与真理为敌的，日后可能悔改；如今是渎圣者与迫害者，日后也可能成为信徒（就像保罗）。[2]

远在大西洋另一端的约翰·科顿，当获悉罗杰·威廉斯在伦敦出版了对自己的批判著述后，立即还以颜色，并不惮将这场宗教争论的战火烧到他们的母国英国。科顿针锋相对地出版了自己的答复性论战小册子——《血腥的信条：在羔羊宝血里得以洗净和漂白》（*The Bloudy Tenent, Washed, and Made White in the Bloud of the Lambe*, 1647）。科顿为自己以及殖民地当局对待罗杰·威廉斯的做法进行了辩护；指出殖民地虽然不排除宽容，但不能将宽容用于充满恶意的异端与邪恶，而当局的举措正是保持任何社会社团和平与繁荣的必要条件。

约翰·科顿的这种看法，代表着当时社会的一种普遍见解。在当时的马萨诸塞殖民地，有一些人甚至认为，对所谓愚妄与谬误的宽容，将会有损于良心的尊严。譬如说，马萨诸塞殖民地初期的清教领袖人物纳撒尼尔·沃德（Nathaniel Ward, 1578—1652年）就不同意对愚妄信仰与实践实施宽容政策。他在化名出

---

1 Cited from *The Sacred Rights of Conscience*. p. 151.（*The Complete Writings of Roger Williams*, ed. Reuben Aldridge Guild, Russell & Russell, 1963, 1: 5-9, 29-39.）

2 Ibid., 152.

版的《美洲阿格瓦姆的卑微补鞋匠》（*The Simple Cobbler of Aggawam in America*, 1646）里，就认为：

> 良心的自由，只能是犯罪与犯错的自由……而犯错的自由，则只能是良心的监牢。[1]

可见，在罗杰·威廉斯的那个时代，宗教宽容还只是一株若隐若现的幼苗，并不时经受着风吹日晒的煎熬。而罗杰·威廉斯则对科顿的"答复"作出了"答复"，显示了这场宗教论争的复杂性与长期性。威廉斯著述的标题，看来就说明了一切，《血腥的信条：因科顿先生想要在羔羊宝血里洗净它而变得更加血腥》（*The Bloudy Tenent yet more Bloudy, by Mr. Cotton's Endeavor to Wash It in the Bloud of the Lambe, etc.*，1652）。罗杰·威廉斯指出，统治者不愿意施行宗教自由，是因为他们害怕这种政策会扰乱社会并导致国家崩溃。但威廉斯以荷兰及阿姆斯特丹为例，用事实证明，荷兰正是由于采取了宗教宽容，所以才迅速成长为繁荣富饶的国家。宗教宽容不但没有为那里的社会带来动乱与战争，反而使其更加强盛和伟大。

"一种活生生的试验"：宗教自由

1651年冬至1654年春这一时期，罗杰·威廉斯还曾与约翰·克拉克一道，再次为殖民地和出版事宜返回伦敦。在伦敦逗留期间，威廉斯与许多著名人物，譬如克伦威尔和弥尔顿过从甚密，并相互交流了神学上的见解。

罗杰·威廉斯在英国所谋求的目标，由于时局混乱与政局动荡，而一时无法如愿。而在北美他那小小殖民地，还有一些日常事务和民事问题需要解决。罗杰·威廉斯于1654年返回北美后，就自己殖民地的一些争论撰写了《致普罗维登斯城的信》。针对有些人反对城镇要求人们服兵役的主张，罗杰·威廉斯用一个著名的"船喻"，在人的"宗教权利"与"民事权利"之间作出了区分。

1　Cited from *The Sacred Rights of Conscience*. p. 159.（*The Simple Cobbler of Aggawam in America*, Daniel Henchman, 1713, 1-29.）

> 就好比是出海的船，在一艘船上的数百人，可谓休戚与共。而这正是一个人类共同体，或者一个人类结合体或社会的真实写照。有时人们也许会发现，教皇派与新教徒、犹太人与土耳其人，都登上了这同一条船。那么我肯定，我曾吁请过的所有良心自由，都集中在这两个关键点上：任何教皇派、新教徒、犹太人或土耳其人，都不会被强迫去参加船上的祈祷或崇拜，也不会强迫任何人放弃他们特殊的祈祷或崇拜，如果他们那样做的话。而且我还要补充说，尽管有这种自由，但我从未否定，这条船的指挥官可以指挥这条船的行进航线。而且，他还要命令水手和所有乘客保持和遵守正义、和平与沉静。如果有水手拒绝履行其职责，抑或有乘客拒绝支付其运费；如果有任何人拒绝以体力或财力，为共同花费或防御提供帮助；如果在公共安全与防护上，有任何人拒绝遵守这条船的公共法令与秩序；如果有任何人针对指挥官及其僚属发生哗变与暴动；如果有任何人宣扬或主张不应当有指挥官或僚属——因为所有人在基督里平等，所以没有主人也没有僚属、没有法令也没有规则、没有矫正也没有惩戒，那么，我就要说，对此我从未否认，在那种情形下，不论有什么借口，指挥官都可以按照其所作所为，评判、阻止、驱逐和惩罚那些违规者。[1]

罗杰·威廉斯建立的普罗维登斯及罗得岛，是一个定居点或殖民地，而不是一个教会。在这个殖民地生活的居民，必须要为殖民地的生存与发展担负一些必要的职责。良心与信仰是自由的，但这种自由不能否定其作为这个殖民地居民必须履行的民事义务。现代美国政教关系研究权威安森·费尔普斯·斯托克斯（Anson Phelps Stokes，1874—1958年）认为，罗杰·威廉斯这个著名“船喻”，确立了一个宗教多元社会得以健全存在的三条基本原则：

> 第一，在神圣（船上的祈祷与崇拜）与世俗（指挥这条船的行进航线和

---

1 Cited from *The Sacred Rights of Conscience*. p. 155.（*The Complete Writings of Roger Williams*, ed. Reuben Aldridge Guild, Russell & Russell, 1963, 1: 278-279.）

保持正义、和平与沉静）之间存在着不同；第二，政府官员（这条船的指挥官）可以在世俗领域而非神圣领域实施强制手段；第三，在涉及这个政治共同体的安全与保障时，宗教良心不能作为有效借口，以拒绝遵守政府的合法指令。[1]

毫无疑问，安森·费尔普斯·斯托克斯这里提炼出的三项原则，是对宗教自由的一种狭义解释，并在某种意义上反映了温和分离论的立场。但不幸的是，现代美国联邦最高法院的宗教案件裁决，在一个时期内，就是以这些原则为基础的。这一点，将在后面详加讨论。

而在大西洋另一边，在英国政治风云变幻中，经过威廉斯与克拉克长期不懈的努力，1663 年 7 月 8 日，这个殖民地终于获得了由英王查理二世签署的正式皇家许可状。实际上，罗杰·威廉斯早在 1643 年，亦即在英国清教革命期间，曾从英国议会那里为他的小小殖民地谋取了一份专营证书。不过，在内战期间由议会签署的第一份许可状，由于局势混乱而未能获得国王签署。斯图亚特王朝复辟后，殖民地代理人约翰·克拉克，设法从查理二世那里获取了一份皇家特许状。这就是 1663 年颁发的《罗得岛与普罗维登斯殖民地特许状》（*Charter of Rhode Island and Providence Plantations*）。

这份皇家特许状首先陈述了这块小小殖民地的由来，指出组成这块殖民地的那些殖民者，坚持按照自己的方式来实行他们的基督教信仰与崇拜，但为了避免与其他殖民者（马萨诸塞湾的）产生不和，他们在远离其他殖民者的新英格兰纳拉甘西特湾（Narragansett Bay），依靠上帝的佑护和自己的辛劳，开创了这块殖民地。而且，这块殖民地的建立，已经获得了纳拉甘西特湾当地印第安人的同意，并从他们手中购买了那块土地。

接着，这份特许状表明了这些殖民者长期以来的心愿与目标：他们要实行“一种活生生的试验”（a lively experiment）：

1　Anson Phelps Stokes & Leo Pfeffer, *Church and State in the United States*. Revised one-volume ed., Harper & Row, Publishers, 1964, pp. 15-16.

> 鉴于，在其谦卑陈述里所自愿表明的，他们的最大心愿（如若承蒙应允），就是实行一种活生生的试验：我们英国臣民，在宗教关切上拥有完全自由情形下，能够建立和维持一个最为繁荣的民事政体；而正确建立在福音原则基础上的真实虔敬，将赋予主权统治以最佳和最大的安全性，将在人们内心深处确立最强烈的忠诚义务感。[1]

有鉴于此，英国王朝表示，为了鼓励自己忠实臣民所从事的事业与追求，使得他们能够自由行使他们作为属民应当享受的民事与宗教权利，而且更重要的是，考虑到他们虽然不完全认同英国国教会的某些仪式与信条，但他们由于所处的特殊环境与位置，应当不会破坏这个国家已经确立的联合与统一，决定向他们作出下列授权：

> 钦命如下，在该殖民地范围内，自兹伊始，任何人都不应因宗教问题上的观点分歧受到任何形式的骚扰、惩罚、烦乱或质询；都不应扰乱该殖民地的民事和平与安定；在该辖区范围内，所有个人和团体，从今以后，在宗教问题上，都可以自由而完全地拥有和享受他们自己的判断与良知。[2]

当然，这份特许状还特别指明，这些权利不能用于放纵自我和亵渎神圣，也不得对他人构成伤害，而是要使这个殖民地发展成为一个和平繁荣的政治共同体。

这份正式许可状，不仅肯定了这个殖民地的政治身份，而且还允许它实行自己的宗教自由试验。罗杰·威廉斯和他的罗得岛殖民地，实践和推进的是“一种活生生的试验”，以期检验宗教自由是否能够与社会和平与繁荣携手并存。虽然荷兰的情形在某种意义上已经验证了这一点，但这些北美英国移民还需要在这块新大陆上作出自己的试验。这份皇家许可状，允许罗得岛居民不因任何宗教问题

---

1 Cited from *The Sacred Rights of Conscience*. p. 115.（*The Federal and State Constitutions, Colonial Charters, and Other Organic Laws of the States, Territories, and Colonies*, ed. F. N. Thorpe, U.S. GPO, 1909, 6: 3211-3213.）

2 Ibid.

而受到骚扰与惩罚，也极大鼓舞了其他殖民地的追求与抱负。此后，像新泽西、卡罗来纳与宾夕法尼亚这些后来获得许可状的殖民地，亦都把宗教与良心自由看作创建殖民地的一个重要因素和目标。

威廉斯提供的“信仰试验区”及历史评价

尽管被诬蔑为“新英格兰之道”的旁门左道，被诬蔑为“新英格兰的下水道”，但罗杰·威廉斯及其建立的罗得岛殖民地，还是为新英格兰各殖民地宗教齐一性的高压状态，提供了一个缓冲区。各种无法认同官方确立宗教形式的异议者，都能够在罗得岛找到栖身之所，譬如安妮·哈钦森和约翰·克拉克。而罗得岛内部越来越突出的宗教多元局面，以及越来越明显的信仰异端特征，亦从另一个侧面揭示了一种社会存在的可能性：实行宗教宽容与良心自由，对于一个和平与繁荣的社会亦是一种可行的选择。

安妮·哈钦森（Anne Hutchinson，1591—1643 年）在宗教信仰上，曾经是约翰·科顿牧师的忠实追随者，并随同后者从英国的波士顿村，远渡重洋来到了北美马萨诸塞湾的波士顿村。她在神学上接受了约翰·科顿宣扬的加尔文主义信仰，但由于极力强调人的事工在由恩典带来的救赎中毫无作用，而被对手冠以贬义称谓：“反律法的唯信仰主义者”（antinomianist）或“宗教狂热分子”（enthusiast）。

1637 年 11 月，在接受马萨诸塞总督约翰·温斯洛普主持的审讯中，安妮·哈钦森声称自己的宗教洞见源自“一种直接启示”，而那种直接启示，则经由“圣灵对自己灵魂的声音”而获得。安妮·哈钦森夫人在自己家里与追随者一起聚会，以宣扬自己的宗教信仰，并声称这样做是出于上帝的指令，以及自己的良心权利。殖民当局通过审讯认定，安妮·哈钦森所谓的“声音”，只不过是一种幻觉和欺骗；她的所作所为威胁到了殖民地的和平与秩序，因而裁定，她要么放弃自己特殊的信仰与宗教实践，要么遭到驱逐。

而最终遭到马萨诸塞当局驱逐的安妮·哈钦森，似乎也只能投奔罗杰·威廉斯。1638 年 3 月，在罗杰·威廉斯帮助下，安妮·哈钦森与她的追随者一同定居在了罗得岛上。次年，约翰·克拉克也与安妮·哈钦森等人会合在一起。1643 年夏在纽约长岛，安妮·哈钦森在荷兰殖民者与印第安人的武装冲突中不幸遇难。

约翰·克拉克（John Clarke，1609—1676 年）出生于英国，可能在荷兰莱顿大学接受过法律、医学和神学方面的教育，1637 年移民马萨诸塞，后转往罗得岛定居。约翰·克拉克是一位“分离派”圣职人员和医生，为了追求良心自由，他被迫与追随者从马萨诸塞迁居到罗杰·威廉斯的殖民地，并在罗得岛上创建了定居点纽波特（Newport）和最早的浸信会教会。事实上，约翰·克拉克几乎是与罗杰·威廉斯同时创立了北美最早的浸信会教会。

1651 年，约翰·克拉克与另外两名教会成员，曾不顾马萨诸塞当局对他们的驱逐令，冒险返回马萨诸塞，以履行一些必要的宗教事奉，并借机宣扬自己的信仰。马萨诸塞当局逮捕、监禁并处罚了他们。其中一位同伴还被公开施以鞭挞。虽然马萨诸塞当局声称，所处罚的是他们的行为，而不是他们的良心，但克拉克回答说，没有行为自由，就不可能存在良心自由。[1] 约翰·克拉克于次年，利用与罗杰·威廉斯重返英国的机会，在英国伦敦出版了一本论著，以谴责马萨诸塞当局的宗教不宽容政策。这本著述的新奇标题，就很好地表达了该书的主旨：

> 来自新英格兰的坏消息，或者，对新英格兰施行迫害的叙述。由此宣告了旧英格兰正在变成新英格兰，而新英格兰正在变成旧英格兰。

这本论著的出版，可谓直接戳中了马萨诸塞殖民地当局的要害与忌讳。

综上所述，就直接与间接的历史影响而言，罗杰·威廉斯作为美国宗教自由的先驱，其重要性曾长期受到忽略和埋没。还有许多人将他看作仅仅是一种象征或楷模，从而忽略了其在理论上的重要意义。罗杰·威廉斯在世时，以及在他去世后一个相当长时期里，罗得岛不但没有被新英格兰人和北美人看作一种典范，反而被看作一种“藏污纳垢”的“畸形怪胎”，一个各种异端聚集的“不名誉”之地。罗杰·威廉斯的殖民地，因为聚集了当时各种无法见容于其他殖民地的放逐者，而被一些人蔑称为新英格兰的“茅厕”或“阴沟”。

一直到一个世纪后的美国革命时期，通过浸信会历史学家艾萨克·巴克斯等

---

1 Cf. Thomas J. Curry, *The First Freedoms: Church and State in America to the Passage of the First Amendment*. Oxford University Press, 1980, p.15.

人的介绍，罗杰·威廉斯的宗教自由思想才开始为更多人所了解。尽管如此，罗杰·威廉斯的宗教宽容与自由思想，还是被洛克以及北美理性主义政治家的锋芒所遮掩。这样说来，罗杰·威廉斯更像是一种旷野里的声音。不过，从20世纪30年代和40年代开始，美国联邦最高法院在一些有关宗教诉讼的判决里，开始不断提到罗杰·威廉斯的先驱与拓荒影响。马萨诸塞议会也撤销了当年驱逐罗杰·威廉斯的法令。罗杰·威廉斯开始逐渐在其历史背景里凸显和伟大起来，并被视为美国自由的最早先驱和标志性人物。

直到罗杰·威廉斯去世六年以后，亦即罗杰·威廉斯发表《血腥的信条：为良心缘故而迫害》近半个世纪以后，约翰·洛克的《宽容书简》才得以问世。尽管没有证据表明在威廉斯与洛克之间存在着直接的思想渊源，但洛克在自己著述里阐述了与威廉斯观点极为相似的主张，亦即试图通过界定与限制民事政府的权力，来为宗教自由保留自己的属地。罗杰·威廉斯最早提出的那些观点，在当时还属于一种大胆与新颖的创见，并为倡导者招致了诸多不幸与磨难。半个世纪后，约翰·洛克的类似主张，听起来已经不再那么离经叛道，虽然还没有达到宗教自由的高度，但它使宗教宽容开始深入人心。这是社会与时代进步使然。美国著名天主教学者约翰·默里对罗杰·威廉斯作出了如下评价：

> 他绝非提前出生的启蒙运动之子。他是一位17世纪的加尔文派，并对那有别于教会的政治秩序之性质采取了某种明显非加尔文派的看法。他由此夸大了这种区别，因为他对下列问题采取了特殊看法：旧约与新约的非连续性，以及新约教会的完全超验性——禁止它与尘世秩序保持任何联系。[1]

第五节　各殖民地宗教政策与“大觉醒”促成的新格局

在“新世界”与“新千年”里开启的“新试验”

探险家哥伦布（Christopher Columbus，1451—1506年）在1492年发现美洲

---

1 John Courtney Murray, S.J., *We Hold These Truths: Catholic Reflections on the American Proposition*. Rowman & Littlefield Publishing Group, Inc., 1960, 1988, 2005, pp. 67-68.

"新大陆"时，认为这一切都是出于上帝的神奇意志，并相信这将为基督教带来巨大利益。[1] 换言之，他的探险航行，不仅是国家事业，而且也是教会事业。在哥伦布眼里，发现美洲新大陆，既标志着他灵性探索的顶点，也象征着基督救赎史上"新千年"纪元的一个开端。

哥伦布持有的这种宗教异象，无疑在早期北美殖民者那里得到了共鸣。所谓"美国缔造"，既意味着对欧洲传统的继承，又意味着对这种传承的拒绝。浩瀚的大西洋分隔开来的，是"新"与"旧"两个不同的"世界"。美国当代学者弗吉尼亚大学教授威廉·李·米勒（William Lee Miller）指出：

> 与大多数人类社团相比，美国在更大程度上是通过人的合作、思考与设计而得以创立的。这种设计的一个重要部分，就是宗教自由。[2]

良心或信仰自由，构成了创立美国的一个重要观念与指导原则。在殖民者前往北美开辟殖民地之前，他们原来生活的故乡欧洲，英国亦不例外，仍然奉行高度的宗教不宽容和排他性政策，并不惜以歧视、迫害、监禁和杀戮来追求信仰的一致性。罗马天主教与基督教新教之间、新教各宗派之间、各宗派内部各教派和各团体之间，往往因为一些教义与仪式分歧，而彼此攻讦与争斗，各自以自己的立场和宗教为唯一真实信仰，并指责一切有别于己的立场为虚假信仰。而追求奉行真信仰之道，又是所有人与所有社会的最高目标和首要义务。于是，宗教迫害便成为保持唯一真宗教的必要手段。

在社会中或者宗教内部，取得多数派或优势地位的教派，更由于获得王室贵族或民事权威的认可与确立，而排他性地获得了唯一正统合法宗教的地位，并对一切异己个人或团体进行了种种限制和压制。在那样一个处境里，任何无法完全接受官方确立宗教教义与仪式的人，任何无法认同官方确立宗教一切体制与形式的人，都面临着一个严峻的选择：要么留在那里成为"殉道者"，要么离开那里

---

1 Cf. Sydney E. Ahlstrom, *A Religious History of the American People*. Yale University Press, 1972, pp. 36-37.

2 William Lee Miller, *The First Liberty: America's Foundation in Religious Freedom*. Expanded and updated ed., Georgetown University Press, 2003, p. 3.

成为“流亡者”。于是，一些被迫寻求宗教避难所的移民，也就在“新世界”里成为殖民者。

早期移民冒险前往北美并在那里建立起殖民地，一个主要目的，就是为自己寻找一个宗教避难所，以便能够不受干扰与迫害地按照良心指令来奉行自己的宗教信仰。这当然不意味着他们会设身处地为其他人作类似考虑，或者认同其他人的类似权利主张。宗教宽容与自由，只是后来的进一步发展，并不一定就是最初的目标。但正是这进一步的发展，构成了美国人民独有的创新性试验与贡献。

许多清教徒将他们在北美的殖民地看作圣经中的“新以色列”或“新迦南地”。英国著名作家切斯特顿（G. K. Chesterton，1874—1936年）曾将美国称作“一个以教会为灵魂的国家”[1]。当代著名历史学家悉尼·米德更是把切斯特顿这句话当作了自己一部重要著作的书名。[2] 早期北美殖民地，至少就17世纪的北美英属殖民地而言，宗教特别是基督教新教，在社会生活中发挥着主导性作用。

就这些殖民地的创建而言，有许多是出于宗教动机，亦有一些是出于世俗目的。但不论初衷如何，各个殖民地在随后的发展中，都有意或无意地吸引了各种各样的宗教移民，并或迟或早地形成了多种宗派或教派并存的多元局面。不同教派的信徒，都在谋求自己的自由与平等地位。正是这些移民先驱持续不懈的良心权利诉求和宗教自由斗争，构成了这些殖民地在处理政教关系上持续不断的创新与试验。尽管各殖民地试验的具体内容与形式互有不同，但良心权利、宗教宽容以及信仰自由，构成了所有这些试验的主要特征。

当然，在宗教斗争与宗教试验之外，还有一些外在因素，譬如经济利益，亦对北美殖民地的宗教宽容与自由发展产生了影响。对于早期殖民地来说，它们所在的北美新大陆，是一个地广人稀、未经开化的“新世界”。移民数量及人口增长，是一个殖民地走向经济与社会繁荣的必要条件。由于各个殖民地采取的宗教政策不同，那些各自相对独立的殖民地，就为现有移民和新移民提供了可资选择的余地。如果某个殖民地坚持将某种宗教教义或原则作为本殖民地的确立标准，或者实施某种程度的宗教限制与迫害，不但会迫使已有的不同教派信徒离开该殖

1　G. K. Chesterton, *Collected Works of G. K. Chesterton*. Ignatius Press, 1986, vol. 21, p. 45.

2　Cf. Sidney Mead, *The Nation with the Soul of a Church*. Harper & Row, Publishers, 1975.

民地，而且也会使即将到来的新移民望而却步。可以说经济贸易因素，也是促成北美殖民地施行宗教宽容政策的一个重要因素。宾夕法尼亚的成功就是一个很好的例证。而弗吉尼亚、卡罗来纳和新泽西等殖民地，最初都是出于投资或获得利润的动机而组建的。那些投资人或不动产拥有者，希望尽快和尽多地获得利润与财富。所以他们愿意在其殖民地内，提供最自由和宽松的政治与宗教条件，以吸引尽可能多的移民前往他们的殖民地从事农业、制造业和商业，并进而为他们带来最大化的物质收益。

所以说，正是多种因素的综合作用，导致各个殖民地形成了各自具体的宗教生态与政策。相应地，各个殖民地也采取了适宜的政教关系模式。按照惯常的划分方法，北美英属十三个殖民地，从地理位置上大致可以区分为三大块：北部殖民地亦即新英格兰，包括马萨诸塞、康涅狄格、罗得岛和新罕布什尔；中部殖民地，包括纽约、新泽西、宾夕法尼亚和特拉华；以及南部殖民地，包括马里兰、弗吉尼亚、北卡罗来纳、南卡罗来纳和佐治亚。由于彼此广泛的联系与相互影响，相邻的地区往往呈现出某种相似的特征。就政教关系而言，这三个主要殖民地地区，亦各自形成了一些可以识辨的总体特征。

大体说来，早期殖民地时期，在新英格兰，除了罗得岛以外，获得各殖民地确立宗教地位的，都是基督教新教公理会。确立宗教与当地行政当局，形成了相互合作、相互支持的紧密关系。在新英格兰各地，当地城镇的公理会聚会所，往往既是宗教崇拜场所，也是当地政府议事之地；在教会人员与行政人员之间存在着诸多交叉重叠。教会当局与行政当局各司其职但又密切合作，共同维护着殖民地的精神与物质追求。

在中部殖民地，由于宗教多样性的发展，相对来说也存在较大程度的宗教宽容。贵格会信徒威廉·佩恩使得自己的殖民地以及相邻的新泽西部分地区，成为贵格会的栖身地，并为其他许多遭受排挤的新教教派提供了避难所。纽约及其前身新荷兰、特拉华及其前身新瑞典，经过欧洲探险者与殖民者的数度易手之后，在宗教信仰上，也只能采取宽容与自由这一最有利于保持和平与安定的政策。

而在南部的弗吉尼亚和卡罗来纳，则大体承袭了母国英国的做法。殖民地政府类似于英国政府，为殖民地英国国教会提供了排他性官方确立地位。国教会在政府支持与领导下，以类似于政府一个部门的角色，担负着灵性与崇拜义务。马里兰起初是天主教徒的殖民地，但不久新教徒夺取了控制权，并确立了英国国教会。此外，在早期移民中，信奉路德宗的欧洲移民，尽管在17世纪后期形成了一个移民小高潮，但由于时局变化，最终未能控制住一个独立的殖民地，也不享有官方确立宗教的特权地位。作为宗教信仰的少数派，他们充其量只是占据了一些大型社团或社区。

下面按照这种大致的地理区划，对殖民地的一些典型发展，对殖民地一些具有代表性的政教关系模式，进行一些具体深入的分析。

清教徒在新英格兰的试验

在新英格兰，清教徒把他们的殖民地看作“一座建造在山上的城”，一个按照他们信仰原则建立的“圣经政治共同体”，一个听从良心指令培植的“真宗教种植园”。在早期新英格兰，不论是普利茅斯殖民地还是马萨诸塞殖民地，不论是康涅狄格殖民地还是纽黑文殖民地，不论是罗得岛殖民地还是新罕布什尔殖民地，其主导性宗教信仰形式，均隶属于加尔文主义的清教信仰。宗教成为组织与规范那些移民的首要精神原则，民事权威帮助教会保持信仰的一致性或齐一化，成为一种常见做法。在民事权威与宗教权威之间，通常都保持着一种密切合作但又各司其职的关系。虽然基督教新教公理会，在多数情形下，都被确立为官方宗教，但各个殖民地还是在越来越大程度上采取了温和的宽容方针。宗教宽容和自由获得了日益扩大的群众基础和社会土壤。

在某些方面，罗得岛殖民地也许算是“新英格兰之道”的一个例外，甚至还被某些新英格兰人诬蔑为“不名誉地”或“下水道”。在某些正统派看来，为任何追求良心自由而前来避难的人都提供庇护所的罗得岛殖民地，简直就是“新英格兰的茅坑”[1]。罗得岛并没有像其他新英格兰殖民地那样，通过行政权威来推进宗教的一致性，而是在宗教信仰问题上，采取了一种个人良心指令至上的原则，对不同宗教信仰实行了宽容与自由政策。尽管在相当长时期里，罗得岛的宗教做法并不为其他新英格兰当局所赏识，但罗得岛在实行良心宽容和宗教自由方面，仍然走在时代的前列。任何人都不因宗教信仰而受到不应有的限制，任何人都可以

1　Patricia Bonomi, *Under the Cope of Heaven*. Oxford University Press, 1986, p. 20.

按照自己良心指令来崇拜上帝，任何人都可以自由实践自己的宗教信仰，将成为北美殖民地以及独立后美国的主旋律。而罗得岛的试验与实践，则构成了这种宗教自由的先声。

威廉·佩恩及其“神圣的试验”

罗杰·威廉斯在罗得岛推行的是“活生生的试验”（lively experiment），以检验宗教与良心自由是否可以与一个和平与繁荣的社会共同存在。威廉·佩恩（William Penn，1644—1718年）创建的宾夕法尼亚殖民地，同样是在一个人类试验的基调上组建的。宾夕法尼亚推行的是所谓“神圣的试验”（holy experiment），所检验的是，到处遭受迫害并被视为洪水猛兽的贵格会，以及其他一些边缘性教派，譬如莫拉维亚兄弟会和门诺会，在自由信仰和自由崇拜的条件下，在不确立官方宗教的条件下，是否可以构成一个健全而具有美德的社会。按照有些学者的看法，威廉·佩恩建立的这个殖民地，也许是人类历史上第一次建立了这样一个大型政治共同体，而这个政治共同体并没有规定一种官方确立的宗教。[1]

威廉·佩恩不仅坚持良心自由，而且看到了吸引移民对促进殖民地经济贸易的重要性。幅员广阔的宾夕法尼亚，在17世纪后期，成为被驱逐教派信徒的主要收容地和避难所。在美国革命以前，宾夕法尼亚可能吸引了最多的教派与崇拜团体。正是那些从其他地方迁移来的人们，为这里带来了迅猛发展和繁荣昌盛，使得宾夕法尼亚从18世纪起成为北美最繁荣的殖民地或州。

自17世纪70年代起以来，贵格会移民开始成批定居在新泽西和宾夕法尼亚，并开始了他们“神圣的试验”。在某些方面，贵格会信仰将加尔文派清教教义推向了极端。他们强调每个人内在的基督之光或圣灵。而那种内在之光，则使一切外在之物成为次要与辅助性的东西。受过训练的牧职、体制化的教会以及公开的崇拜仪式，全都成为那种内在之光的辅助与促进手段。甚至圣经也不再具有至高权威性。正统教会对这种教派的排斥是预料之中的，因为在正统派看来，这种极端信仰形式，或多或少都具有一些异端的性质。

---

1 Cf. Thomas J. Curry, *Farewell to Christendom: The Future of Church and State in America*. Oxford University Press, 2001, p. 27.

1681 年，英王查理二世为了清偿向威廉·佩恩父亲借下的一笔债务，而把宾夕法尼亚殖民地赋予了威廉·佩恩。佩恩的殖民地“宾夕法尼亚”（意即“佩恩的林地”），创建于 1682 年。这使得它有机会吸取和借鉴其他殖民地的经验与教训。在这块殖民地上推行的“神圣试验”，不仅是要施行“宗教宽容”，而且还要施行“宗教自由”。结果证明，宗教自由不但没有使这个殖民地毁灭，反而迅速使其走向繁荣。宾夕法尼亚是在更明确、更主动的自觉意识下，在一个更广阔的范围内，施行了宗教自由政策，这表明宗教自由与经济繁荣和社会稳定是可以携手并进的。这使得宾夕法尼亚成为北美其他殖民地推行宗教自由的典范与楷模。

威廉·佩恩早在 1670 年的著述《良心自由的伟大案例》（*The Great Case of Liberty of Conscience*）中，就对“自由”与“限制”作出了自己的界定：

> 就良心自由而言，我们理解为不仅仅是思想的自由，信奉或不信奉这种或那种原则或教义；而且还是以可见崇拜方式，使我们自己得以表达的自由。按照我们的信念，它为我们所掌握是不可或缺的，如果我们因为畏惧或偏袒任何尘世之人而忽略了它，我们就会犯罪，就会招致神圣的愤怒。[1]

自由不仅是信仰的自由，而且还是以可见方式表达与崇拜的自由；不仅是免予强迫指令的自由，而且还是免予阻挠和妨碍的自由：

> 就强加、限制与迫害而言，我们不仅认为是指严格要求我们信奉这为真或那为假——在这种情形下，一旦拒绝就会招致所施加的惩罚；我们认为那些术语还意指，任何强迫性地妨碍或阻挠我们聚会以实施那些宗教活动的东西——按照我们的信仰与信念。[2]

在从查理二世那里获得了宾夕法尼亚后，威廉·佩恩为治理这块殖民地而精

---

1 Cited from *The Sacred Rights of Conscience*. p. 43.（*The Select Works of William Penn*, 4th ed. Kraus, 1971, 2: 133-139.）

2 Ibid., 44.

心制定了一部基本法规，这就是1682年制定的《宾夕法尼亚政府体制》(*Frame of Government of Pennsylvania*)。佩恩制定的这部法规，很可能参考了北卡罗来纳的法典。在这部法规“序言”里，威廉·佩恩从他隶属的贵格会信仰出发，依据圣经启示，对政教关系作出了一番论述。佩恩首先指出，人内在的神圣法律，由于人自身的堕落而失去了应有的约束力，从而使得外在正义法律的矫正与限制成为必要。

> 这就毫无例外地确定了政府的神圣权利。它是为了两种目的：第一，恐吓为恶者；第二，推崇为善者。这赋予了政府一种超越腐败的生命，并使得它在这世界里能够同善人一样持久忍耐。所以在我看来，政府就好像是宗教本身的一部分，是一种在其体制与目的上神圣的事物。因为，就算它没有直接消除恶的原因，那它也粉碎了恶的结果。而这本身（尽管是在一种较低意义上）就是那同一神圣权能的一种流溢；而那种神圣权能，既是纯粹宗教的作者又是其目标。两者的不同之处在于，在运作上，一种是更为自由和精神性的，另一种则是更为具体和强制性的。但这只是对为恶者而言，而政府本身则能够是仁慈的、良善的和博爱的。[1]

《宾夕法尼亚政府体制》这份治理这个殖民地的法规文件，还进一步指出：

> 政府依赖人，而非人依赖政府。如若人是好的，政府就不会是坏的；即便它是邪恶的，人们也会矫正它。但是，如若人是坏的，政府从来就不会是好的，人们会竭尽所能歪曲和糟蹋它。[2]

---

1 Cited from *The Sacred Rights of Conscience*. p. 117. (*The Federal and State Constitutions, Colonial Charters, and Other Organic Laws of the States, Territories, and Colonies*, ed. F. N. Thorpe, U.S. GPO, 1909, 5: 3052-3054.)

2 Ibid., 117-118.

制定政府的体制与法律，应当尽量使其符合“所有政府的伟大目的，亦即，在尊敬人民中支持权力，并确保人民免于权力的滥用……自由没有遵从就是混乱，遵从没有自由就是奴役”[1]。

同样是1682年专门为治理宾夕法尼亚殖民地而制定的《在英格兰通过的法律》（*Laws Agreed Upon in England, &c.*）第34条规定：所有担任公职的人员，应当是公开宣信耶稣基督的人。第36条规定：在该殖民地要守安息日。最为重要的是体现出相当宽容精神的第35条法规：

> 所有生活在该省的人，只要信奉和承认全能而永恒的上帝是这世界的创造者、维持者和统治者，并凭良心承诺在民事社会里和平而公义地生活，那么在信仰与崇拜问题上，就不应因其宗教信念与实践，而受到任何形式的骚扰或歧视；在任何时候，都不应强迫他们参加或维持任何形式的宗教崇拜、场所或事奉。[2]

沿袭荷兰宗教宽容政策的纽约

从16世纪后期以来，荷兰就是当时欧洲最为宽容的国家。加尔文主义改革宗，在整个荷兰都占据着主导性地位，但与改革宗信仰不同的其他教派，也可以在荷兰自由存在和发展。荷兰在北美建立的新荷兰以及新阿姆斯特丹殖民地，在宗教问题上，大致也采取了类似荷兰国内的做法。1624年制定的《新荷兰殖民者临时规章》（*Provisional Regulations for the Colonists of New Netherland*），为在北美服务于荷兰西印度公司的荷兰殖民者，作出了这样具有宗教自由性质的宗教规定：

> 他们在其领地内，应当只是实行改革宗宗教，而不是其他神圣崇拜形式，正如当前在这个国家所实行的；并争取通过他们的基督教生活与行为，

1 Cited from *The Sacred Rights of Conscience*. p. 118.

2 Ibid.

> 来吸引印第安人及其他蒙昧民族接受上帝和上帝之道的知识；不过，不能因其信仰而逼迫任何人，而是要使每人都得享良心自由。但如果在他们当中或在其管辖范围内，有任何人肆意诋毁或亵渎上帝或我主耶稣基督的圣名，那么他将按照其情形，受到指挥官及其委员会的惩罚。[1]

17世纪50年代中期，荷兰西印度公司给北美荷属殖民地总督彼得·施托伊弗桑特（Peter Stuyvesant，1592—1672年）的指令，就要求后者为扩展殖民地贸易和增加移民，而给予犹太人、葡萄牙人和路德宗信徒一定的民事与宗教自由。

17世纪60年代，当英国人从荷兰人手中夺取了纽约后，纽约城的宗教现状得以延续。在那里，宗教多样性的存在以及由此而来的宗教宽容政策，已经是一种不可更改的社会现实。

纽约实行的宗教宽容政策及其信仰的多元存在，可以通过犹太人在那里的待遇得到具体说明。同罗马天主教徒一样，美国犹太人不仅拥有悠久的历史与宗教传统，而且也对长期作为“二等公民”所拥有的地位与待遇怀有怨恨。他们在捍卫自己实质性宗教自由方面，表现得尤其积极与活跃。鉴于美国新教各教派已经享有许多优惠待遇，而自己的宗教则无缘分得一杯羹，美国的犹太人在政教关系问题上，一直都坚持严格的政教分离立场。在某种意义上，他们就像美国早期浸信会信徒那样，热切支持着政教分离运动。

根据文献记载，最早到达北美的犹太人是1654年从巴西逃亡而来的避难者。他们原本移民并生活在相对宽容的荷属巴西殖民地，后来由于葡萄牙夺取了那个殖民地并推行对犹太人迫害政策，而迫使一些犹太人不得不重新寻找栖身地。1654年一艘搭载犹太难民的船，到达了北美的荷属新阿姆斯特丹亦即后来的纽约。荷兰总督彼得·施托伊弗桑特，允许社团接纳那些犹太人，但又试图为他们的宗教生活制定种种限制。犹太人尽管受到各种不公对待，但他们的宗教生活仍然得以恢复。1664年，英国夺取新阿姆斯特丹后，犹太人的宗教生活获得了更宽松的空间。大致在同一时期，从欧洲横渡大西洋而来的犹太人移民，也开始以

---

1 Cited from *The Sacred Rights of Conscience*. p. 107.（*Documents Relating to New Netherland, 1624-1626*, The Henry E. Huntington Library, 1924, 2-3.）

各种途径进入北美新大陆。譬如在 1658 年，一批犹太人就到达了罗得岛殖民地，并在那里享受着某种程度的宗教自由。

国教会在弗吉尼亚的确立形式

对于主要出于宗教动因而在北美创建殖民地这一通例而言，弗吉尼亚殖民地的创立，明显算是个例外。事实上，弗吉尼亚的建立，要早于普利茅斯殖民地，是英国在北美建立的第一个英属殖民地。只不过那些推重美国精神清教起源的人，更愿意把美国的精神起源追溯到新英格兰清教徒那里。具体说来，与北美其他殖民地的创立动机与组成人员不同，弗吉尼亚是由一个伦敦母公司为了赢利目的而在北美创立的定居点。换言之，创立弗吉尼亚殖民地，起初主要不是出于宗教原因与洞见，而是为了尘世的利益与财富。相应地，这个殖民地的初期构成人员，也不是像其他殖民地那样主要以家庭为单位，而是主要由伦敦那些穷困潦倒的单身男性青年所组成。所以，弗吉尼亚殖民地，至少在其存在初期，在秩序与道德方面是比较松散的，这导致殖民地早期生活陷入了极大的混乱。早期殖民地当局，自然也意识到了这一问题，并在随后的发展中，开始竭力推行宗教教化，强化民事秩序。

1606 年，英王詹姆斯一世授权两家公司来负责北美定居与移民事宜。“伦敦公司”负责南部的地区，亦即随后创建的弗吉尼亚殖民地；“普利茅斯公司”负责北部的地区。1607 年 4 月末，“伦敦公司”派出的探险队，在北美登陆。他们以国王的名字命名了他们的第一个定居点“詹姆斯敦”（Jamestown），随后则以先王的尊称命名了这个殖民地“弗吉尼亚”（Virginia）。弗吉尼亚殖民地的早期发展异常艰难。淘金梦的破碎、物质的极度匮乏、疾病的肆虐、印第安人的攻击、自然条件的恶劣、人员的流动、纪律的松散与士气的低落，使得弗吉尼亚殖民地在最初那些年月里经历了极大的混乱与艰难，并数度陷于崩溃的边缘。

英国国教会从一开始就是弗吉尼亚殖民地当然的宗教信仰形式，并像英国国内那样在殖民地取得了官方确立地位。弗吉尼亚殖民地创立之初，总督托马斯·盖茨（Thomas Gates）及代理总督托马斯·戴尔（Thomas Dale），于 1610 年至 1611 年颁布实施的法令，明确要求这个殖民地应将基督教信仰纳入公共生活并赋予其以足够的重要性。该法令在明确上帝是万物之本、万事之根和万王之王的同时，宣布：

> 我郑重命令，所有首领和长官，不论属于何种类型或性质，不论是在战场上、城镇中还是在要塞里，都要确保每天以适当方式来敬拜万能的上帝；他们应当敦促下属聆听布道，他们自己也应当以身作则，带领他人参加每日早晨和晚间的祈祷；经常故意缺席者，应当按照相应军法受到严惩。[1]

在该殖民地，任何以其言行亵渎或冒犯三一上帝的人，都将被处死。殖民地法律还对参加宗教活动作出了明确规定：

> 在工作日，每天两次，当听到教堂第一遍钟声后，所有男女都应当前往教堂进行礼拜。对于疏忽缺席者，初犯时将被扣除津贴，再犯时将接受鞭挞，三犯时将被判服苦役六个月。[2]

同样地，法律还规定，任何男女不得以任何游戏娱乐方式破坏遵守安息日的规定。此外，法律还对殖民地的牧师及布道人员履行其相应宗教职责，包括布道、讲授教理、宣教等各个方面，作出了明确规定。1659 年，弗吉尼亚殖民地还专门立法，禁止贵格会在其辖区内从事任何活动。

但在殖民地发展初期，由于缺少合格的圣职人员，教会的发展并不理想。可以说，国教会在弗吉尼亚的早期发展十分有限。一直到该世纪中期，英国国教会在弗吉尼亚才发展成较为完整完备的教会组织。到 1693 年，弗吉尼亚更创办了北美第一所神学院——威廉与玛丽学院（College of William and Mary），为圣公会教会培养圣职人员。

清教徒与贵格会信徒在 17 世纪后期，曾企图进入弗吉尼亚，但遭到了严厉压制，其影响亦极其有限。但从 18 世纪早期起，随着英国《宽容法案》的实施，许多不信奉国教者开始在弗吉尼亚一些偏僻地区获得迅速发展。18 世纪 30 年代与 40 年代席卷新英格兰与中部殖民地的宗教奋兴运动，在该世纪中期亦蔓延到

---

1 Cited from *The Sacred Rights of Conscience*. p. 84.（*Colonial Origins of the American Constitution*, ed. D. S. Lutz, Liberty Fund, 1998, 315-317.）

2 Ibid., 85.

了弗吉尼亚殖民地。新光派长老会牧师塞缪尔·戴维斯（Samuel Davies，1723—1761年），甚至还在弗吉尼亚使许多黑人奴隶皈依了上帝。

1751年，长老会新光派牧师塞缪尔·戴维斯，在一封题名为《弗吉尼亚新教不信奉国教者当中的宗教状态》（*State of Religion among the Protestant Dissenters in Virginia*）的书信里，报告了在弗吉尼亚的汉诺威县及其他几个相邻地区，不信奉国教者的人数正在增加，并出现了一些小规模的“觉醒运动”。但是，由于“重生”信徒人数增长以及居住分散等因素的影响，那里的牧师人数短缺现象十分严重。而弗吉尼亚行政与教会当局，因对巡回布道十分警惕，而禁止同一位牧师在不同教会事奉。这使得那些新近组建教会共享圣职人员的权宜之计，无法得以实施。为此，塞缪尔·戴维斯援引英国早已颁布的《宽容法案》，为不从国教派的做法进行辩护和抗争。[1]

不过，同样都属于新光派的不信奉国教者，长老会和浸信会在弗吉尼亚受到了区别性对待。事实上，浸信会信徒在弗吉尼亚受到了真正的宗教迫害。他们“蝗虫般的”大众性特征，令地方当局感到不安和恐惧，也因此受到了更为严密的监视与限制。尤其是在独立前那一段时期，弗吉尼亚当局对浸信会巡回宣教士的迫害，达到更加严重的程度。这场宗教迫害，给年轻的詹姆斯·麦迪逊留下了深刻印象。当局实施迫害的一个直接理由，就是宣教士故意放弃或者无从获得当局要求的宣教许可证。而真正的动因，则是为了确保英国国教会在该殖民地的官方确立地位与影响。

天主教徒在马里兰的试验及其挫折

1632年，乔治·卡尔弗特（George Calvert，1580—1632年，巴尔的摩勋爵）从英王查理一世那里，获得了北美介于宾夕法尼亚与弗吉尼亚之间的一块土地，以期为在英国遭受迫害的天主教徒提供一个不受骚扰的栖身之所，因为英国国内清教徒的强劲发展使得英国天主教徒原有的困境变得越发糟糕了。两年后，亦即，1634年，在乔治·卡尔弗特的儿子塞西尔·卡尔弗特（Cecil Calvert，1605—

1 Cf. *The Sacred Rights of Conscience*. pp. 201-202.（*State of Religion among the Protestant Dissenters in Virginia*, S. Kneeland, 1751, 5-8, 29-44.）

1675年，巴尔的摩勋爵）的推动下，大约有两百名英国天主教徒乘坐两艘名为“方舟号”（Ark）和“鸽子号”（Dove）的帆船，到达了马里兰。耶稣会神父安德鲁·怀特（Jesuit Father Andrew White，1579—1656年）为这些宗教移民举行了第一次弥撒，并开始建立殖民地第一座天主教教堂。

巴尔的摩勋爵（Lord Baltimore）建立的马里兰殖民地，原本是为罗马天主教徒在新大陆提供一个庇护所。这些怀有崇高使命感，亦即要向世界证明自己的信仰为唯一真信仰的人，将天主教崇拜仪式与信仰带入了北美“新世界”。但在这个基督教新教占据主导地位的“新世界”里，这一小撮“但求自保”的天主教徒，不可能公开推行确立天主教为唯一官方确立宗教的政策，而只能低调地提倡一种具有宗教自由性质的宗教宽容政策。

虽然处在新教包围圈里的马里兰殖民地旨在成为一个天主教徒聚集地，但新教徒人数很快就超越了天主教徒。这使得任何想要保持这块殖民地宗教一致性的努力都化为泡影。出于实际考虑，马里兰实行的是天主教徒与新教徒和平相处的宗教宽容政策，而且新教徒也不限于某一教派——只要是信奉三位一体教义的基督徒。这样，马里兰这块殖民地所实行的，实际上就是没有政府干预的宗教自由。在没有民事权威干涉的情形下，不同教派之间相互容忍共存，在当时是一种有待验证的人类创举，而马里兰以自己的独特情形，交出了自己的答卷。

早在1649年，该殖民地立法机构马里兰议会，就通过了一项具有宗教宽容性质的《宗教法案》（*An Act Concerning Religion, Maryland*）。该法案规定所有宗教形式都有不受干扰地自由崇拜的权利；在该殖民地管辖范围内，任何否定、攻击或亵渎圣父、圣子、圣灵三位一体上帝的个体或团体，都将受到相应的惩罚。这项法规的罗马天主教特征则表现为，它同时还规定，对圣母童贞女玛利亚不敬的人也将受到惩罚。该法案事实上禁止人们在其管辖范围内以宗教派别标签相互攻讦。马里兰当局规定，在宗教信仰问题上，不得以责备批评方式对待他人，不得以教派标签对辖区居民作出区别或分类。做出下列行为者将会受到处罚，而被冒犯者将获得相应的财产补偿：

> 自兹伊始，任何人以任何借口或以任何责备的方式，将在本省或其所属河海口岸居住、旅行、贸易、经商的任何人，指称为异端、教会分裂者、崇

拜偶像者、清教徒、独立派、长老会教皇派、耶稣会派、耶稣会教皇派、路德派、加尔文派、再洗礼派、布朗派、圆颅党、分离派或任何其他派别。[1]

马里兰领主及其行政当局颁布的这项宗教法案，在某种意义上，属于宗教宽容法案。它反对突出或强调辖区居民的宗教分歧或差异，而主张人们有权按照自己的方式坚持宗教信仰和进行宗教活动：

> 自兹伊始，在本省或其所属岛屿、河海口岸范围内，任何宣称信仰耶稣基督的个人或团体，都不应因其宗教而遭受任何形式的为难、骚扰或歧视；他们在本省或其所属岛屿范围内可以自由活动；绝不能强迫他们违背其意愿，去信奉或施行任何其他的宗教。[2]

尽管马里兰当局作出了如此宽容的宗教规定，但这并不足以消除周围新教徒的妒忌与焦虑。到 17 世纪末，人数占优的新教徒，还是强行夺取了这个殖民地的控制权。于是，英国国教会在形式上成为这个殖民地的官方确立教会。

值得一提的是，尽管天主教徒在马里兰殖民地内外受到了不平等待遇，但天主教还是在北美扎下了根基，并逐渐融入北美这个宗教多元大家庭。在美国独立与革命期间，天主教徒查尔斯·卡罗尔（Charles Carroll，1737—1832 年）曾效力于大陆议会，是唯一一位签署《独立宣言》的天主教徒。他的兄长约翰·卡罗尔主教（Bishop John Carroll，1735—1815 年），则在美国革命后，成为美国第一位罗马天主教主教。

国教会在卡罗来纳和佐治亚的确立形式

卡罗来纳作为皇家殖民地，在 17 世纪发展缓慢，人口稀少；一直到进入 18 世纪后才开始获得迅速发展。起初，卡罗来纳殖民地的八位领主，为开发治理该

---

1 Cited from *The Sacred Rights of Conscience*. p. 104.（*Archives of Maryland*, Maryland Historical Society, 1882, 244-247.）

2 Ibid., 106.

殖民地，于1669年采纳了据称是由哲学家约翰·洛克起草的《卡罗来纳基本宪法》(*The Fundamental Constitutions of Carolina*)。一说，文献的主要作者为第一位沙夫茨伯里伯爵（Earl of Shaftesbury）。[1]无论如何，这份深受当时哲学思潮影响的政治文件，被称为17世纪最自由的官方文件。

这部法规第95条规定，只有上帝信仰者才能够居住在该殖民地，“如果不承认存在一个上帝，并对那个上帝作出公开而严肃的崇拜，任何人都不允许成为卡罗来纳的自由民，或在那里拥有财产或住所”[2]。

接下来的第96条规定，英国国教会作为英国的唯一官方教会，亦应成为卡罗来纳的唯一官方教会，并获得相应的政府支持。这条有关确立官方宗教的规定，据考察，并非出自约翰·洛克之手。相反，它是由其中一位主要领主，不顾约翰·洛克的反对，而坚持加入其中的。但在接下来的第97条规定中，这种官方确立宗教的立场，又发生了一定程度的缓和。它承认一直居住在该殖民地内的土著人与基督教还是陌路人。而从外部其他地方迁来的移民，也不可能采纳完全相同的信仰立场，并无疑渴望获得信仰问题上的自由。这部法典还在其他条款里，对教会登记和纪律作出了具体规定。

在17世纪后期和18世纪早期，欧洲其他民族移民的加入，譬如苏格兰及爱尔兰移民，以及北欧移民，更是为北美的宗教多元局面注入了新鲜血液。而英国为巩固自己的主导地位，也在积极拓展边疆事业。最南部的佐治亚，最初是作为英国人对抗西班牙人的军事据点而建立起来的。它迟至1752年才正式成为一个皇家殖民地，而人口也只有区区两千人左右，并主要聚集在萨凡纳（Savannah）周围。英国国教会顺理成章成为该殖民地的官方确立教会。值得一提的是，早在1736年，年轻的卫斯理兄弟作为圣公会牧师，就曾前往佐治亚从事教牧工作。但他们此行并未取得什么明显成绩，倒是在此次旅行中与莫拉维亚兄弟会的“戏剧性”接触，对约翰·卫斯理产生了持久的影响。对佐治亚传教事业作出更大贡献的，是随后前往那里宣教的乔治·怀特菲尔德及其追随者。

---

1 Cf. James H. Hutson, *Church and State in America: The First Two Centuries*. Cambridge University Press, 2008, p. 29.

2 Cited from *The Sacred Rights of Conscience*. p. 119. (*The Federal and State Constitutions, Colonial Charters, and Other Organic Laws of the States, Territories, and Colonies*, ed. F. N. Thorpe, U.S. GPO, 1909, 5: 2783-2785.)

“大觉醒运动”促成的宗教新格局

由乔纳森·爱德华兹和乔治·怀特菲尔德等人发起的“第一次大觉醒运动”，大致从1735年开始，中间时断时续，一直到英法爆发“七年战争”（Seven Years War，1756—1763年）以前，才告一个段落。

“大觉醒运动”在北美公理会与长老会内部造成了分裂，并直接或间接促进了浸信会与卫理公会的发展与壮大。“大觉醒运动”之前，“非官方确立宗教”信徒，在北美各殖民地基本属于少数派，并处在边缘地位。新光派的出现，以及福音派的发展，使得“非官方确立宗教”信徒，在人数与社会影响上发生了逆转。“大觉醒运动”在新英格兰及中部各殖民地，制造了一大批新型的不从国教派。这些新出现的不从国教派，应当像原有的不从国教派那样，受到宽容待遇吗？具体地，这些从传统教会里新近分离出来的“异议分子”，其社会地位与宗教课税等问题应当如何处理呢？况且，这些隶属于新光派阵营的福音派信徒，在自己的政治地位与宗教税收问题上，表现出了更为积极和不妥协的态度。其中有些信徒，不但不接受自己被排斥在官方确立的身份之外，反而认为自己的教会才是真正与合法的教会，应当享有给予宗教的一切特权与尊严。

就美国革命前的移民潮和“大觉醒运动”所带来的影响而言，有研究指出：

> 不亚于从欧洲“进口”的以民族为基础的教会，这种内部发展，使得宗教同质性的理想变得与美国场景毫不相干。相应地，“宗教确立”也只能是这样一个空洞术语，仅仅意味着对某一个特定机构的财政援助和民事偏袒。宗教确立的提法仍在使用，但它的含义已经转换了。[1]

当代历史学家詹姆斯·赫特森亦高度评价了这场“大觉醒运动”的意义：

> 不过，“大觉醒”并不是一个不当名称。它之所以伟大是因为这一运

1 John F. Wilson & Donald L. Drakeman eds, *The Church and State in American History: Key Documents, Decisions, and Commentary from the Past Three Centuries*. Third Edition, Westview Press, 2003, p. 38.

> 动——或毋宁说这一系列运动，具有比美国历史上早先任何事件更宽广的范围与影响。它之所以伟大是因为它是一场覆盖整个英语世界之运动的一部分。最后，它之所以伟大是因为它创造了一种类型的宗教——福音派，按照乔纳森·爱德华兹的话，其“区别性特征”主导了内战前的美国灵性景观，并于内战后，在美国宗教生活中继续发挥着强有力的作用。[1]

有人认为，在“大觉醒运动”与随后的美国独立革命之间，存在着密切的关联。尽管不能说是宗教奋兴运动直接引发了美国革命，但经过宗教奋兴运动更新的宗教，无疑在美国革命的每一阶段，都提供了强有力的支持。“大觉醒运动”激发的对教会权威与专制独裁的挑战，很容易转化为对民事权威和英国王朝的挑战。而已经持续了半个多世纪的，有关英国将向北美派驻主教的传闻，在美国独立战争之前，更是达到了绘声绘色、活灵活现的地步，并在人们当中引发了越来越大的焦虑与愤怒。这个派驻主教的方案，甚至被比作“教会的印花税法案”。可以说，在这场几乎席卷北美的宗教奋兴运动中，经过“更新”或“重生”的信徒与教会，在思想观念上、心理准备上和群众组织上，为北美殖民地脱离宗主国的独立与革命运动，提供了某种准备和预演。经过宗教奋兴运动培育起来的广大福音派信徒，其对自由的渴望和对专制的憎恶，在美国革命期间，更是与北美人的独立革命精神，形成了互相呼应、互相促进的密切关联。

其实，清教徒和福音派牧师，在布道和事奉中，对政治事务的热情历来都是十分高涨的。一个多世纪前他们的先辈在英国发起的清教革命，也鼓舞着北美殖民地信徒以满腔热忱投入到美国革命的斗争中。更何况，他们积极参与的独立与革命行动，还获得了教会权威的认可与支持。譬如波士顿的乔纳森·梅休（Jonathan Mayhew，1720—1766 年）牧师和塞缪尔·亚当斯牧师等人，就通过其布道指出他们坚持的抵抗运动在上帝眼里是正义的，并受到了上帝的祝福与保佑。这种发自教会布道坛上的声音，为反抗暴君与专制提供了宗教与道德合理性的论证，表明人们反对英国专制统治的政治斗争获得了神学与哲学认可。

“大觉醒运动”对既有官方确立教会的反抗，在社会与群众层面上，亦为其

---

1 James H. Hutson, *Religion and the Founding of the American Republic*. Library of Congress, 1998, p. 25.

后的美国革命提供了一份蓝图。美国大众文化及其奉行的“唯有圣经”原则，也允许那些对主流文化怀有强烈疏离感的人们对未来抱有一种千禧年希望。这种千禧年信仰，在某种意义上，可以使那些遭受社会文化排挤与压迫的人们，以一种主动态度拒斥那已经拒斥了自己的现实，以一种全新的视阈，来重新审视和打量这个世界，从而为自己为世界寻找一种来自不同向度的意义和使命。基于这样一些信仰，一些教会牧师和领袖不断为良心权利和信仰自由进行呼吁，同时还以各种言论著述为良心与信仰权利进行辩护。而宗教权利意识的强化，与民事权利意识的高涨，则形成了互相发明与促进之势，并共同推动了美国追求独立与自由的事业。

伊莱沙·威廉斯（Elisha Williams，1694—1755 年）是早期殖民地精英中最具才华的人物之一。1742 年“第一次大觉醒运动”曾席卷整个康涅狄格河谷地区。为维持殖民地行政与教会的稳定，康涅狄格当局曾通过一项立法，以限制极具煽动性的巡回奋兴布道者的活动。伊莱沙·威廉斯在 1744 年出版的《新教徒必不可少的权利与自由》（*The Essential Rights and Liberties of Protestants*）一书，为良心权利与自由提供了他那个时代最强有力的辩护。

在探究民事行政权力在宗教方面的范围与限度时，伊莱沙·威廉斯利用了英国开明思想家在这个问题上的洞见。在论述政府起源与作用上，伊莱沙·威廉斯更是全面接受了约翰·洛克《论政府》一书中的见解。伊莱沙·威廉斯在书中指出，圣经是基督徒信仰与实践的唯一准则。按照上帝之道，人与人之间天生是平等的，每个人都有权利为自己决定在宗教上信奉与崇拜什么。这些拥有天赋自然权利的人，为了协调彼此的关系以及促进彼此的利益，通过彼此之间的盟约，而组成了社会以及运作和管理社会的政府。因而，“所有民事权力的根基和起源来自人民，并无疑是为他们的利益而组成的”[1]。

人民在通过盟约进入社会时，当然放弃了一些自然权利。但放弃那些权利，是为了更好地促进彼此那些更具根本性的自然权利，譬如人身安全、财产安全以及自由与平等权利。如果政府试图立法限制人的那些根本权利，人们也就没有义

1　Cited from *The Sacred Rights of Conscience*. p. 177.（*Political Sermons of the American Founding Era, 1730-1805*, ed. E. Sandoz, Liberty Fund, 1998, 1: 55-63.）

务服从它的权威。

“在宗教事务上，每个人都拥有一种平等的权利，以追随自己良心的指令。每个人都具有一种不可或缺的义务，以为自己探究圣经并最好地利用它；他能够为自己发现上帝的意志，以及基督教的本质与义务。既然每个基督徒都拥有这种义务，所以每个人都拥有一种不可剥夺的（unalienable）权利，以评判它的意思与意义，并遵从它所导向的任何评判。每个人都拥有一种平等的权利，即便是与统治者相比，不论是民事的还是教会的。”[1]

每个人按照自己的良心指令作出判断，并为自己的判断负责，这既是民事社会的要求，也是宗教信仰的义务。

> 由此可知，良心权利是神圣的和人人平等的，并且严格说来也是不可剥夺的。在宗教问题上，人人为自己作出判断的权利，源自人的本性，因而也与之不可分离；人不能与之相分离，就像人不能与其思维能力相分离一样……一个人可以向他人转让自己的部分所有物并放弃对它们的所有权，但是人不能转让自己的良心权利，除非人能毁掉自己的理性和道德能力，或者让他人代替自己站在上帝的面前接受审判。[2]

伊莱沙·威廉斯受时代精神的鼓舞，极为推重上帝在创造中赋予人的理性。在某种程度上，人人所具有的这种被造的理性，甚至都具有了某些上帝的特性。而这些特性中最重要的，就是人的自由以及由此而产生的义务与责任。

> 人就其构成而言，是能够领受造物主知识的一种具有理性的存在，是一种道德的和负责任的存在。因此，每个人都要为自己负责，都必须要为自己作出推理、评判和决定。[3]

1 Cited from *The Sacred Rights of Conscience*. p. 178.（*Political Sermons of the American Founding Era, 1730-1805*, ed. E. Sandoz, Liberty Fund, 1998, 1: 55-63.）

2 Ibid., 179.

3 Ibid., 178.

与伊莱沙·威廉斯相似，许多圣职人员不仅积极捍卫个人的良心权利，而且还积极对行政当局提出精神上的警醒与批判。譬如，波士顿第一教会的著名牧师查尔斯·昌西（Charles Chauncy，1705—1787年），于1747年5月27日当地选举日，根据《撒母耳记下》23：3，面对立法议员和总督，发表了著名的政治布道演说——《民事行政官员必须公义，敬畏上帝执掌权柄》（*Civil Magistrates Must Be Just, Ruling in the Fear of God*）。在这篇深具殖民地特色的政治布道里，昌西按照圣经启示，为当下殖民地的行政权威，提供了一种基督教色彩的政治哲学和政治伦理。他以圣经之道为依据，阐明了民事行政权威的来源、手段与目的，提醒了民事权威执掌者其应当努力与争取的方向与目标，劝诫了立法者与行政官员其应当遵从与恪守的政治风范与道德。这种政治布道极为有力地推动了行政当局构成人员对自己所从事职责的自我反省反思以及自我审查与警醒，对于促进政治清明与有为、明确政治方向与定位具有十分重要的现实意义。

当然，对自由平等更强烈的主张，对殖民地当局更激烈的批判，更多地来自遭受不公待遇的不从国教派圣职人员。其中的代表人物就有艾萨克·巴克斯（Isaac Backus，1724—1806年）。艾萨克·巴克斯出生于康涅狄格诺威奇（Norwich）一个显赫世家，在"第一次大觉醒运动"中，完成了个人灵性皈依，组建了新光派教会。此后，他成为新英格兰浸信会组织"沃伦联盟"（the Warren Association）的代言人，终生致力于推进北美的宗教自由事业。

在其发表的大量著述中，艾萨克·巴克斯遵循罗杰·威廉斯和约翰·洛克的思路，主张宗教自由为人的不可剥夺的天然权利。艾萨克·巴克斯认为，基督教信仰的特质就是其自愿属性，人由以在上帝眼里看称为义的信仰，必须免于任何人或政府的强迫，这样才是有效的信仰。1773年，因为感到其宗教自由权利受到了侵犯，艾萨克·巴克斯出版了一份小册子——《为宗教自由而向公众的呼吁》（*An Appeal to the Public for Religious Liberty*）。艾萨克·巴克斯在民事政体与教会政体之间作出了明确区分，认为二者在来源、主体、作用、范围与手段上均存在着明显差异。

上帝在世界上指定了两类政体——它们在性质上是互不相同的，而且永远也不应完全混同在一起；一类是民事政体，另一类是教会政体。[1]

艾萨克·巴克斯在1779年应友人之邀，撰写了《新英格兰马萨诸塞湾居民权利宣言》(*A Declaration of the Rights, of the Inhabitants of the State of Massachusetts-Bay, in New England*)。在其中，他亦表明了宗教出于自愿的观点：

> 由于上帝是所有宗教崇拜唯一名副其实的对象，以及唯有对上帝启示意志的自愿顺从才是真宗教——每个理性灵魂都有平等权利为自己作出评判，所以，每个人都拥有不可剥夺的权利，以按照自己心灵的完全信念去处理所有宗教事务，只要他人不因此而受到伤害。[2]

在殖民地时期长期遭受排挤与迫害的浸信会，将像其他许多处于类似境遇的团体或组织一样，在美国革命与新共和国创立时期，成为维护良心权利和宗教自由的生力军。而主要由浸信会倡导的宗教平等原则、宗教自愿原则和政教分离原则，将对美国政教关系模式的性质与特征产生至关重要的影响。

---

1 Cited from *The Sacred Rights of Conscience*. p. 208. (*Political Sermons of the American Founding Era, 1730-1805*, ed. E. Sandoz, Liberty Fund, 1998, 1:331-359.)

2 Cited from *The Sacred Rights of Conscience*. p. 276. (*Isaac Backus on Church, State, and Calvinism: Pamphlets, 1754-1789*, ed. W. G. McLoughlin, The Belknap Press, 1968, 487-489.)

第二章

通过宪法限制政府所保证的宗教自由

在18世纪后期，亦即独立革命和创建共和国时期，美国人民反对良心逼迫与信仰迫害的斗争，已经由追求宗教宽容上升到了追求宗教自由的更高阶段。人们在宗教问题上，开始越来越多形成这样一种社会共识：仅仅停留在宗教宽容阶段，还意味着在这一领域存在更高级的人间专制权威，意味着存在某种或多种处于不平等地位的官方确立信仰或非官方确立信仰，意味着这种良心权利是一种可以随时收回或中止的恩赐；而宗教自由则意味着宗教信仰是一种人人拥有的平等权利，是不可转让、侵犯与剥夺的基本权利。但宗教自由这种基本人权，在个体人进入社会生活后，则有可能受到社会公共权力以“合法”形式施加的侵犯与剥夺。在一个自由民主社会里，体现多数人意志的社会公权力，亦有可能以“合理”与“合法”的手段，对少数人或个体人的基本权利构成不当侵犯与损害。

有鉴于此，美国人民选择在宪法这种具有最高法律效力的根本法里，对宗教自由这一基本人权作出保证性规定。而这种宪法保证的关键，就在于对政府公权力加以界定与限制。通过限制公权力所保证的宗教自由这一基本人权，其实质就在于宗教信仰与实践的自由。当然，这种自由也是建立在平等基础上，并以平等为重要组成内容的自由；自由是平等的自由，平等是自由的平等。正是在这种理解下，美国人民在宪法“宗教条款”里，界定并确保了他们追求并享有的宗教自由权利。

第一节 “革命中的革命”

英国及其北美殖民地在1756年至1763年与法国及印第安人进行的“七年战

争”，使得英国政府债务急剧增加。而且与法国的敌对关系，也使得主要由英国承担的军事防御开支大幅蹿升。而进入18世纪后期的北美殖民地，在实现经济繁荣与承担财政税收等方面的能力也在日益增加。这一切都使得宗主国英国似乎有理由要求北美殖民地支付更多的财政开支。于是，从18世纪60年代以来，英国方面制定了一系列旨在增加北美税收的法案。英国政府的这些举措在北美殖民地那里激起了强烈反感。既然他们缴纳同样的税收，所以他们就应当享有同样的政治权利。所谓“无代表，无课税”的抗议口号，就体现了北美殖民地人明确的政治权利主张。很快地，北美人就开始以自然权利和基本自由等主张，来表达自己作为一个政治共同体的独立与自主意识了。而北美人的这种独立与自主意识，在宗主国看来是非法的，甚至还是忘恩负义的，同时也是需要竭力弹压的。于是，矛盾、冲突和战争也就在所难免了。

就宗教与美国革命的关系，有学者指出：

> 在很大程度上，正统新教信念构成了革命运动的基础。具体说来，我们可以认为，清教有关盟约与同意的概念——涉及在上帝与人类关系上的神圣主权信念——提供了一种有关生命与社会的观念，没有这种观念，就不会形成后来出现的那种革命思想。正是由于这样一种普遍预设，即上帝为殖民地提供了特殊指导与佑护，人民才能将殖民地对大不列颠的抵抗看作一种特定宗教世界观的产物……对几乎所有美国人来说，有关革命正确或错误的信念，从根本上就植根于其宗教信念。[1]

清教徒坚持的盟约神学与社会契约论，至少在观念和心理层面上，为美国独立革命准备了群众基础、社会基础与组织基础。

有人将独立初期弗吉尼亚发生的变革称作“革命中的革命”，将其开创的宗教自由称作“宗教改革”以后基督教教会史上最重要的发展。其实，这样一种“革命中的革命”，在不同程度上亦发生于其他北美殖民地。在北美人民争取殖民

---

1 Derek H. Davis, *Religion and the Continental Congress, 1774-1789: Contributions to Original Intent*. Oxford University Press, 2000, p. 54.

地独立自主和创建新共和国的整个革命斗争中，争取宗教自由的斗争，亦可以被看作这场民族与国家独立斗争中的“革命中的革命”。由美国人民率先争取和确立的这种宗教自由，以信仰自由、良心权利、自由活动、宗教平等和宗教非确立化为特征，在人类政教关系发展史上，构成了一种真正的转折和“革命”。伴随着国家主权的确立与认可，包括宗教自由在内的个人的自然权利，同样也获得了法律内在的确立与认可。宗教自由作为一种不可剥夺与侵犯的基本人权，在社会各个层面上获得了普遍认可与尊重。

长期以来，各个殖民地已经在相当程度上享有独立与自治的自由。远在大西洋另一侧宗主国的指示或干预，只是总体性和方向性的。各个殖民地基本上可自行决定自己的具体事宜。北美殖民地宣布独立以后，各个州在享有主权的同时，还组成了一个具有有限授权的“联盟”，并通过“大陆议会”来协调各个殖民地的行动。1776 年 5 月，“大陆议会”通过决议，建议联盟内各殖民地或各州组建或改组各自的立法机构与行政机构，制定各自的宪法或法律，以反映殖民地独立与革命的诸原则。在此后的十多年间，一直到新共和国成立初期，各州响应时事剧变，陆续制定或修正了自己的法律法规。各州通过的这些法律，大都涉及宗教问题；它们对宗教自由与宗教确立所作的立法规定，反映了当时人们处理宗教问题的原则与立场，反映了当时人们对政教关系的看法与立场，对后来政教关系的定性和走向产生了重要影响，也引起了许多争论与探讨。其中，弗吉尼亚州争取宗教自由的斗争与发展历程，最具典型代表意义。不过，在详细考察弗吉尼亚宗教自由进程之前，我们可以首先看看宗教自由在其他各州的一些“革命性”变化与发展。

同以往一样，独立与革命时期的马萨诸塞，在新英格兰乃至整个北美，都具有举足轻重的地位和影响力。马萨诸塞不仅在独立运动中站在革命的最前沿，而且在维护人权和保障良心自由上亦成为时代的先声。在众多开明领袖人物中，塞缪尔·亚当斯（Samuel Adams，1722—1803 年）就是一个维护人权与自由的坚定倡导者。塞缪尔·亚当斯系第二任美国总统约翰·亚当斯的堂兄，也是主导马萨诸塞政坛多年的资深政治家。塞缪尔·亚当斯本人对《宽容法案》作出了最广义的理解：

按照英国议会法令，亦即通常所谓的《宽容法案》，在英国除教皇派外，所有国民都被恢复和重新确立了按照自己良心指令来崇拜上帝的自然权利。[1]

1772年，在殖民地不满情绪日益高涨之际，塞缪尔·亚当斯发表了《殖民地人的权利，侵犯权利的清单及一则通讯》（*The Rights of the Colonists, A List of Violations of Rights and a Letter of Correspondence*）。塞缪尔·亚当斯指出：只要愿意，所有人都有保持其自然状态的权利；人选择进入社会，那是出于一种自愿性的同意，并且，在社会里，只有当追求社会或整体利益最大化所必需时，人才能同意放弃其部分自然权利；而所追求的这种最大化的整体或社会利益，其主要目标应是保护每个人那些最基本的自然权利，譬如生命、自由与财产；这些基本自然权利是不能被剥夺或分割开来的，而且，这种自由应当是一种名副其实的自由。

> 鉴于理性不需要、宗教也不允许有相反情形，所有生活在某种民事社会状态之内或之外的人，都有权利按照其良心指令和平而安静地崇拜上帝……在精神与尘世事务上，"公义而真实的自由、平等而无私的自由"，是上帝及自然那永恒不变的法则，以及各个国家的法律赋予所有人的东西。[2]

自由权利是全能上帝的恩赐，人没有权力剥夺或滥用它。而相互宽容则是保护这种良心自由得以实施的有效手段。

> 就宗教而言，不同信仰之间的相互宽容，是所有时代所有善良而正直的心灵所实践的，并通过劝诫和榜样教导给了人类。如今，基督徒普遍认同，在最完全程度上与民事社会特性相一致的这种宽容精神，"正是真教会的主要特征之一"。正如洛克先生所断言，并已被证明是毋庸置疑的，这种

---

1 Cited from *The Sacred Rights of Conscience*. p. 204.（*The Writings of Samuel Adams*, ed. H. A. Cushing, Octagon, 1968, 2: 350-356.）

2 Ibid., 203.

宽容应当延伸至所有其教义不是要颠覆社会的信仰……人的自然权利应独立于尘世的任何强权，亦不应臣服于人的意志或立法权威，而只是遵循自然的法则。[1]

有关权利与自由的这种见解，马萨诸塞宣布独立后，在其宪法里作了进一步的发挥。主要由约翰·亚当斯负责起草的《1780年马萨诸塞宪法》，尽管其部分条款已被修订，有关宗教问题的条款更是被大幅修正，但时至今日仍然有效。这部州宪法的第一部分是对“马萨诸塞共同体”居民权利的表述，实质上就是马萨诸塞州的“权利宣言”。它遵循《独立宣言》的宗旨，首先宣布所有人都是自由与平等的，并拥有生命、自由与追求幸福等不可剥夺的自然权利。紧接着，这部宪法界定了宗教自由这一基本权利的内涵。该宪法第二条规定：

在社会中所有人既有权利也有义务，公开地并在规定的时候，崇拜至高存在，宇宙的伟大创造者和维持者。任何公民都不应因为按照最适合自己良心指令的方式与时机来崇拜上帝，或者因为自己的宗教信仰观念，而在人身、自由或财产上受到伤害、骚扰或限制，只要没有扰乱公共和平，或妨碍他人的宗教崇拜。[2]

马萨诸塞这部州宪法第三条，在表明宗教对社会生活的意义后，规定了新教教会在该州内的官方确立地位，以及州政府对促进宗教与道德所具有的授权：

鉴于人民的幸福以及民事政府的良好秩序及其维护必不可少地依赖于虔敬、宗教与道德，鉴于这一切只能通过对上帝公共崇拜的机构，以及在虔敬、宗教与道德上进行公共指导的机构，才能普遍地扩展到一个社团里；因此，为了促进人民的幸福，并确保人民政府的良好秩序及其维护，本共同体人民有权

---

1 Cited from *The Sacred Rights of Conscience*. p. 203.（*The Writings of Samuel Adams*, ed. H. A. Cushing, Octagon, 1968, 2: 350-356.）

2 Cited from *The Sacred Rights of Conscience*. p. 246.（*The Federal and State Constitutions, Colonial Charters, and Other Organic Laws of the States, Territories, and Colonies*, ed. F. N. Thorpe, U.S. GPO, 1909, 3: 1888-1891.）

> 授权给立法机构以批准和要求，而立法机构也将不时地批准和要求一些城镇、教区、辖区以及其他政治实体或宗教团体，以他们自己的开支，为对上帝公共崇拜的机构，为支持和维持指导虔敬、宗教与道德的公共新教教师（public Protestant teachers），提供适当的供给，如若这种供给未能被自愿提供。[1]

而且，考虑到人们隶属于不同教会或教派，这条法规还规定了人们支付钱财的流向以及分配原则：

> 公民为支持上述公共崇拜以及公共教师所支付的所有资金，如果他提出要求，将一律用于对他自己所属教派或宗派公共教师的支持，只要他有接受其指导的教师；否则，将用于支持隶属于征收该资金的教区或辖区的教师。所有基督徒宗派，只要和平行事并是本共同体的好公民，都将平等地处于法律保护之下；法律永远都不会确立一个教派（sect）或宗派（denomination）从属于另一个教派或宗派。[2]

马萨诸塞宪法规定，政府有权以相应手段来支持和促进宗教，并承诺不会确立某一教派或宗派的优先权。按照马萨诸塞州这部宪法，应当予以禁止的宗教确立，仅仅指使某一教派或宗派从属于另一教派或宗派，而不包括政府对所有合法教派或宗派的财政与物质支持。换句话说，只要不偏袒某一宗派或教派，只要是在诸宗派或教派平等的基础上，州政府向宗教提供支持和援助，并不在所禁止的“宗教确立”范围之内。

正是《1780年马萨诸塞宪法》的这种宗教规定，使得马萨诸塞对宗教自由所指涉的具体内容，特别是对“确立宗教”的理解，走上了一条有别于弗吉尼亚的道路。当然，《马萨诸塞权利宣言》与《弗吉尼亚权利宣言》，都声称要追求和保证宗教自由，但这两部权利宣言对什么是“确立宗教”的看法却不尽相同。而这

---

1 Cited from *The Sacred Rights of Conscience*. p. 246.（*The Federal and State Constitutions, Colonial Charters, and Other Organic Laws of the States, Territories, and Colonies*, ed. F. N. Thorpe, U.S. GPO, 1909, 3: 1888-1891.）

2 Ibid.

两种不同看法，在词语意义上和在社会文化上，都是为当时情形所允许的。而后人对这两种看法的极端与对立化发展，却成为争执与分歧的无尽源泉。其中，马萨诸塞州宪法对于“确立宗教”的这种明文规定，为后来的迁就论提供了历史线索和理论根基，并为迁就论最终占据上风提供了最重要的历史支撑。

与马萨诸塞一直保持温和确立宗教形式的做法不同，宾夕法尼亚从未确立过任何官方宗教或宗派。在新联邦成立之前，与其他大多数殖民地相比，宾夕法尼亚对宗教信仰给予了更多的宽容与自由，对宗教自由的保护程度，也高于其他大多数北美殖民地。其独立后新制定的州宪法，亦体现了这种宽容与自由精神。《1776年宾夕法尼亚宪法》第二条，就宗教问题作出了四点规定：

> 所有人都拥有一种自然与不可剥夺的（unalienable）权利，以按照自己的良心指令与理解来崇拜全能的上帝。任何人都不应违背自己的自由意愿与认同，被迫参加宗教崇拜，建立或支持崇拜场所，或者维持教牧事奉。任何承认上帝存在的人，都不应因其宗教观点或特殊宗教崇拜形态，而被剥夺或限制作为一个公民的民事权利。任何权威都不应被授予或者攫取任何权力，以在任何情形下或以任何方式，干预或控制，在宗教崇拜自由活动中的良心权利。[1]

其中，第一和第二点肯定了人的良心权利和宗教自由权利。第三点表明，宗教自由不是绝对的，而是仅限于承认上帝存在的人；同时，还对个人的宗教权利与民事权利作出了区别对待。第四点则对政府公权力的授权性质和权限作出了限制，以防其对个人自然权利造成侵犯与伤害。

《1776年宾夕法尼亚宪法》第八条规定，只要支付相应补偿，任何因良心原因而反对携带武器的人不应被强迫从军入伍。该宪法有关政府组建方案部分还规定了公职人员应当进行忠诚宣誓，其有关宗教的宣誓内容如下：

---

1 Cited from *The Sacred Rights of Conscience*. p. 242.（*The Federal and State Constitutions, Colonial Charters, and Other Organic Laws of the States, Territories, and Colonies*, ed. F. N. Thorpe, U.S.GPO, 1909, 5: 3082-3085.）

> 我相信上帝，宇宙的创造者与统治者，良善人的奖赏者与邪恶人的惩罚者。我承认旧约与新约圣经是由神圣默示而来的。[1]

新共和国成立以后，宾夕法尼亚宪法立法机构为了与美国宪法精神保持一致，而制定了《1790年宾夕法尼亚宪法》。1790年新版州宪法第九条第三款，基本重复了1776年版第二条的四点宗教规定：

> 所有人都拥有一种自然与不可废止的（indefeasible）权利，以按照自己良心指令来崇拜上帝。任何人都不应违背自己意愿，被迫参加、建立或支持崇拜场所，或者维持教牧事奉。任何人间权威，在任何情形下，都无权控制或干预良心权利。在法律上，不能给予任何宗教当局（religious establishments）或崇拜模式以偏袒或优先权。[2]

其中的第九条第四款，则对担任公职资格的宗教条件作出了如下规定：

> 在本共同体内，任何承认存在上帝和未来赏罚状态的人，都不应因其宗教观念，而无资格担任信托或获利的职务或职位。[3]

在内容上，宾夕法尼亚这版新宪法主要删除了1776年版有关宗教的第三点规定；同时，还明确规定政府不得通过立法对任何具体宗教予以偏袒或区别对待。总之，《1790年宾夕法尼亚宪法》对于“确立宗教”的理解，大体上类似于《1780年马萨诸塞宪法》对“确立宗教”的理解与规定，亦即，禁止政府对某一教派或宗派进行偏袒，但同时并不禁止政府对所有合法教派或宗派予以物质与财政支持。

---

1 Cited from *The Sacred Rights of Conscience*. p. 242.（*The Federal and State Constitutions, Colonial Charters, and Other Organic Laws of the States, Territories, and Colonies*, ed. F. N. Thorpe, U.S. GPO, 1909, 5: 3082-3085.）

2 Cited from *The Sacred Rights of Conscience*. p. 243.（*The Federal and State Constitutions, Colonial Charters, and Other Organic Laws of the States, Territories, and Colonies*, ed. F. N. Thorpe, U.S. GPO, 1909, 5: 3099-3100.）

3 Ibid.

在南部各州宪法中,《1778年南卡罗来纳宪法》为政府支持基督教新教提供了一种另类尝试,亦为确立宗教提供了一种新理解。南卡罗来纳州宪法第三十八条规定:

> 所有承认存在上帝和未来赏罚状态,以及承认上帝应受到公开崇拜的人和宗教团体,都应当得到自由的宽容。基督教新教(the Christian Protestant religion)应当被看作,并由此构成和宣布为,本州的确立宗教(the established religion)。本州所有基督教新教宗派,只要以和平与忠实方式行事,都享有平等的宗教与民事特权。[1]

该宪法指出,现有已经注册登记的英国国教会,基本保持原状并继续享受已有的特权。而新组建的教会,只要它们符合一定的要求并完成登记注册,就可以享受所给予宗教的特权。而且,这部宪法还规定了新组建教会要取得合法资格,除满足其他条件外,还应接受和承认以下五点:

> 一、存在一位永恒的上帝,存在一种未来的赏罚状态。二、上帝应受到公开崇拜。三、基督宗教是真宗教。四、旧约与新约圣经是由神圣默示而来的,是信仰与实践的规范。五、那些管理者由此而召集的所有人对真理作出见证,既是合法的也是负有义务的。[2]

这五点似乎构成了一个简单的可操作性评判标准,人们可以根据它判定一个团体是否为宗教团体,以及是否应享受良心权利与宗教自由权利。当然,这个标准是在传统基督教模式内言说的。就对"确立宗教"的理解与规定而言,南卡罗来纳州宪法的规定,与马萨诸塞和宾夕法尼亚相关规定,其实并不完全矛盾,只不过前者的规定更具主动性和限定性而已。

---

1 Cited from *The Sacred Rights of Conscience*. p. 244.(*The Federal and State Constitutions, Colonial Charters, and Other Organic Laws of the States, Territories, and Colonies*, ed. F. N. Thorpe, U.S. GPO, 1909, 6: 3253, 3255-3257.)

2 Ibid.

第二节 弗吉尼亚的宗教自由进程

北美殖民地获得独立以后，宗教自由斗争之所以在弗吉尼亚表现得最为激烈和典型，在很大程度上是因为英国国教会或圣公会在这个历史最悠久和影响最深远的殖民地或州里，获得了最坚定、最明显和最具排他性的官方确立地位。相应地，那些“不信奉国教会”的其他教派或信徒，譬如早期的贵格会和门诺会信徒，以及新近的浸信会及长老会福音派信徒，在弗吉尼亚遭到了最严厉的排斥和镇压。“美国革命与独立”对作为确立教会的弗吉尼亚圣公会，造成了直接冲击和沉重打击。以追求信仰自由、良心权利、宗教平等、教会非确立化为主要内容的宗教自由斗争，在弗吉尼亚自然也就表现得最为激烈和典型了。此外，弗吉尼亚的一些杰出政治人物，譬如乔治·梅森、帕特里克·亨利、托马斯·杰斐逊以及詹姆斯·麦迪逊等人，对宗教自由事业的不懈探索与追求，亦对奠定和促进该州的宗教自由进程发挥了重要作用。

《弗吉尼亚权利宣言》

《弗吉尼亚权利宣言》不仅在弗吉尼亚州对保护公民权利发挥着重要作用，而且对后来联邦国会制定《权利法案》产生了重要影响。就其核心理念而言，《弗吉尼亚权利宣言》与《独立宣言》是一致的。乔治·梅森、托马斯·杰斐逊以及詹姆斯·麦迪逊，将人的一些基本权利，譬如自由和生命，看作人的自然权利，认为人作为上帝的造物而享有一些基本能力和特权，这些基本权利是人之作为人的不可剥夺的权利，是其他任何人都不能褫夺的天赋或神赋权利。人人自由平等并享有不可为社会所剥夺的人权，正在迅速成为那个社会的时代精神和社会共识，并体现在了那个社会时代的许多重要政治文献中。

1776年《弗吉尼亚权利宣言》的主要设计师是乔治·梅森（George Mason，1725—1792年）。梅森在1776年5月起草的权利宣言中有关宗教的内容，在6月12日弗吉尼亚议会通过的定稿中变成了第十六条。乔治·梅森最初的草稿内容为：

宗教，或者我们对神圣与全能造物主负有的义务，以及履行那义务的方式，只能受到理性与信念，而非强力或暴虐的支配。因而，在行使宗教上，所有人都应当按照良心的指令，不受行政当局的惩罚和限制，享受最全面的宽容（toleration）；除非有人以宗教为幌子，扰乱社会或个人的和平、幸福或安全。以基督教的忍耐、友爱与良善彼此相待，正是所有人共同应尽的义务。[1]

而随后由弗吉尼亚议会通过的定稿内容为：

宗教，或者我们对造物主负有的义务，以及履行那义务的方式，只能受到理性与信念，而非强力或暴虐的指引。因而，所有人都平等地有权，按照良心指令，享受宗教的自由活动（the free exercise of religion）。以基督教的忍耐、友爱与良善彼此相待，正是所有人共同应尽的义务。[2]

就这部分内容而言，在草稿与定稿之间一个重要变化就是，梅森在草稿中使用的“宽容”（toleration）一词，因为弗吉尼亚政治新人年轻的詹姆斯·麦迪逊的坚持，而被改为“自由活动”（the free exercise）。因为詹姆斯·麦迪逊认为，宽容意味着宗教自由，是一种可以被民事权威收回的许可（grant），而不是一项不可剥夺的自然权利。宽容意味着政府对良心的终极权威；而自由则意味着一种自然权利，意味着既不能臣服于更高尘世权威也不能屈从于多数派意愿的天赋权利。应当说，就当时的实际情形而言，弗吉尼亚议会虽然接受了年轻的麦迪逊提议的措辞变更，但对于这种用语变化的深远意义，并不一定就有如此透彻的了解。

其实，按照詹姆斯·麦迪逊的意图，在“自由活动”规定之后，还应当再补充上这样一种规定：“因而，任何个人或团体都不应因为宗教而享有特殊津贴或

1 Cited from *The Sacred Rights of Conscience*. p. 241.（*The Papers of George Mason, 1727-1792*, ed. R. A. Rutland, University of North Carolina Press, 1971, 1: 278.）

2 Cited from *The Sacred Rights of Conscience*. p. 241.（*The Federal and State Constitutions, Colonial Charters, and Other Organic Laws of the States, Territories, and Colonies*, ed. F. N. Thorpe, U. S. GPO, 1909, 7: 3814.）

特权，亦不因此而遭受惩罚或丧失资格”。但是人们意识到这种规定有可能触及弗吉尼亚既有的教会体制，所以这项动议被拒绝了。不过，麦迪逊还是实现了自己的主要目的，亦即以立法形式宣布了，良心自由是人人得以平等享有的一种自然权利。

北美殖民地宣布独立后，在弗吉尼亚等地组建新政府和制定新宪法的过程中，人们向立法机构和政府送去了大量备忘录或抗议书，以表明他们主张自己应当享有的利益与权利。特别是原来遭受排挤和迫害的宗教团体，在争取良心自由与宗教平等的斗争中，更是提出了自己的明确要求和主张。

1776 年《弗吉尼亚权利宣言》的通过，特别是该法案中第十六条有关宗教问题的规定，在弗吉尼亚各地引起了巨大反响。终止官方确立宗教、人人平等享受宗教自由的主张，开始日益深入人心。议会在这一时期收到的来自弗吉尼亚各地的许多备忘录或请愿书，均表达了对议会就宗教问题所作立法的支持与称赞。

其中，《爱德华王子县各类居民请愿书》（*Petition of Sundry Inhabitants of Prince Edward County, Virginia, Oct. 11, 1776*）将《弗吉尼亚权利宣言》第十六条称赞为：

> 正在升起的宗教自由太阳，为我们驱散了教会禁锢的漫漫长夜。我们最真切地请求和期望，你们能够继续完成这被如此崇高地开启的事业，将民事自由与宗教自由推向荣耀的巅峰，使弗吉尼亚成为自由探究、知识以及各宗派品行端正者的庇护所。[1]

这份请愿书认为这项法规“在民事权威与教会权威之间作出了准确界定”[2]，正确指出了这两类不同权威的关涉与范围，要求议会立即废除已有的官方确立教会和相应的课税政策。

同年的《汉诺威长老会请愿书》（*Memorial of the Presbytery of Hanover,*

1 Cited from *The Sacred Rights of Conscience*. p. 268.（*Virginia Magazine of History and Biography 18*, Kraus, 1968, 40.）

2 Ibid.

Virginia, Oct. 24, 1776），代表的是汉诺威县“不信奉国教会”那些新教信徒的心声。他们作为少数派宗教团体，不仅在社会公共生活中遭受了许多不应有的不公平待遇，而且还需要交纳统一的宗教税，以主要支持英国国教会的事业。所以，这些长老会信徒苦苦追求的是按照良心指令的宗教自由，以及在不推崇或贬抑任何一个宗派基础上的宗教平等。他们当然反对由民事政府来确立官方宗教。其理由有二：一方面，对州这一政治共同体的发展不利，“这种确立极大地阻碍了人口增长，并由此阻碍了艺术、科学与制造业的进步”[1]；另一方面，对福音事业不利。“无法表明福音需要这样的民事帮助。相反，我们认为，当神圣救主宣布他的王国不属于这世界时，他否定了对国家权力的一切依赖。因为救主的武器是属灵的，并只是想要影响人的判断与心灵。所以我们认为，如果人们能和平拥有他们不可剥夺的宗教特权，基督教，就像在使徒时期一样，将会以最纯粹的方式继续得胜和繁荣。”[2]

针对有关长老会与公理会联合谋求官方确立宗教的传言，这份请愿书还断言，他们反对对任何教会的任何官方确立形式。

> 因此，我们绝不会为自己要求什么教会确立，我们也不会赞成任何给予他人的教会确立；这实际上会赋予没有任何特殊事奉的一群（派）人，以排他性或额外性的薪俸与特权，并为其他所有宗派招致共同的羞愧与伤害。基于上述原因，我们真切请求，应当立即废除所有在本共同体内如今仍然生效的支持宗教派别的法律；应当保护所有宗教教派以完全实现各自的崇拜模式；应当免除所有支持其他教会的税收，除非是自己出于良心选择或自愿义务而支持的教会。[3]

在时隔大半年后的另一封致弗吉尼亚议会的请愿书（*Memorial of the Presbytery of Hanover, Virginia, June 3, 1777*）里，汉诺威长老会再次重申了反对因任何宗教目

---

1 Cited from *The Sacred Rights of Conscience*. p. 270.（microfilm of the originals, Library of Virginia.）

2 Ibid.

3 Ibid.

的而征收普税，以及追求建立在平等基础上的宗教自由的立场。这份请愿书试图用两个不同“王国”理论将民事与宗教领域区分开来。他们认为：“基督教会的存在，不需要通过征收普税来为自己提供支持；我们能完全肯定，那不会有任何好处，而只能给我们所隶属的社会造成伤害。”[1]因为基督王国自有其运行法则，并与民事领域形成了分野。“基督的王国，以及宗教的关切，超越了民事控制的界限。”[2]允许民事权威干预教会事务，在逻辑上就会导致颠覆宗教自由的结论。

> 如果立法机构对福音牧师在行使其神圣职责上具有正当权威，如果他们有义务为福音牧师征收给养，那么就会有下列推论：他们可以按照原先的形式恢复旧有的确立宗教，或按照他们认为适当的形式确立一个新教派；他们不仅有权力决定，而且还有义务宣布，由谁来宣道、宣道内容是什么、在何时何地以及向何人宣道，抑或向宗教团体施加一些他们认为便宜的规定与限制。这些推论如此明白无误而不容辩驳，它们完全颠覆了宗教自由。[3]

当支持与要求废止官方确立宗教的请愿书，像潮水般涌向弗吉尼亚议会的时候，圣公会作为既有官方确立教会感到无奈和忧虑。作为一个宗教团体，他们在1776年《确立教会圣职人员请愿书》(*Memorial from Clergy of the Established Church, Virginia, Nov. 8, 1776*)里，也表明了自己的看法。这份请愿书指出，保持一种官方确立教会是有益于和平与幸福的；圣公会作为确立教会在北美150年的发展史也佐证了这一点。倘若给予所有宗派与教派以平等身份，并使它们处在同一个层面上，它们各自为了自身利益的竞争，有可能会导致诸多社会混乱与民事动乱，因此，圣公会希望弗吉尼亚能够继续维持一种官方确立宗教的形式，亦即维持现状。

《弗吉尼亚宗教自由法案》

在弗吉尼亚人就是否以及如何确立宗教进行大争论期间，《1778年南卡罗来

---

1 Cited from *The Sacred Rights of Conscience*. p. 272.(*American Presbyterians 63*, No. 4, 362-365.)

2 Ibid., 273.

3 Ibid.

纳宪法》以基督教新教为该州官方确立宗教的做法，得到了弗吉尼亚一些人的积极回应。1779 年，弗吉尼亚议会收到了一份明显仿照南卡罗来纳州做法的宗教提案。该提案几乎完全照搬了《1778 年南卡罗来纳宪法》第三十条，只是将前者的“基督教新教”更改成了“基督教”。这种以法律形式确立官方宗教的建议，在弗吉尼亚显然遭到大多数人的反对。议会在对这项提案进行争论后，就永久搁置了它。[1]

但是，在 1779 年，弗吉尼亚议会同样也没有采纳托马斯·杰斐逊的宗教提案。《确立宗教自由法案》(*A Bill for Establishing Religious Freedom*)，由托马斯·杰斐逊于 1777 年起草，1779 年提交弗吉尼亚议会讨论并遭搁置。后来由詹姆斯·麦迪逊再次提交弗吉尼亚 1785 年秋季会议讨论，最终于 1786 年 1 月被批准成为一项法律。这项法案在弗吉尼亚立法机构被标称为“第八十二项法案”(*Bill 82*)，在历史上被通称为《弗吉尼亚宗教自由法案》(*The Virginia Statute for Religious Freedom*)。托马斯·杰斐逊本人曾将这项法案列为他终生三项最主要成就之一。

在这份法案里，托马斯·杰斐逊遵循英国哲学家约翰·洛克的理解，将教会看作一个自愿性团体，而宗教自由则意味着，每个人都有权利就宗教信仰作出自己的判断与选择，可以自由表达自己的见解并按照自己的见解进行崇拜，每个人都不应因为自己的良心或信仰而遭受任何剥夺与惩罚，都不应被强迫以财力或物力支持任何宗教团体，即使是他自己所隶属的教会。在此前的整个教会史上，人们普遍认为，获得官方确立的宗教一致性，对于社会秩序与国家安全是必不可少的。而北美率先创新性施行宗教自由的做法，只能说是一项结果并不确定、前景有待检验的人类伟大试验。尝试和推行宗教自由实践这一人类试验意识，构成了美国殖民地与建国时期的一种鲜明时代精神。

托马斯·杰斐逊这份法案提案的“第一部分”，在内容上属于一篇序言或绪论，它是托马斯·杰斐逊对自己希望实行的政教关系所作的理论解说，是杰斐逊宗教哲学的集中表述。以下是托马斯·杰斐逊于 1779 年提交弗吉尼亚议会讨论

1　Cf. *The Sacred Rights of Conscience*. pp. 247-249.(*Church and State in Revolutionary Virginia, 1776-1787*, T. E. Buckley, University Press of Virginia, 1977, 185-188.)

的全部原文。括号内部分为1786年弗吉尼亚议会批准的正式法律中删削或更改的内容，其中“〖〗”内部分为删除的内容，“【】”内部分为增加或更改后的内容。

第一部分〖深知：人的观念与信念，并不依赖于人自己的意志，而是不由自主地追随向人心灵提供的证据；〗【鉴于，】全能上帝创造的心灵是自由的〖，并展示了其最高意志是这样一种自由，亦即它将保持全然不受束缚的状态〗。所有通过尘世惩罚或负担抑或通过剥夺民事资格来影响心灵的企图，只会产生虚伪与卑鄙的习性，而且也背离了我们宗教神圣作者（author）的计划（plan）。那神圣作者作为身体与心灵之主，并没有利用其全能权柄，通过强迫方式对这两者任何一种宣扬其计划〖，而仅仅是通过那计划对理性的影响来扩展它〗。有些立法者与统治者，不论民事的还是教会的，虽然他们自己只是易犯过错和未受默示之人，但却擅取了对他人信仰的主宰权，将他们自己的观点和思维模式确立为唯一真实和正确的，并竭力将它们强加于他人之上。而正是这些立法者与统治者不虔敬的自负傲慢，在所有时期，在世界绝大多数地方，确立了和维持着虚妄的宗教。强迫人为他不信〖和憎恶〗的观念的传布提供资金奉献，是罪恶的与暴虐的。甚至强迫人支持自己宗教信仰的这位或那位教师，也是剥夺了他这一令其愉悦的自由，亦即将奉献提供给道德堪称典范、能力对归正（righteousness）最具说服力的那位特定牧师。而且也是撤销了这样一种事奉，亦即，那些源自对个人行为赞许的尘世奖励，对于教导人类的那种真诚与不懈努力，亦是一种额外的激励。我们的民事权利，就像不依赖于我们的物理学或几何学观念一样，也不依赖于我们的宗教观念（opinions）。因而，除非某个公民宣称或否认这种或那种宗教观念，否则就使他失去担任信托与薪酬职务的资格，宣布他不值得受到公共信赖。这种做法就是伤害性地剥夺了该公民与其他公民同胞一样对其拥有自然权利的那些特权与利益。通过独占尘世荣誉与薪酬的方式，来收买那些表面上宣称和遵守某一宗教的人，这〖还〗【就】败坏了其原本想要鼓励的〖那一〗宗教诸原则（principles）。这些没有经受住这种诱惑的人固然是罪犯，而那些在他们道路上投放诱饵的人同样也不是无辜的。〖人的观念，不是民事政府的对象，亦非处在其管辖范围之内。〗容忍民事行政当局将其权力侵入观念领域，并基于某些原则的邪恶倾向（tendency）而限制其宣信或传布，这是一种危险的谬论，这同时还会毁坏一切宗教自由，因为行政当局作为那种倾向的当然评判者，将会使自己的观念成为评判规则，并只因为他人观点与自己观点的一致或分歧而加以赞许或谴责。只有当原则（principle）爆发为反对和平与良好秩序的公开行为（acts）时，行政官员为了民事政府的正义宗旨，才可以作出干预。最后，真理是伟大的并终将获胜，如果任其自然而然的话。真理是谬误真正的和足以胜任的对手，它对这种斗争没有什么可惧怕的，除非由于人的介入而解除了其自然武器，亦即自由辩论与争论。当允许自由驳斥谬误时，谬误就不再是危险的了。

第二部分　〖我们弗吉尼亚议会颁布法令〗【议会法律规定】，任何人都不应被强迫定期参加（to frequent）或支持任何宗教崇拜、场所或教牧事奉。都不应受到强迫、限制、骚扰，或者在身体或所有物上承受负担。都不应因其宗教观念或信念而承受其他一切损害。所有人都可以自由地宣信，并通过辩论来保持他们在宗教问题上的观念；而这一切绝不应减少、增加或影响他们的民事能力。

第三部分　虽然我们深知，由人民仅仅为了立法这一普通目的而选举出来的本届议会，没有权力限制与我们具有同等权力构成的以后各届议会的法令，因而宣布这项法令不可撤销将在法律上是无效的；然而我们还是可以宣布，并就此宣布，在此所肯定的权利是人类的自然权利。从今以后，如果任何法令要撤销这份赠礼（the present）或缩减其运作范围，那么那种法令就将是对自然权利的一种侵犯。[1]

这项法案中提到的“原则”或“诸原则”，就是人据以为人处世的基本信念或信仰。宗教信念或信仰，是与宗教行为相对而言的。托马斯·杰斐逊起草的这份法律提案的第一部分，大致从六个方面表明了作者对宗教问题的立场与主张。第

1　Cited from *The Sacred Rights of Conscience*. pp. 250-251.（*Report of the Committee of Revisors Appointed by the General Assembly of Virginia in 1776*, Dixon and Holt, 1784, 58-59.）

一，上帝创造的心灵是自由的，对心灵观念与信念的尘世性赏罚，只会产生虚伪和卑鄙，并否定了上帝通过理性而非强迫方式来影响心灵的原则。第二，一切统治者同其他一切人一样，都是堕落与有罪的，都没有资格担任他人信念的评判者，否则，就只能是当权者按自己持有的观念，来评判被统治者的观念，从而陷于自负与愚妄。第三，宗教奉献应当是自愿自主的。第四，公民的民事权利是自然权利，并不依赖于宗教观念，不应将两者捆绑在一起，或使前者因后者而蒙受连带责任。第五，政府或行政权力应对的是人的行为而非观念，它无权也无能力涉足人的观念领域。第六，真理通过自由辩论而非人为干预来彰明自身。

杰斐逊这项提案在1779年未能在议会获得通过，在很大程度上是因为该提案涉及确立宗教的地位，以及对确立宗教的财政支持等敏感问题。弗吉尼亚公众对这些问题的认识，直到80年代中期才有所转变。可以说，《确立宗教自由法案》于1786年的最终通过，标志着弗吉尼亚经历十年之久的政教关系斗争进入了一个新阶段。这项法案为弗吉尼亚州处理政教关系确定了一条界线，它为政府确定了这样一些限制，即禁止政府强迫或干涉良心问题，禁止政府强迫或干涉人的信仰问题。

多年以后，关于《确立宗教自由法案》，托马斯·杰斐逊在1821年《自传》里，对这项法案的意图与主旨作了最广义和最自由的解释。他说道：

> 关于确立宗教自由的法案，我是在全部理智和正义的范畴内拟定的。它仍然遭到反对，但是除了前言被改得面目全非外，最后还是通过了，而且一个独一无二的提议证明，它本意是想使保护信念成为普遍性的。前言宣称强制信教是背离我们宗教神圣创始者的意图的，但是有人提出一项修正，把“耶稣基督”这个词加进去，改为“背离耶稣基督——我们宗教神圣创始者的意图”。这个修正被绝大多数人否决，这证明绝大多数人是想把犹太教徒和非犹太教徒、基督教徒和伊斯兰教徒、印度教徒以及各种教派的异教徒都置于法案保护之下的。[1]

1 [美] 杰斐逊：《杰斐逊选集》，朱曾汶译，商务印书馆，2011年第一版，第72页。

杰斐逊这种回顾和评价是夸张的，是居功自傲的，并带有一点“事后诸葛亮”式的沾沾自喜。通过对比，我们可以看到，由杰斐逊起草的原稿前言，并没有被修改得“面目全非”，而是更加简洁明了了。轻描淡写的一句“最后还是通过了”，其实这也不是他本人努力的结果，事实上，经过他本人的努力，这项提案是被长期搁置的。这项法案之所以获得通过，主要还是弗吉尼亚宗教自由斗争于80年代中期在詹姆斯·麦迪逊领导下进入了一个新阶段，亦即，对确立宗教问题出现了新理解和新共识。除此之外，杰斐逊这种回顾，无疑还夸大了这项提案所具有的普遍性。当时的弗吉尼亚立法者在讨论这项法律时，肯定会考虑到该法案的适用性与涵盖性，肯定会将法案的兼容性与针对性置于考虑范围之内。但如果他仅仅根据议会否决了专属于基督教具体内容的修正提案，就认为该法案的意图是最具普遍性的，甚至断言大多数人希望把最广泛意义上的宗教信仰都置于该法案保护之下，则很可能高估了他本人以及当时人们的心胸与眼界。

值得一提的是，托马斯·杰斐逊在1777年起草了一系列有关宗教问题的提案，都未能在1779年获议会通过。由詹姆斯·麦迪逊提交给弗吉尼亚1785年秋季议会讨论的，还有杰斐逊起草的其他几份宗教法案：《惩处宗教崇拜扰乱者和安息日破坏者的法案》（*A Bill for Punishing Disturbers of Religious Worship and Sabbath Breakers, Virginia*），该法案于次年11月获得批准；《设立公共禁食与感恩日的法案》（*A Bill for Appointing Days of Public Fasting and Thanksgiving, Virginia*），该法案最终未获批准。透过这几份宗教提案，我们可以看到，杰斐逊于70年代后期，在提倡宗教自由立法的同时，并不惮于通过立法手段来推行基督教崇拜与仪式，并不认为这些做法属于自己所反对的“确立宗教”之列。

托马斯·杰斐逊的《弗吉尼亚纪事》

托马斯·杰斐逊在《确立宗教自由法案》草案第一部分提出的对宗教自由的思考，在随后撰写的《弗吉尼亚纪事》里，得到了详细解释和进一步阐述。《弗吉尼亚纪事》（*Notes on the State of Virginia*）是时任弗吉尼亚总督的托马斯·杰斐逊大约于1781年至1782年为回答法国驻费城公使团秘书的一系列问题而写成的。这是杰斐逊完成的唯一一部长篇著述，尽管这是一部篇幅不太长的“长篇作品”。在随后数年里，这部作品经过修改后，相继在巴黎、伦敦和北美等地出版。

这一系列问题中的第十七个问题为“该州接纳的各种宗教？”为回答这个问题，托马斯·杰斐逊首先简要回顾了弗吉尼亚的宗教发展史，指出该州在创立后的一个世纪里，英国国教会占据了主导地位，并对其他宗派譬如长老会和贵格会信徒施行了不宽容政策。大约从18世纪上半叶开始，不同宗教派别陆续进入弗吉尼亚，而英国国教会由于圣职人员的懈怠，发展呈现下降趋势。该州对待其他教派的法律，也由严厉转为温和与宽松。据杰斐逊估计，在美国革命开始之际，该州大约三分之二的人属于不信奉国教派信徒。

接着，杰斐逊简述了弗吉尼亚议会就宗教问题所作的一些讨论与立法，指出1776年《弗吉尼亚权利宣言》明确了这样一种真理与自然权利，即“宗教活动应当是自由的”[1]。杰斐逊指出：

> 统治者只能对我们托付给他们的那些自然权利拥有权威。我们从未托付良心权利，也不能托付良心权利。我们要为良心权利对上帝负责。政府的行政权力，只能延及那些对他人构成伤害的行为。而如果我的邻人说有二十个神灵，或者根本没有神灵，这对我并不构成伤害。这既没有扒窃我的钱包，也没有折断我的腿脚。如果说他在法庭上的证词不可信赖，那么就拒绝他的证词，反正耻辱是他自己的。束缚和限制会使他变得更坏：那只能使他成为伪善者，而绝不能使他成为更真实的人；那会使他执著于谬误，而不会使他获得矫正。理性与自由探究，才是反对谬误的有效手段。理性与探究一旦获得自由，它们就会通过审查与检验假宗教而支持真宗教。它们是并只是谬误的天敌。假如罗马政府不允许自由探究，就绝不会引入基督教。假如在宗教改革时期没有容忍自由探究，基督教的腐败就不会获得涤除。假如现在我们限制自由探究，就会保护既有的腐败，纵容新的腐败。[2]

---

1 Cited from *The Sacred Rights of Conscience*. p. 291.（*The Works of Thomas Jefferson*, ed. P. L. Ford, G. P. Putnam's Sons, 1904-1905, 4: 74-84.）

2 Ibid., 292.

在这里，杰斐逊将宗教信念看作一种纯粹的意识思维活动，一种与行为完全无关的纯粹观念活动，并将这种纯粹观念性的宗教信念或信仰的自由发挥到了极致。这实质上是对宗教信念或宗教信仰的一种狭义理解，是对宗教信仰按照启蒙精神所作的理性化与观念化的降解。对于真正的宗教徒来说，宗教信念或信仰构成了其安身立命、统摄一切的最高原则。其信念或信仰不仅关乎意识思维，而且也关乎为人处世，将宗教信念与宗教行为断然割裂开来的荒唐做法，是无从设想的。那样一种信念或信仰，充其量也只是一种单纯形式上的信念或信仰，而不是什么具有实际内容的真实信念或信仰。因为"真信仰"就是"真生命"，是同时关乎身与心、关乎性命根本的东西。但深受启蒙精神与理性主义影响的杰斐逊，却很轻易地割断了宗教信仰与宗教行为之间的密切关联，将两者看作两个可以完全无干的东西。这是对真正宗教信仰的一种误判或歪曲。换言之，杰斐逊接受了传统的物质与意识、身体与心灵的二分法，但他把这种区分推向了极端。在这种极端化二分法下，人已经不再是身心合一的"完整人"，而是一种陷入自我分裂的"片面人"或"扭曲人"。杰斐逊对宗教信仰与宗教行为这种隔断式或隔绝式的理解，将在后来成为严格分离论者思考政教关系的理论起点。

托马斯·杰斐逊在这篇《弗吉尼亚纪事》里接着指出，人的观念是不能受到强迫的。在观念上，一个人强迫另一个人，实际上就是一个人的观念强迫另一个人的观念。但所有人都是易犯过错的堕落者，没有谁能够使自己的观念成为衡量其他人观念的标准。强求宗教观念上的一致性，既在现实中是不可能的，也在价值上是不可取的。通过强制手段达成的观念一致性，只能是虚假的一致性，只能是实际的虚伪性。对此，杰斐逊指出：

> 放任理性与试验，谬误就会在它们面前逃避。只有谬误才需要政府支持，而真理则可以自立。使观念遭受强迫，你将使谁成为你的审查者呢？易犯错误的人。而人会受到不良冲动，以及公共与私人理性的支配。为什么要使观念遭受强迫呢？为了达成一致性。但观念一致性是可取的吗？绝不比脸庞与身材的一致性更可取。引入普罗克拉斯提斯之床，由于存在着以强欺弱的危险，就会通过压缩大个子和拉伸小个子的方式，使我们全都成为同样的身材。观念的不同，在宗教上是有利的。不同的教派可以对彼此行使一种互

> 相监督（Censor morum）的职责。能够取得一致性吗？自从引入基督教以来，数以百万计的无辜男女老幼受到焚烧、折磨、罚款或监禁，但我们并没有向一致性迈进半步。强迫会有什么后果呢？使世界上一半人成为愚蠢者，另一半人成为伪善者。[1]

真宗教不需要政府的支持。运用行政权威以这种或那种方式来支持某种宗教，就是行政当局对教会当局的官方确立。针对有人认为世界上所有国家都确立了某种宗教的观点，杰斐逊机智地指出，就算那是事实，也没有哪两个国家确立了完全相同的宗教形式；事实上，一个政治共同体，如果不确立任何宗教，也不会产生什么问题。对此，托马斯·杰斐逊从北美其他一些州的体制尝试中，获得了支持与鼓舞。

> 我们的姊妹州宾夕法尼亚和纽约，就在没有任何确立宗教的情形下，存在了很长时期。当它们那么做时，这种试验是全新的和可疑的。但这试验的成功超乎想象。它们无限繁荣起来。宗教获得了良好支持；的确各种宗教并存，但全都良好，全都足以保持和平与秩序。抑或出现某个其教义颠覆道德的教派，那么良好见识也会公平行事，并通过推理与嘲笑将它逐出门外，而不必劳驾国家为它操心。它们并没有比我们绞死更多的犯罪分子。它们也没有因宗教异议而受到更多的困扰。相反，它们的和谐是无与伦比的，而这只能归因于它们那无限的宽容。因为除此之外，它们在其他情形下，无异于世界上其他的国家。它们作出了这一令人欣慰的发现：平息宗教争执之道，就是对其置之不理。让我们也来公平对待这个试验，并在可能的时候，摆脱那些专制法律。[2]

至于这个新创立国家的人民是否能够长久摆脱那些专制法律，托马斯·杰斐逊在行文结尾处，表达了自己的迟疑与忧虑。此时的托马斯·杰斐逊，似乎对共

---

1 Cited from *The Sacred Rights of Conscience*. p. 292.（*The Works of Thomas Jefferson*, ed. P. L. Ford, G. P. Putnam's Sons, 1904-1905, 4: 74-84.）

2 Ibid., 292-293.

和体制下的民主自由原则抱有某种悲观看法。

宗教“课税法案”引发的争议

独立战争结束后，美国各州人民面临着战后重建的重任。而在完成这一重建重任的过程中，他们还面临着严重的财政困难。各州特别是原先以英国国教会为官方确立宗教的那些州，在宗教领域里似乎也同样面临着从废墟中重建的重任。而弗吉尼亚的特殊情形是，现有的官方确立宗教英国圣公会，已经在独立战争期间变得分崩离析、摇摇欲坠。与此同时，以浸信会和长老会为首的不从国教派教会，已经在弗吉尼亚各地获得了稳固发展，并在信徒人数上远远超过了“确立宗教”圣公会。

宣布独立后，弗吉尼亚等地的国教会经历了剧变。原本在各种宗教仪式与场合向国王或国家的效忠宣誓，不得不变更为向各自州这一政治共同体的效忠宣誓。这种变化当然无法为圣公会所有圣职人员和信徒所接受，不少圣职人员只得选择离开北美或者选择退休，其中就包括以威廉与玛丽学院为核心的英国圣公会精英集团。这个精英集团的消失，使得北美圣公会变得更加涣散。而中止对圣职人员提供薪俸和经济支持，则使得这个确立教会面临的窘境越发严重。普遍缺乏胜任的圣职人员，对教区代表非民选性与合法性的质疑，教区居民对英国专制的普遍反感与敌视，这一切都使得圣公会在北美想要继续维持其官方确立地位，已经丧失了现实与社会基础。由此，教会的非确立化过程进入了一个新阶段。

促成这一过程急剧发展与转变的起因，是帕特里克·亨利等人向弗吉尼亚议会提交的一项立法提案。帕特里克·亨利（Patrick Henry，1736—1799年）是一位资深革命家和政治家，在弗吉尼亚和全国都深具政治影响力。美国革命之初，帕特里克·亨利在政治演说中曾提出过一句成为经典的名言：“不自由，毋宁死”（Give me liberty, or give me death）。在宗教信仰上，亨利深受新光派牧师塞缪尔·戴维斯的影响，同情并支持长老会与浸信会在弗吉尼亚争取良心自由的事业。托马斯·杰斐逊在《自传》里曾回忆道，他于1765年学习法律期间，曾有幸在弗吉尼亚议会旁听过亨利这位天才演说家的精彩演说：

> 这些演说真的非常了不起，我从任何其他人那里从未听到过。依我看，

他的演说就和荷马的著作一样伟大。[1]

1784年末，一个由帕特里克·亨利担任主席的委员会，向弗吉尼亚议会提交了一项动议——《为基督宗教教师设立供应的法案》(*A Bill Establishing a Provision for Teachers of the Christian Religion, Virginia*)，简称“课税法案”(*the Assessment Bill*)，建议在全州普遍征收一项专门税款，以支持基督教新教各教派的牧师。可以说，这是一项意在专款专用的普遍课税举措。该法案一开始就阐明了提出这项提案的理由与目的：

> 鉴于基督教知识的普遍传布，具有一种自然倾向，可以矫正道德、抑制邪恶和保持社会和平，而这一切，如果不为博学教师提供充足的供应，则无从实现。而充足供应则能够使那些博学教师，将时间与注意力奉献给教导这样一些公民的义务上：他们由于所处环境和缺乏教育，而无法以其他方式获得那些知识。我们可以判定，这样一种供应可以由立法机构作出规定，而不会违背迄今所采纳并想要加以保持的那种自由原则——通过废除不同基督徒团体或社团之间的一切显著差别而取得的。[2]

同时，该提案还同意，个体纳税人可以指定将自己的税金用于自己隶属的基督徒团体。这项提案阐明了为教会牧师提供物质保障的必要性及重要意义，并且申明这种政府提供的物质保障，在不违背该州宗教自由原则前提下，将按照平等自由原则提供给所有教会牧师。这一点是至关重要的，因为它表明，以帕特里克·亨利为首的这个弗吉尼亚议会委员会所理解的“宗教确立”，并不包含在平等原则上对所有宗教或教派的政府支持。换言之，这种对“确立宗教”的理解，与马萨诸塞或宾夕法尼亚等州宪法的理解是一致的。但是，这种对“确立宗教”的理解无法为詹姆斯·麦迪逊所认同，后者将提出一种不同的

---

1 ［美］杰斐逊:《杰斐逊选集》，朱曾汶译，商务印书馆，2011年第一版，第34页。

2 Cited from *The Sacred Rights of Conscience*. p. 252.(*Church and State in Revolutionary Virginia, 1776-1787*, T. E. Buckley, University Press of Virginia, 1977, 188-189.)

理解。

就当时北美的宗教状况而言，由于国教会缺乏足够支持而引发的道德与秩序下降等现象，普遍存在于原先国教会属于确立宗教的各个州。弗吉尼亚面临的情形及其提出的这项课税对策，亦曾出现于其他一些州，譬如，弗吉尼亚的近邻马里兰州。大致在弗吉尼亚提出这项动议的同时，1785 年 1 月马里兰议会亦提出了一项普遍征税动议，以便为该州牧师提供专项财政支持。马里兰议会在提案里指出，人民幸福、良好秩序以及政府的维系，均依赖于道德、宗教与虔敬；由于战争的影响以及英国国教会在北美地位与支持的急剧下降，在人民当中已经出现了对宗教和神圣事物漠不关心的现象，并由此导致了道德与秩序的不稳定；鉴于当下，北美牧师及其家庭缺乏稳定的收入来源，生活陷于拮据与窘迫境地，为此特别提议，在马里兰全州范围内征收普遍税，以不分派别地对基督教所有宗派牧师提供平等的经济支持，以便他们能够更好地服务于福音宣教事业。但这项动议在经过全州公民激烈讨论后，未能在马里兰州获得立法授权。

类似情形在弗吉尼亚州则以更激烈形式得以上演。1784 年末，由帕特里克·亨利领导的那个委员会，向弗吉尼亚议会提交了这项有关宗教课税的提案后，它在州议会里获得了大多数人的支持。与此同时，弗吉尼亚这项普遍课税法案，还获得了该州许多重要政治人物的支持，其中包括理查德·亨利·李（Richard Henry Lee）、约翰·马歇尔、乔治·华盛顿和埃德蒙·彭德尔顿（Edmund Pendleton）等人。在国教会之外，这项提案还获得了部分不从国教派信徒的支持，譬如，汉诺威县长老会起初就有条件地支持这项普遍课税法案。

但是，这项普遍课税法案在州议会里却遭到了以詹姆斯·麦迪逊为首的部分议员的坚决反对。在他们看来，以任何方式保留和支持传统确立教会的做法，都是对宗教自由与平等原则的威胁，都将最终导致对宗教自由的颠覆与破坏。詹姆斯·麦迪逊十分清楚自己在当时议会所处的少数派地位，如若把这项提案提交议会表决，表决结果将会是通过这项立法提案。于是，精明的詹姆斯·麦迪逊及其同党，阻止了议会对这项提案的即时表决，而是提议将表决推迟到下一年召集议会期间。

这样，麦迪逊及其支持者就获得了一年的喘息期。其间，“麦迪逊们”施展了大量的政治游说、党派斗争等政治策略，其中包括把主要对手帕特里克·亨利推举为弗吉尼亚总督，从而使后者在议会失去了强大的影响力。更重要的，这项提案被提交给人民讨论，麦迪逊的主张因此将获得公众的普遍支持。因为詹姆斯·麦迪逊明白，除了反对官方确立宗教和专制这些重要因素，反对征收宗教税还有一个十分重要的原因：经历了战争并获独立后的弗吉尼亚，面临着严重的经济与财政困难。实际上，在当时情况下，不论提出征收什么样的税赋，不论是宗教税还是其他政治税，都会在人民中间激起普遍的抱怨与反对。[1]结果也证明了麦迪逊的预期。当州议会在 1785 年年末再次召开时，人们已就宗教“课税法案”提交了上百份备忘录。其中，支持课税提案的备忘录只有十一份，所征集的支持签名也只有一千多个，远远少于反对课税提案的备忘录和签名。

就是这一时期，普遍课税以支持宗教的提案，在弗吉尼亚全州范围内引发了广泛讨论和轩然大波。少数地区的民众支持提案，有些地区的民众陷入了分裂，但绝大多数地区的民众都反对这项提案。譬如，在威斯特摩兰县（Westmoreland County），民众就分裂成了互相对立的两派。这两个相互对立的团体，在同一天（1784 年 11 月 2 日）完成了两份主张截然相反的请愿书，分别支持和反对征收宗教税的法案。前者的理由是宗教系社会存在的必要条件，牧师的生活保障是他们专心于福音事业的重要保障。后者的理由是这项法案违背了福音精神、权利宣言和政府职责。

类似情形，亦不同程度地出现于其他一些地方。其中，汉诺威县长老会作为一个极具宗教与政治影响力的团体，其前后态度与立场的变化就典型地代表了多数民众的看法。早在 1784 年 5 月，汉诺威长老会就向弗吉尼亚议会提交了一份请愿书，表明他们的主要关切是以下三点：

> 免除任何形式教会控制的一种完全而持久的自由，对良心和私人判断这些不可剥夺权利的一种全面而永久的保障，以及对政府为所有基督徒宗派提供保护与支持的一种平等分享。[2]

---

1 Cf. Thomas E. Buckley, S. J., *Church and State in Revolutionary Virginia, 1776-1787*. University Press of Virginia, 1977, pp. 154-155.

2 Cited from *The Sacred Rights of Conscience*. p. 298.（microfilm of the originals, Library of Virginia.）

他们特别指出，政府给予圣公会的特殊权利，使得基督徒中的一个特定宗派获得了特殊照顾与利益，从而在基督徒各宗派之间制造了一些令人感觉受到伤害的不平等。

同年10月末，汉诺威长老会再次向弗吉尼亚议会提交了一份请愿书。这时，已经成为人们热议话题的宗教税提案，似乎对汉诺威长老会追求宗教平等的一贯诉求构成了一种潜在威胁。这份新提交的请愿书态度暧昧地提及了这一问题。它首先表明了对于行政权威与教会权威关系的立场：

> 我们认为人类立法机构应当只是关注人类事务。自由国家的立法者为了整个社团利益，在政治或民事能力上拥有被授予的权威。社会的存在、保持与福祉，应当成为他们唯一的目标；他们的公共管理，也应当按照这一点来加以限定。凡是与此没有实质关联的事务，均不属于政治家管理的范围。人的思想、意图、信仰与良心，以及人的崇拜模式，不属于他们的管理范围，而将被托付给一种更高和更深刻的审判者。这些内在与精神事务，不能按照人类规则来衡量，也不能服从于人类法规。每个人都有义务照料自己属于未来状态的不朽利益，那时我们将作为个体为自己的行为负责。而这绝不属于立法机构的分内事，因为那时不再有作为集体的政府与国家。因而，作为一种精神体系的宗教，以及其具有职业能力的牧师，不应处在国家指导之下。[1]

历史证明，宗教并不必然需要立法形式的公共支持，反倒是社会政治共同体必须要有宗教的支持。从这一点上讲，一个明智的政府应当对宗教保持一种“干预”。但是，这种“干预”仅限于，“保持对上帝的公共崇拜，支持宗教机构以培育整个宗教的基本原则”[2]。

紧接着，这份请愿书表达了对于人们热议的宗教税问题的看法。它指出，尽管这项动议在人们当中引发了诸多焦虑与揣测，但如果它的实施能够建立在“最

1　Cited from *The Sacred Rights of Conscience*. pp. 302-303.（*American Presbyterians* 63, No. 4, 367-370.）

2　Ibid., 303.

自由方案”的基础上，似乎还是可以接受的。但无论如何，汉诺威长老会这份请愿书指出，这种行政“干预”都不应涉及教义和信条，不应按照宗教信仰内容来加以实施，不应使得宗教牧师脱离他们所事奉的教民。

汉诺威长老会对待宗教课税问题的这种犹豫态度，在他们于1785年8月完成的另一份请愿书里发生了重大转变。这次，他们旗帜鲜明地宣布：“我们反对这项法案。”[1]

其理由有四。第一，它背离了立法的正当界线。

> 民事政府的目的，是保障人们的尘世自由与财产，以及保护人们的宗教自由活动。立法者的权力是由选民授予的，并只是为了这一个目的；他们的职责不能超越这个界线。宗教是完全个人性的，行使宗教的权利是不可剥夺的。它不会、不能、也不应被委托给整个社会的意志，更遑论立法机构了；后者的权威完全来自人民的认可，并受限于民事联合的原初意旨。我们从未委托政府控制我们的这一权利：由我们自己在这个重要事项上作出决定；在我们履行对造物主的义务上，全然按照理性与良心信念去行事。因而，除了出于保护目的外，立法机构对其作出法律规定，就是其特权的一种不当扩展。[2]

第二，它对其宣称的目的来说是不必要和不充足的手段。

> 我们完全相信基督教对人们道德所具有的可喜影响。但我们尚未知道，在其进展历程中，当处在上帝指导一切的神圣佑护下，任由它自身固有的卓越与证据来举荐自己时，当免除了民事当局的侵入性干预时，它会如此卓有成效地实现这一目的。它的神圣作者并不认为，有必要让它依赖于尘世政府。而经验也表明，凡是在形成这种依赖的地方，这种依赖都是一种伤害而不是帮助。[3]

1 Cited from *The Sacred Rights of Conscience*. p. 304.（*American Presbyterians* 63, No. 4, 370-373.）

2 Ibid., 304-305.

3 Ibid., 305.

第三，它从许多方面来看都是一种不明智的举措。譬如，它令大部分人感到反感，从而降低了政府的影响力；它以不当方式处理了贵格会和门诺会问题；它不公正地要求那些尚未接受共同信仰的人对信仰作出物质支持；它开创了政府评判宗教真理的不良先例，既然行政当局能够在基督教与其他宗教之间作出评判，那么就会进而在基督教不同教派之间作出评判；它令部分想要移居该州的人感到担忧，并促使部分现有居民离开该州；它开启了追求信仰一致性并由此引发宗教纷争的滥觞。

第四，它直接违背了《弗吉尼亚权利宣言》，特别是该宣言第十六条的相关规定。

汉诺威长老会这份请愿书，同时还抗议了行政当局对圣公会给予的特殊地位与关照。行政当局将圣公会置于特殊地位，就是在基督教各宗派当中制造了一种不平等，并由此对其他宗派构成了伤害。

当弗吉尼亚议会在1785年末再次集会时，上百份有关宗教“课税法案”的备忘录及数以万计的签名摆在了他们面前。其中有一份特别重要的备忘录，就是由议员詹姆斯·麦迪逊本人撰写的。

詹姆斯·麦迪逊的《请愿与抗议》

詹姆斯·麦迪逊的《请愿与抗议》一文被盛赞为对“新世界”宗教自由斗争作出了最重要和最持久的贡献，是美国历史上为宗教自由作出最强有力辩护的文献，是美国政教关系发展史上划时代性的光辉篇章，是堪与洛克、弥尔顿和穆勒等自由派作品比肩的伟大论述。现代著名学者安森·费尔普斯·斯托克斯曾评论说：

> 在美国领袖中，罗杰·威廉斯与威廉·佩恩是更黑暗时期的拓路者；杰斐逊在处理这个问题上具有更多的天赋直觉和灵感；但就宗教自由这一宪法理想的逻辑与一致性发展而言，麦迪逊在许多方面仍然是我们政治家中最优秀的。[1]

弗吉尼亚州议会在1784年底决定推迟表决宗教课税提案，并将其交由公众

---

1 Anson Phelps Stokes & Leo Pfeffer, *Church and State in the United States*. Revised one-volume ed., Harper & Row, Publishers, 1964, p. 61.

讨论。麦迪逊起初似乎是想对事情的发展静观其变，但沉默有可能被解释为认同。在朋友鼓励下，麦迪逊撰写了这篇抗议书。1785年夏，这篇匿名抗议书开始流传于弗吉尼亚各地。麦迪逊这篇抗议书至少被复制了十五份，以供各地人民签名，其最终征集到的支持签名共有1552个。这个数字表明，在众多征集签名的抗议书与备忘录中，麦迪逊这份文献虽然不是获得最多签名的抗议书，但仍获得了广泛支持与巨大成功。

为反对所谓的“课税法案”（*the Assessment Bill*），詹姆斯·麦迪逊完成了标注日期为1785年6月20日的《致尊敬的弗吉尼亚州议会：请愿与抗议》（*To the Honorable the General Assembly of the Commonwealth of Virginia: A Memorial and Remonstrance*），简称《请愿与抗议》。有些学者根据其内容，亦称之为《反对宗教课税的请愿与抗议》。其全文如下（文中的数字序列标记为原文自有）：

> 我们签署者，本州公民，对根据议会上届会议指令发表的一项法案，题名为《为基督宗教教师设立供应的法案》，经过慎重思考后，认为该法案如若最终获得法律认可，将会是对权力的一种危险滥用。我们作为一个自由州的忠实成员，有义务对它提出抗议，并宣布我们据以作出决定的理由。我们抗议上述法案：
>
> 1. 因为我们认为这是一种根本的和无可辩驳的真理：“宗教或者我们对造物主负有的义务，以及履行那义务的方式，只能受到理性与信念，而非强力或暴虐的指引。”因而各人的宗教，只能由各人的信念与良心来决定；每个人都有权利按照自己信念与良心的指令来行使它。这种权利实质上是一种不可剥夺的权利。它是不可剥夺的，因为人的观念只能依赖于自己心灵沉思过的证据，而不能追随他人的指令。它是不可剥夺的，还因为在此对于人来说是一项权利的东西，对于造物主来说是一项义务。它是每个人向造物主致敬，并只是按照造物主认为可接受方式来致敬的义务。这项义务，在时间顺序和义务程度上，都先于民事社会的要求。任何人在被看作民事社会的成员之前，必定会被看作“宇宙统治者”的臣民。一个民事社会成员，在加入任何从属性联合体时，必定会保留他对“总权威”的义务；每个人在成为特定民事社会的一员时，更要保留他对“普遍统治者”的忠诚。因而我们主张，在宗教

问题上，任何人的权利都不应受到民事社会机构的剥夺；宗教完全免于它的管辖。的确，对于任何可能分裂一个社会的问题，其最终的解决，除了依据多数派意志外，并没有其他规则可循；但也同样真实的是，多数派可能会侵犯少数派的权利。

2．因为如果说宗教免于整个社会的权威，那么它就更不应受制于立法机构的权威。后者只是前者的受造物和代理者。它们的管辖权是派生的和有限制的：就协同部门而言，是受限制的；就构成而言，更是受限制的。要保持一个自由政府，不仅需要始终如一地维持划分每个权力部门的界线，而且还需要它们全都不能逾越那维护人民权利的伟大屏障。那些罹犯这种侵权罪过的统治者，超越了他们由以派生其权威的那种授权，从而成为了专制者。那些服从于它的人民，受到了既不是由他们自己，也不是由他们派生权威所制定的法律的统治，从而成了奴隶。

3．因为应当警觉于对我们的自由所作的那些最初试验。我们坚持认为，这种审慎的忌妒是公民的第一义务，也是新近革命的最高尚特征之一。美国的自由人民，不会坐等那些侵占的权力通过被付诸实行而强化自身，并使问题陷入实例纠葛中。他们按照原则来看待一切后果，并通过否定原则来避免那些后果。我们很快就汲取了这种教训，而无从将它忘却。有谁会看不到这一点呢：那能够排斥所有其他宗教而确立基督教的同一权威，也能够同样排斥所有其他教派而确立基督教中的任一特定教派？那能够强迫公民只是奉献其财产中的三便士以支持一种确立宗教的同一权威，也能够在任何情形下强迫公民顺从于其他任何一种确立宗教。

4．因为这项法案侵犯了那种平等性；而那种平等性，则应当成为所有法律的基础，并按其程度而言是更加不可或缺的，因为任何法律的有效性或适宜性，都更易于受到质疑。如果“所有人生来就具有平等的自由与独立”，那么所有人都应当被看作基于平等条件进入了社会。彼此相比，任何人都没有更多地放弃，也没有更少地保留他们的自然权利。最重要的，他们应当被看作保留了“按照良心指令从事宗教自由活动的平等权利”。我们为自己保留了一种自由，以接受、宣信和遵守我们认为具有神圣起源的宗教。而与此同时我们也不能否认，那些其心灵还尚未服从于那令我们信服之证据的人，也具有一种平等的自由。如果这种自由被滥用，那么就是对上帝而不是对人的冒犯；因而，也必须要为此对上帝而不是对人负责。由于这项法案使一些人承受特殊负担而破坏了平等性，所以它也通过给予其他人以特殊豁免而破坏了那同一原则。难道仅有贵格会和门诺会这两个教派的信徒认为强制性支持其宗教是不必要和不合法的吗？难道唯有他们的虔敬能够托付给公共崇拜来照管吗？应当为他们的宗教授予超越其他宗教的，并有可能从其他宗教引诱改宗者的超常特权吗？我们过于肯定这些宗派的正义与良好意识了，而无法相信，它们或者觊觎超越公民同胞的卓越性，或者会被那些卓越性诱使着，不去一同反对这项法案。

5. 因为这项法案意味着，民事行政当局是足以胜任的宗教真理的评判，抑或它可以将宗教作为民事政策的引擎加以利用。前者是一种傲慢的僭妄，并为所有时代、所有地方统治者的矛盾观点而证伪；后者则是对救赎途径的一种亵渎性歪曲。

6. 因为这项法案提议的那种确立，对于支持基督宗教而言并不是必需的。如若说它是必需的，就是对基督宗教本身的否定，因为基督教每一历史篇章都否定了对此世权力的依赖；就是对事实的否定，因为众所周知，这个宗教的存在与繁荣，不仅没有人类法律的支持，而且还克服了来自它们的一切反对，不仅是在奇迹性帮助时期，而且还在它开始依赖自身证明以及神佑的普通关照以后很久；而且，这是在用语上的自相矛盾，因为并非由人类政策发明的宗教，在它被人类政策确立之前，必定就已经预先存在并获得了支持。此外，它在那些宣信这种宗教的人中，弱化了对其内在卓越性和其作者之佑护的虔敬信赖；而在那些仍然拒绝它的人中，培育了一种疑虑，亦即它的朋友因过于关注其谬误，而无法根据它自身的长处信赖它。

7. 因为经验证明，教会确立，不但不会保持宗教的纯洁与功效，反而具有相反的作用。在近乎十五个世纪里，基督教的合法确立性一直都在接受考验。结果是什么呢？在所有地方都或多或少是这种情形：圣职人员骄傲与懒惰，平信徒无知与卑屈，两者都迷信、固执与迫害。向基督教教师询问基督教在哪个时期具有最大的荣耀，所有教派教师都指向了先于与民事政策相结合的时期。而当提议恢复到其教师依赖会众自愿回报的那种原始状态时，他们许多人却预告了它的垮台。他们的证词在哪一方具有最大权重呢，当与他们的利益相符时还是相左时？

8. 因为正在探讨的这种确立，对于支持民事政府并不是必需的。如果主张它对支持民事政府是必需的，只是因为它是支持宗教的一种手段，那么它对后一目的来说并非必需，所以它对前一目的来说也不可能是必需的。如果宗教不在民事政府的管辖下，那么它的合法确立性如何能够对民事政府是必需的呢？实际上，教会确立对于民事社会具有什么影响呢？在有些情况下，它们在民事权威的废墟上建立了一种精神专制；在许多情况下，它们拥护专制政治施行的统治，在任何情况下，它们都未能成为人民自由的卫护者。那些希望颠覆公众自由的统治者，也许会发现一帮确立的圣职人员是方便的辅助者。而一个旨在确保和实施公众自由的正义政府则不需要他们。这样一种政府，将通过以下方式获得最佳支持：运用保护公民人身与财产的同样手段，来保护每个公民享有其宗教；既不侵犯任何教派的平等权利，也不容忍任何教派侵犯其他教派的平等权利。

9. 因为所提议的这种确立是对那种宽厚政策的背离，那种宽厚政策为一切国家与宗教的受逼迫者和受压迫者提供了一个庇护所，它指定要成为我们国家的荣耀，并保证了我们国家公民人数的增加。这种突然退化的法案是一种怎样的忧郁迹象啊？不是为被迫害者提供一个庇护所，它自身就成了一种迫害的标志。它贬低了平等公民行列里所有那些宗教观点不屈从于立法权威的人。它当下的形式，也许与宗教裁判所相去甚远，但也只是程度上的差异。在不宽容进程中，一种是第一步，另一种则是最后一步。那在外国异邦遭受这种残酷刑罚的宽宏大度的受难者，必定会将这项法案看作我们海岸上的一座灯塔，它提醒着他们另行寻找避难所：在那里适度的自由与博爱，可以为他们脱离磨难提供一个更加确定的休养之地。

10. 因为它具有驱逐我们公民的类似趋势。由其他情形提供的诱惑，正在逐日削减其数量。通过取消他们正在享受的自由而为移民平添一种新动机，与那使一些繁荣王国蒙受侮辱和减少人口的做法，属于同一类愚蠢行径。

11. 因为它摧毁了我们的法律，通过克制干涉宗教，而在不同教派中确立的那种中庸与和谐。在“旧世界”里，世俗部门的徒然努力，亦即通过禁止宗教观念的一切分歧而消灭宗教不和，已经造成了血流成河。时间最终揭示了真正的救治之道。无论在何处，每当人们放松狭隘与严厉政策时，都会发现这种病症有所缓解。“美国舞台”已经显示出证据：平等而完全的自由，就算不能完全根除病症，也足以消解它对国家健康与繁荣的有害影响。这种体系的有益效果如此显而易见，但我们却开始收缩宗教自由的界线。我们知道没有人会过于严厉地谴责我们的愚蠢行径。但至少，应当让这种受到威胁的创新，在刚开始结出果实时就获得警告。这项法案的出现已经将近来广为流行的“基督教忍耐、仁爱与宽厚”，转化成了难以很快平息的仇恨与忌妒。假如公共和平的这种敌人都得到了法律支持，还有什么灾祸不会令人感到害怕呢？

12. 因为这项法案的政策有悖于基督教光明的传播。那些享有这份珍贵恩赐的人的第一愿望，应当是将它与整个人类分享。如果将已经接纳这恩赐的人数，与仍然处在虚假宗教支配下的人数加以对比，前者是何其稀少啊！这项法案会缩小这种不相称吗？不会；它同时还劝阻了那些不知晓启示光明的人前往它的地界；并以实例默许了继续处在黑暗中的国家，把那些可能会传递光明的人拒之门外。不是为真理的胜利挺进而尽可能地扫平障碍，这项法案以一种卑劣的、非基督教的懦弱，为它建立起了一道防止谬误入侵的围墙。

13. 因为想要通过法律制裁来推行让大部分公民感到憎恶之行为的做法，会削弱整个法律，放松社会约束。如果难以实施被普遍认为无必要或无好处的法律，那么，在被认定无效和危险的地方，情形会怎样呢？而政府如此明显的无能实例，又会对其整体权威产生什么影响呢？

14. 因为不应当强加实行这样一项殊为重要与繁复的法案。并没有最明确证据表明它是由大多数公民请求的；也没有提出令人满意的方法，以确定这件事中大多数人的声音，或者确保其影响。“的确已要求各县人民就采纳这项法案向下次议会会议表达其观点。”但在代表们的或各县的声音成为人民的声音之前，这种代表制必须是公平的。我们的希望是，在经过适当考虑后，“代表们的或各县的声音”都不会拥护这项法案的危险原则。万一事情令我们失望，我们也完全相信，公正地求助于“人民的声音”，将会撤销这反对我们自由的裁决。

15．最后还因为“每个公民按照良心指令自由行使其宗教的平等权利”与我们其他所有权利，拥有相同的保有条件。如果回溯其起源，它同样是自然的恩赐；如果权衡其重要性，它对我们同样珍贵；如果查询“对属于弗吉尼亚人民的，作为政府根本与基础之权利的宣言”，亦以同等严肃性或有意识的强调对它作出了列举。我们必须说，或者，立法机构的意志就是它们权威的唯一准绳，在这种权威达到高峰时，它们会废止我们所有的基本权利；或者，它们只能是不触及这种特定权利并保持其神圣性。我们必须说，要么，它们会控制新闻出版自由，会废除陪审团审判，会吞并本州的行政权与司法权，而且还会剥夺我们的选举权，使自己成为一种自主与世袭的议会；要么，它们根本就无权将正在被考虑的法案颁布为法律。我们签署者认为，本共同体议会不具有这样的权威；我们将不遗余力地反对这种危险的篡权；我们反对它，特此抗议。同时我们还有义务真诚祈祷宇宙的至高立法者通过启明向他们表达的东西，一方面，使他们放弃这样的行为：会冒犯其神圣特权的，或破坏他们被给予的信任的；另一方面，引导他们采纳这样的举措：能配得上其祝福的，能增进对自身称赞的，能更牢固确立本共同体之自由、繁荣与幸福的。[1]

詹姆斯·麦迪逊的这篇重要文献，篇幅不长，但内容丰富，极尽概括，高度精练，不易理解。这篇属于请愿与抗议性质并希望获得人们签名的文献，其特定功用与目的，使得它并不以逻辑推演见长，而更具即兴灵感与直觉洞察的色彩。其行文一波三折，其推论节外生枝，其联想由此及彼，并往往将内容近乎相反的推理包含在同一个表述语句里。这一切都增加了这篇文献的理解难度。

可以肯定的是，麦迪逊整个论述的基础与核心概念，是包括宗教自由在内的人的自然权利。这篇文献运用时代思潮与传统基督教思想，阐明了作者所反对的“宗教确立”，包括政府对宗教的任何支持与援助。这是一种比较接近分离论的“确立宗教”概念。但看似矛盾的是，这篇文献还表述了许多传统或正统基督教

1 Cited from *The Sacred Rights of Conscience*. pp. 309-313. (*The Papers of James Madison*, ed. R. A. Rutland et al, University of Chicago Press, 1973, 8: 298-304.)

见解，这又使得它的许多看法可以获得传统派的支持。所以，这篇文献可以同时获得不同立场信徒和人士的签名与支持。

概括起来，它大致包含以下几方面的内容。第一，这篇文献首先援引了1776年《弗吉尼亚权利宣言》对宗教及其自由所作的界定，认为宗教自由是人人都具有的不可剥夺的权利；这种权利对于上帝而言就是一种义务，人对上帝的义务先于人对社会的义务；宗教免于社会及其立法机构的权威。民事社会及其政府，不能干涉人与造物主的关系亦即宗教，亦不能侵犯或剥夺人按照良心指令履行那种关系及其义务的权利。在民事社会关系上，按照多数派原则行事，可能会对少数派的权利构成侵犯和损害。所以，麦迪逊认为在处理宗教问题上应当尽量避免使用这一原则，除非是在涉及社会本身的安危之时。

第二，宗教自由是建立在平等基础上的，不同宗教、不同宗派以及不同教派之间的平等性，是实现宗教自由的关键。如果允许政府在各种宗教中确立基督教信仰，就会允许政府在基督教各种教派中确立某一种教派。这就会破坏各种宗教或者基督教各种教派之间的平等性。即使有人不信仰任何宗教，即使有人不认同我们的信仰，那也只是不信仰者个人或其他信仰者个人与其造物主之间的关系。他们将在上帝面前而不是任何民事政府权威面前，承担对那种关系的责任，他们需要对上帝而不是对人负责。在宗教信仰问题上，所有处在民事社会里的人都是平等的，都享有平等的自由权利。

第三，行政当局没有能力评判宗教真理，也不能利用宗教来实现其社会目的。前者是愚蠢的傲慢，后者是不敬的亵渎。行政当局只能涉足民事事务，而无权涉足精神或灵性事务；宗教信仰只是涉及精神或灵性事务，而无权干涉世俗的民事事务。两者涉及与应对的，是两个不同的领域。

第四，基督教的存在与发展不需要采取官方确立形式。对基督教的支持，应建立在自愿原则上。基督教发展的历史证明，基督教自身就具有足够的活力。尘世权力对它的反对，无法遏制它自身的活力；尘世权力对它的支持，也无助于它自身的发展。将宗教与民事权威结合在一起，在宗教内部将会导致信徒与圣职人员的消极与懈怠，在宗教外部则会招致他人的怀疑与鄙夷。罗马天主教在某个时期的发展，就是这样一个历史证明。

第五，自由而正义的政府，也不需要通过确立宗教来获得额外支持。而确立的宗教也从未为维护人民的自由与公义作出过贡献。既然宗教不需要民事权威的支持，那么民事权威也不可能需要宗教的支持，除非那民事政权想要侵犯和剥夺人民的自由与权利。被确立的教会及其圣职人员，只会成为政治专制的帮凶，而不会成为个人自由的卫士。只有专制政府才需要确立教会为自己提供急需的支持，而自由政府仅仅通过确保自由权利，就能获得一切必要的支持。

第六，确立宗教是一种不宽容，有可能会发展成宗教审查与宗教迫害。而宗教不宽容和迫害，将会大大减少前往这个国家寻求自由的移民数量，大大增加因故离开这个国家的移民数量，并削弱这个国家和地区的发展与繁荣。借助于世俗权力来消除宗教不和，只能导致对社会和谐的破坏，只能导致基督教仁爱精神的幻灭。

第七，这项法案不利于基督教传播。它将会造成一种无形的屏障，使没有获得信仰光明的人继续留在蒙昧中，将传布信仰光明的人拒之门外。因为确立官方宗教的做法，等于为自己修建了一道围墙，并为内外自由往来增添了麻烦与障碍。政府通过法律来实施一种实际无法实现预期目的的行为，其结果只能导致政府自身威信的降低。

第八，议会无权颁布这项法案，大多数公民也不支持这项法案。政府部门的权力是通过人民授权而来的，是派生性和限制性的。立法部门与行政部门在行使其权力时，如果超越了其授权范围，就是一种专制。而受其统治的人民则变成了奴隶。所以，一个自由的政府就是一个遵守权力界限的政府。对政府权力保持审慎的忌妒是公民的第一义务，也是美国革命的最高尚特征之一。

纵观詹姆斯·麦迪逊这篇大师级的重要文献，我们可以看到，文章分别运用了理性主义和虔敬主义的观点来阐述自己的立场。在这份请愿书的结尾，麦迪逊将基督教看作一种珍贵的恩赐，也许只是为了取悦广大的正统和福音派信徒，也许反映了他个人真实的宗教观。麦迪逊的这种表述方式，为人们的不同解读，提供了诸多可能。

第三节　“联盟”及“联邦”政府的宗教行为

《独立宣言》中的自然神论式宗教指涉

1776年的著名政治文献《独立宣言》一开篇就表明，这些英属北美殖民地，要割断与宗主国英国原有的政治隶属关系，并像世界上其他政治权力实体那样，取得自己的“独立与平等地位”（the separate and equal station）。这份宣言为了佐证各殖民地立场的正当性，宣称他们所谋求的这种“独立与平等地位”，是“自然法则以及创造自然之上帝的法则”（the laws of nature and of nature's God）[1]赋予他们的。按照《独立宣言》起草者及签署者的理解，他们争取并应当获得的那种“独立与平等地位”，不但是自然法则的授权，而且是创造并主宰自然及万物的上帝法则的授权。所以，他们认为，按照从大小前提而来的思想逻辑可以推断，这种来源或授权，其顺序应当是“创造自然之上帝的法则，以及自然的法则”；但从这种来源与授权的直接性与回溯性上讲，这种表述就变成了那种授权来自“自然法则以及创造自然之上帝的法则”。其暗含的逻辑推论是，“创造自然之上帝的法则”是一切法则中的终极法则；创造自然以及自然法则的上帝，是万事万物的最终来源和最高准则。很明显，这个上帝已经淡化了基督教传统信仰色彩，而具有了诸多自然神论意味。

而现有的种种《独立宣言》中文译本，大都将这句话翻译为，是“自然法则和自然上帝”或者“自然法则和自然神明”的授权。这种译法是不贴切和易产生歧义的。说不贴切，是因为这种译法没有注意到原文的“法则”一词使用的是复数形式，包括自然的法则以及创造自然之上帝的法则，这是两种不同等级与层次的法则。事实上，它们还是两种具有隶属关系或母子关系的法则，尽管这两种法则既可以独立行使也可以协同行使。说易产生歧义，是因为“自然上帝”这种表述，易使人将“自然”与“上帝或神明”等而为一，误以为“自然”就是“上帝”，或者“上帝”就是“自然”；而这种观点正是当时极少数美国自然神论者所采取的“神学异端”立场。况且，译文“自然上帝”的表述，也没有足够重视原文使用的是所有格语法形式，是想要表述“隶属于和来源于上帝的自然”。

所以说，《独立宣言》开篇想要表述的是，他们正在谋求的那种权利，不但是“自然法则”赋予他们的，而且是“创造自然之上帝的法则”赋予他们的。这

---

1 Cited from *The Sacred Rights of Conscience*. p. 220.（*The Public Statutes at Large of the United States of America*, ed. R. Peters, Charles C. Little and James Brown, 1845, 1: 1-3.）

种表述从暗含的理论与思想前提及背景上讲，自觉或不自觉地表述的，是一种基督教有神论的立场与看法；直接或间接透露的是起草者、修订者和签署者，在那个时期囿于其具体性的，那种最宽泛意义上的世界观。对此，在翻译上擅自将其作泛神论或无神论技术处理，是不符合原文原意的。

这份著名政治宣言的主旨，是这样一种严正声明：

> 我们认为这些真理是不言而喻的：所有人都是平等受造的，造物主赋予了他们一些不可剥夺的权利，这些权利包括生命、自由与追求幸福的权利。（We hold these truths to be self-evident: that all men are created equal; that they are endowed, by their Creator, with certain unalienable rights; that among these are life, liberty, and the pursuit of happiness.）[1]

准确翻译这段话，要注意到原文采用了三个语法并列、语义递进的子句，还要注意到上下句之间采用的“受造”（created）与“造物主”（Creator）之间，在文法上的相互修饰与呼应。现有中文译本几乎所有版本，都将第一个并列句译为“人人生而平等”；这句话简练而具有浓郁的箴言警句色彩，的确让人不忍放弃。但这种译法却是一种易于产生误解的意译，在字面和含义上与原文出入较大，况且原文也并没有引用什么箴言警句的意思。

深究起来，将第一并列句译为“人人生而平等”，其不妥当处有二。第一，它无法反映前后并列句之间在用语上的相互呼应与修饰关系。如果将第一句译为“人人生而平等”，那么下一句考虑到呼应关系，势必就要译为“生者赋予了他们一些不可剥夺的权利”，而这又与原文使用的以首字母大写来特指的对象亦即上帝（Creator）的含义不符。同时，这还使第二和第三并列句提到的权利，与第一并列句指明的权利赋予者之间，形成了一种断档或错位，那些权利似乎变成了突兀之举和无源之水，破坏了整段话的紧凑一体性和呼应之美。第二，说“人人生而平等”，更易使人联想到人的自然生身父母，而不是宗教信仰上创造万事万物的造物

1　Cited from *The Sacred Rights of Conscience*. p. 220.（*The Public Statutes at Large of the United States of America*, ed. R. Peters, Charles C. Little and James Brown, 1845, 1: 1-3.）

主。其实，这句原文想要表述的是，从根本或终极意义上讲，“人人”亦即每个人，在其最根本的终极来源上帝那里，都是“生而平等”的。这种“生而平等”只能是专指宗教意义和精神意义上的，而不可能是指一般自然意义上的。如果非要从自然意义上讲，则只能说“人人生而不平等”。且不论在社会层面上不可能“人人生而平等”，仅就同一个家庭里的成员来说，也不可能是“生而平等”的。至少，那些《独立宣言》起草者和签署者都十分明白，在他们自己家庭里，男孩或女孩，长子或次子等，都是“不平等”的。自然意义上的“生而平等”，对于这些正在争取自由平等的《独立宣言》签署者，既非他们生活的现实，亦非他们追求的目标。总之，在这些关键性语句上，忠实于原文原意的字面直译，比追求简明但却存有歧义的意译，似乎是一种更为明智的选择。在准确基础上追求文采当然是最好做法，但在文采影响到准确时，还是舍文采性而取准确性为佳。

总之，《独立宣言》按照社会契约论的基本原理，表明了政府及其权力的来源、组成形式和目标目的。

> 为了保障这些权利，人民之间才组建政府，治人者的正当权力来自被治者的同意。不论何时，不论何种政府形式，一旦违背这些目标，人们就有权变革政府，或废止旧政府、组建新政府，按人民觉得最能保障他们安全和幸福的办法，奠定政府的基本原则，组建政府的形式。[1]

《独立宣言》明确提到信仰的用语包括“上帝”、“造物主”、“最高审判者”（the Supreme Judge）以及“神圣佑护”（Divine Providence）等。《独立宣言》一共罗列了28项英国对北美殖民地造成的“冤情”。其中，并没有明确提及宗教问题，因为在那个时候，北美人民并不认为英国对殖民地的宗教自由构成了危险或束缚。

在美国独立后，不仅团体性的宗教自由获得了普遍发展，而且个体性的宗教自由也达到了一个新阶段。个体性自由不仅提高了个人的尊严，而且也限制了政

---

1 Cited from *The Sacred Rights of Conscience*. p. 220.（*The Public Statutes at Large of the United States of America*, ed. R. Peters, Charles C. Little and James Brown, 1845, 1: 1-3.）. 译文来自，［美］亚历山大·汉密尔顿，詹姆斯·麦迪逊，约翰·杰伊：《联邦论：美国宪法述评》，尹宣译，译林出版社，2010年第一版，第609页。

府影响的范围。在某种意义上，保障个人权利，就成为政府行使其权力的一种有效制衡机制。

《联盟条款》对联盟权与州权的界定

所谓“大陆议会”（the Continental Congress）是指美国独立战争前后，具体起止时间为1774年至1789年，北美英属殖民地或独立后的州，为共同应对与英国因征税和立法问题而导致的紧张、冲突与战争，由各州选派代表组成的，主要负责处理整个殖民地或全国性问题的权力机构。这个主要为应对美国革命或独立战争而成立的全国性权力机构，其职责与权限十分有限。在明确将绝大多数民事权利保留给各州的同时，大陆议会主要负责对一些全国性和国际性领域的事务进行协商与立法。其中的“议会”或“会议”（congress）这个术语，在当时就是指一种商讨和解决问题的会议。参加议会的代表，在某种程度上有些类似于代表各自所属州的使节。《联盟条例》明确规定，各州分别拥有主权，各个州在某种程度上就是一个个彼此独立的“国家”。每个州都拥有自己的主权、宪法、政体和政府。各个州的联合，先是结成了“联盟”，后来则演变成了“联邦”。其中，界定“联盟”的政治文献是《联盟条例》，界定“联邦”的政治文献是《1787年宪法》。“联邦”是从“联盟”脱胎而来的。

具体说来，大陆议会包括两个主要会议期，第一届大陆议会（the First Continental Congress），从1774年9月5日到1774年10月26日。这次为期不到两个月的短暂议会，主要因殖民地与宗主国急剧恶化的关系而召集，并主要商讨和决定了，殖民地将作为一个“政治共同体”来处理当前整个殖民地所共同面临的紧急情况，并决定明年再召集类似的集会。第二届大陆议会（the Second Continental Congress），从1775年5月10日起到1789年5月4日止。这次大陆议会自从成立后，由于战争以及其他情况所需，一直持续到根据联邦宪法组成新的国家政府时才告结束。

在所谓“第二届大陆议会”期间内，由于在1777年制定，并于1781年批准了具有全国立法性质的《联盟条款》（*the Articles of Confederation*），故而有人将此后的“第二届大陆议会”称为“联盟议会”（the Confederation Congress或the Congress of the Confederation）。其实，在最宽泛意义上，“联盟”（Confederation或Union）因历史演变，而包括“殖民地联盟”（the United Colonies）和“州联盟”（the United States），并且主要是指后者，因为当所谓的联盟正式形成并开展工作时，这些殖民地就已经宣布独立了。相应地，对这些政治共同体的指称，也就应由“殖民地”改称为“州”了。同样是在“联盟议会”期间，1787年的大陆议会，因为主要负责为联邦制定联邦宪法，故而又被人们称为“制宪议会”（the Constitutional Congress）。大陆议会终止于联邦宪法获得正式批准，以及新联邦正式成立之时。而新联邦于1789年5月正式成立后的议会，则被称为“联邦议会”或“联邦国会”（Federal Congress）。考虑到与原宗主国英国议会在指称上的区别，而更多地被称为“联邦国会”，其实也是代表制会议或议会的意思。

1777年经大陆议会制定，并于1781年由最初十三个州批准生效的《联盟条款》（*the Articles of Confederation and Perpetual Union*），正式以立法形式，将原先这十三个殖民地，或者宣布独立后的十三个州，在“美利坚合众国”（The United States of America）[1]名义下，联合成了一个政治共同体。这份《联盟条款》对这个组建的联盟，以及组成这个联盟的各个州的权限作出了明确规定。《联盟条款》第二条规定：

---

1 对美国历史和美国宪法史具有深入研究和透彻理解的尹宣先生，为了突出同一个名词或术语在不同时期与场合具有不同的指涉，特别是为了强调在签署批准宪法前后各州在拥有权限上的变化与不同，在翻译由原先的“colony”独立为“state”后这一名称指涉上，可谓煞费苦心。尹宣先生曾在其译著中提出，应翻译为“邦”，以与“国”“州”等术语相区分；甚至还杜撰出“邦联”这一怪异组合，以与“联邦”“联盟”等术语相对立。尹宣先生的这些可贵尝试，固然解决了一些翻译表述难题，但也与一些由来已久的习惯表述形成了紧张，并构成了新的难题与混乱，譬如人们已经习惯于将那些独立后的英属北美殖民地称为“州”，而且在中文表述里，近现代美国政治版图也一直采用“州”的指称，若要改变指称，就易于使人产生误解与混乱。其实，在这个问题的处理上，尹宣先生也许太急于想要用不同术语来表述不同历史概念，特别是表述同一个术语在不同时期与场合的不同内涵与外延了。而这么做的逻辑预设是，读者对于美国历史和美国宪法史等理论背景知识近乎空白或者完全为零，所以才需要用不同术语来强调其变化与差异。但顺此逻辑推演，将会使自己陷入无法自拔的窘境：仍以美国各州与联邦之间的权限关系为例，如果可以用“邦”与“州”这些术语来表示美国宪法批准前后的不同，那么，其后各州在主权与管辖范围上的差异，甚至是同样大的差异，又应该用什么术语来表述呢？因为各州主权与权限在宪法“第十四修正案”实施前后差别很大，在“埃弗森案”前后差别也很大。事实上，任何术语在不同时期与场合，其内涵与外延都是不尽相同的，尽管其程度有大小之分。由此说来，要解决尹宣先生的“难题”，可以“无为而治”，亦即完全可以预设这些学术著作甚或普及著作的读者，对相关的背景知识拥有一定甚或相当的了解，能够对术语在不同时期的变化保持必要的清醒与警觉；即便没有这种清醒与警觉，也可以通过另外的行文来向读者提出这种警醒。

> 各州（State）保留其主权、自由与独立，以及所有非经本联盟通过召集议会明确委托给“合众国”（the United States）的权力、管辖与权利。[1]

《联盟条款》第三条规定：

> 由此上述各州，为了共同的防御、自由的保障，以及相互与共同的利益，各自独立地与其他各州组成了一种坚固的友好联盟，使它们团结在一起并彼此支持，以对抗所有因宗教、主权、贸易或任何其他借口，而对它们或者它们当中任何一州，构成的势力威胁，或者发动的攻击。[2]

根据《联盟条款》的规定可以看到，这个“联盟”是各个州为了一些特定的共同目的，譬如外交、防御、安全与整体利益等，而在各州之间组成的一种松散的政治共同体。各个州拥有基本主权。只有那些明确规定委托或转让给“联盟”的权利，才属于“联盟”拥有的权利，其他一切权利仍然归属各州拥有。所以，各州保留了主要的权利，而联盟只拥有那些明确让渡给自己的权利。凡未曾明确转让给联盟的权利，仍然为各州保留并拥有。

《联盟条款》对“联盟权”与“州权”的这些限定，此后将为1787年联邦宪法所继承。但后来在20世纪的联邦司法实践中，宪法“第十四修正案”特别是“正当程序条款”，通过吸收合并，将会逐渐蚕食和模糊这一权力归属主体与界限。更重要的，所谓吸收合并过程，将把原本限制联邦政府的《权利法案》中的相关规定，应用于对州政府和地方政府的限制，其中，也包括《权利法案》中的“宗教条款”。

大陆议会牧师与国会牧师

大陆议会，这种因形势需要而创立的全国联盟，从一开始就涉及宗教实际问

1　Cited from *The Sacred Rights of Conscience*. p. 225.（*The Public Statutes at Large of the United States of America*, ed. R. Peters, Charles C. Little and James Brown, 1845, 1: 4, 8-9.）

2　Ibid.

题。根据约翰·亚当斯写给妻子的书信，在大陆议会召开之初，有代表库欣先生（Mr. Cushing）就提出了议会应以祈祷开始的动议。这项动议受到来自纽约和南卡罗来纳代表的反对，其理由如下：

> 我们在宗教观念上分歧重重，一些人是圣公会信徒，一些人是贵格会信徒，一些人是再洗礼派信徒，一些人是长老会信徒，还有一些人是公理会信徒，所以我们无法加入同一种崇拜行为。[1]

这时，塞缪尔·亚当斯先生（Mr. S. Adams）站起来反驳道，只要主持祈祷的圣职人员虔敬而具美德，同时又站在北美殖民地人事业一方，那么不论他是哪个宗派的，自己都乐意参加由他主持的崇拜。塞缪尔·亚当斯这种看法获得了大家的支持。于是，费城当地的英国国教会牧师雅各布·杜谢（the Reverend Jacob Duché，1738—1798 年）应邀主持了祈祷仪式，并为公理会信徒约翰·亚当斯留下了深刻印象。

此后，大陆议会在某些特殊时期或场合，会全体前往雅各布·杜谢或其他当地牧师的教会参加宗教活动。譬如，1775 年 6 月，大陆议会首次发布遵守禁食日公告后，议会全体成员在禁食祈祷日上午前往雅各布·杜谢主持的教会崇拜，下午前往弗朗西斯·艾利森（Francis Allison）主持的教会崇拜。

宣布独立后，大陆议会于 1776 年 7 月 9 日正式任命雅各布·杜谢为大陆议会牧师。不过，雅各布·杜谢在 1776 年 10 月 17 日以身体健康和教区职责为由，辞去了这份工作。大陆议会为回报他的工作与努力，向他支付了 150 美元的优厚酬金。不过，根据雅各布·杜谢本人的提议，这笔酬金最终捐赠给了宾夕法尼亚阵亡军官的遗孀和孤儿。在个人层面上，雅各布·杜谢一开始仍然怀有这样一种希望，即北美殖民地将会与大不列颠重归和好。但随着战事与时局的发展，这种希冀化为乌有。1777 年末，雅各布·杜谢似乎改变了对独立战争的看法，并永久返回了英格兰。

---

1 Cited from *The Sacred Rights of Conscience*. p. 216.（*Letters of Delegates to Congress, 1774 to 1789*, ed. P. H. Smith, Library of Congress, 1976, 74-75.）

1789 年新共和国成立以后，联邦政府仍然保持着大陆议会聘请牧师举行宗教仪式的惯例。第一届国会在讨论宪法修正案之前，就已经正式任命了国会牧师。按决议，国会需要正式任命两位分属不同宗派的牧师，并由参、众两院分别提名任命一位人选。1789 年 4 月 25 日，参议院任命了塞缪尔·普罗沃斯特牧师（Rev. Samuel Provost，1742—1815 年）。5 月 1 日，众议院任命了威廉·林牧师（Rev. William Linn，1752—1808 年）。这两位国会牧师，将按周轮流在两院主持举行宗教活动。国会还同意为这两位牧师及其助手支付薪酬。

此外，美国国会还对一些重要国家组织的宗教活动作出了规定。譬如，1806 年 4 月 10 日，国会通过的"美国军队管理规定"，就强烈要求军队军官和士兵参加神圣崇拜，并对官兵的不虔敬言行，作出了相应处罚规定。此后，在军队中举行宗教崇拜和仪式的做法，一直保持了下来。

政府发布的全国"禁食、悔改与感恩日"公告

在美国革命时期，几乎所有北美人都认为道德依赖于宗教，而宗教无一例外地就是指基督教，特别是基督教新教；政治的稳定与社会的繁荣，必须以宗教与道德为根基。其中的逻辑推理是这样的：要充分实现生命、自由与幸福，这些上帝及自然所赋予的基本权利，就需要一个能正当协调与处理人和人之间关系的良好社会，良好的社会是由具有美德与品行的人们所组成和构建的，而良好的道德与品行是由真宗教与真信仰所培育的，所以，宗教与信仰对于社会与人民是不可或缺的。大陆议会 1778 年 10 月发布的《议会建议促进道德的决议》（*Congressional Resolution Recommending the Promotion of Morals*）就言简意赅地表明："真宗教与好道德，是公众自由与幸福的唯一坚实基础。"[1]

尽管大陆议会无权在整个联盟层面上，直接做出促进宗教与道德的行为，但它可以建议各个州那么做。当代历史学家詹姆斯·赫特森认为，大陆议会的宗教活动表明了这样一种"盟约神学"：

1　Cited from *The Sacred Rights of Conscience*. p. 225.（*Journals of the Continental Congress: 1774-1789*, ed. W. C. Ford, GPO, 1904, 12: 1001.）

十年来，从1775年6月12日第一个禁食日公告，到1784年8月3日最后一个感恩日公告，议会采纳并向美国人民宣扬了有关国家盟约的政治神学。这种信仰认为，与不列颠的战争，是上帝对美国所犯罪过的惩罚，而全国性的认罪与悔改，将使上帝与这个国家相和解，并使上帝亮出利器以挫败英国人。[1]

实际上，大陆议会从一开始就不断发布全国性公告，提议在全国范围内按照基督教信仰，遵守某一天为悔改、羞愧、禁食和感恩日。

1775年6月，鉴于迫在眉睫的危险与灾难，大陆议会首次发布了遵守禁食日的公告。这份《议会要求遵守一个公共羞愧、禁食与祈祷日的决议》（*Congressional Resolution Calling for a Day of Public Humiliation, Fasting, and Prayer*），是由长老会牧师、普林斯顿学院院长约翰·威瑟斯庞（John Witherspoon，1723—1794年）起草的。该决议表明：

鉴于这些殖民地当前面临的关键、危急与灾难状态，本议会郑重建议，本大陆所有英国殖民地居民遵守七月二十日星期四为公共羞愧、禁食与祈祷日。[2]

与此同时，1775年6月，大陆议会还通过了《大陆军队规章条例》（*Rules and Orders for the Continental Army*）。其中第二条规定："郑重建议，所有军官和军士，勤勉不懈地参加神圣崇拜。倘若任何人在任何神圣崇拜场所举止粗鄙或不敬，如果是军官，将交由军事法庭处理。"[3] 如果是军士，将被施以扣除部分军饷和禁闭的处罚。

1777年底，在纽约战役中取得胜利后，大陆议会发布了《议会要求遵守一个

1 James H. Hutson, *Religion and the Founding of the American Republic*. Library of Congress, 1998, p. 53.

2 Cited from *The Sacred Rights of Conscience*. p. 217.（*Journals of the Continental Congress: 1774-1789*, ed. W. C. Ford, GPO, 1904, 1: 87-88.）

3 Cited from *The Sacred Rights of Conscience*. p. 218.（*Journals of the Continental Congress: 1774-1789*, ed. W. C. Ford, GPO, 1904, 1: 112.）

感恩日的决议》(*Congressional Resolution Calling for a Day for Thanksgiving*)。这份由塞缪尔·亚当斯、理查德·亨利·李与丹尼尔·罗贝多（Daniel Roberdeau）等人起草并获通过的决议，是一份地道的基督教感恩与赞美通告。它明确要求北美殖民地人按照基督教信仰，为在争取自由与独立战争中蒙受全能上帝的监管性神圣佑护与恩惠，向经由耶稣基督的全能上帝，作出诚挚感恩与赞美；人们在感恩日应当停止工作，前往教会参加神圣感恩与崇拜。

此后，大陆议会还发布了多个类似公告，譬如1779年的《议会要求遵守一个禁食、羞愧与祈祷日的决议》、1780年的《议会要求遵守一个感恩与祈祷日的决议》、1783年的《议会要求遵守一个感恩日的决议》等，其内容大体为要求联盟各州人民专门设定一天，按照基督教传统做法进行祷告与崇拜聚会。

其实，大陆议会采取的诸多宗教仪式与做法，对于美国社会来说并不是什么新鲜事情。它们都是那个社会由来已久并习以为常的惯例。即便有些举措与宪法规定有抵触之嫌，也很少有人会“不知趣地”提出抗议与反对。譬如，在新当选总统乔治·华盛顿，以公职身份提出要为这个新共和国而祈祷和感恩时，就很难设想会有人以某种宪法规定为理由而提出反对意见。所以，大陆议会的此类做法，在新共和国成立后得以延续。

1789年10月，首位总统乔治·华盛顿应国会两院请求向全国发布公告，要求美国人民遵守某一指定日期为全国感恩与祈祷日，并在这一天祈求上帝的宽恕、仁慈与帮助。乔治·华盛顿将1789年11月最后一个星期四确定为全国感恩日。仅就感恩日而言，此后数十年间，联邦只是不定期遵守这一惯例。1863年，林肯重新将其确定为全国性节日。1941年，美国国会更进一步明确其为联邦官方节日，由此形成了现今的感恩节。

在乔治·华盛顿之后，许多总统都遵守了这一惯例。乔治·华盛顿、约翰·亚当斯和詹姆斯·麦迪逊在各自总统任期内，都曾数次颁布公告，要求全国按照基督教传统，遵守某一指定日期为忏悔、祈祷、禁食和感恩日。

唯一的例外是托马斯·杰斐逊。杰斐逊在当选美国总统后，以这一做法违背宪法第一和第十修正案为由，拒绝发布类似宗教公告。尽管宪法规定已经禁止联邦确立某种宗教为全国性宗教，但这种威胁仍然是一种客观存在。譬如，在1799年，当总统约翰·亚当斯宣布全国禁食与祈祷日公告的时候，就有不少人开始怀疑，这一做法可能会导致总统举荐某一宗教为全国确立宗教。事实上，雄心勃勃的长老会，在当时已经显露了一些令他人怀疑和担忧的迹象。麦迪逊总统在1812年战争前后，迫于形势也多次发布过类似宗教公告。但麦迪逊在晚年反思中，表示这一做法有违宪法规定。

《西北法令》涉及的政府支持宗教行为

1789年8月7日，第一届国会在制定《权利法案》的同时，还再次批准了1787年通过的《西北法令》，后者包含明确的政府支持宗教的条款。

1783年与英国签署的巴黎条约，不仅承认了美国的独立地位，而且还赋予了这个新国家一大片新土地。这片位于密西西比河、俄亥俄河与大湖区之间的广阔土地，被当时的美国统称为“西北领土”（the Northwest Territory）。

1787年7月，联盟议会在制宪会议期间，通过了美国历史上一项极为重要的法律：《美国俄亥俄河西北地区设立政府的法令》（*An Ordinance for the Government of the Territory of the United States, North-West of the River Ohio*），简称《西北法令》（*Northwest Ordinance*）。《西北法令》不仅为新近明确归属美国的那片广袤领土提供了某种政府管理形式，而且也为隶属于这一地区后来发展成的各个州以平等身份加入美利坚合众国，提供了纲领与法规。这项法令不仅因为对美国以后政治发展影响巨大，而且也因为这项在制宪会议期间通过的政府法令明确涉及宗教问题，而引发广泛的讨论。迁就论认为，《西北法令》的制定与批准，表明参与《权利法案》的制宪者并不反对面向宗教的一般性政府支持与援助。

该法令指出，为这一地区设计一个临时政府具有多种目的与益处，同时也是“为了扩展民事与宗教自由原则，这些原则构成了这些共和政体，以及它们的法律与体制所建立的基础。为了将那些原则巩固和确立为所有法律、体制与政府的基础，在这一地区，这个基础从此以后要永远确立起来”。[1]

其中，《西北法令》涉及宗教问题的规定为：

---

1 Cited from *The Sacred Rights of Conscience*. p. 236.（*Journals of the Continental Congress: 1774-1789*, ed. W. C. Ford, GPO, 1904, 32: 339-341.）

第一条 在该地区内，任何和平与守法之人，都不应因为其崇拜方式或宗教观点受到骚扰。[1]

第三条 宗教、道德与知识，对于良好政府和人类幸福是必需的；学校与教育设施应永远受到鼓励。[2]

从这些规定来看，《西北法令》似乎表明了那些制宪者愿意运用政府力量，去推进某一地区的宗教事业。这在当时及后来均引发诸多争论。鉴于联邦国会在1789年7月末8月初第一届国会，亦即在讨论宪法修正案期间，审核并批准了这项明确含有政府支持宗教规定的法令。有人据此推断，这几乎是由相同人员构成的国会，并且是在制定宪法“第一修正案”的同时通过的正式政府法令，应该能够最准确地体现当时国会议员对相关问题的理解与看法。而国会两院并没有人对这项法令，特别是其第三条规定，提出什么异议。包含在第三条中如此这般的规定，似乎是一件理所当然的事情。这似乎表明那些制宪者并不反对动用政府力量来支持和促进一般性宗教事业。到20世纪后期，包括联邦最高法院在内的一些人士，越来越明确地意识到这一法令规定所具有的特别意义与牵涉。一些认为“确立条款”并不仅限于禁止一种“全国性确立宗教”的分离派，更是指出了这项规定与“确立条款”之间存在的矛盾之处。

艾特肯版圣经

罗伯特·艾特肯（Robert Aitken，1734—1802年）是费城一位印刷商人，同时也是当地长老会教会的一名长老。当大陆议会在费城召开期间，他与议会关系密切，并成为大陆议会的印刷人。独立战争爆发后，原先主要依靠从英国进口的圣经出现了严重短缺。大陆议会为此曾打算进口两万本，但终因资金短缺而无法实施。1781年1月，罗伯特·艾特肯请求议会授权，由他负责出版英文版圣经。艾特肯在写给议会的请愿书里声称：“在为学校使用而准备一个上佳圣经版本方

---

1 Cited from *The Sacred Rights of Conscience*. p. 236.（*Journals of the Continental Congress: 1774-1789*, ed. W. C. Ford, GPO, 1904, 32: 339-341.）

2 Ibid., 238.

面，他已经着手并取得了相当的进展。”[1]

艾特肯希望自己出版和出售圣经的工作能够获得议会授权，并获得某种相应的任命。大陆议会一直到次年 9 月，才对此事作出回应。议会首先指派一个委员会检查了艾特肯的工作，继而征询了两位议会牧师的意见。委员会报告说这项花费不菲的工作值得称赞和鼓励。两位议会牧师威廉·怀特（William White，1748—1838 年）和乔治·达菲尔德（George Duffield，1732—1790 年）则报告说，这部圣经虽然有一点儿语法和排印错误，但还是具有相当准确性的。

于是，大陆议会在 1782 年 9 月 12 日，签发了《议会对艾特肯版圣经的认可书》（*Congressional Endorsement of Aitken's Bible*），向美国人民推荐了这个圣经版本，并授权艾特肯以他认为适当的方式，发表议会的这份推荐书。但是，经费拮据的大陆议会没有提供任何资助。艾特肯后来从宾夕法尼亚议会那里获得了一笔无息贷款，并出版了一万册。这就是美国历史上出版的第一个英文圣经版本。艾特肯版圣经，现今已经十分珍稀了，存世量只有不足百部。

国玺的宗教主题

美国宣布独立后，大陆议会为方便处理公务，决定制造一枚国防印章，亦即所谓的国玺。尽管这枚国玺一直到 1782 年才最后得以定稿成型，但本杰明·富兰克林和托马斯·杰斐逊早在 1776 年，就奉命为这枚国玺提出了自己的图案设计构思。他们两人可能对 1776 年美国面临的危急局势怀有共同的感受，均围绕圣经旧约《出埃及记》里上帝击败法老及保护以色列人过红海的故事，进行了自己的构思，并且都选择了“反抗暴君就是顺从上帝”这句话作为国玺的箴言。

第四节　自然神论及其对开国者与制宪者的影响

自然神论与自然神论者

启蒙运动是 17 世纪与 18 世纪主要发端并兴盛于欧洲的一种思想运动，以大

1 Cited from *The Sacred Rights of Conscience*. p. 234.（*Journals of the Continental Congress: 1774-1789*, ed. W. C. Ford, GPO, 1904, 23: 572-574.）

力鼓吹和倡导理性主义、自然主义与个人主义，而成为风靡一时的时代思潮。这种时代思潮的强劲影响，反映在基督教内部，就是形成了强调理性而不是虔敬，强调自然而不是超自然，以及强调个人自主而不是教会社团的新派神学思潮。这种新派神学一改传统基督教的启示主义、虔敬主义、神秘主义和超验主义，转而尝试着按照理性与自然原则，来重新解释和建构基督教神学，并试图使基督教信仰成为符合理性与自然主义的新型宗教信仰。这种受启蒙精神而阐发的神学，被统称为自然神论（deism），其倡导者则被称作自然神论者（deist）。

自然神论发端于17世纪晚期的西欧，在18世纪达到顶峰。此后多以改进形式，分散存在于一些思想家与学派的理论当中。在欧洲大陆以伏尔泰、卢梭、狄德罗等人为代表。而在直接影响北美的宗主国英国，则以培根（1561—1626年）、牛顿（1642—1727年）与洛克（1632—1704年）等人为代表。由于北美殖民地的特殊历史发展与地理位置，自然神论直到18世纪中期和后期，才开始在北美一些开明或进步知识分子中流行起来。不过，在进入19世纪后，随着席卷美国的“第二次大觉醒运动”的展开，自然神论在美国就销声匿迹了，抑或，更恰当地说，改弦易辙了。一般来说，自然神论表现形式可以划分为温和或保守的自然神论与激进或自由的自然神论；还可以划分为保留了某些基督教形式的基督教自然神论，与采取了最一般有神论形式的非基督教自然神论。激进或自由的自然神论或非基督教自然神论，在逻辑上与不信仰和无神论往往只有一步之遥。

自然神论是对人与宇宙万物的一种新型宗教理解。自然神论之所以被称为“自然”，是因为它直接反对一切“超自然”与“非自然”的东西，并把一切事物包括宗教信仰和上帝也归于了“自然”之列。自然是可以为人的理性所认识的。理性是上帝对人唯一的启示，理性是上帝对人唯一的言说，理性是一切真理的评判者或仲裁者。亦即，自然神论否定了“以色列的上帝”，而代之以“自然的上帝”。自然神论中包含的“神”字表明，这种思潮学说仍然保留了传统的有神论或宗教形式。自然神论者通常摈弃了传统的人格上帝形象，而代之以一些非人格性的称谓，譬如“第一因”“大建筑师”“神圣艺术家”“宇宙创造者”“自然的神”“万善之神圣作者”“神圣佑护者”“至高者”“最高审判者”等。在北美，托马斯·杰斐逊拟定的《独立宣言》，在用语与指涉上，就带有这种自然神论色彩。

就人或世界与上帝的关系而言，在自然神论那里，上帝与信徒之间的亲密交流已不复存在，上帝也不再通过灵感默示或奇迹对信徒作出直接启示和交流了。换言之，上帝在人与世界面前退隐了，而只是作为宇宙第一因或终极因而存在。上帝的旨意开始通过自然以间接方式加以传达，自然成为介于上帝与人之间并蕴涵上帝向人所作启示的中间者，而人运用上帝赋予的理性，通过研究自然与世界，就能发现上帝的旨意与真理。自然神论将"自然律"看作对上帝"神圣律"的揭示，并在理论预设上将"自然律"与"神圣律"等同在一起，其隐含的逻辑前提必然就是对自然的神化，将自然看作上帝的创造。而自然的神化，也必然需要预设上帝的存在。所以，自然神论仍然保留了有神论框架，并以这一框架为出发点。

就这一点而言，自然神论通常不是无神论。它信仰上帝并以上帝为出发点，正是这个上帝赋予了人以理性，赋予了自然以秩序。人借助上帝赋予的理性及其官能，就可以认识和理解蕴涵在自然及万物中的规律与法则。一切都是自然的，而自然事物则遵循或蕴涵着内在于其中的秩序与法则，而且这些秩序与法则是与人的理性与认识相一致的，因而也是可以为人所认识和理解的。上帝赋予人的这种理性，还具有一种解放者的作用，人们运用这种官能就能逐步摆脱压制性宗教与专制性政府而获得自由。在怀疑甚或否定一部分传统宗教信条的同时，自然神论者在思想观念方面，仍然保留或接受了其他大部分传统宗教形式。他们之所以成为传统宗教观念质疑者或否定者，只是在于他们否定了个别关键性教义，而很少是因为他们对传统宗教信仰的全盘否定与拒斥。在个体现实层面上，要做到后一点，在那个时期，其实是非常困难的。而对于缺乏足够自我独立意识与条件的人来说，那甚至还是不可能的。而自然神论的出现，则为他们提供了一种方便的折中神学方案。

许多自然神论者，集中体现了那个时期人们的流行思想与观念。他们信赖自己凭借感觉与理性认识世界的自主能力，并在许多方面表现出了前所未有的自信与乐观精神。在宗教信仰上也同样如此，许多自然神论者的所作所为，完美体现了个人几乎"无所不能"的能力与能量。他们重新改写圣经，自己制定礼拜仪式，重新编订主祷文，批评一切宗教权威人物，淡化传统与传承的规范作用。他们甚至觉得可以自己创造出神，自己创建出宗教，自己左右信仰的一切。他们相信自己有足够能力洞察一切虚伪，有足够能力发现一切事情原初情形与本来面貌，有足够能力对一切去伪存真并使其返璞归真。

在社会形态上，自然神论者从未组成一个教派或社团，从未形成一套固定不变的学说，从未发展成一种群众运动。事实上，这种学说只是为一小撮激进知识分子和追随者所信奉。他们是一些彼此分散与独立的进步人士和开明思想家，主要通过个人言论与著述，提出了对于上帝及其造物的新理解与新看法。自然神论者，通常并没有抛弃传统宗教的有神论，但认为传统宗教信仰是过时与陈旧的，是脱离时代思潮的，因而也是需要改进和改善的。他们认为自己采纳的自然神论，是比传统基督教更为高级、更为先进和更为精练的信仰。

概括起来，自然神论具有以下六个方面的显著特征。

第一，在对待个人宗教信仰态度上，自然神论往往诉诸头脑而不是心灵。自然神论认为宗教信仰纯属观念性的东西，是建立在个人的理解与认同基础上的。而传统宗教将核心集中于宗教虔敬、宗教情感与宗教实践的做法，则被自然神论看作一种"蒙昧过时"的表现，一种缺乏理性精神的结果。他们对个人宗教信仰，通常采取了一种理性的超然态度，并很容易将这种理性态度转化为冷静与淡漠的宗教情感。

第二，在对待圣经起源与权威性上，自然神论放弃了传统的神感默示论和双重作者论，他们试图以理性主义与自然主义来解释和改写圣经，对于圣经记载的不合乎自然与理性的东西，试图以自然与理性方式来进行重构和还原。譬如托马斯·杰斐逊就曾试图改写部分圣经内容，以使圣经描述能够符合理性与自然精神。

第三，在基督教神学教义上，自然神论大都否定了上帝的三位一体教义、在历史中的神启教义以及道成肉身教义；否定了耶稣基督的神圣性、十字架上的赎罪以及肉体复活升天教义。自然神论通常采取了上帝一位论和耶稣一性论学说。在自然神论看来，上帝只是创造了世界并任由世界按照自身规律运作的外在于世界的上帝；耶稣只是人类的导师和楷模，而不再是什么超越人类的救赎主。

第四，在宗教起源与实质问题上，自然神论大都采取了某种化简论或还原主义立场。认为遵循理性和自然主义原则，就可以将宗教信仰化简或还原为某种自然的因素或事物。所以，热衷于"还原与重构"的自然神论者，常常谈论所谓"原始的基督教""纯洁的基督教""基督教的实质"或"基督教的核心"；常常打着摆脱欺骗、反对迷信、祛除愚昧的幌子；常常试图向人们举荐一种“原始”“原初”或“本真”的基督教。

第五，在宗教对于个人与社会的功用上，自然神论坚持宗教的道德伦理化，甚至采取了将宗教等同于伦理道德的泛道德主义观点。自然神论还没有发展到无神论的极端立场，而是保留了有神论的宗教形式。自然神论不是要“消除”宗教，而是要“利用”宗教。自然神论非常强调宗教信仰对于塑造个人美德的重要性，认为宗教信仰特别是上帝佑护论以及善恶赏罚论，对于个人乃至社会的伦理道德是必不可少的前提和基础。在某些极端情形中，自然神论甚至认为宗教就等于道德，宗教教导的一切就是一种特殊的道德论。

第六，在对待教会组织与社团上，自然神论大都采取了反圣职和反教权主义（anticlericalism）立场，大都采取了某种形式的极端个人主义立场。他们对现实中的宗教组织和圣职人员抱有明显的排斥与反感态度，但对自己理想中的宗教怀有崇敬仰慕之心。他们珍爱宗教，排斥宗教组织。认为宗教权威是对个人自由与权利的一种潜在威胁与竞争对手。托马斯·潘恩说：“我的心灵就是我的教会。”托马斯·杰斐逊说：“我自己就是一个教派。”其极端个人主义及独立精神，可谓跃然纸上。

美国的自然神论与自然神论者

更具体地，自然神论就其在美国的发展历程而言，大约从18世纪早期起，受英国与欧陆的影响，而萌芽于北美殖民地。尽管遭到了北美殖民地正统圣职人员和教会势力的强烈反对，仍在该世纪中期发展成形。在该世纪后期，北美自然神论的发展进入了高峰期，并涌现出像托马斯·潘恩那样的激进拥护者。许多著名政治人物，譬如富兰克林、汉密尔顿以及美国的前五位总统，在某种意义上，都属于自然神论者。到19世纪初，随着托马斯·潘恩的去世，以及美国“第二次大觉醒运动”的兴起，自然神论作为一种可辨识的神学运动，其影响迅速走向没落。当代历史学家内森·哈奇（Nathan O. Hatch）对此概括道：

> 有关早期共和国宗教史的一个最盛行预设，就是认为这个故事的中心线索，涉及在福音派与理性派之间、在宗教奋兴势力与启蒙运动势力之间、在

> 启示宗教与自然宗教之间、在心灵与头脑之间的一种竞争。传统智慧坚持认为，在经过与启蒙运动的理性主义短暂调情后，美国人更加紧密地拥抱了宗教奋兴主义。[1]

自然神论作为一种流行性时代思潮，在美国虽然仅仅持续了大半个世纪，但它对美国许多开国者和制宪者的宗教信仰却产生了巨大影响。不过，北美的自然神论与欧洲相比，在形式与程度上要更为温和。在宗教方面，欧洲的启蒙运动及后续发展大都采取了非宗教或反宗教的立场，而在美国则采取了与宗教相协调的折中立场。

美国有许多著名开国者（Founding Fathers）与制宪者（Framers）都采取了某种自然神论立场。开国者，一般指美国革命、制宪与共和国初期的杰出政治领袖。"Founding Fathers"一般是复数而非单数形式，应译为"开国者"，而不宜译为"国父"或"开国元勋"。著名学者易中天先生曾指出："把'合众国的缔造者'（或'创立者'）理解为'国父'，是一种典型的帝制思维和专制思维。"[2]而译为"开国元勋"也含有居功与傲慢的成分。而制宪者则主要指"1787年美国宪法"与"1789年权利法案"的制定者。两者在很大程度上是相互重合的。对于许多开国者与制宪者而言，他们在宗教信仰上明显不属于传统的基督徒，但他们一直生活在一个具有浓厚新教色彩的世界里，并理所当然地接受了许多基督教预设与仪式。继续保留传统基督教形式，并在某些方面按照理性与自然主义对其作出改造或更新，结果就只能是采纳某种形式的自然神论立场了。

许多现代研究学者，譬如悉尼·米德（Sidney Mead）[3]和内森·哈奇认为，在18世纪基督教内部存在着两大运动——虔敬主义（pietism）和理性主义（rationalism），并分别对应基督教外部的传统主义（traditionalism）和启蒙运动。就其支持和拥护者而言，在基督教阵营内部，虔敬主义运动包括彼此交叉的正统派、虔敬派和福音派；而理性主义尽管可能孕育出怀疑主义和世俗主义，但在那

1　Nathan O. Hatch, *The Democratization of American Christianity*. Yale University Press, 1989, p. 35.

2　易中天：《费城风云：美国宪法的诞生和我们的反思》，广西师范大学出版社，2008年第一版，第33页。

3　Cf. Sidney E. Mead, *The Lively Experiment: The Shaping of Christianity in America*. Harper & Row, 1963, Chapter Ⅲ.

个时期主要表现为自然神论，在 19 世纪以后，则表现为宗教或神学自由主义。

在 18 世纪后期，亦即美国革命和创建新共和国前后，北美人民及其领袖大致分为两大类：一类是正统派或虔敬派，另一类是理性派或自然神论派。虔敬派奉行的是强调心灵情感与超自然的虔敬主义，理性派奉行的是强调头脑理性与自然的理性主义。虔敬派强调的是宗教信仰与情感，理性派强调的是人的理性与世界的自然性。虔敬派看重的是人的心灵，理性派看重的是人的头脑。在构成数量上，虔敬派人数要远远多于后者，但理性派在当时社会文化精英阶层中却大行其道。虔敬派的主要构成成员，包括传统正统派以及宗教奋兴派或福音派；理性派则包括自然神论派、怀疑论派、一位论派和世俗主义者，其中以自然神论者最具代表性。

18 世纪后半期无疑是一个剧变的时代，并且这种剧变是包括宗教信仰在内的一切事物的剧变。那些开国者们的个人思想与看法，同样也处在迅速变化之中，而且作为公众与政治人物，他们的个人立场也不能不处在持续的妥协之中。自然神论及其拥护者由于采纳标新立异的新观念和新信仰形式，因而也受到了不同程度的社会文化压力。有人甚至抨击，那些接受和遵循启蒙运动精神的开国者或制宪者，仅仅为名义上的基督徒。像杰斐逊等人的自然神论信仰，在当时就被绝大多数人看作一种“畸形”或“怪胎”。

所以说，在那个时期的美国社会里，宗教正统派的势力仍然十分强大，那些接受自然神论的开国者，譬如富兰克林、华盛顿、亚当斯、杰斐逊与汉密尔顿等人，必须要隐瞒自己的部分宗教观点，才能够获得社会公众的拥护与支持。而且，这种有些“不合时宜”的宗教信仰，往往也是同一些“不合时宜”的政治行为关联在一起的，譬如共济会问题。事实上，不少坚持自然神论的知识分子和政治精英，都参加了诸如共济会一类的秘密组织。共济会（Mason or Freemason）是中世纪中期发端于英国，并流传于其他地区的一个秘密准宗教组织。这个教导自然宗教的团体，与其说是一个宗教组织，不如说是一个由男性组成的形而上学秘密学会。共济会进入美国的时间，与自然神论在美国传布的时间，大致平行，二者互为促进。共济会大约在 18 世纪初在北美获得初步发展。在美国革命前后，不少政治人物都成了共济会成员，譬如富兰克林、拉斐特（Lafayette，1757—1834 年）、华盛顿与门罗等人，都曾经是共济会成员。

可见，在开国者和制宪者中，尽管有相当一部分人，从严格宗教信条上讲，属于自然神论者或宗教怀疑论者，甚至还可能属于反宗教性的不信仰者，但他们绝大多数人，作为最初一代宗教怀疑者或反叛者，由于他们的家庭与成长所处的社会环境，大都长期接受传统信仰的熏陶和教育，从而在自觉或不自觉间，接受了大量传统宗教信仰与观念。事实上，传统基督教信仰与思想，构成了他们大多数人由以思考和言说的底蕴与背景。对于一些人来说，虽然他们在中年或生命后期开始变成了怀疑者，但在他们身边四周，他们的配偶、子女及其他家庭成员，他们的同事及所从事的社会文化机构，都仍然处在传统信仰的大环境之内，这就使得他们的怀疑与叛逆变得极其有限和困难，他们的质疑与反叛也变得非常有节制。事实上，他们自己往往也会经历极其痛苦的具有自我怀疑与否定性质的精神挣扎。而在很大程度上保留了传统基督教形式的自然神论，则为那些反叛者和怀疑者提供了一种折中选择。

不过，自然神论虽然吸引了许多著名政治领袖和精英，但在北美主流社会中，正统基督教信仰，仍然牢牢占据着主流和统治地位。在开国者和制宪者当中，自然也有许多正统信仰者。譬如塞缪尔·亚当斯（1735—1826 年）、伊莱亚斯·布迪诺特（Elias Boudinot，1740—1821 年）和约翰·杰伊（John Jay，1745—1829 年）。其中，塞缪尔·亚当斯在美国独立革命期间，是马萨诸塞最重要的政治家，曾被尊称为“美国革命之父”和“最后的清教徒”。他终生都保持着正统加尔文派信仰。伊莱亚斯·布迪诺特曾长期担任大陆议会主席，在晚年成为美国圣经协会的首任主席，终生都是一位虔敬的正统基督徒。约翰·杰伊亦是一位著名正统基督徒。约翰·杰伊曾担任大陆议会主席、联邦最高法院第一位首席大法官，以及美国圣经协会第二任主席。

美国最保守的自然神论者：本杰明·富兰克林

虽然处在一个清教徒世界里，虽然与许多著名加尔文派领袖譬如乔治·怀特菲尔德保持着密切联系，但本杰明·富兰克林（Benjamin Franklin，1706—1790 年）从年轻时代起就接受了自然神论。可以说他是第一个美国著名自然神论者。总的说来，富兰克林的自然神论是比较温和与克制的。他身边许多加尔文派分子，无疑促使他在表达自己的宗教新见解时，变得比较谨慎。他把道德培育看作宗教的首要职能与作用。

下面这一个重要场合，可以说明本杰明·富兰克林的宗教信仰。1787年6月末，当制宪会议因分歧重重而陷入僵局时，本杰明·富兰克林在6月28日作了下列具有宗教意味的书面发言：

经过四五个星期的关门会议，各方不断辩理，而我们进展甚微。差不多在每一个问题上，我们的观点都不相同，在最近的几次表决中，赞成票与反对票旗鼓相当，这不禁使我忧从中来，证明了人的悟性绝非完美。自从我们忙忙碌碌寻找政治智慧以来，我们确实体验到我们在政治智慧方面的缺乏。我们已经回到古代史里去寻找政府模式，又审察了各种共和国的不同形式，那些共和国都是从它们自己的种子里长出来的，种子里本已包含消亡的因素，如今都已不复存在。我们也已经环顾了欧洲的现代国家，可是发现它们的宪法没有一个适合我们的环境。

这个会议目前的状况是，大家仿佛都在暗中摸索，寻找政治真理，却很少有人在发言中指出，事情怎么会弄成这样。主席先生，迄今为止，为何我们从未谦恭地祈求于光明之父，让他来启迪我们的悟性？在与英国抗争的开始阶段，我们对危险十分敏感，每天都要在这个房间里祈祷，祈求神明的庇护。主席先生，我们的祈祷被听到了，并且得到了仁慈的回答。所有我们这些投入斗争的人，都频频体验到这位至高无上的神明在保佑我们。我们应该感谢他给我们提供这样的幸福机会，在和平中商讨如何建立我们未来国家的幸福。现在，我们是不是忘记了这位强有力的朋友？或者，我们是不是以为不再需要他的帮助？主席先生，我已经活了很长的时间，活的时间越长，越相信我见到了这个真理的存在：是上帝在主宰人间的事务。连一只麻雀掉到地上，也逃不过他的注意，那么，没有他的帮助，一个帝国岂能兴起？主席先生，我们一直虔信神圣之笔，“若不是耶和华建造房屋，建造的人就枉然劳力”[1]。我坚信这一点；我还相信，没有他的协力帮助，我们要想建造这座政治大厦，不会比巴比伦人建造他们的通天塔下场更好：我们将会被我们对小小地方利益的偏爱弄得分裂；我们的工程将会受到挫败，我们自己会成为

1　圣经《诗篇》127：1——本书作者注。

受谴责的人，把恶名留给后世。而更为糟糕的是，今后的人类会通过这个不幸的例子对于用人的智慧来建立政府感到绝望，把这件事情让给机遇、战争和征服去解决。

因此我请求允许我提出一项动议：从今天起开始祷告，祈求上苍协助，保佑我们的讨论，每天上午开始议事之前，先举行祈祷，聘请本城的一两位牧师来主持祈祷仪式。[1]

对于本杰明·富兰克林有关聘请牧师主持祈祷仪式的提议，罗杰·谢尔曼支持这项动议。亚历山大·汉密尔顿对中途增加这种会议程序表示疑虑。休·威廉森则指出会议没有这项经费。最后，制宪会议没有对富兰克林的这项祈祷动议进行表决。

德高望重的本杰明·富兰克林，在制宪会议陷入僵持状态后，希望能够为摆脱僵持而另辟蹊径。他在这段发言里，提醒与会代表是否忘记了他们一直信靠的那位“强有力的朋友”。他在结合自身经验论述祈祷与上帝神佑的神奇力量时，使用了一些大家熟知的传统圣经与神学语言，譬如旧约里的相关“诗篇”经文，和新约里的处在上帝掌控中的“麻雀”。但是，很明显，富兰克林信奉的上帝，并不是传统的基督教上帝，而是一位外在于世界与人类进程的，偶尔对这个世界作出一些神奇干预的自然神论上帝。

美国最激进的自然神论者：托马斯·潘恩

如果说本杰明·富兰克林站在美国自然神论谱系的最右侧，是最接近传统或正统基督教的自然神者，那么托马斯·潘恩则站在美国自然神论谱系的最左侧，是最远离传统或正统基督教立场的自然神论者。在许多问题上，托马斯·潘恩其实已经站在了无神论立场上。

托马斯·潘恩（Thomas Paine，1737—1809 年）来自一个英国贵格会家庭，成

1 ［美］麦迪逊：《辩论：美国制宪会议记录》（上、下册），尹宣译，辽宁教育出版社，2003 年第一版，第 232—233 页。此处译文基本援引了尹宣先生的译作，但对极个别文字作了修改。其中的圣经引文，则采用了中文圣经新标点和合本的标准译法。

年后，才从英国移民到北美。托马斯·潘恩是美国革命时期，最具影响力的论辩作者。他在1776年出版的《常识》一书，可谓轰动一时，从理论上为北美殖民地摆脱英国统治提供了辩护。托马斯·潘恩的个人信仰背景，既包括贵格会信仰又包括卫理公会信仰。但随着革命进程的发展，他在信仰上逐渐转化为激进的自然神论，最终走向了无神论立场。

托马斯·潘恩对政府的职能或作用持有消极看法。为此，他在《常识》里，一开篇就对社会与政府作出了区分：

> 有些作者把社会与政府混为一谈，弄得它们彼此没有多少区别，甚或完全没有区别；而实际上它们不但不是一回事，而且有不同的起源……社会在各种情况下都是受人欢迎的，可是政府呢，即使在其最好的情况下，也不过是一件免不了的祸害；在其最坏的情况下，就成了不可容忍的祸害。[1]

在宗教问题上，托马斯·潘恩认为，仅有宗教宽容是不够的，还需要从宗教宽容走向宗教自由，才能达到完整意义上的良心与信仰自由。宗教宽容只是通向宗教自由的中途站，还带有许多专制的痕迹与韵味。宽容意味着存在一种官方确立宗教，并仅仅属于一种可随时收回的立法恩赐，而非一种不可剥夺的权利。宽容还意味着存在一种可以实施这种宽容的更高级权威。对此，托马斯·潘恩曾于1791年犀利地指出：

> 宽容不是不宽容的对立面，而是不宽容的仿冒品。两者都是专制。一种是僭取了撤销良心自由的权利，另一种则是僭取了授予良心自由的权利。一种是备有火刑架的教皇，另一种则是贩售赎罪券的教皇。[2]

托马斯·潘恩曾专门从北美赶赴法国参加法国大革命，并险些命丧雅各宾党人之手。由于当时美国驻法使节詹姆斯·门罗的积极营救，他才幸免于难。

---

1 ［美］托马斯·潘恩：《潘恩选集》，马清槐等译，商务印书馆，1981年第一版，第3页。

2 Thomas Paine, *Rights of Man*（1791）, in *The Writings of Thomas Paine, II*. G. P. Putnam's Sons, 1894, p. 325.

正是在法国大革命期间，托马斯·潘恩撰写了《理性的时代》。在托马斯·潘恩看来，基督教及其圣经就像古代神话传说一样，充满了荒诞与愚昧说法。这本论著全面否定了基督教传统信仰，在当时引发了诸多争论。他坚持“我的心灵就是我的教会”，认为信仰只能是合乎自然与理性的信仰，一切与理性相抵牾的东西都是可以抛弃的迷信与愚妄。同时，他也反对“政”与“教”结合在一起“狼狈为奸”。

托马斯·潘恩最终于1794年出版了《理性的时代》。经常讽刺与嘲笑基督教基本教义与信仰的潘恩，代表了不信仰以及法国大革命倡导的无神论。许多人怀疑他们的最终目的是要颠覆和摧毁基督教。对于自己的《理性的时代》，托马斯·潘恩后来曾辩解说，自己在法国革命时期撰写的这本著作，是为了宣扬上帝信仰，并与法国大革命倡导的无神论相对抗。但这部充满极端观点著作的出版，还是使一些朋友包括美国第一位和第二位总统逐渐疏远了他。但是托马斯·潘恩与詹姆斯·门罗关系密切，后者在宗教观上深受其影响并采取了较为激进的自然神论信仰。

此外，需要指出的是，托马斯·潘恩的这种激进自然神论，在北美并不是孤证。他的同时代人约瑟夫·普里斯特利（Joseph Priestley，1733—1804年），亦是激进自然神论的著名代表。普里斯特利原系英国科学家和神学家，是氧气的发现者和一位论派圣职人员。正是在杰斐逊等人建议下，受到压制的普里斯特利才离开英国，移民到北美宾夕法尼亚定居。他出版的一些神学著作，譬如《苏格拉底与耶稣比较》和《基督教腐败史》，对杰斐逊的宗教观影响至深。托马斯·杰斐逊在阅读普里斯特利这些批判与嘲讽传统基督教的著作时，大有醍醐灌顶式的顿悟之感。

美国折中的自然神论者：以前五位总统为例

乔治·华盛顿从小就生活在圣公会环境中，并曾担任家乡圣公会的教区代表。华盛顿对神学教义没有什么特别兴趣，但他一直保持和遵循着从小就已习惯了的教会崇拜仪式。在他一生中，只要条件和时间许可，他通常都会参加当地的教会崇拜。宗教之于华盛顿，更多的是一种与生俱来的习惯与教养，而非积极热切的自我探讨与求索。受到时代思潮的影响，他也接受了温和形式的自然神论，这表现为他采取了更为非人格化上帝的表述形式，远离或淡化了传统的圣公会圣餐与坚信礼仪式，更加强调宗教的道德与伦理作用。

在一些有关乔治·华盛顿的早期传记作品中，有些作者可能是出于维护美国第一位总统信仰正统性的热情，而在这方面附加上了一些流传甚广的趣闻逸事，譬如“小华盛顿与樱桃树”的故事，以及在瓦利福奇（Valley Forge）林中雪地上跪倒祈祷的故事，它们其实更有可能是出于一种想象与杜撰，而非历史事实。[1]

1783年，乔治·华盛顿在为辞去大陆军总司令而致各州的通函里，表示自己希望能够安静地享受私人生活，并以此来度过余生；而这个新近独立与自由的国家，将成为那最耀眼舞台上的表演者，成为整个世界瞩目的对象与焦点。1789年5月，在《乔治·华盛顿致弗吉尼亚联合浸信会的信函》里，这位新当选的美国第一任总统写道：

> 我恳请你们相信，没有谁比我本人更热心于建立起有效屏障，以防止精神专制之恐怖，以及任何种类之宗教迫害了。因为你们无疑都还记得，我时常表达自己的这一观点，即任何人，只要表现为一个好公民，并为自己的宗教观念仅对上帝负责，那么就应当受到保护，以按照自己良心指令来崇拜上帝。[2]

虽然宪法未作要求，但乔治·华盛顿在就职仪式上，仍然遵循传统，将右手按在圣经上，并在最后祈求了上帝保佑。乔治·华盛顿传下来的此类就职惯例，将在21世纪联邦法庭上接受质疑与辩护。

1796年9月19日，乔治·华盛顿在那篇著名的《告别演说》里，代表那个时代和那个社会，简要阐述了宗教与道德对于一个自由社会的重要作用与意义。虽然亚历山大·汉密尔顿为华盛顿起草了《告别演说》，但对比草稿和终稿，我们可以看到，华盛顿本人在修改这份演说稿的过程中发挥了重要作用。在面对美国人民发表的这篇《告别演说》里，他说道：

---

1 Cf. David L. Holmes, *The Faiths of the Founding Fathers*. Oxford University Press, 2006, pp. 68-70.

2 Cited from *The Sacred Rights of Conscience*. p. 461.（*The Papers of George Washington*, vol. 2, eds. W. W. Abbot and D. Twohig, University of Virginia Press, 1987, 423-424.）

在导向政治繁荣的所有倾向与习惯中，宗教与道德是不可或缺的支柱。如若有人竭力想要颠覆人类幸福的这些重大支柱，颠覆人类与公民义务的这些最坚实基础，那他就只能徒劳无益地主张爱国主义的贡献了。纯粹政治家，同虔敬者一样，应当推重和珍惜它们。用一卷书都无法穷尽它们与私人及公共福祉之间的所有关联；这里只是简单地追问，如果宗教义务感离弃了宣誓——后者是正义法庭上使用的调查手段，那么财产、荣誉与生命的保障又在哪里呢？我们应警惕于纵容这样一种假说：没有宗教也能维持道德。无论精致教育对具有特定结构的心灵会有什么影响，理性与经验都不允许我们预期，全国的道德在排除宗教原则的前提下也能获胜。[1]

在华盛顿看来，道德或美德是民众政府的一个必要源泉，而宗教信仰则是道德或美德的基础与根本。培育宗教与道德，是民主与自由政府的前提保证，同时也是其义务与职责。所以说，在这篇著名告别演说里，乔治·华盛顿再次重复了，那个时代盛行的，一则有关政教关系的三段论：美德对于一个自由共和政府是不可或缺的，宗教对于美德是不可或缺的，所以宗教对于共和政府来说也是不可或缺的。而反复强调宗教对道德的重要性，正是华盛顿宗教观的核心所在。譬如，在 1797 年 3 月 3 日，《乔治·华盛顿致费城及周边各宗派圣职人员的信函》里，他就再次重申了宗教与道德是民事社会不可或缺的支柱。[2]

就像乔治·华盛顿自幼就生活在圣公会氛围中一样，第二任美国总统**约翰·亚当斯**，自幼就生活在公理会信仰氛围中，并一直都热衷于参加教会的各种活动。他坚持每个主日都参加礼拜，许多时候每个主日还参加两次教会崇拜，并自称是个“酷爱上教会的人”（a church-going animal）。约翰·亚当斯在年轻时期曾希望成为一名圣职人员，但教会内部的神学争论促使他最终成为一名律师。他在信仰上受到阿米尼乌主义的影响，并成为一名一位论派信徒。虽然在正统信仰看来，自然神论或一位论属于信仰异端，但在一位论信徒看来，他们自己或者恢

1　Cited from *The Sacred Rights of Conscience*. p. 468.（*The Writings of George Washington, from the Original Manuscript Sources, 1745-1799*, ed. J. C. Fitzpatrick, GPO, 1940, 35: 217-220, 229-231, 237-238.）

2　Cf. *The Sacred Rights of Conscience*. p. 470.（*The Writings of George Washington, from the Original Manuscript Sources, 1745-1799*, ed. J. C. Fitzpatrick, GPO, 1940, 35: 416-417.）

复了基督教原初的纯洁信仰形式，或者代表着先进与时髦的信仰形式。其中有些人譬如约翰·亚当斯夫妇，属于最为积极活跃的那类信徒。约翰·亚当斯坚持的那种一位论信仰，对基督教采取了一种自然与理性的理解，摈弃了基督教的那些神秘因素。这种理论否定了上帝的三位一体教义，认为上帝只有一个位格，而耶稣只是伟大的道德宣扬者与实践者。这样一些信仰立场，正是自然神论的典型特征。

在自然神论信仰上，约翰·亚当斯比乔治·华盛顿激进，但比**托马斯·杰斐逊**保守。托马斯·杰斐逊是一位成熟的政治家，他对自己的宗教探索与见解，及其可能引发的物议与争论，不是没有清醒的认识与判断。他不会任由宗教问题毁坏他的政治生涯，所以在宗教问题表述上，他还是运用了一种应有的审慎与克制。这一点在他当选总统之前表现得尤为明显。尽管如此，他的一些零散论述还是使他的政敌有理由把他描述成一个不信仰者和无神论者。杰斐逊的宗教传记作者埃德温·高斯塔德（Edwin S. Gaustad）曾评价说：

> 在相当有限的意义上，杰斐逊开始于一位圣公会信徒，并以同样方式而告终。[1]

这个“有限意义”，就是指杰斐逊一生基本遵守了圣公会仪式，但却没有为圣公会教义所束缚，在行为上沿袭了传承的惯例，但在思想上则接受了其他准则与标尺。

托马斯·杰斐逊（1743—1826年）从小就生活在英国国教会的氛围里，因为他父亲就是弗吉尼亚一位当地教区代表。就其早年经历而言，托马斯·杰斐逊生于弗吉尼亚阿尔伯马尔县（Albemarle County）一个种植园主家庭。由于家境殷实，自幼接受了良好教育，打下了扎实的语言、科学与人文方面的基础。1757年父亲去世后，他在距家不远处，跟随一位牧师学习古典文学。1760年春，进入设在威廉斯堡（Williamsburg）的国教会教育机构威廉与玛丽学院学习了两年。接

---

1 Edwin S. Gaustad, *Sworn on the Altar of God: A Religious Biography of Thomas Jefferson*. William B. Eerdmans Publishing Company, 1996, p. 15.

着，又师从著名律师和政治家乔治·威思（George Wythe）学习法律长达五年之久。乔治·威思曾担任大陆议会代表，签署《独立宣言》，并出任弗吉尼亚州大法官。学习结束后，托马斯·杰斐逊在当地法院担任律师，从此走上法律与政治之路。1772年，杰斐逊与马撒·斯克尔顿（Martha Wayles Skelton）结婚，并定居于距离遭焚毁的老家不远、正在修建的蒙蒂塞洛（Monticello）庄园。

在1787年8月10日《致彼得·卡尔》[1]的书信里，托马斯·杰斐逊阐述了他以理性与自然眼光来看待圣经的立场。他认为，阅读圣经，应当像阅读李维或塔西佗的著作一样，应当以理智眼光来看待一切非理智描述与记载，应当用自然规律来解释各种超自然主张。圣经虽然被称为上帝的默示之作，但其中包含的超自然记述，不应作字面写实解释。譬如《约书亚记》里描述的地球停止转动，就不应被看作对客观事实的描述。任何不符合自然规律的说法，不论出于什么借口与因由，都是不可能的和无法令人相信的。

在1803年4月21日《致本杰明·拉什》的书信里，杰斐逊阐述了自己的基督教观：

> 这些看法是我毕生探索和思考的结果，与那些对我的见解一无所知的人强加于我的那种反基督教体系大相径庭。我对基督教的腐败当然是反对的，但是对耶稣本人的真正的戒律并不反对。我是一个在他希望每个人都是基督徒的唯一的意义上的基督徒；真诚地信奉他的教义而不信奉其他一切教义；把人类的一切美德都归因于他，相信他从不要求任何其他东西。[2]

在这封书信里，杰斐逊指出，古代犹太人的神人同形同性论，以及不合理的伦理观，使得耶稣在那个背景里向人们提供一种崭新道德体系成为需求和可能。耶稣的价值就在于为后人提供了一种新型的伦理道德体系。

> 在犹太人的这种情况下，耶稣出现了。他的出身不明，他的条件差，

1　参见［美］杰斐逊：《杰斐逊选集》，朱曾汶译，商务印书馆，2011年第一版，第425—426页。

2　同上，第555—556页。

> 他受的教育等于零，他的天赋伟大，他的一生行为端正、白璧无瑕，他性情温和、仁慈宽大、坚忍不拔、大公无私、口才超群出众……尽管有这些不利条件，耶稣还是向我们提供了一个道德体系。如果把他遗留给我们的丰富片断的风格和精神予以充实，将会是人类历来所教导的最完善和高尚的东西。[1]

在1813年10月13日《致约翰·亚当斯》的书信里，托马斯·杰斐逊认为，流传至今的基督教是教士僧侣对耶稣学说歪曲和篡改后的结果；而回归基督教本源的尝试就是回归耶稣本人的原初教导，唯有耶稣本人的原初教导才是“真正的基督教”。

> 在引申耶稣教导的纯正原则时，应该把它们的伪装剥掉，这些伪装是教士们给它们装上的，教士们把耶稣的原则歪曲成各种形状，作为他们自己获得财富和权力的工具……我们必须把内容简化为单纯的福音传道，从它们中仅仅挑选出耶稣的话，将意义含混的语句删去，福音传道者们常常忘掉或不理解耶稣说的话，把他们自己的错误想法当作耶稣的名言，并且把他们自己也不懂的话莫名其妙地讲给别人听。这样一来，剩下的就是有史以来提供给人类的最崇高和慈爱的道德准则。我曾经做过这个工作供我自己使用，办法是把圣经一句句剪下来，把明显是耶稣的话（这就像钻石混在粪堆里那样容易区别）加以整理，结果便是一本8开、46页的书，其中尽是简单易懂的教诲，就是不识字的使徒、使徒后期教父以及1世纪的基督徒们宣传并据以行事的那些。[2]

在1819年10月31日《致威廉·肖特》的书信里，杰斐逊再次提到，耶稣的教导之于现有基督教体系，就像是钻石混杂在粪堆里。[3]在杰斐逊看来，严格加

---

1 参见［美］杰斐逊：《杰斐逊选集》，朱曾汶译，商务印书馆，2011年第一版，第559页。
2 同上，第622页。
3 同上，第685页。

尔文派信奉的神学体系完全是一派谎言。他还特别注明那些谎言包括：

> 耶稣的无玷成胎、他之被神化，他之创造世界，他的神奇力量，他的复活和升天，他的肉体存在于圣餐中，三位一体、原罪、他为世人赎罪而受难及殉身，他的重生、上帝挑选、九级天使，等等。[1]

托马斯·杰斐逊对严格加尔文主义奉行的传统基督教神学极为反感，认为那种传统神学代表着愚昧与落后的思想与观念，是与理性和科学不相容的。在1823年4月11日《致约翰·亚当斯》的书信里，杰斐逊明确拒绝了传统加尔文主义神学。

> 我绝不能和加尔文一起对他的上帝说话。他是个地道的无神论者，我绝对不会成为这样的人；或者不如说，他的宗教是魔鬼信仰。如果曾经有人崇拜过一个虚假的上帝，那就是他。他在他的五个要点中描写的上帝，并不是你我所承认并崇拜的上帝、宇宙的创造者和仁慈的主宰，而是一个居心险恶的魔鬼。完全不信上帝，也要比用加尔文的恶毒的属性来亵渎上帝更可以原谅。[2]

不过，杰斐逊并没有抛弃宗教形式和基督教框架。晚年的杰斐逊表示自己信仰灵魂不朽，相信自己去世后灵魂将升入天堂。杰斐逊也相信上帝的存在，而且认为上帝的存在，不一定必须经由启示而彰明，人们的理性探索本身就必然会推导出上帝的存在。在1823年4月11日《致约翰·亚当斯》的书信里，杰斐逊指出：

> 我认为（不求助于天启），当我们展望宇宙，观察它的一般部分或特殊部分时，人的头脑不可能不对其每一个原子的设计、圆满的技巧及无限的力

1 参见［美］杰斐逊：《杰斐逊选集》，朱曾汶译，商务印书馆，2011年第一版，第685页。

2 同上，第697页。

> 量表示叹服……我说，人的头脑不可能不相信，在所有这一切设计、因果直至终极因当中有一个从物质到运动一切事物的创造者，允许它们以目前的形式存在并发展成为其他形式的保护者和调整者。另外，我们看到明显的证据，证明一定有一种监督的力量使宇宙维持它的进程和秩序。[1]

杰斐逊认为，由此，人们就可以断定上帝的存在与伟大。

托马斯·杰斐逊在晚年筹划创立的弗吉尼亚大学，没有设立神学教授，但这并不表明杰斐逊对神学教授一职怀有既定的敌意与偏见，而是另有他自己的想法。在《弗吉尼亚大学筹备专员们的报告》，以及《摘自弗吉尼亚大学视察员理事会记录：给文学基金会主席暨董事会的报告》里，杰斐逊表明，保持和推进宗教或教派的自由与平等是其首要考虑的目标，而弗吉尼亚大学作为面向全州的一般性教育机构，其提供的古代语言学和伦理学课程，已经足以为学生提供基督教的一般知识与理论了，已经包含对基督教经典与宗教基本内容的传授了。而更为深入与具体的神学知识，则应由各个学生隶属的教派加以提供。事实上，各个学生都可以从自己隶属的宗派或教派那里，获得足够的神学知识。各个教派开办的神学院以及教会，都有能力为各自的信徒提供必要的神学装备与仪式培训。[2]而且，杰斐逊还倾向于鼓励各教派在弗吉尼亚大学里开办各自的神学教育组织与机构，以便使教派神学教育与大学普通教育结合在一起并相得益彰。[3]

托马斯·杰斐逊为自己设计的墓志铭，铭记着他终生的三大成就：起草了《美国独立宣言》和《弗吉尼亚宗教自由法案》并创办了弗吉尼亚大学。而宗教问题，则是贯穿托马斯·杰斐逊一生的一个既令他着迷又让他困惑的主题。

詹姆斯·麦迪逊作为托马斯·杰斐逊的同党和继任者，绝不像杰斐逊那样反复表明自己的宗教信仰立场。事实上，麦迪逊对其个人宗教信仰可谓守口如瓶、讳莫如深。在进入政坛后，他几乎从未就宗教信仰问题私下里表明过自己的个人观点。而在任何公共场合，他都是以一位成熟政治家的标准，对必须面对的宗教

---

1 参见［美］杰斐逊：《杰斐逊选集》，朱曾汶译，商务印书馆，2011 年第一版，第 698 页。

2 参见［美］梅利尔·彼得森编辑：《杰斐逊集》（上、下），刘祚昌，邓红风译，生活·读书·新知三联书店，1993 年第一版，上册，第 500—501 页。

3 同上，第 511—512 页。

问题发表一些正式的官方言论。至于他个人的真实宗教见解，则并不完全为外人所知晓。

早在普林斯顿读书期间，詹姆斯·麦迪逊就受到了苏格兰启蒙哲学的影响。苏格兰哲学家托马斯·里德（Thomas Reid）与弗朗西斯·哈奇森（Francis Hutcheson）倡导“常识哲学”，认为所有人都拥有一种内在感觉以识别真假善恶。信奉加尔文主义的新泽西学院院长约翰·威瑟斯庞，在哲学上就隶属于“常识学派”。这个学派不同于英国国教会的阿米尼乌派，也不认同苏格兰怀疑主义者休谟的哲学见解，而是求助于人类普遍具有的“常识”，来作为上帝与道德秩序存在的“证明”。约翰·威瑟斯庞在受邀前来担任这所命运多舛的新光派神学院院长时，也把他由来已久的反国教派观点从苏格兰带到了新泽西。威瑟斯庞后来成为在《独立宣言》上签名的唯一一位圣职人员。可以肯定，正是在新泽西学院这样一种氛围中受到的自由熏陶，使得年轻的詹姆斯·麦迪逊接受了这一激进观点，亦即，仅有宽容是不够的，宽容还必须要上升到自由的层面，在宗教领域尤其如此。

在1772年至1775年之间，返回弗吉尼亚乡下闲居的詹姆斯·麦迪逊，与当时居住在费城的普林斯顿同班同学威廉·布拉德福德（William Bradford）进行了密集通信。两个处于人生转折期的年轻人，就未来以及当下许多问题交换了意见。在这些书信里，麦迪逊与老同学探讨了尘世幸福的空虚性、生命的目的与意义、从事教牧事奉的可能性以及宗教迫害与宽容等问题。其中，在标注日期为1773年12月1日的一封书信里，麦迪逊提请老同学和自己一起，思索这样一个重要问题：“在最高级政府里，一种官方确立教会对于支持民事社会是绝对不可或缺的吗？这对一个从属性的州会有多大危害呢？”[1] 麦迪逊对这个问题并不急于获得答案，而只是将它保留为一个有待探索的问题。事实上，这个问题也是他终生思考和探索的重大问题。

同样是在这段赋闲时期，詹姆斯·麦迪逊还曾目睹发生在自己家乡邻近地区的宗教迫害。1774年，弗吉尼亚奥兰治县（Orange County）以扰乱治安为名，逮捕了几名浸信会传道人。地方政府为维护圣公会的官方确立地位，对在该地区活

1　Robert S. Alley ed., *James Madison on Religious Liberty*. Prometheus Books, 1985, p. 46.

动的浸信会传道人实施了人身迫害和惩罚。这种恶劣的宗教迫害行为，激起了青年麦迪逊对被迫害者的深刻同情，使他深感宗教自由的迫切与必要。

在制宪期间，麦迪逊倾向于认为，宗教有可能会为毁坏政权的派系或派别主义提供某种基础。但他并没有不顾现实地试图消除产生派系的根由，反而认为，一个政体正是在各种派系的相互权衡中，才能获得最佳生存机会。在权力与权力的制衡中，在权力与权利的互动中，宗教在这个新组建的共和国里亦构成了一种权利，而这种权利理应得到尊重与正当运用，特别是在社会与文化领域里。

总而言之，詹姆斯·麦迪逊在新光派神学院里接受了高等教育，在年轻时亦曾有献身教牧事奉的念头。进入政治领域后，他在论述宗教问题时，亦能熟练运用正统基督教神学与仪式表述。譬如，他在1785年著名的《请愿与抗议》里所阐述的虔敬与正统派基督教观点，即使在那些传统基督徒看来，也没有什么神学破绽。但随着个人精神与社会思潮的发展，詹姆斯·麦迪逊还是在有限程度上，接受了自然神论的一些主张。不过，与杰斐逊相比，麦迪逊的自然神论色彩要淡薄许多。准确地说，詹姆斯·麦迪逊是一个处在正统基督教与自然神论交替影响下的成熟政治家。

在美国前五位总统中，对宗教信仰最为淡漠的，就是第五位总统**詹姆斯·门罗**（James Monroe，1758—1831年）。詹姆斯·门罗出生于弗吉尼亚一个信仰圣公会的家庭，在威廉与玛丽学院接受了教育。他终其一生都至少在形式上保留着他的圣公会身份。他对宗教问题似乎没有什么特别兴趣。但他并非传统意义上的基督徒，受时代思潮影响，特别是受激进自然神论好友托马斯·潘恩与约瑟夫·普里斯特利的影响，他更倾向于自然神论立场。

第五节　宪法是否应包含权利保证的思考与争论

《宪法》第六条规定的“宗教宣誓禁令”

对于《1787年宪法》制定者来说，如何使这十三个殖民地或独立后的州（states），或者说十三个小国家（mininations）组成一个大国家，一个联邦制共和国，是他们面临的最大难题和任务。历史地讲，那些殖民地或后来的州，各自与联邦的关系以及各州彼此之间的关系，从来都是一个备受争论和处于变动中的问题，是一个悬而未决的问题。参加制宪会议的那些代表十分明白，由他们正在制定的这部宪法来界定的各州联盟或联邦，其目的就是要在最大程度上为最大多数人所接受。已经为种种具体事务陷入严重争执与分歧的制宪会议，似乎对联邦内各种宗教多元并存的局面，及其可能引发的争执分歧十分清楚。他们似乎想要尽可能避免，再因宗教问题而陷入无休无止的争吵。当然这只是《1787 年宪法》没有直接论及宗教问题的一个重要原因。实际上，制宪者的首要目标，是要组建一个联邦政府，他们希望将宗教问题保留给各州，或至少对宗教问题能够保持中立，以免因宗教问题而产生争执，干扰组建新共和国的进程。

严格说来，1787 年美国宪法没有涉及宗教问题。它没有援引上帝之名，没有作出宗教规定，也没有提及对教会的支持，而只是以一种不同的方式，对宗教宣誓作出了禁止性规定。具体地，与 1776 年《独立宣言》相比，《1787 年宪法》几乎没有涉及什么宗教主题。除了一些附带性涉及，只是第六条第三款就宗教宣誓问题作出了极其简明的禁止性规定。同样地，与《1787 年宪法》密切相关的其他重要文献，譬如《联邦论》，也像宪法一样，对宗教问题基本保持着沉默。

在西方基督教世界里，宣誓是人们表示忠实和忠诚的重要仪式和标记，宣誓者往往会祈求上帝作为其真实性的见证者，以及宣誓内容及后果的保障者。所以，宣誓常常是同传统宗教信仰关联在一起的。按照《威斯敏斯特信纲》第二十二章的权威界定，法律宣誓是宗教崇拜的一部分；上帝是人所作誓言的见证者与评判者。美国宪法要求公职人员，在就职时必须宣誓效忠宪法。同时，它又为这一规定的最大适应性留下了余裕，并尽可能照顾了那些对宣誓具有宗教顾忌的人的立场，譬如贵格会信徒。事实上，那些因宗教原因反对宣誓的人，并不介意对一些政治承诺作出“肯定”或“声明”。

但这项宪法，在要求公职人员宣誓效忠美国宪法的同时，却明确禁止以宗教宣誓作为担任公职的先决条件。这项禁止以宗教宣誓作为担任公职先决条件的法案，最初是由来自南卡罗来纳州代表查尔斯·平克尼（Charles Pinkney，1757—1824 年）提出的。根据詹姆斯·麦迪逊在《辩论：美国制宪会议记录》中的叙述，平克尼先生在 1787 年 5 月 29 日，向制宪大会提交了自己准备的一份联邦政府草案，亦即所谓的“平克尼计划”，其中就包含了后来通过的宗教宣誓禁令的雏形。[1] 此后，平克尼在8月20日再次提出自己的动议，[2] 并最终于8月30日大会讨论中，当会议讨论并同意所有政府公职人员应当宣誓效忠宪法时，平克尼提议将自己的宗教宣誓禁令“以转折形式”附加在宣誓条款的后面。制宪会议最终同意了这项动议，[3] 由此也就形成了现今形式的美国宪法第六条第三款。其具体内容如下：

> 前述参议员与众议员、各州立法机构成员，以及合众国与各州所有行政与司法官员，应当通过宣誓或声明来支持本宪法。但不得要求以宗教宣誓作为合众国任何官职或公职的必要资格。

很明显，这款宪法规定的内容包括两个部分，前一部分肯定性内容，是所谓的“宣誓条款”（the oath clause）；后一部分否定性内容，则是“宗教宣誓禁令”（the religious test ban）。“宣誓条款”规定所有公职人员必须通过宣誓来支持美国宪法，其中“宣誓或声明”（oath or affirmation）这一表述，亦即在“宣誓”后面再加上“声明”，是为了尊重贵格会及其他一些教派基于宗教良心反对宣誓这一传统而作的变通。

由平克尼先生提议的“宗教宣誓禁令”，之所以能够获准附加在“宣誓条款”之后，很大程度上，是因为并不存在一个所谓联邦或者全国层面的教派或教会，而各个宗派的宣誓内容又互不相同。如果以宗教宣誓作为政府入职先决条件，势必就要预先确定采用什么形式的宗教宣誓，而这在当时几乎是不可能完成的任务。当然，这一宪法条款还表明了联邦国会在宗教及其相关问题上没有管辖权，其中就包括宗教宣誓在内。同时，支持这项动议的人，还认为它更有利于宗教自由的推行，因为英国国教会的做法已经表明，宗教宣誓往往会成为官方确立教会迫害与排挤不信奉国教者的有力武器。而这项宪法规定，则以一种消极方式，使所有宗派都处在平等地位，从而避免了确立某一宗派而打压其他宗派的可能后

1 参见［美］麦迪逊：《辩论：美国制宪会议记录》（上、下册），尹宣译，辽宁教育出版社，2003年第一版，第19—20页。

2 同上，第559页。

3 同上，第651—652页。

果。此外，反对进行宗教宣誓的人还指出，宗教宣誓检验不仅干涉了私人信仰与观念领域，而且还会助长那些无原则者的虚伪与狡诈。

而反对这项法案的人则坚持，这项法案不利于推进由基督教培育的社会道德与文化，会导致对宗教的漠然之心，甚至敌视之情。此外，还有人指出，在“宣誓条款”与“宗教宣誓禁令”这两项规定之间，存在着自相矛盾之处。18世纪后期的美国人民认为，一个人作出宣誓的行为，在很大程度上就是一种宗教行为。没有宗教信念作为前提与背景的宣誓，似乎缺乏宣誓应当具有的庄重与效力。这样，如若解决这个矛盾，或者需要将宣誓视作一种纯世俗行为；或者需要将这里的“宗教”理解为具体宗派或教派，亦即禁止的只是以具体宗派或教派为根据的宗教宣誓，而非一般性的宗教宣誓。所有这些问题，都引发了诸多争论与辨析。

其实，宗教多样性的现实存在，各州不同的宗教确立现状，以及英国国教会留下的惨痛教训，都使得制宪者认为，他们想要通过宪法约束的联邦与宗教并没有什么必然的关联，宗教问题最好保留给各州去自行解决。而且，制宪所采取的一个基本原则就是，由各州授予联邦的权力是非常有限的；凡是没有明确授让的权力，仍然为各州所保留。不过，禁止以宗教宣誓作为担任联邦公职的必要条件，并不必然会推论出禁止官方确立宗教。事实上，在制定宪法时，没有人能够清楚界定这项禁令所保护的范围和可能达到的结果。但可以肯定的是，它与后来“第一修正案”禁止确立宗教规定之间，并无必然或其他因果关联。承认这一点，并不影响一些人推重宪法这一禁令的重要意义。有人认为，禁止以宗教宣誓作为担任公职的必要条件，使所有教派都站在同一平面上，是防止宗教迫害的唯一途径。福音派宗教领袖艾萨克·巴克斯，甚至把作为担任公职必要条件的宗教宣誓看作专制与迫害的最大引擎。还有人坚持认为，不以宗教宣誓作为担任公职的必要条件，也就预先排除了政府与教会相结合，或者确立某一宗教为联邦或全国官方宗教的可能。在他们看来，禁止国家公职人员进行宗教宣誓的法律规定，涉及宗教在民事生活中的作用这一根本问题，构成了美国宪法最具创新性与独特性的“美国特征”之一，成为建立世俗国家与实施政教分离的一块基石。

在谈到宪法规定担任公职不得要求以宗教宣誓为必要条件时，联邦最高法院大法官约瑟夫·斯托里（Joseph Story，1779—1845年）承认，这项条文旨在消除许多厌恶宗教的人士的顾虑，并进一步指出：

> 它有更重要的目的：在国家政府中永久消除教会与国家的任何联合企图。宪法的制定者完全意识到了这种来源的危险，这在许多时代和国家的历史中非常突出；在我们自己的历史中也不是完全没有。[1]

约瑟夫·斯托里还列举了天主教与新教之间、新教各教派之间，以及英国国教会与不从国教派之间的偏狭固执与争斗仇杀，认为它们表明了在宪法中引进宗教标准可能导致的危险，即便这种宗教标准只是作为担任公职必要条件的宗教宣誓。

有关宪法是否需要增补权利法案的大争论

实质上，1787年新宪法回避了上帝与宗教问题。在《1787年宪法》中，虽然也包含一些，譬如“主日或主历”一类具有宗教来源或指涉的用语，但它们只是出于文化惯例所沿用的一些方便表述，与有意识的宗教和信仰表述是完全不同的，与具有实质性内容的法律规定更是相去甚远。

1787年制定的美国宪法，与当时其他重要公共文献、《独立宣言》、《联盟条例》以及各州宪法不同，没有明确提及上帝的存在与统治，以及这个国家的基督教特征与传承。这种引人注目的阙如，在当时以及后来引发了无数解说与争论，并在各州批准联邦宪法的过程中引发了诸多不满与抗议。

对于宪法没有明确承认上帝与基督教，存在着因人而异的诸多解说。一种解释认为，宪法制定者希望将新国家或新联邦建立在一个纯粹世俗政体的基础上。但这种看似有些超前的观点，可能高估了少数制宪者的自然神论趋势与无神论倾向。一种解释认为，宪法作为一种政治与法律文献，没有必要提及上帝与基督教。但这种主张无法有效解释，其他重要政治文献以及各州宪法所充斥的宗教指涉。一种解释认为，宗教在当时就是一种充满潜在争议性的论题，在议会已经为其他具体事务陷入激烈争论之际，人们似乎有意回避了这个更具争议性的主题。但这

---

1 ［美］约瑟夫·斯托里：《美国宪法评注》，毛国权译，上海三联书店，2006年第一版，第559页。

只是一种事后推测，并没有什么坚实的历史事实作支撑。况且，如果是必须要解决的问题，回避并不是解决问题的出路。还有一种解释认为，宗教只是涉及与各州及政府的关系，而不属于全国或联邦层面上的事务。这一看似有理的观点，也只是在后来国会通过的宪法"第一修正案"那里获得了部分佐证，同时也获得了部分否定。

联邦最高法院大法官约瑟夫·斯托里，曾把反对在宪法中包含权利法案的意见，总结为三点：

> 第一，宪法在事实上包含了许多权利法案性质的条文规定，如果事实上宪法本身整体不是一部权利法案的话；第二，权利法案在其性质上更适合君主政体，而不是自称建立在人民意志基础之上的、由人民的直接代表和代理人所实施的政体；第三，超出宪法所规定内容的正式权利法案是完全不必要的，甚至可能是危险的。[1]

约瑟夫·斯托里这种事后的总结，显然是经过了高度的归纳。1787 年新宪法制定与批准过程，在全国各阶层引发了大规模的争论，争论的内容是极其丰富多彩的。

早在制宪会议结束之前，就因为宪法没有包含权利规定，而出现了一些不和谐迹象。乔治·梅森是制宪会议中一位十分活跃和重要的成员。托马斯·杰斐逊在 1821 年《自传》里曾这样称赞过乔治·梅森："在革命舞台上演出的众多角色中，他智慧出众、心胸宽阔、见识深邃、议论中肯，对于我们过去的宪法了如指掌，并且真诚希望按照民主原则进行共和主义改革。"[2] 但在宪法形成终稿后，他却因持不同看法，而拒绝签署。制宪会议结束后不久，他便将自己的不同看法与反对意见形成书面陈述并分发给一些朋友。虽然未经他本人同意，但梅森那些不同意见很快就公布于众，并激起了巨大反响。乔治·梅森对《1787 年宪法》的反对意见简单明了，正如他在 1787 年 9 月 16 日前后所写，"没有权利宣言，总政府

---

1 ［美］约瑟夫·斯托里：《美国宪法评注》，毛国权译，上海三联书店，2006 年第一版，第 561 页。
2 ［美］杰斐逊：《杰斐逊选集》，朱曾汶译，商务印书馆，2011 年第一版，第 67 页。

的法律高于各州的法律与宪法，各州的权利宣言没有保障”[1]。

同样是在制宪会议尚未完全结束的1787年9月，当时正在联邦议会的理查德·亨利·李（Richard Henry Lee，1732—1794年），在了解了乔治·梅森反对新制定宪法的意见后，立即为这部新宪法草拟了一系列修正提案，以期弥补新宪法在保护人权与自由方面的欠缺。理查德·亨利·李在标注日期为“1787年10月1日”的写给乔治·梅森的信函里，表明了自己的宪法修正意见：

> 普遍经验表明，为了保护人民权利与自由免遭统治者那悄无声息的、强有力的和蠢蠢欲动的阴谋诡计，最明确的声明和限制是必不可少的。正是基于美国公民的这一意识，大多数州政府都建立在各种权利法案或宣言之上；这些预防措施，对于限制和制约必然授予给统治者的那种巨大权力的行使是必要的。按照这些原则，出于对公众对这个问题的看法的尊重，特此提请：向合众国政府提议的新宪法，其基础应建立在一种权利宣言或法案上，以清楚明确地表明这种社会契约所建立的原则，亦即，在宗教问题上，良心权利不受侵犯。[2]

但联邦国会拒绝了乔治·梅森和理查德·亨利·李等人的建议，决定将新宪法及相关文献分发给各州，以便获得各州议会及人民的批准。

这样，经过四个多月的艰苦努力，新宪法在1787年9月中旬面世后，立即就引发了多方面的批评。对于宗教信仰者和团体来说，新宪法除了规定不以宗教宣誓作为担任公职的必要条件，以及个别附带性涉及之处，并没有明确提到上帝与宗教。这在某些人看来似乎是背叛了这个国家的信仰传承。

本杰明·拉什（Benjamin Lash）牧师致函约翰·亚当斯，表明虔信者希望能够将至高存在者的名字写进新宪法里。正在弗吉尼亚领导当地浸信会的约翰·利兰牧师，也对新拟定的联邦宪法没有规定人权深表忧虑。他反对新宪法的理由

---

1 Cited from *The Sacred Rights of Conscience*. p. 407.（*The Papers of George Mason, 1727-1792*, ed. R. A. Rutland, University of North Carolina Press, 1970, 3: 991.）

2 Cited from *The Sacred Rights of Conscience*. p. 408.（*The Papers of George Mason, 1727-1792*, ed. R. A. Rutland, University of North Carolina Press, 1970, 3: 997-998.）

也同样简单明了：没有权利法案，宗教自由没有得到充分保障。为了弥补宪法在上帝指涉上的阙如，康涅狄格州著名政治家威廉·威廉斯（William Williams，1731—1811 年），甚至还在 1788 年 2 月草拟了一段具有明显上帝与宗教指涉的文字，希望能够将它以绪言形式附加在宪法前面。马萨诸塞与新罕布什尔长老会，在 1789 年 10 月 28 日祝贺乔治·华盛顿当选总统的信函里，在称赞宪法废除宗教宣誓的同时，亦表达了对宪法缺少上帝指涉的遗憾：

> 在这些事情中，我们从未认为需要有一种宗教宣誓，它在所有专制者手里都是强劲的迫害引擎。但不会只有我们乐于看到，在我们国家“大宪章”某处，能够加入明确承认“唯一真实的上帝以及他派来的耶稣基督”的内容。[1]

乔治·华盛顿在回信里答复，宪法没有明确指涉上帝与宗教，并不表示对宗教怀有敌意或漠不关心。华盛顿认为：

> 真实虔敬之路是如此清楚明显，以至于并不需要什么政治指导。我们应当以此来看待我们国家宪章里没有出现任何对于宗教的规定。福音牧师的指导，也许更应当恪守这个目标：你们应教导无知者并唤回歧路者。在我们政府将竭力推进的道德与科学进程中，我们可以满怀信心地期待对真宗教的推进，以及我们幸福的实现。[2]

远在法国担任公使的托马斯·杰斐逊，在 1787 年 12 月 20 日《致詹姆斯·麦迪逊的信函》里明确表示，他不喜欢新宪法没有包括一份权利法案在内；而权利法案是人民对抗世上一切政府的手段，任何正义的政府都不会拒绝这样一份权利法案。

---

1 Cited from *The Sacred Rights of Conscience*. p. 356.（*The Papers of George Washington*, eds. W. W. Abbot and D. Twohig, vol. 4, University of Virginia Press, 1993, 275-277.）

2 Cited from *The Sacred Rights of Conscience*. p. 358.（*The Papers of George Washington*, eds. W. W. Abbot and D. Twohig, vol. 4, University of Virginia Press, 1993, 274.）

而詹姆斯·麦迪逊认为，宗教同其他许多事物一样，能够成为党派的一种危险来源。譬如说，他在《联邦论》第十篇中就表达了这一见解。[1]1788年10月17日，在《詹姆斯·麦迪逊致托马斯·杰斐逊的信函》中，麦迪逊指出，围绕新宪法出现的激烈争论与分化，对立双方均可能出于多方面的考虑。提议修改宪法的人，也许没有真正理解对立方的顾虑；而反对修改新宪法的人，也不一定反对用宪法来保护人权与自由。面对这种争论，詹姆斯·麦迪逊首先向杰斐逊表明了自己的基本立场：

> 我自己的观点一直都是赞成权利法案，只要这项法案的构成不包含那些不应当被加以如此列举的权力。与此同时，我从未认为这种阙如是一种严重的缺陷，亦不急于用事后的修正来增补它，就像其他人迫切希望的那样。我赞成它是因为我认为它是有益的，只要正当施行就不会形成什么危害。[2]

接下来，麦迪逊从以下四个方面解释了自己不太看重权利法案的原因：

> 1. 因为我觉得在一定程度上，尽管不是在威尔逊先生所主张的那种程度上，所讨论的那些权利，通过授予联邦权力那种方式而得到了保留。2. 因为有重大理由担心，对某些最为实质性权利的肯定性宣告无法以一种必要的自由来获得。可以断言，尤其是良心权利，与被某种僭取权力可能造成的情形相比，如果交由公众界定，将在更大程度上被狭隘化。在新英格兰，一种反对意见就是，宪法通过禁止宗教宣誓，而为犹太人、土耳其人和异教徒打开了方便之门。3. 因为联邦政府的有限权力，以及下属政府的小心妒忌，已经提供了一道安全保障；而这种保障在州政府那里并不存在，在其他政府那里亦不存在。4. 因为在最需要其控制的情形中，经验证明了权利法案的无

---

1 参见［美］亚历山大·汉密尔顿，詹姆斯·麦迪逊，约翰·杰伊:《联邦论：美国宪法述评》，尹宣译，译林出版社，2010年第一版，第60页。

2 Cited from *The Sacred Rights of Conscience*. p. 413.（*The Papers of James Madison*, ed. R. A. Rutland and C. F. Hobson, vol. Ⅱ, University Press of Virginia, 1977, 297-300.）

效性。在每个州里，处于支配地位的大多数，已经对这些纸质屏障实施了多次侵犯。[1]

行文至此，詹姆斯·麦迪逊对大众多数派潜在的侵权可能性，作出了发人深省的分析。因为他根据经验发现，在弗吉尼亚，每当权利法案与大众潮流相对立时，权利法案总是受到侵犯。譬如说，虽然有明确禁止规定，但是当议会大多数成员赞成，而且该州大多数人民支持时，在该州就会出现一种官方正式确立宗教。当人民中的多数派构成一个宗派或教派时，他们并不会顾忌什么法律规定，而是坚持按照他们多数派的意见行事。所以，麦迪逊尖锐指出：

> 一个政府的实际权力无论在何处，都存在着压迫的危险。在我们政府里，实际权力属于社团多数派；而对私人权利的侵犯，主要不是来自那对立于其选民意识的政府行为，而是来自那只是作为选民多数派工具的政府行为。这是一个具有至关重要性的真理，但却尚未受到充分关注。这些事实，以及对这些事实的反思，可能对我比对你们留下了更强烈的印象；而你们还在沉思那源自不同出处的权力的滥用。凡是在有利益和权力去犯错误的地方，一般都会有人犯下错误；这对一个强有力和有利益牵连的党派来说，丝毫不亚于一个强有力和有利益牵连的君王。[2]

在麦迪逊看来，一个具有利益倾向性的人民多数派所构成的危险，要远大于一个政府的僭权行为。采用法律形式对权利予以书面保障固然重要，但更重要的是，需要通过经验与探索，在现实中找到切实可行的保障形式与制衡方法。

在各个州的层面上，1788 年，各州议会在正式批准联邦宪法过程中，由于人民普遍要求新宪法应当包含权利与自由法案，大多数州顺应民意要求，而各自提出了自己的宪法修正案，以期弥补新宪法在这个方面的阙如。就各州修正提案涉

---

1 Cited from *The Sacred Rights of Conscience*. pp. 413-414.（*The Papers of James Madison*, ed. R. A. Rutland and C. F. Hobson, vol. Ⅱ, University Press of Virginia, 1977, 297-300.）

2 Ibid., 414.

及宗教问题的内容而言，弗吉尼亚提案可以作为一个典型。它主要因袭了1776年《弗吉尼亚权利宣言》中的相关内容，提出修正案如下：

> 宗教，或者我们对造物主负有的义务，以及履行那义务的方式，只能受到理性与信念，而非强力或暴虐的指引。因而，所有人都拥有平等、自然与不可剥夺的权利，按照良心指令享受宗教的自由活动。任何特定宗教教派或团体，都不应在其他教派或团体之上，受到法律的偏袒或确立。[1]

就宗教问题而言，北卡罗来纳和罗得岛两个州，原封不动地采纳了弗吉尼亚的修正提案。纽约州则在略加修改的基础上，采纳了弗吉尼亚的提案。其他一些州也分别就良心权利与宗教自由提出了自己的修正意见。其中，新罕布什尔州提出的修正案，虽然十分简明，但却在下一年对宪法“第一修正案”的成形发挥了重要影响，其有关宗教问题的修正提案是：“国会不得制定法律，以涉及宗教，或侵犯良心权利。”[2]

联邦主义与反联邦主义之争

总的说来，各州在批准1787年新宪法的过程中，就宪法是否应当包括某种权利法案展开了广泛争论。许多人担心，不断巩固全国性政府的中央集权趋势，有可能会极大地削弱和损害各个州和个人的权利；因而，强烈要求在新宪法里增加有关个人权利的规定。可以肯定，假如不是一些联邦党人譬如詹姆斯·麦迪逊事先向选民承诺，新政府一旦获得成立，就会考虑增补宪法以保证个人权利，那么这部新制定的宪法，就不会获得必要的批准票数，也就不会获得批准授权。

就当时的局势而言，在各州批准《1787年宪法》过程中，很快形成了一种反联邦主义运动。在反联邦主义者看来，这部宪法所蕴涵的中央集权倾向

1 Cited from *The Sacred Rights of Conscience*. p. 416.（*Creating the Bill of Rights: The Documentary Record from the First Federal Congress*, eds. H. E. Veit et al, Johns Hopkins University Press, 1991, 19.）

2 Cited from *The Sacred Rights of Conscience*. p. 416.（*Creating the Bill of Rights: The Documentary Record from the First Federal Congress*, eds. H. E. Veit et al, Johns Hopkins University Press, 1991, 17.）

（centralizing tendencies），有可能会损害各州及个人的权利。在他们看来，唯一的解决方法，就是为宪法附加上一份专门保护个人权利的权利法案。其结果就是，近一半的州在批准新宪法的同时，为保护个人权利而附加上了自己的权利法案提案，并希望联邦政府能够采纳这些提案，从而在宪法层面上保证公民的个人权利。

而在一些联邦主义者看来，为这部新制定的宪法再附加上一部保护人权的修正案，纯属不必要和多余之举。他们这种观点，是基于新宪法与新联邦政府权力是有限的这一特殊属性而言的。譬如，联邦主义者亚历山大·汉密尔顿（Alexander Hamilton，1755—1804 年）在《联邦论》"第八十四篇"里，就解释了自己不支持制定权利修正案的原因：

> 我要进而肯定，权利法案就其所要达到的意图与程度而言，在所提议的宪法里不仅是不必要的，而且还是危险的。它们将包含各种例外规定，而这些例外规定是相对于那些未曾授予的权利而言的；也正因为这一点，它们将会为未曾授予的权利主张提供一种貌似有理的借口。为什么要宣布不去做那没有权利去做的事情呢？[1]

后来围绕"第一修正案"发生的误解与争论，似乎在某种程度上也印证了亚历山大·汉密尔顿这种顾虑的先见之明。对于联邦主义者的这种立场，有现代研究学者总结道：

> 制宪会议成员并不反对个人自由，他们在总体上认为权利法案是多余的。在他们看来，新成立的全国政府只拥有那些明确列举的权力；而在涉及权利法案的那些主题上，立法机构并没有获得任何授权。因为不存在这样的权力，所以也就不存在行使或滥用这样的权力，因而所有针对那种可能性的规定都是不必要的。[2]

1　Alexander Hamilton, James Madison, and John Jay, *The Federalist*. Everyman's Library, 1961, p. 439.

2　Leonard W. Levy, *The Establishment Clause: Religion and the First Amendment*. 2nd ed., The University of North Carolina Press, 1994, p. 82.

这样，当《1787 年宪法》在各州寻求批准时，宪法是否应包括权利规定的问题，就成为联邦主义者与反联邦主义者相互斗争的一个焦点问题。为了回绝反联邦主义者的指责，一些联邦主义者不得不承诺，在新宪法获得各州批准后，将会以修正案形式，为现有宪法增补上权利法案，以消除宪法在这一问题上的回避立场。所以，1788 年，在马萨诸塞与弗吉尼亚等州，联邦主义者在使宪法获得批准的同时，都作出了类似承诺。

而在个人层面上，詹姆斯·麦迪逊为竞选国会议员一职，在弗吉尼亚地方选举中陷入了困境。一些竞选对手甚至宣称，他放弃了寻求良心自由的事业。这迫使詹姆斯·麦迪逊为成功竞选国会议员，而不得不承诺将会尽力促成一项保证权利的宪法修正案。所以，在提供自己的权利修正案时，詹姆斯·麦迪逊一方面要尽力安抚反联邦主义者，另一方面又要尽量避免激怒联邦主义者。在这两个对立派别之间，需要展现成熟政治家的精明与妥协，而詹姆斯·麦迪逊就是这样一个最佳人选。

第六节 “第一修正案”及其“宗教条款”的制定

美国是世界民族之林中一个相对年轻的国家，但却拥有世界上历史最悠久的一部活宪法。《1787 年宪法》自从批准生效以来，在两个多世纪里没有修改一个字。宪法的稳定性，进而又促进和维护了其权威性。对于美国宪法的稳定性和权威性，阿克顿勋爵曾有句名言：“在英国，议会高于法律；在美国，法律高于国会。”当然，这并不意味这部宪法就不需要进一步完善。随着时日的推进，原有宪法中的遗漏、不足和缺陷，通过后来提出的所谓“修正案”得到了弥补和改进。

不过，1791 年第一届国会批准的前十条修正案，亦即所谓“权利法案”，严格说来，并非是对《1787 年宪法》正文的“修正”。它们并没有修改或订正宪法所规定的内容，而只是根据在谋求《1787 年宪法》获得批准过程中各州及人民提出的建议，对《1787 年宪法》规定内容所作的一些“增补”。

表示美国宪法“修正案”的英文术语是“Amendaments”。英语“amendaments”一词，原意就是指在现有事物之外再附加上一些东西，譬如，在已有房屋的两侧或前后，再“修补”“附加”“增补”或“添加”一些额外的建筑物，那些额外增加的部分，通常被称为“amendaments”。当然，从广义上讲，这些额外附加的东西对现有事物而言，也算是一种“修正”或“修改”。更何况，美国宪法后来一些“修正案”，其内容的确是对先前某些宪法规定的“修正”。所以，从整体和宽泛意义上讲，将这些后来附加的宪法称为宪法“修正案”，是可以接受的。

詹姆斯·麦迪逊将权利提案引入第一届国会

当代美国学术界普遍认为，完全重构“宗教条款”在美国国会讨论与通过的精确过程，已属不可能之事。保留下来的国会日志、记录或报道并非逐字逐句的实录，而是选择性甚或梗概性的简单记录，存在许多疏忽与遗漏。而且记录者由于自身的疏忽与局限，还对许多内容作了不准确或不正确的记载，这一点甚至在当时就成为人们批评的对象。这一切使得任何想要完全还原当时制宪实况的努力，都变成徒劳。一些问题与环节还需要想象与推测才能自圆其说。此外，各个州对权利法案的讨论记录，也都没有保存下来。私人通信、报纸报道和相关传单或小册子，也都没有提供明晰与连贯的历史资料。

需要指出的是，联邦国会讨论和制定“宪法修正案”亦即“权利法案”的第一届会议，是在1789年5月至9月召开的。在这个时候，联邦宪法已经获得了法定批准州数目，因而联邦宪法在法律程序上已经开始生效。但有两个州，亦即北卡罗来纳州和罗得岛州，由于种种原因，而迟迟未能形成统一立场，也未能对新宪法作出及时批准。北卡罗来纳州一直到1789年11月21日，罗得岛州一直到1790年5月29日，才正式批准联邦《1787年宪法》。由于未能及时批准宪法，按照规定，这两个州没有选派代表参加1789年的第一届国会会议。

在1789年5月第一届国会召开之初，众议员詹姆斯·麦迪逊根据《1787年宪法》第五条规定，提议为现有宪法增补一项权利法案。宪法第五条规定是这样的：

> 每当两院三分之二议员认为有必要，或三分之二州议会提出申请，要求对本宪法修正时，联邦国会即应召开会议以提出这些修正。这些修正案，当获得四分之三州议会或四分之三州民意大会批准时，即以其全部有效性，

而成为本宪法的一部分；至于采取哪种批准方式，则由联邦国会决定。

起初，詹姆斯·麦迪逊并不特别热衷于将一份“权利宣言”附加在新制定和批准的联邦宪法里。但由于在弗吉尼亚选举中对朋友与选民所作的承诺，当新共和国第一届国会于1789年夏在纽约城召开时，麦迪逊在第一时间向国会引入了对美国宪法的修正动议。

1789年6月8日，詹姆斯·麦迪逊向国会作了长篇发言，详细介绍了他对宪法修正案的看法与建议。麦迪逊指出，对新宪法的修正应当谨慎行事，并尽可能采取较为温和适中的方式。他坦陈了人们对宪法的种种不满，并指出未能包含人权与自由规定，是人们对其诟病的关键：

> 我相信，大部分人民反对它，不喜欢它，因为它没有包含防止侵犯具体权利的有效规定，没有包含人民长期以来习惯于安插在他们与行使主权的行政当局之间的那些保障措施。既然这么多公民同胞都认为那些保障措施是必需的，我们就不应当认为他们是安全的。[1]

因而，在麦迪逊看来，宪法修正提案的主要目的，就是保护人民权利不受政府的侵蚀与危害。为此，他提出了九项修正案提案（resolutions），以弥补宪法的不完善之处。其中，第一项提案主要界定了权力的来源与归属：

> 在宪法前面增加一份宣言，宣布所有权力最初都属于人民，并因而也来源于人民。政府是为了人民利益而构成的，并应当为了人民利益而行使其权力；而人民利益就是享受生命与自由，有权获得和使用财产，以及追求和获得幸福与安全。每当发现政府有悖于或者不足以实现其构成目的时，人民拥有不容置疑的、不可剥夺的和不可废除的权利，以改革或者改变他

1 Cited from *The Sacred Rights of Conscience*. p. 419.（*The Papers of James Madison*, ed. R. A. Rutland and C. F. Hobson, vol. 12, University Press of Virginia, 1979, 197-209.）

们的政府。[1]

在第四项修正提案里，麦迪逊提议，在宪法第一条第九款的第三与第四项之间，增加十项主要涉及公民权利的规定。其中，提议增加的一项规定，是关于宗教权利的。它规定：

> 不得因为宗教信仰或崇拜而剥夺任何人的民事权利，不得确立任何全国性宗教（any national religion），亦不得以任何方式或以任何借口，侵犯良心的完全而平等的权利。[2]

在提出了自己的这九项提案或提议后，詹姆斯·麦迪逊再次表达了自己对于“修正”现有宪法的游移态度。

> 这些修正案的第一条，关乎那可能被称为权利法案的东西。我承认，我从未认为这项规定对联邦宪法是如此不可或缺，以至于要等到增加了这样一种修正案后，才可以被正当地批准。与此同时，我也总是能认识到，在某种形式下，以及在某种程度上，这样一项法律规定既不是不适当的，也不是完全无用的。我还知道，在政府最受尊重的朋友以及共和国自由的拥护者中，有许多人认为这样一项法律规定不仅是不必要的，甚或还是不适当的，而且，我相信有一些人还会进而认为它是危险的……可以说，在某些情形中，它们不过是陈述了人类的完满品质。这无疑是一种绝对真理，但却没有绝对必要将它安插在一部宪法的前面。[3]

而且，增加的这样一份“权利宣言”其所限定的具体对象是什么呢？是行政部门，是立法机构，还是社会团体？麦迪逊对此作出了一一分析。

---

1 Cited from *The Sacred Rights of Conscience*, p.420.（*The Papers of James Madison*, ed. R. A. Rutland and C. F. Hobson, vol. 12, University Press of Virginia, 1979, 197-209.）

2 Ibid.

3 Ibid., 422.

> 也许，在我们政府里，针对行政部门权力滥用的防护，与其他部门相比并不是那么必要，因为它在这个体系里并不是较强的分支，而是较弱的分支。因而，应当针对的是立法机构，因为它是最强大的、最有可能滥用权力的，因为它处在最少的监控之下……但是我承认，我的确认为，在一个像美国这样受到限制的政府里，巨大的危险在于社团的滥用（the abuse of the community），而不在于立法机构。为支持自由而作的规定，应当针对最大危险所在的领域，亦即，拥有最高特权的地方。而这并不见于政府的行政或立法部门，而是见于人民团体：由多数派针对少数派所实施的。[1]

在社团权力面前，一切法律规定、一切纸质屏障，都是十分脆弱的。人们对此必须保持足够清醒的认识和警觉。

在支持宪法修正与反对宪法修正这两种对立观点之间，麦迪逊采取了一种中间立场，并发现两端立场各有其利弊。但众议员麦迪逊个人，对主张增补“权利宣言”的选民是负有义务的。换言之，他之所以当选弗吉尼亚州选派的众议员，是因为他已经承诺将会向联邦国会提出宪法修正提案。所以，原本对修正宪法不太积极的麦迪逊，还是遵循承诺，向议会提出了修正宪法的九项提案。

不仅如此，他还为那些动议提出了辩护，并针对当时盛行的五种反对修宪立场，提出了自己的反驳看法。第一种反对立场认为，权利法案对于一个共和政府来说并非必需条款，其理论预设是人民已经拥有了那些权利。麦迪逊对此的反驳是，不仅联邦政府，而且各州政府里也有此类法律规定，而人民并不认为各州制定权利法案是不适当的。第二种反对立场认为，权利法案在一个联邦政府里是不必要的，因为联邦政府权力已经在宪法中被列举出来，而未被宪法列举的则被保留了下来；换言之，宪法是授权法案，而剩余的则是人民的权利并被掌握在人民手里。麦迪逊认为这种立场具有一定的基础但并非决定性的，因为就实施途径或手段而言，政府还拥有某些可以自由裁量的权力并有可能受到滥用。第三种反对立场认为，权利法案是不必要的，因为联邦政府的建立并未撤销各州宪法中的权

1 Cited from *The Sacred Rights of Conscience*. p. 422.（*The Papers of James Madison*, ed. R. A. Rutland and C. F. Hobson, vol. 12, University Press of Virginia, 1979, 197-209.）

利宣言。麦迪逊指出，这样一种看法将权利建立在了一个不稳定的基础上，而且各州宪法中的权利法案不尽相同，有的没有包含权利法案，有的权利宣言内容有所欠缺，还有的权利规定不太适当。第四种反对立场认为，在宪法中列举出一些权利加以保护，可能使人误认为没有被列举出来的权利则交托在了政府手里，并由此使人们的权利受到危害。麦迪逊认为这种看法具有一定的合理性，但认为在宪法加以明示或特别说明，则可以避免这种误解。第五种反对立场认为，在各州宪法里并没有发现侵犯权利的实际情形，所以增加权利法案是不必要的。麦迪逊指出，即便如此，增加这项法案对于防止权力滥用也是有益的，并可以由此形成一道保护权利的坚固屏障，以抵御各种干预或侵蚀。

在这篇长篇演说的末尾，詹姆斯·麦迪逊指出，在不更改既有宪法结构与主旨的情形下，按照反对者提出的意见对之加以完善，不失为一种明智之举，并建议国会任命一个专门委员会来研究宪法修正案问题。

“宗教条款”在众议院

1789年6月8日，詹姆斯·麦迪逊在众议院提出了宪法修正案问题。有议员表示了不同看法，一是国会还有许多更重要的议程和事务，二是新宪法笔墨未干，才刚刚获得批准。麦迪逊提醒大家，在批准新宪法的十一个州里，有五个州，亦即马萨诸塞、南卡罗来纳、新罕布什尔、弗吉尼亚和纽约，在批准宪法时还提出了增补权利法案的提议；批准宪法的其他六个州，在批准宪法过程中，也曾涉及增补权利法案的争论；而对于未批准宪法的北卡罗来纳和罗得岛两个州，如果增补上权利法案，也有可能赢得它们对宪法的认可。同时，麦迪逊还转而提议任命一个委员会来专门处理修正案问题，但这一提议在当时未获支持。

接着，麦迪逊向大会汇报了自己汇集的修正案提案，并将那些提案大致划分为九项提议或提案。其中，在第四项提议里，“权利法案之父”麦迪逊提议，在宪法第一条第九款的第三与第四项之间，增加十项主要涉及公民权利的规定。其中，提议增加的第一项规定是关于宗教问题的。它规定：

> 不得因为宗教信仰或崇拜而剥夺任何人的民事权利，不得确立任何全国性宗教（any national religion），亦不得以任何方式或以任何借口，侵犯良心

的完全而平等的权利。[1]

这里的“全国性宗教”(national religion),是一个引起诸多争论的用语。分离派认为,它似乎表明了麦迪逊对联邦官方确立宗教的反对立场,还有证据表明麦迪逊似乎并不仅仅限于反对确立一种全国性宗教,而是主张一个全国性政府不应采取任何属于一个或全部宗教的那类具有宗教性质的行为,不应与任何一个教派结合在一起,并对其作出排他性偏袒或优待举动。但是迁就论认为,这个用语恰恰表明,麦迪逊仅仅反对对宗教或教派的“全国性”确立,而不反对对宗教或教派的其他类型确立。

在耽搁一个多月后,7 月 21 日,众议院的讨论,在麦迪逊坚持下,再次涉及宪法修正案问题。从可操作性和效率性出发,众议院这次采取了类似于麦迪逊在 6 月 8 日提议的做法,亦即,任命了一个特别委员会来专门处理修正案问题,各州选派一名代表,共十一人组成了这个特别委员会。其中,议长直接任命了詹姆斯 · 麦迪逊为弗吉尼亚州代表。

7 月 28 日,该特别委员会向众议院全体会议提交了自己的报告。众议院“十一人委员会”提案草稿,因其记录是罗杰 · 谢尔曼(Roger Sherman,1721—1793 年)的手写形式,所以又有人称为“谢尔曼提案”。该报告表示:

> 人们在进入社会时为自己保留了一些自然权利,其中包括在宗教问题上的良心权利,获得财产和追求幸福与安全的权利。[2]

其中,涉及宗教问题的部分,只是对麦迪逊在 6 月 8 日的提议作了一些改动,包括改变了提案应附加的位置,取消了“全国性宗教”中“全国性”(national)这一限定,取消了第一项提议涉及的笼统内容。具体地,“众议院委员会报告”的提议是:

---

1 Cited from *The Sacred Rights of Conscience*. p.420. (*The Papers of James Madison*, ed. R. A. Rutland and C. F. Hobson, vol. 12, University Press of Virginia, 1979, 197-209.)“宗教条款”一稿,亦即麦迪逊最初提议稿。

2 Cited from *The Sacred Rights of Conscience*. p. 426. (“Roger Sherman and the Bill of Rights,” by Scott D. Gerber, *Polity* 28, No. 4, 532, 533.)

[4] 在第一条第九款第二与第三段之间增加：不得以法律确立任何宗教，不得侵犯良心的平等权利。[1]

需要指出的是，至此所提议的，在原宪法条文中以“嵌入方式”加入修正案的方法，由于会在形式上破坏原宪法的完整性和缺乏实际可操作性，而于8月19日被众议院否定。众议院决定，将以“独立增补形式”，将修正案附加于现有宪法的后面。

1789年8月15日，众议院举行全体会议，以讨论特别委员会提交的报告，其中，麦迪逊涉及宗教问题的第四提案成为议员关注的焦点。众议院对宗教条款的这次辩论，现存记录，全文如下：

8月15日星期六。

议院就提议的宪法修正案再次举行全体会议。布迪诺特先生担任主席。

所讨论的第四提案如下：

第一条第九款，在第二与第三段之间加上：不得以法律确立任何宗教，不得侵犯良心的平等权利。

西尔维斯特先生对这个段落所用表述模式的适当性，表示有些怀疑。他觉得它有可能会被理解为某种不同于该委员会所理解的东西。他担心，它有可能被理解为具有一种完全废除宗教的倾向。

瓦伊宁先生建议，将这个句子的两个部分位置对换是否合适一些。

格里先生说道，这样表述是否更好一些，即不得以法律确立任何宗教教义。

谢尔曼先生认为这条修正案毫无必要，因为宪法没有授予国会任何权力以作出宗教确立。因此，他提议将它删除。

卡罗尔先生：鉴于良心权利，就其本质而言，异常微妙，并无从承受政

1 Cited from *The Sacred Rights of Conscience*. p. 427.（*Creating the Bill of Rights: The Documentary Record from the First Federal Congress*, eds. H. E. Veit et al, Johns Hopkins University Press, 1991, 30, 31.）“宗教条款”二稿，亦即“十一人委员会”提议稿。

府之手最轻微的触碰；鉴于许多教派一致认为，它们在现有宪法下没有获得良好保障，所以他表示他极为赞成采纳这些话语。他认为，与他听到的其他修正提案相比，它更能为政府赢得人们的看法。他不愿意就措辞用语与先生们进行争辩；他的目标是，以这样一种方式来确保其实质，从而满足这个社团那些诚实者的愿望。

麦迪逊先生说道，他理解这些话语的意思是，国会不得确立一种宗教并通过法律来强化对它的法律监察，亦不得强迫人们以任何违背其良心的方式崇拜上帝。至于这些话语是否必要，他并不想说。但是一些州议会要求增加这些话语。那些州议会似乎认为，本宪法条款——它授权国会制定一切必要而适当的法律以实施本宪法——以及按照它所制定的法律，使得国会有可能制定这种性质的法律，以至于可能会侵犯良心权利，并确立一种国家宗教。为防止这些后果，他认为应当增加这项修正案；而且就语言性质所允许的而言，他认为它已经得到了良好表述。

亨廷顿先生说道，在那位先生第一次论及这个主题时，他就担心这些话语可以被如此自由地解释为对宗教事业极其有害的东西。他能理解这项修正案意味着那位弗吉尼亚先生所表达的意思，但是其他人可能会发现，很容易对它作出另一番理解。他们东部地区教堂会众的牧师，是由那些隶属于他们社会的人的奉献提供给养支持的；建立聚会所的经费开支也是用同样方式奉献的。这些事情都是通过地方法规加以规定的。如果就这些事情向联邦法院提出仲裁，那没有履行这种约定的人，就不会被强迫去那么做，因为支持牧师或者建立崇拜场所，有可能被解释为一种宗教确立。

按照罗得岛特许状，不得通过法律确立任何宗教；他能够就这样一种规定的后果作出历史说明；实际上人们如今正在享受着它那受到祝福的成果。所以，他希望，这项修正案能够被用以确保良心的权利以及自由行使宗教的权利，而不是惠及那些根本不信仰宗教的人。

麦迪逊先生认为，如果在“宗教”前面加上“全国的”这个词语，就能够满足那些尊贵先生们的想法。他相信，人们担心某个教派有可能获得某种出众地位，或者两个教派结合在一起以确立一种宗教，并强迫其他教派予以顺从。他认为，引入“全国的”这个词语，就会使这项修正案直接指向它想要防止的目标。

利弗莫尔先生不满意于这项修正案，但他不希望他们在这个论题上停留太久。他认为：如果对它作出如下更改会更好一些，亦即，国会不得制定法律以涉及宗教，或侵犯良心权利。[1]

格里先生不喜欢来自弗吉尼亚的先生所提议的“全国的”这个术语，并希望本议院不予采纳。这使他回想起了他们在讨论现有宪法的会议上所出现的一些言论。那些被称为反联邦派的人一直都坚持，这种政府形式巩固了这个联盟；而那位尊贵先生的动议表明他也是这种看法。那些被称为反联邦派的人在那时抱怨，那种称谓对他们是不公正的，因为他们赞成一个“联邦”政府，而其他人则赞成一个“全国”政府；联邦派同意批准现有宪法，而其他人则要求在制定修正案后才批准它。所以，他们的名称不应区分为联邦派与反联邦派，而应区分为耗子派与反耗子派。

麦迪逊先生撤销了他的动议，但是指出，“不得通过法律确立任何全国性宗教”这句话，并不意味着政府就是一个全国性政府。随后就这个问题，利弗莫尔先生的提议被采纳，并以三十一票赞成，二十票反对，获得通过。[2]

这段讨论记录表明，在众议院第一次认真讨论涉及宗教规定的提案时，一些议员，譬如西尔维斯特先生和亨廷顿先生，担心麦迪逊的提案有可能会被人们理解为对宗教不利的东西，或者具有完全废除宗教的倾向。换言之，他们主张，这项提案应当是对宗教有利或对宗教予以某种保护的规定。来自天主教阵营的卡罗尔先生更是希望这个修正案能够为宗教信仰提供良好保障，以免“政府之手”碰触“异常微妙”的“良心权利”。而詹姆斯·麦迪逊的两段发言记录似乎表明，他所理解的“确立宗教”就是确立“一种全国性宗教”；他所谋求的对“确立宗教”的禁止规定，就是防止某一宗派或若干宗派从政府那里获得与众不同的优势地位，就是要防止出现一种“国教”或其类似物。果若此，麦迪逊谋求的不确立

1　“宗教条款”三稿，亦即利弗莫尔提议稿。

2　Joseph Gales ed., *Annals of the Congress of the United States: The Debates and Proceedings of the Congress of the United States*. vol. 1: March 3, 1789-March 3, 1791. Gales and Seaton, 1834, pp. 757-759.

宗教规定，其限制范围就会极其有限。就会像后来迁就论主张的那样，“确立条款”原旨只是禁止政府对某一或某些教派作出偏袒，而非禁止政府对一般性宗教作出援助或支持。这个问题将在以后司法实践中，变成一个争论的焦点。

经过星期日的休会后，1789 年 8 月 17 日星期一，众议院就上周六的修正案问题继续进行广泛讨论。因“宗教顾忌”而不携带武器问题，成为此次会议讨论焦点。

> 议会再次变成了一个讨论宪法修正提案的委员会，布迪诺特先生担任主席。会议讨论的是报告中第四提案的第三条款，其内容如下：“一支由人民组成的、管理良好的国民军，是一个自由国家的最佳保障；不得侵犯人们持有和携带武器的权利；但不得强迫任何有宗教顾忌的人携带武器。”
>
> 格里先生：我的理解是，这项权利宣言是要保护人们防止政府的不当管理；如果我们能够断定在任何情况下人们的权利都会受到关照，那么，此类保护的因由就不复存在。而现在，先生，我担心，这项条款会为掌权者提供一个机会以破坏宪法本身。他们能够宣布谁是有宗教顾忌的人，并阻止他们携带武器。
>
> 先生，国民军的用途是什么呢？就是要防止建立一支常备军；后者即破坏自由的根源。如今，很明显，在这项规定下，加上他们的其他权力，国会就国民军采取这样的措施，就是要使一支常备军成为必要。每当政府想要侵犯人们的权利与自由时，他们总是企图毁灭国民军，以便在其废墟上组建一支正规军。这就是大不列颠在这次革命开始之际所做的事情。他们竭尽所能，以阻止东部地区建立一支精锐的国民军。目睹着那个政府在剥夺他们固有特权方面的快速推进，马萨诸塞议会通过组建国民军奋力发起了抵抗；但他们总是被王权势力所挫败。”
>
> 塞尼先生希望知道那个委员会面临的是什么问题，以便能够弄清那位先生所谈论的要点。
>
> 格里先生回答，他想要提出一项动议，因为他不赞成现有的表述。他接着那么做了。一直到他们参与到那即刻将其从奴役状态解放出来的斗争中，他们的努力才告成功。如今，如果我们赋予一种自由裁量权，将那些具有宗教顾忌

的人排除在国民军义务之外，我们也许可以在这一事项上不作任何规定。基于这个理由，他希望更改那些表述，从而将其限定为，隶属于一个对携带武器感到顾忌之宗教教派的人。

杰克逊先生并不认为所有合众国人民都会变成贵格会或摩拉维亚会信徒；这样一来，面对入侵，一部分人将不得不保护另一部分人。在他看来，现在这种规定是不公正的，除非宪法能够确保一种对等物。有鉴于此，他提议修正这项条款，在其末尾加上，"只要支付等价物，并通过法律加以确定"。

来自南卡罗来纳的史密斯先生询问，在就这项修正案所举行的会议上使用的是什么表述。如果这位先生与弗吉尼亚和卡罗来纳的提议表述相一致，那么他将支持这位先生。他认为，只要能找到一种替换它的表述，他们就会得到谅解。

杰克逊先生愿意作出迁就。他认为这种表述应当是："不得强迫任何对携带武器有宗教顾忌的人亲身去服兵役，只要支付等价物。"

谢尔曼先生认为，要限定这项条款并使它更为完善是很困难的。众所周知，那些对携带武器具有宗教顾忌的人，也同样顾忌于获取替代品或支付等价物。他们许多人宁死也不会做那些事情。但是他并不认为制定这类条款就具有绝对必要性。我们不是生活在一个专制政府下，他说道，各州也都有各自的国民军管理方式，除非被征召实际服役；况且，这也不是要改变那项条款，从而将其整个教派都排除在外，因为在贵格会信徒中也有人会不顾其社团宗教原则，挺身而出捍卫祖国事业。毫无疑问，阻止这种可贵意向是不适当的，毕竟国家之间解决冲突的方式，还是屠杀它们的公民与国民。

瓦伊宁先生希望，能容许这项条款保留原来的样子。他认为这是毫无用处的：对它加以修正以强迫一个人去寻找一种替代品——这对政府而言就等同于这个人自己参加了战斗。

斯通先生询问，"宗教顾忌"所指的是什么意思，是指携带武器吗。如果是，就应该这样表达出来。

本森先生提议，删除"但不得强迫任何有宗教顾忌的人携带武器"这句话。他希望能够将其保留给立法机构的善意裁决，因为，尽管你可以随意修改它，但却不可能以一种摆脱含糊性的方式表达它。没有人能够要求这种权利宽容。它可能是一种宗教信仰，但绝不是什么自然权利，因而应当将其留给政府的自由裁量。如果这就是宪法的一部分，那么司法机构在就国民军组织作出每一项规定之前，不论那规定与这宣言是否一致，都会面临这一难题。将可怀疑之事与基本问题混合在一起是极不明智的。

我没有理由相信立法机构总是拥有足够的仁慈，以在一件他们如此渴望的事情上迁就这帮公民。但是他们应当拥有自由裁量权。

删除这整个条款的提议得到附议，予以表决，并被否定：二十二票赞成，二十四票反对。[1]

这次会议讨论的修正提案，主要涉及三个问题：保持国民军的重要性，人们携带武器的权利，以及对携带武器持有宗教顾忌的人不得受到强迫的问题。这次会议的讨论，只是间接涉及宗教问题。但却有一个值得关注的亮点：制宪者对宗教信仰表现出了足够的同情与理解，他们允许那些持有宗教顾忌的人免于某项普遍适用法规的限制，并愿意对持有与众不同信仰的人作出某种迁就。

1789 年 8 月 17 日星期一，亦即，同一天晚些时候，众议院讨论了另一项相关提案。

随后，这个委员会开始讨论第五项提议：

第一条第十款，在第一段与第二段之间增加："任何州不得侵犯良心的平等权利，不得侵犯言论或出版自由，不得侵犯刑事案件经由陪审团审判的权利。"

塔克先生，我想，这是要为合众国宪法提供一项修正案，但它却只是要修正个别州的宪法。我觉得这样做要好得多，亦即，让各个州政府自己做主，而不是比现下更多地干涉它们——许多人认为现下干涉的就已经太多了。先生，因此我提议删除这项规定。

麦迪逊先生认为这项规定是整个提案清单中最有价值的修正案。如果说

1 Joseph Gales ed., *Annals of the Congress of the United States: The Debates and Proceedings of the Congress of the United States*. vol. 1: March 3, 1789-March 3, 1791. Gales and Seaton, 1834, pp.778-780.

有理由限制合众国政府以防其侵犯这些根本权利，那么也同样有必要来限制州政府。他认为，如果要防止一方，那么就有必要防止另一方；并深信，这同样要感谢人民。

利弗莫尔先生对这个观点没有太大的反对意见，只是认为它没有得到很好地表达。他希望它能改变成一种肯定形式的议案：“良心的平等权利、言论或出版的自由，以及刑事案件经由陪审团审判的权利，不得受到任何州的侵犯。”

这种词序换位获得认同，塔克先生的提议被拒绝，这项条款得到了采纳。[1]

这次会议讨论涉及良心的平等权利问题以及言论自由等问题。这些权利最终将会成为“第一修正案”后一部分的权利规定。制宪者对这项提案的看法大相径庭。塔克先生希望将这些问题保留给各州自行决定。而麦迪逊则认为，这项提案是所有提案中最有价值的。按照麦迪逊的意思，为了保证这些重要权利，不仅要对联邦政府加以限制，而且也应对州政府作出同样的限制。当然，麦迪逊有关对州政府加以限制的设想，在当时也只能是一种设想，而非现实，因为国会没有那么做的授权，宪法也没有相关的规定。

1789 年 8 月 20 日星期四，众议院继续讨论那些修正案提案：

议院再次考虑全体委员会就宪法修正案问题所提交的报告。

埃姆斯先生的提议获得采纳。其他五六位成员也就同一论题提交了议案；经相互认可，所有提案都提供给大家进行讨论。之后，议院转而讨论第三修正案，并对其予以认可。

根据埃姆斯先生的提议，第四修正案更改为，“国会不得制定法律以确立宗教，禁止其自由活动，或侵犯良心权利。”[2] 这个提案获得采纳。

第一项提案获得同意。

---

1 Joseph Gales ed., *Annals of the Congress of the United States: The Debates and Proceedings of the Congress of the United States*. vol. 1: March 3, 1789-March 3, 1791. Gales and Seaton, 1834, pp. 783-784.

2 “宗教条款”四稿，亦即埃姆斯提议稿。

斯科特先生反对第六修正案中的这项条款："不得强迫任何有宗教顾忌的人携带武器"。他指出，如果这项条款成为宪法的一部分，那么既不能征召那些人入伍服役，也不能要求他们支付等价物，而且还会出现进一步的困难，因为永远都无法指望一支国民军。这还会导致违背另外一项宪法条款，那项条款确保人们有权携带武器；如果是这种情形，就只能求助于一支常备军了。他说道：我认为这完全是一种立法权利。我知道有许多教派在这方面持有宗教顾忌，我并不想剥夺法律赋予他们的任何宽容，我的意图只是要防止那些没有任何宗教信仰的人。有人极力主张宗教在衰退；如果是这样，支持我的论据就更有力了，因为当宗教被抛弃之时，大多数人将求助于这些借口来免于携带武器。

布迪诺特先生认为，这项条款的规定，或某种类似规定，是必要的。他指出，难道能够依赖那些在这方面具有良心顾忌的人吗？抑或，当按照其宗教原则，他们宁愿死亡也不服从时，强迫他们携带武器又会是什么样的公正呢？他提到了发生在战争期间，在这个问题上施加强迫的几个实例。既然要组建一支国民军，就应指望能有一种切实有效的防护；而属于这种宗教类型的人，就不应当被迫拿起武器。我希望在建立这个政府中，我们能够向世界表明我们已经采取了应有的审慎，亦即政府不应干预任何人的宗教观点。现在，如要删除这项条款，就会诱导人们相信，这个总政府有意强迫所有公民携带武器。

讨论中还出现了一些随意性谈话，并同意在这项条款末尾加上"亲身"这个词。之后，这项条款获得采纳，第四提案的第四款、第五款、第六款、第七款和第八款也获得采纳。接下来，议院又通过了第五提案、第六提案和第七提案。众议院休会。[1]

在 8 月 20 日，经过讨论通过的第四修正案提案中，有三个措辞问题值得特别关注：第一，"自由活动"（free exercise）首次出现在提案里；第二，采取了"确立"（establishment）的变更形式"establishing"；第三，放弃了 8 月 15 日提案

1 Joseph Gales ed., *Annals of the Congress of the United States: The Debates and Proceedings of the Congress of the United States*. vol. 1: March 3, 1789-March 3, 1791. Gales and Seaton, 1834, pp. 795-796.

中使用的一个语义含混的冷僻介词“关于”（touching）。众议院在这一天讨论并通过的有关宗教问题的提案，在大体上将构成宪法“宗教条款”的正式表述形式，尽管在后面的讨论中，还将会不断被调整和修订。

在接下来的几天里，众议院完成了对所有修正案提案的讨论和表决，并通过众议院文字润色委员会，对那些提案作了整理、归纳和文字润色。随后，于1789年8月24日，将它们提交给参议院讨论。具体地，众议院一共通过和提交了十七条提案，有关宗教问题的提案被排在“第三条”（Article the Third/the third Article of amendment），其内容如下：

> 国会不得制定法律以确立宗教或禁止其自由活动，亦不得侵犯良心权利。[1]

“宗教条款”在参议院

参议院对修正提案的讨论，没有留下多少可供后人研究的记录。参议院的会议在1794年以前是不对公众开放的，会议正式记录只有一些零星和笼统的描述，与会人员留下的私人记录也十分有限。这三点使得参议院对宪法“宗教条款”的具体制定过程比众议院更不为人所知。

1789年9月3日，参议院对“宗教条款”的讨论如下：

> 提议，应修正第三条，删除“宗教或禁止其自由活动”，增加“某个而不是其他宗教教派或社团”，[2]
>
> 获否定性通过。
>
> 提议，进行重新考虑，
>
> 获肯定性通过。
>
> 提议，删除第三条修正案，
>
> 获否定性通过。

---

1 Cited from *The Sacred Rights of Conscience*. p. 431.（*Creating the Bill of Rights: The Documentary Record from the First Federal Congress*, eds. H. E. Veit et al, Johns Hopkins University Press, 1991, 38, 41.）“宗教条款”五稿，亦即众议院提议稿。

2 “宗教条款”六稿，亦即参议院否定稿。

提议，采纳下列表述，以代替第三条修正案：

“国会不得制定任何法律，侵犯良心权利，或确立任何宗教教派或社团”，[1]

获否定性通过。

提议，修正第三条如下：

“国会不得制定任何法律以确立某个而不是其他宗教宗派，或禁止其自由活动，亦不得侵犯良心权利”，[2]

获否定性通过。

至于来自众议院的关于第三条修正案的问题，

获否定性通过。

提议，要采纳众议院决议中所提出的第三条修正案，需删除以下文字：

“不得侵犯良心权利”，[3]

获肯定性通过。[4]

所以，9 月 3 日参议院讨论表决的结果，实际上接受了众议院的表述形式，只是删除了最后一句规定：“亦不得侵犯良心权利”。但这份梗概性的会议记录表明，参议院的讨论过程十分曲折，并伴随着大量的辩论：删除整个宗教提案的提议，遭到否定；三种修改方案，均遭否定；原样采纳众议院提案形式，亦遭否定；最后通过了众议院提案的修正形式。但辩论的具体内容，何人持何种观点，以及具体投票结果，由于缺乏文献记载，而只能留给后人揣测了。

1789 年 9 月 9 日，参议院继续对众议院提交的那些修正案提案进行讨论和表决：

提议，修正第三条如下：

1 “宗教条款”七稿，亦即参议院否定稿。

2 “宗教条款”八稿，亦即参议院否定稿。

3 “宗教条款”九稿，亦即参议院修改稿。

4 Cited from *The Sacred Rights of Conscience*. p. 432.（*Senate Legislative Journal: Documentary History of the First Federal Congress of the United States of America, March 4, 1789-March 3, 1791*, ed. Linda Grant De Pauw, Johns Hopkins University Press, 1977, 151.）

"国会不得制定法律以确立信仰条款或崇拜模式，或禁止宗教自由活动，[1]或剥夺言论自由或出版自由，或剥夺人们和平集会和向政府请愿申冤的权利"，

获肯定性通过。

提议，删除第四条，

获肯定性通过。

提议，修正第五条：在"携带武器"后面加上"为共同防御"，

获否定性通过。[2]

可见，9月9日参议院讨论的结果，不但改变了9月3日参议院通过的表述形式，而且还把众议院提案的第四条提案内容合并到了第三条里。而且，参议院9月9日的宗教问题修正提案的内容，也发生了重要变化，亦即，众议院对"确立宗教"的限定更改为对"宗教信条与仪式"的限定。这种变化使得修正案所作的限定，仅限于纯宗教事务，而不涉及对宗教的其他确立方面，譬如财政支持等等。参议院在这一天通过的第三条修正提案，成为宪法"第一修正案"的雏形，但这个雏形还需要进一步完善。

1789年9月14日，参议院通过了自己的宗教修正提案。与9月9日通过的提案相比，这个提案只是在句读与语气上略作调整。

第三条修正案：

国会不得制定法律以确立信仰条款，或崇拜模式，或禁止宗教自由活动，[3]或剥夺言论自由或出版自由，或剥夺人们和平集会并向政府请愿申冤的权利。[4]

---

1 "宗教条款"十稿，亦即参议院修改稿。

2 Cited from *The Sacred Rights of Conscience*. p. 432.（*Senate Legislative Journal: Documentary History of the First Federal Congress of the United States of America, March 4, 1789-March 3, 1791*, ed. Linda Grant De Pauw, Johns Hopkins University Press, 1977, 166.）

3 "宗教条款"十一稿，亦即参议院提议稿。

4 Cited from *The Sacred Rights of Conscience*. p. 432-33.（*Creating the Bill of Rights: The Documentary Record from the First Federal Congress*, eds. H. E. Veit et al, Johns Hopkins University Press, 1991, 48.）

“宗教条款”在参众两院联合委员会

1789年9月21日，参议院将经过修改并重新编订过的二十六项修正提案反馈给众议院时，发现众议院对大部分修正提案都无法接受，其中也包括宗教提案。有学者指出，众议院拒绝了参议院的表述措辞，也许并非出于什么实质性分歧。[1] 为解决彼此分歧，国会两院决定各选派三名代表，组成一个六人委员会，来共同解决那些分歧。

众议院与参议院指派的代表组成了六人联合委员会。众议院代表分别是弗吉尼亚的詹姆斯·麦迪逊、康涅狄格的罗杰·谢尔曼和特拉华的约翰·瓦伊宁。参议院代表分别是康涅狄格的奥利弗·埃尔斯沃斯、马里兰的查尔斯·卡罗尔和新泽西的威廉·佩特森。仅就宗教修正提案而言，这个联合委员会通过的第三修正提案，前半部分采用了众议院的表述形式，后半部分采用了参议院的表述形式。换言之，这个版本的第三修正提案的“宗教条款”，基本上又恢复了众议院的提案形式，只是用名词形式的“宗教确立”（an establishment of religion）代替了动词形式“确立宗教”（establishing religion）。各种迹象都表明，这是因为詹姆斯·麦迪逊在这个问题上发挥了重要影响。作为众议院最具影响和最具政治智慧的人物，麦迪逊促使这个联合委员会大体上接受了众议院在8月24日和参议院在9月3日通过的提案表述形式，从而也使自己在这个问题上的主张得到了认可与表达。

该联合委员会通过的第三修正案，分别于1789年9月24日和25日，先后在众议院和参议院获得批准，具体内容如下：

> 第三条　国会不得制定法律以确立某种宗教，或禁止其自由活动，[2] 或剥夺言论自由或出版自由，或剥夺人们和平集会并向政府请愿申冤的权利。[3]

---

1 Cf. Thomas J. Curry, *Farewell to Christendom: The Future of Church and State in America*. Oxford University Press, 2001, p. 38.

2 “宗教条款”十二稿，亦即两院联合委员会提议稿。

3 Joseph Gales ed., *Annals of the Congress of the United States: The Debates and Proceedings of the Congress of the United States*. vol. 1: March 3, 1789-March 3, 1791. Gales and Seaton, 1834, p. 948.

随后，文字润色委员会对这项修正案进行了语言修饰，主要是在标点符号的使用上以及冠词的用法上略微进行了润色与调整，由此形成了提交各州批准的提案定稿。

这些提案采取了“修正案条款”（Articles of Amendment）的形式，一共有十二条“修正案”；其中有关宗教问题的修正案，在排序中位列第三。最终联邦总统下令，将国会两院提交的这些修正案提交联邦各州予以批准。联邦国会一共提出了十二条修正案，但前两条修正案当时未能获得各州议会批准。所以有关宗教问题的第三修正案，也就由于这种历史偶然性，而顺势递补变成了第一修正案，其他修正案的排序也依次提前，共有十条修正案。到1791年12月15日，这十条修正案获得了法定批准票数，并正式成为了美国联邦宪法的一部分。

美国宪法“第一修正案”全文如下：

> 第一条　国会不得制定法律以确立某种宗教，或禁止其自由活动；[1] 剥夺言论自由，或出版自由；剥夺人们和平集会并向政府请愿申冤的权利。[2]

1 “宗教条款”十三稿，亦即最终定稿。

2 Cited from *The Sacred Rights of Conscience*. p. 433.（*The Public Statutes at Large of the United States of America*, ed. R. Peters, Charlers C. Little and James Brown, 1845, 1: 21.）

第三章
处于分离论与迁就论张力中的宗教自由

在新共和国开启之初就制定并批准的宪法“第一修正案”，对宗教自由这一基本而自然的人权作出了明文法律保证。但这些宪法规定具体意味着什么内容，究竟指涉着什么现实，到底要达到什么目的，似乎从一开始，就没有一个明确而统一的结论。后人试图穿越历史迷雾，探究宪法原旨原意的种种努力，看来注定是一个终将陷入见仁见智、众说纷纭的领域。被称作“宪法之父”的詹姆斯·麦迪逊，在晚年发生了明显的立场转变，并对早期经历作出了另一番解释。从未参与宪法制定的托马斯·杰斐逊，却被一些人阴差阳错地看作宪法原旨原意的权威解释与阐述者。而早期最博学的大法官约瑟夫·斯托里对宪法的注解，又采取了一种有些暧昧的折中立场。事实上，从“第一修正案”及其“宗教条款”问世以来，人们就在各自立场上，对宪法真实而具体的含义进行着各自的解释与反思。而各种各样的解释与反思，又为宪法真实而具体的含义加添了一层又一层的装饰与外衣，从而使得宪法所谓的“真实而具体的含义”究竟是否存在，以及如果存在，其面目究竟如何，成为永无止境的争论话题。

进入共和国时期以后，美国人民在联邦宪法这一整体架构与原则下，享受着由宪法保证的包括宗教自由在内的基本权利，继续以试验精神实践和探索着美国宗教自由的特质与范围，继续以奋斗精神探索和塑造着他们实际生活中的政教关系。其中，两个方面的重要发展，对于塑造美国政教关系发挥着至关重要的作用。一方面，是试图使美国福音化的种种努力。这种持久的渴望与尝试，作为一场席卷全国的宗教运动，发端于新共和国创立之初，横贯整个19世纪，并明显延续于20世纪初期，其标志性事件就是“第二次大觉醒运动”和宗教奋兴布道大会。这种主要站在基督教新教立场上的右翼宗教运动，为迁就论视阈中对美国政教关系的理解提供了土壤和养分。

另一方面，是几乎与美国福音化运动同时发生的使福音美国化的种种企图。这种以仇视罗马天主教、排外主义、神学自由主义以及世俗主义为典型标志的思想文化运动，同样肇始于共和国创立之初，兴起于19世纪后期，并在20世纪40年代达到了顶峰。在这种运动使福音美国化的扭曲发展中，政教分离原则成为其达到文化政治目标和现实宗教目的的起因、动力和标志。起初温和的政教分离原则，逐渐演化为激进而严格的政教分离原则。起初是对宪法相关规定加以分离论倾向的模糊解释，接着是试图再次修正宪法相关规定以把分离原则增补进宪法里，后来则是直接把宪法规定等同于政教分离论的生硬理解。一时间，政教分离似乎构成了所谓"美国方式""美国精神"或"美国原则"的旗帜或口号。这种主要站在时代思潮与美国本土立场上涉及宗教内外立场的运动，构成了分离论视阈中对美国政教关系理解的基础与动因。

总之，进入共和国时期的美国联邦，是一个经历着风云跌宕、急风暴雨式社会剧变的时期。人口剧增、移民潮、工业化、城市化、商业化以及宗教多元化的种种发展，迫使宗教不得不将诸多政治与社会关切纳入自己的议程。在一个时期内发展起来的"社会福音运动"，就是这种时代回应的一个典型例证。另一方面，社会文化及政治的种种现代发展，也在宗教内部激起了各种不同回应。对于许多人来说，这是一个进步的时代，所以落后变得特别无法忍受；这是一个开明的时代，所以愚昧变得格外刺目逆耳；这是一个自主的时代，所以外部一切限制都是对自由的抹杀。正是这种现代与传统之间的张力，促使人们对神圣与世俗之间的关系进行着不断的探索与试验，并锻炼着美国式的政教关系及其深刻影响着的美国式宗教自由。

第一节　1800年总统竞选引发的宗教争论

约翰·亚当斯与托马斯·杰斐逊在竞选战中的宗教立场

1800年的美国总统竞选，可以说是美国历史上最激烈、最混乱、最龌龊的总统竞选。竞选双方分别是来自联邦党的现任总统约翰·亚当斯和来自共和党的托马斯·杰斐逊。这届总统竞选的曲折与争斗，不仅来自两党力量的僵持抗衡，更由于早期竞选程序与制度的不完善，而在共和党两位竞选伙伴托马斯·杰斐逊与阿伦·伯尔（Aaron Burr，1756—1836年）之间产生了无数纠纷与争竞。但无论如何，这次总统竞选也是对宗教在美国政治生活中地位与影响的一次早期全面检验，因为两党主要候选人的宗教主张与信仰，成为对方诬蔑与攻击的把柄，并进而成为影响选民取舍意向的重要因素。

在联邦党与共和党双方的政治攻讦中，托马斯·杰斐逊因其激进的自然神论主张，而被对方攻击为不信教者或无宗教信仰者。其证据有三：一是他起草的《确立宗教自由法案》对宗教在民事生活中的作用与地位没有予以足够的重视，二是他在《弗吉尼亚纪事》中表明的宗教异端观点，三是他对反基督教的法国大革命的同情与支持。这种宗教攻击导致杰斐逊丧失了不少传统人士的支持。而约翰·亚当斯则被对手攻击为反共和制的亲英分子和支持确立国教的宗教专制分子，这种指责导致了许多不信奉国教派人士对约翰·亚当斯的疏远与背离。

这次总统竞选中引发的宗教争论还进一步导致人们开始思考宗教在公共生活特别是政治生活中应当发挥什么样的作用。传统派当然希望作为精神底蕴与价值基础的宗教，能够积极介入政治生活，并对其予以启发、指导与批判。与此相对立，在围绕宗教问题的争论中，逐渐发展出了一种主张宗教与政治应当相分离的立场，认为宗教与政治都是不可或缺的，但是两个具有不同关涉的领域，这两者应当各自为政、互不干涉。这两种相互对立的主张与趋势，分别构成了迁就论与分离论的萌芽，成为影响美国历史的两种重大趋势与走向。

大体说来，联邦党遵循的是北美殖民地以来的传统立场，认为宗教对于个人道德与社会精神具有不可或缺的积极作用，主张宗教应当在更大程度上与社会文化及政治结合在一起，并发挥自己独有的积极作用。而共和党鉴于其总统候选人在宗教信仰上的可疑立场，转而另辟蹊径，开始越来越多地强调宗教与政治分属的不同领域。这反映在两党竞选策略上，就是两种不同的政教关系主张。联邦党为赢得1800年竞选，在《美国公报》上提出了一个极具挑战性的竞选口号，要求每位美国选民反躬自问并作出选择："继续忠诚于上帝——就支持有宗教的现总统（约翰·亚当斯），抑或不虔敬地支持杰斐逊——就没有上帝。"[1]

---

1 Cited from *The Sacred Rights of Conscience*. p. 478.（"God-and a Religious President…or Jefferson and No God: Campaign for a Voter-Imposed Religious Test in 1800," by F. Lambert, *Journal of Church and State* 39, 1997, 769-789.）

而不信仰者与无神论者这一称谓，在当时美国社会里对任何政治家或体面人来说，都是一项无法承受的严重指控。杰斐逊的支持者当然竭力否认杰斐逊是一位无神论者或自然神论者，他们在进行辩解与剖白的同时，深感宗教问题与政治问题联系在一起所带来的麻烦与不便，并越来越倾向于主张将宗教问题与政治问题分离开来，使这两种均为社会生活不可或缺，但又分属不同领域的关切，能够各自为政、互不干涉。这样就逐渐形成并发展出在美国历史上影响甚远的所谓政教分离原则的雏形。

由此以来，1800年的总统选举战，越发强化了托马斯·杰斐逊原有的反圣职人员、反体制化教会和反神圣权威与精神专制的立场。杰斐逊对联邦党阵营对自己人格与信仰的攻击深感苦恼，并将那些人斥为坚持教会与政府相联合的“未启蒙者”。言下之意，他们那些“启蒙者”所坚持的是教会与政府相分离的立场。在1800年9月23日《托马斯·杰斐逊致本杰明·拉什的信函》里，杰斐逊不仅指出自己的宗教观点不会取悦于自然神论者，而且还暗示敌对阵营的攻击者想要使他们自己的宗教成为官方确立宗教。就美国宪法而言：

> 它在确保出版自由并涵盖宗教自由的同时，也使圣职人员怀有这样一种美好希冀，即在整个合众国范围内，确立基督教的某一特定形式，而且每个教派都相信自己的形式是真实的，每个人也许都希望能确立自己的宗教形式，尤其是圣公会和公理会信徒。[1]

托马斯·杰斐逊如若当选总统，则可以彻底挫败那些人想要确立宗教的企图。所以，那些人在这一关键时刻对他进行了恶毒攻击。而事实似乎也印证了这一点，恰恰是在教会与政府保持密切关系、圣职人员占据主导地位的新英格兰一些州，譬如康涅狄格，对托马斯·杰斐逊所持宗教立场的抨击也最为激烈。

无独有偶，杰斐逊的直接竞选对手，似乎也把宗教原因看作自己失利的重要因素。在1812年6月12日《约翰·亚当斯致本杰明·拉什的信函》里，亚当斯

1　Cited from *The Sacred Rights of Conscience*. p. 514.（*The Library of Congress Quarterly Journal of Current Acquisitions* 1, No. 2, 1944, 6-8.）

对自己在1800年的选举失利作出了反思。他认为正是自己在总统任期内设立全国性谦卑、禁食、感恩与祈祷日，以及被政治对手诬蔑为企图确立一种全国宗教，从而导致他丧失了大多数信徒的支持，因为他们大都担心和害怕一种官方确立的宗教。在浸信会、卫理公会、贵格会、门诺会、摩拉维亚会、圣公会、再洗礼派、阿米尼乌派、苏西尼派以及其他各种教派中，“出现了一种普遍性怀疑，即长老会有意并致力于确立为一种全国性教会。我被看作一位长老会信徒，并是其政治与教会计划的领袖。这个秘密传遍了所有教派，‘我们宁愿选择杰斐逊、麦迪逊、伯尔或任何其他人，哪怕他们是哲学家、自然神论者，甚或无神论者，也不要一位长老会总统’”。[1]

按照约翰·亚当斯自己的事后反省，正是对政府干涉宗教事务的担心，正是对再次出现全国性官方确立教会的焦虑，导致亚当斯在1800年总统选举战中败北。候选人的信仰立场以及由此引发的宗教问题，成为影响选举结果和社会政治的重要因素。

威廉·林与德威特·克林顿在竞选期间的“小册子战”

1789年联邦第一届国会众议院任命的第一位国会牧师威廉·林，是纽约城荷兰改革宗的一位著名圣职人员。他在1800年总统选举中加入了“小册子战”，指责托马斯·杰斐逊为不信仰者。威廉·林在选举攻讦期间，匿名发表了题名为《对选举总统的严肃思考：致合众国公民》的小册子。这份最具挑战性并受到最广泛讨论的小册子，很快就在全国引起了轩然大波。其匿名作者的真实身份，亦很快公布于众。

威廉·林在这份小册子里声明，自己与托马斯·杰斐逊并无个人恩怨或利益纠葛，而且自己也没有任何政治企图或党派隶属关系。之所以采取匿名形式，并非出于畏惧或羞愧，而只是希望读者能够单纯根据他论述本身的说服力，决定是否接受他的观点。而他观点的核心就是要表明，杰斐逊的宗教与哲学原则偏离或背离了圣经原则，因而不适合担任合众国最高行政长官。

---

1 Cited from *The Sacred Rights of Conscience*. p. 519.（*The Spur of Fame: Dialogues of John Adams and Benjamin Rush, 1805-1813*, eds. J. A. Schutz et al, Huntington Library, 1966, 224, 226.）

> 我反对擢升他为总统，只是因为他不相信圣经；或者换言之，只是因为他拒绝了基督宗教并公开宣信自然神论。[1]

威廉·林进而指出，杰斐逊对待圣经的怀疑态度、对于大洪水的理性理解、对于印第安人起源的推测等，均证明他不相信神圣启示，不信奉圣经之道。威廉·林还特别提到了杰斐逊在《弗吉尼亚纪事》里那段著名论述：

> 政府的行政权力，只能延及那些对他人构成伤害的行为。而如果我的邻人说有二十个神灵，或者根本没有神灵，这对我并不构成伤害。这既没有扒窃我的钱包，也没有折断我的腿脚。如果说他在法庭上的证词不可信赖，那么就拒绝他的证词，反正耻辱是他自己的。[2]

威廉·林对这段论述的要点，逐一作出了反驳。首先，在威廉·林看来，托马斯·杰斐逊主张政府行政权力只能处理对他人造成伤害的行为，而不能涉及人的观念，其实质是想要使政府完全摆脱宗教原则与理念，而仅仅建立在民事法律力量之上。由此建立起来的国家，也就只能是一个无神论者的国家。客观地讲，对杰斐逊作出无神论指控，也许是一项过于严重的指责，但杰斐逊的所作所为的确予人以无神论攻击的口实。

其次，威廉·林提出如下质疑：信念与实践，或者观念与行为，在同一个人那里可以是泾渭分明、互无干涉的吗？他说：

> 有学说认为一个人不论信仰什么，他的生活都可以是良善的；这与人类的理性与经验是相矛盾的。的确，我邻人的纯粹观念对我没有什么伤害；政府也不能规定或惩罚它；私人观念这一权利是不可剥夺的。但设若我的邻人使自己确信没有上帝，那么他很快就会扒窃我的钱包，很快就不仅会折断我

1　Cited from *The Sacred Rights of Conscience*. p. 482. (*Serious Considerations on the Election of a President: Addressed to the Citizens of the United States*, John Furman, 1800, 3-36.)

2　Cited from *The Sacred Rights of Conscience*. p. 292. (*The Works of Thomas Jefferson*, ed. P. L. Ford, G. P. Putnam's Sons, 1904-1905, 4: 74-84.)

的腿脚，而且还会折断我的脖子。如若没有上帝，就没有法律，就没有未来的结算账目。这样，政府就只是人的律令，而我们因良心缘故是无法隶属于其下的。什么笔墨也无法描绘这一原则的恐怖后果，由它招致的滔天灾难将淹没人类。[1]

最后，威廉·林指出，正如其证词不可信赖的人应当自己承受耻辱一样，那反对通过法律惩罚错误观念或无神论的杰斐逊，也应当自己承受耻辱，而不应被委以重任：

由于他不信圣经，并企图诋毁圣经，所以应拒绝他担任总统职务。任何公开的自然神论者，不论具有什么才华和天赋，都不应被一个基督教国家的选票提升到这样一种地位。其才华越伟大，天赋越广泛，在毒害人类上，其威力也就越大，影响也就越广。[2]

针对这样一些对杰斐逊信仰的批判，杰斐逊的一些支持者为杰斐逊辩解说，尽管杰斐逊宗教信仰程度不高，但仍然是一名基督徒。但威廉·林认为很难找到什么证据来证明杰斐逊是一名基督徒。威廉·林的质疑就是："他是怎样度过主日的？有谁知道他与任何基督徒宗派一起崇拜吗？在哪里？在何时？多久一次？"[3]

威廉·林的这些追问，一直到托马斯·杰斐逊担任总统并提出那著名的"分离墙"隐喻之后，才似乎有了某种答案。而杰斐逊后来那些一反往常的举动，不能不使人怀疑他是在刻意掩饰着什么。很可能，正是威廉·林的这些追问，才导致杰斐逊在后来的政治生活中对参加宗教活动表现出有些过分的"热衷"。

在托马斯·杰斐逊支持者中，与威廉·林展开捉对厮杀的，是同样来自纽约

1 Cited from *The Sacred Rights of Conscience*. p. 486.（*Serious Considerations on the Election of a President: Addressed to the Citizens of the United States*, John Furman, 1800, 3-36.）

2 Ibid.

3 Ibid.

城的政治家德威特·克林顿（Dewitt Clinton, 1769—1828 年）。后者用“格劳秀斯”这一笔名，发表了小册子，题名为《托马斯·杰斐逊的辩白：对题名为〈严肃思考〉小册子中所包含指控的驳斥》。在这份小册子里，德威特·克林顿想要完成一件几乎不可能完成的任务，想要证明杰斐逊不仅不是无神论者（atheist），而且根本也不是自然神论者（deist）；因为甚至德威特·克林顿也承认：“自然神论是对整个圣经的不相信，是某一方面的异端，是对其真实意义的误解”[1]。

由此出发，德威特·克林顿对威廉·林的所有指控，逐一进行了辩白与驳斥，并最终按照自己隶属的政治派系与利益，强行得出结论：杰斐逊是一名真正的基督徒。

在竞选战中滋生的迁就论与分离论萌芽

在联邦党与共和党的激烈总统选举战中，许多支持联邦党的圣职人员，特别是新英格兰公理会圣职人员，先后加入了进来，并在他们各自的布道坛上，批评共和党候选人托马斯·杰斐逊为一个不信仰者或无神论者；警告人们选举这样一个对宗教漠不关心者，将会削弱社会的道德基础，并危及社会的秩序与和平。

共和党人以及福音派不从国教者，为回击联邦党人的攻击，开始为杰斐逊的信仰进行辩护。他们否认杰斐逊抛弃了基督教信仰，认为杰斐逊的个人信仰仍然隶属于传统宗教范围之内。当这些共和党人逐渐发现难以为杰斐逊那些自然神论和无神论说法自圆其说时，他们开始更积极地强调宗教与政治的分离，认为个体公民对政治的平等参与权不应受到宗教或其他社会关系的影响，认为圣职人员应当专注于精神事务而不应过多卷入政治斗争，特别是不应利用教会讲坛来宣扬自己的政治主张。共和党人以及许多不从国教派信徒认为，为了保持教会与政治各自的纯洁性，应当使这两者分离开来并保持一定的距离，而不应使这两者结合在一起。因为这后一种立场，可以使人们立即联想起他们极为仇视的罗马天主教以及原宗主国英国的那些做法，亦即将宗教与政治结合在一起，并引发了诸多问题与纷争。可以说，在1800 年总统选举战中，共和党人为了回应联邦党人以及新英格兰圣职人员对他们

1　Cited from *The Sacred Rights of Conscience*. p. 494.（*A Vindication of Thomas Jefferson: Against the Charges Contained in a Pamphlet Entitled, "Serious Considerations," etc.*, David Denniston, 1800, 3-47.）

候选人的攻击，而不得不求助于政治与宗教应当保持分离的立场。这样一种立场，随着论战的深入与发展，也开始在越来越多的人，甚至包括一些圣职人员当中，产生日益增长的影响。分离观念开始作为一项政治原则加以传布。

这里显然存在着一对矛盾组合。美国不从国教者福音派，特别是隶属于新光派阵营的浸信会与长老会，在18世纪后期，居然与杰斐逊和麦迪逊这样的理性派，不可思议地结成了政治同盟军。虔敬派与理性派这一对在神学立场上相互对立的阵营，竟然能够结为政治同盟，这令许多人困惑不解。

对于这个矛盾现象，现代著名历史学家悉尼·米德在分析理性派与“虔敬派—奋兴派”（pietistic-revivalistic sectarians）在18世纪后期的联合时指出，正是对宗教自由与平等的追求，促成了两者的联合。对他们而言，宗教自由更多的是一个实际问题与法律问题而不是一个理论问题，正是宗教自由这一实际目标，促成了这两大派系的联手。[1] 虔敬派通过理性派获得了政治代言人，理性派通过虔敬派获得了群众基础。而在法律和形式层面上达成这一目标后，虔敬派在发现与理性派的种种潜在不协调性后，则迅速与后者分道扬镳，转而与传统派或正统派结合在了一起。

悉尼·米德的这种看法，在随后许多教会历史学家那里得到了呼应，譬如内森·哈奇[2] 和马克·诺尔（Mark A. Noll）。[3] 他们一致认为，在18世纪末和19世纪初，美国福音派只是为了实现宗教自由与平等的政治目标，而暂时与启蒙派或理性派结成了联盟。随着双方共同政治目标的实现，随着双方在神学信仰立场的分歧变得越来越明显，当“第二次大觉醒运动”浪潮席卷全国时，福音派就迅速与理性派分道扬镳了，转而与基督教正统派或传统派结合在了一起。

约翰·利兰为新任总统杰斐逊奉上的政治献礼

浸信会牧师约翰·利兰（John Leland，1754—1841年）从年轻时期起，就成

---

1 Cf. Sidney E. Mead, *The Lively Experiment: The Shaping of Christianity in America*. Harper & Row, Publishers, 1963, pp. 33-35.

2 Cf. Nathan O. Hatch, *The Democratization of American Christianity*. Yale University Press, 1989, Chapter 2.

3 Cf. Mark A. Noll, *One Nation Under God? Christian Faith and Political Action in America*. Harper & Row, Publishers, 1988, Chapter 5.

了一名热切的新光派。与坚持乔纳森·爱德华兹神学的巴克斯不同，约翰·利兰从未完全协调好“预定与自由意志”的神学难题。在神学上，约翰·利兰的立场与传统新英格兰浸信会的立场相比，要更为接近阿米尼乌式的加尔文主义信仰。但这并不妨碍他成为一位著名的福音派巡回布道家。根据他自己的记录，仅仅截至1824年，约翰·利兰就完成了八千次布道，施洗了一千三百多人，会见了一千余位浸信会宣教士，传教旅行距离可以围绕地球达三周之多。[1]

出生于新英格兰的约翰·利兰，在美国独立后，曾进入弗吉尼亚传教近十五年。其间，他成为弗吉尼亚浸信会领袖，并在反对官方确立教会即英国国教会，以及争取宗教平等自由的斗争中，同当地政治领袖譬如杰斐逊和麦迪逊等人合作，成为影响弗吉尼亚宗教自由进程的重要人物。1791年，他返回新英格兰，致力于推动康涅狄格与马萨诸塞废除官方确立教会的斗争。约翰·利兰在1791年撰写了一份题名为《不可剥夺的良心权利》(*The Rights of Conscience Inalienable*)的小册子。约翰·利兰的论述风格可以归为简明直接，但在运用范畴与推论上，有时显得有些随意。

约翰·利兰思想的核心立场就是坚持宗教是每个个体与上帝之间的事情，个体与上帝的直接面对是理解宗教的出发点。面对良心权利是否不可剥夺这一问题，利兰的回答是从界定良心这个范畴开始的：

> “良心”这个词，意指“公共知识”(common science)，是全能者在每个人心中建立的一座审判法庭：对其所有行为的一种 *censor morum*（行为评判者）。当获得正确理解时，良心就会作出正确评判；当能够理解时，良心就会说出真理。而在谈到这个问题时，“一个人，在加入社会契约时，会把他的良心交给那个社会，并由此接受法律控制吗？抑或，他能够出于公正，支持设定法律以约束自己孩子们的良心吗，而且是在他们出生之前？”我认为不能。[2]

---

1 Cf. Nathan O. Hatch, *The Democratization of American Christianity*. Yale University Press, 1989, p. 96.

2 Cited from *The Sacred Rights of Conscience*. p. 337.（*The Writings of John Leland*, ed. L. F. Greene, Arno Press, 1969, 179-192.）

接着，约翰·利兰开始对阻碍良心权利与宗教自由的主要目标展开剖析与抨击，这个目标就是行政当局对某一宗教或教派的官方确立。利兰把宗教确立的不当性概括为四个方面：

第一，未受默示的、易犯错误的人，以自己的观点为正统标准，并利用自己的体系，就像普罗克拉斯提斯使用铁床架子那样，来扭曲和衡量其他人的良心。

第二，这种确立不仅会使人们按照自己所接受的宗教观念的惯例，彼此情感隔离与疏远，而且还是非常不讲策略的，尤其是在新成立的国家里。

第三，这些确立会使教会蜕变为一种人造物，使宗教蜕变为一种国家原则，并自然而然地使人认为圣经宗教不过是一种国家把戏。

第四，没有哪两个王国或国家，确立了相同信条与形式的信仰，而仅有这一点，就足以证明其无能了。[1]

约翰·利兰还通过身边的实例来证明确立宗教是毫无必要和有害无益的。

罗得岛没有任何宗教确立，已经存在一百六十多年了。纽约从未有宗教确立。新泽西声称也同样如此。宾夕法尼亚从最初移民至今，也一直建立在自由基础之上。如果农业、机械技术与商业贸易在这些州没有像在其他州那样繁荣发展，那么我的判断就错了。还可以进一步指出，如今联邦所有州，除新英格兰两三个州外，都没有对宗教运用法律力量，以指导其进程，或支持其宣教者。而且，宪法禁止联邦政府制定法律以确立任何宗教。因而，假如宗教没有法律支持就无法存在，那么在我们国家，康涅狄格和马萨诸塞除外，宗教可能很快就会消亡。断言“宗教没有州的确立就无法存在”，不仅与事实相悖（正如已经证明的），而且在用语上也是自相矛盾的。宗教在能够就它制定任何法律以前，必定已经存在一段时间了；如果它能够在没有法律支

1 Cited from *The Sacred Rights of Conscience*. pp. 338-339.（*The Writings of John Leland*, ed. L. F. Greene, Arno Press, 1969, 179-192.）

持下存在近三百年，那么它就能够在没有法律支持下依然存在下去。[1]

在约翰·利兰看来，政府对宗教所能做的最好的事情，就是不加干涉，任其自由发展。确立宗教比迫害宗教更有损于基督事业。迫害宗教，就像是“一头狮子”，虽然会撕裂圣徒，却使基督教更为纯洁；而确立宗教，就像是“一头灰熊”，虽然是拥抱圣徒，却会败坏基督教。

启蒙理性派与福音虔敬派的这种短暂政治联盟，通过下列事件得到了集中体现。1802年元旦，约翰·利兰等人专程从马萨诸塞赶到首都，为新任总统托马斯·杰斐逊送来了一个重达1235磅的巨制乳酪。这个安置在一个巨大苹果汁榨取器内的巨大乳酪，据说是由九百头“共和党”奶牛在一天内所产的牛奶制成的，上面还写有这样一条流行警句：“反抗暴君就是顺从上帝”[2]。约翰·利兰及其随从声称，要把美国最伟大的乳酪献给美国最伟大的人物。这个轰动一时的政治献礼所包含的宗教与政治意味是十分明确的。制作并奉献这个巨型乳酪的切希尔人（Cheshire），属于马萨诸塞西部一个小型农业社团。他们在宗教上主要属于浸信会，在政治上主要属于共和党。相对于主导整个马萨诸塞的“公理会—联邦党”当局，这个小社团在宗教和政治上都处于少数派地位。这个献礼的目的就是要庆祝他们支持的杰斐逊当选了美国总统，并表彰杰斐逊为争取宗教自由所作的贡献。它体现了新英格兰不从国教派信徒，对新任总统的认同与支持。

这一天，对于托马斯·杰斐逊来说，是繁忙而有意义的一天。杰斐逊在接受约翰·利兰及其切希尔浸信会乳酪献礼的当天，还给位于康涅狄格河谷地区的丹伯里浸信会送去了一封重要书信。位于马萨诸塞的切希尔浸信会与位于康涅狄格的丹伯里浸信会面临着类似的宗教与政治处境，经受着类似的社会政治命运。杰斐逊在同一天与这两个福音派教会的联系及其传递的信息，使得人们有理由打消疑虑，而将这位新总统看作信仰的朋友而非敌人。这也正是这位新任总统的深层意趣所在，也许还不止于此。

---

1 Cited from *The Sacred Rights of Conscience*. p. 338.（*The Writings of John Leland*, ed. L. F. Greene, Arno Press, 1969, 179-192.）

2 Cf. Nathan O. Hatch, *The Democratization of American Christianity*. Yale University Press, 1989, p. 96.

两天后，亦即1802年1月3日，约翰·利兰接受杰斐逊总统的邀请，在众议院会议厅，面对包括新任总统在内的国会成员作了公开布道。杰斐逊以朋友身份参加了这次布道。此后，他也经常参加此类宗教活动。“象征大师”杰斐逊认为，这些公开的宗教活动，就可以为自己抵挡和洗脱政敌对他不信仰的指控，对他拒绝遵循先例宣布全国禁食与祈祷日的批评，以及对他旨在消灭宗教的怀疑。作为一位象征政治的高手，托马斯·杰斐逊在接下来的七年总统任期内，经常前往教堂参加公开崇拜活动，以期向人们传递自己是宗教朋友而非敌人的政治讯息。[1]

第二节　托马斯·杰斐逊建立的政教“分离墙”

“分离墙”隐喻的前驱概念

1784年7月，托马斯·杰斐逊起程前往法国，以接替本杰明·富兰克林担任美国驻法国代表或大使，并一直到1789年11月才返回美国。这就意味着，杰斐逊既没有机会参与《1787年宪法》的制定，也没有机会参与1789年《权利法案》的制定。而在18世纪后期，鉴于当时的交通与通信手段，浩瀚的大西洋所分隔开来的几乎是两个隔绝的世界。而且，从1787年到1789年，托马斯·杰斐逊与美国国内的通信也十分有限。有学者通过研究发现，在制定宪法和修正案的关键时期，托马斯·杰斐逊与詹姆斯·麦迪逊两人的通信，几乎没有涉及“宗教条款”，更完全未曾提及“确立条款”。[2]

但事情随后的发展却令人匪夷所思。杰斐逊的有关言论，特别是其致丹伯里浸信会联合会的书信，不仅被许多人看作对宪法原旨的唯一真实解读，而且还在一些领域取代了宪法文本的原初表述，一举据有了宪法自身的权威与地位。这不能不说是一种严重的混乱和莫名的反讽。而造成这一局面的一个核心概念就是托马斯·杰斐逊在那封书信里提出的政教关系“分离墙”。这个既具启发性又具误导性的隐喻，后来成为严格分离论的思维起点和醒目标志。

---

1 Cf. Philip Hamburger, *Separation of Church and State*. Harvard University Press, 2002, p. 162.

2 Cf. Barry Adamson, *Freedom of Religion, the First Amendment, and the Supreme Court: How the Court Flunked History*. Pelican Publishing Company, Inc., 2008, pp. 175-176.

甚至在北美，杰斐逊也不是最早使用“分离墙”这一比喻说法的。虔敬主义者罗杰·威廉斯想要在“教会花园”与“世界荒野”之间建立起一道“分离墙”。自然神论者托马斯·杰斐逊则想要在“教会”与“国家”之间建立起一道“分离墙”。其实，在威廉斯与杰斐逊两人之间，并没有直接思想与观念传承关系，他们表面看起来相似的主张，在追求目标与意趣上其实大不相同。

在西方宗教与哲学传统里，一直都存在着诸如身体与心灵、物质与精神、世俗与神圣一类的二分法，并一直存在着某种尝试或企图，以把这两个不同的领域联系或区分开来。在基督教历史发展中，或者出于保护与自治目的，或者出于限制与孤立目的，一直都存在试图将教会与政府或者教会权威与民事权威区分开来的尝试。近年来的相关学术研究，基本上都在试图为杰斐逊的“分离墙”说法寻找一些理论先驱和思想渊源，并大体上确定了三位先驱思想家的学说曾对杰斐逊这一说法产生过直接或间接影响。这三位先驱分别是理查德·胡克、罗杰·威廉斯和詹姆斯·伯格。

用“分离墙”这种象征性隐喻来阐释政教关系，流行的看法一般认为肇始于托马斯·杰斐逊。而学术研究表明，类似说法在西方由来已久，并至少可以追溯到宗教改革时期。英国国教会神学家理查德·胡克（Richard Hooker，1554—1600年）在16世纪末所著的《论教会政体的规章》中，曾谴责过那种想要在教会与民事共同体这两个独立联合体之间建立一道分离墙的主张，因为这阻碍了基督教国王对这两个联合体行使领导权，也阻碍了国教会主教们对民事共同体发挥其应有的影响力。对此，有学者总结道：

> 胡克将“分离墙”看作一种不幸的障碍，认为它阻碍了基督教君王保护和提供精神财产。更一般地，胡克对教会与政治共同体之间的分离感到痛惜，并担心这将导致一种弱化的宗教经验和一种非宗教性的政治文化。与清教不从国教者不同，胡克赞成“公共领域的基督教化以及基督教的公共化”。[1]

1 Daniel L. Dreisbach, *Thomas Jefferson and the Wall of Separation between Church and State*. New York University Press, 2002, p. 76.

所以，在理查德·胡克笔下，“政”与“教”之间的“分离墙”是一种嘲讽和谴责的对象，而绝非什么值得追求的理想。

新英格兰早期殖民地领袖罗杰·威廉斯，则以与理查德·胡克相反的态度使用了“分离墙”这一比喻说法。他于1644年在伦敦出版的题名为《对科顿先生新近出版信札所做的检查与回答》的小册子里，就提到了这个著名隐喻。与杰斐逊主张的政治“分离墙”不同，威廉斯阐述的是一种神学“分离墙”，是一种“分离派”清教神学的政教关系立场：为免遭这腐败世界的侵袭与吞没，在教会与尘世之间保持一种分离或分隔，是圣徒及其组成的真教会恪守上帝之道并获得上帝救赎的一种必要手段。他主张在“教会花园”与“世界荒野”之间建立一道“分离墙”，以免前者受到后者的污染与败坏。如果可以把罗杰·威廉斯也看作政教分离的先驱，那么就应当在他不断追求宗教纯洁性的框架里，来理解他的宗教自由看法。“因而，对威廉斯来说，不论他所设想的是什么样的政教分离，都只不过是花园与尘世荒野这一更广泛分离的一部分。”[1]

近来有学者指出，18世纪苏格兰不信奉国教者詹姆斯·伯格（James Burgh，1714—1775年）的著述，曾对美国革命时期的政治与伦理思想产生过重要影响，并深受托马斯·杰斐逊等人的推重与景仰。有可能正是伯格在1767年《克里托，或杂文集》（*Crito, or Essays on Various Subjects*）中的有关表述，亦即，为防止教会腐败，应当“在神圣事物与民事事物之间建立一道不可逾越的分离墙”[2]，对杰斐逊致丹伯里浸信会书信中的类似表述构成了直接影响：

> 鉴于杰斐逊对伯格著作的热衷，他对“第一修正案”的解读很有可能受到了伯格这一主张的影响，亦即要“建立一道不可逾越的分离墙”。[3]

需要指出的是，詹姆斯·伯格后来与极端自然神论者约瑟夫·普里斯特利，

---

1 Philip Hamburger, *Separation of Church and State*. Harvard University Press, 2002, pp. 51-52.

2 Cited from *The Sacred Rights of Conscience*. p. 525.（*Crito, or, Essays on Various Subjects, vol. 2 and Last*, Dodsley et al, 1767, 115-121.）

3 Daniel L. Dreisbach, *Thomas Jefferson and the Wall of Separation between Church and State*. New York University Press, 2002, p. 81.

一道成为一位论派。他们两人均受到了托马斯·杰斐逊本人的仰慕与推重。

《托马斯·杰斐逊致丹伯里浸信会联合会的书信》中提出的“分离墙”说法

不论“分离墙”这个隐喻在其前驱那里意味着什么，用这个隐喻来诠释宪法并使其成为一种权威性流行表述的，毫无疑问，肇始于托马斯·杰斐逊致丹伯里浸信会联合会的书信。丹伯里浸信会联合会（Danbury Baptist Association）创立于1790年，是位于康涅狄格河谷地区的二十多个浸信会教会的联盟组织，拥有信徒数千人。在已经将公理会确立为特权教会的康涅狄格州，浸信会自认为是遭受不平等待遇的宗教少数派，尽管他们在那里已经享受到了较大程度的宗教宽容与自由。

1801年10月7日，按照当时的礼节惯例，遵循当时其他许多教派的类似做法，丹伯里浸信会联合会致函托马斯·杰斐逊，祝贺他新近当选为合众国最高行政长官，并称赞他长期恪守宗教自由原则。由于种种原因，杰斐逊一直到1801年12月30日才收到这封信函。这封贺信全文如下：

先生：

在美洲与欧洲为您当选而欢呼的数以百万计人中，就集体能力而言，自您就职以来，我们在第一时间，对您被任命为合众国首席行政长官，深表满意。尽管我们的表述方式也许不如其他许多人把言辞修饰得那么典雅堂皇，但我们恳请先生您相信，没人比我们更真诚了。

我们的观点一致属于宗教自由一方：宗教在一切时间和一切地点，都是上帝与个人之间的事情；任何人都不应因宗教观念，而在名誉、人格或财产上承受损失；民事政府的合法权力，应限于惩罚对邻人有不当作为的人。但是，先生，我们政府的宪法并不明确具体。我们古老的特许状，连同与其同时制定的法律，在我们革命时期，被采纳为我们政府的基础。而这一直都是我们的法律与惯例，至今依然。宗教被看作立法的首要目标。因而我们所享有的宗教特权（作为本州少数派）只是给予的恩惠，而非不可剥夺的权利。这些恩惠，我们是以如此可耻的退让为代价而获得的，以至于那些退让与自由人的权利是不一致的。所以，对此不应感到诧异：那些以政府与宗教为托词而追求权力与利益的人，会责备他们的同胞，会责备他们的首席行政长官为宗教、法律及良好秩序的敌人，因为后者不愿，也不敢，僭取耶和华的特权，并制定法律以掌控基督的王国。

先生，我们知道合众国总统不是国家立法者，亦知道国家政府不能破坏各州法律，但我们强烈希望，我们敬爱的总统的观点——它们已经产生了如此和煦的功效——就像太阳的光芒，照亮这些州以及全世界，直至在地球上消灭教会等级制和暴虐专制。先生，回顾您往昔的奉献，可以看到三十余年的历程，散发着仁爱与良善的光芒。我们有理由相信，美利坚的上帝提升您来担任国家总统，是出于他给予数百万人——由您所主导的——的那种良好意愿。愿上帝使您坚强，以承担神圣佑护与人民心声召唤您承担的艰苦工作；愿上帝扶持您的治理，以抗拒那些人注定的反对之举——那些人希望在人民贫困与屈从基础上来牟取自己的富有与显赫。

愿主保佑您免遭一切邪恶，并通过我们荣耀中保耶稣基督，最终将您带至他的天堂王国。[1]

丹伯里浸信会对于官方确立公理会深感不满，希望能够在杰斐逊倡导下，获得宗教平等待遇。引人瞩目的是，丹伯里浸信会这封书信并没有求助于宪法的“宗教条款”，而且也坦陈宪法“宗教条款”规定不适用于各个州，譬如康涅狄格。

1801 年底和 1802 年初，在浸信会牧师约翰·利兰的巨制祝贺乳酪轰动全国之际，丹伯里浸信会这个新英格兰不从国教派的致贺来函，为新总统杰斐逊提供了一个可遇不可求的绝佳机会，以向选民大众表明自己与福音派共同的宗教自由立场，以证明政敌无端地将自己指责为不信仰者与无神论者。不仅如此，杰斐逊看来还希望利用这个机会，提出自己的政治声明以及对政教关系的理解，以“在人民当中播种有益真理与原则”，“而那些真理与原则，则有可能在他们政治信条中生根发芽”。很明显，杰斐逊希望能够通过自己的回信，来影响美国公众在这个重大问题上的看法。

1 Cited from *The Sacred Rights of Conscience*. p. 526.（Transcribed from Library of Congress originals.）

在20世纪末以前，那些不认同杰斐逊式政教分离立场的学者，大都把杰斐逊这封信函看作一种随意性急就之作。言外之意，这封书信包含的内容并不一定属于杰斐逊的成熟定见，因而也不值得予以格外关注，并被奉为理解宪法的圭臬。但最新研究发现，事实正好相反，这封重要信函正是杰斐逊的处心积虑、大有深意之作。[1] 在20世纪末，美国联邦调查局（FBI）在科学实验室里，利用当代最先进的刑侦和数码技术，恢复了这封手书信函被墨水涂抹掉的原初内容。比对这封信函修改前后的内容，我们可以发现，杰斐逊这封信函绝不像有些人原先认为的那样，是一封出于往来礼节而作的急就便笺。相反，这封信函是一篇处心积虑的精心之作；同时还发现，在“分离墙”这句话后面，杰斐逊删掉的那段话，就是解释自己为何不遵循先例宣布禁食与感恩日公告。

这封回函的来龙去脉实际是这样的。为稳妥起见，杰斐逊特地向他的两名来自新英格兰地区的内阁成员征询了意见。这两人分别是来自康涅狄格的邮政部部长吉迪恩·格兰杰（Gideon Granger，1767—1822年）和来自马萨诸塞的司法部部长莱维·林肯（Levi Lincoln，1749—1820年）。在这个事关重大的答复中，杰斐逊竟然没有试图寻求詹姆斯·麦迪逊的建议，这令许多研究者都深感诧异。

1802年1月1日的《托马斯·杰斐逊致司法部部长莱维·林肯的书信》其实只是一封便笺。在这份便笺里，杰斐逊透露了自己写信回复丹伯里浸信会联合会的政治动机与目标。

> 虽然我不喜接收来信，却无法阻止它们；通常我都这样尽量利用它们，亦即使回信成为在人民当中播种有益真理与原则的机会，而那些真理与原则，则有可能在他们政治信条中生根发芽。现附上的浸信会来信，容许谴责处在宪法权威下的教会与国家之间的联合。它还构成了一个我长期希望获得的机会，以说明我为什么没有像前任那样宣布禁食与感恩日。这封来信无疑没有指向这一点，它的引介也显得笨拙不便。但是我估计，没有更加妥帖的机会了。我知道，它将大大冒犯新英格兰圣职人员；但宗教自由的拥护者既不指望他们的和

1　Cf. Leonard W. Levy, *The Establishment Clause: Religion and the First Amendment*. 2nd ed., The University of North Carolina Press, 1994, p. 247.

> 平，也不指望他们的宽恕。可否请你检查这封回信并提出修改建议，以便在人民中防止恶劣影响，或促进良好影响？你懂得北方那些人的脾性，所以能软化它以适应他们的胃口；而目前它还只适合南方人的口味。烦请在今日白天或晚间，将它与那封来信一同退回。健康并关怀。[1]

显然，杰斐逊在执政之初急于就宗教问题表明自己的看法，是迫于当时的政治形势。在1800年总统竞选中，他一直被竞选对手攻击为不信仰者。在他当选后，是否像乔治·华盛顿和约翰·亚当斯两位前任那样宣告全国禁食与祈祷日，似乎就成为他是否敌视宗教的试金石。有鉴于此，杰斐逊一直在寻找一个合适机会，以向政敌以及全国人民解释他在这个问题上的特有立场。

在审读了总统的草稿和浸信会来信后，莱维·林肯当天就回复了自己的评论。他指出，在新英格兰各州，一直都存在着由行政长官发布禁食与感恩日的习惯。这一传统是由他们先辈流传下来的，并受到了各州共和党人的尊重。同时，莱维·林肯还向总统表示，他认为总统在草拟的回信里，已经表达了想要传递的宗教观点，并希望它不要被误解为想要对各州的做法加以审查。最后，莱维·林肯还提出了一点修改建议，以期能更具体明确地论及宗教事务。

同一天，从邮政部部长吉迪恩·格兰杰那里返回来的意见是，总统的这封回信几近完美，已无法再作任何改动了。同时，吉迪恩·格兰杰还向总统确认了这封回信即将引发的效果：

> 这封回信无疑将大大冒犯新英格兰的官方确立圣职人员，同时将会使所谓的不信奉国教者感到高兴。[2]

在很快就收到两位同僚的意见后，托马斯·杰斐逊在1802年1月1日晚些时候，完成了答复信函的终稿。《托马斯·杰斐逊致丹伯里浸信会联合会的书信》全文如下：

---

1 Cited from *The Sacred Rights of Conscience*. p. 527.（Transcribed from Library of Congress originals.）

2 Cited from *The Sacred Rights of Conscience*. p. 528.（Transcribed from Library of Congress originals.）

先生们：

承蒙你们代表丹伯里浸信会联合会向我表达尊重与赞许的深情观点，这令我感到不胜荣幸。我的职责要求忠实而热切地追求选民的利益；随着选民越来越相信我会忠诚于那些职责，履行它们也正变得越来越令人欣慰。

我与你们一样相信：宗教是仅仅属于人与上帝之间的事情；人为其信仰或崇拜无须对其他任何人负责；政府的合法[1]权力仅仅涉及行为而非观念。我还以至上崇敬，沉思了全美国人民的那一法令，亦即宣布他们的立法机构“不得制定法律以确立某种宗教，或禁止其自由活动”，由此就在教会与国家之间建立了一道分离墙。在为良心权利而恪守国家最高意志的这一表述时，我将深感满意地看到那些观点的推进——将会恢复人的所有自然权利，并确信人没有任何自然权利是与其社会义务相对立的。

我将你们衷心祈祷我们天父与造物主的保佑与祝福回赠给你们，并向你们以及你们的宗教联合会致以崇高的敬意。[2]

“分离墙”隐喻阐明的“杰斐逊式做法”

在致丹伯里浸信会联合会的这封书信里，托马斯·杰斐逊从宪法立场，阐述了自己坚持政教分离原则的合法性，声称宪法规定所要求的就是一种严格的政教分离立场，就是一种用“分离墙”分离开来的两个互不相干的领域。就这样，杰斐逊将自己的严格政教分离原则建立在了自己解释的宪法权威基础上。按照这种严格分离立场，政府民事领域与宗教领域应当被区分为两个互不相干的不同领域。既然政府权威隶属于一个与宗教无关的领域，那么作为联邦政府行政长官的他，也就无权遵循先例宣布全国性祈祷与感恩日，无权以政府公职身份就宗教事宜作出任何推荐或规定。这一点，正是杰斐逊急于向世人剖白的东西。

顺应这一思路，1805 年 3 月 4 日，托马斯·杰斐逊在第二次总统就职演说中

---

1 19 世纪中期编辑的九卷本《托马斯·杰斐逊文集》（Washington, D. C.: Taylor and Maury, 1853-1854），以及 20 世纪绝大多数相关出版物，都将原文使用的“legitimate”（合法的）误写为“legislative”（立法的），并进而以讹传讹地影响了中文译本的理解。

2 Cited from *The Sacred Rights of Conscience*. p. 528.（Transcribed from Library of Congress originals.）

指出，宪法没有授权首席行政长官宣布全国禁食与祈祷日这类宗教宣告的权力，而是将这一权力保留给了各州和各宗教团体：

> 在宗教问题上，我一直认为，宪法规定的宗教自由活动是独立于总体[亦即，联邦]政府权力的。因而，我从未在任何时候规定与之相宜的宗教活动；而是如宪法所规定的，将它们留给了州或教会权威的指导与约束。[1]

针对有关他是一个不信仰者这一批评，在这篇演说的末尾，这位再次当选的总统不仅恳求人民的支持，而且还有意把目光投向了上帝的帮助：

> 我还需要我们处在其掌管下那位存在的恩惠。他曾引领我们的先辈，就像古代以色列人那样，离开了故土，并把他们安置在一个拥有一切生活必需品与舒适品的国度；他曾以其神佑庇护了我们的幼年，并在我们更成熟时赋予了智慧与能力；我请求你们与我一道祈求他的良善，祈求他启明你们仆人的心智，指引他们会商，并使他们的举措行之有效。[2]

遵循在第二次就职演说中表明的立场，1808 年 1 月 23 日，在《托马斯·杰斐逊致塞缪尔·米勒牧师的书信》里，杰斐逊利用这封私人书信，更加详尽地阐述了自己对宪法“第一修正案”和“第十修正案”的理解。按照杰斐逊的理解，这些宪法规定就好似一道“分离墙”一样，禁止联邦政府首席行政长官在公共领域就宗教问题作出任何举措。

> 我认为，宪法禁止合众国政府干涉宗教体制，以及宗教教义、纪律或活动。这不仅源自这一规定，即不得制定法律以涉及宗教的确立或自由活动[第一修正案]，而且还源自这一规定，即未授予合众国的权力为各州所保留

---

1 Cited from *The Sacred Rights of Conscience*. p. 530.（*The Writings of Thomas Jefferson*, eds. A. A. Lipscomb et al, Thomas Jefferson Memorial Association, 1904, 3: 378, 383.）

2 Ibid.

[第十修正案]。毫无疑问，并没有向总体 [亦即，联邦] 政府作任何授权，以规定宗教活动，或者在宗教纪律上拥有权威。所以说，人类权威所能涉及的，必定为各州所拥有。[1]

接着，杰斐逊在这封书信里还指出，以民事权威干预宗教事务，对宗教本身也是不利的。

我认为，请求民事行政当局来指导宗教活动、纪律或教义，并不是为了宗教的利益。授权总体政府以在宗教团体之间达致时间或事务的一致性，也不是为了宗教团体的利益。禁食与祈祷属于宗教活动，要求实施它们是一种约束行为。每个宗教团体都有权利按照自己特有的信条为自己决定举行这些活动的时间，以及与其相宜的目标。这种权利没有比掌握在自己手里更加安全的了，而这也正是宪法将其安置的所在。[2]

最后，杰斐逊回应了一种更为尖锐的指责，亦即为何他没有采纳或沿袭两位前任总统的惯例。面对这一多少令人有些尴尬的问题，此时杰斐逊的态度是坦然的。

我知道有人也许会援引我前任的做法。但我一直都相信，国家行政长官的先例会导致总体政府未经适当审查即拥有那种权威。而经适当审查人们就会发现，在一个州政府里可能属于一种权利的东西，当被另一个州采纳时可能就是对那种权利的侵犯。即便那样，每个人都应按照自己的理性指令而行动，而我的理性告诉我，合众国总统只是被授予了民事权力，而没有权力指导其选民的宗教活动。[3]

1　Cited from *The Sacred Rights of Conscience*. p. 531.（*The Writings of Thomas Jefferson*, eds. A. A. Lipscomb et al, Thomas Jefferson Memorial Association, 1904, 11: 428-430.）

2　Ibid.

3　Ibid.

对政教“分离墙”隐喻及原则的反思与批判

“分离墙”这个简单而笼统的隐喻，包含着多种可能的政教分离模式，隐藏着多种可能的解释路径与方向。杰斐逊在那封书信里，引用了“第一修正案”的相关条文，并对其作出了自己的解释：“我还以至上崇敬，沉思了全美国人民的那一法令，亦即宣布他们的立法机构‘不得制定法律以确立某种宗教，或禁止其自由活动’，由此就在教会与国家之间建立了一道分离墙。”在一些人那里，杰斐逊这个简洁“墙喻”，不仅构成了对宪法“第一修正案”宗教规定的精髓概括，甚至还取代了宪法原文，并一跃具有了与宪法文本等而为一的身份。由此，一些人开始不当地用“政教分离”这句话来概括美国宪法的“宗教条款”，不当地认为宪法“宗教条款”规定，特别是“确立条款”规定，就是简单明了的需要用一道“墙”加以分隔的“政教分离”原则。鉴于这个问题的重要性，有必要从以下七个方面，对杰斐逊这个著名隐喻及其推导出的原则，作出思考和批判。

第一，杰斐逊使用的这些概念，不但没有包含在宪法规定里，而且也无法断定其精准含义，甚至还存在着偷换概念的嫌疑，虽然杰斐逊在这封信函里，声称自己的论断是对“第一修正案”“宗教条款”的解释，并以此提出了自己极具反圣职人员色彩的政教关系理解。事实上，杰斐逊在信函里提到的“在教会与国家之间建立了一道分离墙”这句话，是无法深究其具体含义的，因为这里存在着许多含混之处。譬如，对他所使用的“教会与国家”这些术语，我们就无法明确其具体指涉，因为宪法“第一修正案”从未使用“国家”（state）这个术语，而且“第一修正案”所限制的主体仅仅是“国会”，而非各个州亦即“state”。同样地，宪法也没有使用“教会”这个术语，而是使用了“宗教”一词。这就是说，杰斐逊所使用的“教会与国家”这些术语，并非宪法用语，而且我们也无法断定其具体含义。更有甚者，我们不但无法确定杰斐逊所谓的“政”与“教”，而且也不清楚这道“分离墙”所能达到的密度与高度。无论如何，制定“第一修正案”的国会，并没有想要作出那种严格分离与隔绝，而只是想要禁止作出偏袒与优待。仅就文本表述而言，当代研究学者菲利普·汉堡（Philip Hamburger）曾总结道：

宪法表述与杰斐逊表述之间的差异是显著的，因为杰斐逊的表述意味着

> 更多的东西。当然，"政教分离"这种表述具有多重含义。在最低限度上，它暗示着在"政"与"教"之间的一种区分或区别。在更实质意义上，它通常意味着免于通过法律来制定、支持或确立宗教。然而，"政教分离"这种表述，还可以指向更加激烈的事情——"政"与"教"之间的一种疏远、隔离或断绝关联。它不仅仅禁止制定民事法律以确立某种宗教，而且还更积极地想要禁止宗教与民事机构之间的联系。因而，"政教分离"这种表述，就成了与"不确立宗教"明显不同的观念。[1]

其实，政教分离这三重具有递进性质的含义，也是同北美社会文化的历史发展大体一致的。早期北美殖民地时期，政教分离通常意味着上述第一重含义，仅仅是对两个不同领域的区分。革命与开国时期，政教分离一般意味着第二重含义，仅仅限于对政府公权力在宗教问题上的某种限制。而在更晚近的激进发展中，政教分离这一概念逐渐呈现出第三重含义，开始谋求更宽泛和更彻底的分离。而这第三重含义的激进政教分离概念，其肇始者就是自然神论者托马斯·杰斐逊。正是这封书信，使得托马斯·杰斐逊成为美国这一流行观念的奠基者，亦即赋予了政教分离原则以宪法原则的重要地位。

第二，与宪法"第一修正案"的规定相比，政教分离原则不仅对政府施加了更多、更广的限制，譬如政府没有明确考虑到宗教的宗教行为，以及政府立法机构的非立法行为，而且还将这种限制从限制政府扩展到限制政府与宗教，譬如限制了宗教信仰者应当同其他公民同样享有的政治权利，更有甚者，政教分离原则完全限制了"政"与"教"之间的任何联系或接触，将两者完全隔离开来了。坚持这样的原则，遵循这样的思路，原本旨在保护宗教自由的宪法"第一修正案"，却变成了大大降低或阻碍宗教自由的规定。事情由此就具有了典型的反讽性质。将宪法"不确立宗教条款"理解为"政教分离"，意味着偏离宪法原旨的一种重要转向。当代著名宪法研究学者丹尼尔·德赖斯巴赫（Daniel L. Dreisbach），曾就这个隐喻与宪法"第一修正案"之间的关系指出：

1　Philip Hamburger, *Separation of Church and State*. Harvard University Press, 2002, pp. 2-3.

> 在一些重要方面，“修正案”是不同于杰斐逊这个奇妙表述的。前者禁止制定法律“以确立某种宗教”（也许，不包括保护宗教活动的法律），因而限制的是民事政府；而后者，更广义地，分离了“教”与“政”，因而限制的是教会与民事政府这两者的行为，以及这两者之间的交互行为。“第一修正案”的简明条文，仅仅对国会施加了明确限制。而一道墙，相比之下，则是一种双向障碍，是一种明确分界的建构；它禁止从一侧到另一侧的交通运动。严格地讲，分离原则禁止宗教与政治的任何混合，拒绝对体制宗教提供任何政府背书与援助，所促进的是一种严格自愿性的，以及在实质上属于私人的、个体的与非政治性的宗教。它禁止政治入侵宗教与良心权利，也同样禁止宗教入侵公共生活与政治。[1]

《托马斯·杰斐逊致丹伯里浸信会联合会的书信》里提到的“分离墙”，当然是在宪法“第一修正案”背景里言说的。杰斐逊的“墙喻”，是对宪法“第一修正案”“宗教条款”的一种解说。既然“第一修正案”所限制的只是联邦政府权威，所以杰斐逊提到的“分离墙”，必然也只能是对联邦政府行为作出的限制。而且，从语法逻辑上分析，这个“分离墙”所阻止的，只是“政”对“教”在“观念领域”而非“行为领域”的干预，只是政府干预纯宗教事务，而不是政府干预宗教那些可能会破坏和平与公共秩序的行为。不仅如此，这里所使用的“教”，并非一般性的宗教，而是一种体制性的宗教，并且这种宗教体制还是与官方确立身份紧密关联的。

虽然杰斐逊在这封书信中的观点，并没有像后来严格分离论走得那么极端，譬如，杰斐逊并没有坚持一种普遍意义的政教分离，没有坚持在联邦、州和地方所有层次上采取这种分离，没有坚持在一般意义上而仅仅是在体制性意义上来谈论宗教；但是，杰斐逊的观点仍然包含着比“第一修正案”更大程度的限制。杰斐逊的概括，不仅用“政教之间的分离”这一更大程度的限定，取代了宪法的“非确立宗教”规定，而且还将这种限制由仅限于“国会”一方转换成

---

1 Daniel L. Dreisbach, *Thomas Jefferson and the Wall of Separation between Church and State*. New York University Press, 2002, p. 2.

了“政”与“教”这双方；更严重的是，还用“政教分离”概念概括并取代了宪法的“非确立宗教”与“自由活动”规定，并将禁止确立某种宗教扩展为禁止确立公共感恩与祈祷日等一切宗教活动。这里就存在着明显的概念转换与扩大化倾向。

第三，“分离墙”隐喻及其派生的分离原则，存在着模糊甚或混淆“联邦权”与“州权”的可能。按照杰斐逊这封书信用“分离墙”隐喻对“第一修正案”所作的注解，在联邦体制下，联邦或全国性政府对宗教事务并没有管辖权，而各州政府则被授权按照各州宪法自行处理宗教事务。根据联邦制，联邦政府只是拥有被委托或授予的权力，凡是没有明确委托或授予给联邦政府的权力，仍为各州所保留。而有关宗教事务的肯定性权力，并没有明确被授予给联邦政府。相反，宪法在这一方面，对联邦政府特别是联邦国会作出了明确限制，亦即体现在“第一修正案”里的相关规定。所以，宪法也表明了，各个州可以自由行使其权力，以处理或安排各自的宗教事宜和政教关系。换言之，决定政教关系的权力，仍被保留在各州的主权管辖之下。所以说，“第一修正案”限制的主体仅仅是联邦政府，而不是州或地方政府，更不是宗教机构和体制。

“第一修正案”作为一项最重要的《权利法案》，所保护的不仅是个人的权利，而且还有各州的权利。在制宪时期，后者甚至比前者具有更突出的地位。由《权利法案》所体现的这种保护各州权利的联邦制，其意义丝毫不亚于对个人权利的尊重与保护。“第一修正案”不仅向个人保证了联邦政府不得确立某种宗教，而且还向各州保证了它们自由处理宗教事务的管辖权。

> 包括“第一修正案”的联邦《权利法案》，具有双重目的：向全体公民保证，联邦政府不会侵犯个人的民事与宗教自由；向各州保证，联邦政府不会侵占各州对民事与宗教自由的管辖权。《权利法案》体现了一种联邦制原则；它本质上属于一种州权文件……宗教是保留在个人、宗教团体与州政府管辖权下的主题，而联邦政府在宗教问题上不具有任何权威。[1]

---

1 Daniel L. Dreisbach, *Thomas Jefferson and the Wall of Separation between Church and State*. New York University Press, 2002, pp. 61-62.

关乎宗教事务上，是州政府而非联邦政府享有管辖权。这个制宪时期的观点，在某种意义上，也构成了杰斐逊政治哲学的核心。为此，他不惜游离于传统做法与主流见解之外，而严格坚持在联邦层面上的民事权威无权参与或干涉宗教事宜。

然而，政教“分离墙”这个暧昧隐喻，却为模糊这一宪法规定提供了契机与可能。联邦最高法院在后来通过吸收合并原则，将联邦宪法相关规定扩展至州和地方政府时，就利用“分离墙”这种说法，为自己提供了某种“正当性”支持。

第四，“分离墙”以形象化和简单化形式，进一步具体化和僵化了政教之间的这种严格分离。它使人们产生了这样一种非此即彼的认识：要么是政教分离，要么是政教合一，好像除此之外就没有其他选项似的。事实上，在政教之间存在着多种多样的关联，而那些关联并不必然形成官方确立宗教，遑论二者的完全合一了。“分离墙”这个过于简单的隐喻，遮掩了其他可能的选择和途径。

> “教”不同于“政”，但并非完全与“政”分离。它们两者之间的全面分离是不可理喻的，除非“教”或“政”被完全抛弃。所以，“分离”特别是“分离墙”这一僵化刻板形象，所要求的是一种在这个世界里不可能的纯粹性。[1]

甚至连一些分离派，也开始反思“分离墙”这一僵硬比喻所带来的不利影响，并发现，“力图确保分离墙坚不可摧，是徒劳无益和适得其反的……如果滴水不漏，那么这道墙所承受的压力就足以摧毁它”[2]。

还有人提议，在这道“分离墙”上应当保留一个“门”，以便使这个隐喻适应现代社会的结构与需要。[3]还有学者坦率表明：“‘分离墙’这个隐喻，代表了法

1 Philip Hamburger, *Separation of Church and State*. Harvard University Press, 2002, p. 489.

2 Leonard W. Levy, *The Establishment Clause: Religion and the First Amendment*. 2nd ed., The University of North Carolina Press, 1994, p. 240.

3 Cf. Stephen L. Carter, *The Culture of Disbelief: How American Law and Politics Trivialize Religious Devotion*. BasicBooks, 1993, p. 109.

国想要控制宗教权力的定向，而不是美国想要控制政府权力的定向。”[1]

而且，通过“分离墙”这个隐喻所施行的僵化政教分离原则，还以一种间接的隐蔽方式，赋予了政府一些原本不应当赋有的权力。具体地，政府自觉或不自觉地行使了这样一些权力：为“政”与“教”划定界线，以便将两者完全分离开来，并将两者分别限制在相互隔绝的领域里；建立起并维护着这道“分离墙”；政府承担起对公共生活中宗教表达与表现的审查工作，并负责消除政府领域内乃至公共领域内的一切既有宗教因素与影响。这些特征最突出地体现在联邦最高法院的所谓“莱蒙法则”中。这种理解与原则，如果不是直接也是间接地促进了“世俗人本主义”这一反宗教的观念与价值取向。所以有研究指出：

> 所谓“政教分离”，正如杰斐逊有些误导性指出的，对于遏制教会的僭妄是必要的。但更重要的，也是更切合宪法原旨的，它对于遏制国家的僭妄更是必要的。需要一再强调的是，“非确立”条款是服务于“自由活动”条款的。“非确立”条款的首要动因，不是阻止教会接管国家，而是阻止国家接管教会。[2]

第五，不论历史上还是现实中，反对确立宗教的人，并不一定就是坚持政教分离立场的人。事实上，到19世纪以前，那些在不同处境里的所谓“非确立教会”信徒，不论是英国圣公会信徒还是公理会信徒，不论是浸信会信徒还是长老会信徒，他们在各自的处境里，都曾反对过那些确立宗教所享有的特权与优待，但他们不会转而拥抱一种敌视或仇恨教会与圣职人员的立场，不会去采纳一种可能会对宗教产生不利影响的所谓政教分离原则。原因很简单。那些宗教异议者，那些不从国教派，其实也都是宗教信徒，事实上还是更为虔敬和热切的宗教信仰者。设定他们会站在非宗教或反宗教立场上，以一种严格政教分离原则来限制宗教是不可思议的。

1　Thomas J. Curry, *Farewell to Christendom: The Future of Church and State in America*. Oxford University Press, 2001, p. 50.

2　Richard John Neuhaus, *The Naked Public Square: Religion and Democracy in America*. 2nd ed., William B. Eerdmans Publishing Company, 1984, p. 116.

正如菲利普·汉堡教授指出的，在19世纪以前，政教分离与其说是一种权利诉求，不如说是一种批评指责。不论是“确立教会”的信徒，还是“非确立教会”的信徒，都认为宗教对于道德与社会是不可或缺的。要求实行严格的政教分离，就会削弱社会的宗教根基以及宗教的社会根基。

> 在一个普遍认为民事政府依赖于宗教以及由宗教来培育德性的社会里，任何有关不从国教派旨在分离宗教与政府的暗示，都是一种强有力的指责。它暗示着不从国教派想要削弱政府的道德基础。[1]

托马斯·杰斐逊这封书信，以更严厉的态度对待宗教的立场，不能不激起那些传统宗教信徒的迟疑与怀疑。杰斐逊在这封书信里表明的严格政教分离倾向，显然是与浸信会对政教关系的传统理解相抵触的，至少是不兼容的。这表现在丹伯里浸信会联合会在收到回信后，并没有就这位大人物的“支持意见”大做文章，并没有大张旗鼓地宣扬这件看似对自己有利的事情。毕竟，浸信会作为“福音派不从国教者”，为自己寻求的仅仅是“不确立宗教”而非“政教分离”；他们甚至还在为自己积极寻求其他“确立宗教”所享有的那些特权。而且，“福音派不从国教者”通常都对宗教信仰在社会文化中的作用持有积极能动看法，并希冀通过宣扬福音来变革自己所处的社会文化处境。

这一点通过丹伯里浸信会对待总统这封回信的态度，就可以略窥一斑。事实上，杰斐逊的这封回函使作为福音派的丹伯里浸信会陷入了矛盾境地。一方面，这些浸信会信徒同意杰斐逊坚持良心自由与禁止联邦政府确立某种宗教的看法，他们双方在这一点上一直都保持着相互促进与协作关系。另一方面，这些虔敬派信徒又无法接受杰斐逊的自然神论甚或无神论主张。作为清教徒，这些浸信会信徒坚持认为宗教及道德对于社会文化是不可或缺的，坚持主张以宗教信仰来影响和变革人心与道德，坚持以宗教信仰来影响公共生活和精神。而杰斐逊主张以“分离墙”来隔绝宗教与政府或国家，这无疑超出了那些浸信会信徒的容忍限度，挑战了他们所坚持的神学教义与政教关系立场。这样，他们就只能以尴尬表情和

---

1 Philip Hamburger, *Separation of Church and State*. Harvard University Press, 2002, p. 66.

矛盾心态，来看待新任总统给他们所作的回复了。[1]杰斐逊本人可能曾预料，这封回函将会受到大书特书的特别对待，但是丹伯里浸信会在收到回函后，却表现出了犹豫态度，并以一种合理得体甚或低调的方式，处理了这封总统回函。所有人的注意力很快就转向别处了。

由是观之，杰斐逊致丹伯里浸信会联合会的书信，其本意可能并不是要对"第一修正案""宗教条款"作出什么权威解读与概括，而是想要为自己在1800年总统竞选中蒙受的不信仰与无神论指控进行辩护，并对新英格兰官方确立教会作出嘲讽。这封信函作为杰斐逊的一种政治声明，就是想要表明自己对宗教自由立场的恪守，以及对联邦党人与公理会信徒拥护的确立宗教的反对。可能也正是这封信函的政治声明性质，反而促使当时一些不友好报纸刊发了这封信函，并很快就对其失去了关注兴趣。

第六，需要指出的是，"分离墙"作为一种比喻说法，既是易于激发人们联想，又是易于促使人们变通的一种直观形象。就像任何比喻或隐喻一样，"分离墙"隐喻既有助于阐明对象，又有助于模糊对象。有人曾提议用其他说法，譬如"隔离线""隔离栅栏"或"隔离区"来取代"分离墙"这个比喻。还有人提议用不同种类和形状的"墙"来作出某种变通，因为这个形象总能促使人作出无尽的联想，就那些"墙"的形状、式样、质地、功用、目的等，提出各自的理解与想象。譬如，密不透风的墙、留有豁口的墙、高墙、矮墙、厚墙、薄墙、直墙、弯墙、人墙、土墙、城墙、院墙、花园墙、监狱墙、"弗吉尼亚大学的围墙"、"柏林墙的墙"、"中国长城的墙"等，不一而足。不同的联想、不同的形象，表达了不同的理解，就具有了不同的目的与功能。不同的人可能在使用同一个"分离墙"隐喻，但对"分离墙"不同的人也许有不同的理解。就是这样一个"墙喻"，折射出人们在对政教关系理解上的多样性与复杂性。

第七，就其后续传布与影响而言，《托马斯·杰斐逊致丹伯里浸信会联合会的书信》发表后，在相当长时间里，并未引起人们的特别关注。它甚至都没有收录在1829年《杰斐逊著作选集》第一版里。一直到1853年出版九卷本《杰斐逊

---

1 Cf. Daniel L. Dreisbach, *Thomas Jefferson and the Wall of Separation between Church and State*. New York University Press, 2002, p. 51.

选集》时，这封书信才被收录进来，并开始为广大读者所熟知。在1878年摩门教审判中，“雷诺兹案”的法院意见曾大段引用过这封书信，并为其赋予了特别重要的意义。1878年“雷诺兹案”的法院意见，将政教“分离墙”看作杰斐逊这封书信的主旨和精髓，看来是过度解读了杰斐逊的观点。杰斐逊在这封信函里只是以普通语气提到了这个“墙喻”。他在其他著述特别是此后的著述里，并没有用到这个隐喻或说法。以至有学者认为，在杰斐逊本人那里，在杰斐逊这封书信里，可能并没有意图要用这个比喻来概括自己的政教关系立场，也没有意图用这个比喻来概括“第一修正案”的“宗教条款”，更没有试图要用个比喻来提出一项普遍性的政教关系原则。[1]

这个隐喻再次进入人们的视线，是在时隔大半个世纪后的20世纪40年代。从1947年“埃弗森案”以后，杰斐逊这封信函及其所包含的“分离墙”隐喻，开始反复出现在各级各类法院的讨论中，并在学术界引起了广泛争论。应该说，托马斯·杰斐逊对于美国政教分离原则作出过重要贡献，但后世那些急需获得法律权威的分离派，还在原有基础上为杰斐逊附加上了更多的意义。在一段时间内，杰斐逊这个著名隐喻，甚至遮掩和取代了宪法相关规定的原文，而在法律、政治、宗教与大众言说中，摇身一变成为了宪法“宗教条款”的“精髓精华”“提炼概括”“原旨基调”。那些追求一种世俗政体与世俗社会的人，认为这个比喻是宪法的“完美体现”。而那些不喜欢这个比喻的人，则认为它扭曲或歪曲了宪法的原旨与本意。

第三节　詹姆斯·麦迪逊的《超然备忘录》

美国经验证实了不确立宗教的有益性

詹姆斯·麦迪逊在退休后的晚年生活中，对自己以及北美人民的宗教实践进行了一系列反思。在宗教问题上，晚年麦迪逊表现得更加自由和激进。他认为，已有的美国宗教经验已经证实了“不确立宗教”的有益性。

---

1 Cf. Daniel L. Dreisbach, *Thomas Jefferson and the Wall of Separation between Church and State*. New York University Press, 2002, pp.53-54.

1819年3月2日，詹姆斯·麦迪逊在一封书信里，对美国革命前后的宗教状况作出了简要对比与总结。就圣职人员的数量、热情、纯洁性以及牧养会众规模而言，麦迪逊认为当下的宗教状况明显要好于以前的情形。而且，美国经验还证实了这样一些崭新观念与实践：

> 在上世纪以前，人民普遍认为，没有一种确立宗教的支持，民事政府就无法存在；如果圣职人员没有法定的物质供应，基督教自身就会消亡。弗吉尼亚经验明确证实了这两种观点都无法成立。在脱离了任何与其关联在一起的圣职阶层后，民事政府仍能保持必要的稳定性，并能完好无缺地行使其职能；而通过教会与国家的完全分离，圣职人员的人数、勤勉性与道德以及人们的虔敬，都获得了显著提高。[1]

1822年7月10日，在一封写给路易斯安那议会成员的书信里，詹姆斯·麦迪逊再次表达了类似的反思与反省。第一，他从未赞成动用公共财政来任命国会牧师。第二，他在担任总统期间迫于形势而发布的感恩与祈祷日公告，只是按照国会的提议，用一般性语言所作的举荐而非一致性强求。第三，宗教与政府愈是不混合在一起，它们两者就愈是能保持各自的纯洁性；这一点已经由荷兰的实践，以及美国独立前后未确立宗教的殖民地或州的实践所证实。没有政府的帮助，宗教会更纯洁地繁荣发展，这正是美国人民贡献给世界的一条宝贵经验。[2]

“对于麦迪逊及其同事来说，‘第一修正案’的‘确立宗教条款’意味着，国会不能挑选出一个宗派，通过税收支持和强制权力的赞助方式，将它——并只是它——提升到官方国家宗教的地位。”[3]但这并不意味着联邦政府就不能通过非区别性与非强制性的方式来支持基督教。不过，基督教就其本质而言，并不必然需

---

1 Cited from *The Sacred Rights of Conscience*. p. 595.（*The Writings of James Madison*, ed. G. Hunt, G. P. Putnam's Sons, 1908, 8:427-428, 430-432.）

2 Cf. *The Sacred Rights of Conscience*. pp. 596-597.（*The Writings of James Madison*, ed. G. Hunt, G. P. Putnam's Sons, 1910, 9: 100-103.）

3 James H. Hutson, *Religion and the Founding of the American Republic*. Library of Congress, 1998, p. 78.

要政府对其提供支持，而使“政”与“教”保持各自的独立与自治，对于双方来说都是一件有益无害的事情。坚持这一点，正是詹姆斯·麦迪逊看待政教关系问题的基本立场。

麦迪逊的《超然备忘录》

《超然备忘录》(*Detached Memoranda*)是詹姆斯·麦迪逊在退休后，对生平所经历一些重要问题所作的集中反思。麦迪逊这篇重要文献，其实是一份存有许多疑点的著述。它最初于 1946 年，被发现于麦迪逊早期传记作者威廉·里夫斯(William Cabell Rives，1793—1868 年)的家庭书信里。这篇文献未曾标注写作日期，形式上基本为散记，并带有明显的未完成的痕迹。学术界推测，这份文献大致完成于 1817 年至 1832 年之间。这篇文献一直到 1946 年 10 月才得以首次全文发表，此前只有个别片断或摘录问世。

这份未完成的文献，表达了麦迪逊对早年一些做法的反思与遗憾，反映了麦迪逊思想在晚年发生的一些剧变，同时，还夹杂着晚年麦迪逊对美国社会现实与宗教状况的一些个人观察。晚年麦迪逊的文风愈发成熟老辣，文法错综，行文诡异，思路曲折，逻辑迁延，论述多端，情愫幽远，令人难测其胸臆，难窥其立场，难追其脉络，殊为费解。

归纳起来，詹姆斯·麦迪逊在《超然备忘录》中，就宗教问题，从五个方面表明了自己对所经历事务的反思。第一，回顾总结了美国联邦以及弗吉尼亚州在探索宗教平等自由方面所进行的试验；第二，表达了自己对于教会聚集庞大财产及其发挥影响的担忧与顾虑；第三，表明了自己对于国会任命国会牧师的看法；第四，表明了对于军队聘请随军牧师的看法；第五，表明了对于联邦行政长官发布全国感恩与祈祷日公告的看法。

美国第三位总统托马斯·杰斐逊在总统任职期间，没有遵循前两位总统的先例，亦即，没有宣布全国性祈祷与感恩日。为此，杰斐逊通过多种方式阐明了自己的看法。而詹姆斯·麦迪逊作为杰斐逊的政治继任者和思想同盟军，却在自己总统任期内，遵循第一和第二位总统的先例，宣布了全国性宗教日公告。为此，麦迪逊似乎更有必要阐明自己对这一问题的看法。

《超然备忘录》中关于宗教问题的阐述，全文如下：

对于教会团体悄悄地聚集与蚕食这一危险，在美国尚未得到足够的关注。美国人拥有这一丰功伟绩：首先使良心摆脱了迫害性法律的桎梏，并在各宗教教派中确立了一种法律平等性。即便有一些州还未在适当范围内接受这个公正的和真基督教的原则，所有这些州也都提供了榜样，可让“旧世界”最开明国家受到教育与启迪；而且，至少有一个州，弗吉尼亚，在真实基础上建立起了宗教自由，并在完整意义上界定了宗教自由。其总体原则包含在附加于该州宪法前面的“权利宣言”中。但对其具体内容的解说与界定，则包含在通常被称为“宗教法案”的立法法规中，该法案于1786年获得通过。在此，人类法律的权威与人的自然权利——除一切政治权威建立于其上的那种授权外，这两者之间的分离，在言辞所允许的范围内得到了清晰描述；而对所确立这种权威的限制，则以立法形式所能表达的严肃性对其作出了界说。这项法律还有更进一步的优势，亦即它是正式诉诸社团意识的结果，是绝大多数人——包括该州所有基督徒教派——审慎核准的结果。这项法律是宗教自由的一种真正标准，其原则构成了防止篡夺良心权利的重大屏障。只要尊重它并不再违背它，这些良心权利就将是安全的。为它们所作的任何规定，如果缺少这个原则，那么就留下了缝隙；至少透过那些缝隙，偏执将会引来迫害：这个依靠自身毒液滋生和成长的怪物，将会在个头和力气上逐渐增大，并压倒一切神圣的与人类的法律。

美利坚各州，只要你们的宪法或规章通过将属于上帝的物赋予恺撒，或者将上帝分离的物结合在一起，而对宗教自由的这一神圣原则仍保留有任何偏差，你们就应立即修正和净化你们的体系，并使你们州在下列方面成为纯粹和完全的榜样：在关乎心灵自由以及心灵忠诚于其造物主方面，以及在隶属于政治与民事机构的合法目标方面。

同美国宪法里宗教与政府之间的分离一样，亦应坚决防止教会团体进行蚕食的危险。这一点已由其短暂历史提供的先例所表明。（参见詹姆斯·麦迪逊否决的两项国会提案，以及拒绝签署的另一项提案。还可以参见肯塔基州的尝试，在那里有人曾提议免除礼拜堂的税款。）

最显著的尝试，是弗吉尼亚试图设立一种普遍税，以支持所有基督教教派。这是由帕特里克·亨利在［　］年提议的；他尽其雄辩口才来支持这项提案，而且还获得了那个在革命前由法律所确立教派之残留偏见的声援。这项提案的进展遭到了遏制。有人敦促对人民的尊重，要求在如此非同寻常情形中，应诉诸人民的审慎意志。为此，那项提案得以印刷并发表。而在乔治·尼古拉斯上校、乔治·梅森上校以及其他一些人推动下，反对那项提案的请愿与抗议书被起草出来。其印刷副本传遍全州，以供一般人民签名。抗议书在浸信会信徒、长老会信徒、贵格会信徒以及为数不多的罗马天主教信徒中，获得了普遍支持；在卫理公会信徒中获得了部分支持；甚至还在原先由法律所确立教派中获得了不少支持。当议会集会时，按规定收集的副本与签名数量，表明了人民持压倒性的反对意见，并一举粉碎了所提议的普遍课税计划。利用这次危机，议会还通过了前文所提及的确立了宗教自由的那项法案。州参议院在反对这项法案（《确立宗教自由法案》——本书作者注）的过程中——来自一些少数派的反对既激烈又坚韧，在对所包含救世主名称与神性的尊敬上，曾作过这样一种尝试，即在序言里所使用的"我主"一词后面，加添上"耶稣基督"一词，其目标是要对那些只是宣信自己宗教的人，表明该法案界定的那种自由所具有的一种限制。这项修正提案经讨论后，以[ ]票反对而被否决（参见《詹姆斯·麦迪逊致杰斐逊先生的书信》，标注日期为[ ]）。这项修正提案的反对者，还使众议院反对它，情感上不支持它，因为他们成功地主张，尊敬那圣名的更好证明，就是不通过下列方式去亵渎它：使它（圣名——本书作者注）成为议会讨论的一个话题；尤其是使其宗教成为侵犯所有人自然与平等权利的手段，而无视他（耶稣基督——本书作者注）自己的宣告，亦即他的王国不属于这世界。有关这个主题的这一看法，因这一情形而大大加强，即其支持者，亦包含一些以其虔敬和基督教热忱而格外杰出之士。

在宗教与民事政府直接混合这一危险之外，还有一种应当防范的邪恶：教会联合体通过其永久拥有能力而无定限地积累财产。一切联合体的能力，在这一方面都应当受到限制。他们所获得的不断增长的财富，从来都是被滥用的源泉。在大不列颠，各种慈善机构的管理运作方式近来受到了仔细审查，其实例亦着重对这个问题提出了警告。在欧洲许多国家，教会联合体的过多财产，以及对财产的滥用，长期以来都是人们抱怨的话题。在某些情形下，教会可能聚积起了国家的一半财富。当宗教改革发生时——一个由事物的那种紊乱状态所推动的事件，如果不是引发的话——宗教团体的财富是何其巨大啊，由那些财富滋生的腐败是何其严重啊：是如此巨大，是如此严重，以至于新教国家内阁与议会忽视了由利害关系一方根据法律许可提出的一切抗辩，以及由宗教信托机构所持有财产的神圣性。宗教改革时期的英格兰历史，为当今状况提供了一种充足的说明。

在教堂会众的多重联合体中，在可以获得和拥有动产与不动产的特许下，美国人及时注意到他们正在建立的这些常规范例的发展趋势了吗？难道这些法令没有赋予这种特许吗——不论在时间上还是在数量上都没有限制？那些存在上属于永久性的、可能总是获得而未曾失去的团体，难道不会很快就获得超出其有益性的、在时间上超出其安全性的财富吗？美国不是已经拥有这样的实例了吗——教会财富既超越了其开创者的目标又超越了其预见？在美国存在着双重动机来为这些情形设定限制，因为财富的增长不仅来自额外的赠与，而且还来自初始价值的过度上涨。在赠与空地的过程中，以及在赠与不断增长着的城镇周围土地的过程中，其价值的增长常常是预料中的，并将从根本上抑制确认它们的慷慨性。美国人民将他们的独立与自由归功于这一智慧，即在小小的三便士茶叶税中，看到了在常规中包含的大大的邪恶。让他们发挥这同样的智慧，以提防潜伏在机巧伪装下的任何邪恶养痈成患。Obsta principiis［防微杜渐］。

参见保罗神父有关受益者问题的论著。

为国会两院任命牧师符合宪法以及宗教自由的纯粹原则吗？

严格地讲，在这两点上，答案都必然是否定性的。美国宪法禁止任何像全国性宗教确立一类的东西。任命国会牧师的法令，为全国代表确立了一种宗教崇拜，由大多数代表推选的宗教牧师来加以实施，并由全国税收来支付其费用。这难道不涉及全国性宗教确立这一原则吗？亦即为代表团以及选民规定一种宗教崇拜，由大多数人予以认可，并由全国税收支付报酬的宗教牧师来加以实施。

为国会确立牧师职位，既是对宪法原则又是对平等权利的一种明显侵犯。推选牧师的准则［根据大多数人意见］，将那些其信条与良心禁止其参与大多数人崇拜的国会成员，排斥在了崇拜大门之外。且不论其他教派，这就是罗马天主教信徒和贵格会信徒所面临的处境；而这两个教派在国会两院里一直都拥有成员。一位天主教圣职人员有什么希望被任命为国会牧师吗？若说他的宗教原则是可憎的，抑或说他的教派是渺小的，那么也就揭开了这种主张的邪恶，并使其丑陋暴露无遗，亦即宗教真理应按人数来加以检验，或者主要教派有权统治次要教派。

如果宗教就在于单独的或者自愿联合起来的个体们的自愿行为，那么公职人员就应当像选民那样履行其宗教义务，并应当像选民那样由他们自己来承担其费用。国会每个成员的奉献是多么微小，就足以达到这个目的呢？它在原则上有多么公正呢？其为宪法精神、为良心的神圣权利所作的典范性牺牲，是多么高贵呢？由公众支付的宗教崇拜经费，为什么分配给立法分支的要多于分配给政府的行政或司法分支的呢？

如若按照结果来检验这种确立宗教，由这些法定圣职人员指导的日常崇拜，难道不是已经变得门庭冷落、了无生气了吗？

不应让这超越权力界标的一步，具有一种合法先例的效果。最好对其应用这样的法律格言：法律不关心次要之事［de minimis non curat lex］；或者将其划归为：要么是疏忽要么是人性没有受到关注所导致的过失［maculis quas aut incuria fudit, aut humana parum cavit natura］。

最好也能以同样方式，解除为陆军、海军设立牧师职位的常例，而不是将它们确立为在宗教问题上的一种政治权威。这种确立其目标是诱人的，其动机是可称赞的。但是，坚持一个正确原则并信赖其结果，难道不是比坚持一个错误原则并相信其似是而非的推理要更为安全吗？纵览世界上的陆军与海军，看看在他们任命的宗教牧师中，羊群的灵性利益或牧者的尘世利益是否就最为清晰；看看在这里，就像在别处，对宗教的政治关怀，是否就只是名义上而非实际上的帮助。如若军队精神是虔敬的，军队所表现出来的精神就绝不会不是如此。一种来自内部或外部自愿的宗教指导与勉励，是很少会失败的；如若军队精神不是如此，其教师的公务事奉也不可能产生那种精神。那种精神更有可能源自一种自发的热忱。清教徒军队拥有委任的随军牧师；但在一个虔敬时代里，没有随军牧师，也不会缺乏公共虔敬。

其船员与外界隔离的海军，也许不太属于这些反思的范围，但也并非完全不属于。如果碰巧有一位虔敬的军官，其宗教价值并不逊色于一位普通随军牧师的事奉［如果承认后者对宗教怀有真正兴趣］。但我们要始终牢记，信赖一个正确原则的结果，比信赖一个糟糕原则的推理要更为安全。

由行政长官发布宗教公告以推荐感恩与禁食日，与前文讨论的立法法规如出一辙。

虽然只是推荐，但它们意味着一种宗教代理，而这与委托给政治统治者的责任是毫不相关的。

反对理由如下。1. 政府不应以其权威介入那些主题，除非是在能够产生效果的情形下。一个"建议性的"政府，就是一种矛盾的表述。2. 一个政府自身的成员绝不应被认为从选民那里获得了一种在宗教资质上的建议责任。他们不能组织教会或宗教会议，并由此向人们的信仰或良心发布指导或指令。与其官方职务不同，就其个体资质而言，他们可以与任何种类的推荐关联在一起，就像其他任何个体所做的那样。但在那种情形下，他们的推荐就应表达由以发出那些推荐的真实人格。3. 它们似乎意味着并肯定助长了一种"国家"宗教的错误观念。与处在神权政治下的犹太国家相关联的这一观念，已经不正当地被许多接受基督教的国家所采纳。它甚至也常常潜伏在美国人心中，尽管美国人一般都意识到了宗教与政治团体之间的区别。所有人联合在一起，在对所有人的上帝的崇拜中，在一个政府下组成一个国家；这种观念是一种宏伟壮丽的观念。而理性和基督教原则还要求，所有个体组成一个甚至具有完全相同信条的国家，同时还希望能以一种普遍宗教行为将所有人联合在一起，而且这种联合应当通过宗教代表而非政治代表的干预来达成。但在一个由各种教派组成的国家里，一些教派与另一些教派相去甚远。通过前者（一种普遍宗教行为——本书作者注）各教派不可能取得一致，而后者（宗教代表——本书作者注）的干预更是错上加错。4. 这种做法的趋势，就是将推荐缩小到主导教派的标准上。华盛顿将军在 1795 年 1 月 1 日发布的第一份（是否第一份，待查）推荐感恩日的公告，接纳了所有信仰宇宙至高统治者的人。亚当斯先生的公告，则号召一种基督教崇拜。有许多私人书信批评詹姆斯·麦迪逊发布的公告使用了一般性用语——华盛顿总统所使用的，还批评其中一些公告没有按某些基督教教派信仰增加一些具体内容。对这种做法如果没有严格监督，就会自然而然地以一种一致性，以符合大多数教派以及某个单一教派——如果构成了大多数——的信条而终结。5. 最后，但并非最不重要的反对意见是，这种做法易于从属于政治观点，易于助长派系怨恨以及导致宗教丑闻。坦率或随和的政治家并不总是否认这类看法。事实上，这样一种宗教公告很难被提出：只是一般性涉及事物的某种政治状态，并在提及它们时不使用什么对派系问题产生影响的用语。华盛顿总统的公告就是被许多人如此加以领会的：该公告的发布，时值宾夕法尼亚平定叛乱后不久，并处于公众精神在一些问题上发生分裂的时期。就那份公告而言，国务卿爱德蒙·伦道夫本人似乎怀有一种预期。

在国务院存档的那份公文的原初草稿（参见詹姆斯·麦迪逊档案里那些文件的副本），是财政部部长汉密尔顿先生的手写稿。它显示，这份公文按照国务卿的建议，只是作了一些轻微修改。国务卿手写的一则旁注评论道："总之，这份公告应具有尽可能多的宗教意味，而不应太多涉及一种政治目标。"而汉密尔顿先生亲笔附加的一个注解，则对这种评论作出了反驳："政府作出公告属于国家行为，自然会涉及政治的目标。"当执政者担负起宗教的某种功能时，不论是以何种方式或时机，政策与宗教相联合的观念都是如此自然。

杰斐逊先生在执政期间，没有发布宗教公告。人们认为，他的继任者也无意于作出这类行政干预。一些人还进而认为，那类公告也许应更正当地来自立法机构，于是通过了一项决议，要求他发布一个公告（参见国会日志中的决议）。

完全拒绝遵从是不适当的。而是通过下列方式，采取了这样一种形式与语言，意图在要求遵守宗教仪式时，尽可能弱化任何政治权利主张：通过明确将其建立在个人自愿遵从的基础上，甚至通过将这种推荐限制为，在那个场合自主自愿以及希望同步履行的一种宗教行为。[1]

---

1 Cited from *The Sacred Rights of Conscience*. pp. 589-593. ("Madison's Detached Memoranda," ed. Elizabeth Fleet, *William and Mary Quarterly*, 3rd Series, vol. 3, Oct. 1946, 554-562.)

詹姆斯·麦迪逊晚年这份未完成、未公开的反思录，对美国特别是弗吉尼亚取得的宗教自由作出了高度评价，认为它们在真实和完整意义上建立和确定了宗教自由，并超越了整个“旧世界”最开明的做法。这种宗教自由的具体内容包括两点：良心与信仰权利不再受到人类法律权威的干涉与迫害，以法律形式确立了宗教各教派或宗派之间的平等性。尊重良心权利和保证各宗派的平等性，是麦迪逊理解宗教自由的两大核心要素。弗吉尼亚州的宗教自由实践，以及体现在1786年《确立宗教自由法案》里的宗教自由原则，成为晚年麦迪逊主要认同和肯定的宗教自由模式。

在晚年麦迪逊看来，教会团体作为一种权威分享者和社会组织者，对政府的权威与职能构成了一种竞争和潜在威胁。麦迪逊不仅时刻警惕着政府对宗教的干涉，而且也时刻警惕着宗教对政府的干预。在当时的历史处境里，麦迪逊这种担忧并不是没有现实依据的。同时，麦迪逊还对教会组织拥有的庞大财富及滥用问题表现出了深深忧虑。教会组织拥有的不断增长的巨额财富，有可能严重扰乱这个新共和国的经济政治发展，并对这个新共和国形成某种潜在的制约。

在政教关系问题上，晚年麦迪逊越发明确了神圣与世俗、宗教事务与民事政府的二分法，认为既不能把上帝之物赋予恺撒，亦不能把上帝分开的东西混合在一起。晚年麦迪逊还根据民事政府与宗教事务相分离的原则，对一些政府行为，包括自己总统任内的行为进行了反思。在他看来，国会设立牧师的做法、军队设立牧师的惯例，以及总统发布感恩与禁食日的做法，既违背了宪法规定，也违背了宗教自由原则。这些做法将会导致民事政府与宗教事务结合在一起，并构成对某些宗派或教派的官方确立。而官方确立宗教正是为宪法规定所禁止的。

总体说来，詹姆斯·麦迪逊在这份所谓《超然备忘录》中表现出的宗教立场以及对待政教关系的看法，与他以前发表的所有相关论述相比，明显要更为激进和左倾。在这份备忘录草稿里，麦迪逊在政教关系上采取了更为接近于严格分离论的态度。也正因为如此，后来的分离派才对这份文献大书特书，认为它代表了麦迪逊对宪法原旨原意的真实解读，表明了美国宪法“宗教条款”的具体指涉。但在迁就派看来，麦迪逊在这份未完成和未发表的备忘录里，也许对宪法“宗教条款”作出了分离论解读，但这并不必然代表“宪法之父”的早期观点，尤其是在制宪过程中的宗教立场。人的观点与立场是会发生变化的，况且这还只是一份未完成和未发表的文献。更重要的，包括“宗教条款”在内的宪法权利保证，是开国者、制宪者与美国人民意志的集体体现，是集体智慧与实践的结果。詹姆斯·麦迪逊虽然在其中发挥了重要作用，但宪法相关规定绝非出于个人的设计，而是集体意志的表现与结晶。

19世纪早期有关美国政教关系的一些论述

1833年，南卡罗来纳州查尔斯顿学院（the College of Charleston）院长贾斯珀·亚当斯（Jasper Adams，1793—1841年）就“美国基督教与民事政府的关系”这一主题发表了著名布道演说。贾斯珀·亚当斯指出，自从君士坦丁时代起，教会与民事权威的结合就导致了许多丑闻与腐败，而历史际遇使得北美获得了前所未有的机会，以彻底扭转这一既定局面。美国独立革命后，几乎所有州在制定新宪法时，都以某种方式试图切断教会与民事政府之间这一由来已久的融合与关联：

> 在此就出现了一个重大问题以供讨论。在如此这般中止教会与政治共同体之间的关联中，这些州的人民是想要放弃与基督教的所有关联吗？抑或，就民事政府而言，他们只是想要放弃给予某个基督教教派的优先权，而同时仍保留基督教为其社会、民事与政治体制的基础？当马萨诸塞与康涅狄格宣布他们迄今给予新教的法律优先权不应再继续下去时，他们是想要在其管辖范围内废除基督教本身吗？当弗吉尼亚与南卡罗来纳终止通过法律为英国国教会确立的一切法律优先权时，他们是想要终止遵守基督教、终止对其神圣权威的尊重吗？当美国人民通过采纳联邦宪法而宣布“国会不得制定法律以确立某种宗教，或禁止其自由活动”时，他们希望被理解成要废除那种全国性宗教吗，而那种全国性宗教，从这个国家最初定居时代起就受到了信奉、尊敬与钟爱，而且是我们先辈为按照良心指令生活而定居在这块当时仍属蛮荒之地的重大目标？[1]

---

1 Cited from *The Sacred Rights of Conscience*. p. 600.（*Religion and Politics in the Early Republic: Jasper Adams and the Church-State Debate*, ed. D. Dreisbach, University Press of Kentucky, 1996, 39-58.）

可见，贾斯珀·亚当斯早在19世纪30年代就在抱怨，相信基督教与民事政治体制没有关联的观念正在逐步上升。他指出，这样一种虚假而且有害的观点，将会对社会、法律、民事或政治机构与体制产生不良影响。贾斯珀·亚当斯通过考察北美各殖民地与州的法律，得出结论："美国人民保留了基督教为其民事、法律与政治体制的基础，而同时拒绝了继续赋予某一教派高于其他教派的优先权。"[1]

贾斯珀·亚当斯这篇有关政教关系的著名布道，以其为后人推重的迁就论观点，在当时引发了许多人的回应。1833年9月，詹姆斯·麦迪逊对贾斯珀·亚当斯这篇布道作出了答复。麦迪逊指出，在"旧世界"里普遍采取的国家确立宗教的传统，已经由大量历史事实证明，既对宗教又对政府都未产生良好的影响，反而促进了彼此的腐败。接着，麦迪逊肯定了荷兰人开启的试验，并认为正是北美人对这一试验作出了决定性影响：

> 一直到荷兰大胆开始这一试验之前，亦即将一种大度的宽容与对一种具体信条的确立结合在一起，人们理所当然地认为，一种排他性确立形式是必不可少的。尽管那一试验对这个主题作出了说明，但在欧洲，英格兰亦不例外，盛行的看法是，没有政府支持，宗教就不可能得以保存；没有一种确立宗教，政府亦不可能获得支持；在这两者之间必须要存在某种结合。而北美则对这个重大而有趣的主题作出了一种公平的、最终属于决定性的检验。[2]

随后，麦迪逊回顾了北美各殖民地或各州寻求良心自由和宗教平等的历程。还特别指出，区分宗教权威与民事权威并非易事；为防止侵权，应对政府权力施加严格限制：

> 而且，我必须承认，在一切可能的情形中，要如此清楚明确地，并在一

---

1 Cited from *The Sacred Rights of Conscience*, p. 602.（*Religion and Politics in the Early Republic: Jasper Adams and the Church-State Debate*, ed. D. Dreisbach, University Press of Kentucky, 1996, 39-58.）

2 Cited from *The Sacred Rights of Conscience*. p. 613.（*Religion and Politics in the Early Republic: Jasper Adams and the Church-State Debate*, ed. D. Dreisbach, University Press of Kentucky, 1996, 120-121.）

切非实质问题上避免一切抵触与疑惑地，划清宗教权利与民事权威的分界线，可能并不容易。一方或另一方侵权的趋势，抑或它们两者形成一种腐败性联合或联盟的趋势，通过政府完全避免干预——不论以何种方式，除非为保护公共秩序，以及保护每一教派免遭其他教派侵犯其合法权利所必需——就能得到最佳防护。[1]

联邦法院首席大法官约翰·马歇尔，在书信里表示自己认同贾斯珀·亚当斯的主张，并指出，没有人会怀疑宗教对人与社会的重要性，美国社会是以基督教为预设前提的：

美国人完全是基督教的，我们与基督教认同在一起。事实上，对于这样一个民族来说，如若我们的机构没有预设基督教，没有时常提及它并表明与它的关联，那就将是奇怪的。[2]

联邦最高法院大法官、著名法学家约瑟夫·斯托里，对贾斯珀·亚当斯这篇布道的主旨表示认同，并重申了自己的一贯立场：

我个人的判断一直都是（而日常经验也越来越证实了这一点），如果不在某种程度上与宗教保持联合，政府就不可能长久存在下去；基督教对于一切自由政府的真正利益与坚实基础而言，都是不可或缺的。[3]

约瑟夫·斯托里在这封信函里还表达了对托马斯·杰斐逊以及托马斯·库珀等人所持观点的不满，因为那些人否认基督教是习惯法的一部分。

---

1 Cited from *The Sacred Rights of Conscience*, p. 614.（*Religion and Politics in the Early Republic: Jasper Adams and the Church-State Debate*, ed. D. Dreisbach, University Press of Kentucky, 1996, 120-121.）

2 Cited from *The Sacred Rights of Conscience*. p. 611.（*Religion and Politics in the Early Republic: Jasper Adams and the Church-State Debate*, ed. D. Dreisbach, University Press of Kentucky, 1996, 113.）

3 Cited from *The Sacred Rights of Conscience*. p. 611.（*Religion and Politics in the Early Republic: Jasper Adams and the Church-State Debate*, ed. D. Dreisbach, University Press of Kentucky, 1996, 115-118.）

约瑟夫·斯托里（Joseph Story，1779—1845年）出生于波士顿附近，在哈佛接受了高等教育。其个人信仰大体属于更为强调道德与伦理而非神学的一位论派。约瑟夫·斯托里在政教关系问题上，坚持联邦政府无权涉及宗教问题，涉及宗教问题的权力被保留给了州政府。他于1833年完成的法学巨著《宪法评注》中，从新英格兰保守派立场上，对美国宪法进行了全面阐述，这部巨著成为后人理解宪法的重要参考著述。

不过，斯托里对“第一修正案”“宗教条款”的简略点评，似乎并没有一贯而明确的逻辑，在某些论述上甚至有些自相矛盾。仔细审读他的有关论述，我们可以看到他的基本论点如下：既然宗教对于国家的良好状态以及对于文明社会是不可或缺和具有积极意义的，所以国家政府对于宗教事项就必然具有某种权利与义务，亦即在所有公民中间培育和鼓励宗教的特定权利与义务：

> 事实上，每一个美洲殖民地，从其建立直到独立战争之时，罗得岛是个例外（如果它实际上是一种例外），以其全部的法律和制度公开地以某种形式资助和支持基督教宗教；几乎不变地赋予它的某些基本教义以特别的强制效力。[1]

他甚至怀疑，在人类公共事务中，一个不支持宗教的自由政府是否能够持久存在下去。不过，斯托里在这里所说的“宗教”，并不是就宗教这个术语的一般意义而言的，而主要指的是，在当时社会公共生活中占主导地位的基督教。国家或政府在公民中应当积极培育和鼓励的是基督教信仰。就制定宪法时的社会心态而言，“企图将所有宗教平等化，使得国家在政策上对它们完全没有差别，引起了普遍的反对——如果不是普遍的愤慨的话”[2]。

不平等是会导致矛盾与冲突的；但制宪者所考虑的平等，不是指基督教与其他不同类别宗教的平等，而是基督教内部各教派之间的平等：

---

1 ［美］约瑟夫·斯托里：《美国宪法评注》，毛国权译，上海三联书店，2006年第一版，第566页。
2 同上。

> 修正案的真正目的，不是通过使基督教变得虚弱而支持——在程度上比促进低一些——伊斯兰教、犹太教或不信仰宗教，而是排除基督教教派中的所有冲突，防止任何独占了国家政府的官职授予的国家教会组织。[1]

所以说，宪法修正案的目的，就是要使政府在基督教各教派之间保持平等与公平，因为倾向或偏袒于任何一种教派，都会为宗教偏执与迫害埋下祸端。对于这一切，在当时既有历史的教训，又有现实的顾虑。历史教训是自使徒时期以来的宗教压迫，以及母国英国国教会的种种信仰迫害。现实顾虑是新组建联邦的各个州在宗教问题上是不一致的，各个州都有自己侧重或占据主导地位的新教教派。假如在联邦层面上，倾向或侧重于某一教派，势必会在不同州之间造成纷争与不和。"如果国家政府可以自由设立国教，不可能不在教会优势地位问题上产生持久冲突和永久猜忌。唯一的保障是根除这样的权力。"[2]

换言之，宪法规定的原则就在于，将宗教事宜保留给各个州政府，由各个州根据各自情况，自行决定它们的宗教事宜。这在制宪会议和讨论《权利法案》期间，也是当时人们理解联邦权与州权关系的关键。

所以说，在约瑟夫·斯托里看来，宪法"宗教条款"的目的，并不是要阻止政府对基督教或宗教予以一般性的支持或促进，而是要防止出现宗教迫害，防止形成一种全国性确立宗教或教派。按照约瑟夫·斯托里的推理，既然一个社会的人民普遍认为虔敬、信仰及道德与国家福祉和社会公正是密不可分的，那么这个社会或政府干预宗教事务的权力就是不可避免的。为了防止各种宗教教派在彼此竞争中依赖或利用政府权力，"宗教条款"禁止了政府在这方面的权力，亦即将联邦政府权力排除在了宗教事务之外。"确立条款"为了保护宗教自由，而对联邦政府权力作出了禁止规定。"自由活动条款"和"禁止宗教宣誓条款"则从另一方面肯定了宗教自由。有关宗教问题的权力被保留给了各州，各州按照各自州宪法对宗教问题予以处理。而在联邦政府里，任何公民，不论其具有或不具有任何宗教信仰，都可以组成一个民事或政治共同体。

---

1 ［美］约瑟夫·斯托里：《美国宪法评注》，毛国权译，上海三联书店，2006 年第一版，第 567 页。

2 同上，第 568 页。

纵观约瑟夫·斯托里对宪法“宗教条款”所作的注解与释义，其特征有以下几点。第一，宪法“宗教条款”是对联邦政府特别是其立法机构所作的限制，而不涉及对宗教组织与机构的限制。“宗教条款”将联邦政府权力排除在了宗教事务之外。第二，有关宗教问题的权力仍为各个州所保留，而没有向联邦政府作出授权和让渡。第三，“宗教条款”保护的是在平等基础上的宗教自由。宪法“自由活动”规定，肯定的是宗教享有的自由；宪法“不确立宗教”规定，排除的是对某个宗教或教派给予的不平等待遇。总之，约瑟夫·斯托里对宪法“宗教条款”的理解，采取了有利于基督教特别是基督教新教的立场，并将“宗教确立”理解为，对某一或某些宗派或教派提供偏袒或优惠待遇。应当说约瑟夫·斯托里的这种折中立场属于一种温和迁就论立场。

第四节　美国福音化对政教关系的影响

基督教新教获取了“实际上的确立地位”

在这个新共和国里，美国人民再次体验到了“‘新世界’里的新人”的异象与感觉。自由、平等、权威与人民主权等核心政治论题，受到了全社会的广泛关注和讨论。革命带给了他们对自由的崭新理解，原有权威的束缚与羁绊被甩在身后，展现在他们面前的，是新领域新事物的神秘与召唤。人民的利益与人民的选择，成为他们探索一切新事物的目标与动力。主权属于人民这一观念，使得普通人的热情与创造力获得了空前释放，从而将美国人民的新试验推向了一个新田地。

新共和国的成立、法国大革命的悲剧、自然神论的流行、移民潮的出现以及各种宗教奋兴与创新运动的出现，为进入 19 世纪的美国教会提出了诸多挑战。而在美国教会中迎接这种时代挑战的，就是迅速崛起的福音派及其推动的美国福音化运动。福音派（evangelicalism）是在北美获得最典型和最充分发展的一种跨宗派、跨地域性的神学信仰运动。它以强调圣经终极权威论、救赎福音基督中心论、个体灵性皈依论和社会精神变革论为特征，主要是在基督教新教各宗派之间发展而成的，一种具有某种普世性质的基督教运动。随时随地举行的群众性福音布道会和层出不穷的大众福音布道家，成为美国福音派最具特色的社会识别特征。在整个 19 世纪，主要是美国福音派的宣教努力，使得美国成为“实际上的基督教确立”（a de facto Christian establishment）社会，或者“非正式的新教确立”（an informal Protestant establishment）社会。基督教，或者更准确地说，基督教新教，成为美国社会文化的精神基础和底蕴。基督教新教由此也就在美国社会文化中，实际上占据了非正式或非官方“确立宗教”的地位。

美国进入新共和国时期后，在教会内外，有许多人抱怨美国革命和独立战争所导致的道德松弛、信仰涣散和精神低下。许多人不约而同地认为，整个北美迫切需要有一场全国性宗教奋兴，以提升国民的道德伦理与精神素质。而在基督教教会内部，许多人也感到这个新诞生的国家需要上帝的佑护和指引，需要有对上帝的皈依和更新。正是这种危机意识和精神需要，直接导致了席卷全国的“第二次大觉醒运动”。

这一点，至少在“第二次大觉醒运动”初期，构成了那些教会领袖与福音宣教士的追求目标。耶鲁学院院长小蒂莫西·德怀特（Timothy Dwight, Jr.，1752—1817年），系乔纳森·爱德华兹的外孙，“第二次大觉醒运动”的主要精神领袖和发起人。蒂莫西·德怀特一直对美国宪法没有明确提及上帝对这个国家的指引而耿耿于怀。迟至1812年夏，蒂莫西·德怀特仍然对美国宪法缺少上帝指涉作出了如下评论：

> 我们制定了我们的宪法，没有对上帝的任何感谢，没有承认他对我们作为一个民族施与的仁慈，没有承认他的管辖治理，甚或没有承认他的存在。制定宪法的大会，从未，哪怕是一次，请求他的指引，或请求他祝福他们的辛劳。因而，我们在现有体系下，开启了我们国家的存在，但没有上帝。[1]

他认为，在没有明确提及上帝的情形下开启一个新国家，这并不是什么好预兆，甚至还是一件不光彩的事情。后来，小蒂莫西·德怀特还在耶鲁学院对学生进一步感叹道：

> 我们宪法没有承认上帝，这对我们来说是极为可耻的。很明显，即便最

1 Cited from *The Sacred Rights of Conscience*. p. 358.（*A Discourse, in Two Parts*, Ira Merrill, 1812, 38.）

粗俗的国家与个人，在其公共行为、宣言、声明、公告里，也总是承认最高存在的统治。即便拿破仑也是如此。可是，我们却忽略了这一点。[1]

在小蒂莫西·德怀特看来，这个国家在进入新共和国时期以后，基督教的发展与影响远远没有达到应有的水平。美国人民在组建一个新国家之际，所面临的不仅是土地的荒芜和百废待兴，而且面临着精神家园的破败与萧疏。因而，迫切需要有一场全国性的宗教奋兴运动，来使人民重新获得“觉醒”，以领悟和遵循福音之道和救赎真理。

在“第二次大觉醒运动”中，跨越地域与宗派界限的福音派，将自己看作与一个“弱势全国性政府”合作的志愿者，在培育国民身份认同与社会美德领域并不受任何宪法性的限制。从乔纳森·爱德华兹时代的“大觉醒运动”到葛培理时代的“福音派复兴”，创新试验精神和福音化这块大地的渴求贯彻始终，并构成了其生生不息的原动力。

从19世纪上半叶一直到20世纪初期，整个美国社会与人民，断断续续经历了从“第二次大觉醒运动”到美国福音化的基督教扩展运动。在接连不断的大觉醒与宗教奋兴运动中，涌现出了一系列引人注目的新现象和新发展：卫理公会、浸信会和长老会一同崛起为美国的三大新教宗派，其他传统宗派各自获得了强劲的发展，新型宗教信仰团体层出不穷，美国圣经协会、美国主日学校联盟以及美国小册子协会等教会和准教会组织由兴起走向兴盛，黑人教会得以成形并获得迅猛发展，芬尼的城市布道会、福音传教运动、摩门教、乌托邦试验、千禧年主义等等流行一时。这一切都使得美国社会成为宗教信仰的试验田和培育温床。日益丰富与高涨的宗教多样性与宗教创新性，构成了美国信仰生活引人注目的属性和特征。美国社会成为施行宗教自由的大舞台。

美国在19世纪早期、中期和后期，这三个主要阶段的政教关系模式，可以分别通过托克维尔兄妹、亚伯拉罕·林肯和菲利普·沙夫这些亲历者或旁观者在这三个不同历史阶段所作的观察与阐释，得到最为形象和最为准确的说明。

---

1 Cited from *The Sacred Rights of Conscience*. p. 359.（*President Dwight's Decisions of Questions Discussed by the Senior Class in Yale College, in 1813 and 1814*, Crocker & Brewster, 1833, 111-112.）

托克维尔兄妹对19世纪上叶美国政教关系的观察

1831年，法国青年贵族亚历克西·德·托克维尔（Alexis de Tocqueville，1805—1859年）在朋友陪同下，专赴美国进行了为期九个多月的旅行与访问。托克维尔访问美国的目的，是想要实地观察一下“一个伟大的共和国”究竟是什么样子的。而美国为其留下最深刻印象的，就是“美国的民主”。人民拥有并行使主权（sovereignty）的信条，是美国社会的政治特征。

托克维尔通过实地考察发现，宗教对美国政治的直接影响是巨大的，而间接影响则更甚。这种力量更甚的间接影响来自道德，具体说来，就是影响每一个个体的基督教道德。美国有数不胜数的教派，但所有教派教导的都是同一种基督教道德：

> 每种教派都以自己的方式在崇拜上帝，但所有教派都以上帝名义宣扬同样的德性。对于个体，其宗教是否是真宗教是至关重要的，但对于社会并非如此。社会对于来生既无恐惧也无希望。对于社会，最重要的，与其说是所有公民都信奉真宗教，不如说所有公民都信奉某种宗教。况且，美国的所有教派都隶属于基督教大统一体内，而基督教道德在哪里都是一样的。[1]

虽然不排除有一定的虚伪情形，但在托克维尔看来，美国人的宗教信仰相比而言是最为真诚的。借由真诚的信仰而发挥的道德影响，通过个体的累积，进而影响到了整个社会层面。所以，托克维尔在此阐述了一种典型的基督教社会伦理观，亦即基督教信仰造就好公民，好公民造就好社会。社会本身是没有道德性的，但组成社会的公民是可以有道德性的。公民整体道德性的提高，将会铸就良好的社会道德与风尚。

在美国这样一个似乎无拘无束的自由社会里，宗教及其维系的道德，为人们

1 Alexis de Tocqueville, *Democracy in America*. translated, edited, and with an introduction by Harvey C. Mansfield and Delba Winthrop. University of Chicago Press, 2000, p. 278.

提供了恒定的标准和界限，防止了人们因过度运用他们的自由权利，而变得肆意妄为、无法无天。

> 宗教，在美国人那里，从未与社会政府直接混合在一起，但它却应被看作其首要的政治体制，因为，就算宗教没有赋予他们对自由的爱好，那它也极大地促进了他们对自由的运用。美国人民自己也正是从这个视角来看待宗教信仰的。我不知道是不是所有美国人都深信他们的宗教——因为谁能明察人们内心深处呢？——但我能断定他们都认为它对维持共和体制是必需的。这个观点并不只是隶属于某一阶层或某一党派，而是为整个国家所共有；在所有阶层中都能够找到。[1]

宗教及其道德，对于一个自由民主社会是必不可少的。这一点在那时的美国就已经成为一种社会共识。托克维尔还进一步从反面论证了自己的看法：

> 在美国，一个政客攻击某一宗派，甚或对隶属于那个宗派的同党来说，也不会构成不支持他的因由。但如果这个政客不加区别地攻击所有宗派的话，人们就会离弃他，使他变成孤家寡人……美国人在其观念里将基督教与自由完全混同在一起，以至于不可能使他们构想一方而不想到另一方。[2]

在专政情形下，人人都面临着某种外在的、独断设定的限制，使自己的言行受到必要或不必要的限制。而在自由共和体制下，主权在民，人人都是自由的，但这自由不是无限的而是需要某种限制的。这必要的限制，只能是体现人民意志的限制，并且在理想情形下，应当是人人自觉遵守的内在与自觉性限制。所以一种信仰以及由其派生的伦理道德，对于民主自由社会，就显得格外重要了。托克维尔说："专制可以没有信仰，而自由则不能。宗教在共和制下比在君主制下更为必要，而

---

1 Alexis de Tocqueville, *Democracy in America*. translated, edited, and with an introduction by Harvey C. Mansfield and Delba Winthrop. University of Chicago Press, 2000, p. 280.

2 Ibid., 280-281.

在民主共和制下则尤其必要。”[1]

18世纪的启蒙思想家认为，随着自由与知识的增加，人们的信仰将会逐渐衰落。托克维尔认为，他在美国的所见所闻正好与那种启蒙见解相对立。美国在当时已经是最自由和最开明的国家，但美国人身上散发出来的宗教热忱却十分高涨。这使托克维尔不由感叹：“不信仰只是偶发现象，唯有信仰才是人类常态。”[2]

宗教信仰何以能够在美国这片自由与进步的土地上散发出饱满的生命力呢？托克维尔带着这一疑问，深入探究了宗教在美国具有强大影响力的原因，他发现美国施行的所谓政教分离政策在其中发挥了重要作用：

> 我一抵达美国，这个国家的宗教方面，就引起了我的关注。随着我逗留时间的延长，我认识到了，由这些新现象所引发的重要政治意义。在我们法国，我看到宗教精神与自由精神几乎总是背道而驰的。而在这里，我发现它们相互紧密地结合在一起，它们一同统治着这片土地。我感到自己想要了解这现象缘由的愿望与日俱增。为了解这一点，我仔细问询了各个教派的信众……我发现，所有那些人只在细节上互有不同，但所有人都将宗教在他们国家所行使的和平主宰，主要归因于教会与国家的完全分离（the complete separation of church and state）。我不惮断言，在我逗留美国期间，我没有碰到一个人，不论是圣职人员还是普通信徒，会不认同这一点。[3]

托克维尔所谓的政教分离，主要是在体制和组织层面上言说的。因为他个人的实地观察，就说明了这一点。令托克维尔感到惊讶的是，虽然宗教在美国具有重要影响力，但圣职人员并没有占据任何公共政治职位。相反，大多数圣职人员对政治职务都主动采取了一种敬而远之的态度，他们大都谨慎地使自己与任何政治党派保持着一定的距离。因为宗教追求的是普遍性，而尘世任何政治社会派系所涉及的都只能是部分性的兴趣和利益。在这种整体性与部分性、

---

1 Alexis de Tocqueville, *Democracy in America*. translated, edited, and with an introduction by Harvey C. Mansfield and Delba Winthrop. University of Chicago Press, 2000, p. 282.

2 Ibid., 284.

3 Ibid., 282-283.

普遍性与具体性、恒久性与变易性之间，存在着一种错位与不协调。所以说，宗教应当与政治权力保持一定的距离，而不是结合在一起，更不是融合在一起。对此，托克维尔告诫道：

> 当政府强大、法律稳定时，人们因与权力结合，而无法察觉宗教面临的危险。当政府软弱、法律多变时，危险虽然有目共睹，但宗教却没有机会躲闪逃避了。因而，人们必须要学会从一定距离外觉察那种危险。[1]

在欧洲，那些与政权紧密结合在一起的宗教，也都身不由己地分享了政权的兴衰起伏，其留下的历史教训从反面佐证了美国经验的明智之处。

此外，在对自由与平等关系的认识上，托克维尔也拥有敏锐的观察。托克维尔指出，就事物的完全状态而言，人的完全自由是因为完全的平等，而完全的平等也是因为完全的自由。这当然是一种理想状态，而在现实中，处在不完全状态的人，对于自由与平等的追求与态度是不尽相同的。自由与平等甚至可以被看作两个各自独立的事物。人们对平等的追求与对自由的追求相比，要更为迫切和热烈：

> 人们渴望自由中的平等，如若不能如愿，人们仍然渴望奴役中的平等。容忍贫穷、奴役与野蛮，但不容忍贵族。[2]

总之，托克维尔通过对美国的实地考察发现，宗教对于民主自由社会是不可或缺的，而美国式的政教分离，则是保证政府与宗教各自利益的重要原则。在体制上和组织上，宗教与政治分属两个不同的领域。这两个各司其职的不同领域，从不同侧面和职能上，对于保证美国自由民主体制发挥着相得益彰的作用。

---

1 Alexis de Tocqueville, *Democracy in America*. translated, edited, and with an introduction by Harvey C. Mansfield and Delba Winthrop. University of Chicago Press, 2000, p. 285.

2 Ibid., 482.

时隔仅仅四年后，他妹妹安热莉克·德·托克维尔（Angélique de Tocqueville），在1835年也访问了美国，并大致遵循哥哥亚历克西·德·托克维尔的访问行程，对美国的社会宗教进行了细致观察与反思。在安热莉克·德·托克维尔看来，她哥哥似乎刻意忽视或掩藏了自己所看到事物的另一面。通过自己的实地观察和访谈，她发现，在政教分离原则下，在整个美国社会里，宗教都与政治和社会保持着全方位的合作或协作关系，“政教之间”的关系在更大程度上是紧密关联在一起的。[1]

安热莉克·德·托克维尔认为，她哥哥之所以只是从一个方面提供了对美国社会与宗教状况的观察，是同他自己的社会理念和宗教观联系在一起的。她认为，亚历克西·德·托克维尔“与其说是一个信仰者，不如说是一个曾经的信仰者”[2]。

法国18世纪的激进哲学对他产生了深刻影响：他虽然并不认为基督教已经死亡，但基督教已经死亡这种观点不能不引发他的思考与怀疑。安热莉克认为，他哥哥由于受当时激进哲学的影响，而对宗教抱有强烈的消极看法。这种消极看法，影响了他哥哥对美国宗教问题的客观观察。

其实，托克维尔兄妹在美国实地考察的结果，并不完全相对立。哥哥发现的政教分离原则，是在体制与组织层面上言说的。妹妹发现的政教合作原则，是在社会文化与政治层面上言说的。而在体制与组织上实行政教分离，在社会文化及政治上实行政教合作，正是宗教在美国社会发展的显著特征之一。

林肯在19世纪中叶秉承的温和政教关系立场

从广义上讲，波及全国的“第二次大觉醒运动”不仅在美国大众当中掀起了广泛的宗教奋兴浪潮，而且还通过各个层面上的福音化努力，使得美国主流社会文化牢牢建立在了基督教特别是基督教新教的精神底蕴上。这一福音化进程，一定程度上，在该世纪中叶，因撕裂全国同时也撕裂教会的“美国内战”

1 Cf. John Thomas Noonan, Jr., *The Lustre of Our Country: The American Experience of Religious Freedom*. University of California Press, 1998, pp. 95-115.

2 Ibid., 110.

而中断。但这种中断只是暂时的。在19世纪后半叶一直到20世纪初期，基督教福音化运动，在更大范围内和更大程度上，深刻广泛地影响了整个美国的社会文化生活。

“内战”期间的美国总统亚伯拉罕·林肯（1809—1865年），无疑是深刻影响美国政治进程的伟大政治人物，他在宗教问题上，基本因循了美国宗教经验的传统立场。不过，在个人层面上，林肯的宗教信仰，特别是他的宗教信仰与政治主张之间的关联，一直都是令人感到困惑的主题。林肯与杰斐逊有许多相似之处：在年轻时，曾深受包括托马斯·潘恩在内的自然神论者的影响；对体制性基督教表现出了冷淡之情，并希望基督教能够重新回归原初的纯洁。林肯的信仰立场，似乎介于福音派新教与启蒙运动怀疑主义之间。在后期，林肯的信仰更为接近普救论，在灵性上则表现出探索与寻求的明显意向。

林肯成长于肯塔基州一个浸信会家庭。在其思想里包含一些老派加尔文主义信仰因素。林肯本人并不隶属于任何一个宗派或教会，但对圣经怀有深刻的敬意，并展现出明显的个人虔敬。他那非传统惯例性的个人虔敬与信仰探索，似乎并不适用于任何一个现代宗教范畴。人们很难将他划归某个信仰或不信仰类型之中。他早年的艰辛生活及不规范的教育，他对自然神论著作的阅读与理解，他对教派与教义纷争的消极记忆与感触，他周遭诸多亲人朋友的不幸死亡，都有可能促使他对神圣佑护与神圣旨意作出更深入的沉思与探求。他妻子曾参与通灵论或招魂术（spiritualism）。不过，在这方面他是否受到妻子的影响，则不得而知。

林肯认为，推行民主是美国在上帝引导下的“宿命”。这种民主制度的基础，就是相信上帝，相信人民，相信真理将通过斗争而得以显现。鉴于民主采取的多数原则有可能会导致多数派对少数派的专制与暴虐，所以，民主制必须要伴随这样的保障性信念，即真理与权利并不取决于人数或投票数，而只能取决于在上帝指导下的良心自由和良心尊严不受侵犯。也正因为如此，没有对上帝的信仰，缺乏由宗教培育起来的道德，民主制（democracy）就有可能坠入“群氓统治”（mobocracy）的泥沼。

可见，林肯认为，宗教特别是基督教，对于美国的民主制度是必不可少的。宗教的发展和兴盛，对于健全的社会生活是必需的。同时，林肯还坚持，作为良心良知的宗教信仰自由，是人不可侵犯的基本权利。政府与教会分别对应和涉及的是人的两个不同领域。这两个领域在各自保持自立的同时，也可以相互促进和支持。总之，林肯对美国社会宗教问题以及政教关系问题的理解，比较接近亚历克西·德·托克维尔的看法，属于一种比较温和与传统的立场。

菲利普·沙夫对19世纪下叶美国政教关系的阐释

菲利普·沙夫（Philip Schaff，1819—1893年），原籍瑞士，在德国接受教育并成为教会史学家。1844年，菲利普·沙夫应邀来到美国宾夕法尼亚执教。他先是加入了当地的日耳曼改革宗教会，并在默瑟斯堡（Mercersburg）一所神学院任教。1870年，他成为一名长老会信徒，并开始在纽约协和神学院任教。作为教会史学家，沙夫在将美国基督教经验介绍给欧洲学术界方面发挥了重要作用。

在学识渊博的教会史学家菲利普·沙夫看来，所有那些宗派与教派移植到了北美以后，在美国这样一个独一无二的处境里，亦即在宗教自由与政教分离的处境里，这些完全处在平等与自愿基础上的基督教诸形式或诸类别，就逐渐孕育出了一种全新的东西，一种基督教发展史上前所未有的东西。这种全新的东西就是教会发展的“美国经验”。

他于1888年，为新成立的美国历史学会撰写的长篇论文——《美国政教关系，或美国宗教自由理念及其实际效果》，对在教会历史中，以及在与欧洲教会史经验对照中理解美国的特殊经验，提出了许多真知灼见。菲利普·沙夫在该论著里，力图从一个教会历史学家和神学家角度，来对美国的宗教自由与政教关系提出一种理论概括与解读。在菲利普·沙夫看来，美国宪法“第一修正案”就是美国宗教自由的“大宪章”。它标志着西方历史的一个重要转折点，并在人类历史上提供了第一个这样的实例，即政府主动免除了对宗教的法律控制和官方确立。

菲利普·沙夫指出，就政教关系而言，其中的“政”与“教”构成了一种矛盾统一体，属于一种似是而非的二元对立。这就像一个人的身体与灵魂之间的关系一样，灵魂与身体是不可分离的，同时灵魂与身体又是判然有别的，两者之间形成了一种紧张的关联，但又互不可缺。政教关系也同样如此。

作为一位曾经的路德宗神学家，菲利普·沙夫不可能支持极端的政教分离原则。他敏锐地指出了美国在这种实践上所具有的不彻底性，认为基督教对大众心灵的影响，使得“完全分离”成为不可能。因而，他所赞成的是美国这种“不完全的分离”。面对严格分离派指出的逻辑矛盾，菲利普·沙夫承认他们在逻辑上也许看似有理，“但事实驳斥了逻辑。而这个世界到处都是令人满意和不满意的不一致”[1]。

更准确地说，菲利普·沙夫理解的所谓政教分离，是在狭义上而言的。他特别指出，美国的政教分离不是指国家与基督教的分离。他所谓的“政”主要是指行政当局或政府，而“教”主要是指体制意义上的教会这一组织形式或机构。通过对美国社会的仔细观察，菲利普·沙夫认为，在狭义上，美国坚持的是政教分离；而在广义上，美国实行的恰恰是上述两者的密切结合。对于这一奇特现象，法国观察家托克维尔在19世纪上半叶考察美国后，曾认为基督教对人们灵魂的影响，在整个世界上没有一个地方比在美国更为强烈；在美国不论哪个阶层都普遍认为，基督教对于美国社会文化发挥着至关重要的作用。时隔半个多世纪以后，同样来自欧洲大陆背景的教会史学家菲利普·沙夫，也得出了与托克维尔相同的结论。菲利普·沙夫说道：“我完全同意托克维尔。我在1844年移民美国后不久，就得出了同样的结论；而我四十三年的体验和十多次回访欧洲，又证实了这一结论。”[2]

菲利普·沙夫为自己和读者提出的问题及答案是：

> 与欧洲基督教相比，美国基督教在其组织化的社会方面，及其与国家生活的关系上，独有的特征是什么？这就是，在自由国家里的一个自由教会，抑或，独立于民事政府但却保持友好关系的，一个自立与自治的基督教。这种政教关系标志着一个新纪元，是基督教历史上一个新篇章，是美国迄今作出的最重要贡献。[3]

1 Philip Schaff, *Church and State in the United States: or, The American Idea of Religious Liberty and Its Practical Effects, with Official Documents*. Charles Scribner's Sons, 1888, Nabu reprint, p. 42.

2 Ibid., 55.

3 Ibid., 9.

按照菲利普·沙夫的见解，美国独创的政教关系是政教之间一种“友好的分离”。而这种建立在尊重教会基础上的“友好的分离”，其实质就是新英格兰早期殖民地时期实行的“各有所专、各司其职”的另一种表述：

美国的政教关系，在公共和平与秩序限度内，确保了宗教思想、言论与行为的完全自由。它使得迫害成为不可能。

宗教与自由是不可分离的。宗教是自愿的，不能，也不应受到强迫。

这是美国信条的一项基本条款，没有教派或党派区分。自由，民事的以及宗教的自由，是一种美国天性。所有本地人在吸收母乳时一道吸收了它；所有移居者把它当作一种令人欣慰的恩惠，尤其是那些逃脱了国外压制与迫害的人。即使是那些拒绝自由之现代理论的人，也在享受它，并愿意为自身利益而反对任何推翻它的企图。

这种自由在政教结合的基础上是不可能的，在那种情形下，一方必然会限制或控制另一方。它需要一种友好的分离。这样，每种权力在自己领域内就是完全独立的。严格说来，教会与国家毫不相干，除了遵守其法律和强化其道德基础；国家也与教会毫不相干，除了保护其财产和自由；只要没有危及公共安全，国家必须对各种信仰与不信仰一视同仁。[1]

由美国宪法界定的这种政教关系，在历史上与基督教发展中，是独一无二的创新。菲利普·沙夫将它与历史上五种不同的政教关系模式进行了比较：

美国的政教关系，不同于欧洲以及美国殖民地时期先前所有的关系。不过，它建立在它们之上，并汲取了它们的长处。因为历史是一个有机体，而美国历史以欧洲为根基。

1. 美国体系不同于前尼西亚或前君士坦丁时期的政教分离。在那时，就像我们一样，教会确实是自立和自治的，并就内部而言是自由的，但是处

1 Philip Schaff, *Church and State in the United States: or, The American Idea of Religious Liberty and Its Practical Effects, with Official Documents*. Charles Scribner's Sons, 1888, Nabu reprint, pp. 9-10.

在外部迫害下，并被那时的异教国家看作一种受到禁止的宗教。在美国，政府保护教会的财产与权利，而不干涉其内部事务。正是凭借真理的力量和殉道的道德英勇气概，教会使罗马帝国改变了信仰，并使其变成了基督教国家的母体。

2. 美国体系不同于教会对国家的祭司式控制，或不同于祭司制政府。那种体制曾盛行于中世纪直至宗教改革时期，并在教皇制中达到顶点。美国体系使教会限于其正当的灵性事业，而将国家一切尘世事务留给了国家独立处理。而祭司制则适合于罗马帝国与古代文明崩溃之后的时期。在那时，国家是野蛮的军事暴政；教会是人民的避难所；祭司单独拥有学识，并不得不教化以及福音化北欧与西欧的野蛮人。正是通过对立法的影响，教会废除了不良法律与惯例，引入了慈善机构与机制，创造了一个为正义和人性精神所控制，并适于自治的基督教国家。

3. 美国体系不同于国家对教会的以拉斯图式或“恺撒—教皇式”控制。后一种方式见于古代拜占庭帝国、现代俄罗斯以及欧洲新教国家。在那些地方，民事政府保护和支持教会，但却以教会的尊严与独立为代价，并剥夺了教会的自治权。以拉斯图体系以这一预设为基础，即所有公民都是信奉同一信条的基督徒，但这种预设对现代国家政府与人民的混合特征来说是不正常的。在美国，国家没有任何权利，以干涉教会的事务、教义、纪律、崇拜与牧职任免。如若宗教屈从于恒变的政治，那就将是个大灾难。

4. 美国体系不同于宽容体系。后者随着1648年《威斯特伐利亚和约》始于德国；随着1689年《宽容法案》始于英国；如今已经遍及几乎整个欧洲；近年来，至少在名义上，甚至已经出现于罗马天主教国家，并不顾教宗抗议而扩展到了梵蒂冈门口。宽容存在于这样的地方：政府支持一个或多个教会，并允许其他宗教团体在某些条件下，以教派名义（正如在欧洲大陆），或以异议者与不信奉国教者名义（正如在英国）而存在。而在美国，并没有这样的区分，而只有在法律面前处于完全平等地位的诸教会或诸宗派。将任何特定宗派看作“一般性教会”或“美国教会”，是没有意义的，而只能暴露自己的无知或自负。这种排他性在罗马天主教那里是合乎自然与逻辑的，但在其他任何教会那里却是不自然的、无逻辑的、可蔑视的。美国法律绝不会将这种机构看作

"一般性教会"，而只知道一些分离与独立的组织。

宽容是从"国家教会论"到"自由教会论"的一个重要阶段。但它只是一个阶段。宽容与自由之间存在着重大区别。宽容是一种让步，是可以收回的。宽容意味着对主导性信仰与崇拜形式的偏袒，以及对其他所有形式的实质性不认同。宽容可以伴随有诸多限制束缚和剥夺资格的规定。我们宽容我们不喜欢但却不能改变的东西。如果必需，我们甚至能宽容一种麻烦。只是由于形势所迫以及少数派太有影响而无法置之不理，一个政府才不得不推出宽容法案。就此而言，甚至最专制的政府，譬如土耳其与俄罗斯政府，也是宽容的。前者宽容基督教徒和犹太教徒，后者宽容穆罕默德教徒和希腊正教会的异议者；但两者都否定了它们自我扩张与传教的权利，而只是支持国家宗教；两者都禁止和惩处背叛国家宗教……

在我们国家里，我们并不要求对宗教及其自由活动的宽容，而是宣称它为一种不可剥夺的权利。"在我们体系里所确立的不是宽容，"库利法官说道，"而是宗教平等。"宗教自由是上帝赋予人的一种最伟大恩赐，没有种族与肤色分别。上帝是良心的作者与主人，尘世任何权力都无权站在上帝与良心之间。对这谱写在心灵深处的条律的侵犯，就是对上帝威严以及人之上帝形象的冒犯。我们承认良心自由，按照逻辑必然性，也必须承认它在公共崇拜中表现与活动的自由。像专制政府那样，承认第一点，但否定第二点，就是在禁锢良心。为公正起见，国家或者支持公民的所有宗教，或者不支持公民的任何宗教。而我们政府不支持任何宗教，但却保护所有宗教。

5. 最后——我们强调这在我们时代里尤其重要——美国体系完全不同于不信仰者和"红色共和主义者"的宗教自由理论。"自由"是词典里最滥用的词语之一。真正的自由是一种积极力量，受到法律的调节；而虚假的自由是一种消极力量，是从束缚中的释放。真正的自由是道德自制力；不信仰者和无政府主义者的自由是肉欲放纵。美国的政教分离建立在对教会的尊重之上；而不信仰者的分离，则建立在对教会以及对宗教本身的冷漠与仇恨之上。

不信仰理论在第一次法国革命中受到检验并失败了。它始于宽容，终于基督教的废除，并伴随以恐怖统治；相应地，这也为军事专制铺平了道路，并使其成为使社会摆脱无政府与毁灭状态的唯一途径。我们的不信仰者和无政府主义者，如若获得权力，将重新上演这一悲剧。他们公开表明了对主日法、安息日、教会以及一切宗教机构与团体的怨恨与轻蔑。我们应提防他们！美国体系也承认非宗教与不信仰的自由，但这只是在社会秩序与安全限度内。毁灭宗教，将会毁灭道德和毁灭国家。民事自由需要宗教自由以为支撑；没有宗教自由，民事自由就不会繁荣。宗教自由不是什么空洞声音，而是对宗教义务的有序行使，以及对所有特权的享受利用。它是处在宗教中的自由，而不是脱离宗教的自由，正如民事自由是处在法律中的自由，而不是脱离法律的自由……

共和体制为有道德的和敬畏上帝的国家所掌握，就是世界上最好的，但如若为腐败的和非宗教的人民所掌握，就是最糟糕的，并将成为最有效的毁灭武器。愤怒的人民可以挺身而起反抗一个残酷暴君，但又有谁会挺身反抗那占有投票箱和全部政府机器的人民专制呢？这里潜伏着一个巨大危险，并且这一危险在逐年递增。

摧毁我们的教会、关闭我们的主日学校、废除我们的主日礼拜，我们的共和国就将变成一个空壳，我们的人民就会走向异教和野蛮。基督教是我们社会最强的因素，是我们体制的支柱。它规范家庭，倡导私德与公德，塑造道德品格，教导我们要爱上帝要爱人如己，造就好人和有用公民，谴责一切邪恶，勉励一切美德，促进和服务于公共福利，维护和平与秩序。基督教是美国人民唯一可能的宗教，基督教寄托着我们对未来的一切希望。[1]

通过将美国政教关系与人类历史上其他五种不同类型政教关系的对比，菲利普·沙夫得出如下结论。第一，基督教会与永远处在变化或变易中的政府或国家，应当分属两个不同的领域，并只是保持一种非必然性的外在联系。如若使一方从属于另一方，或者使一方必然关联于另一方，最终会对双方都构成邪恶或伤害。第二，宗教宽容与宗教自由，意味着两个不同的隶属等级或发展阶段。宽容

1　Philip Schaff, *Church and State in the United States: or, The American Idea of Religious Liberty and Its Practical Effects, with Official Documents*. Charles Scribner's Sons, 1888, Nabu reprint, pp. 12-16.

意味着专制并且是由专制所作的一种退让，而自由则意味着一种不可剥夺的自然权利。第三，宗教自由，不仅意味着信念与信仰的自由，而且更意味着宗教表现与宗教活动的自由。否认后一点，所谓的宗教自由就只能是空洞的宗教自由，就只能导致对良心的侵犯与禁锢。第四，宗教自由是民事自由的基础和支撑，没有宗教自由，民事自由就不会充分实现和繁荣昌盛。可以说，菲利普·沙夫在这里描述和概括的美国宗教自由特征和政教关系模式，忠实反映了19世纪后期直至20世纪初期的美国社会与宗教状况。

宗教自愿论及竞争原则与现代福音派的崛起

在整个20世纪里，美国基督教的整体发展，最引人注目和最具影响的趋势与运动，莫过于基要主义与自由主义的对峙，以及在这种对峙中美国现代福音派的重新崛起了。而福音派的重新崛起，以及在20世纪后期重返美国社会文化主流生活，在很大程度上，是同美国独具特色的宗教自愿论与自由竞争原则联系在一起的。

在宗教自由原则下，在宗教多元现实中，使各个宗教或教派都处在平等地位上，使各个教派或教会单纯通过自身信仰的魅力，以及教会的自我拓展，而在观念与信仰的自由竞争中获得支持和发展，这正是美国宗教自愿主义原则的核心所在。宗教自愿原则构成了美国宗教生活的一个典型特征。美国宗教历史学家悉尼·阿尔斯特罗姆（Sydney E. Ahlstrom）在其著作《美国人的宗教史》里，[1] 曾将“美国教会的伟大传统”概括为以下五点：宗教自由的现实，教会与国家相对分明的分离，“宗派主义”（denominationalism）的观念，在教会成员及支持方面的“自愿原则”（voluntaryism），以及伴随着美国具有神圣赋予使命这一信念而来的爱国式虔敬。其实，这些特征彼此之间是互为发明和互为促进的。美国推行的宗教自由试验，导致了某种程度的政教分离局面，并进而促进了宗教自愿论。而宗教自愿论及其伴随性创新，则又构成了各种具体宗派或教派在宗教自由与平等基础上，在宗教多元局面下，进行自主与自立发展的生存机制与活力源泉。在某种意义上，宗教自愿原则可以被看作贯通这五点特征的一条核心线索。可以说，这

---

1 Cf. Sydney E. Ahlstrom, *A Religious History of the American People*. Yale University Press, 1972, p. 379.

一原则对于美国宗教生态的发展与特征具有十分重要的影响。

有人曾主张在作为哲学术语的"voluntarism"(多译唯意志论),与作为宗教术语的"voluntaryism"(多译自愿论)之间作出某种区别。但宗教学术界并没有接受这种建议,而是将这两个术语看作可以互换的同义词,并统称为宗教自愿论或自愿主义。美国宗教自愿主义或自愿论,主要是指,按照宪法规定特别是不确立宗教规定,对各类宗教机构的支持与发展应依靠自愿性支持与奉献,而不是其他任何强迫手段或法律规定。宪法的这种规定,使得各种宗教或教派都处在了独立自主的发展态势之中。各种宗教信仰自身的吸引力与说服力,以及信徒与教会的外延拓展策略与能力,就成为在宗教信仰这一"自由市场"竞争中获取追随者与信众的关键。人们面对各种不同的信仰,完全按照个人自愿原则,单纯根据每种宗教信仰自身的魅力,来决定追随和信奉哪种宗教。所以说,宗教自愿论以宗教多元论为前提,并包含了一种竞争精神,体现了宗教平等与自由精神。

在某种意义上,宪法"宗教条款"通过禁止确立官方宗教,通过禁止对某种宗教作出偏袒与优惠,而使各种宗教完全建立在平等和自愿原则上。宪法的这种规定,就像是为这个"信仰或观念的自由市场"解除了"管制",使得这个市场得以在自由竞争机制下展开自己的运作。在这个"自由市场"里,不是冷冰冰的理性主义信徒,也不是四平八稳的老派正统信徒,而是扎根于大众,并从中获取自己养分的福音派和宗教奋兴主义者,发挥出了最大程度的主观能动性,得到了最大的利益和成功,成长为当代美国宗教的主体或主流信仰形式。

特别值得一提的是,在这种宗教自愿主义和自由竞争主义原则下,受益最大的宗教运动就是美国福音派。在20世纪上半叶,经过基要派和自由派的洗礼,福音派通过调整社会文化策略,使得传统福音信仰重新展现了相关性与吸引力,并重新融入了美国主流社会生活当中。其实,福音派在北美具有源远流长的传统,并对美国社会大众产生了广泛的影响。这一点仅从层出不穷的大众福音布道家那里就可以略窥一斑。譬如,最著名的福音布道家就包括查尔斯·芬尼(Charles G. Finney,1792—1875年)、德怀特·穆迪(Dwight L. Moody,1837—1899年)、比利·桑戴(Billy Sunday,1862—1935年)、葛培理(Billy Graham,1918—)和帕特·罗伯逊(Pat Robertson,1930—)等人。不断涌现的大众福音布道家,成为北美保守派基督教阵营保持和焕发生命力与吸引力的一个显著标记。

一般说来，福音派宣扬的福音，是指圣经见证的，有关上帝为世人获得精神与生命救赎，而在基督里并通过基督的人格与事工所作救赎的讯息。耶稣基督的道成肉身、赎罪性死亡以及肉体复活构成了基督教福音的实质。就其发展阶段及特征而言，18、19世纪发展起来的宗教奋兴主义或虔敬主义福音派，强调的是个体灵性皈依、恩典的领受和圣洁的信仰生活。从20世纪40年代兴起至今的当代福音派，强调的则是圣经权威论、基督中心论、个体灵性皈依和社会精神变革。福音派自20世纪后期以来，到目前为止，已成为当代美国基督教新教中发展最快、信众最多、宗教热情最高以及宗教活动最为活跃的跨宗派宗教运动。福音派作为美国社会影响巨大的宗教与神学运动，对美国政教关系的走向与特征亦产生了深远影响。其中，福音派倡导的“合作但不妥协”的社会文化策略，可以说为美国政教关系的探索与实践增添了新元素与新向度，并将美国政教关系推向了一个新领域。

第五节　福音美国化对政教关系的影响

渐趋“激进与严格”的政教分离论

在19世纪后期与20世纪初期的大半个世纪里，大规模欧洲移民带来的人口激增，以及工业化、城市化、商业化带来的社会变迁，为美国社会生活带来了前所未有的挑战，使得政府及法律与人们的生活更为密切相关。这一时期，宗教多元化获得高度发展，同时也是美国基督教新教的大发展时期。层出不穷的宗教运动，数不胜数的宣教组织，形形色色的准教会机构，这一切都使得基督教新教实际上构成了美国的非官方或非正式“确立宗教”。虽然政府没有从法律和财政上对任何宗教形式予以官方确立，但是基督教新教通过广泛影响社会文化，而使基督教新教与当时的民事权威紧密结合在一切，双方在各自独立与自治的基础上，形成了一种相辅相成、相互促进的紧密合作关系。新教信仰通过非官方、非正式形式，在事实上成为全国性确立宗教，并在各个方面将社会政治生活，纳入了自己信仰的议程与方案。这个时期政教关系的特征，就是“全然分立，但友好合作”。至于“分离”这个概念，对于这种关系的双方来说，都是一个过于苛刻的术语，都是一种无法承受和不堪设想的限制。

严格说来，“政教分离”（separation between church and state）是包括在“政教关系”（relationships of church and state）下面的一个重要分支概念，与其形成并列关系的还有“政教合一”“政教合作”“政教对立”等概念。所谓“政教关系”，一般是指两类不同权力在宗教、社会与政治领域内的体制性相互作用。这两类不同机构及其所行使的权力，在组织人们生活上具有不同的意趣与指向：一种涉及的是以尘世生活本身为目的的尘世生活，一种应对的是以精神或灵性为目的的精神生活。并且，在这两种不同目的与指向的生活之间，还存在着既可以表现为合力，又可以表现为张力的关系。所谓政教分离，顾名思义，是指“政”与“教”这两个不同领域的区分，这也是最基本和最狭义地理解政教分离概念。在更广义方面，政教分离还可以指“政”与“教”这两个不同领域的各自独立，各司其职，这也是通常意义上理解的政教分离概念。而在最宽泛意义上，政教分离还可以指“政”与“教”这两个不同领域的一种相互排斥、相互对立，两者完全处于相互隔绝和孤立的状态，这也是一种严格的政教分离概念。从 19 世纪以来，在美国社会逐渐发展起来的政教分离原则，主要是第三种意义上的严格分离原则。事实上，当把政教之间的分离上升为一种原则、一种主义或一种学说的时候，这种分离就具有了由温和转向激进的内在逻辑与行动驱力。它在历史中逐渐达致其逻辑顶峰，也就是预料之中的事情了。

19 世纪 30 年代，当新英格兰最后一个州，亦即马萨诸塞州，终止对本州任何宗教提供官方支持时，政教分离作为一种一般原则，似乎开始成为“美国意识”的一个特征。但是对于大多数美国民众来说，政教分离作为一般原则与作为具体举措之间，似乎还存在着一种含混的不对等性。换言之，许多人也许能够接受作为一般原则的、仅仅限于体制组织上的政教分离，但如果政教分离进而意味着各级政府停止对宗教机构提供援助或停止在公立学校举行祈祷仪式，那么大多数美国人，至少在第二次世界大战以前，是不会接受那种形式的所谓政教分离原则的。有学者对 19 世纪初期在新英格兰发生的“非确立宗教”运动，曾作出如下评论：

> 19 世纪初期，在新英格兰各州发生了政府与宗教的分离，但这种分离无关乎“第一修正案”。它是美国社会民主化的结果，是美国宗教动态发展的

结果，具体地，是福音派“海啸”“第二次大觉醒运动”的结果。[1]

而大多数人所理解的政教分离，只是限于对宗教与民事两个不同领域的区分，只是限于在体制组织形式上的互不干涉。如果这种分离原则进一步扩大化，将“政”与“教”变成了相互排斥和隔绝的领域，那么当时大多数人都是无法接受的。这还需要一个长期的积累与发展过程，才能使大多数人从正面接受这样一种严格分离概念。

政教分离随着时代与社会的发展，由于宗教与政府这两个概念的多元化发展，而变得越发复杂。“宗教”这一指涉的多元性分化，包括三个层面，一指在基督教新教范围内各宗派或教派之间；二指基督教各大分支之间，特别是新教与天主教之间；三指基督教与其他不同种类宗教之间，譬如基督教与犹太教、伊斯兰教、佛教以及各种原始宗教之间。“政府”也包括三个层面，分别可以指涉联邦、州以及更为具体的各种地方政府。所以，在很长一个时期内，不同的人都在谈论着政教分离，但各人都有各自不同的理解。换言之，同样都坚持政教分离，但不同人有不同的含义和指涉。有学者面对美国的这一特殊状况，亦即并不存在单一实体性的“政”与“教”，特别指出：

> 显而易见，各种各样的灵性权威结构在相互作用着，并与一系列尘世权威结构在相互作用着。在美国，我们没有“教会”与“国家”，而有“诸宗教”与“诸政府”——全都在社会中相互作用着。一些人认为，理想情形是，完全放弃这种指称，转而寻求一种更为符合美国经验的指称。[2]

尽管如此，政教关系这一传统的实质性指涉，在美国仍然存在着，但却具有了新的形式和内涵。这种新形式与新内涵，最显著特征就是，在“政”“教”以及“分离”这三个概念上，由“狭义”理解逐渐转变为“广义”理解，由个别指

---

1 James H. Hutson, *Church and State in America: The First Two Centuries*. Cambridge University Press, 2008, p. 163.

2 John F. Wilson & Donald L. Drakeman eds, *The Church and State in American History: Key Documents,Decisions,and Commentary from the Past Three Centuries*. Third Edition, Westview Press, 2003, p. 2.

涉逐渐转变为一般指涉，由具体事物逐渐转变为形式原则，从而也就使得政教分离逐渐由温和转变为激进，由不彻底转变为彻底，由友好转变为敌对。而政教分离，也就由一种概念上升为一种学说，进而被确定为一种标准或原则。

“本土排外”与“仇视教权”的激进社会思潮与运动

作为宗教信仰与意识形态及爱国主义相结合的产物，美国主义（Americanism）泛指在上帝指引下，美国人民作为上帝特殊拣选的民族，被上帝赋予了特殊的使命，亦即，奉行民主平等、宗教自由与政教分离等基本原则，并有义务将这种生活方式推广到全人类。与所谓美国主义兴起遥相呼应的，是本土排外主义（nativism）的流行。19世纪后期，本土主义者以反对愚昧落后和奴隶制为名，将美国南部的黑人奴隶制、犹他地区摩门教对妇女的奴役，以及西海岸雇主对华人劳工的奴役联系在一起，在主张自由平等的名义下，掀起了排外主义浪潮。一时间，涌现出了形形色色的本土排外主义组织，譬如，格兰特总统曾成为其会员的“一无所知党”（the Know-Nothing Party）。出于对天主教移民的担忧，出于对非美国化异质感的恐惧，本土排外主义者（nativists），这些在美国本土出生的极端新教徒或世俗爱国分子，开始着重强调“美国身份认同”中的新教特征与国家特征。

专门针对罗马天主教的信仰及其特征，并为了消解天主教作为一个精神团体所构成的潜在威胁，这些本土排外分子开始强调精神独立与政教分离。摆脱了教会权威特别是罗马教廷与主教制权威的精神独立，以及限制了宗教政治影响和进行“亚文化”建设的政教分离，成为本土排外分子及一切激进社会组织界定和强制推行所谓美国化或美国主义的主要标志与追求。随着这种被扭曲的美国主义的流行，宗教自由的形式与内容也受到了重新诠释。正是由于美国大众在心理与认识上发生了这种转变，他们才开始重新界定他们的宗教自由概念，并将他们的宗教自由等同于一种过于简单化的政教分离原则。这就意味着，与政教分离逐渐广义化与一般化的发展趋势相对立，宗教自由概念与理解，同时也正在变得越来越狭义化和具体化。按照严格政教分离原则界定与理解的宗教自由，只能是一种受到篡改、删削和扭曲的宗教自由，只能是对宪法保证的宗教自由这一基本权利的某种侵犯与亵渎。不过，在人们最终认清这种危险之前，许多人在美国主义的爱国幌子下，自觉或不自觉地默许或接受了这样一些观念与原则。

随着本土排外主义和反罗马天主教主义的兴起，政教分离似乎变得流行起来了。在19世纪后期和20世纪早期，“政教分离”甚至还变成了一种政治抉择，成为判定民众“政治正确”和“信仰正确”的标签或试剂。“在较早时期，人们曾使用过‘政教分离’这种表述，但却使用甚少；使用的核心也正当地集中于自由与平等问题上。而如今，这种表述为‘政教合一’这种说辞方便地提供了一种抗衡表述。如果认定天主教代表了后者，那么头脑清醒的美国人就应聚集在前者周围。”[1]

对此，菲利普·汉堡教授指出，所谓的政教分离，既不是那个时期不从国教派信徒譬如浸信会所要求的宗教自由，也不是宪法“第一修正案”所想要保障的宗教自由。只是从19世纪中期起，在大多数人的认识发生了变化以后，才发生了这种理解上的偏差。亦即本土排外派新教徒、神学自由派以及反基督教的世俗主义者，出于反对罗马天主教的共同诉求，出于对教会团体权威的排斥与警觉，出于根深蒂固的个人主义与独立精神，而被迫将政教分离等同于宪法“宗教条款”规定，被迫将政教分离等同于宗教自由原则，被迫将几乎被人遗忘的杰斐逊“分离墙”表述等同于宪法的权威解说。

正如菲利普·汉堡教授指出的，政教分离所保护的，与其说是一般性的个人自由，不如说是那些有意识独立于教会者或排斥宗教者的极端个人自由；而真正的个人自由，包括宗教自由，因政教分离原则，反而受到了严重削弱：

> 政教分离不仅背离了美国宪法所保证的宗教自由，而且还削弱了这种自由。在1800年选举中，共和党利用分离观念，限制了神职人员在政治问题上的言论。从19世纪中期开始，新教徒反复利用这个概念，来否定天主教徒在公共资助学校方面的平等权利，并阻碍了天主教的政治行为。在19世纪70年代，“全国自由联盟”试图利用政教分离观念，来限制宗教团体的政治参与，并质疑了另外一些有利于这些团体、受到这些团体影响或者与这些

1 Martha C. Nussbaum, *Liberty of Conscience: In Defense of America's Tradition of Religious Equality*. Basic Books, 2008, p. 217.

团体特有道德义务相一致的世俗法律。如今，许多美国人还仍然从分离论中不时得出这样的结论。譬如，以这个原则为基础，许多美国人质疑其他人以其特有宗教观影响政治的权利，一些法院则限制了宗教组织在完全世俗基础上接受政府惠助的权利。更一般地，分离论限制了政教之间的其他宪法性关联。它甚至还在宗教中间形成了歧视对待，因为它更为严重地限制了那些其宗教属于“教会”或宗教团体的人，而不是那些仅仅具有个人宗教性的人。在所有这些方面，原本是限制政府的“第一修正案”，都被直接解释为限制宗教了。[1]

就发展阶段而言，如果说美国的本土排外主义在1850年至1880年间形成了一波高潮的话，那么在第一次世界大战和第二次世界大战之后，又分别形成了各自的高峰期。与所有本土排外主义高峰期相对应的，都是大批移民潮的出现，社会文化的动荡与重组，对罗马天主教所谓权威主义与集体主义的仇视，以及对严格政教分离原则的鼓噪。19世纪后期的“布莱恩修正案”，曾试图将“政教分离”这种表述形式直接写进美国宪法。而在第二次世界大战后，“政教分离”又成为新本土排外主义者聚集同类的口号和攻击异类的咒语。英语世界一大批左派知识精英，譬如约翰·杜威（John Dewey，1859—1952年）、伯特兰·罗素（Bertrand Russell，1872—1970年）、保罗·布兰沙德（Paul Blanshard，1892—1980年）、布兰德·布兰沙德（Brand Blanshard，1892—1987年），也从各自的自由主义立场上，加入了反宗教权威主义的阵营。这些文化精英，大都属于无神论者或人本主义者，大都认为宗教是愚昧落后的，希望能够以世俗主义意识形态取代一切教会权威。在这些人那里，政教分离作为一种方便口号，也具有了一些新含义，成为限制宗教甚或消灭宗教的辅助工具。

本土排外主义、仇视天主教狂潮以及反对教权主义的社会思潮，在许多时候会在严格政教分离论的幌子下交织凝聚，促成形形色色的极端个人与组织。这一点甚至在教会内部产生了一定回应与拥护者。其中的代表人物，就有马丁·约瑟夫·道森（Joseph Martin Dawson）。道森作为一位南方浸信会的牧师，曾担任

1　Philip Hamburger, *Separation of Church and State*. Harvard University Press, 2002, pp. 483-484.

位于美国首都的浸信会公共事务联合委员会（the Baptist Joint Committee on Public Affairs）主任一职。其思想由基督教基要主义逐渐转变为自由主义，并接受了"政""教"应当"完全分离"的立场，尽管这种立场无法与浸信会有关宗教社会作用的传统教义相协调。道森坚持认为，严格政教分离原则就是美国宪法的规定，就是浸信会追求的宗教自由，从而成为教会内部倡导严格分离论的代表人物。一直到20世纪后期，美国浸信会才正式宣布放弃了这种严格分离论原则。

在众多的本土排外主义组织中，在"美国内战"后兴起的"三K党"，就是最引人注目的一个极端准宗教团体。到20世纪20年代，当发展至高峰期时，"三K党"在全国拥有多达五百万正式成员以及无数同情者，成为一个具有巨大政治影响力的全国性组织。"三K党"强调种族骄傲与忠诚、爱国主义和精神独立，并把"政教分离"吸纳为其"美国主义"的一部分。一些重要政治人物曾加入过这个激进组织，并在后来的政治生活中，自觉或不自觉地反映了该组织的某些宗旨与原则。譬如，后来成为联邦最高法院大法官的雨果·布莱克（Hugo L. Black，1886—1971年），就是这样一个著名实例。

雨果·布莱克是一位来自美国南方阿拉巴马州的开明派浸信会信徒。在20世纪20年代与30年代，布莱克与"三K党"过从甚密，并成为该组织的一名正式成员。早在20年代初，在伯明翰轰动一时的"一名卫理公会牧师杀害了一名天主教神甫"案件中，雨果·布莱克就为同为"三K党"成员的被告作了法庭辩护，并使后者无罪释放。但从30年代后期起，当布莱克成为更为重要的政治人物后，为了不影响其仕途并保护其免遭非议，布莱克在形式上退出了该组织，并刻意淡化了自己先前的这段经历。但毋庸置疑的是，"三K党"主张的严格"政教分离"观点与反罗马天主教倾向深深影响了布莱克，并在其以后的政治与司法实践中，留下了依稀可辨的印痕。

就像其他许多关注政教关系的社团或组织一样，美国公民自由联盟（American Civil Liberties Union，简称"ACLU"）在20世纪美国政教关系问题上，特别是在有关宗教问题的法律诉讼方面发挥了重要作用。美国公民自由联盟是美国最大的私人律师公司之一，也是最古老的政教分离派组织之一；在全国五十个州拥有数十万名成员和两千名志愿服务律师。这个政治团体因长期坚持严格政教分离原则以及自由派倾向，而被传统派和保守派看作"反基督教""反宗教"组织。其实，它的前身是在第一次世界大战初期产生的一个旨在保护言论自由等公民权利的组织。从20世纪20年代起，它开始发展成为一个独立的民间组织。其事务涉及范围涵盖美国宪法列举的所有个人自由与权利。该组织遵循托马斯·杰斐逊的立场，所应对的主要是那些明显有违和平与秩序的行为而非激进言论。该组织的主要活动是提供志愿法律服务，以在各级各类法院，通过法律捍卫他们所主张的公民自由权利。从1947年“埃弗森案”起，该组织积极卷入或参与了许多有关政教关系问题的法律诉讼案件，譬如“埃弗森案”“麦科勒姆案”“佐拉赫案”“恩格尔案”等。

“公民宗教”杜撰的“政教一体关系”

20世纪60年代，美国宗教社会学家罗伯特·贝拉（Robert N. Bellah，1927—2013年）通过研究日本文化与信仰，而开始反思美国公共生活中的宗教地位与影响，由此逐渐形成了后来“公民宗教”概念的雏形。“公民宗教”这个概念，最早出现在罗伯特·贝拉的一篇论文里，接着被收录在了他的一本论文集里，并受到了学术界的广泛关注。[1]“公民宗教”这个术语及概念出现后，在美国学术界迅速掀起了讨论热潮。人们对这个概念的适当性及其指涉着何种现实众说纷纭。但解铃还须系铃人。鉴于这个术语有意识或无意识地受到了诸多歪曲和误解，特别是有些人开始将“公民宗教”看作对国家的偶像崇拜，从80年代起，正是罗伯特·贝拉本人，开始有意识地回避并最终放弃了这个术语。同时由于在80年代美国社会出现了保守转向，学术界对“公民宗教”的讨论也逐渐失去了兴趣。

简单说来，罗伯特·贝拉教授在20世纪60年代中期提出了颇具争议性的“公民宗教”概念，并在美国特有的生活方式与价值观中，指出了一种与传统教会并行存在，但又有别于传统宗教的高度体制化的“公民宗教”。尽管贝拉认为“公民宗教”这个术语来源于启蒙思想家卢梭，但其具体形式与内容则肇始于18世纪晚期的美国社会。其实早在1749年，本杰明·富兰克林就曾提出过“公共宗教”

1　Cf. Robert N. Bellah, “Civil Religion in America,” *Daedalus*, 96（winter 1967）. Reprinted in Robert N. Bellah, *Beyond Belief: Essays on Religion in a Post-Traditional World*（Harper & Row, Publishers,1970）.

（Publick Religion）这一类似概念。美国开国者尤其是最初几位美国总统所持的温和自然神论，成为所谓公民宗教的原型与参照。随后这种温和自然神论，通过与美国特有生活方式和价值观结合在一起，而构成了所谓美国公民宗教的主要内涵与形式。

"公民宗教"（civil religion）当然是相对于"教会宗教"（church religion）而提出的。它更为强调公共意义的超越。公民宗教学说对美国某些历史与政治事件进行了"宗教化"的重新建构。公民宗教喜欢采纳的口号是："一个国家，在上帝统治下"（One Nation Under God）。这个口号具有多层含义，既指一个统一的国家，也可以指在上帝统治下"唯一的""最好的""有领导地位的"或"特别的"国家，并表明了美国从其历史开端时起，就接受了上帝独一无二的呼召，肩负着一种前所未有的特殊使命。[1] 在这种宗教性解释里，爱国热情披上了华丽的宗教外衣：美国人成为上帝拣选的子民，美国成为作为世人榜样的"一座建造在山上的城"，并肩负着某种神圣的使命；美国的起源被看作上帝旨意的指引与实现；清教徒移民先驱跨越汹涌的大西洋，被比附为圣经记述的跨越红海和约旦河的壮举；清教徒开创的马萨诸塞殖民地被看作新的应许之地和新耶路撒冷；"剑桥纲领"被看作一部新的盟约；殖民地的成功与失败被看作是否遵从上帝旨意的直接后果，等等：

> 与其他国家人民相对比，美国公民宗教，将其人民描述为敬畏上帝的属灵者、宗教自由的拥护者，并在许多方面都是上帝有意拣选出来的，以在世界上执行一种特殊使命的民族。[2]

在所谓"公民宗教"里，国家、社团、社会或者某种意识形态，取代了传统上帝所占据的宝座，并通过种种象征与仪式，要求人民就像对待宗教那样，将终极忠诚或荣耀归于自己。这样一种公民宗教，既可以采用有神论的外在超验形式，也可以采取无神论的内在超验形式。如果是有神论形式，就会表现为一种改

---

1 Cf. Robert Wuthnow, *The Restructuring of American Religion: Society and Faith since World War II*. Princeton University Press, 1988, p. 246.

2 Ibid., 244.

头换面或乔装打扮过的偶像崇拜形式，并以一种变异或虚假方式行使其祭司功能或先知功能。如果是无神论形式，就会表现为一种意识形态，“公民宗教”因此也常常被正统信仰攻击为“世俗人本主义”。原本瞄准宗教之永久与普遍要素的公民宗教，很快就呈现出时效性与教派性特征。它的多样化分化，很快就使得它成为它原本想要涵盖或统一的这个多样化信仰世界里的一员或一分子。而它杜撰出来的那种政教一体化模式，也就只能是起于假说并终于假说了。

由分离论“受害者”转为“支持者”的天主教徒

天主教移民的持续激增，使得美国的宗教教派版图发生了重大变化。如果可以把天主教像新教其他宗派那样加以看待的话，到 19 世纪中期，天主教已经成为美国最大的宗派。天主教的发展与增长，开始对美国作为事实上的新教国家这一主导地位构成了真正的挑战。首先，天主教信徒在教会管理和运作形式上，与新教徒明显不同。许多新教徒已经将他们自己的宗教组织方式，与所谓的“美国方式”等同在一起。在他们看来，明显不同于新教方式或美国方式的天主教教会属于专制形式，并力图促使天主教教会模式“美国化”。当天主教徒拒绝向这种“美国方式”靠拢时，他们就体会到了一种深深的异质感和疏远感，以及由这种感觉引发的恐惧与不安，并进而上升到国家身份认同和国家统一性的高度，开始对构成了异质因素的天主教信徒采取限制与强迫的方式。

其次，规模庞大的天主教信徒，形成了自己独有的或占据主导地位的社团，形成了某种自成一体的“亚文化”系统，他们建立起了一套有别于传统新教教育的学校教育系统。天主教徒建立起的一系列教区学校，实质上发挥着当地公立学校的教育功能，并且天主教也通过纳税支持着公立学校的开支，那么天主教开办的教区学校，是否能够像普通公立学校那样接受当地政府的财政支持呢？这成了争论和诉讼的一个焦点问题。而且，即使天主教徒子女选择进入当地公立学校就读，他们也会要求学校尊重自己的特有信仰。这就对公立学校许多沿袭已久的惯例构成了挑战，譬如采取的圣经版本和采纳的祈祷文本，譬如遵守的祈祷仪式和宣誓誓词。

最后，天主教还开始塑造具有自己特色的社会文化，并进而开始影响整个美国的社会文化特征与属性。不仅如此，逐渐强大起来的天主教，还开始挑战美国社会文化精神的根基与核心，并力图在其中发现自己的建设性因素与成分。这在许多信奉传统文化的美国人看来，无疑构成了一种异己与分离的因素。

发生在1840年纽约城的天主教学校资助问题，就集中体现了逐渐增长着的天主教势力对占据主导地位的新教传统惯例所提出的质疑和挑战。纽约城是爱尔兰天主教移民的主要聚集地区，随着天主教势力在这一地区的迅速增长，1840年，他们在约翰·休斯（John Hughes, 1797—1864年）领导下，开始有勇气对该城公立学校基金分配制度提出质疑。

与纽约州其他地区的做法不同，纽约城采取了全城统一分配公立学校基金的体制，并将基金主要分拨给了由公立学校协会监管的那些学校。公立学校协会下属的那些公立学校，虽然在性质上属于公立，但在实质上具有明显的新教特征，譬如进行具有新教特色的宗教与道德教育，以及采纳詹姆斯王本圣经为学校指定用书。从1825年起，当地的天主教学校，就一直在寻求获得平等待遇，以使自己开办的学校能够像其他公立学校那样获得资金拨款。但纽约城教育当局笼统地以法律禁止“政教联合”为由，拒绝了天主教学校的权利诉求。由此，在纽约城掀起了一场其影响波及全国的、有关学校资助问题的大争论。天主教学校的平等要求，极大地震动了那些对社会新教性质持理所当然态度的新教徒。随着争论的深入，越来越多的人开始发现，在新教徒眼里一直属于中立或公正的做法，其实只有一层中立或公正的外衣；如果深究下去，就会发现包括公立学校资助在内的许多传统做法，实际上都或多或少偏袒或迁就了基督教新教。许多为传统做法辩护的人，由于在情理与逻辑上的窘迫，最终大都只是僵硬地诉诸政教分离原则，以拒绝天主教方面提出的权利主张。

就这场争论而言，最终，由于天主教方面的质疑，纽约城公立学校基金，在40年代初，由全城统一拨付更改为由地方社团管理。但从这场大争论中传布开来的政教分离观念，却成为一些人保持新教特权和拒绝其他教派平等权利的挡箭牌，也成为使内部相互争斗的新教教派统一对外的凝聚剂。但这里存在着一种潜在的危险。严格的政教分离原则，实质上是一把“双刃剑”。在某种立场上，它的确有利于基督教新教限制罗马天主教，但在另一种立场上，它也可以被罗马天主教反过来限制基督教新教。基督教新教在利用现有限制条件限制天主教时，其自身作为一种宗教信仰，往往并不能完全游离于那些限制条件之外。美国天主教徒和其他非主流宗教徒，很快将会发现并利用这一点。

由此伊始，随着天主教教会以及其他非主流宗教势力在各地的日益多元化和稳步发展，越来越多的人开始质疑作为惯例沿袭下来的一些基督教新教做法。譬如俄亥俄州辛辛那提市的公立学校有一项沿用近半个世纪的惯例，学生在开课前要诵读一段圣经经文。由于一些学生家长对学校采用新教圣经版本的做法提出了异议，学校不得不允许学生采用各自偏爱的圣经版本。随着对宗教指导与教育内容及方式的不满越来越多，当地公立学校管理当局最终于1869年决定，学校放弃一切圣经诵读与宗教指导的传统做法。一些不满学校当局这一决定的人，于是提起了诉讼。俄亥俄州最高法院在审理此案时，支持了公立学校当局的规定，同时，对宗教自由采取了广义理解，并遵循了一种所谓的政府“不介入原则”（the doctrine of “hands off”），来处理政教关系以及宗教彼此之间的关系。[1]

如此一来，罗马天主教徒就在所谓“美国经验”中，完成了一种策略转变。他们在自愿或不自愿地按照所谓政教分离原则“洗清”自己的同时，开始转而通过支持这项原则，来质疑和挑战基督教新教实际享有的种种确立与优势地位，开始利用新教原本寻求限制自己的同一原则，来“以彼之道，还施彼身”地对基督教新教施加同样的限制，从而谋求一种“平等基础”上的宗教自由实践。

天主教这种策略转变，突出地表现在谋求政治权利的进程中。早在1927年，罗马天主教徒艾尔弗雷德·史密斯（Alfred E. Smith）在竞选美国总统选举中，就针对人们对其信仰的怀疑作出了有力答复。有人质疑，他在对天主教信仰的宗教忠诚与对美国的爱国忠诚之间存在着矛盾。艾尔弗雷德·史密斯答复说道，这种矛盾完全是凭空杜撰出来的，他多年来的宗教生活与政治生活已经证明了这一点：

> 总结一下我作为一名美国天主教徒的信条。我信奉按照罗马天主教会的信仰与实践来崇拜上帝。我承认我的教会各机构无权干预美国宪法的运作或本国法律的实施。我相信这是一种权利而不是一种恩惠，即所有人良心的绝

1　Cf. John F. Wilson & Donald L. Drakeman eds, *The Church and State in American History: Key Documents, Decisions, and Commentary from the Past Three Centuries*. Third Edition, Westview Press, 2003, pp. 122-128.

> 对自由，以及所有教会、教派与信仰在法律面前的平等。我相信政教的绝对分离，以及严格执行宪法的规定，即国会不得制定法律以确立某种宗教或禁止其自由活动。[1]

艾尔弗雷德·史密斯在这份对政敌答复的末尾，还表达了这样一种强烈渴望：在这块土地上，任何政治性公众仆人都不应再因其信仰而遭受挑战或质疑，因为政教之间完全是分离的。

天主教对政教分离原则的肯定，在后来进一步得到了强化。1960年总统选举中，在征求了耶稣会士约翰·默里的意见后，约翰·肯尼迪更进一步阐述了天主教徒有关政教分离的立场。在约翰·肯尼迪看来，一个人的宗教观是他自己的私事，一个总统的宗教观也是总统自己的私事：

> 我不是天主教总统候选人。我是民主党总统候选人，碰巧也是一位天主教徒……在公共事务上，我不是为教会而发言，教会也不是为我而发言。[2]

在约翰·肯尼迪看来，美国选民应当明白这一点：他信奉哪种教会并不重要，重要的是他信奉哪种美国。他说：

> 我信奉一个政教绝对分离的美国：在那里，天主教教长不会告诉总统（如若他是天主教徒）如何去做，新教牧师也不会告诉教区居民去选举谁；在那里，公共资金或政治优惠不会提供给教会或教会学校；在那里，任何人都不会仅仅因为他的宗教不同于可能任命他的总统或可能选举他的人民，而被剥夺公共职务。[3]

在20世纪60年代，耶稣会士约翰·默里对罗马天主教接受美国宗教自由观

---

1 Cf. John F. Wilson & Donald L. Drakeman eds, *The Church and State in American History: Key Documents, Decisions, and Commentary from the Past Three Centuries*. Third Edition, Westview Press, 2003, p. 185.

2 Ibid., 191.

3 Ibid., 189.

念作出了里程碑式的贡献，使得宗教自由与天主教原则走向了和谐。1965年第二届梵蒂冈大公会议发布了“宗教自由宣言”。罗马天主教正式放弃了已经奉行一千六百年之久的做法，亦即神圣权威与世俗权威合作，以促进社会的公共利益。在经过长期冲突与不和之后，天主教徒与新教徒终于可以在宗教自由问题上达致和谐了。“宗教自由宣言”使得美国天主教徒摆脱了一个长期困扰他们的窘境，使得他们可以正当接受美国的宗教自由观念，而不再被视为奉行不宽容政策的异己分子了。而美国基督教新教特别是福音派，之所以愿意与罗马天主教徒在某些社会文化问题上采取协调行动，也是因为他们共同作为宗教信仰者，而深深体会到了来自世俗主义与不信仰那日益强劲的压力。

政教关系问题：从立法与行政领域向司法领域的转移

在联邦宪法“第一修正案”及其“宗教条款”获得正式批准后的一个多世纪里，“宗教条款”作为联邦宪法规定，很少有机会成为处理实际的宗教问题或政教关系问题的依据，而宗教问题也很少被反映到联邦层面上来。这主要是因为，在宪法“第十四修正案”“正当程序条款”通过吸收合并原则，将宪法“第一修正案”直接应用于州政府和地方政府以前，联邦宪法“宗教条款”主要限制的是联邦政府特别是其立法机构。相应地，对宗教及其实践问题的管辖权，也就被保留给了各个州政府及其立法机构，并主要是各个州政府来对各自的宗教事务作出规定和处理。在某种意义上，各个州政府即在各个州范围内，享有处理宗教问题的终极权威。各个州政府的立法、司法和执法分支，在各自管辖范围内，可以对处在各自管辖权下的宗教问题作出最后或最终裁决。

但这一局面，从19世纪末以来，开始逐渐发生变化。从那时起，联邦最高法院开始通过吸收合并原则，逐步使“第十四修正案”的自由规定吸收了“第一修正案”的自由权利保证，并将“第一修正案”保证的包括宗教自由在内的基本人权等规定，通过“第十四修正案”相关规定应用于各个州。尽管这一吸收合并原则的正当性和合宪性一直处在争论之中，但这一吸收合并过程还是在稳步推进，并于20世纪40年代完成了对“第一修正案”“宗教条款”的吸收与合并。相应地，从20世纪40年代以来，由于涉及政教关系的问题，大都以诉讼案件形式最终被提交到联邦最高法院来裁决，所以联邦最高法院逐渐成为仲裁政教关系问题的最高民事权力机构。

这样，处理政教关系问题的主要官方机构，就从立法机构与执法机构转移到了司法机构，从州政府和地方政府转移到了联邦政府。联邦政府的司法分支，特别是联邦最高法院，凭借司法审查原则，一跃成为解释和处理宗教问题的最高和最终权威。联邦最高法院对“第一修正案”“宗教条款”的解释与应用，对各个具体宗教案件作出的裁决和表明的法院意见，也就成为人们关注政教关系以及其他宗教问题的焦点与核心。联邦最高法院对宗教问题案件的处理，在某种意义上，就像一个“实验室”，集中检验着美国宗教自由的性质与限度；又像一个“竞争场”，成为持不同立场的个人与团体主张和推行美国宗教自由理念的场所；还像一个“展览馆”，以典型的方式陈列和展示着美国宗教自由试验的历史与现状。

第二部分

在司法中的应用与实践

"法律的生命力不是逻辑而是经验"

——大法官小奥利弗·霍姆斯

（Oliver Wendell Holmes, Jr., *The Common Law*. Boston: Little, Brown & Co., 1881, p. 1.）

第四章

联邦宪法规定的“宗教条款”

引论：在理解“宗教条款”上的混乱、争执与分裂

美国的宗教自由是由宪法规定和保证的。在美国政教关系发展历程中，在18世纪后期，联邦立法机构发挥着至关重要的作用；在19世纪，联邦行政或执法机构可以说扮演着重要角色；而从20世纪至今，联邦司法机构特别是联邦最高法院占据了舞台中央。如果说美国的宗教自由实践是人类一项伟大的试验，那么在20世纪，美国最高法院就变成了这项宏大试验的一个核心和焦点，各个法院就像“科学实验室”一样，集中检验着美国宪法的宗教规定，及其所保证和体现着的宗教自由。

一个自由民主社会的法律，当然是总体性和非甄别性的，并归根结蒂是大多数人意志和利益的表现。当大多数人的权利得到保障时，少数派的权利与自由是否能够得到尊重和保证，就成为衡量这个社会自由与权利属性的最重要指标。宗教少数派在多大程度上能够免予中性的、普遍适用的现行法律的限制，体现着一个社会的宗教自由与宽容度。当体现多数派利益与兴趣的法律普遍适用于整个社会时，在那种法律规定下感到不适，或与某些法律规定相抵触的少数派，应当通过适当法律程序获得某种形式的豁免权或例外权。一个社会对少数派利益的这种体谅、照顾或迁就，体现着这个社会自由的限度和特质。这一点对于各级法院的司法实践和判决，无疑具有最为直接和明确的意义。

不幸的是，从20世纪40年代以来，联邦最高法院在宗教问题的处理上，似乎越来越深地陷入了一片混沌之中。法院没有清晰一贯的原则，轻易引进一些经不起检验的检验标准和机制，不恰当地利用某种比喻或隐喻来概括宪法意旨，这

一切使得人们越来越无法信赖法院保护宗教自由的最后屏障作用。造成这一局面的原因是多方面的。其中很重要的一点就在于，人们在一个相当长时期内，忽视了宗教信仰的特殊性，并试图将宗教与其他事物一视同仁。这种刻板或表面的"平等"，往往会对良心与信仰这一极其敏感与复杂的领域造成新的伤害。宗教是特殊的，并值得宪法予以特殊的保护。宗教的特殊性就在于它的宗教性，就在于它不同于其他一切非宗教的属性与特征。宗教可以仅仅凭借自己的这种宗教特殊性，而要求法律予以有别于其他事物与范畴的特殊保护。这正是宗教自由所要求的权利，也是宗教自由实践的特质。但在20世纪40年代以后的司法实践中，宗教信仰似乎成为当代宪法法中一个可疑范畴，并遭到了苛刻而片面的对待。"自由活动条款"没有为宗教自由争取更多的特权或豁免，而"确立条款"却为宗教自由取消了部分应有的特权或豁免。

时至今日，美国上下对"第一修正案""宗教条款"的理解，陷入了深刻危机。学术界对"第一修正案"历史来龙去脉的研究陷入了僵局，法律界对"第一修正案"的司法解释陷入了混乱，各级或各个政府部门对"第一修正案"的立法与执法也是自行其是。在这个事关重大的宪法问题上，联邦最高法院自身也在一些基本原则和标准上陷入了争执与分裂。悲观地讲，当代人们对美国宪法"宗教条款"的解释，似乎正经历一种无边无际的混乱与挫折。几乎没有什么人对联邦最高法院那变化多端或游移不定的原则与判决感到满意。在政教分离原则驱使与逼迫下，联邦最高法院将宗教自由活动简单化为"没有政府强迫"原则，并由此作出推断：政府有权在"非强迫基础上"对宗教作出平等援助。其实，法院应当承认，自己的职责是宣布何为世俗之物。在处理政教关系问题上，法院应当满足于处理"政"的一方，特别是应当满足于限定政府不做什么。大法官们不需要成为宗教"专家"。但如今，不论是"分离墙"臆想，还是所谓"中立性"原则；不论是"莱蒙法则"，还是"舍伯特测验"；不论是"非强迫性标准"，还是"非援助宗教检验"，似乎都已经变成了联邦最高法院自我设置的陷阱与泥沼。

正是在这一背景或处境中，深入考察美国联邦宪法有关宗教问题的规定，进一步明确美国宪法所保障的宗教自由与宗教权利，就具有了越发重要和迫切的意义。

第一节　宪法“第一修正案”及其包含的“宗教条款”

宗教自由之作为“第一自由”与“最后的自由”

美国宪法是世界上仍在继续使用的最古老成文宪法，也是现代世界上受到最多效仿的政治文献。美国宪法曾被盛赞为人类心智在那个时期最伟大的作品。“第一修正案”中的“宗教条款”，连同《宪法》第六条规定，完成了从当时存在的欧洲政教关系模式的蜕变，构成了人类历史上一种全新的变革和创举。由五十多位代表着三百多万人口的制宪者在18世纪末制定的这部宪法，经历了从农业社会到工业社会再到信息社会的检验，经历了国内和国外社会文化及政治时局的风云跌宕，如今仍然是规范美国人民生活的最高法律准则。

1787年《宪法》及1789年“第一修正案”的相关宗教规定，标志着人类历史上一个重要转折：宗教与政府在体制上由相互依赖转变为相互独立，政教之间的关系进入了一个崭新的历史篇章。美国宪法“第一修正案”——《权利法案》的“宗教条款”，在人类历史上第一次以法律形式，将宗教自由看作受法律保证的基本人权和个人自由。这是人类思想史与制度史上一种革命性创举和里程碑。

可以说，没有什么“自由”比“第一修正案”列举的“自由”更根本、更重要、更珍贵了。其中的“宗教自由”，就是这部宪法修正案列举的最主要公民权利之一。宗教自由（liberty of religion，free exercise of religion），意味着在宗教信仰与宗教行为上，在尊重公共秩序与他人权利前提下，人能够按照自己良心意愿进行宗教崇拜的能力。其中，良心是指人人都具有的、平等的并应受到尊重的，追求生命终极意义或确立个人信仰的官能。有时亦可以等同为人的信仰或宗教信仰，在17、18世纪的北美尤其如此。

由于“宗教自由”涉及个人的良心、信念和信仰，涉及个人的最高和最终价值与意义追求，涉及个人的精神之源和性命之本，所以“宗教自由”又被称作“第一自由”（the first liberty）。而且，将“宗教自由”称作“第一自由”，也是与下面这一事实相符合的，亦即，在“第一修正案”或整个《权利法案》所列举的为宪法保证的诸自由权利中，碰巧处在第一序列位置的，也正好是“宗教自由”。当然，从另一个角度讲，宪法保证的这种“宗教自由”，也可以被看作公民权利“最后的自由”（the last freedom）。这是指在特殊情形下，当个人一切外在的自由受到不当限制或禁止时，当被剥夺了言论自由、出版自由、集会自由或请愿申冤自由时，个人还仍然可以保持精神信仰上的不屈与独立；在这种情形下，宗教与良心自由，也就变成了个人面对困境或危局时，所能坚持和保有的“最后的自由”了。

“宗教条款”的字面含义解析

宪法“第一修正案”的措辞用语是十分简明的，但它的意义却是含混的，甚至还包含形式上的“自相矛盾”之处。1789年的第一届国会首要的和最繁重的任务，就是迅速建立一个能够正常运转以应对当前各种危机的政府。它之所以勉强考虑并通过了《权利法案》，只是因为要履行包括在寻求新宪法批准过程中所作的担保或承诺。这种承诺既包括各级政府机构之间的承诺，也包括一些个人的承诺，譬如詹姆斯·麦迪逊在家乡弗吉尼亚州竞选联邦议员时所许下的政治承诺。宪法制定者的所谓“原初意图”固然是重要的，但由于会议记录与历史文献的不足，所以这一问题的许多方面，都无法为后人所完全把握。当然也有人转而强调宪法是活生生和不断演化的文献，为符合其后变化的处境与现实，而需要后人对它作出不断演进的解释。

条文是简约的，解说是繁复的。整个“美国宪法第一修正案”，在英文里只有区区四十五个单词。而“第一修正案”有关宗教问题的规定或“宗教条款”，在英文原文里更是只有十六个单词。就是这寥寥十六个单词，构成了美国宪法有关宗教问题的几乎全部规定，也在美国历史上成为诸多争论与诉讼的来源。“宗教条款”的英文原文为：“Congress shall make no law respecting an establishment of religion, or prohibiting the free exercise thereof”。其中，最后一个单词“thereof”，英文意思是“of the thing just mentioned”或“of that”，翻译成中文为“其”或“在其中”，此处所指的是“of religion”（宗教的）。

经过深入研究、通盘考虑、广泛参考和全面比对后，美国宪法“第一修正案”有关宗教问题的规定，最好翻译为：“国会不得制定法律以确立某种宗教，或禁止其自由活动”。这个翻译与原文相比，不仅在行文标点符号上与原文完全一致，而且在字面上还完全对应：“国会”对应“Congress”，“不得制定法律”

对应“shall make no law”，“以”对应“respecting”，“确立某种宗教”对应“an establishment of religion”，“或禁止”对应“or prohibiting”，“其”对应“thereof”，“自由活动”对应“the free exercise”。这样一种中文翻译，不仅在最大程度上忠实于原文表述，而且还保持了原文特有的洗练与简明。更重要的，这样一种译文还有利于在学术研究和司法应用中，在行文与口语上，对其加以简称概括或全称表述。

有研究指出，最终形成的宪法“宗教条款”，并不是对宗教自由原则的清晰概括，其中蕴涵着许多不同理解与解释的可能。美国当代学者威廉·李·米勒（William Lee Miller）对此评论道，几乎每一个单词都是一个问题。“no law respecting”在指涉上比“no law establishing”更为广义吗？同样都是“第一修正案”的规定，不得制定法律以“禁止”宗教自由活动中的“prohibiting”，比后面提到的不得制定法律以“剥夺”言论与出版自由中的“abridging”，更为缓和吗？这里使用的“religion”，与此前或当时流行的“conscience”是同一个含义吗？“其中，最含混的表述是‘no law respecting an establishment of religion’。‘respecting’是什么意思？就此而论，‘establishment’又是什么意思？为什么确立宗教是‘an’而不是‘the’？确实，已经有人提出了一些解答，但那些解答本身就是一个问题：存在着多种多样的解答。”[1]

甚至在一些看似不应存在问题的地方，也存在着一些犹疑与争议，譬如这里所使用的“respecting”这个词语，尽管一般都被看作“concerning”的对应词，但如果被看作“honoring”，也可以牵强地自圆其说。[2] 而且，单纯从语句上，“no law respecting an establishment of religion”这个表述竟然可以作出两种完全相反的解释。表述中的“respecting”，可以表示“关于”一种未完成的对象，并使这种未完成的行为处在限制中；但也可以表示“关于”一种已经完成的结果，并限制这种既有结果，而在实际上对这种结果形成一种认可或保护。这就是说，这句话可以理解为以下两种完全对立的意思：不得制定法律以确立某种宗教，

1　William Lee Miller, *The First Liberty: America's Foundation in Religious Freedom*. Expanded and updated ed., Georgetown University Press, 2003, p. 123.

2　Cf. John Witte, Jr., *Religion and the American Constitutional Experiment: Essential Rights and Liberties*. 2nd ed., Westview Press, 2005, pp. 93-94.

或者，不得就某种宗教确立制定法律。当然纵观整个修正案规定以及历史背景，后一种解释显得更为牵强和不合理。因此，基本上可以肯定，这个宪法条款的目的是要陈述一个目标，而不是制定一项法令；是要禁止确立某种宗教，而不是要禁止就所确立的宗教制定某项法律。

要把握“宗教条款”的整体含义和具体内容，就要明白一些基本思想背景和概念区分。首先需要指出，此处宪法条文中的“宗教”一词，并不是在这个术语的现当代意义上而言的。在原初制宪者那里，它主要不是相对于世俗或非宗教事物言说的，也主要不是相对于广义上的“这种宗教或那种宗教”言说的。在17、18世纪的北美，“宗教”这个术语，在很大程度上还等同于抽象不可数的“崇拜”（worship）与“虔敬”（piety）概念，而不是什么客观化与实体化的“一种宗教或诸宗教”（a religion or religions）概念。

“确立宗教”意味着政府将某种崇拜或信仰以某种方式强加于人们身上。而在17、18世纪的北美，虽然存在着无数个新教宗派（denomination）或教派（sect），但这往往是局外人从社会学和历史学角度所作的观察与解说，认为每一个宗派或教派都构成了基督教新教的一个下属分支，通常带有某种贬抑的意味。但各个宗派或教派的信奉者自己，却往往并不这样看待这一切。况且，那个时期的人们甚至有学识者，并不像后来那样，习惯于站在宗教信仰立场之外的角度进行观察或言说。他们通常都认为自己所隶属的教派，就是宗教本身或者真正的宗教（religion）。所以，在那个时候，人们很少使用“sect”这个术语，而更经常使用“religion”一词，并用后者来指称自己的以及他人的“宗教”或者“教派”。相应地，这个时期使用的“religion”一词，根据上下文不同，亦可以分别翻译为“宗教”“宗派”或“教派”。

事实上，在18世纪，将宗教作为一个大类概念，并将基督教以及其他宗教作为其下属并列概念的做法，才刚刚开始为人们所接受，但还尚未获得普遍认同。对于许多虔敬基督徒来说，宗教真理是绝对和排他性的；信仰、虔敬、宗教与基督教是等同的，“宗教”甚至是一个不可数名词。所以，在制宪者那里，“宗教”一词，主要是指在基督教范围内，或者更确切地，在基督教新教范围内的各个不同宗派或教派。在这个意义上，“宗教”（religion）更多地表示的是“宗派”（denomination）或“教派”（sect）的意思。换言之，制宪者所谓的“宗教”，所谓的"这种宗教"或"那种宗教"，所谓的"一种宗教"或"多种宗教"等，主要是指同属基督教新教阵营内的不同宗派或教派，譬如圣公会、公理会、浸信会、贵格会、长老会等等；只是在少数情形下，所指的是与新教并列的罗马天主教、犹太教等等；更只是在极个别情形下，所指的是接近当代意义的指涉，即基督教、伊斯兰教、佛教等。

当然，"宗派"与"教派"这两个概念，在当代意义上是互有区别的。一般地，"宗派"要大于"教派"，并比"教派"更为传统和正规。但制宪者往往会将这两个概念等同使用，而不作任何区别，因为他们常常会将自己认同的宗派或教派直接等同为"宗教"，而将其他一切并列类似物称为"宗派"或"教派"。同时，还需要指出的是，"教会"（church）这个术语，通常是比"宗派"和"教派"外延更小的术语。但在18世纪语境中，有时亦在与"宗派"或"教派"相等的意义上被使用。此外，还存在着一些不常见的特殊情形。譬如，在现当代英语处境里，特别是在美国社会学与统计学方面，"宗派"（denomination）这个术语有时会用来指称基督教、天主教、犹太教一类的"宗教"，并与浸信会、卫理公会一类的"宗派"一视同仁。再譬如，一些相关著述可能会使用"cult"这个术语。"cult"这个术语，通常译作"膜拜教团"，与"教派"（sect）相比，属于更不具传统宗教形式，更为新颖、更为边缘、更具探索性的小型教派组织，有时甚至含有一定的贬义成分。

同时，还需要指出的是，人们通常所说的"政教关系"这一用语中的"政"，就其指称"国家"（state）这个含义而言，并没有出现在联邦宪法相关规定里。在"第一修正案"条文里，没有"教会"一词，而只有"宗教"；没有"国家"一词，而只有"国会"。用"state"来表示"国家"或一般性的"政"，还处在语意演化过程中。当时北美各殖民地或独立后的"州"所组成的政治统一体，多自称为"政治共同体"（commonwealth）：

> 在18世纪最后25年里，"国家"（state）一词，还不是指各种政治联合体或抽象政治联合体的常规用词，虽然人们已经开始这样使用……当时表示政治联合体的最常用术语是"commonwealth (s)"，虽然它是拉丁语"*res publica*"的英语对应词，但两者还是可用以描述有或没有君主之政治

体制的中性词。[1]

1776年的《独立宣言》，则将各个自由而独立的殖民地称为“states”。从原先的“殖民地”（colonies）转变过来的“州”（states），是某种介于“国家”（nation）与“省”（province）之间的、具有“准国家”性质的、具有较大主权性质的政治实体。有人建议将其翻译为“邦”，但在汉语里“邦”与“国”很难区分开来，而且还具有另外一些指涉，不如仍按照惯例，将其称作“州”。但要牢记，在美国历史上，“州”的内涵与外延并不是一成不变的，州权的范围与限制也不是一成不变的，而是一些在不同时期有不同范围与界定的概念。

此外，还需要指出的是，“宗教的自由活动”这一用语的表述与翻译。有人主张将宪法用语“free exercise of religion”翻译成“宗教的自由实践”。但“实践”一词是一个极具哲学色彩的术语，附带有一些特定的哲学含义，不如“活动”这个术语更为一般和常用。而在政教关系与宗教自由，这个具有重大社会文化意义的主题上，选择一个更加普通和常用的术语，是一种更为妥善的考虑。而且，“实践”与“活动”相比，含义更为狭窄一些，主要指涉具体的、有形的、外在的行为。而英语“exercise”一词，不仅包括“身体行为”（physical activity），而且也可以包括“精神行为”（mental activity），[2]具有更广泛的指涉，可以指称“活动”“演练”“行使”“运用”等多重行为和多种行为方式。所以，“free exercise of religion”应当翻译成“宗教的自由活动”。

“宗教条款”的意旨与目标

在明确了“宗教条款”表述的范畴界定与术语含义之后，还应当注意的是，这项宪法条款包含有三个主要关节点。第一，这项宪法规定的主语或主体是“国会”，而且是合众国或联邦的国会。国会作为立法机构的主要职能就是立法，而这项条文涉及的主要内容，就是对联邦立法机构在立法上的规定，并通过限制立

---

1 ［美］特伦斯·鲍尔，约翰·波考克等:《概念的变迁与美国宪法》，谈丽译，华东师范大学出版社，2010年第一版，第44页。

2 参见《牛津高阶英汉双解词典》（第七版），商务印书馆，2009年，第695页。

法机构，进而限制整个联邦政府。所以说，“第一修正案”的规定，只是对联邦政府的限制。它没有创造或产生宗教自由，也不是宗教自由的界定者，因为宗教自由是人的自然权利和属性。它没有在传统的政教之间或者神圣与世俗之间划定一条界线。它只是表明联邦政府在宗教问题上没有获得任何授权以支持或阻碍宗教。换言之，“第一修正案”限制的是政府。它明确规定，面对人的宗教信仰，政府没有权力去干预这类事情。人在自己宗教信仰上是自由的，政府应当在这个问题上进行自我限制，并任由人们自己去决定自己的信仰和崇拜。由此看来，既然在宗教问题上宪法对联邦国会或立法机构作了如此这般限定，这似乎也就间接地肯定了各州在宗教问题上已经存在或作出的各项规定。各州的法律实践似乎也证明了这一点。这种间接肯定，一直到20世纪40年代才宣告终止，因为联邦最高法院坚持将“第一修正案”的宗教规定吸收合并到了“第十四修正案”的“正当程序条款”下面，从而引发了激烈争论。

第二，对联邦国会的法律限定，其具体内容为：不得通过法律形式来确立某种宗教。这里，最直接的历史与现实对照物，就是美国人民刚刚从中获得独立的宗主国英国的传统做法。英国通过确立圣公会为英国国教会，从而在以官方形式赋予这个基督教宗派以特殊权利与优惠的同时，对其他非官方确立宗派构成了直接或间接的打击与迫害。而刚刚获得独立与自由的美利坚合众国，不仅在政治上割断了与母国英国的隶属关系，而且在宗教上也打破了将英国圣公会作为国教会的传统做法。与此同时，其他一些宗派譬如浸信会、长老会与公理会等等，也在尽力争取获得平等而自由的待遇。所以，这项法律明确禁止联邦通过偏袒或惠顾某一或某些宗教或教派，而在客观上对其他宗教或教派构成歧视或不平等对待。这不是要求联邦政府对宗教不理不睬、不闻不问，而是要求在对待宗教上应当一视同仁、不得偏袒。宗教自由必然包含宗教平等；而包含某种不平等的宗教自由，只是虚假的宗教自由。

第三，它明确规定了公民的宗教自由活动不受联邦政府的干涉。从联邦政府一方来说，它对公民的自愿性宗教活动不得施加歧视、强迫、惩罚与干预；从公民一方来说，每个公民都有权利按照自己良心指令，来崇拜上帝与从事宗教活动。而且，公民在按照良心指令行使其自由活动权利时，不会因此而削弱或弱化其公民的其他权利与能力，不会因此而承受任何不便与损失。特别重要的是，这里所明确的宗教活动自由，不仅包括信仰而且还包括崇拜与实践，不仅是指宗教的观念方面而且还指宗教的行为方面，因为这种自由只有同时包括信仰自由与实践自由，才称得上是真正的宗教自由。否则，就只能是遭到“删削”的宗教自由，是包含某种“不自由”的宗教自由，是徒有其名的宗教自由。

而北美人民制定“宗教条款”的目标，就是为了保证自己的宗教自由权利。有学者总结指出，“第一修正案”及其“宗教条款”是一种象征性法案，是对北美人民通过斗争赢得的宗教自由的一种肯定；是一种目标性法案，是对北美人民继续追求宗教自由事业的一种肯定。

“由于明确了一种不存在的权力不会规定或限制一种存在的权力，所以国会以一种仓促草率和心不在焉的方式处理了这个主题。将修正案两个条款看作对政教关系字斟句酌的分析，就会使它们承担过多的内容。类似地，将这两个条款看作分离的、制衡的、竞争的或者精心设定的限制以应对不同的后果，也就是过多地解读了那些参与者的想法。”[1]

就“第一修正案”“宗教条款”来说，它的真正意义，只有按照当时的历史处境才能获得真正的理解：

> 它至少意味着一点：只要没有“明显违背和平与秩序的行为”，每一位公民都拥有自由行使其宗教权利。而且，几乎所有批准“第一修正案”的那些州的人民都认为，宗教应当得到自愿性的维持与支持。他们将政府组织与规定这种援助的尝试看作一种篡权，和对良心自由与宗教自由活动的一种侵犯，以及属于他们所谓确立宗教这一范围内的举动。[2]

制宪者制定宪法权利法案及其“第一修正案”，就是为保证公民自由等权利而对联邦政府这一公权力施加的限制。美国著名天主教学者约翰·默里（John C.

---

1 Thomas J. Curry, *The First Freedoms: Church and State in America to the Passage of the First Amendment*. Oxford University Press, 1980, p. 216.

2 Ibid., 222.

Murray，1904—1967 年）对此总结如下：

“第一修正案”体现的既不是神学信条也不是哲学原则，而只是为了维护公共和平而作的法律规定，就像宪法的其他各项规定一样。亦即，“第一修正案”并不涉及什么教会构成原则，也不涉及某种宗教哲学。它是对政府权力的一种自我限制，以保证个体或团体在一个多元社会里的宗教自由权利。[1]

美国宪法涉及的宗教条文的翻译及表述问题

在进一步解读宪法“宗教条款”之前，需要明确一下有关宪法条文的翻译与表述问题。令人惊讶的是，对于这些十分重要的历史文件和政治文献，迄今国内学术界并没有所谓统一或标准的译文。以美国宪法“第一修正案”及其“宗教条款”为例，仅本项研究接触到的就有好几十种译法。基本上，每个人都有自己的翻译，见仁见智。况且，翻译美国宪法并非易事。宪法作为一种妥协了多方意见，并严格规范化了的正式法律文本，其用词、文法与语意，即便看似简单明了之处，细究之下也有诸多波折与歧义，有时还令人难以索解。深谙个中滋味的尹宣先生，在谈到翻译美国宪法的困难时说道：

> 这些正文和修正案，加起来不过两万汉字。有些句子的结构，如九曲连环，有的关键词，不仅有前置的限定词、后置的限定短语，有时还拖上不止一个后续的限定分句或条件分句。要想不削弱关键词前置的着重语气和分量，尽量顺置，既要忠实原文，又要符合汉语阅读习惯，译文的词序和句子结构的安排，颇费斟酌；有些重要概念，又在其他条文里受到制约，全篇译文的前后呼应，需要仔细推敲。[2]

就宪法“宗教条款”及其隶属的“第一修正案”而言，比较权威与公认的译

1 Cf. John Courtney Murray, S.J., *We Hold These Truths: Catholic Reflections on the American Proposition*. Rowman & Littlefield Publishing Group, Inc., 1960, 1988, 2005, Part I, pp. 43-138.

2 ［美］麦迪逊：《辩论：美国制宪会议记录》（上、下册），尹宣译，辽宁教育出版社，2003 年第一版，“译者例言”，第 2 页。

本，来自美国研究专家李道揆先生。[1]王希先生在其《原则与妥协》一书中，采纳了李道揆的译文。[2]其他许多学者亦采纳了这个译文。[3]李道揆先生对“第一条修正案”全文的翻译如下：“国会不得制定关于下列事项的法律：确立国教或禁止信教自由，剥夺言论自由或出版自由，或剥夺人民和平集会和向政府请愿申冤的权利。”仅就有关宗教问题的条文而言，这种译法的主要问题有：一、中文“关于下列事项”这个语句，属根据上下文自行增加的内容；二、“确立国教”不同于确立宗教，前者是一个更专指的概念，具有更强的政治含义，后者则包含州和地方政府确立的“州教”和“地方教”，还可以指政治以外的经济与财政支持等含义；三、“信教”有时可以作歧义解释，譬如仅限于观念方面或仅限于私人生活领域，有时仅指宗教活动的一个方面；四、“信教自由”是个更为消极和更具限制性的概念，缺少宗教“自由活动”所具有的积极能动性；五、与原文标点句读不同。

对于涉及宗教问题这项修正案条文，尹宣先生2008年的最新译文[4]，与90年代末的译文[5]完全相同，“修正案第一条”：“联邦议会不得立法建立宗教，不得立法禁止宗教活动自由；不得立法剥夺言论自由和出版自由；不得剥夺人民和平集会、向政府请愿、表达不满、要求申冤的权利。”其主要问题有：一、将“Congress”译为“联邦议会”而非“国会”，有别于传统习惯，尽管在逻辑上讲得通；二、“建立”含有“从无到有”的意思，可能会使人误解为“创立”；三、“活动自由”不如“自由活动”通顺；四、重复使用“不得立法”，属根据上下文自行附加上的中文文字；五、与原文标点句读不同。

张千帆先生提出的译法[6]是，“宪法第一修正案”：“国会不得制订法律以涉及宗教信仰的设立或禁止其自由活动，或剥夺言论或出版自由，或［剥夺］人民和

---

1 李道揆：《美国政府和美国政治》（上、下册），商务印书馆，1999年第一版，“附录”。

2 王希：《原则与妥协：美国宪法的精神与实践》，北京大学出版社，2000年第一版，“附录”。

3 ［美］桑福德·列文森：《美国不民主的宪法》，时飞 译，北京大学出版社，2010年第一版，“附录”。

4 ［美］亚历山大·汉密尔顿，詹姆斯·麦迪逊，约翰·杰伊：《联邦论：美国宪法述评》，尹宣译，译林出版社，2010年第一版，“附录”。

5 ［美］麦迪逊：《辩论：美国制宪会议记录》（上、下册），尹宣译，辽宁教育出版社，2003年第一版，“附录”。

6 张千帆：《美国联邦宪法》，法律出版社，2011年第一版，“附录”。

平集会与请愿政府给予申冤之权利。”主要问题有：一、“制订”为“制定”的错误术语，属用词不当；二、“涉及宗教信仰”，不等于“确立宗教”，有过于宽泛之嫌；三、“宗教”是宗教，“信仰”是信仰，不可将两者混为一谈，原文没有“信仰”一词；四、“设立”含有“从无到有”的意思，可能会使人误解为“创立”“建立”；五、与原文标点句读不同。

美国驻华大使馆公共事务部《新交流》(季刊)“2010年冬季刊”第5页提供的翻译为：“国会不得制定法律确立某种宗教；亦不得限制宗教自由。”长期执教于美国的台湾学者杨日旭在其译著“附录”中使用的译文如下：“国会不得制定有关下列事项的法律：确立一种宗教或禁止信教自由；剥夺言论自由或出版自由；或剥夺人民和平集会及向政府要求申冤的权利。”[1] 梁治平先生在译著《法律与宗教》一书中，亦将“establishment”翻译为“确立”，并将“第一修正案”中的相应条款称作“确立条款”。[2] 邱小平先生在其对“第一修正案”的专题研究里，提供了这样一种译法：“国会不准制定有关下列事项的法律：即确立一种宗教或禁止信仰自由；限制言论自由或出版自由；或限制人民和平集会的权利以及向政府请愿的权利。”[3] 上述这四种译法存在一个共同的可取之处，就是将“establishment”译作“确立宗教”或“确立一种宗教”，而不再采用传统的“国教”或“确立国教”等中文译法。至于各自的不足，则与前述译文大同小异。

一些有关美国宪法或有关美国政教关系问题的译著或专题研究，在行文中或附录里，一些译作者往往会就“第一修正案”提供自己的译本或转录他人的译本。其中不少译法，在忠实原作的同时，都具有自己的见解和长处，当然也会存在一些不尽完美之处。仅笔者接触到的就有五六十种，在此不可能全部列举，仅举几种译法以作例证。譬如，“国会不得制定关于下列事项之法律：建立宗教或禁止宗教信仰自由；剥夺人民言论自由或出版自由；剥夺任何和平集会及向政府申冤请愿之权利”[4]。“国会不得制定关于确立宗教或禁止自由信仰宗教的法律；不得制定剥夺言

1 ［美］查尔斯·比尔德：《共和对话录》，杨日旭译，东方出版社，2008年第一版，“附录”。

2 参见［美］伯尔曼：《法律与宗教》，梁治平译，中国政法大学出版社，2003年第一版，第128页。

3 邱小平：《表达自由：美国宪法第一修正案研究》，北京大学出版社，2005年第一版，扉页。

4 ［美］斯坦利·库特勒：《最高法院与宪法：美国宪法史上主要判例选读》，朱曾汶，林铮译，商务印书馆，2006年第一版，“附录”。

论自由或出版自由的法律；不得制定法律，剥夺人民和平集会及向政府请愿的权利”[1]。“国会不得制定关于下列事项的法律：确立国教或禁止信教自由；剥夺言论自由；剥夺人民和平集会和向政府诉冤请愿的权利。”[2]“国会不得制定下列法律：建立宗教或禁止宗教自由；削减人民言论或出版自由；削减人民和平集会及向政府请愿申冤之权。”[3]“国会不得制定任何法律，确立国教或禁止信教自由、剥夺言论自由或出版自由、剥夺人民和平集会和为救济冤屈而向政府请愿的权利。”[4]“国会不得制定法律，以涉及宗教信仰的设立或禁止宗教的自由活动。”[5]“国会不得制定关于下列事项的法律：立教或禁止自由行使宗教权利”[6]，等等。

除了上述“第一修正案”及“宗教条款”的翻译问题，还有必要简单叙述一下其他相关宪法条文的翻译表述情况。首先是《美国宪法》第六条规定宗教宣誓问题的条文。这个条文由两部分组成，前一部分规定公职人员应当宣誓效忠宪法，后一部分规定应当禁止公职人员以宗教宣誓为担任公职的必要条件。这后一部分规定，通常称作“宗教宣誓禁令”。“宗教宣誓禁令”的中文译文，影响比较大的如下。李道揆先生的译文：“但绝不得以宗教信仰作为担任合众国属下任何官职或公职的必要资格。”[7]尹宣先生的译文：“但绝不可以宗教考查作为担任联邦官员或接受公共信托的资格要求。”[8]杨日旭先生的译文：“但合众国政府之任何职位或公职，皆不得以任何宗教标准作为任职的必要条件。”[9]其他一些翻译与上述译法基本相似，但存在一些细节上的差异。譬如，“但不得要求以宗教誓言作为担任合众国任何官职或公职之必要条件。”[10]“但是不得以宗教上的宣誓为

1 ［美］卡尔威因，帕尔德森：《美国宪法释义》，徐卫东，吴新平译，华夏出版社，1989年第一版，“附录”。
2 ［美］约翰·艾兹摩尔：《美国宪法的基督教背景：开国先父的信仰和选择》，李婉玲等译，中央编译出版社，2011年第一版，“附录”。
3 姜峰：《立宪选择中的自由与权威：联邦党人的政治与宪法思想》，法律出版社，2011年第一版，“附录”。
4 ［美］约瑟夫·斯托里：《美国宪法评注》，毛国权译，上海三联书店，2006年第一版，第564页。
5 ［美］阿奇博尔德·考克斯：《法院与宪法》，田雷译，北京大学出版社，2006年第一版，第38页。
6 ［美］伯尔曼：《信仰与秩序：法律与宗教的复合》，姚剑波译，中央编译出版社，2011年第一版，第199页。
7 李道揆：《美国政府和美国政治》（上、下册），商务印书馆，1999年第一版，“附录”。
8 ［美］亚历山大·汉密尔顿，詹姆斯·麦迪逊，约翰·杰伊：《联邦论：美国宪法述评》，尹宣译，译林出版社，2010年第一版，“附录”。
9 ［美］查尔斯·比尔德：《共和对话录》，杨日旭译，东方出版社，2008年第一版，“附录”。
10 ［美］斯坦利·库特勒：《最高法院与宪法：美国宪法史上主要判例选读》，朱曾汶，林铮译，商务印书馆，2006年第一版，“附录”。

受任合众国政府的任何官职或公共职务的必要条件。”[1]“但不得以宗教信仰作为担任合众国任何官职或公职的必要资格。”[2]“但不得以任何宗教誓言作为担任合众国官职或公职之条件。”[3]“但不得要求宗教标准作为担任合众国任何官职或公职的必要资格”[4]，等等。本项研究综合包括上述译文在内的各种中文译法，结合本项政教关系专题研究，特将《美国宪法》第六条相关条文翻译如下：“前述参议员与众议员，各州立法机构成员，以及合众国与各州所有行政与司法官员，应当通过宣誓或声明来支持本宪法。但不得要求以宗教宣誓作为合众国任何官职或公职的必要资格。”

在美国宪法修正案中，除了直接涉及宗教问题的“第一修正案”，还有以间接方式涉及宗教问题的“第十修正案”和“第十四修正案”第一条。本文将美国宪法“第十修正案”直接翻译如下：“宪法没有授予联邦的权利，也没有禁止授予各州的权利，均为各州或人民所保留。”

宪法“第十四修正案”第一条的中文译文亦有多种。譬如，尹宣先生的译文：“任何一邦不得制定和实施剥夺联邦公民特权和豁免权的立法；未经正当法律程序，任何一邦不得剥夺任何人的生命、自由和财产；在该邦的司法范围内，不得否认任何人得到法律平等保护的权利。”[5]杨日旭先生的译文：“任何州不得制定或执行任何剥夺合众国公民特权或豁免权的法律；任何州，如未经适当法律程序，均不得剥夺任何人的生命、自由或财产；亦不得对任何在其管辖下的人，拒绝给予平等的法律保护。”[6]邱小平先生的译文：“任何州不得制定或执行任何限制合众国公民特权或豁免的法律。任何州，未经正当法律程序，均不得剥夺任何人的生命、自由或财产；亦不得对在其管辖下的任何人，拒绝给予法律的平等保护。”[7]其他一些较有参考价

1 ［美］卡尔威因，帕尔德森：《美国宪法释义》，徐卫东，吴新平译，华夏出版社，1989年第一版，“附录”。

2 ［美］约翰·艾兹摩尔：《美国宪法的基督教背景：开国先父的信仰和选择》，李婉玲等译，中央编译出版社，2011年第一版，“附录”。

3 姜峰：《立宪选择中的自由与权威：联邦党人的政治与宪法思想》，法律出版社，2011年第一版，“附录”。

4 ［美］约瑟夫·斯托里：《美国宪法评注》，毛国权译，上海三联书店，2006年第一版，第557页。

5 ［美］亚历山大·汉密尔顿，詹姆斯·麦迪逊，约翰·杰伊：《联邦论：美国宪法述评》，尹宣译，译林出版社，2010年第一版，“附录”。

6 ［美］查尔斯·比尔德：《共和对话录》，杨日旭译，东方出版社，2008年第一版，“附录”。

7 邱小平：《法律的平等保护：美国宪法第十四修正案第一款研究》，北京大学出版社，2005年第一版，扉页。

值的译法，譬如，“无论何州均不得制定或实施任何法律以损害合众国公民之特权或豁免权；无论何州非经正当法律程序不得剥夺任何人之生命、自由或财产；亦不得拒绝给予其司法管辖下之任何人以平等法律保护。”[1]“无论何州均不得制定或实施任何剥夺合众国公民的特权或豁免权的法律；无论何州未经正当法律程序不得剥夺任何人的生命、自由或财产；亦不得拒绝给予在其管辖下的任何人以同等的法律保护。”[2]“无论何州，不得制定或施行剥夺合众国公民之特权及特免的法律；非经正当法律程序，不得剥夺任何人的生命、自由和财产；不得在其管辖范围之内否定任何人享有平等的法律保护。”[3]“无论何州均不得制定或实施任何剥夺合众国公民之特权或豁免权之法律；无论何州未经正当法律程序不得剥夺任何人之生命、自由或财产；亦不得拒绝给予在其管辖下之任何人以同等之法律保护”[4]，等等。最后，经过比较研究，本文认为，还是李道揆先生的译文最为完善合理。于是欣然采纳。李道揆先生对“第十四修正案”第一款涉及宗教问题的条文翻译如下：“任何一州，都不得制定或实施限制合众国公民的特权或豁免权的任何法律；不经正当法律程序，不得剥夺任何人的生命、自由或财产；在州管辖范围内，也不得拒绝给予任何人以平等法律保护。”[5]

第二节 “宗教条款”包含的“确立条款”与“自由活动条款”

“宗教条款”及其包含的两个子条款

如前所述，宪法“第一修正案”涉及宗教问题的“宗教条款”，就是“第一修正案”英文原文一开首[6]的十六个英文单词：“Congress shall make no law respecting an establishment of religion, or prohibiting the free exercise thereof”。翻译成

1 姜峰：《立宪选择中的自由与权威：联邦党人的政治与宪法思想》，法律出版社，2011年第一版，“附录”。
2 ［美］约翰·艾兹摩尔：《美国宪法的基督教背景：开国先父的信仰和选择》，李婉玲等译，中央编译出版社，2011年第一版，“附录”。
3 ［美］卡尔威因，帕尔德森：《美国宪法释义》，徐卫东，吴新平译，华夏出版社，1989年第一版，“附录”。
4 ［美］斯坦利·库特勒：《最高法院与宪法：美国宪法史上主要判例选读》，朱曾汶，林铮译，商务印书馆，2006年第一版，“附录”。
5 李道揆：《美国政府和美国政治》（上、下册），商务印书馆，1999年第一版，“附录”。
6 注意：并非整个“第一修正案”。

中文就是“国会不得制定法律以确立某种宗教，或禁止其自由活动”。其中，前十个英文单词“Congress shall make no law respecting an establishment of religion”，对应的中文翻译为“国会不得制定法律以确立某种宗教”。英文通常简称为“the Establishment Clause”，对应的中文翻译为“确立宗教条款”，在中文表述里更进一步简称为“确立条款”。同时，由于这项法律条款，在表述形式上采用的是否定句式，所以从其想要表达的内容规定上讲，这项条款在英文里亦可称为“the Disestablishment Clause”或者“the No Establishment Clause”，对应的中文翻译就是“不确立宗教条款”或“不确立条款”。在“宗教条款”里，与“确立条款”处于并列地位的后六个英文单词是“or prohibiting the free exercise thereof”，对应的中文翻译为“或禁止其自由活动”。英文通常简称为“the Free Exercise Clause”，对应的中文翻译为“自由活动条款”。可见，“确立条款”与“自由活动条款”，构成了“宗教条款”的两个子条款，是隶属于“宗教条款”整体性规定之下的两项子规定。

从字面规定的内容看，使用单纯否定句式的“确立条款”，涉及的是“禁止”，即禁止确立一种宗教。使用双重否定句式的“自由活动条款”，涉及的是“保护”，即保护宗教的自由活动。将“确立条款”与“自由活动条款”合在一起，则被统称为宪法的“the religion clauses”，对应的中文翻译就是“宗教条款”。“宗教条款”虽然在形式上涉及两个独立的规定或指令，但在目的上是紧密关联的，都是要保护宗教自由或禁止对宗教采取强迫措施，都是要反对在宗教或良心上施行专制主义，都是要保证人人享有的宗教自由权利，其主旨都是宗教自由。美国宪法权利法案或“第一修正案”的“宗教条款”，其起点、核心与目的，就是保证宗教自由权利。

换言之，宪法“宗教条款”的条文规定就是：“国会不得制定法律以确立某种宗教，或禁止其自由活动”。但这种简明的条文规定所表达的究竟是什么意思呢？有人试图为“宗教条款”确定出一些原初遵循的原则，但未能获得令人满意的结果。也许，在制宪者那里，在批准“第一修正案”的各州立法机构与人民那里，各自所采取的基本原则就不尽相同，甚或互有抵触。也许，根本就不存在这样一些初始原则。毕竟，制宪者将许多实质性的宗教问题都保留给了各州去自行解决。有人因此主张，宪法“宗教条款”涉及的仅仅是一个司法权问题（jurisdiction question）。譬如，当代美国法学教授史蒂文·史密斯（Steven D. Smith）甚至认为，学术界和法律界苦苦追寻那体现在宪法中的宗教自由原则的意义与界限，注定是徒劳无益的事情，因为“宗教条款”在性质上，仅仅属于对司法管辖权的规定，而没有对宗教自由原则的实质性权利作出界定。[1]

的确，“宗教条款”为国会在宗教问题上的行为，设立了外在的界限或外在的限制。在“国会不得制定法律以……”（Congress shall make no law respecting）这种表述中，特别是这个表述中所使用的介词“respecting”，意即“regarding”“having to do with”或者“in reference to”，表示的似乎仅仅是对一个司法管辖权问题的决议，亦即在这个问题上，国会或联邦权的限制，而不涉及州权或地方权。就其字面规定而言，可以肯定的是，“宗教条款”采取了双重途径来应对自然权利与政府权力。它保护的是个体自然权利，禁止的是政府公权力。通过保护公民的这种自然或天赋权利，通过禁止政府利用一切手段或途径来干涉或阻碍公民享有并行使这种自然权利，宪法“宗教条款”就保证了公民的宗教自由这一基本权利。

更具体地，“自由活动条款”意在禁止联邦政府对任何持有异议的宗派或教派施加迫害，就像当时或此前在英国或欧洲其他国家所常见的；禁止联邦政府对宗教或某种宗教作出消极的“禁止”（proscription）。至于联邦下属各州，对非确立宗教或非新教宗教或不信仰者所给予的民事限制，则不在联邦宪法规定范围之内。类似地，“确立条款”，至少意味着禁止新组建的联邦政府给予任何宗派或教派以圣公会在英国或罗马天主教在欧洲其他国家所享受的那种排他性特权；禁止联邦政府对宗教或某种宗教作出积极的“规定”（prescription）。至于联邦下属各州的宗教确立问题，则被保留给各州自行决定。总之，当制宪者在一项宪法修正案里，同时作出这两项规定条款时，他们肯定不是想要表述两个相互否定、相互对立的规定或指令，而是各有侧重、各有所指地表述了两种相互促进的法律指令。实质上，“自由活动条款”与“确立条款”，相辅相成地组成了保护良心或宗教自由的“宗教条款”规定。

---

1 Cf. Steven D. Smith, *Foreordained Failure: The Quest for a Constitutional Principle of Religious Freedom*. Oxford University Press, Inc., 1995.

对“确立”“确立宗教”与“确立条款”的深入解读

在整个“宗教条款”里，“确立”或“宗教确立”是一个重要概念，同时也是一个难以索解的概念。根据权威语言工具书，“确立”（to establish/the established/establishment）这个术语，出现于中古英语时期（Middle English，约12世纪至15世纪）晚期。在17世纪和18世纪的英语世界里，“确立”成为一个常用词语。“宗教的确立”意味着宗教与政府的一种结合，包括政府或国家对某一宗教或教派排他性的授权、认可、优待、偏袒、资助、保护与维持，以期在自己管辖范围内，达到一种宗教一致性或保持一种宗教倾向性。

联邦最高法院大法官约瑟夫·斯托里，在19世纪初曾指出，“establish”这个词语在宪法语境里具有多重含义，可以表示“settle”（确定）、“fix”（固定）的意思，也可以表示“make”（制定）、“form”（构建）的意思，还可以表示“create”（创设）、“found”（建立）、“regulate”（管理）、“ratify”（批准）和“confirm”（确认）的意思。[1] 在提到国会不得确立宗教的法律时，斯托里大法官还进而指出：

> 在这里，看来是禁止任何承认、建立、确认或者资助任何特定的宗教或者宗教的形式，无论是永久的还是临时的，无论是已经存在还是将来产生的。在这个条款中，establishment在含义上看来是建立（settlement）、承认（recognition）或者支持（support）的同义词。[2]

而且，“确立某种宗教”（an establishment of religion）与“确立宗教”（the establishment of religion）是不同的；前者侧重于一种宗派或教派的含义，是原初制宪者经常使用的用语。在制宪者看来，“确立某种宗教”，不是指建立什么教堂或礼拜所，不是指建立一套信仰体系，不是指建立一个新教会或新教派，也不是指建立一种新信仰。“确立某种宗教”，主要是利用某种外在于“宗教”的权威，

1　参见［美］约瑟夫·斯托里：《美国宪法评注》，毛国权译，上海三联书店，2006年第一版，第169—170页。

2　同上，第169页。

在诸宗教中间为某种宗教，赋予与众不同的社会、政治与经济地位或权利。

一般地，“确立”的主体或施行者，可以是一般性的社会文化，可以是传统或惯例，也可以是整个政府或政府的某个权力分支机构。“确立”的对象，可以是单一的宗教，也可以是多个宗教；可以确立一个宗教，也可以确立两个或多个宗教；可以确立一个宗教，排斥其他的宗教；也可以主要确立一个宗教，附属性确立一个或多个宗教，排斥其他的宗教。至于“确立”的范围，可以是一个国家，可以是一个州，也可以是一个城镇或社团。

通常说来，“确立”的主体，是一个具有主权的国家或政府。由主权国家确立的宗教，往往称为“国教”。但确立的主体，也可以是一个殖民地或后来北美的州，还可以是一个城市或社团，甚至还可以是一个城镇或社区。事实上，几乎任何一种民事权威或政府部门，都可以实施“确立宗教”的举动。在这些情况下，对应的中文指称“国教”一词，就显得不够妥帖了。还有一种意译表述，试图把“the establishment”对应译为“官方宗教”。这也是一种不准确的译法，因为“官方宗教”这种表述具有多重含义，并过度强调了“官方”对“宗教”的主导支配性。而“确立宗教”这种表述，则将“官方”这个概念大大弱化了，并可以指涉一些其他属性或向度，譬如文化确立或经济确立，等等。

“确立”的发生形式，可以是直接确立，也可以是间接确立；可以是主动确立，也可以是被动确立；可以是全面确立，也可以是部分确立。“确立”的方式或具体内容，可以是政治确立，可以是文化确立，可以是道德确立，也可以是经济或财政确立。“确立”得以实现的手段，主要包括积极的“偏袒”举措与消极的“惩罚”举措，前者作用于认可和遵从这一“确立”的个人与团体，后者作用于不遵从这一“确立”的个人与团体。譬如在17世纪的英国，信奉英国国教会的人，获得了许多排他性特权；而不信奉英国国教会的信徒，就被蔑称为“不从国教者”（nonconformists）或“异议者”（dissenters），他们因其宗教信仰而受到了政治排挤和迫害，遭受了诸多社会不公待遇。

在论及确立宗教问题时，“第一修正案”使用的原文为“an establishment of religion”；詹姆斯·麦迪逊在1789年制定《权利法案》辩论中，使用的原文为“a national religion”。在看似应当使用定冠词“the”的地方，两者使用的都是不定冠词“a”或“an”。这表明制宪者在这里使用的“religion”一词，主要指涉的是具体性而非类属性，是个体性而非一般性概念，在具体含义上更为接近“denomination”或“sect”的含义，实际为“宗派”或“教派”的意思。

这意味着制宪者在当时那个处境里，主要关注的是，防止政府排他性确立基督教某一个或几个教派，并使其他教派遭受不平等和不公正待遇的问题。至于一般性宗教对非宗教、一般性基督教对其他宗教的问题，在当时还尚未构成一个急需立法加以处理的问题。需要指出的是，美国在开国时期，在立法过程中提到“宗教平等性”“对宗教的非偏袒性援助”以及“宗教对于社会道德的不可或缺性”等问题时，基本上都是在基督教新教范围内言说的，主要指的是基督教新教的各个宗派或教派，譬如圣公会、公理会、长老会、浸信会、贵格会，等等。而其他宗教譬如犹太教或罗马天主教也有可能受到宽容对待，甚至享有良心自由的特权，但那时的美国人民，绝不可能将它们当作社会文化之本，并由政府向其提供财政援助。至于怀疑论者、反宗教者、不信仰者或无神论者，就更不在这种考虑范围内了。

新共和国成立前后发生的非确立宗教运动

就制宪前后的历史发展而言，在美国独立战争或美国革命期间，原先同属一个王国的北美殖民地人民，在战争与革命的破坏力和内驱力作用下，开始与母国英国发生分离与断裂。这种断裂当然最突出地表现在政治与社会领域，但同时也波及了宗教领域。宗主国英国及其殖民地，采取的以英国圣公会为国教会的官方确立形式，在一些殖民地，譬如弗吉尼亚和卡罗来纳，就受到了严峻挑战。不仅如此，甚至一般性的官方确立宗教形式及其地位，在一些殖民地也开始受到越来越多的质疑。随着北美殖民地的独立以及新联邦的建立，可以说美国经历了一场非确立宗教运动，并为美国的宗教生态带来了诸多变化：

> 相应地，非确立宗教运动，亦对宗教自由其他方面的推进作出了贡献。由于人们承认了由税收支持的教会对政治社会的稳定性并非不可或缺，所以担任公职要求的宗教宣誓，也就开始逐渐消亡。同样地，由于少数派宗教团体被赋予了在法律面前本质上的“平等”地位，所以对“非正统”宗教崇拜施加的民事处罚也开始消退。美国早期对宗教自由的趋向——主要体现在非确立宗教运动中——是一场具有至关重要性的革命，并最终导致了与欧洲传

统的决裂。[1]

在独立革命期间，各殖民地或各州的宗教状况亦发生了剧变，特别是一些被确立为官方崇拜模式的宗派或教派，更因外部环境的变化而面临着重新界定自身社会地位的问题。原先在一些州被确立为官方教会的英国圣公会，随着北美与英国隶属关系的断裂，其自身合法性发生了动摇，已经越来越难以维持其原有的地位与特权。而原先被一些州确立为官方崇拜形式的公理会与长老会，则由于教会内部围绕新光派与旧光派而发生的分裂，以及"大觉醒运动"中涌现出的一些福音派教会的崛起，其原先享有的优势地位受到了新的挑战。而原先在许多殖民地或州内遭受排挤并处于边缘化地位的宗派，譬如浸信会和卫理公会，已经吸引了越来越多的信众，并逐渐成为一些社团或地区的具有主导或支配地位的信仰形式。这种剧变与挑战，当各州开始重新制定各州的新宪法或新法规时，就集中表现了出来。一般说来，人民普遍承认，宗教或者基督教精神与文化是民事、法律与政治体制的基础，宗教对于民事社会与政府是必不可少的。但各州是否需要拥有一种官方确立信仰，以及如何对待宗教少数派的问题，则成为人民激烈争论的焦点。

至于"确立宗教"（establishment）这个术语，早在18世纪后期，就已经变成了一个词义含糊的用语。当时的人们，就已经感到有必要明确界定这个术语，但又难以明确定义这个术语，因为它对不同时代、不同地区、不同教派和不同信仰者，意味着不同的指涉和内涵。但在18世纪后期，"确立宗教"这个术语所包含的一个基本含义，就是政府对某一种宗教或宗派的排他性偏爱或优待。在母国英国，这个术语显然指的是英国国教圣公会，具体内容包括政府对这种宗教形式的官方认可与支持，而不从国教者则受到了相应的歧视与迫害。在北美各殖民地中，到美国革命前，弗吉尼亚、北卡罗来纳、南卡罗来纳、马里兰和佐治亚等地遵循母国做法，确立了英国国教会为自己殖民地的确立宗教。这些殖民地当局为确立宗教提供了某些支持，但与英国不同，在那些殖民地担任公职的资格，并不

---

1 Derek H. Davis, *Religion and the Continental Congress, 1774-1789: Contributions to Original Intent*. Oxford University Press, 2000, p. 25.

仅仅限于国教会信徒，亦即，在这些殖民地的英国国教会，并不完全享有英国国教会在英国所享有的地位与特权，而是要更为弱势或低调。在纽约，英国国教会实际上属于少数派信仰团体，但却宣称自己为官方确立宗教，不过其实际享有的特权和支持却十分有限。在新英格兰的马萨诸塞、康涅狄格和新罕布什尔，官方确立宗教是公理会，英国国教会反而成为少数派教会和非确立宗教。而在特拉华、新泽西、宾夕法尼亚和罗得岛等地，并没有什么明确而单一的官方确立宗教，而是采取了数种或多种宗派并存的宽容与多元形式。

“确立宗教”与“反确立宗教”的斗争，在18世纪的北美也经历了一种演变，其在斗争的内容指向与目标上，都经历了一种实质性变化。譬如在早期的新英格兰，确立公理会为官方正式宗教，不仅意味着民事政府将为确立宗教提供排他性优惠待遇，而且还意味着对其他不同宗教的排挤与迫害。但随着宗教宽容原则逐渐为人们所接受，随着宗教自由吁求变得越来越强烈，更重要的，随着大批“福音派不从国教者”一同参与到了革命战争与独立事业中，到18世纪后期，对所谓“不从国教者”的迫害已经走向减弱或消失，对那些不属于确立宗教教会信徒的限制与束缚，也正在消退或消除。“福音派不从国教者”所争取的宗教自由，在很大程度上，由反宗教惩罚转向了反宗教特权，由反对宗教歧视转向了反对宗教偏袒，由争取宽容性宗教自由转向了平等性宗教自由。

到制宪时期，所谓“确立宗教”，其实质性内涵只剩下对某一教派的偏袒或优待了。其中，最引人瞩目的，就是由民事政府通过税收，来为确立宗教的圣职人员提供薪俸或其他财政援助。但即便如此，这种偏袒或不平等做法，也仍然受到了不从国教派的谴责与抗议，他们要求获得平等对待并享有平等地位。由此，在很大程度上由那些“福音派不从国教者”所要求和推动的“第一修正案”的“不确立宗教条款”，其主要目的就是限制政府不能通过法律来确立某种宗教，并对确立宗教给予排他性优待或惠助；政府不能基于宗教信仰的不同，而区别性地提供财政或其他援助；而且，政府不能根据宗教信仰制定相应的法律以限制宗教自由。总之，反确立宗教，主要是由宗教异议者或不从国教者发起的，旨在限制政府权力的斗争。而后来出现的政教分离主张，则主要是由那些反对教会权威特别是天主教权威的人发起的，旨在限制政府与教会双方的努力。在由前者向后者的转变中，由宪法保证的反对确立宗教的宗教自由，也就转变成了声称由宪法保证的政教分离式的宗教自由。这当然是后话了。

由此看来，“establishment”这个术语，在开国时期是一个正处在转变过程中的术语。可以说，它对不同的人和不同的处境，意味着不同的内容与指涉。简单地说，“确立条款”就是要防止某一个大型新教宗派，譬如长老会，或某些联合起来的大型新教宗派，譬如长老会与公理会，组成一个类似于英国国教会那样的美国对等物。事实上，出现这样一种局面，也的确存在着某种现实可能性。人们不无理由地怀疑当时的长老会和公理会，可能借机谋求确立宗教的特权与地位。所以，防止再次出现确立宗教这样一种观点，在刚刚经历过独立战争与革命的美国，在刚刚摆脱了宗主国英国控制而获得独立与自由的美国，已经成为一种社会共识。正因为如此，第一届国会在制定这个宪法条款前后，在美国社会当中并未引起什么特别的关注或异议。

同时，“确立条款”禁止政府就某个教会或宗教的真伪优劣作出评判。它表明政府既无权力也无能力，就某个宗教相对于其他宗教，或者就一般性宗教相对于非宗教，作出价值或真伪优劣评判。这个条款从另一个角度确定了“平等性原则”，因为它表明各个宗教在政府面前的政治平等性。更进一步说，在平等性原则下，这项条款还包含两个子原则，亦即宗教特殊性原则和非偏袒性原则。所有这些原则都将在以后的司法实践中暴露出来并引发热切的争议。譬如，政府不能卷入宗教内部事务是不言而喻的，但政府是否能够从外部对宗教予以支持与援助呢？虽然这是宪法“确立条款”加以禁止的，但问题是，政府提供的这种外部支持，不论是排他性的还是一视同仁的，是否会必然影响到宗教自由呢？如果所有宗教或至少所有涉及的宗教，都希望能够获得政府的这种外部支持，那么政府是否应当遵照其意愿提供这种帮助呢？所有这些问题，都是无法获得一致性看法的问题，都是需要在现实中根据具体情况加以处理与应对的问题。

而且，宪法“第一修正案”否定了政府就宗教所具有的权力，并不是出于对宗教的蔑视，而是出于对宗教的珍视，因为宗教信仰不论对个体还是对社会都具有至关重要的意义。宗教信仰不应成为政府操控的工具，不应成为民事权威附属的管辖物。这正是宪法特别是“确立条款”的意趣所在。至少在那时，除了一切宗教职能，教会及其圣职人员还承担着教育职能，不仅包括对青少年的文化知识教育，而且还包括对所有人的人格与品德的德性教育。宗教成为公民道德不可或缺的重要组成部分。而“非确立化”（disestablishment）则意味着，为作为道德领袖的宗教领袖创造了一个独立环境和自主领域，使得他们能够更为大胆和直率地批评公共领域里的不道德行为与腐败现象。反过来讲，民事政府对宗教自由的尊重，也是前者得以自保和健康发展的一种有益补充形式。

总之，“确立条款”是引起最多争议的宪法条文，同时也是具有深远意义的宪法规定。当代著名宪法学者伦纳德·利维（Leonard W. Levy），就对这项条款作出了高度评价。在他看来，宪法“第一修正案”的“确立条款”“不仅支持了宗教自由，这同一项条款还特别保护了宗教自由；鉴于美国非同寻常的宗教多样性，‘确立条款’发挥着对宗教去政治化的作用；因而也有助于缓解一种具有潜在爆炸性的情形。这项条款基本上从投票箱和政治那里消除了宗教问题”[1]。

第三节　对“宗教条款”理解中的分离论与迁就论

分离论与迁就论的意趣与分野

尽管具有简明扼要的特征，但细究起来，宪法“宗教条款”条文规定中，也存在着诸多可能的含混与歧义之处。过于简单的条文规定，为可能的解释与发挥提供了充裕的空间。以至于有学者发出了这样的感慨：“历史提供了答案，但宪法文本没有……那些制定了我们辉煌《权利法案》的起草人，如果不是心不在焉的人，就是态度暧昧的人。”[2]

基于这种考虑，为“第一修正案”“宗教条款”提供一种笼统和宽泛的解释似乎更为合适；并且还要明确，这项法律在更大程度上，旨在防止出现一种全国性宗教，而不是要表述一种共同的价值观或信仰原则。实际上也确实如此，宪法在此陈述的，是一种企及或实现的目标，而不是一项表明详细规范的可操作性法令。

“宗教条款”在条文规定上的简明性，带来的却是对其解释与理解上的歧义性。尽管都声称遵循宪法制定者的原初意图，但由于立场、视阈与处境不同，特

1　Leonard W. Levy, *The Establishment Clause: Religion and the First Amendment*. 2nd ed., The University of North Carolina Press, 1994, p. xiii.

2　Ibid., xxi.

别是由于对政教关系的理解不同，人们还是围绕宪法“宗教条款”提出了种种解说与应用。可以说，在美国宪法中，几乎没有哪项条款比“宗教条款”引发了更多的学说与争论。归纳起来，将有关“宗教条款”的各种学说与解释可以概括为两大类：分离论（separationism）与迁就论（accommodationism）。

一般地，分离论主张在政教之间应施行更严格的分离政策，更为强调民事权威与宗教权威之间的界限与彼此独立性；在文化属性上更为左倾和激进，更为倾向于启蒙精神、理性主义与世俗主义。而迁就论则主张在政教之间应存在某种良性互动，更为强调对现有主流基督教新教及其在社会文化中的既有地位与影响作出某种妥协与折中；在文化属性上更为右倾和保守，更为倾向于大多数人所采取的主流宗教与信仰立场。

具体地，就“宗教条款”所包括的两个子条款而言，在如何理解或应用这一理论与司法原则问题上，“确立条款”所引发的争论要远远大于“自由活动条款”。相应地，分离论与迁就论之争，也就最为集中地围绕着这一条款而展开。在理解“确立条款”时，首先面临的一个重要任务，就是如何界定“确立”或“确立宗教”（establishment）这个核心概念。分离论倾向于对“确立”这个概念作“广义”解释，认为在民事权威与宗教权威之间存在着一种绝对的分离或隔离，应当禁止政府在任何条件下对宗教提供任何形式的“支持或援助”。所以分离论在解释“确立条款”上，又被称为确立宗教的“广义论”（broad view）或“非援助论”（no-aid view）。而迁就论则认为，“确立条款”所禁止的，是对某一教派或宗教给予有别于其他教派或宗教的待遇，如若政府援助对所有宗教都是一视同仁或不加分别的，就应当是允许的。迁就论主张，在实际中，应当对宪法提及的“确立宗教”概念作尽可能狭义的理解，甚至应当使“确立条款”附属于“自由活动条款”之下。鉴于迁就论所理解的“确立”概念是狭义概念，并主张政府可以不加偏袒地援助所有宗教，所以迁就论在解释“确立条款”上，又可以称为“狭义论”（narrow view）或“非偏袒论”（nonpreferentialism）。

类似地，在对宪法“自由活动条款”的理解中，我们亦可以发现分离论与迁就论这两大基本阵营的分野。分离论主张，民事权威或政府没有任何权力或能力干涉宗教或信仰事宜，对于宗教信仰或观念更是如此；只有当某些宗教行为，在干涉或妨碍到信仰者自己或其他人的平等权利或社会秩序时，民事权威才有必要对那些宗教行为作出干预。分离论所理解的宗教自由权利，更倾向于消极向度或个人方面，这样一种立场虽然对主流宗教信仰表现出更加消极的意向，但从另一个方面来说，它又更倾向于保护宗教少数派或边缘群体的信仰。而迁就论则认为，在多数人支持下，政府应拥有更大的自由以卷入宗教事宜，并对宗教信仰作出更加积极的促进与培育。而一些抽象模糊的法律概念，譬如“令人信服的利益”（compelling interest）更多涉及的是“自由活动条款”而不是“确立条款”。这也使得迁就论更易于在对“确立条款”的理解与应用中找到变通做法。所以说，迁就论所理解的宗教自由权利，更为倾向于积极方面或社团方面，这样一种立场当然对占据主导地位的宗教生活更为有利，但它从另一方面说，又易于造成宗教多数派对少数派的某种“独断”或“专制”。

这两种立场的交会点在于，它们都主张宗教与良心自由是不可剥夺与侵犯的基本人权，都承认宗教对于健全的社会具有十分重要的意义，都主张保护宗教或非宗教少数派的合法权益，因为这些都是制宪者在当时的共识。有关美国宪法制定者的意图，宗教历史学家马克·诺尔曾自信地指出：

> 它在1787年意味着什么是相当清楚的。制定者认为，宗教确立——对某种基督教给予官方政府性支持与资助——在欧洲一直都是一种祸端。宗教确立，导致了对作为自然权利组成部分的各种自由的压制与否定。国家支持的主教、教会法庭与担任公职时的宗教宣誓，全都破坏了生命、自由、财产与追求幸福的权利。[1]

而这两种立场的分野处在于，分离派更为强调对宪法规定的处境影响和动态变化；而迁就派主张遵循宪法的原旨原意，并坚持对“第一修正案”采取字面直解式的解读。分离派倾向于由政府的司法分支来处理政教关系问题，而迁就论更倾向于让政府的立法与行政机构在这个问题上发挥更大的作用。分离派更为强调宗教的个人性，将个人自由看作宗教自由的核心，因而也更为强调宗教信仰的个

---

1 Mark A. Noll, *One Nation Under God? Christian Faith and Political Action in America*. Harper & Row, Publishers, 1988, p. 65.

人或私人属性；而迁就派更为看重宗教的社团特征，将宗教组织与体制看作实施宗教自由的重要内容，因而也更为看重宗教信仰的公共价值与意义。分离派强调宗教与非宗教领域的严格分离，主张政府在政教关系问题上采取严格中立立场；而迁就论则主张政府应当为宗教提供某种便利、帮助与鼓励。

大致说来，主张分离论的人，基本都是对宗教情感比较理性或淡薄的人，都是能够在理智与情感上使自己置身于宗教信仰之外的人，以及自身就为宗教少数派的人，譬如犹太教徒和罗马天主教徒；他们所担心的是自己作为少数派、边缘派或个人的权利，是否能够得到应有的尊重和保护。而主张迁就论的人，大都是身为主流宗教团体成员，并且对宗教怀有特殊情感的人；他们希望自己的宗教信仰，能够在既有社会文化里继续发挥传统的影响与责任，以避免自己原有的地位与利益受到持续不断的削弱或贬损，以避免这个社会的历史传承与文化惯例受到不应有的割断与否定。

这里存在着一个有趣现象。在"确立条款"案件中，倾向于对宗教一方作出迁就的大法官及其他人士，在"自由活动条款"案例里，则倾向于支持非宗教一方的立场。而在"确立条款"案件里，倾向于支持世俗立场的大法官及相关人士，在"自由活动条款"案例里，往往倾向于迁就宗教一方。究其因，大概是因为，"确立条款"案件，大都质疑和挑战的是传统和主流宗教信仰，并且主要是基督教信仰。而"自由活动条款"案件，大都涉及非主流或边缘性宗教信仰的权利诉求。仅就宗教问题而言，大法官们的立场，不论保守的还是自由的，几乎都是在主流基督教范畴内加以评判的。不过，较为保守的大法官，大都会支持传统既有的做法，譬如牵涉在多数"确立条款"案例中的情形。而较为自由的大法官，大都会对非主流信仰抱有更多的同情与理解，因而也会更多地支持往往牵涉在"自由活动条款"案件中的那些少数派或非主流派立场。

在一个历史时期内，分离论与迁就论的分歧几乎是全方位的。所有研究美国政教关系的人，所有对美国政教关系发表意见的人，不论是民众还是学者，不论是司法人员还是政府官员，不论是宗教人士还是非宗教信仰者，最终要么站在分离派立场上，要么站在迁就派立场上。有意思的是，一些声称自己坚持中间路线的人，往往在同时遭受这两大阵营批评之余，最终还是被无情地划归这两大阵营中的某一方，譬如著名宪法学者伦纳德·利维就是这样一个典型的实例。

大致说来，从1947年"埃弗森案"以后，美国众多的圣职人员、神学家、历史学家、法学家、政治家、法官、律师、法律专家等，对"第一修正案""宗教条款"的理解与应用，分化成了相互对立的两大阵营。分离派代表人物包括利奥·普费弗（Leo Pfeffer）、伦纳德·利维、弗吉尼亚大学法学教授罗伯特·奥尼尔（Robert M. O'Neill）、里士满大学（University of Richmond）哲学教授罗伯特·阿利（Robert S. Alley）、道格拉斯·莱科克（Douglas Laycock）等人。而迁就派代表人物包括布鲁克林学院（Brooklyn College）教授詹姆斯·奥尼尔（James M. O'Neill）、西北大学教授罗伯特·科德（Robert Cord）、国会图书馆手稿部主任詹姆斯·赫特森、美洲大学教授丹尼尔·德赖斯巴赫等人。其中，比较温和的迁就派代表人物包括普林斯顿大学教授爱德华·科温（Edward Corwin）、罗马天主教主教及历史学家托马斯·柯里（Thomas Curry）等人。在总体上，这两大阵营的人物，分别在不同时代与领域内，不仅在自己阵营内获得了应和者与支持者，而且也在对方阵营内找到了捉对厮杀的对立者。双方激烈僵持的持续局面，引发了对宪法"宗教条款"理解与应用的广泛的社会关注与讨论。

严格分离论的兴起与缺憾

一种理论或学说，往往会在自身历史进程中趋向自身逻辑的极端。政教关系问题上的分离论就是如此。按照现有的研究分析，在18世纪所追求的，并通过宪法"宗教条款"加以确认的宗教自由，其主要内容是保护信仰权利和反对政府确立宗教。对于18世纪许多思想家来说，分离原则是实现和保证宗教自由的一种途径。即使一贯主张政教分离原则的浸信会学者也认为：

> "第一修正案"的确意味着教会与国家之间的体制性分离。但它绝不是要剥夺基督徒的权利，或者阻止他们在任何特定社会里成为基督异象的"盐、光和酵母"。这个修正案绝不能被解释为，要把一个公共人物与其个人信仰和价值体系剥离开来。[1]

---

1 William R. Estep, *Revolution within the Revolution: The First Amendment in Historical Context, 1612-1789*. William. B. Eerdmans Publishing Company, 1990, p.16.

那时的所谓分离原则，并不像今天许多人设想的那样，涉及宗教与社会的一种文化分离，而是指政府权力与教会权力的一种“制度性”分离。

> 在18世纪后期的美国，政教分离具有三个基本要素。第一个要素是在各个州内发生的教会之非确立化；第二个要素是宗教行为的非犯罪化，这样对美国人来说，按照良心指令享有宗教自由就名副其实；第三个要素是取消了担任公职的宗教资格要求。[1]

在制宪者那里，政治不能宗教化，宗教也不能政治化。这里的“宗教”与“政治”都是在狭义的组织与体制层面上言说的。制宪者中存在的一个基本共识就是，宗教自由是一种基本人权。为保证这种自由或权利，他们特别制定了《权利法案》，以对联邦政府作出限制：国会以及联邦政府不得确立某种宗教，也不得限制宗教的自由活动。这就是制宪者看待与处理政教关系的基本立场。

但在这个新共和国进入19世纪后，由于社会成员构成的变化，人们出于对罗马天主教的仇恨与畏惧，以及出于对任何权威包括教会权威的担忧，开始越来越多地将政教分离视作新教与美国的理念，视作一项基本的“美国原则”。这样一种趋势，在美国个人主义与本土排外主义呼应下，开始在信徒或非信徒中间传布起来。将政教分离强行看作一种宪法原则，实质上就是对宗教自由作出了重新界定：

> 急于阻止天主教会在美国行使其政治或宗教权威，许多新教徒更愿意将他们的宗教自由理解为一种政教分离，因而，也就有越来越多的新教领袖，通过提倡这些体制间的分离，来反对天主教的“政教合一”。[2]

其实，绝对自由和完全独立，在任何时代和任何社会里，都是一种令人神往

---

1 Derek H. Davis, *Religion and the Continental Congress, 1774-1789: Contributions to Original Intent*. Oxford University Press, 2000, p. 224.

2 Philip Hamburger, *Separation of Church and State*. Harvard University Press, 2002, p. 193.

的诱惑。当特定的社会处境里，这样一种诉求被放任或纵容时，许多人不仅希望摆脱外在的民事权威，而且还希望摆脱一切内在的精神权威。这样，他们一些人就会在政教分离原则中，发现一种具有诱惑力的可能。不过，他们在以后将会痛苦地发现，在急于阻止和限制与自己属于宗教同类的罗马天主教的同时，也使自己的宗教暴露在了那种火力攻击的范围之内；他们当初为了应对“想象中的强敌”而作的“自我牺牲”，是何其令人不堪承受。

在“美国内战”以前的数十年里，大批爱尔兰移民所带来的信仰与种族变化，在社会一些人那里，激发起了反对天主教的狂热。这种歇斯底里心态，甚至还导致了不少针对天主教信徒的暴力行为。[1]对此，菲利普·汉堡教授总结道：

> 他们对于天主教的反基督特征以及政教结合，已经继承了一些非常传统的担忧。除此之外，他们如今还将这些担忧与更现代的神学自由焦虑结合在了一起，亦即，对于天主教教会权威及其对个人精神自由之威胁，所产生的焦虑。许多新教徒将自己看作理智上独立的个体，并遵从良心而不是任何教会或牧师的权威。而天主教会，由于其对理智独立性显而易见的威胁，则更有可能获得政治权力，并复活中世纪的不宽容。这种自由担忧与更传统的担忧结合在一起，就促使新教徒最终将会把政教分离提升为一种美国理想。[2]

更有甚者，这种对于天主教的宗教顾虑，还受到了本土排外主义的煽动：

> 由于担忧那些外来者，许多本土出生的新教徒，都自觉将自己与美国及其本土人群认同在一起；以此为基点，这些本土排外分子反对外来移民，尤其是爱尔兰天主教移民。然而，即使是这种世俗的民族与阶级仇恨，也常常混合在宗教偏见里，并进而普及了政教分离原则。[3]

---

1 Cf. Anson Phelps Stokes & Leo Pfeffer, *Church and State in the United States*. Revised one-volume ed., Harper & Row, Publishers, 1964, pp. 235-237.

2 Philip Hamburger, *Separation of Church and State*. Harvard University Press, 2002, p. 202.

3 Ibid.

而一些在美国本土之外出现的新形势和新发展，似乎也间接印证了美国人坚持严格政教分离论的正确性。譬如，1832年，教皇格列高利十六世发布了“令人惊叹”通谕，就公开谴责了天主教自由主义和政教分离主张。对于许多人来说，敌对者愈是反对政教分离原则，他们就愈是拥护这一原则。这从另一方面刺激了激进的美国新教信徒，更加积极主动地接纳政教分离这一原则。

在“美国内战”以后，本土排外主义者、反神权主义者、基督教自由主义者与世俗主义者一道，成为谋求严格政教分离政策的积极倡导者。也许，正是因为这些严格分离派意识到了美国宪法并没有规定和保证这种政教分离做法，并没有明确的宪法条文来保证他们谋求的政教分离原则，他们甚至于19世纪70年代，在早年的“一无所知党”成员、现任美国总统格兰特（Ulysses S. Grant，1822—1885年，总统任期1869—1877年）等人的支持下，积极谋求修正美国宪法，以便将他们倡导的政教分离原则变成正式的宪法规定。这些分离派的修宪愿望尽管未能如愿，但这些政治努力还是进一步扩大了政教分离作为一种宪法理想的公众意识。

进入20世纪后，严格政教分离已经被美国主义大众文化看作一种“美国权利”或“美国自由”。它甚至开始要求那些被限制者与这种“美国自由”保持一致。以至于当罗马天主教徒政治家艾尔弗雷德·史密斯和约翰·肯尼迪分别在20年代、60年代竞选美国总统时，他们都不得不就某种形式的政教分离作出公开声明，才有可能为自己争取更多选民的支持。进入20世纪以来，支持政教完全分离论的团体，包括无神论分子、浸信会信徒、本土排外主义者、共济会成员、犹太教徒、新教自由派、“三K党”等等。他们许多人将政教分离看作美国宗教自由的同义词。这种所谓的“政教分离”，其实就是上述那些人一厢情愿设立并希望能够实现的一种“美国理想”。它既不是美国宪法想要达到的目标，也不是美国社会发展的历史事实，甚至也不是美国发展的未来趋势。但人们在这个时期，对这种原则的认识是含混而复杂的，并深受时代文化思潮的影响。

这个时期，由于所谓“美国主义”（Americanism）文化的盛行，美国大众对个人自由的认识，并没有在法律上认真考虑各级政府的相应权限，而是笼统地认为个人在联邦政府下与在州政府下拥有同样的“自由权利”。人民普遍广义地看待《权利法案》中列举的各项自由，认为这些“自由”权利无分别地为所有美国人所享有；那些自由不仅属于公民在联邦政府下的权利，而且还属于所有美国人在所有政府下的权利。由此，就出现了这样一种法律文化假设，有人认为《权利法案》所保护的，不仅仅是针对联邦政府的一些权利，而是美国自由的一些普遍性理想；还认为美国人所享有的那些自由，是不分层次或级别的具有单一体性质的自由。

可以这样说，在由本土排外主义和“反天主教歇斯底里症”推动的美国主义文化这一有利氛围中，当时越来越多的人认为，个人自由并不仅仅是针对联邦所保证的权利，而是一种一体性与普遍性的美国权利。法院在法理上尽管没有采用这样明确的大众文化语言，但仍然利用这一有利局势，通过自己对“第十四修正案”的解释，而将《权利法案》列举的个人自由，特别是“第一修正案”规定的个人自由，应用于州的层面上。更有甚者，在如此这般应用的“第一修正案”所列举的个人权利中，还凭空包含了政教分离理念，亦即，分离派主张的严格政教分离原则，也被笼统地当作“第一修正案”列举的权利，而应用到了州的层面上。

由此，政教分离，逐渐演变成了一种大众性文化假设。原先由宪法规定的免予确立宗教和政府干预的宗教自由，逐渐为政教分离这种单一的自由所取代，而后者俨然成了美国宪法所保护的个人自由。然而，人们很快将会发现，当政教分离被看作宪法列举的个人自由时，这种僭取了自由地位的所谓“自由”，将会大大削弱和限制个人的自由，其中也包括宗教自由；将会逐步瓦解或颠覆美国社会文化的基本价值与原则；将会否定美国社会的历史传承，并威胁这个社会未来的发展前景。由此，就出现了具有反讽意味的发展：伴随着严格分离论的兴起，也出现了对这种自称体现了宪法精神之原则的重新审视和打量，出现了对这一原则的质疑与诘难。

无论如何，1947 年的“埃弗森案”与 1948 年的“麦科勒姆案”，在将政教分离当作宪法要求的同时，还是引发了强劲的反作用。难道政教分离真的是宪法原旨，并应当运用于各州吗？

许多相对传统的新教徒感到震惊不已，并慢慢促使自己开始重新思考这种分离。他们曾经寻求过他们熟悉的新教式分离，但如今却突然发现自己面

> 对着一个世俗的分离版本，而这种世俗分离，则威胁到了美国公共体制的非教派性宗教性。在联邦最高法院新近审理了这些案件之后，他们越发深切地感受到了这样一种体验；而这种体验将使许多新教徒逐步认识到，他们面临着来自世俗主义与分离主义的威胁，要远大于来自天主教的威胁。[1]

由此，一些新教徒和非新教徒开始发现，政教分离式的宗教自由并不一定就是宪法规定的宗教自由，不一定就是宪法保证的宗教权利。在这种政教分离式的宗教自由之外，还存在着其他方式来思考和实践美国的宗教自由。

通过中立性向温和迁就论的当代回归

从20世纪后期以来，美国社会出现的一些重要变化，对分离派和迁就派的态度与支持程度产生了深刻影响。导致这种转变的因素是多方面的。首先，不仅原有的宗教少数派在社会文化里保持着少数派地位，甚至连一般性宗教信仰也在社会文化里变成了少数派和边缘派团体。面对世俗主义与信仰私人化发展，宗教及其信仰者作为一个整体，其自身也遭到了压迫和排挤；原本担心主流宗教对其他社会团体和个人的不公平待遇，于是开始反转过来，担心一般性的宗教及其信仰者受到主流或强势社会文化的歧视与不公对待。原先主要是宗教少数派和边缘派，在担心自己的权益受到贬抑；现在则是主流宗教与信仰团体，也在担心是否能够保障自身合法权益了。这使得对一般性宗教的优待和特权，进入了人们考虑的议程。按照迁就论的看法，宗教信仰涉及人的心灵深处和精神依托，是人最为宝贵的、珍惜的、微妙的、敏感的领域。在某种意义上，对特殊事物予以特殊对待，对宗教信仰予以某种迁就，是一个依据多数派原则行事的民主社会对少数派和边缘群体必要的尊重方式及体现。人们对于这一点，随着宗教本身在当代社会里逐渐沦于少数派地位，有了越来越深刻的感触与共鸣。

其次，在当代社会，政府承担了越来越多和越来越复杂的职能。政府成为重要的教育提供者，首要的社会福利提供者，重要的主顾和雇主，等等。传统的“大社会和小政府”模式，在当代已经转变为了“大社会和大政府”甚至

---

1 Philip Hamburger, *Separation of Church and State*. Harvard University Press, 2002, p. 477.

“小社会和大政府”的模式。同时，当代福利社会的形成与发展，使得由政府主导的社会福利分配涵盖了一切生活领域。国家及其政府日渐发展的强势主导地位，使得政府通过政治、经济与文化等手段对各项公共或个人事业的“支持”或“资助”成为一种普遍趋势，并涵盖了人们生活的绝大多数领域，其中，自然也应包括宗教信仰领域。当现代政府通过“大政府”扩张对各种事业的支持成为普遍趋势时，作为少数派的一般性宗教自然也不会置身事外。事实上，政府的支持与资助已成为当今各种社会文化事业得以发展的重要条件。当政府坚持的所谓“中立性”立场，在客观上对作为少数和弱势群体的宗教团体构成了伤害时，人们就有理由希望政府由消极的“中立”态度，转向更加积极的“迁就”立场了。

再次，当现代多元主义和异质性文化成为社会现实存在并获得合法地位后，人们转而开始担心原有的文化传承与传统是否能够继续保持足够的生命力了。美国社会是这个世界上最具多样性的社会。美国社会的价值与信仰形式，也是最具多元性的价值与信仰形式。多元化的社会现实，促成了对多元化价值的认可与尊重。就信仰生活而言，在传统的基督教新教信仰形式之外，各种各样的边缘与新型信仰形式，也获得了相应的合法地位与社会认可。一些传统的非主流、边缘宗教，譬如罗马天主教、犹太教、贵格会、莫拉维亚兄弟会、门诺会、东正教等等，以及后来出现的一些边缘信仰，譬如耶和华见证人、复临派、摩门教、五旬节派、灵恩运动等等，还有在“犹太—基督教传统”之外的信仰，譬如印度教、佛教、锡克教、道教、伊斯兰教等等，经过各自的传布发展，经过各自信徒的努力奋斗，甚至抗争和牺牲，已在美国社会为自己赢得了合法身份与平等地位。与这一发展呈相反趋势的，反而是原先的基督教新教主流信仰形式的历史变迁。随着宗教多元主义的兴起，更主要地，随着现代世俗主义的兴盛，原先处于主导地位的宗教信仰，其地位与影响在某些情形下受到了挑战和削弱。原先具有明显基督教新教特征的社会文化生活，似乎正处在日渐淡化与消散的发展趋势中。当现代多元性及其所要求的合法性，已经对诸多传统价值构成消解和否定态势时，人们不可能不反思自己的历史传承，并越发珍惜自己的传统价值与文化，其中自然也包括传统信仰和宗教，譬如基督教新教主流价值与精神。

最后，还有一个重要影响因素，就是从20世纪后期起，保守派新教徒与罗马天主教徒的关系得到了明显改善。过去主要用于防止和对付天主教的政教分离原则，如今已开始丧失其原有的意义与指向。随着天主教徒日益融入美国主流社会，在政治与伦理上大体属于保守派的罗马天主教徒，就与福音派新教徒，在政治议程上、在社会关切上，以及在共同面对的精神与伦理挑战上，具有了更多共同的基础与阵线。事实上，天主教徒与福音派信徒，近年来在许多社会问题上，都采取了同步或合作行动。这种信仰普世主义精神，所要求的就不可能是更大程度的政教分离，而只能是相反。

这些重要转变，再加上其他一些因素，促使人们开始对美国政教关系的性质以及美国宪法的原旨作出重新批评和反思。越来越多的人开始痛苦地意识到，制宪者在制定"第一修正案"时，其本意并不是要确立一个世俗或中立的国家，并不是要从公共生活中彻底消除宗教的影响。宪法在规定体制性与组织性政教分离的同时，其目的是要促进政治性、文化性、道德性与精神性的"政教结合"：

> 历史证据表明，制宪者最首要的考虑，是要制定这样一种修正案，即禁止限制宗教的自由活动和禁止确立一种全国性教会。[1]

宪法规定所保证的，是"宗教的自由"，而不是"免于宗教的自由"：

> 因而，下列解释就是对"宗教条款"原旨的一种误解，亦即将其解释为主要提供一种摆脱宗教的自由。相反，"宗教条款"提供的是宗教以及宗教活动的自由。"第一修正案"旨在利于促进宗教以及宗教的积极影响，而不是要把宗教利益隔绝在限制性的"分离墙"背后。[2]

这种反思或反省，甚至导致一些历来坚持严格分离论的个人与团体发生了立

---

1 Daniel L. Dreisbach, *Real Threat and Mere Shadow: Religious Liberty and the First Amendment*. Crossway Books, 1987, p. 47.

2 Ibid., 51-52.

场转变。20 世纪后期以来，随着宗教传统与保守势力不断增长的影响，包括浸信会在内的福音派，在政教关系问题上亦发生了某种转向。对于 18、19 世纪的浸信会教徒来说，其所坚持的是教会与尘世世界及行政当局的分离。而从 20 世纪后期起，他们转而强调社会的堕落，坚持在公共生活中重新肯定基督教的价值与精神影响，并开始抗议政教分离的那堵“分离墙”太高了，认为那道“分离墙”不仅是非法的，而且还是非历史性的。以最为保守的南方浸信会大会（the Southern Baptist Convention）为例，从 20 世纪 80 年代起，就逐步缓和了自己原有的严格政教分离立场，转而开始以中立性而不是分离性来探讨政教之间的关系了。不仅如此，它还曾积极推动由政府许可的公立学校自愿祷告运动，并渐渐缓和了与罗马天主教之间的紧张或对立关系。1984 年，正是在南方浸信会大会等保守组织的推动下，美国国会才通过了《平等利用法案》(*the Equal Access Act*)，并由此为探索新型公立学校的政教关系提供了新思路。与此相呼应，联邦最高法院在审理相关案件时，也开始放弃原先的僵硬标准，转而采取一些新的司法解释，或依据其他宪法权利，譬如言论自由与出版自由，来保护宗教自由了。

从理论上讲，分离论特别是极端分离论，实质上是确立了某种非宗教性的意识形态，来作为这个国家或社会的核心组织观念。以政府对宗教的促进和鼓励为例，严格分离论或者绝对分离论，通常都牵涉到财政援助问题，认为政府不应为宗教或教会提供任何援助，宗教或教会也不应为政府提供任何援助。但这样一种主张不相往来的绝对分离论，既不属于早期制宪者的原意，也不符合美国从创立到如今的历史与社会现实。在现实中，在美国各级政府与各种宗教或教会之间，存在着各种各样直接或间接的互动与关联，两者之间始终存在千丝万缕的联系。对于这一点，甚至连将政教分离原则看作“美国宗教自由试验”构成要素的自由派宪法学者，也不得不承认：

> 过于热切地解释政教分离原则，亦有违于不确立条款的其他构成性原则——尤其是良心自由和宗教平等原则。联邦最高法院，至少应像保护世俗良心免遭宗教强迫那样，来热切保护宗教良心免遭世俗强迫；至少应像确保宗教与非宗教的平等那样，来热切保护宗教应享有的平等待遇。当立法机构或法院，明智地迁就某个宗教个体的良心顾忌，或某个宗教团体的核心感召

时，并没有违背政教分离原则；当政府允许宗教个人或组织平等利用那些面对处于类似情形的非宗教分子开放的论坛、设施或资金时，也同样没有违背政教分离原则。如果不这样做，那么实际上，就会导致大法官斯图尔特所谓的“确立了一种世俗主义宗教”。[1]

这种大背景性的社会思潮，自然也反映在相关法律研究与实践中。不仅如此，在司法系统内部的司法实践中，许多法律界人士逐渐认识到，坚持严格政教分离论，并按照这种原则对宗教生活施加严格限制措施，将会导致一些非常荒唐的结论，同时在现实层面上也是不可行的。这样，在法院内外，由积极对宗教施加限制的分离论，开始转变为某种自我节制性的中立原则，并进而演化出在法律许可范围内对宗教信仰予以迁就或妥协的立场。

严格中立性学说，最初是由芝加哥大学法律教授菲利普·库兰（Philip B. Kurland）于20世纪60年代提出的。在菲利普·库兰看来，“自由与分离条款，应当被看作一个准则，即政府不能把宗教当作作为或不作为的标准，因为这些条款禁止按照宗教分类来施加优惠或负担”[2]。

但如果不再将宗教作为一种政府行为标准，如果将宗教个体及团体的利益等同于其他世俗的类似事物，那么“宗教条款”本身就将变成莫虚有的东西，“宗教条款”也就失去了存在的意义。因为按照这种学说，宗教事物和与其类似的世俗对应物之间的界限将不复存在，政府与法律将对宗教与其他类似事物完全一视同仁，毫无差别了。这是严格中立性学说内在固有的矛盾之处。

20世纪80年代末，宪法学者保罗·韦伯（Paul J. Weber）等人，结合联邦最高法院的司法实践，提出了“同等分离”（equal separation）学说，并声称这样一种立场构成了以严格中立性来理解宪法“宗教条款”的基础，同时也最为符合“宪法之父”詹姆斯·麦迪逊本人的思想：

---

1 John Witte, Jr., *Religion and the American Constitutional Experiment: Essential Rights and Liberties*. 2nd ed., Westview Press, 2005, p. 227.

2 Philip B. Kurland, *Religion and the Law*. The Aldine Press, 1962, p. 18.

> 同等分离，拒绝基于宗教归属、信仰或实践，或是否具有宗教归属、信仰或实践，而给予任何政治或经济特权，抑或作出强迫或剥夺资格，但却保证给予具有宗教动机或归属的个人与组织与其他类似情形下的个人与组织同等的权利与特权。它为宗教提供了保护，但却没有提供特权。它将宗教信仰与实践权利看作一种人权，并用保护其他人权那种方式来保护这项人权。它保护了具有宗教动机的团体与个人的这一权利，亦即以同样方式与程度，来参与政治进程与经济体系，就像它保护其他类似的团体与个人那样。[1]

这种具有不同着眼点的改良性中立性学说，更为接近同一时期，由美国政府颁布的《平等利用法案》规定的原则。但这种学说也同样具有中立性学说所固有的内在不一致性。

对具有适用性与可操作性原则的渴求，在司法实践中表现得尤为强烈。联邦最高法院试图在各个宗教或教派之间，以及在宗教与非宗教之间保持一种中立性，但是这种所谓中立性是无法取得的，因为在理论上无法找到一个超越各方利益的、完全置身事外的“中立点”。[2]由一个不偏袒的政府，面向所有教派提供的不偏袒援助，这只能存在于一个逻辑与抽象的世界里，而在现实世界里完全无法付诸实施。在历史上，政府以非强迫的、非偏袒的方式卷入宗教问题，只是对大多数人或某一部分人而言的，只是在一定范围内和在某种程度上而言的。不过，“第一修正案”界定的是政府在宗教问题上没有获得授权，而不是所谓的中立性。要求政府在支持与阻碍宗教之间，采取一种完全中立的立场，就是在要求政府完成一件不可能完成的任务，因为在历史或现实层面上，任何一个政府都不可能用不偏不倚、超然中立的态度来公平对待所谓宗教问题。不仅如此，这种理论或理想中的严格中立性，有时还会招致适得其反的后果。有学者就此指出：

1　Paul J. Weber, ed., *Equal Separation: Understanding the Religion Clauses of the First Amendment*. Greenwood Press, 1990, p. 5.

2　Cf. Steven D. Smith, *Foreordained Failure: The Quest for a Constitutional Principle of Religious Freedom*. Oxford University Press, Inc., 1995, p. 97.

> 中立性，意味着中立者一方拥有某种权力，并涉及某种主观判断。以中立性为基础来证明某些判决的正确性，只能招致失利者断言，法院绝非中立的而是偏袒了他们的对手。赋予评判者在宗教与非宗教之间保持中立的权力，就是在非同寻常的程度上，赋予了他们专断的权力。[1]

在美国当代司法实践中，联邦最高法院向迁就论的靠拢，其标志是伦奎斯特大法官在1985年“华莱士诉贾弗里案”里所表达的观点。与伦奎斯特大法官看法互为发明的，还有埃德温·米斯三世（Edwin Meese Ⅲ）的一系列公开演讲。同样是在1985年，时任里根政府司法部部长的埃德温·米斯三世，在面向基督教法律协会以及其他场合的演说中，曾就美国宪法的历史原旨发表了一系列引起广泛争议的论点。其演说主旨与伦奎斯特大法官的见解遥相呼应，并为宪法“宗教条款”的迁就论立场进行了有力辩护。毫无疑问，大法官伦奎斯特与司法部部长埃德温·米斯三世的立场，代表了当代法院内外许多人的看法，因为有越来越多的人开始意识到，“对分离论模式的教条式追求，恐怕会导致对宗教的敌视，或对不信仰者的偏袒。这样的结果，不仅不是‘宗教条款’所追求的，而且看来还是为它所禁止的”[2]。

不过，也应当看到，在当代司法实践中，向温和迁就论的回归并不意味着迁就论就完全取代了分离论。在当代，仍然有不少学者和法律界人士坚持认为，按照迁就论模式来处理政教关系，不仅违背了“第一修正案”精神，而且对于少数派宗教以及不信仰者也构成了一种不公平。在公共领域展示对某种宗教的偏爱，就是表明了官方的某种偏袒，就是使某种宗教处在与其他宗教或不信仰不同的地位，就会使那些受到冷落或忽视的宗教或不信仰者，在自己的国家里感到“客居”的意味，仿佛他们只是被“宽容”的“外来者”。所以他们仍然坚持，“分离论，只要对由来已久的迁就论做法保持着敏感，就确实是美国未来的

1 Thomas J. Curry, *Farewell to Christendom: The Future of Church and State in America*. Oxford University Press, 2001, p. 60.

2 Daniel L. Dreisbach, *Real Threat and Mere Shadow: Religious Liberty and the First Amendment*. Crossway Books, 1987, p. 163.

最佳路径”[1]。

探索仍在进行，争论仍在继续。自20世纪80年代后期至今，在联邦最高法院以及整个法律界，原先的严格分离论，并未完全被抛弃，而是不断以其他形式重新返回人们的视野。而迁就论也只是获得了应有的重视和部分的认同，并在迂回回归过程中受到了以往司法原则与法院判例的制约。

正是这两种相反作用力的影响，使得司法机构在“宗教条款”案件审理上陷入了一种紧张与矛盾的境地。其直接结果就是造成了法院系统在这一问题上的踌躇与游移，而不得不将目光局限在案件个体性上。但个体性恰恰是普遍性的泥沼；缺少了普遍性，一切原则与标准都将失去应有的效力。在这个意义上，我们可以说联邦最高法院从20世纪后期以来，对“宗教条款”案件的审理与判决，最显著的特征就是没有特征，最重要的原则就是没有原则。原则与标准的不一致或混乱，成为困扰法院审理“宗教条款”案件的主要难题。

第四节 “正当程序条款”对“宗教条款”的吸收合并

“第一修正案”与“第十四修正案”各自保证的自由

制定宪法“第一修正案”的联邦国会和批准“第一修正案”的各州议会，在当时都很清楚，各个州将在各州宪法范围内规定各自的宗教事宜，将会依据各自州的法律决定是否援助或确立相应的宗教。美国宪法“第十修正案”，亦即1789年《权利法案》中最后一项修正案规定：“宪法没有授予联邦的权利，也没有禁止授予各州的权利，均为各州或人民所保留。”这项宪法规定，明确了联邦权是由各州或人民所授予的这一性质，也肯定了各州或人民作为权利主体的法律地位。

这就是说，美国联邦的《权利法案》，其主体是联邦国会，限制的是联邦而不是州。联邦《权利法案》列举与保证的各项权利，并没有超越联邦政府范围，也没有延伸及各州或地方。传统上，美国人对在州宪法下拥有的权利与在联邦宪

1 Derek H. Davis, *Religion and the Continental Congress, 1774-1789: Contributions to Original Intent*. Oxford University Press, 2000, p. 229.

法下拥有的权利，作出了区分。他们理所当然地认为，联邦《权利法案》没有限制州权，因为每个州都在各自宪法下具有各自的限制，而各州宪法也包含了各自对州公民权利的列举与保证。

换言之，“第一修正案”包含的“宗教条款”，只是禁止联邦政府特别是联邦国会那么做。政教分离起初也只是意味着教会与全国政府的分离。但联邦最高法院在20世纪初期对宪法“第十四修正案”的解释与运用，完全改变了这一切。一个产生重要影响的发展就是，联邦最高法院通过“第十四修正案”的“正当程序条款”，将“第一修正案”中的“宗教条款”，由仅仅适用于联邦扩展为适用于联邦和各州，由此，也就忽略或突破了“第十修正案”的明文规定。在司法实践中具有里程碑意义的联邦最高法院判决案例分别是，1940年的“坎特韦尔诉康涅狄格案”——首次将“自由活动条款”应用于各个州，以及1947年的“埃弗森诉教育委员会案”——首次将“确立条款”应用于各个州。这两个至关重要的判例，构成了宪法“宗教条款”现代历史发展的开端，由此，也就揭开了宪法“宗教条款”现代司法实践的大幕。

美国宪法“第十四修正案”第一款，牵涉到宗教问题的条文内容如下：“任何一州，都不得制定或实施限制合众国公民的特权或豁免权的任何法律；不经正当法律程序，不得剥夺任何人的生命、自由或财产；在州管辖范围内，也不得拒绝给予任何人以平等法律保护。”[1] 事实上，这也是“第十四修正案”第一款中的前三项规定。这三项宪法规定可以分别简称为“特权与豁免权条款”“正当程序条款”与“平等保护条款”。

其中，第二项条款，亦即“第十四修正案”的“正当程序条款”规定，任何一州“不经正当法律程序，不得剥夺任何人的生命、自由或财产”。简言之，任何州不经正当程序，都不得剥夺任何人的自由。那么，这条修正案中的“自由”(liberty)，与《权利法案》特别是“第一修正案”规定的个人自由或个人权利是什么关系呢？是相互重叠的，是相互交叉的，还是完全不同的呢？从“第十四修正案”制定的历史背景看，其发生于“美国内战”以后，并主要是为了保护黑人权利的；从修正案条文规定上看，其所提及的“自由”，是一种一般或笼统性的

1 李道揆：《美国政府和美国政治》(上、下册)，商务印书馆，1999年第一版，“附录”。

概念；从紧随其后的宪法制定过程看，在 1875 年提出的“布莱恩修正案”（*the Blaine Amendment*），旨在宗教自由问题上对各州作出限制，尽管该提案未获国会通过，但这一事实以及其他证据均表明，“第十四修正案”的制定者并没有想原封不动地把“第一修正案”的自由权利应用于各州。当代宪法研究专家伦纳德·利维曾对此评论道：“多数证据表明，‘第十四修正案’的制定者，既不想使其规定吸收《权利法案》的任何部分，也不想为各个州施加原先仅施加于联邦的那些限制。”[1]

“美国内战”以后，联邦国会通过制定一系列宪法修正案，加强了联邦的统一性和主权性。原先由各个独立州和一个弱势中央政府组成的政治共同体，逐渐转变成了在联邦宪法这一最高法律约束下，具有联邦政府先于州政府特征的一个国家。18 世纪后期的制宪者，按照汉密尔顿的制宪理念，似乎是想要给予联邦以更大的权利；而杰斐逊等人则希望为各州保持更多的主权。“美国内战”后，联邦主义的胜利相对减弱了联邦对各州主权的强调或侧重。而联邦政府权力，则更多地进入了原本被保留给各州的那些领域。[2] 詹姆斯·麦迪逊的确曾在 1789 年讨论宪法修正案时，提出过一项动议，以限制各州侵犯包括宗教自由在内的个人自由权利。当然这项动议并未在国会获得通过，但这一事实从另一角度佐证了，宪法修正案特别是“第一修正案”所限制的是联邦政府而非州政府。各个州政府可以通过其立法机构，对本州公民的个人自由自行作出法律规定和保证。

然而，按照“第十四修正案”第一款的界定，所有美国公民都既是联邦公民又是他们各自居住州的公民。它在逻辑上使得美国公民都具有了所谓双重公民资格：每个公民不仅是其居住州的公民，而且也是联邦的公民。这项修正案进而规定，作为联邦公民，每人都享有某些属于联邦政府规定的公民权利；而那些权利并不能为州立法机构或政府所剥夺和限制。当然联邦公民资格与州公民资格，在实质上并不是对立的。对于一个个体公民来说，联邦公民权利与州公民权利，在内容和范围上并不矛盾或冲突。而“第十四修正案”却对实施或限制公民权利

1　Leonard W. Levy, *The Establishment Clause: Religion and the First Amendment*. 2nd ed., The University of North Carolina Press, 1994, p. 148.

2　参见邱小平：《法律的平等保护：美国宪法第十四修正案第一款研究》，北京大学出版社，2005 年第一版，第一章。

的主体，亦即州立法和行政机构作出了某种规定。亦即，联邦可以监视或干预各个州对公民权利的执行与保证情形。这样就使得各州对公民权利的管理联邦化了，或者说全国化了。由此，可以说“第十四修正案”第一款，对联邦各州的权限重新作出了界定和限制：

> 这三项原则等于开创了一套新的宪政机制和内容，表现了一种与1789年通过的《权利法案》（第一至第十修正案）性质相同但内容方向相反的立法意图。换句话说，如果原来的《权利法案》是为了防止联邦政府侵犯人民的基本权利而设立的，那么“第十四修正案”就是为了钳制州政府对联邦公民权利的侵犯。[1]

但是“第十四修正案”并没有具体罗列出公民作为联邦公民具有哪些权利，没有明确界定联邦公民的权利。事实上，各个州仍然是公民权利的首要保护者和管理者，而联邦则可以对州实施和执行公民权利的情形予以监视和干预。[2]“第十四修正案”第一款这种原则性规定，为以后的司法应用留下了巨大解释空间。而在未来一个时期内，占据这个“空间”的将是吸收合并原则与进程。不过，在详细考察这一进程之前，可以先来看看1872年联邦最高法院对于1868年获得批准的“第十四修正案”适用范围与权限的讨论与应用。

“屠宰场案”对“第十四修正案”适用性的争论

早在1833年的“巴伦诉巴尔的摩案”[3]中，以约翰·马歇尔为首的联邦最高法院，就认定宪法第四至第八修正案仅适用于联邦政府的行为，而非针对州政府或地方政府的行为。1872年著名的“屠宰场案”[4]，更是明确认定，此前制定的“第十四修正案”不能一般性应用于州权。虽然制定“第十四修正案”的意图是想要把《权利法案》的某些规定扩展至州政府那里，以便公民权利在受到任何州法律

---

1 王希：《原则与妥协：美国宪法的精神与实践》，北京大学出版社，2000年第一版，第289页。

2 参见张千帆：《美国联邦宪法》，法律出版社，2011年第一版，第174—176页。

3 *Barron v. Baltimore*, 32 U.S. 243（1833）.

4 *Slaughter House Cases*, 83 U.S. 36（1872）.

的不当限制时，为公民权利提供一种联邦法律保护；但是，在1872年的“屠宰场案”中，联邦最高法院明确判定，“第十四修正案”并不涵盖《权利法案》的相关规定；认为制定那些新修正案的主要目的，是保护先前的黑人奴隶免遭原主人的迫害，并确保这些被解放的奴隶的自由权利。

在这个案件中，路易斯安那州立法机构于1869年，以改进卫生名义宣布了新奥尔良某家公司拥有屠宰及相关业务的专有权。于是，那些受到排挤的公司，以该法令违反新制定的“第十四修正案”为由提起诉讼，认为该法令剥夺了自己的特权和豁免权，拒绝给予自己同等的法律保护，未经正当法律程序而剥夺了自己的财产。对于新颁布宪法“第十四修正案”所具有的这种潜在的广泛应用性，联邦最高法院可谓有些始料不及。在驳回原告诉求的同时，联邦最高法院不得不指出，“第十四修正案”主要是为了保护新近获得自由的非洲裔美国人的利益，并重申了强调州主权的传统立场。

联邦最高法院以5比4这一具有争议性的投票结果，对本案作出了判决。塞缪尔·米勒大法官代表多数派撰写了法院意见。法院意识到了对“第十四修正案”的理解与应用所具有的深远影响，为此采取了较为保守的立场，认为制定“第十四修正案”的动机主要是为了保护刚获得公民权的黑人，主要是出于内战后对有一个强势全国政府的一时之需。法院仍然希望能够在联邦权与州权之间保持一种平衡。

而本案牵涉的问题在于，一个州的立法机构能够授予该州公民或机构排他性特权吗？授予这种特权是与“第十四修正案”第一款相抵触的吗？而且，本案原告已经明确声称，该州这些法规已经侵犯了他们作为联邦公民的特权与豁免权，拒绝对他们给予平等法律保护，未经正当法律程序就剥夺了他们的财产，等等。但在详细考察了这些法案的缘起与本意，特别是考察了英国的历史做法后，法院意见对这个问题作出了肯定性回答。法院认为路易斯安那州立法机构拥有足够的权限，以作出这种授予排他性特权的法律规定，而联邦宪法对此并没有什么明确限制。这就意味着联邦宪法“第十四修正案”的限权规定，并不能应用于州政府。对于“第十四修正案”第一款的指涉与范围，法院意见指出：

至于联邦公民的特权与豁免权，以及州公民的特权与豁免权分别意味

> 着什么，我们将在后面加以讨论。在此，我们想要表明，这项条款只是将前者置于了联邦宪法的保护下；而后者，不论是什么，修正案这段条文都没有对其提供额外的保护。所以，如果在属于联邦公民本身所具有的特权与豁免权，与属于州公民本身所具有的特权与豁免权之间，存在着某种差别，那么，后者的安全与对其的保护只能依赖此前所提供的安全与对其的保护，因为它们并没有被包含在这项修正案的这款条文里。

不过，在联邦权与州权或地方权的制衡互动中，将“第十四修正案”相关限制扩展至州权或地方权，在此后美国政治与法律发展过程中，将逐渐演化成一种趋势或潮流。从这个意义上看，倒是本案的少数派意见预示了此后一个时期的司法发展动向。斯蒂芬·菲尔德大法官代表四位持不同看法的大法官，撰写了不同意见：

> 因而，本案所提出的问题是一个最为重要的问题，不仅对此案当事各方如此，而且对整个国家也是如此。这个问题就是，近来对联邦宪法提出的修正案，是否保护联邦公民不受州立法对其共同权利的侵犯。在我看来，“第十四修正案”的确提供了这种保护，而制定它们的国会以及批准它们的各州，也的确想要它们提供这种保护。

这份本案少数派撰写的不同意见，对于扩大联邦宪法和联邦政府的权限具有深远影响。而这种“深远影响”在司法实践上，主要是通过所谓吸收合并原则得以实现的。

吸收合并原则与实施进程

宪法条文也许是静止不变的，但对宪法的解释与应用却是不断更新的。尽管“第十四修正案”的制宪原旨可能另有所指，但其“任何州不得剥夺自由”这样一种笼统规定，还是为这样的宪法解释提供了可能，亦即，宪法不仅禁止联邦，而且还禁止各州，剥夺或侵犯“第一修正案”所列举的个人自由或权利，其中包括保护宗教自由权利的“自由活动条款”和“确立条款”。换言之，“第十四修正案”保护的个人自由吸收或合并了“第一修正案”所保护的个人自由，并将其应用范围由联邦扩展到了各个州。

正是因为“第十四修正案”“正当程序条款”，一般性地表明了，任何州不经正当法律程序，不得剥夺任何人的生命、自由或财产，才为吸收合并原则提供了合法性与逻辑性基础。联邦最高法院在特定时期所采取的这样一种宪法解释，一般称作“吸收原则”或“合并原则”，统称“吸收合并原则”（incorporation doctrine）。有宪法学者为这一原则作出了如下界定：

> 吸收合并原则，就是“第十四修正案”的“正当程序条款”，将《权利法案》的大部分规定都吸收合并进了自己所保护的“自由”的范围之内，并由此向各州施加了与《权利法案》施加于联邦相同的限制。[1]

而且，从反面讲，“如果‘第十四修正案’没有吸收合并‘第一修正案’，那么各州将免于美国宪法的限制，并能够就宗教制定任何措施，而只是受到每个州现有州宪法的限制”[2]。

正因为如此，吸收合并原则在以后的应用与发展中，受到了分离论者的支持，但同时也受到了迁就论者的排斥。

在某种意义上，吸收合并原则反映了正在兴起的宪法国家主义倾向，以及美国社会与经济的联邦化发展趋势。吸收合并原则将对宗教诉讼的终极权威，由州政府与州最高法院转移到了联邦最高法院那里。1789 年宪法“第一修正案”的“宗教条款”规定，“国会不得制定法律以……”而在吸收合并原则下则变成了，“政府不得制定法律以……”这里的“政府”至少包含三个层面的“政府”，亦即联邦政府、州政府和地方政府。其中，原本享有宗教问题终极权威的州政府，成为上述原则与变更的主要涉及对象。

同时我们也应当看到，与美国社会“国家化”以及“联邦化”的发展趋势相

1 Leonard W. Levy, *The Establishment Clause: Religion and the First Amendment*. 2nd ed., The University of North Carolina Press, 1994, p. 225.

2 Ibid.

呼应，随着时代的发展，宪法“宗教条款”牵涉的那些重要因素，也都发生了重要变化。首先是“政府”，由原来消极保护性的、最低限度的“小政府”，逐步转变为积极扩展性的、涵盖一切的“大政府”。这个“大政府”，更通过行政法规、税收、社会福利这些有形或无形的“大手”，触及了公共与个人生活的几乎一切领域，发挥着重要的规范、调节与导向作用。其次，宗教或教会，也由原来的狭义界定转变为了广义界定。宗教组织、机构与活动的范围与影响，已不仅仅局限于狭义的宗教事务，而是广泛触及医疗、教育、慈善、商业、文化与社会等领域，并广泛享受着政府的财政支持与援助。那么这些具有宗教背景或导向的行为，是否应当与其他世俗行为遵循同一标准呢？最后，个人生活方式也发生了重要转变。传统家庭生活、子女教育与个人生活方式所发生的变化，当然也影响着现代人追寻精神生活与精神价值的行为与观念。个人接受教育、参加工作和追求事业的协调化与齐一化趋势，个人生活方式以及精神生活的国家化与联邦化发展，亦对人们对宪法“宗教条款”的理解与应用产生了相应的影响。

这个社会宏观背景，为吸收合并原则的接纳与流行提供了肥沃的土壤。按照这项吸收合并原则，联邦最高法院开始将“第一修正案”列举的自由权利，逐步吸收合并到“第十四修正案”的相关规定中。这一“吸收合并”的“蚕食”进程始于19世纪末与20世纪初。从那时起，按照宪法“第十四修正案”的“正当程序条款”，联邦最高法院一步一步将联邦《权利法案》，亦即宪法第一至第十修正案所列举的各项“自由”权利，应用到了各州，认为通过将联邦《权利法案》列举的“自由”应用于州政府，就可以保护基本的个人自由权利，免遭州政府的侵犯。

大致说来，这一进程最一开始，吸收合并的是财产与契约权利。从20世纪20年代中期起，开始逐步吸收个人的自由权利。1925年的“吉特洛诉纽约案”[1]，明确利用“第十四修正案”，将《权利法案》的个人自由权利应用于州。在“吉特洛诉纽约案”中，法院根据“第十四修正案”的“正当程序条款”，吸收合并了《权利法案》中的“言论自由”与“出版自由”。在随后的判例中，则逐步吸收了其他自由权利。到1940年的“坎特韦尔案”，第一次吸收了“宗教条款”的“自由活动条款”。到1947年的“埃弗森案”，第一次吸收了“宗教条

1 *Gitlow v. New York*, 268 U.S. 652（1925）.

款”的“确立条款”。从40年代起至今，联邦最高法院受理的100多个有关宗教问题的案例，绝大多数都涉及将“第一修正案”相关规定应用于州和地方政府的情形。

不过，到20世纪后期，特别是从20世纪80年代以来，吸收合并原则越来越多地受到了来自法院内外的批评。有越来越多的人意识到，始自1925年“吉特洛诉纽约案”的吸收合并原则，只不过是联邦最高法院一项晚近的发明。在美国宪法史上构成了革命性转折的这个解释与应用原则，其基础并不那么牢靠，其法理并不那么清晰，其后果也并不那么令人满意。许多人开始呼吁撤销这一原则。作为一种温和回应，联邦最高法院开始通过重新解释先前判例和寻求新原则的方式，来逐步校正自己的基调与方向。

如今，一些大法官，譬如克拉伦斯·托马斯大法官（Clarence Thomas），就在“确立条款”应用上，明确放弃了吸收合并原则。问题是，如今许多美国人已经习惯了运用《权利法案》来保护自己的权利既不受联邦政府也不受州政府的侵犯。而放弃吸收合并原则，就只能将宗教问题保留给各州自行裁决了。面对纷至沓来的批评感到困惑和迷茫的法院，正在寻求新的和更加符合“第一修正案”原旨的理解与应用宪法的途径。但是这种范式转变殊非易事，并有可能面临“抛弃旧原则但却未发现新标准”的尴尬境地。事实也的确如此，大概从20世纪80年代中期起，联邦最高法院在处理政教关系问题上，就只剩下残缺不全的所谓“中立性”（neutrality）法则了。而法院本身也陷入了越来越深的混乱与分裂。

当代宪法学者小约翰·威特（John Witte, Jr.）这样总结了这一转变：

> 在1940年到1980年的自由活动案件中，联邦最高法院在其分析中，力图吸收全面的初始原则——从而对保护宗教权利与自由作出了重大推进。可是，从80年代中期起，联邦最高法院将自由活动条款缩减为单一的中立性原则，并在实际上中立化了自由活动条款对宗教自由的保护。极具讽刺性的是，如今，“第一修正案”的自由言论条款，比自由活动条款更多地发挥着保护宗教的作用。而不确立法的发展趋势，则正好相反。在1947年到1982年的不确立宗教案件中，联邦最高法院过于强调政教分离原则——有时产生

了一些世俗主义的意见与判决；而这对一个如此广泛恪守一种公共宗教和一种宗教性公众的国家来说，显得殊为反常。不过，从80年代中期起，联邦最高法院在其对不确立宗教的考量中，引入了更广泛的初始原则。它如今正在竭力将这些初始原则整合在一起。[1]

---

1 John Witte, Jr., *Religion and the American Constitutional Experiment: Essential Rights and Liberties*. 2nd ed., Westview Press, 2005, p. xxii.

第五章
联邦最高法院施行的“宗教条款”

引论：司法审查、吸收合并及宗教案例的分类

美国的宗教自由是联邦宪法规定和保证的。美国的政教关系是在美国宪法法实践中加以规范和界定的。美国宪法法（constitutional law）是一个更宽泛的概念，它不仅包含成文法文本，而且还包括旨在界定和应用这些成文法文本的司法先例。由联邦宪法保证的宗教自由，不仅可以作用于联邦政府层面，而且还通过“第十四修正案”对“第一修正案”的吸收合并，可以作用于州政府或地方政府层面。这样，联邦最高法院自20世纪以来成为宗教自由问题以及政教关系问题的核心与焦点，就不难理解了。而且，更重要的，联邦最高法院作为联邦政府司法分支的重要组成部分，还享有至关重要的司法审查权，享有在宪法解释上的终极权威。这就越发突出了联邦司法分支，特别是联邦最高法院，在保护公民宗教自由这一宪法权利上的重要性与核心性。

不过，联邦最高法院审查裁定政府其他分支机构以及下级法院的法律与行为是否具有合宪性的权威，并非来自宪法的明确授权，而是通过司法实践的创新发明自行领有了这种权威。在1800年总统选举中失利的现任总统约翰·亚当斯，为维护联邦党人的利益、打击共和党人的政治势力，而赶在其总统权限到期之前，尽可能快和尽可能多地任命了那些不受政府更替影响的政府公职人员。那些被仓促任命的人员，主要是一些联邦法院的法官，其中就包括因联邦法院体系划分了新区而产生的28名联邦法官，以及为新成立的哥伦比亚特区任命的42名治安法官（justices of the peace）。继任总统托马斯·杰斐逊抱怨并讽刺这些法官是前任总统赶在权力交接最后一刻完成的任命，而将这些法官戏称为“午夜法官”。即将出任联邦最高法院首席大法官的联邦党人约翰·马歇尔（1755—1835年），

当时为亚当斯总统的国务卿。由于疏忽，马歇尔将已获得议会认可和总统签署的那些“午夜法官”的委任状遗忘在了办公室。1801 年 3 月 4 日，托马斯·杰斐逊正式成为了美国第三位总统。杰斐逊及其幕僚在入驻那些办公室后，下令新任国务卿詹姆斯·麦迪逊不得移交或转发那些法官委任状。

在被任命为哥伦比亚特区治安法官但却无法获得委任状的人当中，有一人名叫威廉·马伯里（William Marbury）。为维护自己的权益，威廉·马伯里直接向由约翰·马歇尔任首席大法官的联邦最高法院提出诉求，希望联邦最高法院下令要求当时的国务卿詹姆斯·麦迪逊，承认那些已获签署但未移交的委任状有效。这就是美国司法史上著名的**“马伯里诉麦迪逊案”**[1]。马伯里依据 1789 年颁布的《司法法》所限定的联邦最高法院“初始司法权”而不是“上诉司法权”，向联邦最高法院提起诉讼。但实际上，根据《司法法》相关规定，这个案件并不适用“初始司法权”。所以，马伯里的诉求不可能获得支持。

可是首席大法官约翰·马歇尔发现，可以利用这个案例，来表明自己的政治立场，打击政治对手的气焰和树立司法机构的权威。同时，约翰·马歇尔也很清楚，如果联邦最高法院的判决强行支持马伯里，杰斐逊与麦迪逊主导的联邦行政部门，很可能会无视或不理睬法院的判决，并使联邦最高法院的权威受到贬抑。于是，这个案件在两党政治对峙与较量中，出现了一些无法预料的转折。马歇尔的“高明”做法是，以此案例为借口申饬杰斐逊当局扣留那些委任状，但同时又裁决联邦最高法院无权就马伯里案件作出支持其诉求的裁决。这表现在裁决形式上的诡谲，就是既承认法院没有司法权以听证和裁决这个案件，但又详尽地讨论了这个案件的内容，并指出了国务卿扣留那些委任状的做法已经轻侮了法律。从法律依据上讲，马伯里依据的是 1789 年颁布的《司法法》这一普通法律。约翰·马歇尔也认为马伯里依据此法律有权要求获得自己的委任状。但约翰·马歇尔又巧妙地指出，《司法法》的这一规定，与《宪法》的相关规定是相抵触的。由此，约翰·马歇尔实际上判定的是，《司法法》违背了《宪法》。

在这个具有重要政治意义的案件里，首席大法官约翰·马歇尔需要解决这样一个重要问题：一项与联邦宪法相悖的法律是否是有效的或者是否能够成为国家

---

1 *Marbury v. Madison*, 5 U.S.（1 Cranch）137（1803）.

的法律。换言之，究竟是宪法控制一项与其相悖的立法，还是立法机构通过普通法立法可以更改宪法。约翰·马歇尔指出，这里存在一个非此即彼的二元选择：要么认定宪法高于普通法，从而由宪法来制约普通法；要么认定宪法与普通法处于平等地位，从而承认立法机构可以通过其他普通法来限制宪法。约翰·马歇尔选择了前者，认为宪法具有至高法律权威，不论是立法机构、执法机构，还是包括联邦最高法院在内的司法机构，均应接受宪法的限制与约束。在这个案件里，尽管约翰·马歇尔对《司法法》第十三款的解释有些牵强附会，但却确定了这个普通法应当受到宪法控制这一根本原则。不仅如此，约翰·马歇尔还进一步将宪法解释权掌握在自己领导的司法分支里。

所以，就约翰·马歇尔对“马伯里诉麦迪逊案”的判决对象与结果而言，联邦最高法院针对的对象，是一项由立法机构制定的，但对司法机构有利的法律——《司法法》；作出的判定结果是，这项法律有违于联邦宪法第三条的相关规定。这不仅肯定了宪法的至高权威性，甚至由制定了宪法的联邦立法机构作出的其他法律，也不能违背宪法的规定；而且，更重要的，联邦最高法院通过这样的裁定，在事实上据有了判定某项政府法律法令是否符合宪法的裁决权。联邦政府通过分权制，形成了三权分立的局面，立法分支、执法分支和司法分支似乎都拥有权利，对某项立法法令或行政行为是否符合宪法作出独立的判定，因为宪法并没有明确应当由哪个权力分支作出这种判定。既然宪法没有明确规定，所以从逻辑和情理上讲，制定宪法的立法机构、具体执法的行政机构以及司法机构，都可以行使这种权利。但马歇尔却通过这个案例，一举确立了司法机构对宪法的排他性裁决权，认为联邦最高法院或其他联邦法院拥有内在的权威，以判定立法机构作出的某种法令，以及行政机构作出的某种行为是否符合宪法。相对于国会与总统，联邦最高法院一跃成为宪法事务的终极仲裁者，成为宪法意义与指涉的终极解说者，成为自封和默认的宪法终极权威。这就造就了美国司法实践中独具特色的司法审查（judicial review）制度。

客观地讲，由联邦最高法院这一司法分支，来审查或评判行政或立法分支行为或法令的合宪性，对一些人来说构成了他们求助的最后希望；但对另一些人来说，那些非经民主选举产生的大法官们似乎构成了某种“寡头统治”。由此，联邦最高法院奉行司法节制主义，就成为一种现实的必要。其实，在美国联邦政府里，司法分支与另外两个分支是紧密相连的。法官们是由行政权威提名、擢升和提供财政支持的，司法机构的司法管辖权以及大法官的任命是由立法机构认可的。在历史上，司法机构与另外两个政府机构之间，时常存在着一些摩擦，但司法机构很少否定另外两个政府部门的行为与法令。但这个案件确立或肯定的一些基本原则，譬如宪法至上、司法审查、分权制衡等等，却得到了广泛认同。应当说，"马伯里诉麦迪逊案"确立的原则，是一项政治杰作。19世纪英国著名思想家阿克顿勋爵，曾对美国的这种创新作过如下评论："在英国，议会高于法律；在美国，法律高于国会。"

当然，联邦最高法院在宪法解释、执行、审查与裁决上的至高权威，固然足以使其成为宗教自由问题的最主要政府角色；而公民宗教自由权利意识在20世纪的普遍觉醒，以及由此引发的大量纷争与诉讼，更是将联邦最高法院推到了政教关系与宗教权利问题的风口浪尖，甚至成为全国广泛关注的焦点。特别是从20世纪以来，一方面，宗教少数派与边缘团体的宗教自由与平等意识的觉醒，促使他们提出了种种权利诉求。另一方面，主流宗教团体培育的传统惯例以及享有的各种特权与优惠，也受到了社会各界的广泛质疑与挑战。这些权利诉求和特权挑战，最终大都会以直接或间接的方式反映到联邦最高法院那里。

在宗教平等问题之外，公立学校与宗教的问题也是一个引发大量争执与诉讼的领域。究其因，在整个19世纪以及20世纪上半叶，美国公立学校体系，总体上是在基督教新教的基本预设与理论框架中运作的。基督教新教观下的公共教育，构成了实施公共教育的内在约束力。公立学校培育起来的宗教与爱国热情，成为那个多元与多变社会的统一性主旨。不过，在美国，公立学校的教育，主要是由各个州而不是由联邦负责的。但是，当"第十四修正案"将"第一修正案"列举的自由权利应用于各州后，公立学校的教育就成为美国政教关系问题的前沿与核心问题了。美国的普通公立学校教育，与世界上大多数国家的做法都不相同。"需要不断对外国访问者解释的是，美国公立学校不是由华盛顿实施的，而是由遍布全国的成千上万个城镇和村庄，按照各个州一般性宪法与法律规定所实施的。当然，各个州一般性宪法与法律规定，必须要与联邦宪法的宗教自由规定相一致。"[1]

---

1 Anson Phelps Stokes & Leo Pfeffer, *Church and State in the United States*. Revised one-volume ed., Harper & Row, Publishers, 1964, pp. 351-352.

而当各个州的一般性宪法及法律规定与联邦宪法不一致时，联邦最高法院认为，可以根据“第十四修正案”，将联邦宪法的相关规定应用于各个州。由此就产生了一系列不得不由联邦最高法院进行裁决的案件。

总之，联邦最高法院对宪法“宗教条款”案件的审理与判决，成为各级政府、各个政府分支、各类下级法院以及形形色色公民团体与个人，考虑与处理宗教自由与宗教权利问题的圭臬。在相当大程度上，联邦最高法院对宗教案件的判决，成为对相关宪法条款的理解与应用，以及美国人民看待和实行宗教自由的指南或坐标。

迄今，联邦最高法院已经审理了将近150个“宗教条款”案件。在20世纪40年代以前，联邦最高法院审理的“宗教条款”案件，数量极其有限。有些案件虽然牵扯到宗教问题，但法院往往根据其他法律条文对案件作出了判决。而且，有些涉及宗教问题的案件，也算不上真正的“宗教条款”案件。但在20世纪40年代以后，大量有关“宗教条款”的案件，开始反映到联邦最高法院中来。有许多案件是基于当事人的权利诉求和利益纷争，但也有一些案件是由相关团体、组织或个人蓄意发起的，以检验宪法规定的范围与限制。这些有关宪法“宗教条款”的案件，在属性特征、起因后果、权利诉求、诉讼过程以及裁决结果上都是多种多样的，很难将其分门别类地加以类属划分。最常见和最常用的分类就是按照宪法“宗教条款”两个子条款，将这些案件划分为“自由活动条款”案件与“确立条款”案件。但这种二分法，也不完全是整齐划一的，因为有些宗教案件同时牵涉到“宗教条款”的这两个子条款。

宪法“宗教条款”的核心价值是宗教自由，在司法实践中应用僵硬的二分法，将其区分为“确立条款”和“自由活动条款”，已经在理论与逻辑上，制造了诸多紧张与不一致性。当然，这两个条款也不是共生的和非独立性的，而是说这两个条款在保护宗教自由上，发挥着不同的，但却是相互支持性的作用。在某种意义上，正是“不确立宗教”的禁止性规定和“宗教自由活动”的保护性规定，以其具体形式和内容，构成了美国“宗教自由”保证的实质和特征。这就意味着，“宗教条款”授权公民，可以挑战政府的两类涉及自身权利的行为：政府阻止或妨碍自己实现宗教权利的行为，政府偏袒或确立某种宗教或教派的行为。此处的“政府”原本指联邦政府，但在吸收合并原则下，亦指州政府和地方政府。

尽管许多案件同时具有“自由活动条款”和“确立条款”的要素和侧面，就像同一枚硬币不可分割的两面一样，但在司法实践中，为方便起见，人们往往会根据其原初诉求，而将一个具体案件划归在这两个条款中的某一个条款之下，并将所涉及的案件称为“自由活动条款”案件或“确立条款”案件；在个别情形下，还可以称之为“自由活动条款”与“确立条款”交叉或重叠案件。一般说来，联邦最高法院审理的涉及“宗教条款”的诉讼案件，主要涉及的是各级政府权力对个人或团体宗教权利的侵犯问题。而个人或私人团体对其他个人或私人团体宗教权利的侵犯，在许多情形中，可以划归民事诉讼或刑事诉讼的范围。

若想在这种二分法下面再作出进一步划分，就殊非易事了。迄今在学术界和司法界，并没有出现任何公认的分类标准或方法。综合现有的各种尝试，本研究认为，若要执意作出进一步分类，可以作出这样的大致归类。在“自由活动条款”案件中，可以划分为三类案件：因宗教而丧失的资质，因宗教而获得的特权（宗教的范围与界限），因宗教而受到的迁就。在“确立条款”案件中，可以划分为五类案件：宗教与政府行为（对宗教机构包括宗教学校的支持与援助）、宗教与公立学校（对宗教的支持与公立学校）、宗教与平等利用（问题）、宗教与普适法规、宗教与历史文化传承。不过，考虑到这些案件的个体与独立性，考虑到这些案件的有限数量，以及分布的不均衡性，对这些案件进行这种细致划分也许并无必要，但作出这样一种分类，至少还是具有一些认识意义的。

本文下面将主要根据司法实践的历史阶段性特征，大体依据“自由活动条款”与“确立条款”的二分法，粗略参考上述在二分法下面所作的进一步划分标准，将联邦最高法院“宗教条款”案件的主要司法应用与实践，划分为四个阶段加以解读、分析、论述和评判。

第一节 最初一些宗教判例及司法原则的探索（1791—1940年）

基督教社会文化与习惯法

一般地，在英国形成、发展并被移植到北美殖民地的法律体系，包括前期法院所采纳的原则、惯例与判例等，通常被称作习惯法或普通法（common law）。习惯法与基督教社会文化的关系，在某种程度上，亦反映了宗教信仰在社会生活中的影响与地位。与宗教在美国公共生活中的地位与作用这一问题紧密相关的，是这样一种由来已久的争论，亦即，美国究竟是一个基督教国家，还是一个严格世俗性政治共同体。这两种对立观点，反映在对美国法律基础与来源的解释上，亦分化成了意趣迥异的两类解释。一种解释认为，鉴于基督教文化已构成了习惯法的一部分，而美国宪法又认可了习惯法，基督教原则与理念，通过习惯法而被吸纳整合进了美国法律体系。这种立场试图为民事社会的法律追溯到某种超验或神圣的起源。而另一种解释则认为，基督教并非习惯法的一部分。这种立场试图将美国民事社会的法律完全建立在一种实证与功用的基础上。这种解释对于促进美国法律的世俗化并采取严格政教分离政策，发挥了重要推动作用。

但无论如何，可以肯定的是，基督教作为精神底蕴与思想背景，对美国宪法精神产生了根本性影响，譬如在对人性本质的理解上：

> 宪法对于人性是现实性的。它对政府的作用是谨慎的，尤其是在政府对教会的作用上。在这些领域里，宪法与基督教教导是相当一致的。[1]

18世纪后期的制宪者，大都持有这样一种基本预设：宗教在社会公共生活各个领域里都发挥着积极作用，而政府则起着相对消极的作用；宗教不仅关乎个体信仰与道德，而且也关乎集体责任与认同；宗教问题不属于政府权力与能力范围之内。这些基本前提，也就对政府或民事权威的作用与范围，作出了某种限制与界定。

从北美殖民地时期开始一直到19世纪，人们普遍认为，美国在任何法律意义上都是一个基督教国家，基督教这一启示宗教的基本原则，构成了习惯法的一部分。在这种普遍看法之外，亦有极个别人持有不同见解，其中就包括托马

1　Mark A. Noll, *One Nation Under God? Christian Faith and Political Action in America*. Harper & Row, Publishers,1988, p. 70.

斯·杰斐逊。大约于1764年亦即在青年时期他撰写了一篇学理性论文。这篇题名为《基督教是否是习惯法的一部分？》的论战性作品，可能由于其内容过于不合时宜，一直到杰斐逊去世后才得以发表。不过，杰斐逊在晚年与朋友的通信中，表明他仍然坚持自己在半个世纪前提出的这种观点。在这篇论文里，杰斐逊挑战了当时盛行的权威观点，认为人们只是限于讨论习惯法在多大程度上援引和利用了教会法，从而默认了这一错误前提：英格兰由于教会与国家结盟而接受了圣职人员的欺骗性说法，亦即基督教原则构成了习惯法的基础与要旨。而杰斐逊按照自己对英国法律史特别是《大宪章》起源的研究，通过指证习惯法所包含的前基督教因素，比较习惯法与圣经的不一致之处，指责英国教会与王权的联合以及对民众的欺骗，从而得出结论说："基督教现在不是，过去也不是习惯法的一部分。"[1]

托马斯·杰斐逊的这篇论文以及相关书信，不仅遭到了当时英美学术界的普遍反对，而且还进一步证实了人们对他的看法：他是一位不信教者或异教徒。联邦最高法院大法官和哈佛著名法学家约瑟夫·斯托里，更是正本清源式地逐一指出了杰斐逊援引资料与案例的真实背景与确切含义，认为在英国和美国，以基督教为习惯法根基，不仅具有可靠的学术支撑，而且也是妇孺皆知的公理。

对于基督教是否是习惯法的基础和组成部分这个基本问题，在司法实践中自然会得到更加直接的面对与争论。19世纪初期，州法院系统处理了三宗"亵渎神圣案"的著名案例。法官们在这些案例判决过程中的思考与讨论，为理解基督教与习惯法的关系，提供了一个有利观察点。

在1811年纽约州**"人民诉拉格尔斯案"**[2]里，被告因为侮辱耶稣基督的恶毒言论，而遭到亵渎神圣的指控。纽约州最高法院经过审理，以那些言论违背习惯法为由，核准指控罪名成立，因为它们会败坏人民道德，破坏社会秩序：

> 自由、平等和不受干扰地享有宗教观念——不论何种宗教观念——以

---

1 Cited from *The Sacred Rights of Conscience*. p. 541.（*The Works of Thomas Jefferson*, ed. P. L. Ford, G. P. Putnam's Sons, 1904, 1: 453-464.）

2 *People v. Ruggles*, 8 Johnson 290（N. Y. 1811）.

及自由而得体地讨论任何宗教主题，是获得允许和受到保障的；但以恶毒与亵渎的蔑视态度，谩骂那几乎被整个社会信奉的宗教，则是对那种权利的滥用。[1]

在这个案件判决中，法官们设定了这个国家是一个基督教国家，国家的道德伦理深深植根于基督教之中。也就是说，虽然没有任何官方确立的宗教，但指控亵渎基督教言行，并不基于任何确立的宗教，而是着眼于那些言行对人们道德与社会秩序的不良影响：

尽管宪法抛弃了宗教确立，但它并不禁止司法督察那些对宗教与道德的冒犯；尽管它们没有涉及任何确立宗教或政府形式，但它们是可以受到惩罚的，因为它们损害了道德义务的根基，削弱了对社会联系的保障。[2]

良心自由不等于对蔑视神圣的放纵，更不等于认可对社会和平与安全的破坏。因而，亵渎神圣的言行，是应当受到禁止和惩罚的。

在1824年宾夕法尼亚州的**“厄普德格拉夫诉共同体案”**[3]中，被告因声称圣经是一本寓言并包含有许多谎言，而受到亵渎神圣的指控。法官在这个案件中指出，基督教在该案件所属地亦即宾夕法尼亚州，一直都是习惯法的一部分。不承认基督教的自由政府，是无从想象的：

基督教是本州习惯法的一部分。这不是由任何人类上级的命令声音宣布的，而是通过习惯法的平静与温和语调所表达的。它的基础是广泛、有力和深厚的，并植根于人民的权威、利益与情感之中。[4]

---

1 Cited from *The Sacred Rights of Conscience*. p. 560.（*Reports of Cases Argued and Determined in the Supreme Court of Judicature; and in the Court for the Trial of Impeachments and the Correction of Errors, in the State of New York*, Isaac Riley, 1811, 8: 290-298.）

2 Ibid., 560-561.

3 *Updegraph v. Commonwealth*, II Sergeant & Rawle 394（Pa. 1824）.

4 Cited from *The Sacred Rights of Conscience*. p. 567.（*Reports of Cases Adjudged in the Supreme Court of Pennsylvania*, McCarty and Davis, 1826, 11: 398-411.）

宾夕法尼亚州最高法院在这个案件中，还具体列举出三类情形为亵渎神圣：

1. 否认上帝存在与保佑；2. 轻侮责备耶稣基督，恶意嘲讽圣经或者蔑视揶揄圣经的某一部分内容；3. 可能颠覆宗教与道德的某些伤风败俗行径。[1]

在 1837 年特拉华州的**“州诉钱德勒案”**[2] 中，特拉华州最高法院援引了上述两个案例中的立场与观点，指出对亵渎上帝和轻侮基督教的言行，可以按照习惯法中的亵渎神圣罪予以相应的惩处。特拉华州最高法院在这个案例中，强调了当事人在作出那些冒犯言行时是否出于恶意；而是否出于恶意，则成为是否定罪的关键。此外，在这个案件中，该州最高法院还指出，当事人个人的非基督教信仰，或者异教徒信仰，不能以信仰名义，作出亵渎神圣或亵渎基督教的行径。

“雷诺兹案”之前：最早涉及宗教问题的几个判例

美国联邦最高法院审理的第一个涉及宗教问题的案例，是 1815 年的**“特雷特诉泰勒案”**[3]。这是一桩教会财产案。案件涉及的是弗吉尼亚“美国圣公会”在“去确立化”过程中出现的教会财产问题。但联邦最高法院并没有根据宪法有关宗教问题的规定进行判决，而是按照保护公司与组织的基本法律原则裁决了此案。

接下来几个涉及宗教问题的案例，同第一个案例亦即“特雷特诉泰勒案”相似，亦因各种理由，而算不上真正的“宗教条款”或“宗教问题”案例。譬如，1844 年的“维达尔诉吉拉德遗嘱执行人案”[4]，联邦最高法院的裁决并没有运用“第一修正案”的相关规定。1845 年“珀莫里诉新奥尔良第一区案”[5]，以及 1871 年的“沃森诉琼斯案”[6]，虽然案情都牵涉到了政教关系问题，但联邦最高法院都以宗教自

---

1 Cited from *The Sacred Rights of Conscience*. p. 567.（*Reports of Cases Adjudged in the Supreme Court of Pennsylvania*, McCarty and Davis, 1826, 11: 398-411.）

2 *State v. Chandler*, 2 Harrington 553（Del. 1837）.

3 *Terrett v. Taylor*, 13 U.S.（9 Cranch）43（1815）.

4 *Vidal v. Girard's Executors*, 43 U.S.（2 How.）127（1844）.

5 *Permoli v. First Municipality of New Orleans*, 44 U.S. 589（1845）.

6 *Watson v. Jones*, 80 U.S.（13 Wall.）679（1871）.

由问题属于州司法管辖而不属于联邦司法管辖为由，拒绝按照宪法“宗教条款”对案件作出裁决。法院认为，联邦宪法没有在宗教自由问题上为各州公民提供保护的规定，宗教自由问题是由各州宪法及相关法规所保护的。

其中，1844年的**“维达尔诉吉拉德遗嘱执行人案”**，其历史背景是新教徒与天主教徒就费城公立学校是否统一使用詹姆斯王本英文圣经所发生的争执。大法官约瑟夫·斯托里，就法院的一致裁决撰写了法院意见：尽管遗嘱涉及对基督教的贬抑性内容，但仍然具有法律效力。该案件因联邦最高法院强调宗教平等性与政府中立性，而为后来的迁就论确定了一些基本元素。

1845年的**“珀莫里诉新奥尔良第一区案”**，是围绕葬礼安排事宜，就新奥尔良市天主教徒的宗教自由问题提起的诉讼。联邦最高法院指出，在自己能够检查这一争执之前，应当首先决定，本法院对这一问题是否拥有司法管辖权。在简要考察了于1812年加入联邦的路易斯安那州州权发展历程后，联邦最高法院得出如下结论：

> 宪法在宗教自由方面，没有就保护各个州的公民作出规定，这被保留给了各州的宪法与法律；联邦宪法也没有在这一方面施加任何禁止性规定……所以本法院没有司法管辖权。

1871年的**“沃森诉琼斯案”**，是一桩教会财产案，其历史背景是因黑人奴隶问题而发生的教会分裂。19世纪60年代末，肯塔基州路易斯维尔（Louisville）的一个长老会教会，因为在对待奴隶制等问题上的分歧，而导致了教会分裂。教会分裂后形成的教会对立双方，不但均声称自己一方属于真正的正统教会，而且还均声称自己一方应当排他性拥有现有的教会财产。长老会教会的这场内部斗争可谓错综复杂，涉及广泛的教义与信纲之争。

联邦最高法院信奉一位论的大法官塞缪尔·弗里曼·米勒（Samuel Freeman Miller，1816—1890年），负责撰写了法院多数派意见。这份法院意见指出，对民事权利的裁决权属于民事法庭，对灵性权利的裁决权属于宗教法庭。民事权力不能干预教会内部事宜，并应遵从最高宗教权威来处理所涉及的民事权利问题。法院处理这种纠纷的一个基本出发点，就是坚持双方的宗教信仰与所争执的问题无关；民事法庭不应处理宗教内部纠纷；宗教内部仲裁在宗教信仰问题上享有终极权威。如果由建立在世俗性基础上的联邦法院对宗教内部事务或信仰真伪问题作出裁决，就将极大地危害宗教的自由与独立。所以，各级法院没有能力也没有权力，对宗教真伪优劣作出裁决。为此，这份法院意见特别指出：

> 在这个国家，只要不违背道德与财产法律，只要不侵犯个人权利，人人都拥有完全而自由的权利，以坚持任何宗教信念，奉行任何宗教原则，以及教授任何宗教教义。法律不知道什么是异端；法律不支持任何信条，也不确立任何教派。人们的这些权利是无可争议的：组织自愿性宗教联盟以帮助表达和传播其宗教教义，创建仲裁机构以决定在该联盟内存有争议的信仰问题，并在整个联盟内对个体成员、会众与管理人员进行教会管理……我们并不认为，将这类案件交由普通司法仲裁机构审理，会促进什么公正……在这个案件里，我们的司法权力，仅在于对双方关于教会财产及其利用所发生争执的裁决。我们不能决定谁应当是教会成员，也不能决定那些被开除教籍者是否公正、正当地脱离了那个教会团体。

总之，1871 年“沃森诉琼斯案”，严格奉行了由来已久的“世俗与神圣”或者“民事与宗教”二分法原则。法院在处理涉及宗教问题的案件时，完全回避了所牵涉的宗教内部事宜，而将注意力严格限定在案件的民事层面。换言之，本案不属于严格意义上的宪法“宗教条款”案件，法院通过一种巧妙的区分或回避，运用其他相关法律对案件作出了判决。

“雷诺兹案”与摩门教问题

1878 年的**“雷诺兹诉美国案”**[1]是联邦司法史上，直接涉及“第一修正案”“宗教条款”的具有开创性的判例。它为检验宪法“第一修正案”所保护人权的范围与限度，提供了第一个重要的机会。这个案件不仅构成了美国社会反对多妻制理论与实践的一道分水岭，而且也是美国联邦最高法院第一次应用宪法“第一修正案”的宗教规定，并由此决定了其在司法史上的意义与走向。

---

1 *Reynolds v. United States*, 98 U.S. 145（1878）.

这个案件提出了这样一个新问题：当一个人出于宗教信仰的行为与既有法律相抵触时，“第一修正案”是否能够为这个人的行为提供某种豁免权。联邦最高法院对这个问题作出了否定性回答。具体地说，联邦的相关法律已经禁止了多妻制，而摩门教是否能够凭借其宗教信仰并通过“第一修正案”而获得某种豁免呢？首席大法官莫里森·韦特（Chief Justice Morrison R. Waite，1816—1888 年）代表法院宣布，根据开国者与制宪者的意旨，奉行多妻制的摩门教徒不能凭借其信仰免遭联邦关于多妻制法律的制裁；摩门教徒无法在宪法“第一修正案”中找到庇护。

与这项令人生疑的判决结果相比，首席大法官莫里森·韦特试图运用历史方法来解释宪法“宗教条款”的做法对以后的司法解释与实践具有更大的影响。具体地，在这项主要针对“自由活动条款”的案例中，法院所运用的宪法解释与历史依据，却在更大程度上影响了以后涉及“确立条款”的案件。亦即，在时隔半个多世纪之后的 1947 年“埃弗森案”中，联邦最高法院因袭并大大发挥了“雷诺兹案”的宪法解释与历史依据，并由此为联邦最高法院的“第一修正案”解释确定了严格政教分离论的基调与走向。

要详细考察“雷诺兹案”的来龙去脉，就要从雷诺兹所隶属的教会谈起——耶稣基督末世圣徒教会（the Church of Jesus Christ of Latter-day Saints），简称“末世圣徒教会”，因主要信奉《摩门经》而俗称为摩门教（Mormonism）。摩门教曾公开信仰并奉行一夫多妻制或“天国婚姻法则”，并将其看作信徒深刻信仰的证据和对本门教友所作的牺牲。正是明显违背这个国家新教原则的这一做法，使得摩门教在 19 世纪后期卷入了与联邦政府的斗争以及在联邦法院的诉讼，并一度深陷社会舆论的风口浪尖，成为千夫所指的对象。

摩门教从自己所在的犹他这一准州（the Territory of Utah）的主权，与不完全处在联邦指控下的自治权出发，从自己的道德伦理基于一种新的神圣启示出发，从自己的诸多做法包括多妻制在内属于宗教自由实践领域出发，为自己不受干扰以及免遭干预进行了辩护，并向美国宪法规定的自由与民主的限度与范围提出了严峻挑战。而那些无法容忍犹他地区异常做法的人，则从围绕奴隶制斗争的道德与法律改革，社会文明的基本预设与传统准则，主张全国性政府有权对犹他地区的婚姻与信仰行使其权力，宗教实践不能构成挑战法律规定的有效标准等方面入手，在要求对摩门教采取强制性干预的同时，也迫使自己进入了一个未经检验的宪法领域，并不得不面临一些新型政教关系理论与模式的挑战。

就其起源来看，正是在19世纪早期席卷美国的“第二次大觉醒”的宗教奋兴运动中，出现了各种具有新形式与新内容的新宗教信仰。当然，那些新信仰新宗教，大都声称自己具有超验或古老的传承。摩门教吸收了宗教奋兴运动中的群众性宣教方式，借鉴了传统宗教的一些形式与手段，发展成了一种被当时大多数新教教派视为异端邪说的新宗派。当末世圣徒教会最早于1830年在纽约州北部创立的时候，联邦宪法与联邦政府对他们来说似乎还是一些遥不可及、了无干涉的东西。在那个历史时期，由于社会限制以及文化束缚的松弛，任何个体或任何团体，都可以自由自在、无拘无束地追求自己的信仰与理念。无限延展的空间，似乎为这些个人或团体提供了时间上的迁延，使得他们能够在很短时间内设想或试验出在其他地方需要很长时间才会形成的新形式与新模态，而在精神与信仰领域里，则表现得尤为活跃。

摩门教的创立者、先知和领袖是约瑟夫·史密斯（Joseph Smith，1805—1844年）。约瑟夫·史密斯生长于一个极端贫穷与动荡不安的家庭。尽管早期名声不佳，但史密斯毫无疑问是一个充满灵性异象和感召力的卡里斯玛式领袖人物，并在身边迅速聚集了一批忠实追随者。紧接着，这个新创建的教派，就为宣扬自己的信仰，而向外地派出了传教士。摩门教在创教之初的活力与成功是令人惊奇的。

从1830年出版所谓“第五福音书”《摩门经》或《摩门书》（*Book of Mormon*）开始，史密斯及其追随者，叙述了一套完全不同的宇宙与人类救赎史，提出了一套具有复杂神学结构和独特社会组织的新信仰，并且表达了社会底层人们对现有社会秩序与教会权威的不满与反叛。按照上帝在《摩门经》中的启示，以及给予史密斯本人的直接传递，摩门教对北美盛行的前千禧年神学和基督二次降临学说作出了全新阐述与理解，认为他们这些圣徒聚集的北美地区，就是上帝在新“神定时代”安排中的“新锡安”和“新千年王国”所在地，由此也就把他们自己当下的生活与末世启示中的天国生活结合在了一起。所以，按照这种新启示和新宇宙及新历史信仰，重新塑造信徒的生活与社会，并由此实现向神圣性的过渡，就成为摩门教崇拜与仪式的目标。在这种信念驱使下，史密斯及其他教会领袖，使这个信徒社团成为一个神权与政权合而为一的组织，其中逐渐形成了复杂的科层制与管理体系。在这种信仰体系里，多妻制成为了圣徒顺从上帝天国婚姻形式的证明，并构成了圣徒逐步向神圣性迈进的一个重要灵性阶段。[1]

摩门教的早期发展史，是不断受到外部世界排挤而被迫连续向西部迁徙，并最终定居在远离人群的大盐湖盆地的艰难历程。从一开始，摩门教徒就在教会领袖个人感召力下，凝聚成了一个具有高度整合性的社团。他们在商业贸易、选举投票、军事防御等方面，采取了高度一致的姿态。但这种具有高度一致性并处事另类的社团，使得其他居民感到了不安和不公，并导致了对这个特殊社团的歧视与排斥。他们发端于纽约州，随后前往俄亥俄州，大约在40年代初又前往密苏里州和伊利诺伊州。1844年，在伊利诺伊的诺伍（Nauvoo），史密斯因被控唆使信徒攻击当地一家谩骂摩门教的印刷厂而被羁押。尽管地方当局承诺对遭到羁押的史密斯实施保护措施，但一伙暴民还是在该年6月份攻击了那所监狱，并杀死了处在监禁中的约瑟夫·史密斯。史密斯殉道后，摩门教大多数忠实追随者，在新领袖杨百翰（Brigham Young，1801—1877年）的率领下，向西经过长途跋涉，到达并定居在大盐湖盆地。杨百翰等教会领袖以惊人的毅力与才干，将犹他地区建成了一个由末世圣徒教会在其中发挥核心作用的，集宗教、政治、经济、军事与社会为一体的繁荣社团。从创教之初就十分注重传教的摩门教，在信徒人数与地域分布上获得了迅猛发展。作为一个高度成功的节俭互助型社团，他们的辛勤劳作与不懈努力，使得那片沙漠戈壁变成了“盛开的玫瑰”，并对整个美国西部地区的开化与发展作出了重要贡献。

使摩门教和犹他地区陷入社会舆论旋涡和不利境地的，是他们遵行的特殊婚姻制。对于许多现代人来说，婚姻是一种生活方式而不是什么神圣事务，是一种个人选择而不是什么通向神圣性的盟约。但在19世纪后期，对于支持或反对多妻制婚姻的人，对于摩门教徒或基督教徒来说，婚姻都是一种上帝指定的神圣结合，而不是一种纯世俗性的人际关联或生活方式。这一点对于理解摩门教奉行的

1 Cf. Robert T. Handy, *Undermined Establishment: Church-State Relations in America, 1880-1920*. Princeton University Press, 1991, pp. 30-31.

多妻制神学是十分重要的。至于严格的一夫一妻婚姻制，截至19世纪后期，在全世界范围内，仍然属于基督教世界的一种特殊婚姻形式，并未成为世界上占据多数或主流地位的婚姻制度。

其实，使摩门教在后来广受非议与批评的一夫多妻制，在摩门教最初的二十余年里，一直处于保密或隐蔽状态。虽然有一些传言，但约瑟夫·史密斯一直到殉道前不久，才开始向一些教会领袖秘密传递这一新启示。末世圣徒教会声称这一做法遵循的是旧约中像亚伯拉罕那样的族长所留下的惯例，是圣徒遵从天国原则并在与配偶的互融中成圣的条件与证据，并且是在自愿、秩序与灵性等基础上展开的。特别地，按照摩门教神学，女性的个人救赎是与她们作为妻子这一身份紧密相关的。唯有通过婚姻，一个女性才有可能与一个正义的男性结合在一起，并分享与其结合之男性的成圣与拯救之道。[1]

摩门教对婚姻的这种理解，当然无法见容于当时的基督教主流社会。他们自己也对这种特殊信仰可能招致的灾难保持着戒备。但摩门教在犹他地区的繁荣，为信徒增强了自信。他们于1850年成为美国联邦的一个准州，于1852年公开承认了奉行的多妻制天国原则。对此有学者指出：

> 多妻制要求，是为信仰领袖们设定的；在摩门教内部，多重婚姻从来就不是唯一的，甚至不是最常见的婚姻形式。多重婚姻制被看作最具推崇性和楷模性的婚姻结构，是由那些其奉献与牺牲足以使其在末世担任领袖的人们所施行的。唯有真正的圣徒，才能以完全的纯洁和正直施行多妻制。[2]

应该说，在19世纪美国不断扩张的边疆与西部地区，在法律与传统规范几近于无的拓荒领域，在各种神圣与世俗试验层出不穷的时代，摩门教的这些做法，既不是唯一也不是最早的，但它却是最大和最强有力的。

这些明显有违传统惯例的实践，很快就构成了一个“严重问题”，为“文明

---

1 Cf. Robert T. Handy, *Undermined Establishment: Church-State Relations in America, 1880-1920*. Princeton University Press, 1991, p.32.

2 Sarah Barringer Gordon, *The Mormon Question: Polygamy and Constitutional Conflict in Nineteenth-Century America*. The University of North Carolina Press, 2002, p. 27.

世界”的人们，在想象与偏见的助力下大加嘲讽与鞭挞提供了口实。在外人眼里，犹他地区的做法混淆了宗教、政治与家庭这三者之间的界限，并严重败坏了它们。多妻制与奴隶制，一同构成了野蛮与蒙昧的两大历史遗留物，需要联邦政府加以干预与禁止。于是，经过复杂的政治斗争，联邦国会在1862年，通过了废除多妻制和摩门教官方确立地位的《莫里尔法案》（*The Morrill Act*）。但由于“美国内战”的爆发和这一法案在可操作性上的不足，这项法案在相当长时期内，并未获得确认和实施。

随着“美国内战”的平息，以及横贯美国大陆铁路线的竣工，随着这个西部地区与东部地区日益频繁的联系与往来，犹他地区的摩门教问题获得了更加广泛的关注。面对潮水般的抨击与谩骂，摩门教从多个方面作出了辩护与反击。除了表明在宗教信仰上实行多妻制具有必要性与合理性以外，他们还指出了一夫一妻制的基督教背景，以及未被世界大多数人采纳的客观现实；公开了单偶制婚姻中的伪善与不平等性；陈述了多妻制对于女性生理和在抚育子女上的种种优势；论证了多妻制对于消除女性卖淫和独身所具有的积极意义；指出在一些地区女性远远多于男性的社会事实，以及男女生理不平等所提出的特殊要求；等等。面对外部人士批评摩门教奴役女性的指责，犹他当局在整个美国率先于1870年，赋予了女性以选举投票权。而由女性行使平等投票权的选举结果，以及一些摩门教女性的公开见证，又进一步驳斥了外界的猜忌与抨击。

当然，摩门教上下都清楚，捍卫自己权利最有力的领域还是政治与法律。一方面，他们通过自己的议员和社会活动家，在政治领域寻求理解与支持。另一方面，他们开始提出完备成熟的法律策略和宪法论证。摩门教一些领袖人物指出，摩门教的所作所为属于美国联邦制和宪法“宗教条款”的保护范围。

与此同时，联邦政府针对摩门教的法律与政治举措也在逐步强化。在当时，虽然联邦法院不能将联邦宪法的相关规定应用于各州，但摩门教所在的犹他地区在法律地位上还不是一个州（state），而只是一个准州（territory）。这就勉强使得联邦法院可以针对摩门教的多妻制制定相关的法律。从70年代中期开始，联邦制定了一系列专项法律，开始有步骤有计划地削弱摩门教对犹他地区的政治与法律控制，削弱摩门教教会领袖人物对该地区的影响，削弱当地地方政府的行政与司法封闭与独立，同时还稳步削弱了末世圣徒教会的社会权限以及财力物力支配权。其中，1874 年通过的《波伦法案》(*The Poland Act*)，亦使摩门教领袖获得了一个渴望已久的机会：就他们的情形，向联邦最高法院提起“一项判例案件”(a test case)，并希望能够在联邦最高法院证明自己的正当性。

这步迫不得已的险招，当然也是无奈之举。摩门教会领袖精心筹划了这项事关重大的判例案件的诉讼。他们选择并安排了年轻而顺从的信徒乔治·雷诺兹(George Reynolds) 成为这个案件的被告。雷诺兹在教会内属于忠实干练但尚不具有什么名望的人，而且他只有两位妻子。被告的这些个人特征，有助于改善外人对末世圣徒教会的恶劣印象。诉讼程序先从地方法院开始。但在那个时期那个地区并且面对一个完全不合作的社团，法院要判定一桩多婚案件并非易事，因为所有与案件有关的人士，全都患上了“选择性失忆症”。在案件此后的审理过程中，法院甚至再也无法找到被告的第二位妻子(Amelia Jane Schofield)。整个审理过程充满了离奇与滑稽之处。但最终，在 1876 年末，这个案件还是按程序抵达了联邦最高法院。1878 年末，联邦最高法院就此案举行了审理与辩论，1879 年初公布了一致达成的判决结果。法院拒绝了摩门教有关宪法“自由活动条款”保护其宗教实践的权利诉求，认定联邦刑法禁止其施行多妻制。

“雷诺兹案”判决之后，联邦开始运用强迫手段，强行在犹他地区取缔多妻制。一时间，末世圣徒教会上下人人自危。许多摩门教丈夫被定罪或逃亡，许多摩门教家庭被强行拆散。法律追究，一开始还仅限于问责丈夫，随后亦将那些女性“受害者”包括了进来。至此，开始出现了具有反讽性的局面，那些反多妻制分子倡导的对摩门教妇女的解放运动，在某种意义上变成了对摩门教妇女的定罪与惩罚。许多摩门教男女被控犯有重婚罪、通奸罪、伪证罪而受到了法律处罚。随着摩门教教会及其领袖，被逐渐剥夺了对该地区政治、法律与经济的控制权，联邦对该地区的强行重组或重构也基本完成了。1890 年，末世圣徒教会被迫发布声明，宣布按照上帝指示，为保全教会，不再建议圣徒施行多妻制而违背人间法律。

联邦最高法院就“雷诺兹案”作出了一致性判决，首席大法官莫里森·韦特(Morrison R. Waite，1816—1888 年) 撰写了法院意见。韦特首席大法官出生于新英格兰的康涅狄格，并在耶鲁接受了教育。他隶属于美国圣公会，是一位虔诚基督徒。毋庸置疑，在美国社会文化中居于主导地位的基督教婚姻观，也影响了莫里森·韦特对摩门教一夫多妻制的看法。当然，这份法院意见更多地体现了当时最高法院以及当时社会文化的一般看法。

宪法并没有对“宗教”这个词语作出界定。因此，我们必须到其他地方才能查明其含义；并且我们认为，到什么地方也不如返回到采纳这项法律的历史当中。这种探究的关键之处就是，其所保证的宗教自由究竟是什么。

在采纳宪法以前，一些殖民地和州曾试图不仅就宗教确立，而且就宗教教义与原则进行立法。人民有违心愿地被征税以支持宗教，有时还是支持他们不愿也不能赞成其信条的某些特定教派。对于不参加公共崇拜，有时还对于持有异端观念，法律则规定了相应的惩罚。有关这一主题的争论，在许多州内都很活跃，但最终似乎在弗吉尼亚达到了顶峰。1784 年，该州议会将对《为基督宗教教师设立供应的法案》的审议推迟到了下一次会议期间，并下令将该法案公布于众，以使人民“就下次会议采纳这样一项法案表明他们的看法”。

这招致了坚决的反对。其中，麦迪逊先生准备了一份得到广泛流传和签名的《请愿与抗议》。他在这份文献里表明，“宗教或者我们对造物主负有的义务”并不属于民事政府的管辖范围。到了下次会议，不但所提议的那项法案受到了挫败，而且还通过了另一项由杰斐逊先生起草的《确立宗教自由法案》。这项法案的绪论界定了宗教自由。在表明了如下内容后，亦即“容忍民事行政当局将其权力侵入观念领域，并基于某些原则的邪恶倾向而限制其宣信或传布，这是一种危险的谬论，这同时还会毁坏一切宗教自由”，它还宣布，“只有当原则爆发为反对和平与良好秩序的公开行为时，行政官员为了民事政府的正义宗旨，才可以作出干预”。在这两句话里，我们可以发现在属于教会的事物与属于国家的事物之间的真正区别。

在通过这项法令一年多以后，就召集了筹备美国宪法的大会。杰斐逊先生并不是这个大会的成员，那时他在外担任驻法国大使。当他看到拟议采纳的宪法草稿时，在一封写给朋友的书信里，就宪法未能明确保护宗教自由表达了失望之情，但仍能照原样接受它，并相信人民的睿智与真诚将会带来必要的改善。有五个州，在采纳宪法的同时提出了修正案。有三个州，亦即新罕布什尔、纽约和弗吉尼亚，按照自己的修改愿望，提出了这种或那种形式的宗教自由宣言。北卡罗来纳也是如此，其议会起初拒绝批准宪法，直至所提议的修正案生效。相应地，在第一届国会第一次会议上，与其他提案一道，麦迪逊先生提出了现下所考虑的这项修正案。它符合宗教自由倡导者的看法，获得了采纳。后来，杰斐逊先生在答复丹伯里浸信会联合会的一封书信里，借机表明："我与你们一样相信：宗教是仅仅属于人与上帝之间的事情；人为其信仰或崇拜无须对其他任何人负责；政府的合法权力仅仅涉及行为而非观念。我还以至上崇敬，沉思了全美国人民的那一法令，亦即宣布他们的立法机构'不得制定法律以确立某种宗教，或禁止其自由活动'，由此就在教会与国家之间建立了一道分离墙。在为良心权利而恪守国家最高意志的这一表述时，我将深感满意地看到那些观点的推进——将会恢复人的所有自然权利，并确信人没有任何自然权利是与其社会义务相对立的。"这种见解来自这一法案倡导者中一位公认的领袖，这几乎可以看作对这一修正案所确保范围与效应的一种权威声明。国会就纯观念被剥夺了一切立法权，但却可以处理那些违犯社会义务或颠覆良好秩序的行为……

法律涉及对行为的管理；法律不能干涉纯宗教信仰与观念，但却可以干涉实践。假如有人相信人祭是宗教崇拜必不可少的一部分，那么能够认真坚持，他生活于其下的民事政府不能施加干涉以阻止这样一次献祭吗？抑或，假如一位妻子在宗教上相信，她应在已故丈夫的火葬柴堆上陪葬自焚，那么民事政府阻止她将信念付诸实践，就是超越了政府的权限吗？

在这里，也同样如此，作为处在联邦排他性主权下的一项社会组织法律，该法律规定不允许施行多重婚姻。一个人能够因为其宗教信念，而有理由奉行相反的实践吗？如若允许这样，就是使信奉的宗教教义高于国家法律，并在实际上使每位公民都自行其是。在这种情形下，政府也就只能在名义上存在了。

首席大法官莫里森·韦特的这份法院意见的一个关键点，就是要对这一问题作出答复，亦即，如果被告相信自己重婚是出于宗教义务，那么他应当被宣判无罪吗？因为被告表明，自己施行重婚行为，不但没有任何犯罪动机，而且完全是按照自己的信仰以及所隶属教会的教义与教规行事的；而自己的宗教信仰，则可以使自己的行为获得无罪判决。那么，宗教信仰究竟是否，以及在什么意义上，能够使信仰者免于一项普遍适用法律的限制呢？

这份法院意见，首先提出了要一般性地界定“宗教”这个问题，但莫里森·韦特没有直接回答这个问题。对于摩门教这样一个新兴的，并且有别于传统宗教的边缘信仰团体，法院似乎有理由质疑其是否属于一个宗教团体，但法院直接默许了这个团体就是一个宗教教派，从而也肯定了“第一修正案”“宗教条款”与这个案件的相关性。

莫里森·韦特转而开始考察“第一修正案”的历史背景与起源等问题。而这看似与本案并无必然的关联。莫里森·韦特在追溯宪法的历史背景时，返回到了杰斐逊和麦迪逊那里，也返回到了弗吉尼亚州的宗教自由历程之中。但问题是杰斐逊和麦迪逊只是众多开国者和制宪者中的两个人，而弗吉尼亚也只是最初组成联邦的十三个州之一。可见，莫里森·韦特叙述的历史，是经过挑选的和不全面的宪法发展史。换言之，这份法院意见叙述的宪法历史，可以说是一篇“糟糕的历史”。

《托马斯·杰斐逊致丹伯里浸信会联合会的书信》，最初只是在短时间和小范围内引起了一些关注，此后就被忽视或遗忘了。一直到1853年被收录在新版《杰斐逊书信集》里，它才引起了人们的注意。1878年“雷诺兹诉美国案”，在美国司法史上，首次援引了这封书信里的一些论断，其中就包括政府只能干涉行为而非观念的论断。在这个著名案例中，摩门教援引“第一修正案”“自由活动条款”为自己进行无罪辩护。双方争论的焦点是，“自由活动条款”是否不仅延及宗教观念而且还延及宗教行为。将宗教信仰区分为观念与行为这种二分法，就像身心二分法或精神物质二分法一样，是西方一种由来已久的方便的认知做法。托马斯·杰斐逊在早期著述，譬如《弗吉尼亚纪事》中，就曾有过相关论述。在《托马斯·杰斐逊致丹伯里浸信会联合会的书信》里，杰斐逊也的确有一句话提到了这一观点，并将其看作自己结论的一个并列前提。

但首席大法官莫里森·韦特在撰写法院判决意见时，并没有明确指出哪些引文是与自己案件相关的，并没有将引证限定在观念与行为二分法问题上，而是以大段形式引用了杰斐逊这封书信的内容，存在着过度或不当引证的嫌疑。这就使得一些后人，特别是1947年“埃弗森案”中的大法官认为，“雷诺兹诉美国案”引用了杰斐逊书信所有那些援引的内容，其中包括后来著名的“分离墙”隐喻。

“雷诺兹诉美国案”中法院不仅过多引用了杰斐逊书信，而且还援引了一段遭到扭曲的历史。为了支持自己的这一不当论断，亦即杰斐逊在这封书信的论断是对宪法“宗教条款”意义与指涉的权威论断，法院意见夸大了托马斯·杰斐逊在制定美国宪法过程中的作用。事实上，杰斐逊并没有实质性地参与《1787年宪法》以及1789年《权利法案》的起草或制定工作。将杰斐逊认定为最洞悉宪法原旨与精髓的人，是没有历史事实依据的。此外，在法院意见里，对于杰斐逊与弗吉尼亚宗教自由事业的历史叙述，也存在着一些虚构成分。

1789年制定的《权利法案》中的“宗教条款”，其本意是要限制国会与联邦权力，是要保护各州及地方主权不受联邦干预。“宗教条款”中的相关规定，原本并不是地方行为与权限的典范；它的本意也并不是要为公民提供联邦保护，以防止各州及地方对公民权利的侵犯。正是在这种理解下，摩门教才提起了法律诉讼，并认定联邦最高法院不会因为“第一修正案”规定的个人权利而突破传统限制，以动用联邦权力来变更地方法律按照当地大多数人意愿作出的决定。在“雷诺兹案”中，法院援引了“第一修正案”的“宗教条款”，但认为该条款不适用于摩门教多妻制问题；不是关注多妻制婚姻的宗教属性，而是将重点放在了多妻制婚姻的“无辜牺牲者”身上。联邦最高法院以维护人道主义准则和反对奴役女性为名，裁定摩门教多妻主义者，在宪法上无权参与或从事为国会直接禁止的那种婚姻形式。法院以“第一修正案”为基础作出的这种裁定，在某种程度上近乎表明，“第一修正案”的规定对整个联邦体系都具有某种道德约束力，而联邦政府则似乎可以利用这种约束力对地方作出某种限制，以保障“第一修正案”规定的公民权利。这是对宪法理解的一种剧烈转折。摩门教徒自认为他们的真诚宗教信仰应当受到“第一修正案”的保护，但却只是失望地发现，面对普遍的公众仇视，宪法“宗教条款”并不会对他们的信仰权益作出任何保护。

那些有意识或无意识按照基督教新教精神来抨击摩门教的反多妻制分子，当时可能觉得，宪法对宗教“信念”与“行为”的区分，对于打击多妻制分子是非常有用的。但随后在20世纪里，他们可能会痛苦地发现，自己亦成为那种宪法区分的受害者。事实上，就各自的社会处境来说，特别是在家庭价值与社会价值等方面，后来美国的保守派基督教和罗马天主教，在许多方面都与19世纪后期的摩门教有非常相像之处。他们都为坚持自己独特的价值与道德，而与周遭社会陷入了矛盾与对抗，并为此付出了代价。摩门教在其早期发展中，被许多外部人士斥为非美国化的宗教。但在一个多世纪后，摩门教融入了美国主流宗教信仰之列，并在许多领域譬如宪法权利领域里，与保守派宗教结成了同盟。在19世纪后期，摩门教完全基于宗教信仰基础上的多妻制婚姻，被判定为违法行为。相形之下，当今的同性婚姻（same-sex marriage），不仅没有任何宗教信仰基础，而且还遭受了宗教信仰的强烈反对。但社会并没有像以往那样迫害那些追求同性婚姻者，法院在某些情形下甚至还对他们给予了一定程度的同情。与当年摩门教为自己所作辩护有些相似的是，支持同性婚姻制的人认为法院对他们诉求的拒绝，实际上是“确立了”基督教的婚姻模式。然而，具有反讽意味的是，当今的摩门教也加入了反对同性婚姻的阵营。这当然是后话了。

总之，仅就宪法“宗教条款”而言，莫里森·韦特首席大法官就“雷诺兹诉美国案”撰写的法院意见，存在着三个方面的不当。第一，高估了托马斯·杰斐逊在制定宪法过程中的作用以及对宪法原旨的阐释；第二，过多引用了《托马斯·杰斐逊致丹伯里浸信会联合会的书信》，但又没有指明哪些引文是与自己案件相关的内容；第三，对美国宗教自由历史特别是弗吉尼亚宗教自由发展，存在一些含混或虚构的理解。所有这三点不当，都对后来联邦最高法院的司法应用产生了重要影响；所有这三点不当，都在20世纪被联邦最高法院一再重复或发挥。

此外，在1878年“雷诺兹诉美国案”中，还有这样几个重要问题对其后有关“宗教条款”的法院判决具有深远的影响。

第一，法院裁决在一定程度上反映了当时的社会文化思潮和意识形态倾向。在“雷诺兹案”中，弗朗西斯·利伯（Francis Lieber）的政治伦理学观点以及历史学家乔治·班克罗夫特（George Bancroft）的历史观点，就曾对大法官们的判断与理论背景产生重要影响。他们对非洲与亚洲地区文明及宗教的成见，也影响了那些大法官的历史视阈与世界观。在法院意见里，莫里森·韦特不恰当地援引了非洲和亚洲的一些野蛮习俗，譬如人祭和殉葬，并以此来说明摩门教的多妻制属于世界上最原始野蛮的习俗。法院意见以人祭和殉葬来比附摩门教的多妻制，似乎存在着明显的偏见与不当。事实上，摩门教问题并不涉及那些习俗中明显存在的强迫与死亡主题。

第二，法院开始寻找和确定一种具有法律应用性的“宗教”定义。宗教学术界对界定“宗教”或“信仰”这类术语存在着持久的热情，尽管这种热情总是以令人失望告终。法律界为审理案件和作出裁决，有时也会对一种公认的和具有可操作性的宗教定义，表现出自己的热情与努力。这种冲动与努力将会在此后的法院案例审理中逐步显现出来。

第三，法院试图返回历史深处，以探明宪法制定者的原初意图与目标。他们着重回溯了弗吉尼亚州取消官方确立宗教和施行宗教自由的历程与立法过程。但法官撰写的历史与历史学家撰写的历史是有分别的。法官们无疑会受到历史学家的影响，但法官也会保持自己的问题意识，并将注意力集中在自己感兴趣的领域。尽管会造成扭曲与失真，但法官此后将不懈地通过甄别与拣选，来叙述自己的宪法史。

第四，法院开始将托马斯·杰斐逊对宪法的理解作为宪法的真实原意，并为此不惜篡改历史真相，以美化或理想化杰斐逊。在法官们撰写的宪法史里，他们通过引证诸如《托马斯·杰斐逊致丹伯里浸信会联合会的书信》一类的资料，开始将托马斯·杰斐逊塑造为一个反奴隶制者，一个婚姻观上的正统者，一个信仰的开明进步者。但这一切都并非历史真相。

第五，法院遵循托马斯·杰斐逊的思路，将宗教区分为宗教观念与宗教行为。在多妻制婚姻问题上，法院主张摩门教可以自由地信仰多重婚姻制，但如果实施多妻制行为则可以受到相应的法律惩处。莫里森·韦特以宗教观念与宗教行为的二元论，来解释宪法对宗教的应用，可以说完全违背了制宪者的原意。重要的是，莫里森·韦特在援引开国时期的历史时，根本就没有顾及当时各个殖民地或州的一个重要司法原则，亦即个体或团体的某些行为是否明确干扰了公共和平与秩序，是否存在着当下而直接的对于公众或他人的威胁或危害。联邦最高法院对摩门教的判决，仅仅依据他们的多妻制违背了一项正当颁布的刑事法律，就认定了他们行为的非法性。法院的论证特别是历史论证并不能支持法院的结论。可以说，在“雷诺兹案”中，法院为了支持联邦政府对摩门教一夫多妻制的制裁，而对“宗教自由条款”作了极其狭义的解释，并在实质上将宪法“自由活动条款”化简为仅仅是对“良心自由”的保护。这样一种狭义理解，是缺少历史与法律依据的。

最后，除了对宪法原旨与原则的理解存在着种种不当，单就司法流程与案件审理而言，“雷诺兹案”在陪审团成员的选择上，在案件审理的程序上，在传唤证人及听证过程上，在审理案件的大法官个人态度上，在运用法律原则与依据上，在司法解释上，在依据的意识形态和文化规范上等等，都存在着某些瑕疵或纰漏，甚至还存在一些荒唐可笑之处。譬如说，大陪审团成员的个人成见，以及所受到的公众舆论影响；陪审员的预先判定；关键证人亦即判定当事人重婚罪的第二位妻子的缺席；证人的出庭作证以及证词的有效性争议；等等。以至于有当代著名学者指出：“因而，我们不能说，法院在轻蔑对待雷诺兹的‘第一修正案’诉求上，完全失去了控制。不过，我们能够说，以这种方式对待任何少数派宗教，都深深违背了赋予‘第一修正案’以生命力的那种尊重精神。”[1] 甚至还可以说：“这是我们国家历史上一个可悲的插曲。”[2]

联邦最高法院对于“雷诺兹案”的立场，在此后的摩门教系列案件中获得了重申。1890 年的**“戴维斯诉比森案”**[3]，是围绕摩门教系列诉讼案件中临近后期的一个案例，法院支持了地方法院为限制多妻制而没收摩门教教产的做法。该案件的裁决，延续了 1878 年“雷诺兹案”的思路，认为虽然宗教与膜拜教派存在一些共生现象，但还是可以将这两者区分开来的。一般说来，在美国社会里，存在着并不时涌现出大量的新宗教、准宗教或类宗教形式与团体。美国各级政府，对这些边缘宗教团体，并没有施加任何特殊限制，因为宗教自由是宪法保证的公民权利。相应地，政府对这些新型宗教团体，也没有什么具体的界定或限制。只有在这些新型宗教团体主动向政府寻求法律特权或豁免权时，它们才需要向政府解释和界定自己。

而在政府特别是法院这一方，如果要保护宗教权利，首先需要将具体案件涉及的行为确定为“宗教活动”或“宗教行为”，从而将它们与其他非宗教行为区别开来。但是，为了法律目的而将宗教加以界定，是一个困难重重的任务，甚至是一件

---

1 Martha C. Nussbaum, *Liberty of Conscience: In Defense of America's Tradition of Religious Equality*. Basic Books, 2008, p. 194.

2 Ibid., 198.

3 *Davis v. Beason,* 133 U.S. 333 (1890).

不可能完成的任务。宗教界定是因人而异的。几乎可以说，有多少人就有多少种宗教界定。法院几乎无法从学界那里获得任何一致性或公认性的宗教定义。而另一方面，从法律权限上讲，法律又禁止法院卷入宗教内部事务，禁止法院就宗教真伪优劣作出评判。所以，宗教界定或定义问题，就成为宗教案件中一个基本的但又存在某种含混性的问题。当然，这也从另一个侧面证明了，法院应当把关注焦点集中在案件的民事问题上，而不应对案件的宗教属性或事务作出裁定或干预。

在1890年“戴维斯诉比森案”中，大法官斯蒂芬·菲尔德（Stephen J. Field）撰写了法院的一致性判决意见。这份法院意见，首先从社会文化及历史角度，对多妻制作出了非法性判定：

> 双妻制和多妻制，按照所有文明与基督教国家的法律，都是犯罪。按照联邦法律，它们是犯罪；按照爱达荷法律，它们也是犯罪。它们将会毁坏婚姻关系的纯洁，扰乱家庭的和平，贬抑妇女，败坏男人。几乎没有什么犯罪比它们更有害于社会的最佳利益了，因而也受到了更普遍或更应有的惩罚。让这类犯罪免于处罚，将会动摇社会的道德判断。将他们的主张称作宗教信条，将会冒犯人类的常识。

接下来，这份法院意见，还对“宗教”这个术语作出了某种界定，并就宪法“宗教条款”作出了自己的解读：

> “宗教”这个术语，涉及人对自己与造物主关系的看法，涉及由此所施加的对其存在与品质的崇敬，以及对其意志的顺从。它常常与膜拜教派或某一特定教派的崇拜形式混同在一起，但与后者是有区别的。宪法“第一修正案”宣布国会不得制定法律以确立某种宗教或禁止其自由活动，就是要允许在联邦管辖下的每个人，按照自己的判断和良心，就自己与造物主的关系，持有那些观念及其所施加的义务；就是要按照自己认为适当，但又不损害他人平等权利的崇拜方式来展示其情感；就是要禁止通过立法来支持任何宗教信条，或任何教派的崇拜模式。长久以来，欧洲各个政府，为了在宗教信仰和崇拜模式上，强迫各教派服从最为人多势众一派的观点所采取的压制

措施，以及所招致的残忍与惩罚，再加上企图以那种方式控制人们的精神活动，以及强制推行与某种设定标准的外在一致性等等所犯下的荒唐行径，最终导致采纳了这项修正案。人们从未设想能够援引这项修正案，来阻止立法机构处罚那些对社会和平、秩序与道德有害的行为。人与造物主的关系以及由其所施加的义务，人在这些主题上表达其信仰的方式，绝不允许横加干涉，只要旨在保护和平、繁荣与道德的社会法律永不遭到干涉。宗教活动虽然是自由的，但它必须服从国家刑法；而国家所制定的刑法，则涉及那些一致被认为应当加以处罚的行为。一直有一些教派，在其宗教信条里，否定应当存在婚姻关系，主张男女淫乱滥交，正如受其成员情感所鼓动的那样。而历史亦揭露了这一事实：许多教派一直坚持这一信条，在某些特殊场合，需要进行人祭。假如有这样一种教派出现在这个国家，如果他们将其教义付诸实施，就会立刻受到惩罚，而人们不会顾忌这样一种借口，亦即，作为宗教信仰，其支持者的活动应当受到联邦宪法的保护。也许在这个国家历史上，以前从未有人认真主张过，对于那些被现代基督教世界一致认为应予以禁止性立法的行为，政府必须终止其惩罚权力，以便某一宗教教派那些鼓励犯罪的信条，能够不受妨碍地被付诸实施。

至此，审理1890年“戴维斯诉比森案”的联邦最高法院，再次确认了1878年首席大法官韦特在“雷诺兹案”里的看法，指出法律不能干涉宗教信仰，但可以干涉某些宗教行为。法院再次在宗教信仰与宗教行为之间保持了二分法思路。不仅如此，这份法院意见还指出了一些极端宗教行为所具有的邪恶性与危险性，譬如人祭和殉葬，譬如多妻制，以证明自己裁决的合理性。法院认为，犯罪行为不能在宗教名义下逃避法律的制约，宗教自由并不意味着可以不受约束地奉行任何教义和实践。

“雷诺兹案”之后：法院坚持“这是一个基督教国家”

在“雷诺兹案”之后，联邦最高法院处理有关宗教问题的案件时，仍然尽量根据其他法律规定而不是“宗教条款”，对案件作出判决。同时，法院还对政教之间的良性互动关系，采取了温和支持态度。在法院意见里，还不时出现，像“这是一个基督教国家”“我们是一个基督教民族”这样具有明显宗教色彩的表述，以表示对这个国家历史与文化传承的尊重。

1892年的**“神圣三一教会诉美国案”**[1]就是这样一个比较典型的案件。这个案件涉及教会人员雇用问题。联邦最高法院作出了一致性判决，拒绝将一项新联邦法律应用于某些对宗教不友好的行为，譬如禁止某个教会聘请外籍圣职人员，并陈述了美国政教之间的诸多紧密关联。大法官戴维·布鲁尔（Justice David Josiah Brewer，1837—1910年）负责撰写了法院意见。戴维·布鲁尔通过历史考察，在这份意见书里提出了著名论断：“这是一个基督教国家”（This is a Christian nation）。他阐述了当时联邦最高法院对政教关系的理解。结果证明大法官们所理解的政教分离，比当时本土排外主义者和“布莱恩修正案”倡导者所理解的那种政教分离，要更为有限和温和。

布鲁尔大法官这种看法，不仅表明了他本人而且也代表了当时大多数法官的立场。在法院看来，应用那项法律来限制教会聘请外籍圣职人员，构成了对宗教的一种不友好行为，而这与其作为宗教民族的属性是不相符的。这份法院意见还特别指出了，当时美国政教之间诸多不可分割的密切合作关系。

> 不能将任何反宗教的行为目的归于立法机构，不论是州还是全国立法机构，因为这是一个宗教民族。这一点属于历史事实。从发现本大陆，一直到此时此刻，人们全都毫无二致地作出了这种断言。如果超越这些问题，而审视一下由法律、商业、习俗和社会所表现的美国生活，我们就会发现，在一切领域人们都会明确承认这一真理。其中，可以注意到下列事项：普遍流行的宣誓形式，其结尾都会向全能者祈求；所有审议团体和绝大多数会议，都有以祈祷而开始的惯例；所有心愿的序言都是“以上帝的名义，阿门”；遵守安息日的法律规定，在那一天，一切世俗商务都会停止，法院、立法机构以及其他类似公共机构都会停止工作；在每个城市、集镇和乡村都有许多教会和教会组织；各地众多的慈善组织都由基督教主办；庞大的传教组织，获得了广泛支持，并打算在全球每个地方都建立起基督教事奉。这些事物，以

1 *Church of the Holy Trinity v. United States*, 143 U.S. 457（1892）.

及其他许多可以观察到的事物，为下面这个众口一词的说法又增添了一份非官方声明：这是一个基督教国家（This is a Christian nation）。面对所有这一切，能够认为美国国会想要使本国某教会聘请外籍基督教牧师事奉的做法成为不轨之举吗？

在这一时期，不仅有涉及“自由活动条款”的案件，而且还首次出现了涉及“确立条款”的案件。1899年的**“布拉德菲尔德诉罗伯茨案”**[1]，是联邦最高法院审理的第一个涉及“确立条款”的案件。这个案例涉及政府对宗教机构的援助问题，但法院并没有根据宪法“确立条款”，而是按照其他理由，对案件作出了判决。

简单说来，这是一个涉及平等性问题的案件。该案例涉及政府对宗教团体与机构的财政援助问题。在本案里，华盛顿特区一位公民起诉了美国财政部部长，以阻止将纳税人提供的公共资金用于资助在当事人看来属于天主教机构的一家当地医院。但法院以这个由天主教徒主管的医院属于一个公司或一个合法实体为由，判定哥伦比亚特区对该医院的财政援助并不违法，它们两者签署的合同符合宪法规定。

法院认为，所列举出来的那些指控，并没有改变所涉及医院的法律属性，也不会导致所涉及医院变成一个宗教或教派机构。至于组成那个机构的人员是否具有宗教信仰或者具有何种宗教信仰，与该机构的法律属性并无必然关联。在这个案件里，所涉及医院就其属性而言是一个纯世俗机构，只不过碰巧是由那些信奉罗马天主教教义的人管理运作而已。法院认为，这所医院属于纯世俗机构，其医务人员由天主教修女担任这一事实，并不能使这所医院变成一个宗教机构。该医院由天主教会支持或主办这一点，就像由其他任何宗教团体或非宗教团体支持或主办一样，对于该公司的合法性无足轻重，因为个人信念对于公司宗教问题的影响是无从探究的。应当说，联邦最高法院以一种巧妙和灵活的手段，将本来可能会变得极其复杂的所谓“确立条款”案件，化解于无形之中。可惜，联邦最高法院后来对此类案件的处理，未能遵循这一“高妙”路径。

---

1 *Bradfield v. Roberts*, 175 U.S. 291 (1899).

1905年的**“雅各布森诉马萨诸塞案”**[1]属于涉及宗教自由问题的案件。在这个案件里，联邦最高法院肯定了马萨诸塞州一项法令的合宪性。该法令授权，强制所有社区所有居民接种天花疫苗，而本案当事人则以这项州法令侵犯自己自由、生命与财产权利为由提起诉讼。尽管在这个时期，联邦最高法院还没有将“第一修正案”规定的宗教自由应用于州政府，但法院以其他理由拒绝了以某种宗教信念规避某项普通法令的有效性，判定马萨诸塞州的相关法规并没有侵犯任何由联邦宪法所保护的人权。本案没有正式涉及宪法“自由活动条款”规定，而是按照其他理由认定，一个人的宗教信仰不能使其免于一项普适性法律的限制。

1908年的**“鲁本·奎克·贝尔诉勒普案”**[2]，也不属于完全意义上的“确立条款”案件。这个案件涉及印第安人子女在天主教学校里接受教育过程中的资助问题，亦即，将一笔资金用于自主在天主教学校里就读的印第安孩子的问题。法院以该案涉及资金在性质上属于印第安人而非政府为由，支持了该案所涉合同的有效性。换言之，尽管原告根据“确立条款”提起了法律诉讼，尽管法院也承认政府是非宗派性的，政府不得以任何方式确立某一教派，但法院却根据其他法律规定，对案件作出了判决。

1923年的**“迈耶诉内布拉斯加案”**[3]，依然是在间接层面上涉及了宗教自由问题。本案涉及该州在那个特殊历史时期，一项限制本州公民学习德语的法令。在这个案件里，联邦最高法院对“第十四修正案”所保护的自由（liberty）作出了论述，认为应当对这种自由作广义理解，以便包含习惯法长期认可的那些特权，其中亦包括“按照自己良心指令崇拜上帝”的自由。这样一种司法原则理解，构成了即将开启的吸收合并过程的先声。

> 虽然法院并不想要精确界定由此所保护的那种自由，但这个术语已经受到了诸多探究，其中所包含的一些内容，也得到了明确表述。毫无疑问，它并不仅仅意味着免于身体限制的自由，而且还意味着这样的个人权利：订立

---

1 *Jacobson v. Massachusetts*, 197 U.S. 11（1905）.

2 *Reuben Quick Bear v. Leupp*, 210 U.S. 50（1908）.

3 *Meyer v. Nebraska*, 262 U.S. 390（1923）.

盟约，参与共同的生活事务，获得有益的知识，结婚、建立家庭及养育子女，按照自己良心指令崇拜上帝，以及一般性地享受被习惯法长期看作自由人有序追求幸福所必不可少的那些特权。

而州立法机构不得无故以公共利益为借口，来干涉个人的这种自由。这是联邦最高法院首次以含混而笼统的表述，并借助于习惯法的效用，论及“第十四修正案”保证的自由应当包括信仰崇拜的自由。但法院并没有逾越“雷池”，进而指明这种信仰崇拜自由就是“第一修正案”所保证的“宗教自由”。

1925 年的**“吉特洛诉纽约案”**[1]，用“第十四修正案”中的“自由”，首次吸收合并了“第一修正案”的“言论自由”和“出版自由”。本案构成了吸收合并发展过程中重要的一环，并在这一进程中迈出了坚实的一步。

在这个案件里，本杰明·吉特洛（Benjamin Gitlow）是 20 世纪初美国左翼组织的一名成员。他因为煽动通过暴力手段推翻政府而受到指控。其中一个争论焦点就是言论自由和出版自由这些基本人权的保障问题。在法院判决意见中，不论多数派意见还是少数派意见，都断定了这一司法理解：“我们可以并确实断定，言论和出版自由——‘第一修正案’保护这些权利不受国会的侵犯——属于‘第十四修正案’‘正当程序条款’保护其不受各州侵犯的，基本个人权利和自由之列。”

本案意见表明，“第十四修正案”中的“自由”一词，其涵盖范围，包括“第一修正案”所列举的言论自由与出版自由这些基本权利。而原先认为“第十四修正案”在这些权利问题上对各州没有约束性的看法是不适当的。联邦最高法院的这一见解，标志着吸收合并过程中的一个重大发展。

1931 年的**“美国诉麦金托什案”**[2]，属于一个边缘性宗教自由问题案件。20 世纪 20 年代，加拿大人道格拉斯·麦金托什是一位在耶鲁任教的浸信会牧师。他希望能够加入美国国籍，但却不愿意预先承诺自己将使用武器保护美国，除非他认为那种战争具有道德正义性。换言之，他实质上坚持，只有在自己认为有

---

1 *Gitlow v. New York*, 268 U.S. 652（1925）.

2 *United States v. Macintosh*, 283 U.S. 605（1931）.

必要性和正当性时，才会拿起武器保护这个国家。道格拉斯·麦金托什声称自己并不是一个和平主义者，声称自己愿意宣誓效忠美国，但在是否参加战争以保卫国家这件事情上，他不愿意把自己对任何国家政府的忠诚，置于对上帝意志的忠诚之前，也不愿意按照少数服从多数的民主原则，来解决自己的道德难题。实际上，他认为，当与自己的道德判断不符时，个体公民有权拒绝履行提供军事服务义务。

联邦最高法院在这个案件里，支持了归化法庭（naturalization court）拒绝麦金托什入籍美国的申请，因为后者基于良心与宗教原因，拒绝宣誓为保卫美国而参加军事战斗。法院认为，就宪法权利而言，人不能基于宗教原因而拒绝履行携带武器的义务。联邦最高法院以 5 比 4 的投票结果，拒绝赋予其公民身份。但这个案件的判决结果在 1946 年的**"吉罗尔德诉美国案"**[1] 里被撤销。而撤销的理由，并非基于宪法原因，而是出于这一考虑，即国会不想使宗教和平主义成为阻止人们成为美国公民的理由。

大法官乔治·萨瑟兰（Justice George Sutherland，1862—1942 年）和首席大法官查尔斯·休斯（Chief Justice Charles Evan Hughes，1862—1948 年），分别撰写了法院多数派意见和少数派意见。值得一提的是，整个法院，不论多数派还是少数派，均尊重这个国家的基督教传承，并从较为传统的意义上界定了宗教。遵循 1892 年"神圣三一教会诉美国案"中的立场，法院重申了这一基本判断："我们是一个基督教民族（We are a Christian people），给予了彼此以宗教自由的平等权利，并虔敬地承认顺从上帝意志的义务。"

从 20 世纪 30 年代后期起，"耶和华见证人"（Jehovah's Witnessess）教会发起了一系列旨在维护其平等自由权利的诉讼案件。联邦最高法院裁决的第一个案件是 1938 年的**"洛弗尔诉格里芬案"**[2]，并在次年裁决了**"施奈德诉新泽西欧文顿案"**[3]。这两个案件中，"耶和华见证人"一方均求助于"第一修正案"的言论与出版自由而非宗教自由，获得了胜诉。这些涉及"耶和华见证人"权利的早期案

---

1 *Girouard v. United States*, 328 U.S. 61（1946）.

2 *Lovell v. Griffin*, 303 U.S. 444（1938）.

3 *Schneider v. Irvington, New Jersey*, 308 U.S. 147（1939）.

件，均间接涉及宗教自由问题。由于这些案件不是依据宪法“宗教条款”作出的判决，所以它们并不完全属于“宗教条款”案例。但“耶和华见证人”此类权利诉求，将很快影响美国对宗教问题案件的审理与判决。

综合起来，这一阶段，联邦最高法院对宗教问题的案件审理与判决，大体上存在着以下几点值得关注的动向。第一，分别涉及了“自由活动条款”案件和“确立条款”案件，基本上形成了以这种二分法来区分和处理有关宗教问题案件的总体架构。第二，试图通过将宗教区分为“宗教信仰”与“宗教行为”，来为司法实践应用于宗教问题找到突破口。第三，通过“第十四修正案”将“第一修正案”规定应用于州的吸收合并进程，逐步推进到了“宗教条款”，预示着下一阶段，联邦最高法院的司法实践将进入一个完全不同的崭新阶段。第四，在对待政教关系问题上，仍然遵循传统惯例，总体上仍将美国社会文化看作与基督教信仰是不可分离的。第五，宗教少数派的自由与权利问题，不仅有像摩门教这样的边缘信仰组织，而且还有像“耶和华见证人”这样的所谓“宗教异端”形式，向美国社会和法律提出了挑战。

第二节 “宗教条款”现代司法原则的确立（1940—1962 年）

美国宪法“第一修正案”的“宗教条款”，制定于 1789 年，批准于 1791 年。在此后的近一个半世纪里，尽管大量有关宗教问题的案件在各个州司法系统里都获得了最终裁决，但仍然有为数不多的案件，以各种理由进入了包括联邦最高法院在内的联邦司法系统。联邦最高法院在处理这类案件时，迫于司法权限的限制，往往都是根据其他法律规定，譬如契约权、财产权、自由言论权与出版权等等，对涉及宗教问题的案件作出了判决。这一局面的完全改观，始于 20 世纪 40 年代。促进这种重大改变的直接因素，是联邦最高法院的司法解释与实践，按照吸收合并原理，通过宪法“第十四修正案”的“正当程序条款”吸收合并了“第一修正案”包括宗教自由在内的基本人权或自由；从而，使得宪法“宗教条款”的相关规定，不仅可以作用于联邦政府，也可以作用于州政府和地方政府。

这就为司法系统运用联邦宪法“宗教条款”进行裁决，打通了一条原先受阻的通道。其标志性案例就是1940年的“坎特韦尔诉康涅狄格案”，通过吸收合并原则，第一次将“第一修正案”“自由活动条款”应用于州；1947年的“埃弗森诉教育委员会案”，通过吸收合并原则，第一次将“第一修正案”“确立条款”应用于州。所以说，这两个里程碑式的关键案例，标志着美国宪法“宗教条款”现代司法解释与实践的开端。它们确立的司法解释与司法原则，对时至今日的“宗教条款”案件依然发挥着重要影响。

“坎特韦尔案”确立的“自由活动条款”现代司法原则

1940年的**“坎特韦尔诉康涅狄格案”**[1]，属于“第一修正案”“自由活动条款”案，系“耶和华见证人”系列案件中较早的一例。该案通过“第十四修正案”的“正当程序条款”，第一次将“自由活动条款”的相关规定明确应用于州政府。可以说，这是联邦最高法院明确将“第一修正案”的“自由活动条款”，由适用于联邦政府转而应用于州政府的第一个案例，也是联邦最高法院按照“自由活动条款”审理“耶和华见证人”信徒的第一个案例。上诉人以保障自己的宗教自由活动权利为由，向联邦最高法院提起了申诉。联邦最高法院则根据“第一修正案”的权利规定，通过“第十四修正案”的吸收合并法则，并以原告行为“对公共和平不具有明确而当下的威胁”（in the absence of a clear and present menace to public peace）为由，判定上诉人无罪。

具体地，康涅狄格州一项一般性法令规定，为宗教或慈善事业募集资金（solicitation of funds），必须事先获得州务秘书的许可证。而州务秘书在颁发许可证之前，需要预先决定所涉及事业是否属于宗教或慈善事业。“耶和华见证人”信徒纽顿·坎特韦尔（Newton Cantwell）及其两个儿子杰西（Jesse）和罗塞尔（Russell），因为未获得这种许可证而为自己教会进行募捐，从而违反了该项法令，并被地方法院定罪。此外，纽顿·坎特韦尔的大儿子杰西，还因为在纽黑文（New Haven）街道上播放具有攻击天主教内容的留声机唱片，而被地方法院和康涅狄格州最高法院判定扰乱了公共和平。但上诉人声称该州的相关法规违背了联邦宪法“第十四修正案”的“正当程序条款”，因为它否定并侵犯了为宪法所保

---

1 *Cantwell v. Connecticut*, 310 U.S. 296（1940）.

证的言论自由权利与宗教自由权利。

联邦最高法院经过审理，撤销了康涅狄格州法院的判决，认为康涅狄格州那项法令通过由州政府来决定什么是宗教事业，而为宗教自由活动施加了不应有的额外负担。联邦最高法院还认定，杰西的行为不属于针对个人的抨击或威胁，而不针对个人的谩骂抨击和虚假声明，既见于宗教也见于政治，既然这种行为在政治领域里可以大行其道，那么杰西的行为也应当受到宪法言论自由与宗教自由的保护。

法院的判决，属于一致性判决。大法官欧文·罗伯茨（Owen J. Roberts）撰写了法院意见。在这份法院意见里，首先明确了“第十四修正案”对“第一修正案”“宗教条款”中“自由活动条款”的吸收；并明确表述了“第十四修正案”“正当程序条款”所吸收合并的是哪些自由或个人权利；明确表述了哪些宪法限制既适用于联邦国会也适用于州政府或州立法机构。法院意见指出：

> 我们认为，这项法令，正如如此解释和应用于上诉人的，未经正当法律程序就剥夺了他们的自由，因而违背了“第十四修正案”。自由的基本概念，就体现在包含了“第一修正案”所保证的那些自由的这个修正案中。“第一修正案”宣布国会不得制定法律以确立某种宗教或禁止其自由活动。“第十四修正案”则使得州立法机构与联邦国会一样无资格制定这类法律。在宗教方面，宪法对立法机构所作的禁止性规定包含两个方面。一方面，它预先禁止通过法律接纳任何信条或任何崇拜形式的实践。良心自由，以及个人按照自己选择而追随这种宗教组织或崇拜形式的自由，不能受到法律限制。另一方面，它保障了个人所选择宗教形式的自由活动。因此，这个修正案包括了两个概念，亦即信仰的自由和行为的自由。第一种自由是绝对的；而第二种自由，就事物本质而言，却并非如此。行为受制于社会保护的规范。行为的自由必须要有适当的界定，以便那种保护能够得以实施。无论如何，为了达到某个允许的目标而行使规范权力，都不应不当地侵犯那种受保护的自由。

这份法院意见，仍然因袭了1878年“雷诺兹案”对宗教信仰与宗教行为的二分法解析，但对宗教行为的自由权利与保护，给予了更多的同情与关注。更重要的是，这份法院意见明确了“第一修正案”“自由活动条款”所保护的宗教自由权利，通过“第十四修正案”可以应用于对州权或地方权的限制。这样一种司法解释，也就完成了现代联邦司法史上一个决定性转折，从而使得联邦现代司法实践在“自由活动条款”案件审理上进入了一个全新阶段。

接下来，联邦最高法院还考虑了上诉人的这一抱怨：按照康涅狄格州法律规定，为教会进行募捐需要预先获得许可证。这一规定，实质上构成了一种“预先限制”（a prior / previous restraint），并对上诉人的宗教自由活动构成了不正当的“负担”：

> 上诉人力陈，要求获得一种证书，以作为他们为其观点寻求支持的一种前提条件，就是为他们在宪法意义内的宗教活动设置了一种预先限制。而该州认为，这项法令正如康涅狄格州最高法院所解释的，并没有为传布或教导宗教观念施加什么预先限制，而只是为了防止在宗教幌子下从事欺骗活动。

但联邦最高法院的这份意见书，并不认同康涅狄格州最高法院的司法解释。它进而表明：

> 不过，可以发现，这项法令要求其向该州公共福利委员会秘书提出申请，而后者则被授权决定该事务是否属于宗教事务，而证书的颁发则有赖于后者的肯定行为。如果该秘书发现这项事务不是宗教事务，那么为其募捐就变成了一项犯罪。当然，该秘书也不会向其颁发什么许可证。该秘书颁发或拒绝颁发许可证的决定，涉及评估事实、行使判断以及形成观点。如果他认定这项事务不是宗教事务，那么他就被授权拒绝颁发这种许可证。以这样一种宗教审查来作为决定保留其权利的途径，就是否定了“第一修正案”所保护的，以及“第十四修正案”通过吸收合并所保护的自由（liberty）……使为保持宗教观念或体系而募集资助的行为，建立在获得许可证的前提下；而该许可证的颁发，又建立在州权威就什么是宗教事务所作的决定上，就是为

由宪法保护的自由活动，施加了一种被禁止施加的负担。

最后，这份法院意见，还分析了对坎特韦尔大儿子杰西·坎特韦尔的指控，后者因为在城镇街道上散发宗教传单、向路人传教、播放留声机以及发表抨击其他宗教特别是罗马天主教的言论，而被指控干扰了社会秩序与和平。但联邦最高法院严格界定了什么是扰乱和平的行为，而不同教派信徒之间的批评、讽刺和谩骂式的言论并不在此列，譬如杰西·坎特韦尔指称其他宗教特别是罗马天主教为撒旦使者和伪宗教信仰，只要他没有附带什么具体行为，就不属于扰乱和平的行为，因为不同政治派别之间的相互抨击，与不同宗教之间的相互抨击相比，有过之而无不及，但并没有人因为站在自己政治立场抨击其他政见者，而被判定为扰乱和平者。在联邦最高法院看来：

破坏和平的罪行，包括各种各样破坏或威胁公共秩序与安定的行为。它不仅包括暴力行为，而且还包括可能对他人产生暴力的行为或言论。没人会狂妄地认为，言论自由原则允许煽动叛乱，抑或宗教自由意味着有权鼓动他人对隶属其他教派者发起人身攻击。当这样明确而当下的危胁（clear and present danger）出现时，譬如反叛、动乱、在公共道路上干涉交通，或者其他对公共安全、和平与秩序的直接威胁，各州拥有预防或惩罚的权力，就是显而易见的。但同样明显的是，各州不得以保持所希望的状态为借口，不正当地压制观念的自由交流，不论是宗教观念还是其他观念……

在宗教信仰领域，以及政治信念领域，都会出现尖锐的分歧。在这两个领域里，一个人的信条也许会被邻人看作最恶劣的谬误。我们知道，为说服他人接受自己的观点，争论者有时会借助于夸张，诋毁教会或国家著名人物，甚或虚假陈述。但这个国家的人民，就其历史而言，注定会接受这一事实：尽管有被过度使用和滥用的可能，但这些自由，从长远看，对于民主制下的公民保持开明观念和正确行为是必不可少的。

这些自由的最本质特征就在于，在其保护下，各种各样的生活、品质、观念与信念，都能够得到不受干扰和不受约束的发展。这样一种保护，在我们自己国家里尤为必要，因为这是一个由众多种族和信仰组成的国家。行使这些自由存在着限度。在现时代，这样一种危险，通过人人都熟悉的事件而得到了重视：那些处在种族或宗教欺骗幻觉中的人所实施的强迫行为，可能会煽动暴力或破坏和平，以剥夺他人行使其自由的平等权利。对于这些以及其他超越那些限度的行为，各州当然可以予以惩罚。虽然唱片的那些内容自然而然会激发起仇视怨恨，但我们认为，并没有一种严格制定的法令界定和惩罚那种对州实质利益，构成明确而当下危胁的具体行为；上诉人的表达、交流，根据宪法保证来看，并没有对公共和平与秩序构成如此明确而当下的威胁，以至于使其受到违背普通法的定罪。

总之，1940 年的“坎特韦尔诉康涅狄格案”，作为联邦最高法院通过“第十四修正案”“正当程序条款”的吸收合并作用，而把“第一修正案”“自由活动条款”的相关规定应用于州政府或州立法机构的第一个“自由活动条款”案例，标志着联邦最高法院对宪法“自由活动条款”的理解进入了一个新阶段。它为此后大批此类案件的审理与判决，确定了一种司法解释与原则。但这一原则应用的范围与界限，还有待进一步检验；其实际结果或效果，更是有待深入的探究与考察。而与“坎特韦尔案”几乎同时裁决的另一桩“耶和华见证人”案件，则从另一面对“自由活动条款”的规定提出了挑战。

1940 年的**“迈纳斯维尔学区诉戈比蒂斯案”**[1]，是比“坎特韦尔诉康涅狄格案”稍晚判决的案例。这又是一个“耶和华见证人”教会成员的案例。本案向联邦最高法院以及社会公众，正式提出了这样一个严肃问题：宪法“自由活动条款”是否能够使一个信徒免于某项普适法律的限制？或者说，一项普适法律是否能按照宪法“自由活动条款”，对某个信徒的例外做法提供某种迁就或承让？

这个案件发生于第二次世界大战期间，国家的团结与统一已经成为一种现实迫切需要。这个案件就“自由活动条款”是否能够为少数派宗教信徒提供免于某项普遍适用法律的特权或迁就做法，提出了发人深省的问题。值得注意的是，联邦最高法院对本案的这个判决结果，被 1943 年的“西弗吉尼亚州教育委员会诉巴尼特案”撤销了。而撤销这个判决结果的理由是，“第一修正案”保证的言论

1 *Minersville School District v. Gobitis*, 310 U.S. 586（1940）.

自由，禁止公立学校开除拒绝向国旗敬礼和宣誓的学生，因为言论自由包括不说话的自由和不作象征性表述的自由。

在本案中，“耶和华见证人”教会成员戈比蒂斯的两个孩子，因为拒绝向国旗致敬和宣誓，而被当地学校开除。戈比蒂斯认为，自己教派的信仰禁止向国旗致敬和宣誓，因此学校将孩子除名，就是侵犯了由“第一修正案”保证的宗教自由。“耶和华见证人”的教会教义认为，旧约《出埃及记》20：3—5禁止崇拜雕刻偶像的诫命，亦适用于向任何国旗敬礼的做法。教会成员拒绝像其他普通美国人那样，在公共仪式中向美国国旗致敬。早在20世纪30年代，他们这种信仰和做法，曾在德国遭到希特勒“纳粹”的迫害。在美国，他们亦遭到了类似的迫害。他们的教会领袖，将美国各地强制向国旗敬礼的做法，看作与纳粹式敬礼相类似的偶像崇拜举动。这些信徒及其子女为此在各地都遭受到了迫害，他们的诉讼亦普遍遭受了挫折。甚至在“坎特韦尔案”的余波中，联邦最高法院也未能给予他们保护，以使他们得享应有的宗教自由。因为在本案中，联邦最高法院判定，迈纳斯维尔（Minersville, Pa.）学区亦即当地学区的做法，没有违反“第一修正案”，因为在联邦最高法院看来，宗教自由并不能使公民免于遵守适用于一切人的一般性法律。

在该案件审理中，美国律师协会和美国公民自由联盟等社会组织，均参与其中并发挥了重要作用。这个案件，涉及良心自由与政府权威之间关系这一最为棘手的法律难题。法院以压倒性优势判定被诉人败诉，认为人的宗教自由权利并不能使其免于在公立学校向国旗敬礼这个统一规定。大法官费利克斯·法兰克福特（1882—1965年）代表法院多数派，撰写了法院意见：

> 我们必须决定，强求一个基于真诚的宗教理由拒绝这么做的孩子参加这样一种仪式，是否未经正当法律程序地侵犯了由“第十四修正案”所保证的那种自由。
>
> 为使某些特定教条成为排他性或统一性信仰而引发的千百年纷争，导致《权利法案》包含了对于宗教自由的一种保证。“第一修正案”以及吸收了“第一修正案”的“第十四修正案”，通过禁止确立一种州立宗教，以及通过确保每一教派的信仰自由，力图防止重现那些残酷的宗教冲突。对这一宝贵

权利的接纳是如此普及，以至于人们对其范围产生了一些争议。在这里就是如此，因为个人良心与社会的某些必然要求发生了抵触。

毫无疑问，对于宇宙终极奥秘以及人与其关系这类信念的肯定性追求，超越了法律的范围。政府不能干涉对于信仰或不信仰的组织性或个体性表达。不论是在教会、教堂、清真寺、犹太会堂、礼拜堂还是在聚会所，对于超自然的信仰甚或不信仰加以传播，是受到保护的。同样地，当一个人自己的宗教行为冒犯了他人的宗教观时，不论那些人是少数派还是政府主导者，宪法都宽厚地使其免于遭受处罚。

但是人之关系的多样特性，可能会使其对宗教义务的理解与同胞的世俗利益发生冲突。宪法所作的保证，在什么时候使其免于从事社会认为对促进某些公共利益必不可少的事情，又在什么时候使其因从事对公共利益看来危险的事情而免于遭受处罚？提出这个问题，就是要记住这个真理：没有任何单一的原则能够回答生活的一切复杂性。宗教信仰自由的权利，尽管是异议性的，尽管对他人——甚或大多数人——所怀有的信念来说是可憎的，但其自身就是对一种绝对的否定。而如果断定遵从良心的自由，其自身在社会生活里是没有任何限制的，那么就会否定诸原则的那种多样性；而后者，从历史上讲，则构成了保护宗教宽容的基础。所以，我们当下的任务，正如法院经常面对的，就是要协调这两种权利以防止一方毁坏另一方。但因为在维护良心上，我们所应对的是如此微妙、如此珍贵的利益，所以，就应当为宗教信仰留下尽可能多的回旋余地。

在对宗教自由实施的司法实践中，我们所关注的是一个历史概念。宪法保护的宗教自由，从未排斥对一般范畴的立法——并不针对对某些特定教派的教义忠诚。将没有历史依据的观点归于《权利法案》的制定者，绝不会使对立法的司法否决正当化。在争取宗教宽容的长期斗争中，良心不安并没有使人免于遵从某项并不想要促进或限制宗教信仰的一般性法律。单单怀有与一个政治社会之关切相抵触的宗教信念，也不会使公民免于履行其政治职责。这种调整的必要性，一再得到认可。在许多情形中，在行使政治权威的同时，对于宗教自由的基本考虑也并未受到侵犯。在所有这些案例中，上述所讨论的、被坚持应用于那些因宗教信念而拒绝遵从者的一般性法律，就是政府具体权力的体现。那些权力，在立法机构看来，对于保证和维持那种有序、平静和自由的社会是必不可少的；而如果没有那种社会，宗教宽容本身也就无从企及。与宗教自由相比，由正当程序确保的言论自由，也并未进入一个更为绝对的豁免圈。即便我们可以断定，言论自由超越了这一历史概念亦即拥有完全机会以表达和散布其观念——无论在主导观念看来如何异端或反感，并且包含了这样一种自由亦即免于传达那可能被看作一种暗含的但却被拒绝的肯定，这问题仍然在于，像戈比蒂斯家孩子这样的学校儿童，是否必须免于其履行为促进国家凝聚力而要求所有其他儿童履行的行为。我们所面对的是这样一种利益，它在法律价值等级体系里，不逊色于任何其他利益。国家统一是国家安全的基础。否定立法机构有权选择适当途径来达到这一目标，与允许可能出现乱丢乱扔的脏乱街道以便其通过散发传单来自由表达观念这一规范相比，属于完全不同层面的问题。像眼下这种情形，是民主所面临的一个最艰深方面。林肯用一个著名矛盾提出了这一难题："一个必然而不可免的政府，必定对于人民的自由过于强大，而对于维持自身的存在过于弱小吗？"单靠阅读文本或逻辑法宝，并不能解决这个矛盾。而当这个问题需要有司法决断时，也绝不会是那为机敏调解所需要的法官个人观念会占据上风。

与我们引证的情形不同，我们面前这个案例所关注的，并不是对促进世俗社会某些特定需求或利益这一立法权力的行使，譬如保护家庭、促进健康、共同防御、募集公共资金以支付政府开支。但所有这些政府具体行为，都以一个有组织的政治社会存在为前提。一个自由社会的终极基础，是由凝聚的情感构成的维系纽带。而这样一种情感，则是由那样一些心智培育起来的：它们会进而汇聚一个民族的各种传统，使这些传统代代相传，并由此缔造出，构成了一种文明的那种宝贵公共生活的连续性。“我们依靠象征而生活。”国旗是我们国家统一的象征，它在宪法框架内超越了一切内部分歧，不论那些分歧多么巨大。

本案的判决结果，直接导致一些地区开始进一步推行或强化在公立学校举行向国旗敬礼和宣誓的仪式。而那些持有不同看法和信念的“耶和华见证人”信徒的孩子及其家长，则受到了不同程度的迫害与处罚。这种矛盾不断激化，在事隔三年以后，直接引发了著名的“西弗吉尼亚州教育委员会诉巴尼特案”。

1943 年的**“西弗吉尼亚州教育委员会诉巴尼特案”**[1]，属于 20 世纪 30 年代和 40 年代“耶和华见证人”系列诉讼案中的一个重要案例。在详细阐明了宪法保证的宗教自由权利后，本案更是明确表明，吸收了“第一修正案”的“第十四修正案”，不仅可以应用于州，而且也可以应用于州下属的县以及地区或地方政府。同时，此案的法院意见还详细阐述了“第十四修正案”“正当程序条款”吸收“第一修正案”的具体指涉和运作过程，勾勒出了这一司法运作的微观脉络与机理。

这个案件涉及公立学校统一规定必须向国旗敬礼的问题。西弗吉尼亚州按照该州立法规定，要求在公立学校里举行向国旗致敬礼仪。而“耶和华见证人”信徒认为，学校的这种强制要求侵犯了自己的宗教信仰和良心自由。1940 年的“迈纳斯维尔学区诉戈比蒂斯案”，曾在类似情形中确认了公立学校这一强制规定的合法性。但在三年后的此案中，联邦最高法院以 6 比 3 的投票决定撤销了自己早先的立场，转而认可了这种强制性的统一做法或爱国仪式有可能会侵犯某些学生的宗教信念和传统做法。而这几年间，由于良心原因而拒绝向国旗敬礼并宣誓的儿童及其监护人在各地遭受的歧视和惩罚，也很明显地印证了联邦最高法院此前在这类案件处理上的缺憾。1943 年，联邦最高法院在本案件中的判决，明确推翻了自己早先特别是在“戈比蒂斯案”中的裁决和推理。

由罗伯特·杰克逊大法官代表多数派撰写的法院意见，提出了“在我们宪法星座中有颗不变的恒星”这一著名观点。鉴于三年前的“戈比蒂斯案”拒绝了个人基于宗教信仰而豁免于某项普遍性规定的权利，本案从四个方面重新审查了在“戈比蒂斯案”所运用的司法逻辑和推理。这份法院意见对人权与自由的权威论断，更是人类思想史上一个光辉篇章。这些深邃而睿智的格言警句式论断，可谓字字珠玑，发人深省，引人深思，是人类文明对自由加以探索与思考的最宝贵结晶与遗产。

---

1 *West Virginia State Board of Education v. Barnette*, 319 U.S. 624（1943）.

第一，可以怀疑的是，林肯先生是否会认为，我们肯定州有权将一小撮儿童逐离学校，就能很好地证明政府维持自身的力量……有限权力的政府，并不一定是软弱无力的政府。确保那些人权，将会减少对强势政府的恐惧和妒忌；而使我们感到安全地生活于其下，就会对其形成更好的支持。如果没有承诺增加一部限制性的《权利法案》，我们的宪法是否能够聚集起足够力量以获得批准，就是大可怀疑的。如今，强化那些权利，并不是要放弃强势政府而选择弱势政府。它只是坚持，个人心灵自由而非官方苛求的一致性——历史表明那种一致性是一种令人沮丧和灾难性的目标——才是聚集力量的途径……

第二，“戈比蒂斯案”法院意见还曾考虑到各州、县及学区教育官员的职能，认为干涉他们的权威，将“实际上使我们成为国家的学校董事会”。“第十四修正案”正如现今应用于各州的，保护公民不受州本身及其所有派生物的侵犯——教育委员会也不例外。这些机构当然具有重要的、复杂的和高度自主的职能，但它们只能在《权利法案》的限度内运作……

第三，“戈比蒂斯案”意见认为，这是一个“法院并不拥有显著能力也绝不拥有控制能力”的领域；法院与立法机构都有义务维护那些珍贵的权利；由民意论坛和立法大会决定立法权的运用，而不是把这种争执转移到司法领域里，从宪法上讲，要更为适当……制定一部《权利法案》的目的，就是要从政治争论的起伏变迁中撤出一些主题，将其置于多数派与官员的范围之外，并使其成为法院可加以应用的司法原则。人的生命、自由和财产权利，言论自由、出版自由和崇拜与集会自由权利，以及其他一些基本权利，不能交由投票表决；它们不依赖于任何拣选推举的结果。在权衡当事人的论点时，对以下两者作出区别是很重要的：作为传递“第一修正案”原则之工具的“第十四修正案”“正当程序条款”，与那些因为自身缘故而应用这一条款的案例。与“第十四修正案”相抵触的立法检验，因为也与“第一修正案”原则相抵触，所以比仅仅涉及“第十四修正案”的检验要确切得多。当“第一修正案”的具体禁令变成其标准时，“正当程序条款”的诸多含糊之处就会烟消云散。譬如，一个州规定公共事业的权力，就正当程序的检验而言，可能会包含这样的权力：施加立法机构认为有“合理采纳基础”的所有限制。但是，言论与出版自由、集会自由以及崇拜自由，不能依赖如此薄弱的基础而被侵犯。只有在防止对州合法保护利益构成的严重而直接威胁时，才能对它们加以限制。重要的是要记住，在“第十四修正案”对州产生直接影响的同时，正是“第一修正案”那些更为具体的限制原则，最终支配着这个案件……

第四，亦即最后，为“戈比蒂斯案”法院意见的核心：“国家统一是国家安全的基础”；当局有权选择适当途径来实现这一目标；因而其结论就是，这种为了“国家统一”的强制措施是合宪的。我们对此案的答案，就依赖于这种预设的真实性。

作为一种目标，官员通过说服和榜样而培育的国家统一，是没有什么问题的。问题在于，按照我们宪法，在此所使用的强制方式，是否是达到其目标的可行手段。

为支持某种被认为对于其时代与国家必不可少的目标，而强求观点一致性的斗争，曾为许多善良以及邪恶的人所策动。国家主义是一个相对晚近的现象；但在其他时间和地方，那些目标曾经是种族或领土的安全、对某个朝代或政权的支持以及特定的灵魂救赎方案。随着旨在获取一致性的初步与温和手段的失效，那些决心要取得一致性的人，必然会求助于不断增强的严厉性。随着政府在追求一致性上的压力变得越来越大，有关那是谁的一致性的斗争，也就变得越来越残酷。也许，没有任何事情比公共教育官员必须要决定用何种原则与何种方案把年轻人统一在一起这件事情，使我们国民陷入更深的分裂了。勉力强求一致所具有的终极无效性，正是下面这类尝试留下的教训：从罗马清除基督教这一扰乱者的努力——作为其异教统一的方式，到宗教裁判所——作为宗教与王朝统一的途径，再到西伯利亚流放者——作为俄国统一的手段，一直到现今各种极权者那些迅速破灭的努力。那些始于强制消除异见（dissent）的人，很快就发现自己在消灭异见者（dissenter）。观念的强制统一（unification），只能落得墓地的一致（unanimity）。

有些老套但却必须要说的是，宪法“第一修正案”就是要通过避免这些开端，来避免这些结局。在美国州概念或者州权威的本质或起源上，没有什么神秘可言。我们通过被统治者（the governed）的同意（consent）而成立了政府（government）；《权利法案》则拒绝给当权者任何法律机会，以强求那种同意。在这里，权威受到民意的控制，而非民意受到权威的控制。

这个案件变得困难，不是因为判决原则令人费解，而是因为所涉及的国旗是我们自己的国旗。不过，我们应用宪法的这些限制，却并不担忧，在理智与精神上呈多样化甚或相互矛盾的那种自由将会瓦解这种社会组织。如若爱国仪式是自愿和自发的，而非一种强制性常规程式，我们由此就认定爱国主义不会兴盛，那么这就是对我们体制对自由心灵的感召力作出了一种贬损性评估。仅仅以偶发的怪癖和反常的态度为代价，由于有那些超常头脑的恩惠，我们就能够拥有理智的个人主义和丰富的文化多样性。当他们对他人或者对州无害时，就如同我们在此谈到的那些人，这个代价就不会太大。但表示不同的自由，并不限于那些无关紧要之事。倘若此，自由就只是一个幻影。对其实质的检验，是在那些触及存在秩序核心之事上，是否有表示不同的权利。

在我们宪法星座中有颗不变的恒星，那就是没有任何官员，不论高低，能够在政治、国家、宗教或其他观念问题上，规定什么是正统之道，抑或强迫公民通过语言或行为奉行他们的信仰。假如允许有任何例外的情形，那么到现在它并没有出现。

我们认为，地方权威强迫向国旗敬礼和宣誓的行为，在其权限上超越了宪法限制，并侵犯了人的理智与精神领域——而后者正是宪法“第一修正案”想要保留下来，以免遭到官方控制的领域。

本法院对在“迈纳斯维尔学区诉戈比蒂斯案”中的判决，以及此前由本法院作出的那几例判决，予以撤销。

不过，曾在1940年“迈纳斯维尔学区诉戈比蒂斯案”中，代表多数派撰写法院意见的大法官费利克斯·法兰克福特，对“西弗吉尼亚州教育委员会诉巴尼特案”的判决结果持有不同看法。他仍然坚持自己原有的立场，并针对该案判决结果撰写了一份不同意见。

法兰克福特大法官的不同意见，主要集中在三个方面。一方面，他似乎更倾向于遵循司法自我节制原则，认为由联邦最高法院判定某项州立法是否适当或是否有效，似乎使得法院成为一种凌驾于州立法机构之上的超级立法机构。法院否定一项政府立法，在某种意义上就是否定了一项政府权力。所以，法兰克福特大法官从司法分支内部，对所谓的“司法审查权”表示了审慎看法，并指出了其内在的逻辑与法理不足之处。另一方面，他更严格地坚持宪法或法律的平等性原则，认为法律的平等性不仅在于不得偏袒多数派，同样也不得偏袒少数派，这一点即使在宗教信仰领域也同样如此。如果对少数派的良心或信仰作出某种“承让”或“迁就”（accommodation），在客观上也就损害了法律的平等性原则。在法兰克福特大法官看来，对宗教自由的宪法保护，只是消除了由宗教信仰所招致的歧视和无资格性，而不是创造了一种新的特权。在政府不干涉宗教活动的同时，宗教也不得干涉州政府的活动，甚至不得以宗教信仰为借口，豁免于某项普适性法律的规定。良心自由或信仰自由，不能在普遍适用的世俗规定范围内制造一块“飞地”。此外，还有一个方面就是，他坚持严格而不通融的政教分离原则，并将这一分离原则视作美国宪法的核心要旨。

> 所以由宪法保护的宗教自由，其实质在于，任何宗教既不会接受州的支持也不会招致其敌视。宗教不属于政治治理的范围。但这并不意味着，宗教组织或信仰所宣布的所有事务都不属于政府的范围。倘若此，就不是什么“政教分离”了，而是在任何被看作属于宗教良心主权范围内的事物上，“政”对“教”的从属性了……否则，对国家历史和人民自由如此重要的这项政教分离原则，就不是指不确立某一州立宗教，而是意味着要确立所有教会和所有宗教团体了。

无论如何，自1940年“坎特韦尔诉康涅狄格案”确立了现代“自由活动条款”原则以来，中间经过1943年“西弗吉尼亚州教育委员会诉巴尼特案”的扩展与巩固，联邦最高法院就按照何种方式以及按照何种原则与标准来审理和判决宪法“自由活动条款”案件，基本建立了行之有效的方法与立场。这样，它在处理类似案件上就得心应手了。譬如，下面这个案例。

1953 年的**“福勒诉罗得岛案”**[1]，是“耶和华见证人”为争取宗教平等自由而发起的又一个案例。罗得岛州波塔基特市（Pawtucket, Rhode Island）的一项市政法令，禁止在该市公园内举行政治或宗教聚会。但实际上，在该市公园内举行的各种新教、天主教以及其他宗教聚会，都未受到处罚。然而，当“耶和华见证人”教会在该市公园内举行宗教聚会时，当地警方却逮捕了这个教会的牧师，并对其处以 5 美元的罚金。于是，上诉人以侵犯了自己由宪法保障的宗教权利为由提起诉讼。联邦最高法院认为，“耶和华见证人”作为一个宗教团体，受到了当地政府有别于其他宗教团体的歧视性对待。虽然这个教会属于一种边缘性非主流教会，但政府或法院既无能力也无权力对宗教的真伪优劣作出甄别，而只能对所有宗教一视同仁。所以，当地政府违背了在各教派中不得厚此薄彼的宪法“第一修正案”和“第十四修正案”原则。

“埃弗森案”确立的“确立条款”现代司法原则

1947 年审结的**“埃弗森诉教育委员会案”**[2]，就是美国司法史上著名的“教区学校巴士案”。本案件使得联邦最高法院的大法官们，在美国联邦司法史上第一次想要明确界定，“第一修正案”所禁止的“确立某种宗教”究竟意味着什么。对于这个案例的重要性，怎么评价也不为过。本案是美国联邦司法发展史上一个重大转折点，构成了宪法“宗教条款”解释与应用的一座里程碑，标志着美国联邦法院现代宪法法的一个新开端。

在《权利法案》制定后的一个半世纪里，“第一修正案”的首句规定，“国会不得制定法律以……”一直都被看作仅仅对联邦政府或联邦国会的限制。宪法“第一修正案”，包括“宗教条款”在内，限制的一直都是联邦权而非州权或地方权。可以说，这种状况一直到“埃弗森案”，才开始发生重大转折。1947 年“埃弗森案”，也是联邦最高法院第一次明确以政教分离原则为依据作出判决的案例。联邦最高法院宣布，“第一修正案”要求实行政教分离，而“第十四修正案”又要求将它应用于各州。由此，政教分离原则就在某种意义上成为美国

1 *Fowler v. Rhode Island*, 345 U.S. 67（1953）.

2 *Everson v. Board of Education*, 330 U.S. 1（1947）.

宪法法的一部分，并在相当程度上影响了法院在相当一段时间内对此类案件的判决。

“埃弗森诉教育委员会案”第一次将“第一修正案”中“确立条款”的规定，包括在“第十四修正案”的笼统术语“自由”（liberty）所涵盖的范围内。学界普遍认为，“埃弗森诉教育委员会案”是第一个实际牵涉到“确立条款”，并就“确立条款”的意义与指涉作出评判的案例。1899 年的“布拉德菲尔德诉罗伯茨案”[1]与 1908 年的“鲁本·奎克·贝尔诉勒普案”[2]，在最宽泛意义上也曾牵涉到“确立条款”问题。但这两个案例只是在次要方面牵涉到“确立条款”，并且也没有就“确立条款”作出实质性讨论与判决，所以，这两个案例的判决并非真正意义上的“确立条款”判决。可以说，这样一种比较，越发凸显了“埃弗森案”的历史与现实意义。

简单说来，这个案件的前因后果可以概括如下。1941 年夏，新泽西州通过了一项教育法案，规定各个学区教育委员会可以为家庭住址距离学校较远的学生提供交通援助，而不论学生就读的学校是否属于公立学校。位于新泽西中部的尤英镇（Ewing Township）没有公立中学，当地学生只能到邻近城镇的中学就读，其中包括罗马天主教附属中学。由于特殊的历史地理原因，这些天主教附属学校，在很大程度上针对特殊人群发挥着类似公立学校的职能，但宗教教育无疑是这些天主教附属学校教育的组成部分。该镇教育委员会决定为所有那些到邻近中学学习的学生，提供往返巴士费用报销。

这个方案在执行了一两年后，当地一位名叫阿奇·埃弗森（Arch R. Everson）的居民，在一些仇视天主教组织的鼓动下，向该州地方法院提起了诉讼。在原告看来，当地州政府动用公共税收财政资金资助教会学校，就构成了州政府对某一宗教的支持，因而也就违背了“第一修正案”禁止确立宗教的规定，因为通过“第十四修正案”的吸收合并作用后，“第一修正案”的“不确立宗教条款”限制，既适用于联邦国会也适用于州和地方政府。所以，“埃弗森案”的诉讼焦点就是，该镇教育委员会为往返教区学校的学生提供交通费用报销这一方案是否具

---

1 *Bradfield v. Roberts*, 175 U.S. 291（1899）.

2 *Reuben Quick Bear v. Leupp*, 210 U.S. 50（1908）.

有合宪性。这个案件在新泽西州法院审理中主要关注的是，尤英镇教育委员会的这个方案是否违反了该州的宪法规定。但这个案件在进入联邦最高法院审理阶段后，“第一修正案”的相关规定成为关注核心。而联邦最高法院愿意审理这个案件，似乎也表明它有意重新考虑“第一修正案”对各州的应用性问题，以及对宗教学校的财政援助问题。最终，联邦最高法院以5比4富有争议性的表决结果，支持了该州学校巴士费用报销方案。其间，有多位大法官先后变更了自己的立场。

在本案中，撰写法院多数派意见的雨果·布莱克大法官，在其个人政治经历中，不仅有“三K党”一类的本土排外主义背景和印痕，而且其个人的宗教信仰也是极其可疑的。甚至连他早年在伯明翰第一浸信会负责教授男子主日学校的工作，后来也被证明是他蓄意逃避牧师布道的借口。布莱克早年曾受到南方浸信会保守主义的影响，后来似乎发生了个人信仰的幻灭。他在成年后的个人信仰，深受理性主义与自然主义的影响，这促使他采取一种比较接近于极端自然神论和一位论派的立场；而这样一种信仰立场，也正是当年托马斯·杰斐逊采取的信仰立场。杰斐逊式的自由主义信仰，再加上本土排外主义的文化观，严重影响了布莱克大法官对宪法原旨的理解与阐释。布莱克大法官撰写的这份法院意见，对宪法“宗教条款”的历史由来与原旨进行了详细考察。而这些历史解说本身，又招致了众说纷纭的理解与解释。

> 新泽西这项法令，被怀疑是一项“确立宗教的法律”。“第一修正案”，正如通过“第十四修正案”应用于各州的，要求一个州“不得制定法律以确立某种宗教，或禁止其自由活动”。“第一修正案”这些话语，反映了早期美国人民脑海里这样一幅生动画面：他们热切希望消除那些条件与做法，以便为自己和后代保全自由。无疑，他们的目标并没有完全达到。这个国家至今仍在向那一目标迈进。而“不得制定法律以确立某种宗教”这种表述，可能也无法使当今美国人真切联想到，导致《权利法案》作出如此表述的，那些邪恶、恐惧与政治问题。判定新泽西这项法律是否属于一项“确立宗教”法律，需要对那种表述语言作出理解，特别是在征收税赋方面。因而这也就再次表明，对宪法表述形成与采纳时期的背景与处境作出简要评述，不是什么

不当之事了。

这个国家一大部分早期定居者从欧洲来到此地，就是为了躲避这样的法律束缚，亦即强迫他们支持和参与由政府辅佐的教会。在美国殖民化时期以及此前的时代里，充斥着喧嚣、内乱与迫害——很大程度上是由所确立教派决心维持其绝对的政治与宗教至上性而引发的。在政府权力的支持下，在不同时间与地点，天主教徒迫害新教徒，新教徒迫害天主教徒，新教某些教派迫害其他的新教教派，坚持某种信仰的天主教徒迫害坚持另一种信仰的天主教徒，所有这些基督教教派还都不时迫害犹太教徒。为了强迫忠诚于碰巧处在控制地位，并与某一特定政府结盟的某种宗教团体，许多男女被处罚、监禁、折磨和杀害。招致这些惩罚的冒犯行为，包括对政府确立教会的牧师观点言辞不敬，不参加那些教会的活动，对其教义表示不信仰，不缴纳税赋以支持那些教会，等等。

"旧世界"这些做法，被移植到了美洲新土壤里并开始兴盛起来。英国王室向个人和公司授予的特许状，就旨在成为控制殖民地人前途命运的法律，并授权那些个人和公司，确立起所有人都需要支持和参与的官方教会，不论是信徒还是非信徒。对这一权威的行使，则伴随以对"旧世界"诸多惯例与迫害的重演。天主教徒因为其信仰而遭到骚扰和禁止；追随自己良心的贵格会信徒遭到监押或囚禁；浸信会信徒受到了某些主导性新教教派的极端厌恶；在某一特定地区碰巧成为少数派的各种信仰的男女则受到了迫害，因为他们坚持只是按照自己良心指令来崇拜上帝。所有这些非官方确立教会的信徒，都被迫缴纳什一税和其他税费，以支持由政府扶持的教会；而由政府扶持的教会的牧师，则不断发表煽动性布道，以便激起对非确立宗教信徒的仇恨怒火，并强化和巩固自己的官方确立信仰。这些做法变得如此普遍，以至于令热爱自由的殖民地人感到了憎恶。而通过征税来支付牧师薪俸以及建立和维持教会与教会财产，则激发了人们的愤慨。正是这些情感，在"第一修正案"里得到了表达。在整个殖民地，没有一个地方，也没有一个团体，能够正当地据有这一全部功绩：由其所激发的情感，最终被采纳为《权利法案》的各项规定，包含宗教自由在内。但弗吉尼亚为这场运动提供了重要动力和精干领导。在那里，官方确立教会在政治事务中取得了主导作用，并以其诸多过分之处而广受公众关注。那里的人民，正如其他地方人民一样，形成了这样的信念：若要最好地实现个人宗教自由，就必须处在这样一个政府之下，亦即，没有任何权力，以通过课税或其他方式，来支持某个或全部宗教，或者干涉任何个人或团体的信仰。

朝向这一目标的运动，在1785年至1786年的弗吉尼亚达到了戏剧性高潮。当时，弗吉尼亚立法机构打算重新征收一项税收以支持所确立的教会。托马斯·杰斐逊与詹姆斯·麦迪逊领导了这场反对课税的斗争。麦迪逊撰写了著名的《请愿与抗议》以反对这项法令。在其中，他雄辩地指出，真宗教不需要法律支持；任何人，不论信徒还是非信徒，都不应被征税以支持任何种类的宗教组织；社会最佳利益需要人的心灵永远都保持完全的开放；残酷迫害是政府确立宗教不可避免的结果。麦迪逊的“抗议”在整个弗吉尼亚获得了有力支持，而议会也把对课税法案的审议推迟到了下次会议。而当下次会议审议这项提案时，它未能在委员会里获得通过。不但如此，那次会议还通过了，最初由托马斯·杰斐逊起草的《弗吉尼亚宗教自由法案》……

本法院先前已经承认“第一修正案”的规定——在其起草与采纳过程中麦迪逊与杰斐逊发挥了领导作用——与弗吉尼亚法令拥有相同的目标，并且想要提供与弗吉尼亚法令相同的保护，以防止政府侵犯宗教自由。

这种叙述，当然是一位大法官讲述的“历史故事”。这个“历史故事”在主题选择、素材取舍、人物角色、事件关联等方面，都存在着可争议之处。在讲述了这段宪法历史发展进程后，雨果·布莱克大法官在这份法院意见里还叙述了“第十四修正案”对“宗教条款”之“确立条款”的吸收与合并，同时他还进一步阐明了自己的严格政教分离原则。

按照其历史发展以及其意欲永久抑制的邪恶，“第一修正案”的意义与范围，亦即防止宗教的确立或对其自由活动的禁止，在通过“第十四修正案”将“第一修正案”应用于各州之前，已经由本法院的判决作出了几次详尽阐述。自从认为“第十四修正案”可以将“第一修正案”禁令应用于州侵犯宗教自由的行为以来，本法院在有关个人宗教自由的判决中，已经接受了由这些早期案例赋予那一修正案的广泛意义。这里也完全有理由，赋予“确立条款”以相同的应用和广义解释……

“第一修正案”“确立条款”至少意味着：不论是州还是联邦政府，都不得确立某个教会；都不得通过法律以支持某种宗教、全部宗教，或者厚此薄彼；都不得强迫或影响人有违心愿地参加或不参加教会，或者强迫人对任何宗教宣布信仰或不信仰；都不得因为持有宗教信仰或不信仰、参加或不参加教会而惩罚任何人；都不得征收税赋，不论多少，以支持任何宗教行为或机构，不论通过何种名义，也不论采取何种方式；都不得公开或秘密参与任何宗教组织或团体的事务，反之亦然。用杰斐逊的话来说，反对通过法律确立宗教的条款，就是要建立一道“政教分离墙”。

新泽西州利用税收资金支持一个教授某宗派信条与信仰的机构，与“第一修正案”“确立条款”是不一致的。但另一方面，这一修正案的其他规定，又要求新泽西州不能妨碍其公民的宗教自由活动。所以，它不能因为其信仰，或因为其缺少信仰，而拒绝某个天主教徒、路德宗信徒、穆罕默德信徒、浸信会信徒、犹太教信徒、卫理公会信徒、非信仰者、长老会信徒或任何其他信仰的信徒，接受公共福利立法的利益。虽然我们并不想暗示，一个州不能只是为入读公立学校的孩子提供交通，但为了保护新泽西州公民免于遭受州立教会，我们必须确保，我们没有在不经意间禁止新泽西州将该州一般性法定利益扩展至所有公民，而不考虑他们的宗教信仰。按照这些标准，我们不能说，“第一修正案”禁止新泽西州利用税收资金来支付，作为一个整体方案一部分的教区学校学生的交通费，而那个整体方案是要为入读公立和其他学校的学生支付交通费……那一修正案要求州在宗教信仰者与非信仰者关系上保持中立；它并没有要求州成为他们的对手。州权既不能用来支持他们，也不能用来妨碍他们……该州并没有向学校提供资金，并没有支持学校。其立法，正如所应用地，不过是提供了一个整体性方案，以帮助父母使其子女，而不考虑其宗教，能够安全迅速地往返那些获得认可的学校……“第一修正案”在政教之间建立了一道墙。必须要保持那道墙高高耸立、坚不可摧。

就这样，布莱克大法官把美国宪法“第一修正案”“确立条款”的相关规定，解读为是要在政教之间建立一道“高高耸立、坚不可摧”的“分离墙”。不仅如此，布莱克大法官还利用这一有利时机，使自己对“第一修正案”的这种严格分离论解读，披上了联邦最高法院法院意见的权威外衣，从而使其成为联邦宪法法的一个组成部分。

在本案里，撰写不同意见的是大法官威利·拉特利奇（Wiley B. Rutledge，1894—1949 年）。威利·拉特利奇对宪法历史的叙述，其方法乃至一些结论都与“雷诺兹案”中的莫里森·韦特首席大法官如出一辙。事实上，威利·拉特利奇与雨果·布莱克一样，均来自保守派势力强大和仇视天主教的美国南部或中南部地区；他们起初都属于浸信会信徒，后来又都走向自由派立场并改信了一位论信仰；他们在政教关系问题上都属于严格的分离派。在“埃弗森案”中，雨果·布莱克代表法院多数派撰写了法院意见，威利·拉特利奇则代表少数派撰写了不同意见。奇怪的是，这两份本应完全对立的意见，在基调、方法、引证、推理与立场上，却采取了大体一致的步调，只是在对这个特定案例的具体判决结果上才发生了分歧。拉特利奇大法官撰写的不同意见，获得了所有对本案判决结果持反对意见大法官的支持。在本案中构成少数派的是拉特利奇大法官、法兰克福特大法官、杰克逊大法官和伯顿大法官。

为了探明宪法修正案的原旨，拉特利奇这份不同意见，亦回顾了宪法制定前后那段历史的进程与演化，引证了詹姆斯·麦迪逊的《请愿与抗议》，以及托马斯·杰斐逊的《弗吉尼亚宗教自由法案》，认为这些文献表明，宪法修正案的本意或原旨就是将宗教完全限制在私人领域，而不得使其以任何形式进入公共生活。与布莱克大法官撰写的法院意见相似，拉特利奇大法官的不同意见，也用若干页篇幅讲述了一个法官的“历史故事”。事实上，与布莱克的历史叙述相比，拉特利奇的这个“历史故事”更具主观性、随意性和选择性。它与其说是一种历史叙述，不如说是一种历史拼凑。它挑选了对自己有利的历史或对那段历史的印象与想象，将那些历史素材搓揉拼接成了一段似是而非的历史由来。

在这份不同意见里，拉特利奇大法官以更绝对、更斩截的态度和语气，表明了自己更严格和更彻底的政教分离原则。他坚持认为，按照历史发展以及宪法“第一修正案”原旨，就是禁止将任何形式或任何数量的政府援助应用于任何宗教机构或组织。在政教之间坚持一种完全和绝对的分离。

> 不但禁止确立某种宗教，而且禁止有关确立某种宗教的任何立法……这项修正案的目标，并不仅限于打击对某一教派、信条或宗教的官方确立，并不仅限于要使在英国和殖民地一些地方盛行的那种形式关系非法化，它必定是要根除所有这类关系。它的目标要比狭义上的政教分离更为广泛。通过全面禁止对宗教施以任何形式的援助或支持，它要在宗教行为领域与民事权威领域之间，制造一种完全而永久的分离。

与拉特利奇大法官的立场相似，杰克逊大法官亦表示无法认同法院裁决和法院意见，他个人为此撰写了一份不同意见，并得到了法兰克福特大法官的联署。杰克逊大法官在自己这份不同意见里表示，基本赞同威利·拉特利奇大法官的不同意见，特别是在政教分离问题上，更是与拉特利奇大法官的看法大同小异。

杰克逊大法官的不同意见，首先对法院意见中推理与结论之间的不一致表示了惊讶和困惑：

> 法院意见猬集了所有有利于州援助的证据，并将此案件置于其最有利的情形中，但它的推理过程却证实了我的这个结论，亦即并没有充分理由来支持这项立法规定。事实上，法院的弦外之音，亦即赞成政教之间完全而不妥协的分离，与其作出的支持其在教育事务上相混合的结论，是完全不协调的。这个案件不由得使我想到了其最佳先例就是，按照拜伦的描述：朱莉娅在悄声说着“我绝不同意”时，却同意了。

杰克逊大法官认为，仅仅从逻辑推理上，法院判决就存在着明显不合理之处。尤其是，法院意见将新泽西州这项立法规定，看作一项不加区分的整体性方案，认为这项交通费资助方案就像警察或消防员一样，并不因为救助对象是天主教人员或资产而拒绝施与救助。而杰克逊大法官则认为，在这项方案与“警察或消防员”之间并不存在可比性，因为警察或消防员的帮助，是真正无关乎帮助对象之宗教属性的，而该州的那项方案却仅仅限于非营利性的公立学校和天主教教区学校，并没有惠及营利性学校和其他宗派附属的私立学校。

最后，杰克逊大法官用严格政教分离论，解读了“第一修正案”的规定，认为“第一修正案”规定的宗教自由是一种“双向限制”的严格分离式政教关系。

> 这种自由在《权利法案》里是第一位的，因为它在先驱思想里是第一位的。它是被用绝对语言提出的，其力量就在于它的严厉性。它不但禁止政府干涉宗教，而且也禁止宗教干涉政府。更重要的，通过拒绝任何宗派控制公共政策和公共财政，它禁止激烈的宗教争论进入公共生活。

总之，这个案件5比4的判决结果，可能会让人觉得，这是一个存在诸多争议与分歧的案件。尤其，在阅读了布莱克大法官撰写的法院意见后，人们有理由指望在拉特利奇大法官和杰克逊大法官的不同意见里，看到对布莱克大法官司法推理的反驳和拒斥。但出乎意料的是，人们在法院意见与不同意见里，发现了相似或相同的推理与论述。事实上，不论是法院意见还是不同意见，均采取了严格的政教分离原则，认为这一原则就是宪法“宗教条款”所保证的宗教自由，是对宪法“确立条款”本意与精髓的概括与提炼。如果说有什么不同的话，那就是在本案不同意见里所坚持的，是一种更全面、更彻底和更绝对的政教分离原则。就这一原则而言，联邦最高法院在本案中呈现的“形式”分裂局面，将在次年的“麦科勒姆诉教育委员会案”中得到弥合与统一。

通过比较我们可以发现，1947年“埃弗森诉教育委员会案”几乎全部重复了1878年“雷诺兹案”所涉及的失误与不当，并达到了变本加厉的地步。

首先，大法官雨果·布莱克撰写的法院意见，试图从历史发展进程中，探询“确立条款”的真实含义与指涉，但所提供的历史考察，存在着许多不实与虚构成分，并对某些历史事件提供了不正确的解释。其中就包括，夸大了杰斐逊对宪法制定所发挥的影响，虚构了杰斐逊在弗吉尼亚反宗教课税斗争中的作用，有违真相地勾勒了一条漫长的非确立宗教历史传统。雨果·布莱克的多数派意见，在回顾弗吉尼亚围绕普遍课税所发生的斗争中，在大力举荐麦迪逊的《请愿与抗议》时，似乎完全忽略了帕特里克·亨利的观点。而帕特里克·亨利的观点，似乎更有利于雨果·布莱克本人对“埃弗森案”所作的判决，亦即在事实上支持了对教会学校的财政援助。

其次，更令人惊讶的是，虽然法院宣称要通过历史考察来探明“宗教条款”的意义，但布莱克大法官撰写的法院意见在花费了许多笔墨探究1789年以前的宗教自由发展后，却几乎只字不提对理解“宗教条款”最为重要的1789年国会制定修正案的过程与争论。法院所谓的历史背景充其量只是经过选择的历史片断。这样的历史考察，所得出的结论就可想而知了。

第三，事实上，“埃弗森案”法院在论述宪法“确立条款”时，不但没有作出全面的历史探究，反而仅仅依靠根本没有参与宪法制定过程的托马斯·杰斐逊在“第一修正案”通过十余年后的一封简短书信，来探询“宗教条款”的原旨原意。《托马斯·杰斐逊致丹伯里浸信会联合会的书信》里的个人观点，成为法院意见理解“宗教条款”的几乎唯一权威和来源。在编织了一些历史“神话”后，法院意见似乎又故意忽略了对“第一修正案”本身的考察，而将一个“隐喻”，亦即“政教分离墙”，看作整个“第一修正案”的核心与要旨，认为这个隐喻全面浓缩和概括了宪法“宗教条款”的含义。

第四，具体涉及“宗教条款”的条文规定时，法院意见根本无视这些法律限定的主体是联邦国会，而不加甄别地将这些限制应用到了联邦和各州那里。法院尽管利用了“第十四修正案”的吸收合并原理，但这一吸收合并机制在法理与历史上，并不是无可非议之举。

第五，法院意见忽略了宪法“确立条款”限制的对象是官方确立宗教，限制的是通过政府权威使某一宗教或教派排他性享有某种特权；反而将“确立条款”曲解为限制的是一切宗教或教派，将单数可数名词“确立宗教”当作了抽象不可数名词，误认为所作的限制并不限于某种排他性优待或优惠。更有甚者，法院意见将宪法对政府的“单向限制”，偷换成了对政府与宗教的“双向限制”。亦即，认为“确立条款”的禁止规定，不仅限制了政府干涉宗教事务，而且也禁止宗教干涉政府事务。而这显然并非制定宪法“宗教条款”的原意或目的。

第六，在某些论及“确立条款”的地方，实际论述的却是“自由活动条款”的内容与指涉。这份法院意见似乎未能很好处理“自由活动条款”与“确立条款”之间的区别与联系。

由此看来，1947 年“埃弗森案”属于最糟糕的判决之一，折射了那些大法官自己那些具有时代烙印与趋势的宗教观与世界观。杰斐逊的极端自然神论，发展成了“埃弗森案”的世俗主义；前者对宗教还有一些残存的好感，后者则含有对宗教的憎恶与反感。凭借“埃弗森案”确立的“分离墙”观念，法院为“第一修正案”附加了制宪者未曾设想过的许多含义，并可能挑战这个国家许多历史悠久的社会文化传统。联邦最高法院在“埃弗森案”中，不仅以自己的创新“创造了历史”，而且还为自己的创新“杜撰了历史”。就本案大法官们撰写的意见而论，有子虚乌有的杜撰，有张冠李戴的错位，有指鹿为马的跋扈，有颠倒黑白的愚妄。这样的宪法解释与应用，在社会各界特别是学术界，引发广泛批评与讨论，就是情理之中的事情了。

于是，“埃弗森案”从一开始就招致了从哈佛大学教授马克·德沃尔夫·豪（Mark DeWolfe Howe）到普林斯顿大学教授爱德华·科温（Edward Corwin）的系统批判。“埃弗森案”对宪法“第一修正案”起源与原旨的解读，在美国学术界和司法界引发了长久的激烈讨论与争执，吸引了各个领域与专业的人员加入了探索和解释“第一修正案”的大军。其中最引人关注的核心问题就是：“第一修正案”的“确立条款”究竟是要在政教之间建立一道“分离墙”，还是允许对宗教提供非偏袒性的援助？正是围绕这一核心现实问题，司法界与学术界才最为集中地形成了分离论与迁就论之争。

在当代有关“埃弗森案”的学术研究中，来自各种阵营的学者更是对“埃弗森案”的方方面面进行了专题研究。根据哈佛大学教授菲利普·汉堡的学术研究，[1]“埃弗森案”的原告新泽西州尤英镇居民阿奇·埃弗森及其辩护律师，来自这样一个本土排外组织：

> 它骄傲地宣布自己是“爱国的”和“开明的”，并宣扬“圣经、国旗与学校”的“荣耀三位一体”。[2]

1　Cf. Philip Hamburger, *Separation of Church and State*. Harvard University Press, 2002, pp. 455-457.

2　Ibid., 456.

该组织在反对天主教和坚持政教分离等问题上，与包括“三 K 党”在内的其他本土排外组织遥相呼应，并在人员与组织上以及在政治影响上保持着一定的协调与联系。其实，原告埃弗森及其律师与被告尤英镇教育委员会，看来都具有反天主教倾向，并都坚持政教分离原则。他们双方之所以“安排”这样一场诉讼，看来是要确立一桩“判例案件”（test case），以在司法实践上提供一个标准和先例。在这个案件审理过程中，不论是原、被告双方，还是原、被告双方“法院之友”提交的“案情申述”，都没有直接挑战“美国宪法要求政教分离”这一预设，因为没有人愿意被看作在挑战这项“美国原则”。被告一方只是竭力辩解，完全的政教分离在实际中是无法取得的。

这种情形，随着诉讼进程也延续到了联邦最高法院。在联邦最高法院，可能别有用心的大法官雨果·布莱克，则很好地把握和利用了这一绝佳机遇。换言之，雨果·布莱克在“埃弗森案”上，很可能施展了一种“马基雅弗利式”的策略：为了达到他隐蔽的反天主教目的，以一种曲折迂回的手腕，将严格政教分离原则变成了法院一致认可的宪法原则。雨果·布莱克的法院意见，使得政教分离成为法院的一种一致性标准，并在司法实践上为政教分离奠定了推理基础，但他却对这个具体案件作出了出人意料的判决结果。雨果·布莱克代表法院撰写的法院意见，表述了一种极端政教分离论立场，但又以报销交通费用支持的是学生而非天主教学校为由，裁定那些学生及其家长可以获得报销费用。“埃弗森案”的少数派不同意见，也只是对法院判决结果表示无法认同。事实上，不论是法院多数派还是少数派，对于制宪者的历史背景与动机，对于“确立条款”的意义与范围，以及对于所谓吸收合并原则，均采取了近乎一致性的看法。可以说，整个“埃弗森案”法院，都对“确立条款”采取了广义理解。雨果·布莱克本人，将这个个案判决结果看作被告的“一场得不偿失的胜利”，并刻意强调了这个判决结果所针对的个体特殊性以及所确立推理的普遍性。而在法院之外，一开始对判决结果感到失望的严格分离主义者约瑟夫·道森等人，则很快就醒悟过来：“我们输掉了一场战斗，但却赢得了整个战争。”[1]

菲利普·汉堡教授的这种推理，就其逻辑与内在理路而言，是具有一定可

1 Cited from Philip Hamburger, *Separation of Church and State*. Harvard University Press, 2002, p. 462.

信性的。但是对于一个长期担任联邦最高法院大法官并深受尊重的人物，菲利普·汉堡教授并没有直接证据来确证自己的论点，而且从布莱克此后对政教关系问题案件的立场来说，也无法得出如此明确的结论。所以有些当代学者对这个问题采取了一种更加审慎的保守立场。譬如芝加哥大学法学教授玛莎·努斯鲍姆（Martha C. Nussbaum）就认为，雨果·布莱克在“埃弗森案”中，实际上采取的是中立性原则而非分离论原则。他应用政教分离这一表述形式，只是为了使自己的观点更具说服力：

> 总之，菲利普·汉堡太轻易地就从“分离表述是与反天主教联系在一起的”这一正确判断，过渡到了“任何使用这种表述的人都具有（公开或不公开的）反天主教目的”这一错误判断。而且，菲利普·汉堡还忽略了这一事实，亦即，布莱克在“埃弗森案”中的实际论证，并没有使用分离观念，而是使用了中立观念。分离表述只是装饰性的。而真正以分离观作为解释理论的，却是大法官拉特利奇的不同意见。[1]

不管怎样，从联邦最高法院有关“第一修正案”“确立条款”的司法史来看，这个有关“确立条款”的第一个重要判例，在形式上，联邦最高法院的大法官们似乎彼此陷入了广泛的分歧，但在实质上，那些大法官们却自觉或不自觉接受了一个宪法解释原则，这就是严格的政教分离主义原则。联邦法院特别是联邦最高法院，此后将广泛接触此类案件的审理。而要审理此类案件，法院就需要形成一种宪法解释与应用原则。现在，似乎已经出现了一个这样的原则，但它作为原则还需要有形式上的进一步认同。这一点将通过次年的“麦科勒姆诉教育委员会案”得以实现。

1948年的**“麦科勒姆诉教育委员会案”**[2]，是联邦最高法院于“埃弗森案”次年作出判决的一桩“确立条款”案件，涉及一个州授权利用公立学校体系帮助进

1　Martha C. Nussbaum, *Liberty of Conscience: In Defense of America's Tradition of Religious Equality*. Basic Books, 2008, p. 285.

2　*McCollum v. Board of Education*, 333 U.S. 203（1948）.

行宗教指导是否合宪的问题。该案以更明确和更正式的形式，肯定了在“埃弗森案”里提出的政教关系原则，以及有关“第一修正案”的司法解释。

按照所谓“让予时间 / 豁免时间方案”（the released-time program），伊利诺伊州尚佩恩（Champaign, Illinois）市教育委员会，允许尚佩恩宗教教育委员会（主要是新教、天主教和犹太教教师）这一跨信仰教育组织，在一定条件下为该市公立学校的学生提供相关的宗教教育或指导。具体地，那些学生在获得父母允许后，每周按不同年级，参加三十或四十五分钟的宗教指导。尚佩恩宗教教育委员会派出的教师，不需要该城财政支持，所选派教师需获得前往学校校长的批准。各个宗教团体的学生，在正常教学时间内，在原有教室里接受相关指导，而没有参加宗教指导的学生，则集中在一起继续进行世俗教育。当地一位名叫瓦什提·麦科勒姆（Vashti McCollum）的无神论者，因反对她所在伊利诺伊学区的“让予时间方案”而提起了诉讼，认为这项公立学校与宗教团体的联合方案违背了联邦宪法第一和第十四修正案的规定。

本案虽然再次并且以更强烈的形式肯定了宪法严格分离论立场，但值得重视的是，伊利诺伊教育委员会对政教分离原则的宪法属性提出了质疑。伊利诺伊教育委员会和辩护律师的案情申述，按照布鲁克林学院（Brooklyn College）教授詹姆斯·奥尼尔（James M. O'Neill）的研究，对宪法“宗教条款”提出了非偏袒论解释，并明确指出，雨果·布莱克等人在“埃弗森案”中对政教分离的偏向已经走向了极端。但是，这种批评未能动摇那些已经在政教关系问题上形成了自己看法的大法官们。这一时期，联邦最高法院在宪法要求分离这一原则上，形成了几乎全体一致的意见，只有一位大法官根据另外观点提出了不同意见。法庭以 8 比 1 的判决，否定了伊利诺伊州在“让予时间”内进行宗教教育这一方案的合宪性。

首席大法官指定雨果·布莱克负责撰写多数派意见，他则利用这个机会，重申了 1947 年“埃弗森案”里坚持的政教分离立场，并声称在“埃弗森案”里不论多数派还是少数派都认为，“第一修正案”的规定就是要在政教之间建立起一道“分离墙”。与布莱克撰写的多数派意见相呼应，曾在 1947 年“埃弗森案”里持不同意见的大法官费利克斯·法兰克福特，会同另外三位反对“埃弗森案”判决结果的大法官，就“麦科勒姆案”撰写了协同意见。这份协同意见，基本上反映了他们在“埃弗森案”不同意见书里所表明的观点，并重申了严格政教分离原则，同时还为吸收合并原则进行了辩护。在“麦科勒姆案”里，唯一持不同意见的大法官，对这些宪法解释似乎有些困惑，并只是从尊重传统惯例这一点上，支持了伊利诺伊教育委员会的做法。在这个案件中，特别值得注意的是，被诉方律师，对本案以及“埃弗森案”中应用的政教分离司法原则提出了质疑。他们列出的质疑理由与见解，在20世纪后半叶，将成为学术和司法讨论中最热门的话题。

在这个以绝对优势作出判决的案件里，布莱克大法官撰写了法院意见。这次布莱克需要做的，就是重申自己在“埃弗森案”中的判决原则与推理，同时又为这些原则和推理，装饰以绝大多数立场甚或整个法院立场的正当性与权威性外衣。雨果·布莱克大法官为本案撰写的法院意见表示：

> 不用提及记录中的其他材料，上述事实已表明，税收财政被用于宗教指导；为促进宗教教育，而在学校当局和宗教委员会之间存在着密切合作。该州义务教育体系的运作，由此被支持和整合进了由不同宗教教派执行的宗教指导方案中。法律要求入学接受世俗教育的学生以参加宗教课为条件，从其法律义务中被部分释放出来。这毫无疑问是利用税收建立和支持的公立学校体系，来帮助宗教团体传布其信仰。这正是“第一修正案”（通过“第十四修正案”应用于州）所直接禁止的，正如我们在“埃弗森诉教育委员会案”里所阐明的……“埃弗森案”的多数派以及少数派……都认为，“第一修正案”的表述，按照其正当解释，已经在政教之间建立了一道分离墙。他们之间的分歧仅在于，由案情记录所表明的那些事实，以及将“第一修正案”表述正当应用于那些事实的问题。
>
> 如果我们坚持“埃弗森案”中多数派与少数派所表达的观点，就会承认伊利诺伊州方案是为第一和第十四修正案所禁止的。被告律师质疑这些观点是否属于权威意见，并要求我们重新考虑和否定这些观点。他们认为，在历史上，“第一修正案”只是要禁止政府对某一宗教作出偏袒，而不是要禁止政府对所有宗教作出非偏袒性援助。另外，他们还要求我们区别或撤销在“埃弗森案”中的这一立场，亦即，“第十四修正案”使得“第一修正

案”“确立条款”成为限制各州的禁令。在对这些论点进行全面考虑后，我们无法接受其中任何一种看法。

认定一个州利用公共学校系统，帮助某个或所有宗教信仰或教派传布其教义和理念，是与第一和第十四修正案不相符的；这并不表示，像被告律师所主张的，政府对宗教或宗教教导怀有敌意。表明这样一种敌意，将会与我们国家的传统相抵触，正如“第一修正案”对宗教自由活动的保证所体现的。因为“第一修正案”建立在这一前提上：宗教与政府只有在它们各自领域内免于对方干涉时，才能最好地达到它们各自的崇高目标。抑或，正如我们在“埃弗森案”里所说，“第一修正案”在政教之间建立了一道高高耸立、坚不可摧的墙。

在此，不仅是该州由税收支持的公立学校的建筑，被用于传布宗教教义，而且，该州还向那些教派团体提供了一种宝贵援助，亦即利用该州义务公立学校体制，来帮助其向学生提供宗教课程。这不是政教分离。

既然本案法官以压倒性优势作出了判决，并因而对宪法“确立条款”的理解达成了某种“一致看法”；既然布莱克在本案法院意见里表明，“埃弗森案”中的多数派与少数派都认为宪法规定的宗教自由就是严格的政教分离原则；既然几乎所有大法官都在某种意义上，采纳了“分离墙”这一隐喻，来阐明宪法的宗教原则，作为一种回应，法兰克福特大法官会同在“埃弗森案”中持不同意见的另外三名大法官，亦即杰克逊大法官、拉特利奇大法官和伯顿大法官，为本案法院意见撰写了一份协同意见。这份协同意见首先解释了，他们为何会对这两个案件判决结果持有不同立场。

我们在“埃弗森诉教育委员会案”中持不同意见，是因为在我们看来，宪法原则所要求的政教分离，需要将多数派维持的那项法令宣布为无效。在此案中，伊利诺伊州授权在公立学校里，将教派指导与世俗指导混合在一起。美国宪法禁止这么做……我们全都同意，第一和第十四修正案在对政府行为的限制上，并不仅仅是禁止“确立某种宗教”，而且还有更深入的世俗影响。但是，抽象地同意“第一修正案”旨在建立“一道政教分离墙”，并不排除会为这道墙分离了什么而发生观念碰撞。所牵涉的不仅有宪法原则，而且还有实施司法审查所具有的影响。

接下来，这份协同意见对美国的政教分离原则以及公立学校的“让予时间”方案，进行了详尽的历史考察。最后，法兰克福特大法官再次重申了政教绝对分离的宪法原则。

分离就意味着分离，而不是什么不分离。杰斐逊描述政教关系的隐喻，所说的是“分离墙”，而不是能轻易跨越的分界线。公立学校既是我们民主的象征，也是促进我们共同命运的最普遍方式。在州政府行为中，当务之急，就是在其学校里排除分裂势力；就是避免混合，更不用说融合，那为宪法严格分离开来的事物。“永久分离这一伟大的美国原则”——伊莱休·鲁特（Elihu Root）这句话值得重复——是确保我们人民统一性大于歧异性这一宪法体系的主要支柱之一。忠实无误地推行这一原则，正是本法院的义务。我们重申这一看法，“我们国家的存在就维系于这一信念，亦即，政教的完全分离，对政和对教都是最好的”。不是在别处，正是在政教关系中，‘好篱笆会成就好邻居”。

在本案中，唯一不同意这个判决结果的是里德大法官。但仔细研读里德大法官撰写的不同意见我们可以发现，他其实认同本案以及“埃弗森案”执行的宪法原则。他的不同看法只是限于，哪些是为宪法所禁止的政府对宗教的援助内容与方式。具体地，里德大法官认为那些非直接性的，以及为历史传统所沿袭的惯常做法，并不一定为宪法原则或政教分离原则所禁止，因为不能宽泛地将那些做法等同于确立某种宗教，譬如，非教派性宗教组织为施行宗教教育而利用学校设施，就不能等同于确立某种宗教。因而，里德大法官表示：

本案的法院意见，引证了“埃弗森案”推理的要旨。我同意那些推理所说的，任何政府实体都不能“确立某种宗教”；我亦同意它们不能援助某个或所有教派，也不能对那些教派厚此薄彼。但是“援助”应当理解为，对教

> 会本身或某些宗教团体与组织的……明确而直接的援助……通过第一和第十四修正案，宪法要求国家和各州“不得制定法律以确立某种宗教”；对于法院意见这个一般性表述，我表示同意。但是，应当按照我列举的那些先例、惯例和既有做法，来理解那些表述的意义。

总之，可以这么说，1947年的“埃弗森诉教育委员会案”，初步确定了现代“确立条款”司法原则，并明确了严格政教分离论的政教关系立场。但联邦最高法院在“埃弗森案”的判决结果与司法解释的不一致，在某种意义上削弱了所确立原则的权威性。而1948年的“麦科勒姆诉教育委员会案”，则克服了这一形式上的缺憾，法院以一致性姿态表明了自己对宪法“确立条款”的理解与应用。法院在“确立条款”上的这种积极态势，自然也遇到了强劲反作用力，社会各界的质疑与批评，以及由此所引发的严重社会问题，使得法院在这个问题上的立场不得不有所调整，反映到下一个“确立条款”案件中，就是法院有节制地部分后撤。如果说“埃弗森案”确定了基本原则与方向，那么“麦科勒姆案”就是在这一方向上向前迈进的一大步，而紧随其后的“佐拉赫案”则是在遇到阻力时向后撤退的小半步。

1952年的**“佐拉赫诉克劳森案”**[1]，也是一件有关公立学校“让予时间/豁免时间”方案的诉讼。在某种意义上，这是伊利诺伊州公立学校“让予时间”方案在纽约城的翻版。两者之间只有一些细节安排方面的不同。在纽约城，接受宗教指导的学生，需要前往宗教机构而不是留在学校内。而不接受宗教指导的学生，则继续留在学校教室里进行世俗课程学习。纽约城教育当局表示，之所以不缩短所有学生的常规课程学习时间，以使那些学生在课程学习结束后自愿前往宗教机构接受宗教指导，是因为学校当局担心，在那种情形下，会有很多学生根本不会前往宗教机构学习，而是会将那段空余时间用于娱乐和玩耍。所以当局才制定了这样一种方案，以使学生要么前往宗教机构进行宗教学习，要么留在学校里继续进行世俗课程学习。

这个案件的案情与1948年“麦科勒姆诉教育委员会案”颇为相似，联邦最

---

1 *Zorach v. Clauson*, 343 U.S. 306（1952）.

高法院重新肯定了“麦科勒姆案”的原则，但却没有延续前者的裁决结果，从而对这两个性质相似的案件作出了完全不同的判决。联邦最高法院解释说，与“麦科勒姆案”不同的是，在“佐拉赫案”中，公立学校对宗教教育的卷入是最低限度的：在指定的“自由活动时间”里，学生离开学校，而到相应的教会学校或教会里，接受每周一小时的宗教指导。在这个案件里，法院意见特别强调，纽约城这个教育方案与伊利诺伊州方案不同之处在于，前者的宗教教育不是在学校里进行，也不涉及任何公费支出。但这样一种细节区别，足以造成两个案件截然不同的判决结果吗？事实上，上诉人律师也坚持，这个方案与伊利诺伊州的方案并无什么实质性区别，因为这个方案同样也牵涉到了公立学校的教育机制、学校及教师的权威以及对正常课程教学的影响。

在政教分离立场上，“佐拉赫案”是从四年前“麦科勒姆案”的某种后撤。有人认为，联邦最高法院通过这个案件否定了“麦科勒姆案”的原则，其实不然。这一点在下列事实中获得了证实：在 1961 年的“托卡索诉沃特金斯案”[1] 中，当马里兰州最高法院提出这种看法时，就受到了联邦最高法院的明确否定。

在“佐拉赫案”中，法院以 6 比 3 作出了判决，大法官威廉·道格拉斯（Justice William O. Douglas，1898—1980 年）代表多数派撰写了法院意见：

> 毫无疑问，“第一修正案”反映了政教之间应当分离的哲学。就干涉宗教“自由活动”和“确立某种宗教”而言，分离必须是完全而明确的。“第一修正案”在其覆盖范围内不允许有例外，禁止是绝对的。不过，“第一修正案”并没有说，在每个或所有方面都应实行政教分离。相反，它还有意界定了这两者之间没有协同、联合或依赖的方式或具体方法。这是有关这个问题的常识。否则，政教之间就会彼此异化——敌视、怀疑甚或不友好。

道格拉斯大法官撰写的这份法院意见，还特别提到了这个国家或民族的宗教历史传统，认为这是一个信奉宗教的国家，应当尊重和继承传统文化与惯例，而不应不顾历史传承，将仇视宗教的哲学硬塞进《权利法案》里。不偏袒宗教，绝

---

1 *Torcaso v. Watkins*, 367 U.S. 488（1961）.

不是要仇视宗教。对信仰者施加的限制，绝不能间接迂回地袒护不信仰者。在此，这份法院意见格外强调了“我们的传统”：

> 我们是一个信奉宗教的民族，我们的制度预设了一个最高存在。我们保证每个人自行崇拜的自由。我们为一系列在人们精神需要看来必不可少的信念和信条留下了余地。我们在政府方面倡导这样一种态度：不偏袒任何一个团体，让每个团体都凭借其追随者的热忱和其教条的魅力而繁荣。当该州按照教派需求而调整公共事业日程安排，从而鼓励宗教指导或与宗教权威合作时，那正是在遵从我们传统里最好的东西，因为它尊重我们国民的宗教特质，并按照其精神需求调整了公共事业。切记在宪法里绝不可能发现这样一种要求，亦即政府要对宗教团体表现出无动于衷或漠不关心。倘若此，就是在那些信仰者之上，偏袒了那些不信仰宗教的人。政府不得资助宗教团体，不得从事宗教指导，不得混合世俗教育与教派教育，不得利用世俗机制强迫任何人接受任何宗教。但我们没有发现这样的宪法要求：政府必须要仇视宗教，必须要竭力遏止那旨在扩大宗教影响有效范围的努力。在涉及教派间竞争时，政府必须要保持中立。政府不得将任何教派强加于任何人，不得强制实行任何宗教仪式，不得强迫任何人参加教会崇拜、遵行宗教庆典或接受宗教指导。但政府可以为那些想要去圣所举行崇拜或接受指导的人而关门或停业。而这里所做的，也不过如此。

而不同意本案判决的三位少数派大法官布莱克、法兰克福特和杰克逊，则分别撰写了不同意见。这就是说，本案在多数派的法院意见之外，存在着三份不同意见。其中，不同意本案判决的雨果·布莱克大法官撰写的不同意见颇具代表性。在布莱克看来，纽约城的“让予时间”方案与伊利诺伊州并无二致，两者的差别可以忽略不计。那在“麦科勒姆案”为联邦最高法院所禁止的，正是在本案中为联邦最高法院所支持的。联邦最高法院自身在类似问题上陷入了自相矛盾。布莱克在这份不同意见里，重申了自己在“麦科勒姆案”中的立场，再次强调了“第一修正案”的这一司法解释与原则，亦即“在政教之间建立了一道高高耸立、坚不可摧的墙”。

可以说，布莱克的这份不同意见，基本上代表了这三位少数派大法官的看法，他们认为本案判决冲淡了"麦科勒姆案"的原则，从而使得政教之间的"分离墙"变得更加变异和扭曲。不过，即便本案在一定意义上是从"麦科勒姆案"立场的退却，但却为美国社会文化中的传统与传承，留下了一定的空间和回旋余裕。这样看来，即便有些回撤，但标准已经树立，原则已经制定，分离论的宪法解释已经成形。联邦最高法院在 1961 年"托卡索诉沃特金斯案"中的立场，就印证了这一点。

不过，联邦最高法院在"佐拉赫诉克劳森案"中的这种谨慎立场，在此后的此类案件中有所延续。20 世纪 60 年代初，首席大法官厄尔·沃伦（Chief Justice Earl Warren，1891—1971 年）主持判决了几例与礼拜日法律相关的案件。厄尔·沃伦认为，那些法令的原初宗教性起源，并不能在今日使其归于无效。而当今那些礼拜日法令的意图是世俗的而非宗教的，即便基督教有可能从那些法令中间接受益，也不会导致那些"福利性与世俗性"法令违背"第一修正案"的相关规定。其中比较典型的案件是"麦高恩诉马里兰案"。

1961 年的**"麦高恩诉马里兰案"**[1]，涉及当地一项礼拜日歇业法——规定在星期日除出售生活必需品外禁止其他商业行为的法规，是否属于"第一修正案""确立条款"所禁止的范围，是否违背了"第十四修正案"的"平等保护条款"和"正当程序条款"。其中涉及"第十四修正案"的争议，很容易为案情本身所剖解，而争议焦点，则为这项法规是否违背了"确立条款"。

就像 1952 年"佐拉赫诉克劳森案"中的法院意见一样，本案判决体现了对历史文化传承的尊重。法院认为本案争议对象具有宗教起源但又具有世俗意义，从而维护了马里兰州的这项法规。在历史上，托马斯·杰斐逊与詹姆斯·麦迪逊就曾在弗吉尼亚起草或提出过惩处破坏安息日行为的法律。本案以 8 比 1 的判决结果，支持了马里兰州的礼拜日歇业法。首席大法官沃伦撰写了法院意见。针对上诉人的"星期日是基督教主流教派安息日"这一说法，法院意见全面考察了礼拜日歇业法规或"蓝色法规"的历史起源和发展过程。法院意见指出，这项适用于全国的法规，无疑具有宗教起源和宗教成因，但这一传统惯例在其后来发展

1　*McGowan v. Maryland*, 366 U.S. 420（1961）.

中，也逐渐具有了非宗教或世俗性的正当理由，譬如遏制雇主的贪婪自私或保护雇员的身心健康或方便人民的生活安排，等等。相应地，星期日也就逐渐演变成了休息放松日而非宗教日。沃伦撰写的法院意见指出：

> 根据礼拜日歇业法在这若干世纪里的演化，根据近来或多或少对世俗理由的强调，我们不难发现，大多数这类法规，按照其现今的表述与实施，至少，都具有一种世俗而非宗教属性；现今它们与确立宗教并没有什么关系……大多数这类法规现今的目标和效果，就是为所有公民提供一个统一的休息日。这一天是星期日这一事实，亦即对基督教主流教派具有特殊意义的一天，并不能阻止各州取得这些世俗目标。仅仅因为在若干世纪以前这类法规具有宗教起源，就认定各州不能为那些目标而把星期日定为休息日，那么对宪法的这种解释，就是仇视公共福利而非单纯的政教分离了。

本案判决结果的唯一一张反对票，来自道格拉斯大法官。他认为本案的焦点不在于州政府是否可以遵从传统惯例把星期日定为休息日，而在于州政府是否可以对那些不遵从大多数人宗教习俗的人定罪。他甚至要求人们想象，如果在一个由正统犹太教信徒或基督复临安息日会信徒（the Seventh-Day Adventists）占据主导地位的社会里，可以对不遵守星期六安息规定的天主教徒或其他新教信徒施加类似处罚吗？总之，道格拉斯大法官并不反对将星期日定为休息日，而是反对通过立法将那些不遵从这一规定的人定罪，因为那意味着一种官方确立和官方强迫。

总之，联邦最高法院在这一阶段的核心立场，正如由雨果·布莱克大法官率先发起的一样，亦由雨果·布莱克大法官作了概括与总结。这个总结仍然是以联邦最高法院法院意见这一权威形式作出的。

1961年的**"托卡索诉沃特金斯案"**[1]，涉及马里兰州担任公职人员的效忠宣誓。该宣誓誓词包括信仰上帝存在这样一些宗教内容。上诉人被马里兰州总督任命为公证处官员，但因为上诉人拒绝按照该州宪法要求宣誓信仰上帝，而被拒绝履行

---

1 *Torcaso v. Watkins*, 367 U.S. 488（1961）.

职责。于是，当事人以自己为第一和第十四修正案所保障的权利受到侵犯为由提起诉讼。

雨果·布莱克大法官代表法院就本案的一致性判决撰写了法院意见。布莱克利用这个难得的机会，简要梳理和总结了此前几个主要相关案例采用的司法原则。他指出，在"坎特韦尔案"（1940年）、"埃弗森案"（1947年）、"麦科勒姆案"（1948年）和"佐拉赫案"（1952年）中，最高法院采取了一致性司法标准，并对联邦宪法第一和第十四修正案采取了统一性解释。那些原则仍然有效，并继续控制着包括本案在内的案件审理与判决。

> 我们重复并再次肯定，按照宪法，联邦或州政府不得强迫任何人，"公开宣称信仰或不信仰任何宗教"。按照宪法，不得通过法律或施加要求，以针对非信仰者，而援助所有宗教，或以针对那些建立在不同信仰上的宗教，而援助基于上帝存在信仰的宗教。

第三节　"舍伯特测验"与"莱蒙测验"（1962—1985年）

严格说来，这个阶段应当算是联邦司法发展过程中的一个过渡时期。1940年的"坎特韦尔案"和1947年的"埃弗森案"，已经为宪法"宗教条款"的现代解释与应用奠定了严格政教分离论的基调与原则。但在这个阶段，在司法实践中人们开始发现，严格分离论标准具有内在的矛盾性和外在的破坏性。严格执行这一原则，将会破坏和颠覆既有的社会文化传统与规范，将会导致严重的社会文化后果。

于是，联邦最高法院开始积极探寻变通与协调方法，以期在既有分离论模式下，发现一些妥协与变通之处。但这一策略在司法实践中遇到了越来越大的挑战。这种挑战甚至导致司法实践开始由严格分离论向某种形式的迁就论过渡。这一时期，不论是"舍伯特测验"还是"莱蒙测验"，不论是"善意中立"还是"平等利用"，都是这种妥协与变通的产物。尽管存在着诸多质疑与困难，尽管这种努力已经变得越来越吃力，尽管这种局面正在变得摇摇欲坠，但有关宪法"第一修正案""宗教条款"的司法解释与实践，还是竭力在寻求和维持某种标准或原则，以期取得司法实践的连贯一致性。

“自由活动条款”应用中的“舍伯特测验”

不论是“耶和华见证人”还是基督复临安息日会，不论是阿米什人还是基督教基要派，少数派与边缘性宗教团体或个人的宗教信仰自由权利，亦即，他们是否能够真正行使其宗教自由活动权利，是否能够在行使这一基本权利时获得平等地位和待遇，在这一时期，依然是检验宪法“自由活动条款”的试剂或标杆。

在下面这个案件里，发起诉讼以主张其宗教自由活动权利的，是基督复临安息日会（the Seventh-Day Adventist Church）的一名成员，因其宗教信仰无法在星期六工作而失业，而南卡罗来纳州法律又以其“没有良好理由”而不工作为由，拒绝向其提供失业补偿。联邦最高法院判决南卡罗来纳州相关法规违宪，因为它为宗教自由活动施加了某种负担。

顾名思义，“舍伯特测验”源于“舍伯特案”。1963 年的**“舍伯特诉弗纳案”**[1]，是继 1940 年“坎特韦尔诉康涅狄格案”和 1943 年“西弗吉尼亚州教育委员会诉巴尼特案”之后，又一桩具有重要意义的“第一修正案”“自由活动条款”判例。

舍伯特夫人是南卡罗来纳州一家纺织厂工作多年的工人。后来该地区此类工厂由于竞争和经济压力，而由每周五天工作制改为六天工作制。这就意味着工厂要求工人在周六上班。舍伯特夫人是基督复临安息日会的成员。其宗教信仰不允许教会成员在周六工作。舍伯特夫人在寻求其他工作时间安排和其他工作机会未果后，只得辞职并申请了失业补偿。但该州有关当局，却以舍伯特夫人拒绝“适当工作”为由拒绝了其申请。当事人遂以自己的宗教自由权利受到损害为由提起了诉讼。经过引起广泛关注的诉讼，联邦最高法院主张，舍伯特夫人应当享有平等的宗教自由权利，其宗教自由不应无辜承受不应有的负担。

在“自由活动条款”下，宪法具体保护的是哪些宗教与良心权利，长期以来，似乎是个见仁见智的问题。个人拥有哪些宗教自由活动权利，这些权利能够达到什么样的限度，以及这些权利可以使人免除哪些负担与痛苦，一直都是富有争议的问题。从另一角度讲，一个人是否可以仅仅因为自己的宗教信仰，

---

1 *Sherbert v. Verner*, 374 U.S. 398（1963）.

而免予某项普适法律的限制呢？联邦最高法院认为，该州的相关法律，虽然并没有从正面或积极主动意义上，为舍伯特夫人的宗教自由活动施加什么限制，但从另一个角度看或从实际角度看，还是为当事人的宗教自由活动施加了某种负担，亦即，这种负担是间接而非直接的，但终归对当事人的宗教自由构成了负担，因而是违宪的。

由此，联邦最高法院在1963年“舍伯特诉弗纳案”中，确立了对少数派宗教信仰给予某种迁就的所谓“舍伯特测验”（Sherbert test）。这个测验主要包括以下两点：是否对当事人的宗教自由活动施加了实质性负担（substantial burden），是否出于令人信服的利益（compelling interest）而导致了对宗教自由活动的干预。其中，承受实质性负担的行为，应当是绝对地出自宗教信仰的要求，并且这种实质性负担性质上是歧视性和区别性的负担。而令人信服的利益，则是一个相对模糊或具有伸缩性的概念。“舍伯特测验”构成了法院根据宪法“自由活动条款”迁就宗教信仰的一个重要原则。联邦最高法院遵照这个原则，对少数派宗教持迁就的立场，一直到1990年的“史密斯案”才在某种程度上画上了休止符。

就本案而言，联邦最高法院最终以7比2的投票结果支持了舍伯特夫人的权利主张。小威廉·布伦南大法官代表多数派撰写了法院意见。法院意见认为，要判定此案需要辨明两个问题。第一，剥夺上诉人的福利资格，是否对上诉人的宗教自由这一宪法权利构成了负担。第二，如果相关法规对上诉人这一宪法权利构成了负担，那么是否存在着令人信服的州利益要求政府不得不那么做。对于第一个问题，联邦最高法院认为，南卡罗来纳州相关法规对不同宗教作出了区别对待，由此对某种宗教造成了负担；即便是间接性负担，也是不符合宪法的。

在此，上诉人之无资格获得福利，很明显，纯粹是由于其宗教实践；而且，促使她放弃那种实践的压力，也是确定无疑的。那种裁决迫使她不得不作出选择：要么遵循自己的宗教准则而放弃福利，要么放弃自己的宗教准则以接受那份工作。政府施加这样一种选择，对其宗教自由活动施加的负担，就等同于为上诉人的星期六崇拜施加了罚款。

当事人要想有资格接受该州的失业福利，就必须放弃某项基本宗教准则，这实际上是让当事人为宪法所保护的宗教自由活动权利而受惩罚。而且，这种规定还在遵循星期六为安息日和星期日为安息日的不同宗教团体之间，造成了区别和歧视。

对于第二个问题，亦即，是否存在着令人信服的州利益迫使该州不得不为当事人的宗教活动施加额外的负担呢？联邦最高法院经过审查发现，虽然可以找到一些牵强借口，但并不存在如此重大的利益使得该州必须要侵犯上诉人弥足珍贵的宗教权利。总之，这份法院意见表示：

> 我们今日的判决，只是南卡罗来纳州在宪法上不能应用那些资格规定，以限制一名工人放弃就休息日所持有的宗教信念。这个判决也只是重新肯定了，我们在近二十年前宣布的一项原则，亦即，任何州都“不能因为其信仰，或因为其缺少信仰，而拒绝某个天主教徒、路德宗信徒、穆罕默德信徒、浸信会信徒、犹太教信徒、卫理公会信徒、非信仰者、长老会信徒或任何其他信仰的信徒，接受公共福利立法的利益”（“埃弗森案”）。

对于本案的判决结果，两名持不同意见的大法官认为，法院这个判决使得法院偏离了自己的中立立场，通过使宗教信仰成为一项普适法规的例外，而对宗教作出了偏袒性的承让或迁就（accommodation）。

在接下来一个时期内，“舍伯特测验”成为联邦最高法院审理“自由活动条款”案件的一个重要标准。1972年的**“威斯康星诉约德案”**[1]，亦属于宗教自由权利免予某项普适法律限制的案件。这个案件提出的问题是，“自由活动条款”是否允许当地一个古老社团阿米什人（the Amish），在其子女念完八年级后，不再按照该州法规要求完成其余的正规学校教育。

以约德为首的三名被诉人，均是威斯康星州格林县（Green County, Wisconsin）的居民，他们分别是属于老派阿米什教（the Old Order Amish religion）或保守派阿米什门诺会（the Conservative Amish Mennonite Church）的成员。这个古老的宗教

---

1 *Wisconsin v. Yoder*, 406 U.S. 205（1972）.

社团，最初源于16世纪瑞士的再洗礼派。其宗派名称源于他们最初的教会领袖雅各布·阿曼（Jacob Amman）。他们拒绝了体制化的教会，并试图返回原始基督教教会那种简单朴素的生活。在某种意义上，他们亦努力拒绝了现代世界和现代生活。

该州的义务入学法规定，未满16岁的儿童应当入学接受学校教育。虽然他们的孩子念完八年级后还只有14岁或15岁，但被告拒绝再让他们入学以接受正规学校教育，亦即，拒绝让他们的孩子去念高中。他们声称送孩子去念高中，是与他们阿米什人的宗教和生活方式相抵触的，声称那么做是出于宗教理由，并声称他们的宗教自由权利允许他们那么做。他们列举了种种具体理由，并证明了八年级以后的学校教育与他们的宗教信仰和传统生活方式是相冲突的。由于威斯康星州相关法律要求未满16岁的儿童必须入学接受教育，所以他们受到的指控为违背了该州的义务入学法。

阿米什人这个古老宗教社团，在美国这块土地上近三个世纪的生活，已经证明了这个社团的正当性与有益性。而一项新近制定的州法规，必须要有充足理由，才可以质疑那种已为时间证明了的生活方式，其中包括阿米什人教育和培养自己孩子的特有模式。就本案而言，联邦最高法院以压倒性多数支持了阿米什人的权利诉求。首席大法官伯格代表多数派撰写了法院意见。

这个案件的判决，体现了对少数派信仰团体那不同于主流社会文化的惯例与传统的尊重。对于在主流社会价值体系之外，坚持自己信仰与生活方式的少数派团体来说，他们在遭受社会文化边缘化的同时，还不得不面对来自主流价值要求“同质化”或“齐一性”的强大压力，甚至有被看作“歪门邪道”而被强制取缔和消除的危险。这种情形下，是否坚持真正的信仰与良心自由，是否坚持宪法“宗教条款”保证的宗教自由，就具有了特别重要的意义。

需要指出的是，同样是有关阿米什人的案件，1982年的**“美国诉李案”**[1]却表达了与“威斯康星诉约德案”不尽相同的司法推理。美国国会规定，对于那些反对参加社会保障的宗教团体成员免于登记和征税。不过，该免税规定，仅适用于那些自营个体。有一个人，作为古老社团阿米什人社团的一员，声称其雇员亦拥

---

1 *United States v. Lee*, 455 U.S. 252（1982）.

有这一宪法权利。联邦最高法院驳回了这一权利诉求。但法院的司法推理原则与“威斯康星诉约德案”中的却不尽相同。

1978年的**“麦克丹尼尔诉帕蒂案”**[1]，是1961年“托卡索诉沃特金斯案”的姊妹案。1961年“托卡索诉沃特金斯案”，法院判定马里兰州一项以宗教宣誓为担任公职必要条件的法令是不合宪法的。而1978年“麦克丹尼尔诉帕蒂案”，法院则判定田纳西州一项禁止圣职人员担任立法官员的法令是不合宪法的。这就是说，具有或不具有某种宗教属性，不能成为行使公民权利的先决条件。本案表明，一个公民的宗教或教会身份，并不必然妨碍其担负世俗或民事公职。

上诉人麦克丹尼尔是田纳西州一位浸信会牧师，他因为这一身份，而被该州一项禁止圣职人员担任公职的法令，阻止在竞选州议会代表的门外。联邦最高法院一致判定，该州的这项法令违背了宪法第一和第十四修正案的规定。具体地，田纳西州法律禁止一位牧师参选该州立宪会议代表，就是侵犯了该牧师由宪法保证的宗教自由活动权利。换言之，一个人譬如圣职人员的宗教自由权利，并不必然排除其应有的公民政治权利。不能仅仅因为其宗教信仰，而剥夺圣职人员的民事权利。首席大法官伯格就法院判决撰写了法院意见。

1981年的**“托马斯诉印第安纳就业保障部审查委员会案”**[2]，是著名的1963年“舍伯特案”的续篇。一位“耶和华见证人”教会成员，发现自己所从事工作的性质有违自己的宗教和平主义信仰，于是在调换其他工作无果的情况下辞职了，因为他认为自己的宗教信仰不允许自己从事生产杀人武器的工作。他声称按照1963年“舍伯特案”的先例，他有权获得失业福利。但按照印第安纳州的相关法规，要获得政府失业福利，当事人的辞职行为应当具有“充足理由”。那么，个人的宗教信仰能够构成辞职的“充足理由”吗？联邦最高法院最后判定，该项法规为上诉人的宗教自由施加了不当负担，侵犯了上诉人的宪法权利。一句话，法院认定，这个案件与“舍伯特案”的性质同属一类，并作出了相似判决。

1982年的**“拉森诉瓦伦特案”**[3]，禁止州法律仅仅要求某些宗教组织而不是全

---

1 *McDaniel v. Paty*, 435 U.S. 618（1978）.

2 *Thomas v. Review Board, Indiana Employment Security Division*, 450 U.S. 707（1982）.

3 *Larson v. Valente*, 456 U.S. 228（1982）.

部宗教组织，提供收入报告，从而保护了宗教各宗派或教派之间的平等性。本案涉及针对非主流宗教团体所作的规定。尽管有宪法“宗教条款”规定的宗教自由原则，但政府总是试图管理或控制那些在主流信仰之外的少数派宗教团体，从而在各种宗派或教派之间，形成了偏袒或歧视，并为宗教自由增加了不必要的负担。

1983年的**“鲍勃·琼斯大学诉美国案”**[1]，再次证明了“舍伯特测验”的有效性：重大而令人信服的州利益，以及最低限度的限制手段，为州政府限制某种“宗教自由活动”提供了必要的合法性。

本案涉及的问题是，一个采用种族歧视原则为入学和雇用标准的非营利私人基督教学校，是否拥有宗教机构免税的特权。鲍勃·琼斯大学是一所基督教保守派创办的，以圣经和基督教信仰为指导方针的宗教教育机构。它在入学与雇用标准上，带有明显的种族歧视特征。而根据美国国内税务署或国税局（the Internal Revenue Service）的相关规定，一个机构或组织要想获得免税资格，就必须接受习惯法的“慈善”观念。亦即，所有被免除税收的组织，都应在习惯法意义上是“慈善性的”（charitable）。习惯法的慈善标准，成为判断一个组织是否具有免税资格的标准。而教育上的种族歧视，显然是不符合美国基本公共政策的，是与社会基本正义观和个人基本权利相抵触的。

上诉人认为，即便承认国税局相关法令的有效性，这项法规仍然侵犯了“第一修正案”“宗教条款”保证的宗教自由活动权利；但联邦最高法院认为，政府不得为宗教自由活动施加负担的宪法禁令，并不是绝对的。如果可以证明是为压倒性政府利益所必不可少的，该州可以为宗教自由施加某种限制。这就意味着，尽管鲍勃·琼斯大学声称自己的行为是基于真诚宗教信仰的行为，但只要州政府能够证明存在着令人信服的州利益，就可以对那些基于宗教信仰的行为作出某种外部调节。退而言之，对宗教学校拒绝给予免税福利，无疑对其构成了一种实质性负担，但这并不足以阻止该学校继续遵奉其宗教信条。

本案里，事关重大的政府利益，是令人信服的……政府具有根本的、压

---

1 *Bob Jones University v. United States*, 461 U.S. 574（1983）.

倒性的利益，以消除教育中的种族歧视——这种歧视已经在官方允许下，在本国宪法史上持续了165年。政府利益已经大大超越了由拒绝提供税收福利所施加给宗教信仰实践的负担。上诉人坚持的利益，无法与令人信服的政府利益相迁就……而且也不存在“更少限制性的途径”，来取得政府利益。

“确立条款”应用中的“莱蒙测验”

美国司法实践史上，曾经盛极一时的“莱蒙测验”，包含三项判定准则或检验标准。其中前两项标准，在联邦最高法院司法实践上，直接源于两个案情相似的姊妹案：1962年的“恩格尔诉瓦伊塔尔案”和1963年的“阿宾顿学区诉谢普案”。第三项标准则直接来自1970年的“沃尔兹诉税收委员会案”。在“莱蒙测验”确定了自己的三项标准后，以后的相关案件将检验其有效性和局限性。

1962年的**“恩格尔诉瓦伊塔尔案”**[1]，是一桩牵涉“自由活动条款”的重要“确立条款”案件。联邦最高法院对这个案件的判决，完全禁止或杜绝了政府对宗教内部事务或纯宗教事务的干预或卷入，并由此为政教之间的关系拓清了一个重要领域。而且，这个案件的判决，还将基督教内部各教派之间的差别，扩展到了各种宗教之间的差别，并给予了同等重视和对待。

在本案中，为促进学生的道德与精神素养，纽约州学监委员会（Board of Regents）制定了一份非宗派性祈祷文，并推荐给全州公立学校，以作为学生们每日上课前的背诵式祷告文。这个祈祷文具体内容如下：

> 全能的上帝，我们承认我们信靠你，我们祈求你祝福我们、我们的父母、我们的教师和我们的国家。

一些学校采纳了这个建议。但在纽约长岛新海德公园（New Hyde Park, Long Island）校董会采纳了这一做法不久，就有十名学生的家长提起了诉讼，声称这份官方祈祷文与自己及其子女的信仰不符，该州这一做法违反了“第一修正案”的“不确立宗教条款”——这个宪法条款已通过“第十四修正案”而应用于纽约州。

1 *Engel v. Vitale*, 370 U.S. 421（1962）.

上诉人还坚持，这份祈祷文是由政府一个分支机构为了一项政府方案，而制定的一种宗教仪式。这不仅构成了政府直接促进宗教事务的行为，而且还破坏了宪法建立的政教“分离墙”。

联邦最高法院以6比1判定这种做法违反了宪法“不确立宗教条款”规定，即便这种祈祷文的内容与形式在教派上是中立性的，即便那些不愿意背诵祈祷文的学生可以保持沉默或暂时离开教室。这个案件的判决，以及随后对公立学校诵读圣经案件的判决，譬如1963年的“阿宾顿学区诉谢普案”，表明了“宗教条款”保护的范围已经不仅仅局限于西方传统宗教内部“宗派性的”差异，而是扩展到了完全不同的宗教之间的差异。

大法官雨果·布莱克撰写了多数派意见。这份法院意见着重强调了，官方确立某种宗教的做法，结果只能是既败坏政府又败坏宗教，只能是对政府与宗教双方的损害。对于宗教内部事务，民事政府应当任由宗教信徒或团体自行解决，而不是不自量力地涉足其间。这种做法既是保护政府，也是保护宗教。

> 毫无疑问，纽约州的祈祷方案，以官方形式确立了某些宗教信念，并体现在那份学监祈祷文里……祈祷文在宗派上保持中立这一事实，以及学生自愿参加祈祷这一事实，均不能使其免于“第一修正案”“确立条款”以及可能还有“自由活动条款”的限制；这两个条款已通过“第十四修正案”而应用于各州。虽然这两个条款在某些情形中可能有些重叠，但它们所禁止的，是两种完全不同的政府侵犯宗教自由的行为。有别于“自由活动条款”，“确立条款”并不有赖于要表明政府的直接强迫行为，并且能通过颁布确立某种官方宗教的法律而受到侵犯——不论那些法律是否直接强迫了表示不信仰的个人。当然，这并不是说，那些正式规定了某些特定宗教崇拜形式的法律，就不涉及对那些个人的强迫行为。当政府权力、声望和财政援助，成为某一特定宗教信仰的后盾时，宗教少数派遵从官方认可宗教的间接压力，就是显而易见的。但构成了“确立条款”基础的那些意图，还远不止于此。其最优先和最直接的目的是基于这样一种信念：政教合一会毁坏政府和败坏宗教。政府确立宗教的历史，不论是英国还是本国，都表明了这一点：只要政府与某一特定宗教形式相结盟，其不可避免的结果，

就是会招致持相反信仰者的怨恨、不敬和轻蔑。这同样的历史还表明，许多人都会对依赖政府传布其信仰的宗教丧失敬重之心。因而，“确立条款”也就成了宪法创立者对这一原则的表述：宗教是过于个人的、过于神圣的和过于圣洁的，而不允许民事行政当局对其施以“不敬的歪曲”。此外，“确立条款”还有一个意图，就是对这一历史事实的领悟：政府确立宗教与宗教迫害是携手并进的……在很大程度上，正是为了完全摆脱这种系统性的宗教迫害，开国者们才创立了我们的国家、我们的宪法以及我们的《权利法案》——后者禁止政府确立宗教。纽约州这些法令，允许官方规定学监祈祷文；这与“确立条款”目的以及与“确立条款”本身都是不一致的。

有人认为，以这样一种方式，将宪法用以禁止州制定法律，以在公立学校确立宗教仪式，就表明对于宗教或对于祈祷怀有一种敌意。没有什么比这更荒谬了。人类历史与宗教历史是不可分离的。这么说也许并不太过分：有史以来，许多人都虔敬地相信，“由祈祷所成就的事情超越了这个世界的梦想”。毋庸置疑，在很大程度上，正是由于人们相信这一点，才逐渐产生了这样一种情感，这种情感使得人们离开了欧洲官方确立宗教的信仰逆流和宗教迫害，而来到了这个国家。在这里，他们希望能够发现一个地方，当他们愿意时，他们能够用自己选择的语言，向自己信仰的上帝祈祷。而同样相信祈祷力量的人，还领导了采纳宪法以及《权利法案》的斗争；这些宗教自由的保障，禁止了像纽约州在此试图采取的那类政府行为。这些人清楚，那旨在终结政府控制宗教与祈祷的“第一修正案”，并不是用来毁坏任何一方的。他们明白，制定“第一修正案”是为了安抚他们几乎所有人都曾感受到的、有正当理由的恐惧。那些恐惧源自这样一种认识：以往的政府曾经束缚了人们的口舌，使得他们只能谈论政府希望他们谈论的宗教思想，只能向上帝祈祷政府希望他们祈祷的东西。坚持下面这一点既不是亵渎神圣也不是反宗教的：这个国家所有经过分离的政府，都不应涉足起草或批准官方祈祷文的事务，都应将纯宗教职责交给人民自己以及人民向其寻求宗教指导的人。

本案里，唯一持不同看法的是波特·斯图尔特大法官（Justice Potter Stewart,

1915—1985年)。斯图尔特大法官在这份不同意见里，第一次以联邦最高法院大法官名义，正式质疑了“分离墙”这一隐喻在阐释“第一修正案”上的合法合理性。同时，还不祥地列举出了，在20世纪后期，将会陆续受到挑战的所谓美国历史传承，其中就包括联邦最高法院自身的一些传统做法与惯例，以及一些涉及美国国家象征的重要事物。

纽约州一个地方教育委员会规定，那些希望这么做的学生，可以每天在开课前加入一个简短祈祷仪式，以承认他们对上帝的信靠，并祈求上帝祝福他们、他们的父母、他们的教师以及他们的国家。本法院今日判决，该教育委员会因允许这种简短的非宗派性祈祷，而违反了联邦宪法。我认为，这个判决是错误的。

本法院没有认定，也不能认定，纽约州干涉了任何人的宗教自由活动……但本法院认为，纽约当局通过允许学校学生背诵这个简短祈祷文，而确立了“一种官方宗教”。

恕我直言，我认为本法院误用了一个重要宪法原则。我不知道，允许那些想要祈祷的人进行祈祷，如何就确立了一种“官方宗教”。正相反，我认为，否定这些学生加入背诵这篇祈祷文的意愿，就是否定了他们分享我们国家精神传承的机会。

……我们在此所涉及的，并不是要确立一种州立教会——那当然是为宪法所禁止的，而是是否要禁止那些希望在开课前加入祈祷的学生那么做。而且，我认为，在本案中，就像在宪法管辖权的所有领域中，通过不加批判地援引像“分离墙”这样一个根本就没有出现在宪法里的隐喻，本法院的任务不会因此而得到什么可靠的帮助。与本案问题相关的，不是16世纪英国或18世纪美国确立某种宗教的历史，而是我们人民宗教传统的历史；后者则反映在我们政府体制与官员的无数实践中。

在我们这个法院每天开庭时，都会有一位法庭官员祈求上帝的保佑。自从约翰·马歇尔时代起，我们的法庭传呼员就在说：“上帝保佑美国及本法院。”参议院和众议院在每次集会时都以祈祷而开始。我们每位总统，从乔治·华盛顿到约翰·肯尼迪，在就职时都会祈求上帝的保护与帮助。

本法院今天认为，州和联邦政府在宪法上，无权就任何宗教主题，为任何美国人民团体，规定任何形式的背诵文本。而由 1931 年国会法案批准为国歌的《星条旗之歌》，有一节则包含这样的词句：

愿天国拯救这土地，赐以胜利与和平
赞美上帝创造和保全了我们国家！
我们有正义的事业，我们将勇往直前
而我们的座右铭是"信仰上帝"。

1954 年，国会为面向国旗宣誓的誓词增加了一句话，所以它现在包含这样的语句："一个在上帝统治下的国家，不可分割，人人享有自由与正义。" 1965 年，国会颁布立法请求总统每年宣布一个全国祈祷日。而从 1865 年起，硬币上就刻有"我们信仰上帝"的字样。

类似实例不胜枚举；对于这些显而易见的事情，也无须赘述。本法院十年前用一句话总结了这一切："我们是一个信奉宗教的民族，我们的制度预设了一个最高存在。"

我不相信，本法院、国会或总统，通过我提及的那些行为与做法，已经违背宪法而确立了一种"官方宗教"。我也不相信，纽约州在本案中的行为属于此类行为。它们所做的，就是承认并遵从了我们国家那些根深蒂固和备受珍惜的精神传统——这些传统是那些在两百年前公开宣称"坚定信靠神圣佑护"的人传递给我们的；在那时，他们宣布了这个美好"新世界"的自由与独立。

我不同意本案判决。

1962 年"恩格尔诉瓦伊塔尔案"中的这些争论，延续到了下一个类似案件中。1963 年的**"阿宾顿学区诉谢普案"**[1]，涉及的是宾夕法尼亚州法律要求学生每天开课前阅读圣经经文的做法。此案与上一年"恩格尔诉瓦伊塔尔案"的相同之处，就是都涉及公立学校的一些传统宗教做法或惯例。就像是彼此翻版的这两个案件，具有相似的性质和案情，并获得了相似的判决结果。这也是联邦最

1 *Abington School District v. Schempp*, 374 U.S. 203 (1963).

高法院，继 1948 年“麦科勒姆案”和 1962 年“恩格尔案”之后，第三例判定州法律违背宪法“确立条款”的案件。

学校每天开课前诵读一段圣经经文，是美国许多学校由来已久的惯例。宾夕法尼亚州开课前诵读圣经的具体规定与做法，大体类似于上一年“恩格尔案”中纽约州规定背诵祈祷文的规定，也是允许那些学生自愿决定是否参加这一活动。但这一规定还是受到了那些心怀不满人的质疑。信奉一位论（the Unitarian faith）的谢普夫妇，连同他们两个在该州阿宾顿高中读书的孩子，为此提起了诉讼，坚持认为这种做法违背了“第一修正案”的相关规定。实际上，谢普一家人都信奉一位论。本案再次要求，根据案情，就“第一修正案”“宗教条款”的适用范围与意义作出考察。法院根据先前对类似案件的判决，认为通过“第十四修正案”，“第一修正案”的“确立条款”，禁止州政府要求公立学校学生在每天开课前诵读一段圣经经文。

联邦最高法院认为，这个案件属于“确立条款”与“自由活动条款”交叉重叠性案例，并援引了 1940 年“坎特韦尔案”和 1947 年“埃弗森案”的判决先例，明确了政府应当采取中立原则，认定宾夕法尼亚州这项规定是不合乎联邦宪法的。不仅如此，法院还将其严格立场向前推进了一步。在明确宪法禁止政府对宗教施以任何援助的同时，有些大法官还倾向于认为，政府对宗教不能直接实施的行为，也不能对宗教加以间接实施；即使某项传统做法存在着充足的世俗根据或理由，但只要属于宗教性质的，就处在“第一修正案”禁止的范围内。这种严格或极端分离论，已经模糊了所谓“真实威胁”（real threat）与“捕风捉影”（mere shadow）之间的区别，已经开始过早、过度或过分地强调“防患于未然”了。

联邦最高法院以 8 比 1 作出了判决。大法官托马斯·克拉克（Justice Thomas C. Clark，1899—1977 年）代表多数派撰写了法院意见。克拉克大法官在法院意见里，肯定了 1962 年“恩格尔案”关于人类历史与宗教历史、宗教与政府密不可分的观点，也认同 1952 年“佐拉赫案”关于“我们是一个信奉宗教的民族，我们的制度预设了一个最高存在”的立场，此外还简述了从《五月花公约》到联邦宪法的制定这一过程中，宗教信仰所发挥的积极与建设性作用。不过，法院意见最终还是落实到了 1947 年“埃弗森案”的立场上，并大体接受了雨果·布莱克在“埃弗森案”中对宪法原旨与起源的概述与看法。同时，克拉克大法官还明确了，法院在处理政教关系问题上，应当采取的立场就是中立立场。

值得注意的是，克拉克大法官在这份法院意见里，还就所谓的“中立原则”，提出了两个具体判定标准：第一，必须具有世俗的立法目的；第二，该立法的主要效果既不促进也不阻碍宗教。遵循目的与效果这两个标准，各级政府的立法，就不会违背宪法“确立条款”的规定。克拉克大法官有关中立原则的这两个判定标准，后来为所谓的“莱蒙法则”所吸收，成为“莱蒙测验”中的前两项判定标准。克拉克大法官还对将深刻影响法院有关“宗教条款”判决的中立原则，进行了历史分析与理论分析。

> 差不多一百年前，在“迈纳诉辛辛那提教育委员会案”（374 U.S. 203）中，法官阿方索·塔夫脱（Alphonso Taft），首席大法官威廉·塔夫脱的父亲，在一份未公开发表的意见书里表明，我们人民关于宗教自由的理想就是：“所有宗教观念和教派，在法律面前的绝对平等……政府是中立的，在保护所有人的同时，不偏袒任何一方，也不贬抑任何一方。”
>
> 在考察第一修正案“确立”与“自由活动”条款，将我们政府置于这种“中立”立场之前，我们最好讨论一下，这个修正案在本法院案件中所达到的范围。
>
> 首先，本法院已经决定性地确定，通过“第十四修正案”，“第一修正案”“国会不得制定法律以确立某种宗教，或禁止其自由活动”这一诫令，完全适用于各州……从“坎特韦尔案”起，本法院在一系列案件中，反复肯定了这一原则；我们现今也是如此……
>
> 其次，本法院已经明确拒绝了这一主张，即“确立条款”只是禁止政府对某种宗教作出偏袒。在差不多20年前的“埃弗森案”中，本法院已表明，“不论是州还是联邦政府，都不得确立某个教会；都不得通过法律以支持某种宗教、全部宗教或者厚此薄彼”……
>
> 虽然本案中没有任何一方当事人质疑本法院的这些基本结论——这两个结论长期以来已经获得了确立、接纳和肯定，但其他人仍在继续质疑它们的历史、逻辑和效用。按照本法院的一致性解释，这类主张看来是完全站不住

脚的，并仅仅具有学术探究的价值……

因而本法院这些案件所涉及的全然中立性，源自这样一种历史教训：势力强大的教派或团体，可能会导致政府与宗教功能的融合，或者一方对另一方的协同或依赖，从而使州或联邦政府的官方支持，成为某种或所有正统信条的后盾。这是为“确立条款”所禁止的。采取中立性的另一层理由见于“自由活动条款”。后者承认宗教培训、指导与仪式的价值，更具体地，也承认每个人自由选择崇拜方式并免于政府强迫的权利。这是为“自由活动条款”所保障的……而“确立条款”撤销了涉及宗教信仰或表达的一切立法权。这种检验可以表述如下：这项立法的目的和主要效果是什么？如果是对宗教的促进或阻碍，那么这项立法就超越了宪法规定的立法权限。这就是说，要承受“确立条款”的限制，就必须要有一种世俗的立法目的，以及一种既不促进也不阻碍宗教的主要效果……

在我们社会里，宗教的地位是受到高度赞扬的，是通过这一悠久传统而取得的，亦即，依赖于家庭、教会，以及个人心灵这不可侵犯的堡垒。我们通过痛苦的经验已经认识到，政府没有权力侵犯那堡垒，不论其目的或效果，是帮助还是反对，是促进还是阻碍。在人与宗教的关系上，政府坚定地恪守中立立场。尽管这个规则的应用需要有精细的解释，但这个规则本身，是由“第一修正案”清楚而简明地加以表述的。

就像上一年的“恩格尔案”一样，本案中唯一持不同看法的，依然是波特·斯图尔特大法官。综观这份不同意见，不难发现，作为一个“孤独的声音”，斯图尔特大法官不是没有感受到多数派立场的压力，但他仍然就存疑与不确定处提出了自己的见解。斯图尔特大法官再次对两个关键司法点提出了质疑：以严格政教分离论作为“第一修正案”的宪法原则，以“第十四修正案”来吸收合并“第一修正案”。在斯图尔特大法官看来，联邦最高法院的这两种做法，均存在着可疑之处。斯图尔特大法官的这两点质疑，将在此后的司法实践中，获得越来越多的认同与支持。此外，斯图尔特大法官还指出了一个司法难点：在“确立条款”与“自由活动条款”之间，当这两个条款在一些领域发生交互作用时，可能会导致一些“矛盾”；当这两个条款在另一些领域不发生交互作用时，可能会产生一块“飞地”。这个极限司法难题，将在以后的类似案件中，得到越来越明显的呈现。

“第一修正案”宣布：“国会不得制定法律以确立某种宗教，或禁止其自由活动。”将这两项规定看作确立了单一的“政教分离”这一宪法标准，并能够被机械地应用于所有案例，以描绘出政教之间所需要的界线；我认为，这是一种谬误的过分简单化。首先，作为一种历史，同时也作为我们自由社会的指令，宗教与政府必然在以无数方式相互作用着；如果不承认这一点，那么我们就会犯错误。其次，虽然在许多情形中，“确立条款”与“自由活动条款”是完全相辅相成的，但也存在一些领域，在其中，对“确立条款”的某种教条式解读，也会导致与“自由活动条款”无法调解的矛盾。

……“第一修正案”这两个相关的条款，无法通过一个贫乏的隐喻，而得到准确地反映。这个隐喻，就其本质而言，将会歪曲而不会阐明，在具体案例中所牵涉的那些问题。

在历史上，采纳“第一修正案”，仅仅是为了限制新创立的全国政府。导致采纳这一修正案的那些事件表明，“确立条款”主要是想确保国会不但无权确立一种全国教会，而且也不能干涉既有的州立教会。就宗教而言，每个州都可以遵循自己的方式，并采取自己的政策。因而，弗吉尼亚从一开始追求的就是不确立主义政策。与此相对，马萨诸塞则一直到19世纪早期都拥有一种确立教会。一直到采纳“第十四修正案”，或者更准确地，一直到1940年本法院就“坎特韦尔诉康涅狄格案”作出判决为止，这类事情都是如此。在那个案件里，本法院表明：“‘第一修正案’宣布国会不得制定法律以确立某种宗教或禁止其自由活动；‘第十四修正案’则使得州立法机构与联邦国会一样，无资格制定这类法律。”

……我亦接受这个观点，即“第十四修正案”在某种意义上吸收了“确立条款”，但具有反讽意味的是，一项明显旨在使各州自行其是的宪法规定，如今却变成了对各州自治权的一种限制。

1968年的**“埃珀森诉阿肯色案”**[1]，是1925年“猴子审判案”以后，有关进化论教学合法性争论的延续。阿肯色州早在1928年，就制定了一项禁止在公立学校教授进化论的法案。在此后的岁月里，并没有人因为这项法案而提起诉讼或受到指控，人们似乎忘记了这项立法。但是到1965年，年轻的生物教师苏珊·埃珀森女士，却发现自己陷入了一种矛盾境地。一方面，她发现指定的新课本里包含有进化论内容，另一方面，她又担心自己因教授进化论而遭到该州法律的处罚。于是，她发起诉讼要求法院宣布这项法规无效。

联邦最高法院认为，阿肯色州这项法律属于用政府权威支持某一特定宗教教义或信仰的行为，因而违背了“第一修正案”的“宗教条款”。而且，这项法律动用政府权威来维护某一特定宗教教义，也违背了政府在处理政教关系问题上应持有的中立性原则。所以，法院一致判定这项法律无效。当然，在赞成这个判决结果的同时，也有人怀疑，法院是否有必要依据如此普遍的法律原则对本案作出判决。

“莱蒙测验”的第三项检验标准，直接源于下面这个案件。在1970年的**“沃尔兹诉税收委员会案”**[2]里，上诉人试图使地方法院发布一道禁令，以阻止纽约城税收委员会对宗教财产豁免税收。在上诉人看来，对教会财产免税这一做法，使得自己间接对宗教团体作出了贡献，而这则违背了通过“第十四修正案”应用于州的“第一修正案”的“确立条款”。

在这个案件里，联邦最高法院首次涉及对宗教组织免税这一传统做法的合法性，特别是与“确立条款”之间是否存在着冲突这一问题。法院最终充分考虑到了这一做法的历史传承性。本案放弃了完全政教分离原则，转而开始寻求一种有限度的政教关联模式。这一新思路，直接导致了“莱蒙测验”第三项检验标准的出现，亦即防止政府与宗教的过度牵连。这里所肯定的“牵连”，不论是任何限度的“牵连”，都不再是一种否定性的“分离”；不论是任何限度的“牵连”，都是一种肯定性的“关联”。在“适度牵连”与“过度牵连”问题上，本案成为下一年“莱蒙案”的直接先例。

1　*Epperson v. Arkansas*, 393 U.S. 97（1968）.

2　*Walz v. Tax Commission*, 397 U.S. 664（1970）.

在这个8比1作出判决的案件里，首席大法官沃伦·伯格撰写了法院意见。在这份意见里，伯格大法官详细阐述了自己的“善意中立性”（benevolent neutrality）立场。伯格首席大法官表明，政府与宗教的完全分离，既不现实也不可能。既然政府与宗教存在着不可避免的关系，那么社会与法院所能限定的就是“度”的问题，而非“质”的问题了。法院的原则，就是容忍政府与宗教的“适度牵连”，限制政府与宗教的“过度牵连”。

> 本法院力图在这两个“宗教条款”之间发现一条中立途径；这两个条款都是用绝对语言表述的，如若扩展至其逻辑极端，任何一方都会与另一方相冲突……
>
> 在这个领域，宪法中立性路线，不可能是一条绝对的直线。刻板僵化的方式，有可能会导致这些规定的基本意图无法实现，亦即要确保不支持或偏袒任何宗教，不鼓励也不阻碍任何宗教。从“第一修正案”推导出的基本原则，以及由本法院所表明的一切，就是我们不容忍政府确立宗教或政府干涉宗教。没有那些被明确禁止的政府行为，就会有空间，以联合产生一种善意的中立性（a benevolent neutrality），那会允许宗教活动在没有支持或干预的情形下存在。
>
> 因而，在“宗教条款”下，每个价值判断都必须要转向这一问题：那些特定行为是否要确立或干涉宗教信仰与实践，或者是否具有此类效果。恪守中立方针——源自“确立条款”与“自由活动条款”的一种迁就——已经阻止了这样一种卷入，亦即倾向于政府对教会的控制，或者政府对宗教实践的限制。
>
> 特定信仰的追随者以及一些特定教会，往往在公共问题上持有坚定立场……其中包括坚决拥护某些法律或宪法立场。当然，教会与世俗团体或个体公民一样拥有那种权利。完全或绝对的分离是不可能的。“宗教条款”的存在就是某种卷入——这种卷入试图划定界线，以避免过度的牵连。

这份法院意见还表明，对教会财产施行免税政策，是一项由来已久的全国性政策。这项政策既没有促进也没有阻碍宗教，既没有鼓励也没有敌视宗教。它只是将教会不动产看作类似于医院、图书馆、游戏场、博物馆一类的非营利、准公共机构与场所。不论历史发展还是社会现实都已证明，对教会的这项免税法规，并没有确立某种或所有宗教，而只是免除了宗教自由活动的一些经济负担；并没有为教会直接提供财政支持，而只是免除了对这类非营利公益组织征收财产税以支持该州的义务；并没有导致政府与宗教的过度牵连，而只是强调了两者的分离或互不干涉。况且，美国在这个问题上，两百年的连续实践已经证明，它不但不会导致对宗教的确立，反而会保证宗教的自由实践。推翻一个延续了两百年的社会惯例，需要有坚实的理由和广泛的支持。而在这个案件里，并没有看到这一点。

1971 年著名的**“莱蒙诉库尔策曼案（Ⅰ）”**[1]，涉及对宗教学校的补助问题，对援助宗教学校的宪法限制作出了详尽讨论。该案因为政府为天主教学校里教授世俗课程的教师提供财政援助，而涉及政府与宗教之间的“过度牵连”（excessive entanglement）问题。法院认为，这种做法因为涉及政府向宗教学校提供资助，而违背了“确立条款”的规定。本案还首次明确了“政治分裂”能够成为“牵连”或“纠缠”或“卷入”（entanglement）的一部分。而两年后的“莱蒙诉库尔策曼案（Ⅱ）”[2]则裁定，“莱蒙诉库尔策曼案（Ⅰ）”不具有追溯效力。

1971 年“莱蒙诉库尔策曼案（Ⅰ）”，涉及宾夕法尼亚和罗得岛两个州的相关法令。这两个州的相关法律规定都向非公立、宗教学校提供了某种形式的财政援助。在本案中，宾夕法尼亚公民莱蒙认为该州的做法背离了政教分离原则，因而起诉了该州主管这一方案的政府官员。

多年来，这些地区的天主教学校，在某种意义上承担着公立学校的职责，至少在部分意义上是如此，因为在这两个州有五分之一的中小学生在天主教学校就读。教区学校具有双重功能，既有宗教教育职能，又有世俗教育职能。所以，为了保证那些学校的教育水准与师资，当地政府试图为那些在宗教学校里履行世俗教育功能的那部分教育，提供财政资助。这就必然牵涉复杂而具体的分类与筛选。要判定宗教学校里哪些教师的哪些工作是世俗性的，就需要政府相关部门进行全面监管和具体审查。实际上，这近乎一件不可能完成的任务。

---

1 *Lemon v. Kurtzman (I)*, 403 U.S. 602（1971）.

2 *Lemon v. Kurtzman (II)*, 411 U.S. 192（1973）.

联邦最高法院一致裁定，为宗教学校教授世俗课程的教师提供财政支持违背了“确立条款”。首席大法官沃伦·伯格撰写了法院意见。这份法院意见综合以前判例中运用的标准或规则，总结出了三项标准，以检验或判定某种政府法规或做法是否违背了宪法“确立条款”。这三项标准或准则被统称为“莱蒙测验”。“莱蒙测验”包含有三个要点，其中前两个要点，曾出现在1962年“恩格尔诉瓦伊塔尔案”和1963年“阿宾顿学区诉谢普案”中；第三点则由1947年“埃弗森案”中的分离原则，经过1970年“沃尔兹诉税收委员会案”的妥协，演变而来：

> 每次对这个领域进行分析，首先需要考虑本法院在这些年里累积形成的标准。我们可以从案例中收集到三个这样的检验标准。第一，该法规必须具有世俗立法目的；第二，该法规的主要或首要效果，既不能促进也不能阻碍宗教；第三，该法规不得使政府与宗教产生过度牵连。

这就是著名的“莱蒙测验”或“莱蒙标准”。因为这项测验包括三个标准，而这三个标准又像一把利剑的三个剑头一样，可以分别刺穿违背“确立条款”的那些不合宪关系，所以这个测验又被称作“三叉尖或三叉齿测验”（the three-pronged test）。

具体到本案里，这份法院意见表示：

> 宾夕法尼亚州采纳了一项法规：通过补偿教授特定世俗科目教师的薪俸、课本与辅导材料开支，而为非公立中小学提供了财政支持。罗得岛州也通过了一项法令，根据这项法令，该州为非公立小学的教师直接补贴了年薪的15%。在这每一项法令下，州援助均提供给了与教会相关的教育机构。我们判定这两项法令是违宪的……在我们体系下我们已经决定，政府应当完全排除在宗教指导领域之外，教会也应当排除在政府事务之外。宪法规定，对于个人、家庭以及个人选择的组织来说，宗教必须成为一件私事。尽管一些卷入与牵连是不可避免的，但必须要划定界线。

这就是说，按照“莱蒙测验”的三个标准，本案涉及的那两个州的相关法规，并没有触犯前两个标准，但却与第三个标准相抵触，使得政府与宗教发生了过度牵连的情形。事实上，“莱蒙测验”的第三个标准，也是引起最大争议的标准。首先，不允许政府与宗教发生过度牵连，从形式或内容看，是对原有严格政教分离原则的修正与退让，是在无法达到政教之间完全分离的情形下，对政教关系的某种变通与妥协。但对什么是“过度牵连”这一点的争论，却又陷入了众说纷纭的境地。站在不同立场的人们，对于“牵连”或“适度牵连”或“过度牵连”，持有大相径庭的看法。沃伦首席大法官在本案法院意见里也表明：

> 我们先前的判决，并没有要求政教之间的完全分离；在绝对意义上的完全分离是不可能的。政府与宗教组织之间，存在一些关系是无可避免的。消防检查、建筑与分区管理以及政府按照义务教育法所作的要求，都是必要而许可接触的例证……防止牵连的司法限制必须要承认，这个分界线远非什么“分离墙”，而是一个模糊的、含混的和变易的隔栏，并依某一特定关系的具体情形而定。

就本案来说，在一个宗教学校的日常教学中，要想清楚区分学校的宗教教育与世俗教育、教师的宗教教育职责与世俗教育职责、教学内容涉及的宗教知识与世俗知识等等，是十分困难的，甚至是无法实现的。总之，“莱蒙测验”作为某种标准，对于特定问题的解决，无疑是有助益的，但作为一种形式准则，它在以后的案件中，又面临一些自己无能为力的情形，并将遭受审查、质疑或否定。

1980年的**“斯通诉格雷厄姆案”**[1]，就是一个应用“莱蒙测验”法则的案件。对于“莱蒙法则”的三个标准，只要某项政府法规违背了任何一个标准，就可以被判定为违背了“确立条款”的宪法规定。肯塔基州一项法令，要求在该州公立学校教室内张贴“十诫”。联邦最高法院认为这项法令不具备世俗立法目的，因而违背了“第一修正案”的“确立条款”。由法院作出的“未署名且简短的法院意见”（*per curiam*）认为，在公立学校内张贴具有宗教色彩的“十诫”

---

1 *Stone v. Graham*, 449 U.S. 39（1980）.

这一规定，具有非世俗目的，因而违背了“莱蒙测验”第一项标准，并违背了宪法“确立条款”。

1983年的**“米勒诉艾伦案”**[1]，面对一些质疑与疑惑，联邦最高法院再一次肯定了“莱蒙测验”的有效性。本案的最终判决，因为对教区学校给予了前所未有的支持，而引发了诸多热议。

根据明尼苏达州一项法令，纳税人在计算该州的收入税时，可以扣除上中小学子女的学费、课本费和交通费。上诉人诉讼理由是因为被诉人将自己的子女送到了教区学校，由此享受的这项税收减免政策，违背了宪法“确立条款”的规定。

联邦最高法院以5比4具有争议性的投票结果，支持了该州的这项普适性减税法令。大法官威廉·伦奎斯特撰写了法院意见。伦奎斯特大法官运用“莱蒙测验”的三项标准，对本案进行了细致分析。结果发现，明尼苏达州这项普适减税法规，可以满足“莱蒙测验”的三个标准，因而也就没有违背“第一修正案”“确立条款”的规定。这份法院意见还着重强调了这项州法规的中立性。

而该案的不同意见，则坚持认为，根据中立性原则，“确立条款”禁止以任何形式支持宗教教育，不论是直接的还是间接的。事实上，按照严格分离论的观点，宪法“确立条款”所体现和规定的，就是中立性原则，就是禁止对宗教提供任何形式的支持。

1983年的**“马什诉钱伯斯案”**[2]，则显示了“莱蒙测验”三项标准的无效性和游移性。尽管本案案情在形式上有违于“莱蒙测验”的标准，但悠久的历史传统或惯例却可以使一项法规顺利逃脱“确立条款”的限制。法院还在本案里阐述了所谓的“中立性”概念，尽管并没有对这一概念作出清晰有效的界定。

本案涉及一项传统惯例，内布拉斯加州议会在每次开会前，都会动用公共资金聘请一位牧师进行开场祈祷。该州这一传统做法违背了“第一修正案”的“确立条款”吗？联邦国会、州以及地方议会，在聚会前进行公共祈祷，在美国各地都是一项具有悠久历史的惯例。大陆议会、1787年制宪会议以及1789年第一届国会都遵循了邀请牧师进行祈祷的惯例。既有的历史模式，为这一做法的正当性

---

1 *Mueller v. Allen*, 463 U.S. 388 (1983).

2 *Marsh v. Chambers*, 463 U.S. 783 (1983).

提供了充分支持。而且多数派大法官也认为，立法会祈祷，就像“埃弗森案”中为教会学校学生提供交通费用一样，并不会对“确立宗教”禁令构成潜在威胁。就内布拉斯加州议会的祈祷而言，一名长老会牧师长期受聘，动用公共资金支付牧师薪俸，以及祈祷属于“犹太—基督教”传统等等，按照历史背景评判，法院认为这一切，均不会使该州的这一做法归于无效：

> 根据200多年确凿而完整的历史，毋庸置疑，以祈祷开始立法会议这一做法，已经变成了我们社会结构的一部分。在这些情形下，为一个受托制定法律的公共团体祈求神圣指引，并不是对某种宗教的“确立”，或迈向宗教“确立”的一步。这只是对这个国家人民广泛持有信念的，一种可以允许的认可。正如道格拉斯大法官指出的，“我们是一个信奉宗教的民族，我们的制度预设了一个最高存在”。

但在本案少数派，特别是威廉·布伦南大法官（Justice William Brennan，1906—1997年）看来，该州的这项规定完全违背了“莱蒙测验”的三个标准：该项立法具有宗教目的，具有促进宗教的主要效果，导致了政府与宗教的过度牵连。不过，值得庆幸的是，在布伦南大法官看来，法院对本案的判决只是要维持“确立条款”的一种例外情形，而不是要重新解释“确立条款”的宪法原则。亦即，本案判决结果，只是一种例外，而非一种普遍做法。

布伦南大法官在他撰写的不同意见里，坚持认为宪法“确立条款”的宗旨就是要使宗教成为一种私事。为此他详细分析了所谓“分离”或“中立”原则所具有的意义。但是在他的分析里，分离与中立这两个原则，并没有什么实质区别。实际上，布伦南大法官所理解的“中立”原则就是“分离”原则的替换形式：

> 蕴涵在“确立条款”里的分离与中立原则具有多重目的。其中四点与本案尤为相关。
>
> 第一，亦即，与见于“第一修正案”其余部分的、更为一般性自由概念最为紧密相关的，就是保证了个人的良心权利。良心权利，在宗教领域内，不仅仅牵涉政府以直接或间接强迫方式进行参与，它还涉及政府要求个人支

持某种他们并不认同的信仰……

分离与中立的第二个目的，就是要防止政府干涉宗教生活那不可或缺的自主性：或者由政府为宗教问题作出决定，或者由政府对宗教机构或人员进行监管。

分离与中立的第三个目的，就是要防止宗教因过于紧密地附属于政府部门，而变得平庸与堕落。“确立条款”也就“成为宪法创立者这一原则的表述：宗教是过于个人的、过于神圣的和过于圣洁的，而不允许民事行政当局对其施以不敬的歪曲”（“恩格尔案”）……

最后，分离与中立原则还有助于确保那些实质性的宗教问题，恰由于其重要性和敏感性，而不能成为政治领域争斗的因由……

应该说，布伦南大法官对所谓分离原则的总结，也就仅仅具有“总结”的意义了。在美国社会文化开始整体性趋向保守与传统的大背景下，在政教关系问题上重申这种严格分离论原则，也就具有浓郁的明日黄花意味了。

“宗教条款”应用中的平等利用法则

在处理政教关系问题上，联邦最高法院在这一时期提出的“舍伯特测验”与“莱蒙测验”，对于许多宗教案件的判决毫无疑问是有所助益的，但有些具有特殊性质的案件，需要遵循更具针对性的专门原则来处理。譬如，在有关少数派信仰团体遭受不公平待遇案件中，当平等性成为宗教自由权利主张的首要或核心目标时，司法系统就提出了所谓的“平等利用”原则，来专门审理和判决这类案件。

平等利用（equal access），是联邦最高法院处理“宗教条款”案件的一种具有可行性的新思路。这种新途径肇始于1981年的“威德马诉文森特案”，并随即催化出一项联邦政府法令。在20世纪80年代初期，作为对严格分离论的一种不满与对抗，美国联邦政府在一些宗教保守组织与团体的鼓动游说下，制定并颁布了《平等利用法案》（*Equal Access Act*）。[1] 这项法案规定，在公立中学内，所有学生课外活动小组或俱乐部，不论世俗性还是宗教性的，都可以平等利用学校的资金

---

1 *20 USC. § 4071-74 (1984).*

与设施等支持及便利。这项政府法令的适用范围具有严格的限制，但其提供的新视角或新思路，却得到了广泛支持与认同。联邦最高法院一开始对这项联邦政府法令的合宪性怀有疑虑，但最终还是在1990年的“韦斯特赛德社区学校教育委员会诉默根斯案”中，认可了这项法令的合宪性。

1981年的“威德马诉文森特案”、1990年的“韦斯特赛德社区学校教育委员会诉默根斯案”，以及1993年的“羔羊教会诉森特莫里奇斯联合自由学区案”，就是几个最早涉及平等利用问题的典型案例。平等利用原则，构成了处理公立学校宗教问题的一种新途径，亦即公立学校在开展课外活动时，应当为宗教组织和世俗组织提供平等机会。这项具有针对性的司法原则，其影响和意义并不仅仅局限于公立学校的宗教问题，它对于更具一般性的平等性权利案件，亦具重要启发意义。

在1981年**“威德马诉文森特案”**[1]里，位于堪萨斯城的密苏里大学是一所州立大学。该大学为注册的学生团体提供了相应设施及便利，以供那些学生团体开展各自的课外活动。但是，当密苏里大学一个名叫“基石”的注册学生团体申请利用学校会议室以便进行祈祷和学习圣经时，学校当局以政教分离为由，拒绝了这个学生团体的申请。换言之，大学的相关设施，可以为一切注册的学生团体所利用，但当一个注册的学生团体想要利用那些设施进行宗教讨论和崇拜时，却遭到了校方拒绝。这个团体的成员，遂以学校当局侵犯了“第一修正案”的宗教自由与言论自由权利，以及“第十四修正案”的平等保护权利为由提起了诉讼。

联邦最高法院支持了这个学生团体的权利要求，认为基督教学生团体应当与其他学生团体一样享有同等的权利与待遇，应当像其他学生团体一样有权使用学校的会议室。如若不是这样，在事实上就是对学生宗教团体形成了歧视和不公对待。而这个学生团体之所以受到那种不公待遇，也仅仅是由于他们的宗教信仰。法院以学校限制宗教言论自由为由，否定了学校当局的做法。在这个案件里，虽然联邦最高法院以“第一修正案”的“言论自由条款”为依据，支持了平等利用方案，但亦有人表示，这种做法与“第一修正案”“确立条款”存在着内在矛盾

---

1 *Widmar v. Vincent*, 454 U.S. 263（1981）.

之处。这种不一致，将在以后案件里得到进一步论述。该案最终结果是，联邦最高法院以 8 比 1 的判决，支持了那个学生宗教团体的权利诉求。大法官鲍威尔撰写了法院意见。这份法院意见进一步明确了“莱蒙测验”中第二项标准的应用问题，亦即，某项法规如果只是“附带性的”促进或阻碍了宗教，就不能认为那是该法规所具有的“主要效果”：

该大学首先认为，按照可为其他学生团体利用的条件，将那些设施提供给宗教团体和发言者，将会违背美国宪法的“确立条款”。我们同意，该大学遵从宪法义务的利益，可以被看作是令人信服的。不过，这并不表示，平等利用政策与本法院“确立条款”那些案例就是不一致的。那些案例认定，某项政策只要通过一项“三叉尖测验”，就不会违背“确立条款”：“第一，该法规必须具有世俗立法目的；第二，该法规的主要或首要效果既不能促进也不能阻碍宗教；第三，该法规不得使政府与宗教产生过度牵连。”

就这个案件而言，它显然符合这个测验的“两叉尖”。地区法院和上诉法院都认为，这项开放论坛政策，包括不歧视宗教言论，具有世俗的目的，并且能够避免与宗教的牵连。但是地区法院认为，而且该大学在此也坚持，允许宗教团体分享有限的公共论坛，具有促进宗教的“主要效果”。

该大学的论点，误解了这个案件的性质。问题不在于创办一个宗教论坛是否违背了“确立条款”。该大学已经开放了设施以供学生团体使用；因而，问题在于，它是否能够因为其言论内容而把某些团体排除在外。在这个处境里，我们无法相信，这个面向所有言论形式开放的公共论坛，其主要效果就是促进宗教。

我们不是没有注意到，一个开放论坛的可能效果所涉及的范围。有可能——甚或是可以预料的——那些宗教团体将会因利用大学设施而获益。但本法院已经表明，某个宗教组织享受纯“附带性的”利益，并不违背“主要促进”宗教的禁令。

我们确信，在堪萨斯城的密苏里大学里，一个开放论坛的任何宗教利益，在我们那些案例的意义内，都将是“附带性的”。有两个因素尤为相关。

第一，一个大学的公共论坛并没有为该州核准某些宗教教派或实践提供任何官方认可。正如上诉法院正确指出的，这样一种政策“并不会使该大学……信守于什么宗教目标”，就像“不会使它信守于名为‘青年社会主义者联盟’这一‘学生争取民主社会’团体的目标”，或者其他任何有资格使用其设施团体的目标。

第二，各种宗教演说者以及非宗教演说者，均可以利用这个论坛；在堪萨斯城的密苏里大学里，有100多个获得认可的学生团体。这个便利条件可以为如此广泛的团体所利用，这本身就是其世俗效果的一个重要指标。如若“确立条款”禁止将一般福利扩展至宗教团体，那么，“一个教会就不会受到警察或消防部门的保护，其公共人行道也不会得到修缮”。至少没有经验证据表明，那些宗教团体将会控制这个大学的公共论坛。我们同意上诉法院的看法，对宗教的促进，并不是这个论坛的“主要效果”。

1981年的“威德马诉文森特案”，以及其他一些类似诉讼，直接导致了联邦政府在保守派宗教组织推动下，于1984年颁布了《平等利用法案》。联邦最高法院一开始似乎对这个法案持有某种怀疑态度，但最终还是在下一个类似案件里认可了这项法案的合宪性。

1990年的**“韦斯特赛德社区教育委员会诉默根斯案”**[1]，是一个高中学生利用学校设施成立圣经俱乐部的案例。这个位于内布拉斯加州的中学，为了丰富学生课外活动，鼓励学生在自愿基础上成立和参加一些学生团体或俱乐部。但是当被诉人希望按照同样规定与条件成立一个基督教俱乐部时，其申请却遭到了拒绝。学校当局认为那么做就是违背了宪法“确立条款”。而联邦最高法院则直接依据《平等利用法案》支持了学生的诉求，认为如果学校拒绝宗教团体利用面向所有学生团体开放的设施，那么所体现的就不仅仅是对宗教的中立性，而更多的是对宗教的仇视性了。联邦最高法院以8比1判定，应用于公立学校的《平等利用法案》并不违背宪法的“确立条款”。桑德拉·戴·奥康纳大法官撰写了法院意见。

1　*Board of Education of the Westside Community Schools v. Mergens*, 496 U.S. 226（1990）.

在 1993 年的**“羔羊教会诉森特莫里奇斯联合自由学区案”**[1]中，纽约州授权地方学区，可以在学校放学期间，将学校设施用于一些社交、民事或娱乐用途。位于长岛的一个小型福音派教会，请求利用当地学校设施，放映具有宗教定向的有关家庭价值和养育孩子的电影。但学校以影片内容属于宗教观点为由拒绝了这一请求。于是，这个教会发起诉讼，认为地方学校当局的做法侵犯了“第一修正案”的言论自由权利。联邦最高法院一致判定，上诉人有权平等利用面对公众开放的学校设施，所涉及宗教内容并不构成拒绝其请求的理由。怀特大法官就这个一致判决案例，撰写了法院意见。

联邦最高法院按照平等利用原则裁定宗教案件的做法，并不局限于这个时期，而是具有更长久的影响。1995 年的**“罗森伯格诉弗吉尼亚大学案”**[2]，亦属平等利用原则案件。

本案件涉及一所州立大学内一份由学生主办的宗教报纸是否有资格获得校方资助的问题。本案凸显了“第一修正案”中，“言论自由条款”及“自由活动条款”与“确立条款”之间的潜在矛盾性；也凸显了联邦最高法院在处理“确立条款”案件中，原则与标准的游移性。最终，联邦最高法院以 5 比 4 判定，该州立大学应当在资助与援助方面，向宗教与非宗教学生团体提供平等利用权。安东尼·肯尼迪大法官（Justice Anthony M. Kennedy）撰写了法院意见。

在本案里，弗吉尼亚大学这所著名公立大学，为鼓励学生课外活动，通过与校外相关组织合作，向自愿性学生团体提供活动经费资助。但该大学却拒绝了一个自愿性学生团体享有同样的资助，因为那个学生团体在性质上属于一个宗教团体。这个案件不仅涉及“第一修正案”的“宗教条款”，而且还涉及该修正案的“言论自由条款”。就本案来说，大学当局的做法，无疑侵犯了该学生团体的言论自由，但大学当局的这种做法是否可以从“确立条款”这一宪法规定中获得合法理由呢？法院认为，宪法“确立条款”要求的中立性原则，并不会阻止大学当局按照“言论自由条款”向宗教或非宗教学生团体提供“平等”支持或援助。

---

1 *Lamb's Chapel v. Center Moriches Union Free School District*, 508 U.S. 384（1993）.

2 *Rosenberger v. University of Virginia*, 515 U.S. 819（1995）.

发生在弗吉尼亚大学这个由托马斯·杰斐逊亲手创建的机构里的“确立条款”案件，似乎为大法官们重温历史或探究“宗教条款”原旨，提供了新的场合与契机。尽管法院多数派与少数派均对宪法历史与原旨进行了广泛探讨，但他们在宪法原则上，还是无法消除标准混乱与原则错失的尴尬局面。

2001 年的**“好消息俱乐部诉米尔福德中心学校案”**[1]，亦属平等利用原则案件。联邦最高法院判定，在课外学校设施的平等利用上，宪法“确立条款”并不排除一个基督教儿童俱乐部的平等利用权。

2010 年的**“基督教法律学会诉马丁内斯案”**[2]，基本上属于“自由活动条款”案件。本案案情，类似于 1995 年“罗森伯格诉弗吉尼亚大学案”与 1981 年“威德马诉文森特案”等案例，均涉及公立大学内学生宗教团体的平等权利问题，但本案从相反方向呈现了平等利用原则的意义与范围。

隶属于加州大学公立学校系统的黑斯廷斯法学院（Hastings College of the Law），为获得学校相关机构认可的学生团体，提供了一些便利设施与支持。学生团体要获得校方认可，必须遵守学校的非歧视性原则。按照学校的非歧视性原则，任何学生，不论其身份、信仰、性别或性取向，都可以自愿加入那些学生团体。基督教法律学会就是一个获得学校认可的学生团体。该团体后来因为加入全国性基督教学生联盟，而改变了成员规则，亦即不允许那些同性恋学生，或其信仰不同于该团体信仰声明的学生加入该团体。这样，黑斯廷斯法学院就以该学生团体不符合学校非歧视性原则为由，取消了该团体的校方认可资格和相应优惠待遇。该学生团体于是发起诉讼，指控学校当局侵犯了第一和第十四修正案保障的言论自由与宗教活动自由等权利。

联邦最高法院认为，该学校的非歧视性原则，是认可学生团体资格的一种合理与中立原则，并不侵犯“第一修正案”的有关规定。法院以 5 比 4 判决该学校的做法没有违背宪法。金斯伯格大法官代表多数派撰写了法院意见。法院意见认为，该学校的非歧视性原则是合理和中立的，是对所有学生团体一视同仁的，并没有针对宗教团体予以特别的限制或要求。学生团体“基督教法律学会”，要么

1　*Good News Club v. Milford Central School*, 533 U.S. 98（2001）.

2　*Christian Legal Society v. Martinez*, No. 08-1372（2010）.

遵守该原则并获得相应的便利与优待，要么不遵守该原则并放弃那些便利与优待。学校当局没有逾越宪法界限。

不过，法院少数派认为，这个判决是对言论与表达自由的限制性应用。

第四节　中立性形式原则与个案具体性限制（1985—2014年）

联邦最高法院在这近三十年的当代司法实践中，对宪法“第一修正案”“宗教条款”的解释与应用，呈现出两个比较明显的特征。一方面，希望能够探寻或摸索出某种司法原则或标准，以便在“宗教条款”案件处理中取得某种一致性。但这一努力并未取得预期的成功。虽然尝试了种种标准、测验与原则，但所有这些具有某种便利性与齐一性的标杆或向导，均只具有一定的适用性和效用性，并往往存在着这样或那样的不足与缺憾。最终在司法实践中，联邦最高法院只能求助于所谓的“中立性”原则了。而这个中立性原则，由于其具体内容的变易性与不确定性，以及持续不断的空洞化发展，结果也只剩下一些并无多少实质内容的外在形式了。换言之，如果说在当代有关“宗教条款”的司法解释与实践中存在着某种原则的话，那么这个原则，在准确意义上，也只是一种形式原则与非实质原则了。

另一方面，有关宪法“宗教条款”的当代司法解释与应用，由于缺乏统一的原则或标准，而往往陷入了个体案件的具体性而无力自拔。原有的分离论已经失效或破产，但与之相对的迁就论又无力取而代之。原有的有关宪法起源与原旨的学说已经无法自圆其说，但新出现的相关学说又无从取得一致性和普遍认可。原有的判例尽管案情与性质相似，但却存在着判决结果截然不同的两种或多种判例，这就使得后来的类似案件，无从依据先前的判例。即使是同一个法院或同一个大法官，在性质相似案件上，也可能作出不一致，甚或在外人看来相互矛盾的判决。所有这一切，都使得当代有关“宗教条款”的司法解释与应用，只能依据具体案件的具体案情来加以处理了。在普遍性渐趋模糊与消散的背景中，在原则与标准日渐淡化或缺失的情形下，“个体性”实际上就成为一种无原则的原则。

总之，联邦最高法院的司法应用与实践，虽然为上述形式原则和具体性所困扰，但对于宗教自由权利的意识与保护，还是取得了可喜进展。其中，一个重要司法尝试，就是在近来确立的"牧师例外"原则。这样一种尝试，为美国的宗教自由试验开放了又一个有待探索的新领域。

对"宗教条款"分离论原则的重估与转向

这一阶段开始的标志，无疑应当是1985年"华莱士诉贾弗里案"里威廉·伦奎斯特大法官撰写的不同意见。但伦奎斯特大法官的看法，不是突如其来的。首席大法官沃伦·伯格在前一年的"林奇诉唐纳利案"里，就已经对现有宗教案件司法标准以及分离论原则提出了批评与质疑，并呼吁对现有"宗教条款"司法实践作出某种范式转变。威廉·伦奎斯特则以其理论性与系统性，全面批判了现有宗教案件的司法模式。联邦最高法院在从"沃伦法院"转换为"伦奎斯特法院"的变迁中，对宪法"宗教条款"的理解与应用，也发生了基调与方向性的转变。

1984年的**"林奇诉唐纳利案"**[1]，是一桩十分重要的"确立条款"案件。在这个案件里，罗得岛州波塔基特市（Pawtucket）一些居民，对由城市资助的圣诞节期间表达"圣诞快乐"的一些展览品提出了质疑，因为在各种充满节日气氛与象征意味的展品中，也包含明确属于基督教传统的"耶稣降生图像"。这个案件是对属于基督教信仰背景的传统惯例合法性的质疑。

就像美国其他成千上万个大大小小城镇一样，罗得岛州波塔基特市在过去40多年里，在每年圣诞节期间，都会在位于该市核心商业区的一家非营利组织拥有的公园内，设立一个圣诞展览区。在陈列的展品中，除了像圣诞树或圣诞老人一类的节日喜庆物品外，还包括表现耶稣降生场景的图画/塑像/模型（a crèche or Nativity scene）。本案被诉人美国公民自由联盟成员唐纳利等人认为，在圣诞展览里包含基督教的耶稣降生场景模型，就是违背了通过"第十四修正案"而应用于州的"第一修正案"的"确立条款"。而本案上诉人林奇则为当时的波塔基特市市长，他表示无法接受这一违宪指控。

联邦最高法院的判决结果，最终支持了罗得岛州波塔基特市这一传统做法。

1　*Lynch v. Donnelly*, 465 U.S. 668（1984）.

在这个5比4作出判决的案件里，首席大法官沃伦·伯格代表多数派撰写了法院意见。伯格在这份法院意见里指出：

> 本法院已经表明，“第一修正案”“确立条款”与“自由活动条款”的意图，就是“尽可能地防止，这两者之间（政与教）任何一方入侵另一方的领地”（“莱蒙案”）。不过，与此同时，本法院也承认，“在绝对意义上的完全分离是不可能的。政府与宗教组织之间，存在一些关系是无可避免的”（“莱蒙案”）。在每一个“确立条款”案件中，我们都必须要协调这一不可避免的紧张关系，亦即，既要防止政教之间一方对另一方进行不必要的干预，又要面对这一现实，正如本法院时常指出的，这两者之间的完全分离是不可能的。
>
> 本法院有时将“宗教条款”描述为在政教之间建立了一道“墙”，譬如在1947年“埃弗森诉教育委员会案”中。“分离墙”这一概念，可能是从托马斯·杰斐逊观点中引申出来的一种有用的形象说法。这个隐喻构成了这样一种提示，即“确立条款”禁止确立某种教会或任何此类事物。但是这个隐喻，对于政教之间实际存在的关系并不是一种完全准确的描述。
>
> 在我们社会里，没有哪个主要部分，也没有哪个机构能够存在于真空中，或与其他部分，更不用说与政府，处于完全或绝对的隔离中……宪法并没有要求政教之间的完全分离。宪法肯定性地要求对所有宗教予以迁就（accommodation），而不仅仅是宽容（tolerance）；并禁止对任何宗教予以敌视……事实上，正如我们已经指出的，“表明这样一种敌意，将会与我们国家的传统相抵触，正如‘第一修正案’对宗教自由活动的保证所体现的”（“麦科勒姆案”）……
>
> 这个历史有助于解释，为何本法院一直拒绝对“确立条款”采取僵硬而绝对的观点。我们已经拒绝拘泥于字面意思来解释“宗教条款”，那将会损害由历史彰显的宪法终极目标。我们现代复杂社会——其传统与宪法根基依赖并倡导在各个领域的多样性与多元论——用绝对方式来应用“确立条款”，是过于简单化的，并遭到了法院的一致拒绝。
>
> 本法院不是像绝对方式要求的那样，机械地否决为整个宗教或某种信仰提供利益或特殊认可的任何政府行为或法令。本法院会仔细审查受到质疑

> 的立法或官方行为，以决定它们是否在实际上确立了某种宗教或整个宗教信仰，或者倾向于那么做……在每一个案件里，这种探究都需要划分界线；但法院却无法提出固定的、属于事物自身的规则。“确立条款”就像“正当程序条款”，并不是一套易于应用的精确而详尽的司法规定。“确立条款”的目的，“是要陈述一种目标，而不是撰写一项法令”。就像正当程序无法被界定为单一的策略、表述或测验一样，在“确立条款”允许的关系与禁止的关系之间，其界线也不可能是笔直的和毫不妥协的。这个条款建立了“一个模糊的、含混的和变易的隔栏，并依某一特定关系的具体情形而定”（“莱蒙案”）。
>
> 在划分界线程序中，我们常常发现，有必要探究被质疑的法律或行为是否具有世俗的目的，它主要或首要的效果是否促进或阻碍了宗教，以及它是否使政府与宗教产生了过度牵连（“莱蒙案”）。不过，我们已经反复强调，在这个敏感领域里，我们不愿意使自己囿限于任何单一的测验或标准……我们确信，这个城市在把耶稣降生场景模型包括进展品时，具有一种世俗目的；这个城市并没有不经允许地促进了宗教；而且展品包括耶稣降生场景模型，也不会使宗教与政府产生过度牵连。

伯格大法官的这份法院意见，体现了四个关键点。第一，明确表示完全或绝对的政教分离，既不是宪法原旨也不是社会现实。在社会现实中，政府与宗教之间存在一些关联是无可避免的。第二，质疑了在1947年“埃弗森案”中提出的政教“分离墙”这一隐喻的合法性和有效性。认为在联邦司法体系中，使用这样一个隐喻来描述或处理如此复杂的重大问题，是不够准确的。第三，认为宪法要求对待宗教的立场或态度，绝不是仇视或敌意，甚至也不是宽容或包容，而是一种承让或迁就，是对宗教的一种倾向性肯定态度。这就等于在呼吁法院放弃原有的严格分离论立场，转而采纳一种具有变通性的迁就论立场。第四，认为在处理“确立条款”案件中，并不存在一种简单形式化的、适用于一切类似案件的标准或原则。包括“莱蒙测验”在内的一切判定准则或标准，均存在着某种不当，均不能加以机械僵化地运用。事实上，在“确立条款”允许与禁止的事物之间，只能存在一条模糊的、含混的和变易的隔栏，而不是一条明确固定的分界线或分离墙。

总之，首席大法官沃伦·伯格的这份法院意见，开始透露出一个清晰信号，这就是要在宪法“宗教条款”案件中，重新评估沿用了数十年的司法原则与标准，重新评估联邦法院特别是最高法院在处理“宗教条款”案件中的态度与立场。这在宪法“宗教条款”的现代司法实践上，标志着一种转向。这种重估与转向的尝试，将在此后的此类案例审理中，特别是在伦奎斯特大法官的司法解释中，获得更清晰有力的表述。

如果说首席大法官沃伦·伯格在1984年“林奇诉唐纳利案”中，对“宗教条款”特别是“确立条款”原旨与原则的批判而重估，只是初步的、预警的和片断性的，那么在紧随其后的1985年**“华莱士诉贾弗里案”**[1]中，威廉·伦奎斯特大法官在该案不同意见里表达的观点，就是对法院现有处理“确立条款”案件的司法原则与立场，进行了更加全面深入系统的反思与批判。伦奎斯特的这些观点，不仅对此后的司法实践，而且还对此后的学术探讨，都产生了深远影响。正因为如此，伦奎斯特大法官在本案里表述的意见，就像莫里森·韦特在1878年“雷诺兹案”里、欧文·罗伯茨在1940年“坎特韦尔案”里、雨果·布莱克在1947年“埃弗森案”里所表述的意见一样，具有划时代或里程碑式的重要意义。

此案亦表明，不仅联邦最高法院，而且还有地方法院与上诉法院，纷纷根据既有的判例和新发现的史料，对“确立条款”提出了不同见解。不同的法官或不同的法院，针对同样的案情和原则，有可能作出完全不同的判决。司法系统在“确立条款”问题上，似乎正陷入越来越大的混乱和矛盾。没有前后一致的原则，没有始终如一的标准，没有行之有效的检验。法院与法院之间，法官与法官之间，公民与公民之间，似乎正在就这一关系重大的“宗教条款”，陷入越来越严重的分歧与对立。也正是在这一背景或困境下，伦奎斯特大法官的反思观点，才显得越发切中时弊、越发振聋发聩。

威廉·伦奎斯特（William Rehnquist，1924—2005年）出生于威斯康星州的密尔沃基（Milwaukee），主要在斯坦福大学（Stanford University）接受了政治学和法学教育。1972年由尼克松总统提名，被任命为联邦最高法院大法官。1986年，在首席大法官沃伦·伯格退休后，威廉·伦奎斯特由里根总统提名，被任命

---

1 *Wallace v. Jaffree*, 472 U.S. 38（1985）.

为首席大法官。值得一提的是，威廉·伦奎斯特将从1986年起到2005年的近20年时间里，担任联邦最高法院首席大法官。考虑到整个美国社会文化在20世纪后期向保守主义立场转化的大背景，人们有理由对联邦最高法院未来的走向与趋势，保持一种发生变化或变革的预期。

1985年的"华莱士诉贾弗里案"，同样是一桩"确立条款"案件。根据阿拉巴马州一项法令，所有公立学校在每天上课前，都要施行一分钟的"静默时刻"（the moment of silence），以进行"沉思或自愿性祈祷"（meditation or voluntary prayer）。可以说，"静默时刻"是公立学校涉及宗教问题的又一种惯例。有人认为这个仪式完全是世俗性的，但另一些人则认为，这个仪式使得宗教以潜在方式重新返回了公立学校，是以另一种方式间接否定了1962年"恩格尔案"的判决。在本案里，上诉人华莱士是阿拉巴马州州长。被诉人贾弗里是该州居民，他有三个年幼的孩子在公立学校读书，他首先发起了本案的诉讼。

由于认定该州这项法令没有世俗目的，并且传递了政府推行祈祷的明确意图，联邦最高法院最终以6比3判决该州这项法令违宪。值得注意的是，本案的判决，只是根据阿拉巴马州的特殊立法史和特殊立法意图，否定了该州所谓"静默时刻"的合法性。而对盛行于其他许多州公立学校的"静默时刻"惯例则没有触及，亦即流行于其他州的类似做法，仍能维持其既有的有效性。而且，在"华莱士诉贾弗里案"里，联邦最高法院虽然判定阿拉巴马州的"静默时刻"方案违宪，但对"静默时刻"这一传统做法给予了诸多同情。而伦奎斯特大法官更是根据此案判决发出强烈呼吁，要求联邦最高法院抛弃既有处理"确立条款"的整个途径和思路。

史蒂文斯大法官撰写了本案多数派意见。在这份法院意见里，史蒂文斯大法官特别指出了宪法保障的宗教权利亦适用于非基督教信仰和非宗教信仰：

正如言说权利与沉默权利在更广泛的个人思想自由概念中是相辅相成的一样，个人为自己选择信条的自由，也是个人拒绝接受由多数派所确立的信条这一权利的对应物。有段时间曾有人认为，这一权利仅仅禁止对某一基督教教派作出偏袒，而不要求对下列人的良心给予平等尊重：不信仰者、无神论者或者像伊斯兰教与犹太教一类的非基督教信仰追随者。但当这个基本原则在诉讼熔炉中受到考验时，本法院明确认定，“第一修正案”保护的个人良心自由，包括选择任何宗教信仰或不选择任何宗教信仰的权利。对这个结论的支持，不仅来自个人良心自由这一利益，而且还来自这一信念，亦即值得尊重的宗教信仰是信徒自由与自愿选择的产物；此外，还来自对这一事实的认可，亦即防范不宽容的政治利益，超越了基督教教派之间的不宽容——甚或“诸宗教”之间的不宽容，而涵盖了对于不信仰者以及不确定者的不宽容。

不过，比本案法院意见更引人瞩目的，是一份不同意见。对本案判决结果持不同看法的威廉·伦奎斯特大法官，撰写了一份极其重要的不同意见。伦奎斯特大法官在这份不同意见里，借鉴多年来的学术研究成果，特别是美国历史研究和美国宪法史研究的发现与成果，对宪法“宗教条款”的起源、发展、原旨与原则，进行了重新考察和评判，对联邦法院从20世纪40年代以来遵循的司法解释与标准，进行了条分缕析的剖析和考察。毫不奇怪，伦奎斯特大法官的看法，首先获得了沃伦·伯格首席大法官的支持和联署。

38年前，本法院在“埃弗森诉教育委员会案”[330 U.S. 1 (1947)]中，将其对“确立条款”原则的解释总结如下：“用杰斐逊的话来说，反对通过法律确立宗教的条款，就是要建立一道‘政教分离墙’[98 U.S. 145 (1878)]。”这个表述来自“雷诺兹案”，一个涉及“第一修正案”“自由活动条款”，而不是“确立条款”的案件，并且引自《托马斯·杰斐逊致丹伯里浸信会联合会的书信》：“我还以至上崇敬，沉思了全美国人民的那一法令，亦即宣布他们的立法机构‘不得制定法律以确立某种宗教，或禁止其自由活动’，由此就在教会与国家之间建立了一道分离墙。”

在对宪法史错误理解的基础上，要建立起可靠的宪法原则是不可能的。然而不幸的是，“确立条款”在近40年里，明显充斥着杰斐逊那误导性的隐喻。那被称作《权利法案》的宪法修正案，在国会获得通过并在各州获得批准时，托马斯·杰斐逊正在法国。他致丹伯里浸信会联合会的书信，只是一种礼节性短笺，写于国会通过那项修正案14年以后。在任何超然的旁观者看来，就“第一修正案”“宗教条款”的意义而言，他似乎并不是当时历史情形的理想来源。

杰斐逊的弗吉尼亚同胞詹姆斯·麦迪逊——杰斐逊与其一道参加了1786年制定《弗吉尼亚宗教自由法案》的斗争——在起草《权利法案》过程中，发挥了不逊于任何人的重要作用。在这一方面，与杰斐逊相比，麦迪逊具有两个有利条件：留在美国，而且是第一届国会的领袖成员。只要转向那最终采纳了宪法“确立条款”的第一届国会的会议记录，其中包括麦迪逊对其所作的重要贡献，我们就会在高度简单化的“政教之间的分离墙”之外，看到一幅迥然不同的目标图景。

在13个殖民地就批准宪法进行的辩论中，反对批准宪法者经常利用的一个论点就是，没有一部保证个人自由的《权利法案》，这个新成立的总体政府就具有一种专制的潜能。那些支持批准宪法的人，对这个论点的典型回应则是，按照宪法建立的总体政府，仅拥有被授予的权力，而那些被授予的权力极其有限，以至于这个政府没有理由侵犯个人自由。这种回答，令一些人感到满意，但其余的人仍不满意。在1789年早期批准宪法的11个殖民地中，有5个提出了这种或那种修正案，以保证个人的自由。有3个殖民地，亦即新罕布什尔、纽约与弗吉尼亚，将一份宗教自由宣言包括在内。罗得岛和北卡罗来纳，因为宪法缺少具有《权利法案》性质的修正案，而直接拒绝批准该宪法……

1789年6月8日，詹姆斯·麦迪逊在众议院发言，“提醒众议院今天是他先前指定的提出宪法修正案的日期”……

根据众议院的会议记录，在众议院成员中，詹姆斯·麦迪逊无疑是最终成为《权利法案》的那些修正案的最重要设计者。不过，詹姆斯·麦迪逊的立场，是合理的立法妥协的倡导者，而不是把《弗吉尼亚宗教自由法案》吸收进美国宪法的倡导者。在弗吉尼亚议会就批准宪法进行的辩论中，麦迪逊实际上反对任何《权利法案》的主张。他在众议院支持那些修正案，其立场并非“宗教条款”必要性的热切追随者，而是认为那样做既有益处也有害处，但却会令那些以国会提出《权利法案》为批准宪法条件的人感到满意。他的“不得确立任何全国性宗教”（any national religion）的原初表述，显然并不符合日后评论者划归于他的政教“分离墙”观念。他在议院发言中对那种表述的意义的解释——“国会不得确立一种宗教并通过法律来强化对它的法律监察”——亦具有同样的意味。在对众议院特别委员会的提案进行讨论时，作为对亨廷顿意见的回应，麦迪逊主张，应当在“不得通过法律确立任何宗教”这个表述中的“宗教”一词前，增添上“全国的”这个词语。

通过简要考察麦迪逊1789年在众议院发言中的思想，我们可以发现无可争辩的是：他认为修正案是要禁止确立一种全国性宗教，也许还要防止各教派之间的歧视。他并不认为修正案要求政府在宗教与非宗教之间保持中立。所以，本法院在“埃弗森案”中的意见，虽然正确地将麦迪逊与杰斐逊相提并论，以描述他们在家乡共同制定了《弗吉尼亚宗教自由法案》，但若由此认为麦迪逊将那些观点带到了在美国众议院的发言中——他在其时提出的表述最终将成为《权利法案》——却是完全错误的。

在“麦科勒姆诉教育委员会案”[333 U.S. 203 (1948)] 中，尤其在“恩格尔诉瓦伊塔尔案”[370 U.S. 421 (1962)] 中，法院意见对这个错误的重复，并不能使它在历史上显得更为合理。最终，在“阿宾顿学区诉谢普案”[374 U.S. 203 (1963)] 中，本法院作出了惊人的陈述：“麦迪逊与杰斐逊以及他们之前的罗杰·威廉斯的观点，不仅被吸收进了联邦宪法里，而且也被吸收进了大多数州宪法里。”根据我们拥有的证据，这种陈述作为历史事实肯定是不正确的。在其后的法院意见里，以各种形式对这一论断的不断重复，并不能赋予它以更多的权威性。遵循先例（*stare decisis*）可以在法律问题上约束法院，但不能在历史问题上约束法院。

在8月15日发言的其他国会成员中，也没人有丝毫迹象表示，他们认为，特别委员会提供的那种表述，或者其所针对的邪恶，要求政府在宗教与非宗教之间保持绝对的中立。就那些发言者的意图而言，其所针对的邪恶，看来是确立一种全国性教会，以及对诸宗教教派中某一教派作出偏袒；它肯定不是关注，政府是否能不偏不倚地援助所有的宗教……

这些证据表明，“第一修正案”的“确立条款”，早已获得了广为接纳的意义：它禁止确立一种全国宗教，禁止在宗教教派或宗派之间作出偏袒。事实上，第一部美国词典就把“establishment”这个词语界定为“确立、建立、批准或授权的行为”，譬如“在英国所谓的主教制宗教形式中”（韦伯斯特：《美国英语词典》，1828年第1版）。“确立条款”没有要求政府在宗教与非宗教之间保持中立，也没有禁止联邦政府对宗教提供非歧视性援助。认为制宪者想要建立那在“埃弗森案”里被宪法化了的“分离墙”的看法，是没有任何历史依据的。

虽然严格分离论缺乏历史基础，但假如它能引导本法院在“确立条款”案件中达成一致性与原则性结果，那么“分离墙”观念仍能成为一个有用的，然而是被误导的分析性概念。不幸的是，相反一面才是真实的。在“埃弗森案”以来的38年间，我们对“确立条款”案件的判决，既没有成为原则性的，也没有成为一致性的。我们近来的意见——有许多陷入了无望的分裂与多元中——以令人难堪的坦率承认了，“分离墙”只是一个“模糊的、含混的和变易的隔栏”；它“并不完全准确”，并且只能加以“模糊理解”[Lemon v. Kurtzman, 403 U.S. 602 (1971) ; Tilton v. Richardson, 403 U.S. 672 (1971); Wolman v. Walter, 433 U.S. 229 (1977) ; Lynch v. Donnelly, 465 U.S. 668 (1984)]。

不论由于缺乏历史依据，还是由于缺乏实际可行性，已经被证明的是，“埃弗森案”的“分离墙”，作为一种合理的宪法裁决指南，是毫无用处的。它只是表明了本杰明·卡多佐（Benjamin Cardozo）这一评论的睿智：“应当严密监视法律中的隐喻，因为其始于作为解放思想的手段，却往往终于对思想的奴役。”[Berkey v. Third Avenue R. Co., 244 N. Y. 84, 94, 155 N. E. 58, 61 (1926)]

而“分离墙”观念造成的最大伤害，就是使法官们可悲地偏离了《权利法案》制定者的真实意图。“诉讼熔炉”（the crucible of litigation）完全适应于，根据提交给法院的证词对实际争执作出裁决。但在判决意见里，对历史错误再多的重复也无法使错误变成真理。“政教之间的分离墙”是一个基于糟糕历史基础上的隐喻，一个已经被证明在指导裁决上无用的隐喻。应当坦诚而明确地放弃这个隐喻。

法院最近试图通过“莱蒙诉库尔策曼案”中的三项测验，为“埃弗森案”中的“分离墙”添加一些具有凝固作用的灰浆。就“确立条款”而言，与“分离墙”隐喻相比，这三项测验起初提供了更为有用的测验。一般说来，“莱蒙测验”禁止了下列州行为：具有某种教派性目的或效果，或者导致政府与宗教之间不允许的牵连。

“莱蒙案”引证了“教育委员会诉艾伦案”[392 U.S. 236 (1968)]，以作为其三项测验中“目的”与“效果”这两项的来源。不过，“艾伦案”法院意见解释说，它从“谢普案”与“埃弗森案”中，继承了目的与效果这两个元素；而后面这两个案件又都包含着上述历史错误。因此，目的与效果这两个“叉尖”，就像“分离墙”概念本身一样，都具有同样的历史缺憾：其基础绝非宪法制定者的表述或意图……

“莱蒙测验”中的“牵连”一项，来自“沃尔兹诉税收委员会案”[397 U.S. 664 (1970)]……而“牵连测验”所具有的一个困难就是，当与“沃尔兹案”的逻辑分离后，它会在学校援助案中，制造一种“无法解决的矛盾”：我们需要密切监视对教区学校的援助，以免爰助被用于教派用途，然而这种密切监视本身将会制造一种牵连……

这些困难的出现是因为，与建立于其上的“分离墙”理论相比，“莱蒙测验”亦没有更多地植根于“第一修正案”历史中。这个由三部分组成的测验，代表了一种坚决的努力，以从一种具有历史错误的原则里，精心设计出一种具有可行性的规则。但是规则只能与它试图服务的原则，具有同等合理性。正如本法院逐渐认识到的，这个由三部分组成的测验，根本就没有为裁决“确立条款”案件提供充足的标准。更糟的是，“莱蒙测验”还导致本法院意见分裂为了不具可行性的多元性意见——依赖于这三个因素，是如何被应用于某一州行为的。我们对学校活动案件的判决结果，表明了我们在使“莱蒙测验”产生原则性判决结果上所遭遇的困难……

如若一种宪法理论，在它试图解释的修正案历史里没有根基，如若它难于应用并导致了无原则性结果，那么我认为它就是无用的。“诉讼熔炉”已经产生了持续的不可预测性，当今的努力也只不过是西绪福斯式劳作的续篇：徒劳无益地试图弥补“莱蒙诉库尔策曼案”，所描绘的那种“模糊的、含混的和变易的隔栏”。从1947年以来，我们已经竭尽全力，但我们得承认，我们只能“模糊认识”“埃弗森案”的“分离墙”。我们的认识不是被宪法所遮蔽，而是被一个不必要的隐喻这团迷雾所遮蔽。

“确立条款”的真实意义，只能见于其历史中。作为《权利法案》的起草者，那些制宪者已经在其中写就了那些至今仍有控制力的原则。对其意图的任何偏离，都会干扰那部宪章的实施，并最终导致那种无原则的裁决——这一点从“埃弗森案”以来，就困扰着我们的“确立条款”案件。

制宪者想要使“确立条款”禁止指定任何教会为“全国性”教会。这个条款还意在禁止联邦政府对某种宗教宗派或教派作出偏袒。既然“确立条款”在“埃弗森案”里，经由“第十四修正案”针对各州进行了吸收合并，因而各州亦被禁止确立某种宗教或对某种教派作出偏袒。不过，正如其历史充分表明的，“确立条款”并没有要求政府在宗教与非宗教之间保持严格中立性，这个条款亦没有禁止国会或各州通过非歧视性教派手段来追求合法的世俗目的。

本法院否定了这项阿拉巴马州法律，因为该州希望“将祈祷看作一种受到优惠的做法”。如果获悉宪法就像本案多数派大法官们所解释的，禁止阿拉巴马州立法“支持”(endorsing) 祈祷，那些起草《权利法案》的人将会大吃一惊，就像当今许多有思想的美国人会深为震惊一样。乔治·华盛顿本人正是在通过《权利法案》那届国会的请求下，宣布某一天为“公共感恩与祈祷日，要求在这一天以感恩之心承认全能上帝那丰盛而重大的恩惠”。历史必定会判定，到底是1789年的“国家之父”，还是今日的法院多数派，偏离了“确立条款”的意义。

该州无疑有某种世俗利益，以规范该州公立学校的运作方式。如果理解正确的话，“第一修正案”“确立条款”中，没有任何内容，禁止对祈祷作出如此一般化的“支持”(endorsement)。因而我希望能撤销上诉法院的判决。

由此可见，伦奎斯特大法官以犀利的言辞，从词源、词义上，历史背景上，提案起草上和实际应用上，对法院遵循的“分离墙”这一隐喻，实施了毁灭性批判与打击。用“分离墙”这样一个隐喻来描述政教之间的关系，不仅缺乏历史基础和宪法依据，而且也没有任何司法实践指导意义，所以应当完全放弃对这个隐喻的使用。不仅如此，伦奎斯特大法官还从司法实践和逻辑推理上，对作为“分离墙”变通形式的“莱蒙测验”三标准，实施了消解性分析与批判。分别指出了这三项标准，在判例中的直接和最初来源，以及所包含的矛盾与不当之处。伦奎斯特大法官这份不同意见，可以说充分利用了当时的学术研究成果，而这篇不同意见本身，也成为一篇具有浓重学术意味的专题研究。

按照伦奎斯特大法官的观点，“第一修正案”“宗教条款”的原旨，就是禁止国会或联邦政府确立一种全国性宗教，禁止国会或联邦政府在各宗派或教派之间作出偏袒。如果承认“第十四修正案”的吸收合并原则，那么，宪法“宗教条款”的本意，就是禁止联邦政府、州政府或地方政府确立一种官方宗教，禁止联邦政府、州政府或地方政府在各宗派或教派之间作出偏袒。这就必然意味着，“确立条款”并没有要求政府在宗教与非宗教之间保持中立，也没有禁止政府对宗教提供非歧视性援助。倘如此，联邦法院在此前近半个世纪里，努力追求的所谓严格分离论式中立原则，以及努力禁止的政府对宗教给予的一切援助与支持，就需要按照这种新思维和新视阈，加以重新探察或评估了。

伦奎斯特大法官这些见解，当然是发人深省的，但就像他在本案里属于少数派一样，他的观点一时还无法占据上风，甚至还会出现可以预期的反复或反击。譬如，在下面这几例案件中，联邦最高法院对于“宗教条款”案件的审理判决，就表现出了这种摇摆或起伏。

1985 年的**“阿圭勒诉费尔顿案”**[1]，是与“华莱士诉贾弗里案”几乎同时审理和判决的案件。在本案判决中，判决结果以及法院多数派与少数派的构成，也几乎与“华莱士诉贾弗里案”相同。唯一的变化是，奥康纳大法官从多数派阵营转移到了少数派阵营。本案标志着分离论的一个极端。自从这个案件以后，联邦最高法院的极端分离论立场开始缓和，并逐渐向中立性原则转变。1997 年的**“阿戈斯提尼诉费尔顿案”**[2]，更是明确撤销了 1985 年的“阿圭勒诉费尔顿案”的判决。

这个案件涉及公共资助教师帮助私立学校学生的问题，涉及纽约城相关法令是否违背了“确立条款”的问题。具体地，本案涉及的地方法律，要求公立学校教师到教区学校，为贫困或弱势儿童提供补习性教育。这项地方法律旨在帮助低

---

1 *Aguilar v. Felton*, 473 U.S. 402（1985）.
2 *Agostini v. Felton*, 521 U.S. 203（1997）.

收入家庭儿童，以及身体残疾或具有某种缺陷的儿童，能够接受必要的补习性教育，不论是公立学校还是私立学校，不论是世俗学校还是教区学校。本案之所以形成诉讼，也正是因为这个法令包含了教区学校。

本案的判决再次印证了“莱蒙测验”内在的不足与缺憾。尽管法院多数派遵从这三项标准对此案作出了判决，但这判决引发了广泛的质疑与批评。本案的实际情形再次佐证了“莱蒙测验”中“过度牵连”标准所包含的内在矛盾。一方面，即使是对没有宗教目的，也没有促进或阻碍宗教这一主要效果的方案，政府一方的严密监视和监管，也势必会造成政府与宗教的某种过度牵连。另一方面，为了防止某一项目用于宗教目的和效果，政府的严密监视或监督对于宗教组织或机构来说，又势必会对其自由活动造成某种干扰和妨碍，从而对宪法保证的宗教自由活动权利形成某种侵犯和伤害。这一点，也正是伦奎斯特大法官在1985年“华莱士诉贾弗里案”的不同意见里着重阐述的论点。

1985年的“阿圭勒诉费尔顿案”判决以后，纽约城为了避免违反宪法，不惜花费大量资金，通过其他方式，特别是通过现代科技手段，继续为残障人士提供那些帮助和支持。此后，联邦最高法院对待“确立条款”的原则立场发生了转变。12年后，在1997年“阿戈斯提尼诉费尔顿案”中，上诉人声称遵守“阿圭勒诉费尔顿案”的判决，为他们带来了极大不便和严重财务负担，而且该案判决结果与该法院此后对类似案件的判决，在原则上明显不一致，因而，要求撤销那个案件判决所下达的禁令，并明确“阿圭勒诉费尔顿案”不再是一个“好法律”。经过审理，联邦最高法院明确推翻了自己在12年前的裁决推理与结果。

通过各种途径或方案，将州政府资助应用于宗派或教派学校的做法，在全国各地引起了多起诉讼案件。1986年的**“威特斯诉华盛顿州盲人服务部案”**[1]，就属于众多政府资助宗教学校案件中的一例。

本案涉及的问题是，一项州“职业支持计划”的资金，是否能够资助一个在基督教学校就学的学生修习宗教科目。上诉人是华盛顿州一位患有视力残疾的人士。他根据该州相关法令，向州盲人服务部申请了职业教育或培训援助。但他当时参加了一所私立基督教学院，以便能够成为一位牧师、传教士或青年导师。该

1 *Witters v. Washington Department of Services for the Blind*, 474 U.S. 481（1986）.

州相关部门以该州宪法规定为由拒绝了这一申请。该州宪法相关规定，禁止使用公共资金支持个人从事神学职业或学位教育。鉴于华盛顿州最高法院以“确立条款”规定为由，并特别援引了“莱蒙测验”的“主要效果”标准，而拒绝了上诉人的援助请求，联邦最高法院一致判决，联邦宪法并没有任何规定禁止该州向上诉人提供相关援助。

马歇尔大法官撰写了法院意见。法院意见认为，本案涉及的情况是，华盛顿州这项资助方案是直接支付给那位学生，而那位学生完全是出于自愿，将那笔资助用于了自己选择的教育机构。换言之，在本案中，既然援助提供给了个人，所以随后支持宗教教育的决定，就是由个人而非由该州作出的。所以，这项法规并没有违背宪法“确立条款”，而由州政府向宗教提供任何官方援助。

总之，本案表明了这样一种倾向或趋势：联邦最高法院的司法解释与判决，开始越来越多地愿意“迁就”一些与宗教相关的情形。严格分离论逐渐被抛弃，取而代之的是对传统做法与惯例的妥协或迁就，是对宗教信仰及其相关情形表现出的更多同情与理解。

1986 年的**“戈德曼诉温伯格案”**[1]，是一个判决结果令人讶异和生疑的“自由活动条款”案例。在此前的 1972 年“威斯康星诉约德案”等类似案件里，宗教信仰使一些非主流宗教团体成员，免除了某些普遍适用法规的限制。而在这个案件里，一名犹太教信徒寻求使自己免除一项普遍性规定，从而可以按照自己的信仰，佩戴（犹太男子）特有的圆顶小帽（yamulke）——按照正统犹太信仰，犹太男子在全在的（omnipresent）上帝面前应当遮盖住自己的头。但这名犹太男子的权利诉求，却未获支持。

本案上诉人戈德曼是一位正统犹太人和经过按立的拉比。他的服役职责，是在美国空军某部一个心理健康诊所担任门诊心理医生。其间，他因佩戴犹太男子特有的圆顶小帽而受到指责和处分。于是，戈德曼发起了诉讼。而本案的被诉人则是当时的美国国防部部长。上诉人认为，“第一修正案”“自由活动条款”允许自己在身穿制服时佩戴犹太教圆顶小帽，尽管空军相关规定要求军事人员有统一的着装。上诉人通过引证 1963 年“舍伯特案”及其他判例，坚持认为宪法“自

---

1 *Goldman v. Weinberger*, 475 U.S. 503（1986）.

由活动条款”要求空军统一着装规定为宗教服装作出例外，除非那种宗教着装对军队纪律或士气产生了“明显威胁”。此外，上诉人还特别强调了自己的宗教装饰，虽然是可见的，但却是不张扬的，因而应当受到迁就。

不过，联邦最高法院以 5 比 4 判决认定，军队的组织和要求是不同于民事社会的；“第一修正案”并没有要求军队迁就此类宗教行为，而且军队也可以合法地对军队着装作出统一规定。因而，法院判决没有支持上诉人的权利诉求。

少数派的不同意见则认为，法院多数派将问题核心不恰当地放在了某一着装规定上，而不是“第一修正案”保证的权利上，从而作出了那种不恰当的裁决。

1986 年的**“鲍恩诉罗伊案”**[1]，几乎与“戈德曼诉温伯格案”具有同时同类同裁决的性质。这是以特殊宗教信仰为由，要求免除某项普遍适用法规限制的案例。一个希望获得政府救济和福利的印第安家庭，希望能够免于提供自己两岁女儿的社会保障号（the social security number），因为按照他们的信仰，那会夺去那个小女孩灵魂的纯洁性和唯一性。

本案被诉人罗伊，是居住在宾夕法尼亚州的印第安人。他因生活困难而向有关部门申请了某些社会福利和救济。根据联邦和该州相关规定，各州都是按照个人社会保障号来分发社会福利的，亦即每个接受相关社会福利的人，都应提供自己的个人社会保障号。但本案被诉人罗伊，却拒绝遵守此项规定，声称自己两岁的小女儿获取社会保障号，按照他们的印第安传统宗教信仰，将会危及她灵性的纯洁性，并无法保证她人格与精神的唯一性。并且，被诉人还声称“第一修正案”“自由活动条款”，使自己有资格免予遵守有关社会保障号的统一规定。因而，本案涉及的问题在于，宪法“第一修正案”“自由活动条款”是否能够迫使政府迁就基于某种宗教信仰而对某项普适法规所作的例外。

联邦最高法院在本案中陷入了严重分裂，甚至都无法形成一个清晰多数派。首席大法官伯格宣布了本法院的判决，他撰写的意见包括三个部分，其中只有前两个部分获得了多数派的认同，并具有了“法院意见”的性质。不过，他在第三部分里，阐述了相关判例的司法推理与原则，并进而指出对宗教自由活动的附带性及中立性限制在现代多元社会里不可避免时，伯格首席大法官的这部分意见未

---

1 *Bowen v. Roy*, 476 U.S. 693（1986）.

能获得多数派签署，因而也只能归为个人意见之列。总之，在伯格首席大法官看来，并非所有对宗教施加的负担都是违宪的。

伯格在具有“法院意见”效力那部分内容里，通过追述法院对信仰自由与行为自由的区分，对个人宗教自由活动的范围和限度进行了分析。他指出：

> 我们的判例，长期以来都认可这样一种区分：个人信仰的自由，这是绝对的；个人行为的自由，这不是绝对的。本案仅涉及后一种关切。罗伊反对该项法律要求，并认为该州机构“将会利用”那些社会保障号；这不是因为该法规为他信什么或做什么施加了任何限制，而是因为他相信使用那种号码将会损害他女儿的灵性。
>
> 我们从不知道，法院会把“第一修正案”解释为要求政府自身以这种方式来行事，亦即个人相信那将会促进自己或自己家人的灵性发展。不能将“自由活动条款”理解为，要求政府以符合特定公民宗教信仰的方式，来处理自己的内部事务。正如政府不得要求被诉人参与任何宗教活动一样，被诉人亦不得要求政府参与他们选择的宗教实践，亦即避免使用一个号码来确认其女儿的身份。“自由活动条款”的规定在于，政府不得对个人做什么，而不是个人能够从政府获取什么。
>
> 所以，正如罗伊不能基于真诚宗教理由反对政府文件柜的大小或颜色一样，他亦不能基于宗教理由反对政府使用某一社会保障号码。“自由活动条款”针对政府某些强迫形式，为个人提供了保护；但它并没有为个人提供权利，以指使政府的内部程序行为。

伯格首席大法官，继续沿用法院的这种二分法，亦即，将宗教自由区分为宗教信仰自由与宗教行为自由，并进而谋求对后者加以某种限制。这固然是一种方便实用的做法，但随着人们对宗教自由的认识与理解越来越深入和全面，这种二分法内在的矛盾与不一致，将会受到越来越多的关注和探讨。

1987 年的**“爱德华兹诉阿圭勒德案”**[1]，是有关教授进化论与创造论的案件。

---

1 *Edwards v. Aguillard*, 482 U.S. 578（1987）.

这个案件涉及路易斯安那州这样一项法律规定：在公立学校，如果教授进化论，同时也应教授创造论，反之亦然。联邦最高法院以 7 比 2 的投票结果，判定该州这项法令违宪。法院意见认为，这项法令违背了“莱蒙测验”的第一项标准，实质上具有某种宗教目的，因而违背了“确立条款”的规定。

1988 年的**“林诉西北印第安人墓地保护协会案”**[1]，是 1986 年“鲍恩诉罗伊案”的姊妹篇。在这个案件里，当地印第安人反对政府一项修建公路的计划，因为拟议修建的公路将会穿越一块印第安人的宗教圣地。

本案的争执焦点在于，一条政府拟建的公路，有一段需要穿越一片国家林地，并且政府已经表示将会采伐那片林地相当一部分树木。而那片林地在传统上被印第安人视作宗教圣地，是印第安人举行某些宗教仪式和崇拜的场所。印第安人以那项政府计划侵犯了其“第一修正案”“自由活动条款”为由提起诉讼。

但联邦最高法院的裁决是，“第一修正案”“自由活动条款”并不能阻止政府的那项修路与伐木计划。本案遵循了 1986 年“鲍恩诉罗伊案”的司法解释与推论。是否存在政府对宗教的强迫行为，成为案件判决的关键。法院意见认为，这两个类似案件都没有涉及政府对宗教的任何强迫行为，都没有牵涉政府对宗教的直接惩罚或限制，都属于政府自己的内部事务。

1989 年的**“弗雷齐诉伊利诺伊就业保障部案”**[2]，是 1963 年“舍伯特诉弗纳案”和 1981 年“托马斯诉印第安纳就业保障部审查委员会案”的另类续篇。本案并不涉及任何非主流宗教教派的成员，而涉及一个不隶属于任何教会或宗教团体的个人。但他声称按照个人的宗教信仰，自己无法违背良心在“主日”（星期日）工作。上诉人声称自己是一名基督徒，不可能按照工作要求在“主日”工作。地方有关部门认为，上诉人根据宗教理由拒绝工作，仅仅是出于个人信仰，而非出于任何教会、教派或宗派的教条或信纲。因而以上诉人没有“良好理由”拒绝工作为由，拒绝为上诉人提供失业福利。

联邦最高法院以一致性判决，支持了上诉人的权利诉求。法院意见认为，只要能认定当事人的反对是出于真诚的宗教信仰，不需要考察他所隶属的教派及其

---

1 *Lyng v. Northwest Indian Cemetery Protective Association*, 485 U.S. 439（1988）.

2 *Frazee v. Illinois Employment Security Dept.*, 489 U.S. 829（1989）.

信条，就可以认定当事人宗教或良心诉求的正当性。法院意见指出：

> 弗雷齐断定自己是一名基督徒，但并不认为自己是某一特定基督教教派的成员。而且，也确实存在着各种各样的基督教宗派——并不宣称其宗教要求拒绝在星期日工作，但这并不会削弱对弗雷齐那源自“自由活动条款”的保护。“托马斯诉印第安纳就业保障部审查委员会案”已在很大程度上解决了这个问题。无可否认，拥有一个组织化宗派的成员身份，尤其是隶属于一个其特定信条禁止成员在星期日工作的宗派，将会使确定是否持有真诚宗教信仰的问题大大简单化，但我们拒绝了这一观念，亦即，要寻求“自由活动条款”的保护，就必须履行某个宗教组织的指令。在此，弗雷齐拒绝工作，是基于真诚的宗教信仰。按照我们的判例，他有资格寻求“第一修正案”的保护。

1989年的**“阿勒格尼县诉美国公民自由联盟案”**[1]，是一个引发争议和展现分歧的“确立条款”案件。基督教在美国历史上以及社会文化生活里，一直都扮演着重要角色。在个人和公共场合，展出耶稣降生马槽塑像 / 画像是圣诞节期间一项普遍存在的庆祝活动。面对有关这一行为合法性的质疑，联邦最高法院的大法官们陷入了严重分歧。

本案涉及在匹兹堡市中心公共财产范围内，两种在圣诞节期间经常展出的展品的合宪性问题。一种节日展品是阿勒格尼县政府大楼楼梯大厅的耶稣降生马槽塑像（crèche），另一种节日展品是在“市—县大楼”外面的犹太教九连灯大烛台（menorah）。这两种展品，都同时具有宗教和世俗向度。但这两种传统圣诞展品的合宪性，却受到了当地美国公民自由联盟的质疑。

大法官们在1984年“林奇诉唐纳利案”和1971年“莱蒙诉库尔策曼案（Ⅰ）”中的分歧，因此案的相似与关联，而得到了集中爆发。联邦最高法院虽然就此案作出了判决，但却无法形成所谓的“法院意见”。大法官们彼此之间陷入了严重分裂。

---

1 *Allegheny County v. Greater Pittsburgh ACLU*, 492 U.S. 573（1989）.

而且，法院的判决本身也充满了自我分裂的意味。法院依据一些不太重要的细节和特殊性，在这两种具有类似性质的节日展品之间作出了区分。法院认为，前一种基督教展品具有政府促进宗教的性质，因而是违宪的；而后一种犹太教展品则不具有政府促进宗教的性质，因而是合宪的。这两种圣诞展品，为何一种具有促进宗教性质，而另一种不具有促进宗教性质，按照法院提供的解释和说明，看来也只是拘泥于这两种展品之间次要或附带性的差异。当原则与标准变得模糊与混乱时，个案与细节往往能决定最终的判决。这正是法官们在此类案件中，需要时刻保持警觉和谨慎的原因所在。

总之，20 世纪 80 年代后期是一个“宗教条款”案件集中爆发的时期。各种各样的“宗教条款”案件，导致联邦最高法院各不相同的判决，并在全社会里引起了广泛关注和争论。而全社会的高度关注，有时甚至能诱发以政治途径来影响司法实践的尝试，譬如下面讨论的情形。

“史密斯案”及影响“宗教条款”司法实践的政治尝试

1990 年的**“俄勒冈州就业部诉史密斯案（Ⅱ）”**[1]，以及与此案紧密关联的 1988 年**“俄勒冈州就业部诉史密斯案（Ⅰ）”**[2]，都是美国宪法“自由活动条款”司法实践史上最重要的判决。

两位在俄勒冈州主办的药物滥用康复机构担任心理咨询员的土著美洲人，亦即土著印第安人，因被发现在其传统印第安宗教仪式上服用了佩奥特碱（peyote），一种具有致幻效果的仙人掌植物提取物，而被解职，并因这一“与工作相关的违规行为”（work-related misconduct），而被剥夺了州失业补偿权利。

需要指出的是，被诉人被解职前的工作，是吸毒与酗酒康复咨询师（drug and alcohol abuse rehabilitation counselor）。被诉人之所以有资格担任康复辅导员，部分是因为他们以前曾有过药物和酒精依赖经验。但该州相关康复机构，要求雇员完全禁用酒精和非法药物。按照俄勒冈州法律，拥有佩奥特碱属于重罪，并可判处长达十年的监禁。但这两位印第安人认为，俄勒冈州人力资源部拒绝为其提供失

1　*Employment Division, Oregon v. Smith (II)*, 494 U.S. 872（1990）.

2　*Employment Division, Oregon v. Smith (I)*, 485 U.S. 660（1988）.

业补偿金这一做法，违背了“第一修正案”的“自由活动条款”。被诉人一方还指出，自己使用佩奥特碱是出于宗教仪式需要，就像在基督教圣餐仪式中使用少量酒一样，因而按照宪法，可以对自己的那种宗教行为予以迁就。

在诉讼过程中，被诉人援引自1963年“舍伯特案”以来的一系列判决，请求为自己遭受“实质性负担”的宗教行为，在某些条件下，免除该项法律的处罚。联邦最高法院在1988年“俄勒冈州就业部诉史密斯案（Ⅰ）”中，以5比3作出判决，认为应当由该州决定当事人的做法是否违背了该州法律规定，而本法院则拒绝对被诉人此类做法是否受宪法保护作出裁决。史蒂文斯大法官发表了法院意见。而1990年“俄勒冈州就业部诉史密斯案（Ⅱ）”中，法院则以6比3的判决结果，明确否定了被诉人的权利请求。法院多数派意见更进一步表明，宗教信仰不能使人豁免于那些州法律所规定的行为。这样，联邦最高法院在某种意义上就放弃了，自1963年“舍伯特案”以来在“自由活动条款”案件中对宗教采取的迁就立场。

具体地，1990年“俄勒冈州就业部诉史密斯案（Ⅱ）”中，法院以6比3判定，该州拒绝为这名印第安人提供失业补偿，并不违反“自由活动条款”。斯卡利亚大法官（Justice Antonin Scalia）代表多数派，撰写了法院意见。法院意见表明，被诉人因为宗教仪式使用佩奥特碱，而被解职并被拒绝提供失业补偿。该州这种做法是否得当，取决于这一点，亦即，“第一修正案”“自由活动条款”是否允许该州将宗教性使用佩奥特碱这一做法纳入普适性禁毒禁令之中。斯卡利亚大法官的这份法院意见，在一反常态地强调州权而不是联邦权的同时，仍然遵循了1878年“雷诺兹案”以来的司法思路与实践，并在宗教信念与宗教行为之间，作出了区别对待：

> 而“宗教活动”往往不仅涉及信念与信仰，而且还涉及对某些具体行为的实施（或克制）：与他人一道举行崇拜仪式、参与有面包与酒的圣餐礼、改变宗教信仰、放弃使用某些食物或交通模式。我们认为（尽管我们的案件没有涉及这一点），假如某个州试图禁止此类行为或克制行为，仅仅当它们涉及宗教理由时，或者仅仅因为它们展示了宗教信仰，那么这个州就是“禁止了（宗教）的自由活动”。例如，禁止雕刻“用于崇拜目的的雕像”，或者

禁止向金牛犊鞠躬，毫无疑问就是违宪的。

然而，本案被诉人试图使“禁止（宗教）自由活动”的意义向前迈进一大步。他们认为，自己使用佩奥特碱的宗教动机，使其置身于这样一项刑法范围之外：这项刑法并不特别针对他们的宗教实践，并且当应用于因为其他原因而服用该药物的人时被认为是合宪的。换言之，他们认为，“禁止宗教自由活动”包括，要求所有人遵守这样一项普适法律：要求（或禁止）实施某项其宗教信仰禁止（或要求）的行为。就其文本含义而言，我们认为那些表述并不一定会产生那种意义。

……简单说来，被诉人要求我们认定，当某项在其他情形下被禁止的行为伴随以宗教信念时，不仅那些信念而且还有那种行为本身，都应免予政府的控制。我们从未坚持过这一点，现在也拒绝这么做……

由于被诉人服用佩奥特碱是为俄勒冈州所禁止的，由于那种禁令是合宪的，所以，当被诉人的解职是由于服用那种药物时，俄勒冈州可以在与“自由活动条款”保持一致的情形下，拒绝被诉人的失业补偿。

这份法院意见的立场似乎是，对宗教活动的禁止，如果仅仅是一项普适法律规定的次要或附带性效果，就没有违背“第一修正案”；如果所涉及法律是一项普遍适用的刑法，就不可应用“自由活动条款”的司法管辖权。这种司法解释，显然是对宗教自由活动的一种狭义解释，在实际上大大限制了宗教自由活动的范围与性质。

值得注意的是，本案法院意见，并没有像以往类似案例那样，明确提及“第十四修正案”对“第一修正案”的吸收合并。而是相反，对于把联邦宪法规定应用于州或地方政府，表现出了某种迟疑和不确定感。而且，这份法院意见还一再表示，那些在《权利法案》中受到保护以防政府干涉的价值，不是不能进入政治程序。宪法对宗教信仰给予的消极保护，可以通过立法予以积极的认可。正是联邦最高法院的这种立场，在一定程度上，鼓励了社会大众与国会开始积极谋求通过立法或其他途径，来肯定宗教自由的权利与价值。所以说，1990 年“俄勒冈州就业部诉史密斯案（Ⅱ）”的判决，直接导致了《宗教自由恢复法案》的立法，以及行政补偿或矫正等政治尝试。但这种尝试的合宪性，为联邦最高法院 1997

年“伯尼市诉弗洛里斯案”的判决所否定。

总之，通过这一系列案件的审判，联邦最高法院相继判定了公立学校的祈祷和阅读圣经为不合宪行为，挑战了普遍被接受的传统观念和行为，击碎了大多数美国人历来珍惜的所谓美国文化、美国价值和美国精神。联邦最高法院这些激进做法，自然招来了公众批评，以及与之相应的政治行动。联邦政府司法分支的这些做法，不能不受到来自联邦政府立法分支与行政分支的质疑与批判。事实上，立法机构一直试图通过增加宪法修正案的途径，来伸张自己的主张，并约束司法机构在某些问题上的作为。

1990年“俄勒冈州就业部诉史密斯案（Ⅱ）”的判决结果，在整个社会中引发了轩然大波，并在宗教阵营和亲宗教阵营内，吹响了行动的号角。在许多人看来，“史密斯案”的判决结果，反映了联邦法院对宗教信仰的明显敌意或仇视态度，而这种针对宗教的敌视态度，又反映了这个时代高度世俗化的公共意识形态和文化观念。如果任由这种态度与立场不受限制地扩展，将会彻底破坏美国传统，并严重危及美国社会文化的基础与架构。所谓的“美国价值与精神”，将会走向崩溃与破产。

具体而言，作为对1990年“俄勒冈州就业部诉史密斯案（Ⅱ）”的一种直接回应，联邦国会制定了《宗教自由恢复法案》，并通过“第十四修正案”，将其应用于各州和地方政府。因为在联邦国会看来，1990年的“史密斯案”判决未能应用自1963年“舍伯特案”以来为联邦法院所沿用的“平衡测验”或“衡平测验”（the balancing test）原则。而按照这项“平衡测验”法则：

> 就会追问，这项处于争议中的法令是否使某种宗教活动实质性地承受了负担；倘如此，施加这种负担，是否存在一种令人信服的政府利益。《宗教自由恢复法案》禁止政府向人的宗教活动实质性地施加负担，即使这种负担源自一种普遍适用性法规，除非政府能够证明，这种负担，(1) 是为促进一种令人信服的政府利益，并且，(2) 是促进那种利益的最低限制性手段。[1]

---

1 *City of Boerne v. Flores*, 521 U.S. 507（1997）.

这样，在“史密斯案”判决结果产生的激烈争论中，美国国会迅速制定并通过了一项具有强烈针对性的法案，名为《宗教自由恢复法案》(*Religious Freedom Restoration Act*，简称“RFRA”，1993 年)，以期限制联邦最高法院对“第一修正案”“自由活动条款”的判决，并使联邦最高法院对“自由活动条款”案件的判决，能够重新回归到 1963 年“舍伯特测验”所奉行的宪法解释原则上来。这个法案获得了既包括保守派又包括自由派在内的广泛支持。在众议院获得了一致性同意，在参议院获得了压倒性绝对优势。总之，《宗教自由恢复法案》于 1993 年在国会两院顺利获得通过，随即由克林顿总统签署，成为一项联邦法律。立法机构与行政机构制定并签发的这项法案，显然是由 1990 年“史密斯案”直接引发的，但它在法理上并没有采取直接否定联邦最高法院判决的做法，而是采取了看似更具合法性的做法，亦即，通过增补宪法权利的立法途径，来约束司法机构的某些判决。

这份经过美国国会批准和美国总统签发的《宗教自由恢复法案》其核心内容节选如下：

国会发现暨目的声明[1]

一、发现。国会发现——

(1) 宪法制定者，承认宗教自由活动是一项不可剥夺的权利，并在宪法“第一修正案”里确定了对它的保护。

(2) 对宗教“中立”的法律，也会对宗教活动施加负担，因为法律确实会干预宗教活动。

(3) 没有令人信服的正当理由，政府不得为宗教活动施加实质性负担。

(4) 在“就业部诉史密斯案”中，联邦最高法院实际上取消了这一要求，亦即政府应有正当理由，才能通过中立性法律对宗教活动施加负担。

(5) 由联邦法院先前判决所确立的“令人信服的利益”这一测验，对于在宗教自由与竞争性政府利益之间保持合理的平衡，是一项切实可行的测验。

---

1 *42 USCS § 2000BB (2003).*

二、目的。本法案目的——

(1) 恢复在“舍伯特诉弗纳案”和“威斯康星诉约德案”中提出的“令人信服的利益”这一测验，并保证将其应用于宗教自由活动遭受实质性负担的所有案件中。

(2) 为其宗教活动被政府施加了实质性负担的人，提供一种要求或申诉。

受到保护的宗教自由活动[1]

一、一般。政府不得为一个人的宗教活动施加实质性负担，即便这种负担源自某种具有一般适用性的规则，除非属于下列第二分项的情形。

二、例外。政府可以为一个人的宗教活动施加实质性负担，仅当它证明了对该人施加的负担——

(1) 是促进了一种令人信服的政府利益。

(2) 是促进那种令人信服的政府利益的最低限制性手段。

三、司法救助。因违反本条款而致其宗教活动遭受负担的人，可以在司法诉讼中将那种违法行为看作一种要求或申诉，并应针对政府得到相应的救助。在本条款下肯定一种要求或申诉的诉讼资格，应当按照宪法第三条规定的一般诉讼资格规则来执行。

定义[2]

正如在本法案中所使用的——

(1)“政府”这个术语，包括合众国或某一适用实体的某个分支、部门、机构、设施及官员（或代理法律的其他人员）。

(2)“适用实体”这个术语，意指哥伦比亚特区、波多黎各自治政区以及合众国所有领地或属地。

(3)“证明”这个术语，意指符合具有证据和说服力的负担。

(4)“宗教活动”这个术语，意指宗教性的活动，正如在2000年《宗教

1 *42 USCS § 2000BB-1 (2003).*

2 *42 USCS § 2000BB-2 (2003).*

土地使用与无法自理者法案》(*42 USCS § 2000cc-5*) 第八款中所界定的。

适用性[1]

一、一般。本法案适用于所有联邦法律，以及对联邦法律的实施，不论是制定法还是其他法，不论是在颁布本法案之前还是之后（本法案颁布于1993年11月16日)。

二、推定规则。在颁布本法案日期（1993年11月16日）以后采纳的制定法，服从本法案的规定，除非那法律明确表示不在本法案适用范围内。

三、不受影响的宗教信仰。本法案内容不得被解释为授权任何政府，为任何宗教信仰施加负担。

不受影响的“确立条款”[2]

不得将本法案内容解释为影响、解释或以任何方式涉及“第一修正案”不得制定法律以确立某种宗教的那部分规定（在本条款中称为“确立条款”)。在“确立条款”许可范围内，给予政府资助、利益或豁免，并不构成对本法案的违背。正如在本条款中所使用的“给予”这个术语，当用以指涉政府资助、利益或豁免时，并不包括对政府资助、利益或豁免的剥夺。

这样，联邦政府通过立法机构制定法律，以及行政机构签署实施的途径，为联邦司法机构如何理解和实施宪法“宗教条款”案件，提供了极具针对性和具体性的法律指导。这样一种做法，无疑是对联邦司法机构的一种外在影响，是对司法机构掌握的司法审查权和宪法终极裁决权的一种挑战。面对政府其他两个权力分支制定《宗教自由恢复法案》这一做法，联邦最高法院的立场是坚决的，但它需要等待一个合适的宣布时机，以维护自己一贯拥有的司法审查权，毕竟联邦最高法院一直都扮演着宪法意义终极仲裁者的角色。

在耐心等待三年以后，这一合适的机会出现了。1997年的**“伯尼市诉弗洛里**

1 *42 USCS § 2000BB-3 (2003).*
2 *42 USCS § 2000BB-4 (2003).*

斯案”[1]，属于 1990 年“俄勒冈州就业部诉史密斯案（Ⅱ）”的后续案件。在本案里，联邦最高法院判定，联邦政府通过政治途径提出的《宗教自由恢复法案》违宪。

在本案件里，被诉人圣安东尼奥大主教，为扩建位于伯尼市的一座天主教教堂，而向当地政府申请了建筑许可证，但是当地政府根据相应的历史古迹管理规定，拒绝了这一申请。为此，圣安东尼奥大主教依据 1993 年颁布的《宗教自由恢复法案》，就未能获得扩建许可证而提起了诉讼。因此，这个案件为联邦最高法院，就判定和宣布《宗教自由恢复法案》是否合宪，提供了一个绝佳讨论平台。这项法案的合宪性问题，也就成了此案的主要关注议题。

在 1997 年“伯尼市诉弗洛里斯案”中，联邦最高法院以 6 比 3 的判决结果正式宣布，《宗教自由恢复法案》是不合乎宪法的，国会使其法令应用于州政府或地方政府，超越了国会应有的权力界限，国会没有权力否定联邦最高法院对宪法的解释。联邦最高法院认为，强行应用“舍伯特检验”，将会在法律上导致一种“畸变”（anomaly）。而导致这样一种畸变的宪法权利，将无视具有普遍适用性及中立性的法律。而且，国会通过《宗教自由恢复法案》，是对国会立法权力的不当应用，因为颁布这项法案，违背了联邦政府的分权原则，违背了联邦权与州权的平衡原则，是对州维护公民利益这一特权和一般权力的侵犯。因而，联邦最高法院判定《宗教自由恢复法案》违宪。

就这样，联邦最高法院再次否定了国会拥有无限裁决权（discretion），并维护了自己从 1803 年“马伯里案”以来确立的司法审查权。在这之后，一些行政部门或立法部门，还曾试图通过其他类似的法案提案，譬如 1999 年的《宗教自由保护法案》等，来推进自己的立场，但均未获得成功。

此后，政府相关部门还曾援引《宗教自由恢复法案》，作为政府行为的法律依据。但其合宪性，再次为联邦最高法院所否认。2006 年的**“冈萨雷斯诉‘UDV 教会’案”**[2]，是一个“自由活动条款”案件，同时也是一个《宗教自由恢复法案》后续案件。本案再次否定了《宗教自由恢复法案》的合宪性。

UDV 教会是一个发端于南美亚马孙雨林地区的基督教边缘教会，其在美国的

---

1 *City of Boerne v. Flores*, 521 U.S. 507（1997）.

2 *Gonzales v. O Centro Espirita Beneficiente Uniao do Vegetal*, No. 04-1084（2006）.

分支只有一百多人，并组成了一个独立教会。在该教会信仰中，一个至关重要的共融仪式，就是饮用一种特殊的圣餐茶。这种圣餐茶，是由该教会发源地独有的植物酿制而成，但却含有为美国《受管制物品法》所禁用的某种致幻剂成分。政府当局虽然承认这个小型教派的活动属于真诚的宗教活动，但却试图依据联邦《受管制物品法》，禁止该教会这种特有的仪式实践。政府援引了1993年的《宗教自由恢复法案》，认为政府用最低限度手段为维护令人信服的利益，可以在某些情形下，为个人宗教活动施加某种实质性负担。

联邦最高法院一致判决，在此案中，政府提出的所谓“令人信服的理由”，缺乏真实可信的基础，因而不得根据现有法规禁止该教会的自由活动。首席大法官约翰·罗伯茨撰写了法院意见。法院意见认定，政府未能证明，在禁止该教会这项仪式活动中存在着“令人信服的公共利益”。并且其依据的《宗教自由恢复法案》，也不能等同于宪法的“自由活动”规定。

迁就论的回归以及陷于分裂的法院

在20世纪最后十年里，联邦最高法院对于宪法“宗教条款”案件的审理判决，开始呈现出向迁就论回归的明显迹象。尽管分离论的影响仍然存在，并在个别案件里占据着主导地位，但联邦最高法院与整个美国社会趋向保守与传统的潮流相一致，在对待宗教问题上，表现出越来越多的同情与理解。分离论与迁就论的这种拉锯与僵持所导致的最明显特征，就是不一致。不一致表现在司法领域，就是联邦最高法院在这个时期陷入越来越严重的争执与分裂：法院判例之间存在着不一致，大法官彼此之间存在着不一致，同一个大法官在前后的案件里存在着不一致。这个时期的联邦最高法院，根据其最明显的外在特征，可以说是一个陷于分裂的法院。

1992年的**“李诉韦斯曼案”**[1]，涉及学校毕业典礼上的祈祷仪式。在是否允许这类传统做法上，联邦最高法院大法官们彼此之间陷入了严重分歧。

罗得岛州普罗维登斯市（Providence）公立中学的校长们，在每年毕业典礼上，都会邀请一名当地圣职人员进行“祈求与祝福祷告”（invocation and

1 *Lee v. Weisman*, 505 U.S. 577（1992）.

benediction prayer)。在本案中，联邦最高法院需要裁决的问题是，学校官方毕业典礼上，圣职人员进行祈祷这一做法，与“第一修正案”“宗教条款”是否相符。

法院以 5 比 4 这一富有争议性的投票结果，判定当地学校的这一传统做法违宪。肯尼迪大法官代表多数派撰写了法院意见。在这份简明的法院意见里，肯尼迪大法官看来并不愿意评论此前那些陷入彼此对立的类似案件。实际上，这份法院意见，对于从先前判例中找到明确或一致的司法原则，抱以悲观态度。在肯尼迪大法官看来，这个案件的案情与性质是显而易见的。毕业典礼上的祈祷，对于许多学生甚至对于绝大多数学生来说，都是人生历程中一件十分重要的事情。但大多数人享有“宗教自由活动”的权利与实践，不能涉及对少数人权利的直接性或间接性强迫。而毕业典礼上的官方祈祷，则对少数人构成了强迫与驱使。更有甚者，这种做法几乎违背了“莱蒙测验”的所有三项标准。因而法院多数派裁定这一做法违宪。

此外，这份法院意见还指出，政府可以迁就“宗教自由活动”这一原则，并不能取代由“确立条款”所施加的基本限制。而这种基本限制，就在于政府不得强制或驱使任何人参与任何宗教活动。这些学校的那些做法，已经对那些异议者与不信仰者构成了强迫，因而也就违背了“确立条款”禁止强迫任何人支持或参与任何宗教活动的禁令。

斯卡利亚大法官撰写了不同意见，并获得了伦奎斯特首席大法官、怀特大法官和托马斯大法官的联署。斯卡利亚大法官指出，政府对宗教的迁就方针，可以使其接受社会文化中的传统惯例或传承。对于那些具有悠久历史与文化传统的做法，政府在没有触及令人信服的重大利益这一前提下，可以对其作出迁就与宽容，而不是机械僵硬地执行某些司法解释与实践。

1993 年的**“卢库米教会诉海厄利亚市案”**[1]，从另一方面涉及“自由活动条款”的相关规定，也从另一方面印证了“莱蒙测验”的作用范围。一个奉行动物献祭仪式的新型混合宗教团体的出现，导致当地政府颁布了禁止动物献祭的法令。该团体遂以宗教自由为由，提出了权利保护诉讼。为保护宗教自由，政府不得制定法律以压制宗教信仰或实践，早已是一项公认的宪法原则。而本案涉及的地方法律，因具有明显的针对性，而违背了“莱蒙测验”中的前两项标准，亦即具有非

---

1 *Church of Lukumi v. City of Hialeah*, 508 U.S. 520(1993).

世俗目的并产生了阻碍宗教的主要效果。因而，联邦最高法院一致判定，该项地方法令违宪。

1993 年的**“佐布雷斯特诉卡塔利纳富特希尔斯学区案”**[1]，涉及一项直接资助宗教教育的政府方案。根据联邦相关法律，公立或私立学校应向失聪学生提供手语翻译服务。那么，这项规定适用于宗教学校吗？

本案上诉人是一位天生失聪的学生及其家长。他们按照该州残疾人教育法案，要求被诉人为自己提供手语翻译。但由于上诉人就读的是一所罗马天主教高中，所以被诉人以“确立条款”规定为由拒绝了这一请求。本案法院以 5 比 4 判决，该州向宗教学校就读的残疾学生提供帮助，并不违反“确立条款”。首席大法官伦奎斯特代表多数派撰写了法院意见。法院意见指出：

> 假如“确立条款”禁止宗教团体接受一般性政府福利，那么教会就不会受到警察和消防局的保护……我们一直认为，那些不考虑宗教立场，而中立地向一般公民提供福利的政府方案，不会仅仅因为教派机构亦可以接受部分财政福利，而轻易遭受“确立条款”的挑战。

这就是说，一项中立的政府方案，不是向学校一类的机构，而是向这位残疾学生一类的特定个人提供援助。如果这个特定个人选择在教派学校里就读，那么“确立条款”并不禁止地方当局向这个特定个人提供援助。

1994 年**“柯雅斯乔尔教育委员会诉格鲁米特案”**[2]提出的问题是，一个完全由犹太教某一教派成员组成的村镇并相应组成的学区，其组建的学校是否能够获得政府资助。联邦最高法院以 6 比 3 判定，纽约州将完全由某一教派组成的社区或村镇划分为单一公立学区的做法，违背了“确立条款”。法院意见认定，该项地方法规未能通过中立性检验。而中立性检验法则，正在成为法院处理“宗教条款”仅有的可行性标准。

---

1 *Zobrest v. Catalina Foothills School District*, 509 U.S. 1（1993）.

2 *Board of Ed. of Kiryas Joel v. Grumet*, 512 U.S. 687（1994）.

1995年的**“州府广场审查委员会诉派内特案”**[1]，也是一个“确立条款”案件。“三K党”组织的成员，在俄亥俄州哥伦布市（Columbus）公共广场上竖立了一座十字架。这究竟属于宗教展示还是属于政治展示呢？如果是宗教展示，那么，政府根据中立性原则允许私人团体在公共广场上展示宗教象征物品，是否违背了“确立条款”呢？联邦最高法院认定，那种展示属于私人展示，并以7比2判定，上诉人不得禁止被诉人作出那种私人展示。但法院未能就此案形成完整的法院意见。

2000年的**“圣菲独立学区诉多伊案”**[2]，属于宗教与公共教育系列案例中的“确立条款”案件。本案涉及在学校体育比赛开始前，由一位学校牧师或学生代表带领进行祈祷的仪式。

联邦最高法院以6比3判决，圣菲学区允许在学校（美式）足球比赛前举行由学生发起和领导的祈祷仪式，违背了宪法“确立条款”。史蒂文斯大法官代表多数派撰写了法院意见。法院意见认为，由学校支持某种宗教讯息，是不允许的，因为它向那些不接受那种宗教信仰的受众传递了这样一种附带信息，亦即他们是局外人（outsiders），而不是像那些局内人一样，属于那个政治社团的完全成员。而且，在学校体育比赛开始前举行的祷告，也无法看作一种私人言论。

首席大法官伦奎斯特则代表少数派，撰写了不同意见：

> 本法院歪曲了既有判例，得出结论认为，该学区的“学生讯息”方案，就其表面而言，在“确立条款”下是无效的。但比其主张更令人不安的，是法院意见的语调：它充斥着对公共社会中所有宗教事物的敌意。不论是法院意见的主张还是语调，都没有忠实于“确立条款”的意义。

在伦奎斯特首席大法官看来，联邦最高法院部分大法官似乎对公共生活中所有宗教事物，都存在着一种底蕴性质的敌意。这影响了他们对宪法“第一修正

---

1 *Capital Square Review Board v. Pinette*, 000 U.S. U10267（1995）.

2 *Santa Fe Independent School District v. Doe*, 530 U.S. 290（2000）.

案”原旨的理解与应用。

2000年的**“米切尔诉赫尔姆斯案”**[1]，依然属于“确立条款”范围内的案件。在对待用公共财政支持或援助宗教学校这一问题上，在20世纪中期坚持的严格分离论立场，到该世纪后期逐渐发生了转变。与此同时，法院也开始越来越强调美国社会文化的历史传统与惯例。当然，大法官们对这一问题的看法不尽相同，在一些案例中还陷入了严重分歧。

本案涉及联邦政府对公立与私立学校的一项援助计划。法院最终判决，这项计划并不因为某些接受援助的私立学校属于宗教学校而违背“确立条款”。在这个案件里，联邦最高法院以6比3对本案作出了判决，但大法官们的意见却无法统一。本案甚至都无法形成明确的多数派意见。托马斯大法官不得不感叹，在1947年“埃弗森案”以后的半个多世纪里，法院一直都在试图将“确立条款”那一简单的表述与规定应用于政府对宗教学校援助的处境里。然而这种努力，虽然付出颇多，但收益甚少。宪法“宗教条款”表述的是一种期望达到的目标，而不是一项可操作性的法令。表述是简单的，处境是复杂的。理解是变易的，立场是多样的。

对于无法取得一致或行之有效的标准或原则这一点，苏特大法官（Justice David H. Souter）在自己撰写的不同意见里，也发出了类似感慨。苏特大法官更明确指出了自己面临的矛盾境地：“确立条款”限制政府对宗教提供支持或援助，“自由活动条款”则禁止政府干涉个人的宗教自由活动，而宗教组织又无法完全游离于政府功能之外，这就使得法院要在所谓“禁止的援助”与“合法的福利”之间划出界线的努力，变得既迫切、必要，又困难重重。

对州权与社会文化传统的强调与维护

联邦权与州权，在美国历史与司法史上一直都处在有些紧张的辩证关联之中。美国建国之初，联邦权相对于州权是非常有限的。“美国内战”以后，由于联邦主义在政治和司法领域的长足发展，以及一系列新宪法修正案的制定，联邦权相对于州权，获得了不断扩展的机会与动力。吸收合并原则就是这一演化趋势

1　*Mitchell v. Helms*, 530 U.S. 793（2000）.

的体现。学术界与司法界一直都对吸收合并机制存在着质疑。这种质疑在进入到21世纪后变得越发强烈了。而宗教问题对于司法实践来说，在20世纪里似乎一直都是令人烦恼的问题。联邦司法解释与应用，一度企图把宗教信仰封闭在一个与世隔绝的领域，并对一般性宗教问题表现出了消极的态度。而到20世纪后期，特别是进入21世纪以后，面对日益高涨的世俗主义，面对美国传统的不断消解，包括司法领域在内的整个美国社会，开始越来越多地意识到宗教信仰自身的价值，以及对于美国自由民主试验的重要意义。这样，对于社会文化传统或历史传承的尊重与维护，就开始成为一种清晰的主旨和基调。这些特征亦反映在联邦最高法院对"宗教条款"案件的处理中。

2002年的**"泽尔曼诉西蒙斯－哈里斯案"**[1]，是一个真正具有转折意义的重要判例。一方面，本案以含蓄形式放弃了自1947年"埃弗森案"以来坚持用严格分离论来解释"确立条款"的原则，转而在中立性立场下，认可了对宗教机构与组织的间接性援助与支持，即使那种援助与支持涉及实质性的内容或程度。另一方面，本案对沿用了一个世纪之久的吸收合并原则，提出了明确质疑和批判，认为用"第十四修正案"来吸收合并"第一修正案"，其目标与原旨应当是更好地保护个人自由以及个人宗教自由，但在过去的司法实践中，却处处成为限制个人权利与宗教自由的宪法约束，这就具有了本末倒置、适得其反的意味。总之，本案的审理，成为联邦最高法院大法官们意见交锋的战场。

在本案里，俄亥俄州克利夫兰市（Cleveland）为应对日益严重的公立学校教育危机，而向学生家长发放教育代金券（voucher），以便帮助他们支付孩子入读私立学校的一部分费用，其中也包括宗教学校。这一做法是否与"确立条款"抵触，在联邦最高法院内引起了诸多热议。

最终，法院以5比4的投票结果，判决克利夫兰市这一做法并没有违背"确立条款"。首席大法官伦奎斯特代表多数派撰写了法院意见。伦奎斯特在此总结了前面几个相关判例的司法原则，并再次肯定了在某些情形下对宗教机构的间接援助并不违背宪法的立场：

---

1 *Zelman v. Simmons-Harris*, 536 U.S. 639（2002）.

“米勒诉艾伦案”“威特斯诉华盛顿州盲人服务部案”及“佐布雷斯特诉卡塔利纳富特希尔斯学区案”已然表明，如果某项政府援助方案，就宗教而言是中立的，并且将援助直接提供给了各种公民，而那些公民又出于自己真实独立的私人选择，将那些援助用于宗教学校，那么这个方案就不易受到“确立条款”的挑战。一项具有这些特征的方案，允许政府援助用于宗教机构——仅仅通过无数个人受助者的审慎选择。对某种宗教使命的附带性促进，或者对某种宗教讯息的可感知性认可，可以合理地归之于个人受助者，而不是政府。政府的职责，终止于对那些福利的分配……

总之，俄亥俄州方案，就宗教而言完全是中立的。它将福利直接提供给了各种个体公民——仅仅按照经济需要和居住于某个特定学区来加以限定。它允许那些个人在公立或私立、世俗或宗教学校之间进行真实选择。所以，这个方案是一个真正的私人选择方案。与拒绝挑战类似方案的连续线索相一致，我们判决这项方案没有违背“确立条款”。

克拉伦斯·托马斯大法官（Justice Clarence Thomas）则在自己撰写的协同意见里，特别对“第十四修正案”的吸收合并过程进行了反思和批判。他认为，“第十四修正案”通过吸收合并“第一修正案”，应当为个人的基本权利包括宗教自由权利，提供更广的范围和更大的保护，而不是限制或制约个人的宗教权利。托马斯大法官的协同意见，应该说暴露了联邦最高法院内部的一种不安与犹豫。它促使其他人对沿用已久的吸收合并原则予以重新考虑和评估。

要决定一项联邦方案是否能够经受得住“确立条款”的审查，我们已经考虑了它是否具有世俗目的，和是否具有促进或阻碍宗教的主要效果。我同意本法院意见，俄亥俄州方案能够轻易通过我们严格标准的检验。但是，就首要性原则而言，我怀疑这种测验是否应当应用于各州。

“第一修正案”“确立条款”表明：“国会不得制定法律以确立某种宗教。”从字面上看，这项规定在宗教方面，没有对各州施加任何限制。“确立条款”原初保护的是，各州乃至各州公民不至于被联邦政府强加上某种确立宗教。这个条款在“第十四修正案”下，是否以及如何限制州行为，则是一个更为困难的问题。

“第十四修正案”从根本上重构了个人与州之间的关系，并确保了各州不得不经正当法律程序而剥夺公民的自由。它向所有在美国出生或归化于美国的个人保证了公民身份，并规定“任何一州，都不得制定或实施限制合众国公民的特权或豁免权的任何法律；不经正当法律程序，不得剥夺任何人的生命、自由或财产；在州管辖范围内，也不得拒绝给予任何人以平等法律保护”。正如约翰·哈伦大法官指出的，“第十四修正案”“大大增加了美国公民的尊严和荣耀，增加了个人自由的保障”[163 U.S. 537 (1896)]。当诸权利通过“第十四修正案”针对各州而被吸收合并时，它们应当促进，而不是限制个人自由。

因此，在“确立条款”处境里，与联邦政府类似行为相比，对于州行为可以按照不同条件来加以评估。“在遵循严格中立性的同时，与联邦政府相比，各州应当更自由地试验（在宗教中的）卷入——在中立性基础上”[397 U.S. 664 (1970)]。这样，虽然联邦政府“不得制定法律以确立某种宗教”，但是各州却可以制定包括或涉及宗教问题的法律，只要这些法律没有阻碍自由活动权利，或者其他个人宗教自由利益……

不论吸收合并“确立条款”具有什么文本与历史长处，我能接受的是，“第十四修正案”应保护宗教自由权利。但我不能接受，通过对“确立条款”的吸收合并，将它用以反对中立性的学校选择方案。把“第十四修正案”对个人自由的保证转变为禁止行使教育选择权，这将是一种悲剧性的反讽。

可想而知，本案少数派认为，本案判决背叛了自1947年“埃弗森案”以来确立的宪法原则。苏特大法官代表本案少数派（苏特、史蒂文斯、金斯伯格和布雷耶）撰写了不同意见。在苏特大法官看来，用公共福利基金资助宗教学校所牵涉的“确立条款”问题，已经在“埃弗森案”中得到解决：该项宪法条款不允许利用公共资金来援助宗教学校。在本案中，政府发放的教育代金券，如果加以使用，就会用于宗教学校，并且其资助额度几乎涵盖学生的所有学费：

一个法院如何能不矛盾地将“埃弗森案”记录在册，同时又批准俄亥俄州代金券呢？答案是不能。只有通过忽略“埃弗森案”，法院多数派才能声称依赖传统法律，并求助于中立性援助规定与私人选择，批准了这项俄亥俄州法规。并且，也只有通过忽略中立性与私人选择其本身的含义，法院多数派才能够佯称根据那些标准作出了今日的判决。

为此，苏特大法官概括了“确立条款”在现代联邦最高法院的应用史，并指出本法院对这一宪法条款的解释与应用原则已经走向破产或崩溃。法院在处理和裁决有关这一宪法条款的案件中，逐渐陷入个案具体性的深渊，而无法形成一种行之有效，且为多数大法官所接受的原则或标准。

苏特大法官试图通过划分出不同的阶段，来概括法院对这个宪法条款在不同时期的理解。在苏特大法官看来，1947 年的“埃弗森诉教育委员会案”、1968 年的“教育委员会诉艾伦案”、1983 年的“米勒诉艾伦案”和 2002 年的“泽尔曼诉西蒙斯－哈里斯案”这四个案件，构成了联邦最高法院对“确立条款”解释与应用的转折性案例：

> 就无可避免的一般性而言，这些案例可以归纳为三类。在 1947 年至 1968 年这一时期，不通过学校福利来援助宗教，这个基本原则是不容置疑的。在此后的大约 15 年里，本法院将其努力描述为，试图划出一条界线，以防止将援助挪用于支持某个机构性受益者的宗教而非世俗行为。接着，从 1983 年开始，对挪用性（divertibility）的关注逐渐消失了，转而允许对宗教学校提供在数量上不构成实质福利的援助，只要那种援助是在不考虑受益者宗教属性情形下不偏不倚地加以提供的，只要那种援助流向宗教机构时是出于某些私人个体的真实自由选择。现今，在这三个阶段之后，出现了第四个阶段。在这个阶段，政府援助的实质特征，已不具有宪法重要性。在提供援助上所坚持的中立性标准，以及在支配援助上的私人选择，都不过是文字形式主义的范例。

苏特大法官认为，本案首次明确认定，对宗教机构的实质性援助并不违背“确立条款”。这是一种惊人的转折。本案的判决，不仅大大偏离了“确立条款”

的基本原则，而且还在很大程度上使“确立条款”的规定窒息了。面对这种严峻现实，态度有些悲观的苏特大法官，只能寄希望于联邦或地方政府的立法与行政分支，来矫正政府司法分支的这种严重偏差了。

在本案少数派中，布雷耶大法官也撰写了一份不同意见，并获得了史蒂文斯和苏特的联署。布雷耶大法官承认，本法院当前理解的“确立条款”，允许向宗教学校提供一些形式的援助或支持。但是，俄亥俄州这项教育代金券方案，不论在性质上还是在程度上，都不同于先前的情形。在性质上，这项方案为教会的核心职能提供了直接援助。在程度上，这项方案允许将相当规模的税收资金，由公立世俗学校转向私立宗教学校。他认为：

> 本法院实际上是在开历史倒车。它在“中立性”名义下，采纳了一种对“确立条款”的解释，而这种解释在半个多世纪以前，已经为本法院所拒绝。在它看来，为每个宗教团体提供平等机会以获取政府资助的父母选择，压倒了“确立条款”对于社会协调的关切。

对宗教学校的间接或直接援助，历来都是一个富有争议性的问题。在这一问题之后，一些包含宗教因素的传统惯例，也陆续受到激进分子的质疑，他们发起了一系列相关诉讼。

进入 21 世纪后，居住在加利福尼亚州的一位无神论者迈克尔·纽道博士（Dr. Michael Newdow），针对美国一些包含宗教内容与指涉的国家象征，发起了不懈诉讼。2004 年的**“埃尔克格罗夫统一学区诉纽道案”**[1]，因为美国“效忠宣誓”（the Pledge of Allegiance）包含“一个在上帝统治下的国家”（one Nation under God）这样的表述，因而他提起了诉讼。此外，需要指出的是，在 2005 年，迈克尔·纽道博士还发起了另一件相关诉讼。在“纽道诉乔治·布什案”里，迈克尔·纽道博士对美国总统就职宣誓后按照惯例附加上的“上帝保佑”（so help me God）这样一句宗教表述，提出了异议。但是联邦最高法院拒绝了这些案件，并重申了这个国家文化传统与历史遗产的重要性。

---

1 *Elk Grove Unified School District v. Newdow*, 542 U.S. 1（2004）.

在2004年的“埃尔克格罗夫统一学区诉纽道案”里，在迈克尔·纽道博士的女儿入读的当地小学，按照当局规定，学生每天要背诵“面向国旗敬礼时的效忠宣誓”（有别于入籍归化时的效忠宣誓——本书作者注）。纽道于是以该誓词里包含上述宗教内容而提起诉讼，认为当地教育当局这一做法违背了宪法“宗教条款”特别是“确立条款”的规定。

美国“效忠宣誓”的由来大致如下。最初，在1892年，亦即纪念哥伦布发现美洲400周年之际，美国一份全国青年杂志提议学生应当背诵下列声明：“I pledge allegiance to my Flag and the Republic for which it stands: one Nation indivisible, with Liberty and Justice for all.”（“我效忠于我的旗帜及其代表的共和国：一个不可分割的国家，人人得享自由与公正。”）到20世纪20年代，全国国旗联合会将上述声明中的“my Flag”（“我的旗帜”），更改为“the Flag of the United States of America”（“美利坚合众国国旗”）。1942年，亦即在第二次世界大战，爱国情绪高涨的时期，美国政府首次正式规范了向国旗致敬的规则与要求，并明确了效忠宣誓的誓词为：“I pledge allegiance to the Flag of the United States of America and to the Republic for which it stands, one Nation indivisible, with Liberty and Justice for all.”（“我效忠于美利坚合众国国旗及其代表的共和国：一个不可分割的国家，人人得享自由与公正。”）1954年，为了强调美国与共产党唯物主义和无神论的区别，美国国会对“效忠宣誓”的表述修订如下：“I pledge allegiance to the Flag of the United States of America, and to the Republic for which it stands, one Nation under God, indivisible, with Liberty and Justice for all.”（“我效忠于美利坚合众国国旗及其代表的共和国：一个国家，在上帝统治下，不可分割，人人得享自由与公正。”）一直到1957年，美国国会才将“效忠宣誓”的誓词更改和简化为现今的形式：“One nation, under God, with Liberty and Justice for all.”（“一个国家，在上帝统治下，人人得享自由与公正。”）正是这个简化版誓词中的“在上帝统治下”，这样一种具有宗教意味的表述，激起了无神论者迈克尔·纽道博士的反感和质疑。

面对此类案件，联邦最高法院依据美国历史与宪法历史，拒绝对宪法“确立条款”采取僵硬、绝对的立场。法院实际上认为国旗、国歌、宣誓、总统就职等传统做法，并不违背宪法规定。当事人有权不参加此类爱国仪式，却无权否定这种传统做法。就本案而言，法院最终以纽道不是他女儿的法定监护人和没有诉讼资格（standing），驳回了纽道的诉求。

其实，正如伦奎斯特首席大法官、托马斯大法官或奥康纳大法官指出的，按照本法院先前的某些判例，本案涉及的做法未必完全合宪；而且，如果细究起来，纽道博士也未必就没有诉讼资格。但法院更愿意尊重和保护这个国家的历史与文化传承。对此，奥康纳大法官在协同意见里坦陈：

> 在我们国家，某些仪式指涉上帝和宗教，是我们宗教历史不可避免的结果，也正是那种宗教历史，孕育了我们开创性的自由原则。

如果恪守宗教自由原则，同时又与那孕育了宗教自由原则的历史或传统割断关系，那势必就会走向滑稽与反讽的境地。

2004年的**“洛克诉戴维案”**[1]，是一桩“自由活动条款”与“确立条款”交互关联的案件。联邦最高法院在本案中的立场，具有更倾向于州权而不是联邦权的意味。

华盛顿州多年来设有一个鼓励大学学习的奖学金项目，规定有资格申请该奖学金的学生可以进入该州任何一个获得正式认可的学院学习；而进入获得宗教认可的学院学习的学生，只要其主修科目不是神学，亦有资格进行申请。约书亚·戴维（Joshua Davey）进入了一所获得宗教认可的学院（西北学院）并主修了神学。按照该州那项古老规定，他无资格申请该项奖学金。但约书亚·戴维依据宪法“自由活动条款”，提起了权利诉讼。在约书亚·戴维看来，仅仅因为主修神学就被拒绝申请该奖学金这一规定，侵犯了“第一修正案”“宗教条款”所保证的宗教自由权利。

按说，只是因为主修神学而被剥夺了申请奖学金的资格，这意味着约书亚·戴维受到了额外“惩罚”，而遭受惩罚的原因也只是因为他的宗教信仰。由政府授予的这项奖学金以一种消极方式施加的这种惩罚，在逻辑上就是允许政府对个人的宗教选择发挥了某种影响。不过，法院意见并没有采纳这种看法。相反，法院意见指出，该州的这项规定并不存在对宗教的任何仇视或敌意，而更接

1 *Locke v. Davey*, 124 S.Ct. 1307（2004）or, 540 U.S. 712（2004）.

近于一种中立性规定。

联邦最高法院以7比2判定华盛顿州这项规定合宪，判定该州这项规定没有侵犯约书亚·戴维的宗教自由权利。首席大法官伦奎斯特撰写了法院意见。这个案件似乎凸显了“第一修正案”两个“宗教条款”之间的紧张关系。就本案案情而言，所涉及的是“确立条款”与“自由活动条款”之间的关节点。这两个子条款，在这个具体情形中，处在一种微妙的交互关联中。具体地，该案涉及的州行为，为“确立条款”所允许，但不为“自由活动条款”所要求。换言之，在“确立条款”与“自由活动条款”之间存在着一块“空地”，而本案涉及的州行为，就正好处在这个“空地”上。

2005年的**“麦克雷里县诉美国公民自由联盟案”**[1]，是联邦最高法院第一次主要应用“莱蒙测验”第一项标准进行判决的案件。该案就所谓“世俗目的”与“中立性”的异同，进行了深入讨论。

肯塔基州麦克雷里县（McCreary County），因在县政府大楼（courthouse）里悬挂并展示“十诫”，而被当地“美国公民自由联盟”指控为违背了宪法“确立条款”。联邦最高法院以5比4判决，地方政府在政府大楼里张贴展示“十诫”的做法违宪。法院意见，主要根据这一做法的目的或动机不属于世俗性质，而对本案作出了裁决。按照“莱蒙测验”第一项标准，政府行为应当具有世俗目的。但联邦最高法院在此之前，很少有机会主要根据这一标准对案件作出裁决。事实上，有些大法官对这一标准的确定性与有效性，抱有强烈的怀疑之心。法院后来越来越多地依据中立性原则进行判决。而中立性原则，并不完全等同于上述世俗目的标准，而毋宁说是世俗目的标准的某种修正形式。在宗教与宗教之间，以及在宗教与非宗教之间，使政府行为保持中立，并不必然要求政府行为属于世俗性质，尽管政府行为在总体方向上应保持其世俗特征，毕竟现有的美国各级政府属于世俗政府。

而少数派则坚持，承认上帝不等于确立宗教，法院多数派对宗教表现出了不应有的敌意或戒备。至于“莱蒙测验”第一项标准，亦即“世俗目的”标准，即使不加以放弃，也应对其作出进一步界定。否则，将其应用于具体案件，就会带来司法实践的混乱或矛盾。

---

1 *McCreary v. American Civil Liberties Union*, 000 U.S. 03-1693（2005）.

2007年的**“海因诉摆脱宗教基金会案”**[1]，更多地涉及政府分权问题，但也涉及“确立条款”问题。最终，联邦最高法院判决当事人不具备诉讼资格。

布什总统通过行政命令并通过行政部门经费，在联邦机构内成立了“信仰与社团提案办公室”，以确保那些以信仰为特征的社团或团体，有资格争取联邦财政支持。这个部门没有经过国会授权，也没有要求国会提供财政拨款，而完全由政府行政分支予以行政与财政支持。本案被诉人隶属于一个以严格分离论为宗旨的准无神论组织。被诉人认为政府这种做法，因为具有促进宗教的明显效果，从而违背了宪法“确立条款”的规定。但被诉人所依据的“诉讼资格”，仅仅为联邦纳税人。

联邦最高法院以5比4判决，被诉人不具有诉讼资格。但法院未能形成有效的多数派意见。阿利托大法官宣读了法院判决，并撰写了一份仅获得首席大法官和肯尼迪大法官联署的个人意见。阿利托大法官拒绝了被诉人的这一看法，亦即政府行政分支为支持宗教而作的开支，与立法分支的拨款并无二致，因为被诉人的看法将会引出三权分立的严重问题。同时，考虑到庞大的联邦预算，一种不合宪的联邦经费开支，并不会对个体纳税人造成可衡量的经济损害。所以，本案被诉人不具有必要的诉讼资格。

2010年的**“萨拉查诉波诺案”**[2]，在“确立条款”案件中，再次体现了迁就论方针。

早在20世纪30年代，一些退伍军人组织的成员，在加州南部莫哈韦国家保护区（Mojave National Preserve）人迹罕至的沙漠深处，竖立了一座拉丁式十字架，以纪念在第一次世界大战中阵亡的美国士兵。时隔大半个世纪以后，本案被诉人波诺，作为一名退休公园服务人员，会定期访问这个保护区。被诉人声称自己因联邦所属土地上的这种宗教象征而感到被冒犯了，于是发起诉讼，认为这个纪念十字架侵犯了“第一修正案”的“确立条款”，请求政府拆除那座十字架。

地方法院于2002年判决，在联邦所属土地上竖立十字架违犯了“确立条款”。这样一来，政府就陷入了一种矛盾境地，一方面，继续在联邦土地上保留

1 *Hein v. Freedom From Religion Foundation*, No. 06-157（2007）.

2 *Salazar v. Buono*, No. 08-472（2010）.

那座十字架，就会违背地方法院的判决。另一方面，拆除这座已经竖立70余年，并具有历史意义与纪念意义的标志，势必被看作对为国捐躯将士的不敬。出于变通考虑，联邦国会试图通过土地交换方法，将竖立那座十字架的土地置换为私人土地。联邦国会这项土地交换法令，体现了国会试图摆脱困境的务实尝试，亦体现了通过架构置换对超越了宗教意义的宗教象征物予以迁就的方针。但国会这项法令，是否对先前的地方法院判决构成了一种侵犯呢？这正是联邦最高法院需要裁定的关键之处。

在联邦最高法院看来，需要裁决的就是政府这项土地置换法令是否合宪。联邦最高法院以5比4判决下级法院重审此案。但法院未能形成多数派意见。本案的判决，充分考虑了宗教象征物具有的历史意义与纪念意义，对宗教象征物的合法性进行了必要的迁就。事实上，法院认为，在本案中，由私人在联邦土地上竖立一座十字架，并不表明政府就对特定宗教信条或仪式作出了官方认可。而且，这座竖立已久的宗教象征物，在公众心目中已经具有情感意义与纪念意义。因而，联邦最高法院基本认定，政府这项土地置换法令合宪。

2011年的**“斯奈德诉费尔普斯案”**[1]，涉及一个教会出于宗教信仰的极端行为与言论。严格说来，本案不属于宪法“宗教条款”案件，因为本案当事人的诉求是关于“第一修正案”“言论自由条款”的。本案当事人虽然是一个教会及其成员，但法院主要运用“第一修正案”“言论自由条款”对本案作出了审理。

位于堪萨斯州的韦斯特伯勒浸信会（Westboro Baptist Church）的信众相信，上帝会因为美国宽容或纵容同性恋而对美国施加诅咒和惩罚。这个教会表达其信仰与观点的一个重要方式，就是在美国军事人员举行葬礼期间，“在外围进行抗议”（to picket）。在本案中，他们因为这种抗议行为，而受到当事人的指控。那么“第一修正案”“言论自由条款”，会使其免予受到侵权指控吗？法院认定，该教会成员的言论属于公共关切而非私人关切。鉴于该教会成员的言论是在公共场所表达公共关切的言论，并遵守了当地警方的要求和指令，因而应当受到“第一修正案”的保护。

1　*Snyder v. Phelps*, No. 09-751（2011）.

2011年的**“亚利桑那基督教学校学费组织诉温案”**[1]，亦涉及宪法“确立条款”。不过，法院再次依据宪法其他条款而不是“宗教条款”作出了对宗教有利的判决。

亚利桑那州为“向学校学费组织的捐款”提供“课税扣除”（tax credit），而那些学校学费组织，则把那些捐款用于为入读私立学校，其中包括许多属于宗教学校的学生提供奖学金。本案被诉人系亚利桑那州纳税人；他们质疑为学校学费组织提供课税扣除这一法规违反了第一与第十四修正案确保的“确立条款”，违背了政府在宗教事务上的中立立场。但本案的焦点并不在“确立条款”，而在于被诉人是否具有诉讼资格这一点上。

联邦最高法院以5比4判决，被诉人不具有诉讼资格。法院意见认为，被诉人仅仅作为纳税人这一事实，并不足以使其具有必要的诉讼资格。在本案中，捐款源于纳税人个人就自己资金所作的决定。公民以私人身份创立了学校学费组织，学校学费组织自己选择了受助学校，同时又是纳税人自己向学校学费组织提供了捐款。所以，反对者如若受到什么损害的话，也无法将这种损害追究到政府那里。

但是，埃琳娜·卡根大法官（Justice Elena Kagan）作为本案少数派，在其不同意见里认为，本案判决没有遵循法院先前的判例，以当事人不具有诉讼资格为由拒绝听取纳税人的诉求。卡根大法官担心，由此一来，任何纳税人都将丧失质疑政府资助宗教的权利，因为任何个体纳税人都不具有诉讼资格，以质疑政府对公共税收资金的应用。

“牧师例外”原则

2012年的**“和散那－塔博福音派路德宗教会及学校诉就业机会平等委员会案”**[2]，系当代宪法“宗教条款”司法实践中一件极其重要的判例。这是联邦最高法院审理的第一件有关“牧师例外”（ministerial exception）的案例。联邦最高法院

---

1 *Arizona Christian School Tuition Organization v. Winn*, No. 09-987（2011）.

2 *Hosanna-Tabor Evangelical Lutheran Church and School v. Equal Employment Opportunity Commission*, No. 10-553（2012）.

应用“牧师例外”原则进行判决的案件，目前尚只有这一例。这个原则的效应以及深远影响，还有待更多类似案件作出检验。但无论如何，这个新确立的司法原则，为处理宗教内部同时涉及非宗教或世俗维度的问题，为妥善处理教权与民事权的双重关系，提供了一种极具启发性的迁就论思路，也为探索更健全的政教关系，提供了一个广阔前景。

本案上诉人“和散那－塔博福音派路德宗教会及学校”（Hosanna-Tabor Evangelical Lutheran Church and School）隶属于美国第二大路德宗宗派，“路德宗－密苏里宗教会议”（the Lutheran Church-Missouri Synod）。这个位于密歇根州雷德福德市（Redford）的教会，开办了一所小规模的学校，以向八年级以下儿童，提供以基督为中心的教育。这个教会及其所隶属的宗派，通常把自己附属学校的教师区分为“蒙召的”（called）与“世俗的”（lay）两大类。所谓“蒙召的”教师，就是上帝经由一个教堂会众而召唤其履行使命的教师。要获得“蒙召”资格，一位教师必须要达到一定的学术要求，其中包括一些必要的神学教育。一旦“蒙召”，就会获得该宗派牧师头衔，并被看作教会的圣职人员。该宗派学校的“蒙召”教师，作为被任命的牧师，通常是无限期的。但在“和散那－塔博福音派路德宗教会及学校”，如果存在某种因由并经相应程序，所任命的“蒙召”教师可以被撤销。与“蒙召”教师相区别的，是“世俗”教师；后者不一定经过宗教训练，甚至也不一定是路德宗信徒，由学校按合同逐年加以聘任。在学校里，“蒙召”教师与“世俗”教师的教学职责并无明显区别。但“世俗”教师，只有在“蒙召”教师短缺时，才会被聘任。

本案当事人谢里尔·佩里希（Cheryl Perich），系“和散那－塔博福音派路德宗教会及学校”具有牧师身份的“蒙召”教师。佩里希在任教期间，因病休养了一段时间，等她恢复健康再回到学校时，发现学校里已经没有她的工作职位了。在交涉无果并导致双方关系破裂后，佩里希求助于当地的就业机会平等委员会，以上诉人违犯《美国残疾人士法》和实施报复行为为由，向法院提起诉讼。而本案上诉人则援引所谓的“牧师例外”原则为自己辩护，认为宪法“第一修正案”禁止发起这样一桩诉讼，因为这种就业权利诉求属于宗教机构与其牧师或圣职人员之间的宗教内部事务。在该教会看来，佩里希是一名牧师，并且是因为宗教原因而被解雇的，亦即，佩里希威胁要起诉教会这一做法，违背了该宗派的下列信念：基督徒应当在内部解决自己的争端。

本案在地方法院初审中，维护了教会与学校的立场。但上诉法院复审后，撤销了地方法院的判决。2012年，联邦最高法院一致判决，“牧师例外”原则禁止牧师对教会发起诉讼，宪法“宗教条款”禁止政府对宗教团体解雇牧师作出干涉。首席大法官约翰·罗伯茨撰写了本案法院意见。

罗伯茨首席大法官撰写的法院意见，首先明确了法院就本案应当解决的问题：

> 某些就业歧视法律，授权被不正当解雇的雇员可以起诉雇主以恢复工作并获得赔偿。而本案提出的问题在于，如果雇主是一个宗教机构，而雇员是该机构的一名牧师，那么“第一修正案”“确立条款”与“自由活动条款”是否会禁止这一起诉行为。

接着，罗伯茨首席大法官根据一些当代学术研究成果，简要勾勒了英美政教关系的历史演化与特征，认为“第一修正案”“宗教条款”的制定与采纳，正是要预防在美国出现一种类似于英国国教会那样的官方确立宗教：

> 通过禁止“确立宗教”和保证“其自由活动”，“宗教条款”确保了新联邦政府——与英国国王不同——不会在任命教会职务上发挥任何作用。“确立条款”禁止政府任命牧师，“自由活动条款”禁止政府干涉宗教团体选择牧师的自由。

在明确了宪法原旨以及政教关系的历史发展脉络后，罗伯茨这份法院意见，接着对法院的判例与原则进行了概括，认为本法院历来主张宗教内部的事务与争端应当交由宗教法庭或相应权威机构来解决，而宪法则要求民事法庭接受宗教法庭就宗教内部事务所作的裁决。

具体到本案涉及的问题，罗伯茨首席大法官表示，虽然在本案之前，联邦最高法院尚未处理过此类争执，但各个地方法院与上诉法院已经处理了大量此类争端，并确认了“牧师例外”这一原则。上诉法院普遍认为“牧师例外”原则植根于宪法“第一修正案”，其要旨就是禁止将普通就业保障法规应用于宗教机构与其牧师的就业关系中。这份法院意见在此表明，联邦最高法院亦认同这项原则：

> 我们同意，存在着这样一种牧师例外。一个宗教团体的成员，其信仰是由牧师掌控的。要求教会接受或保留一名不想要的牧师，抑或因为教会拒绝那么做而对其予以惩罚，那么所干涉的就不仅仅是就业裁决了。那种行为干涉了教会的内部管理，剥夺了教会对选择谁来体现其信仰的控制。如果强加一位不想要的牧师，政府就违犯了“自由活动条款”；后者保护宗教团体通过人事任命来影响其信仰与使命的权利。授权政府决定由谁来担任信徒的牧师，亦违犯了“确立条款”；后者禁止政府卷入此类教会抉择。

这份法院意见最后限定了本案的性质与范围。这个案件是由一位牧师因质疑教会解雇自己的决定而提起的诉讼。而法院裁决认定，“牧师例外”原则禁止提起这样一种诉讼。至于其他可能出现的情形，譬如宗教雇员指控宗教雇主毁约或侵权，“牧师例外”原则是否仍然有效，本案并未涉及。

一般地讲，提炼出来的原则，尽管具有各自的普适性，但这种普适性总是针对大多数或正常情形而言的。当把这项原则延伸至边缘状态，并应用于一些极端或特殊情形时，这项原则的普适性就会受到挑战，并面临许多不确定的风险。联邦最高法院通过本案认可的“牧师例外”原则，在理论上与实践上，都对宗教一方作出了有利的解释与认可。按照“牧师例外”标准，“民事法庭”不但承认了“宗教法庭”的权威性，而且还预设了宗教团体有资质或能力处理好它们自己的内部事务，并由此肯定了宗教团体合法的自治性或自主性。当然，这条原则主要是依据基督教主流教派的组织与管理方式提炼出来的，当把这项原则加以普遍化的时候，就会面临一些未曾预料的状况。首席大法官在这份法院意见的末尾，已经对此提出了预警和预判。而本案的两份协同意见则对此类特殊或边缘情形作出了更多思考。

克拉伦斯·托马斯大法官为本案撰写了一份协同意见。托马斯大法官对美国宗教生活形态的多样性与宗教团体组织的复杂性，保持着清醒认识。在他看来，民事法庭应当避免对“牧师身份”作出明确而僵硬的界定，因为这种明确而固定的界限，将使那些非主流教派或难以被接受的教派处于不利地位。从另一方面讲，既然“牧师例外”原则给予了宗教以有利地位，那么一些教会或教派为了获取这种有利地位，为了规避一些潜在的侵权责任，就会使自己有关“牧师”的信仰与实践尽量合乎大众普遍接受的理解，尽量能够为法庭与法官所理解与认可。而这正是有违宪法“宗教条款”宗旨的。

无独有偶，对于“牧师例外”这一原则特殊性与普遍性的顾虑，以及对于如何界定属于“牧师”性质的宗教团体“雇员”的思考，在塞缪尔·阿利托大法官那里得到了进一步发挥。阿利托大法官亦为本案撰写了一份协同意见，并获得了卡根大法官的联署：

> 许多新教宗派，常用“牧师”（minister）这个术语来指称其圣职人员（clergy）。而天主教徒、犹太教徒、穆斯林、印度教徒或佛教徒，却很少在这个意义上使用这个术语。此外，大多数基督教教会和犹太教所理解的“祝圣或按立”（ordination）概念，在某些基督教宗派和其他宗教那里，也没有明确的对应术语。鉴于世界上几乎每一种宗教都在美国人口中有所呈现，如果将“牧师”术语或“祝圣”概念看作宗教自主性这一重要问题的核心——就像在本案中所体现的，那将是一种错误。与此相反，法院应将焦点集中在那些为宗教团体工作者所发挥的作用与功能上。
>
> “第一修正案”保护宗教团体参与某些重要宗教活动的自由，其中包括从事崇拜活动和其他宗教仪式活动，以及传布信仰这一重要程序。因而，宗教团体必须要自由地选择对履行这些职能至关重要的人员。
>
> “牧师例外”原则应当满足这个目的。它应适用于这些“雇员”：领导一个宗教团体，执行崇拜活动或重要宗教仪式，或者担任其信仰的使者或教师。如若一个宗教团体认为，这类雇员行使这类重要职能的能力有所欠缺，那么有关保护宗教自由的宪法规定，保护这个团体将这类雇员免职的权利。
>
> ……人们很容易忘记，宗教团体的自治权或自主权（autonomy），不论在美国还是在其他地方，常常构成了一道屏障，以反抗压制性的民事法律。为了维护这种至关重要的自主权，我们一直都承认，“宗教条款”保护了一个私人领域，在其中宗教团体可以按照自己信仰自由地管理自己……

宗教自主权，意味着宗教权威可以自由决定谁能胜任那些具有宗教重要性的职位。尽管不同宗教对什么属于重要宗教职位存在着不同看法，但仍然有可能确定出这样一类“雇员”，其职能对于所有宗教团体的独立性都是不可或缺的。这类雇员包括，那些担任领导职位的人，那些在崇拜活动和宗教仪式中履行重要职能的人，以及那些受托付向下一代教导或传递信仰信条的人……

“牧师例外”原则为自由表达与传布宗教教义提供了具体保护。宪法允许每个宗教团体的集体良心（the collective conscience）为自己决定，谁能胜任其信仰的教师或使者。

综上所述，本案的重要意义可以概括为以下几点。第一，联邦最高法院通过本案的一致判决，在联邦最高法院司法实践中，第一次确立了处理宪法“宗教条款”的“牧师例外”这一重要原则。尽管“牧师例外”原则此前已经多次出现在地方法院和上诉法院审理的案件中，但本案是联邦最高法院第一次明确肯定了这样一种司法实践原则。

第二，本案的审理依据和判决结果表明，对于某种具有双重性质或指涉的行为，对于某种既具有神圣属性又具有世俗属性的行为，法院在处理这种行为时应当格外谨慎，并在合理合法的情形下，优先考虑这种行为的宗教意义。在本案里，宗教机构与圣职人员的聘用或雇用关系，既是一种神圣关系，又是一种世俗工作意义上的雇主与雇员关系。本案判决认定，这种雇用关系主要是一种宗教意义上的关系，并按照宗教关系进行了判决。

第三，本案肯定了“宗教裁判”或“宗教法庭”应有的权威，指明了宗教法庭与民事法庭各自的权限与领域。本案认为，按照宪法精神，宗教团体的“集体良心”应当受到尊重，宗教团体与组织的自治权与自主权应当得到保护。宗教的内部事务与争端，应当交由宗教法庭或相应权威机构来解决，而民事法庭则应接受宗教法庭就宗教内部事务所作的裁决。

第四，本案还进一步明确了，哪些事务或问题属于宗教的内部事务；进一步明确了，一般意义上的“圣职人员”应当包含哪些人员；进一步明确了，不同宗派或宗教对各自具有“圣职人员”职能者的指涉与称谓。本案认为，法院不能仅仅拘泥于基督教的“圣职”“祝圣”或“按立”一类的具体术语，而应将重心集中于这些术语所表示的宗教职能与功用等方面。

第五，本案对宗教一方，尤其对边缘性少数派信仰团体有可能利用“牧师例外”原则而改变宗教机构与组织的形态与功能等潜在危险，提出了必要的预警。

第六，本案肯定了，宗教团体作为个体公民的自愿联合组织，构成了个人权利与国家权力之间的一个重要“缓冲器”(buffer)。同时，宗教团体的自治权或自主权，是抗衡压制性民事法律的一个重要“盾牌或屏障”。宗教团体的这些功能，对于保护公民权利和维护社会稳定与和谐具有不可替代的作用。

第七，本案结合“牧师例外”原则，再次明确了宪法两个“宗教条款”的限制主体与限制内容。对宗教内部事务，特别是对圣职人员聘用问题，宪法“确立条款”，就是禁止政府任命宗教圣职人员；宪法“自由活动条款”，就是禁止政府干涉宗教自由选择圣职人员。宪法“宗教条款”在宗教内部事务上，对政府权力作出了明确限制，为宗教自由权利提供了明确保护。而本案确立的“牧师例外”原则所体现的就是这种宪法精神或宗旨。

第三部分

在理智中的解释与反思

"对真理的最佳检验就是看这种思想
在市场竞争中获得接纳的能力"

——大法官小奥利弗·霍姆斯

（Oliver Wendell Holmes, Jr., *Abrams v. United States*, 250 U. S. 616［1919］.）

第六章
个人信仰与公共生活关联中的宗教自由

美国开创了新型政教关系模式。联邦宪法“第一修正案”，禁止在全国或联邦层面上，确立某一宗教为官方宗教或对其作出偏袒，其主要参照对象是欧洲的传统做法，特别是英国的官方教会确立形式或国教形式。美国宪法在宗教问题上的革命性，体现在与欧洲旧有的宗教确立形式发生了根本性分裂，是对旧有国教形式的一种明确否定或反叛。一部反映人民意志的国家宪法，有意识地使国家及其政府不确立任何宗教，不与某一种宗教结合在一起并给予其某种特权或优待，这在基督教政教关系发展史上，属于前所未有的创新性试验。美国宪法“第一修正案”的“宗教条款”规定，在某种意义上开创了一种新型的政教关系模式，标志着传统政教关系出现了决定性转折，预示着人类文明对政教关系的探究与试验进入了一个崭新发展阶段。

宪法“第一修正案”颁布以后的美国历史发展，似乎证明了保护信仰自由和不确立宗教的法律规定，对此后宗教在美国的健康与自由发展，发挥了促进与推动作用，并进而惠及美国整个社会文化与政治体系。以至于可以说，至少在19世纪30年代以前，很难发现世界上哪个地方或哪个时代，比这个时期的美国，更好地保护了宗教自由和信仰权利。时至今日，美国也是尊重和维护宗教自由权利最突出的国家之一。美国的宗教自由模式，首先对美国人民的宗教生活产生了深远影响，同时也对世界人民的宗教自由事业产生了深远影响。宗教自由作为一项基本人权应当得到尊重与保证的理念，在越来越广泛的个体与社团中，正在被确立为一种基本共识和共同目标。

正如历史表明的，美国人民及宪法所理解的宗教自由，主要是在与公共生活的关联中言说的。宗教自由作为一项基本人权，当然是指个体层面上的一种权利。但这种个人权利，如果仅限于个人生活或私人生活，则是没有实际意义的。

只有在与公共生活关联中，或者说，只有在社会公共领域内，享有和行使宗教自由这种个人权利，才具有真正的意义和价值。只有关联公共生活的宗教自由，才是完全而真正的宗教自由。如果使宗教信仰囿限于个人生活或私人生活的狭小世界，就只能是片面和虚假的宗教自由，只能是经过"删节"或"缩减"的宗教自由。而"删节"或"缩减"版的宗教自由，则不过是变相的权利限制与侵犯，是对宗教自由的某种损害和践踏，是经过改头换面的宗教不自由。这就意味着，如果个人信仰不能自由地关联和表现于公共生活中，不能自由地存在和行使于公共生活中，那么宗教自由这一权利就没有得到尊重和保证。而没有尊重和保证宗教自由的社会，则不能称为自由民主的社会。

第一节 "美国宗教经验"的试验主旨及革命意义

"美国宗教经验"的种种"试验"指称

探索和实践宗教自由的"美国个案"(the American case)，或者"美国经验"(The American experience)，又称为"美国试验"(the American experiment)。这种以试验为主旨的"美国宗教经验"，在美国历史上属于核心实践，在世界历史上属于独一无二的探索。试验主旨构成了"美国宗教经验"的最突出特征。

在殖民地先驱中，罗杰·威廉斯把自己推进的宗教自由探索称为"一种活生生的试验"。威廉·佩恩将自己殖民地试行的宗教自由称作"神圣的试验"。在共和国创立前后，富兰克林将那个时代称为"试验的时代"。1789年4月30日，乔治·华盛顿在首次当选美国总统的就职演说中，就热切祈求那统治全宇宙的至高全能者保佑、看顾美国人民正在进行的"试验"。

> 因为自由圣火的留存，以及共和政府模式的命运，可以被看作"深深地"，也许"最终地"，维系于托付给美国人民的那种试验之上。[1]

---

1 Cited from *The Sacred Rights of Conscience*. p. 447. (*The Writings of George Washington, from the Original Manuscript Sources, 1745-1799*, ed. J. C. Fitzpatrick, GPO, 1939, 30: 291-296.)

托马斯·杰斐逊将美国人民在宗教上的创举称作“公平的试验”。1801 年 3 月 4 日，托马斯·杰斐逊在首次当选总统的就职演说里，也同样提到了美国组建的政府与实行的政治模式是一项成功的“试验”。虽然有人怀疑一个共和政府是否能够强壮持久，但杰斐逊对这样一种政治探索的活力保持着充分信心，并将其称作“世界的最佳希望”。[1] 在 19 世纪后期，教会史学家菲利普·沙夫（Philip Schaff，1819—1893 年）将美国的宗教创新看作一项“伟大的试验”。美国当代历史学家马丁·马蒂（Martin E. Marty），更将这种试验精神看作理解整个美国灵性的基本因素，认为这种试验新事物的精神与美国的各项创举有机地融为了一体。

> 在某种意义上，这种活生生的或公平的试验，既是这种性情与努力的产物，又是进一步造就这种特征与成就的母体。[2]

当然，也有人采用其他表述形式来指称美国的宗教自由试验。美国罗马天主教著名思想家耶稣会士约翰·考特尼·默里（John Courtney Murray, S. J.，1904—1967 年）就借鉴亚伯拉罕·林肯总统的说法，将美国的自由民主试验称作“美国命题”（the American proposition）。不论是“美国试验”还是“美国命题”，都需要经历提出、培育、维持、结果和重复上述行为的步骤。在实质上，都是一种人类追求并希望获得某种结果的试验。

亚伯拉罕·林肯著名的“葛底斯堡演说”（1863 年 11 月 19 日），开首一句话亦即这篇演说的主旨，就是：

> 87 年前，开国者们在这个大陆上创立了一个新国家。这个新国家是在自由中孕育的，并奉献给了这一命题，即人人生而平等。(Four score and seven years ago our fathers brought forth upon this continent, a new nation, conceived in liberty, and dedicated to the proposition that all men are created equal.)

---

1 Cited from *The Sacred Rights of Conscience*. p. 450.（*Inaugural Addresses of the Presidents of the United States, from George Washington 1789 to George Bush 1989*, GPO, 1989, 13-17.）

2 Martin E. Marty, *Religion and Republic: The American Circumstance*. Beacon Press, 1987, p. 167.

在“葛底斯堡演说”的结尾，林肯作出了如下断言：

这个国家，在上帝保佑下，将获得自由的新生。这个民有、民治、民享的政府，将与世长存。(That this nation, under God, shall have a new birth of freedom; and that government of the people, by the people, and for the people, shall not perish from the earth.)

林肯此处使用的“命题”这个术语，并不见于《独立宣言》《1787年宪法》或《权利法案》。它是亚伯拉罕·林肯自己选择的术语，以提炼和概括美国这个国家的特定献身事业。美国耶稣会士约翰·默里，则从亚伯拉罕·林肯那里借鉴了这个术语，并在新处境里赋予了它一些更为具体的含义。

约翰·默里挑战了罗马天主教的这一传统教义，即信奉天主教的国家政权应当帮助天主教压制信仰异端与异见。他还结合自己所体会与领悟的美国宗教自由经验，试图将美国宗教自由原则与罗马天主教教义结合在一起。约翰·默里认为，美国民主制与天主教信仰是可以协调相容的。他就民主制下的政教关系，提出了这样一个“美国命题”：

由亚伯拉罕·林肯加以不朽肯定的一个经典美国原则认为，开国者们在这个大陆上创立的这个新国家，奉献给了一个“命题”。我认为，林肯使用这个词语，是有其概念适当性的。在哲学上，一个命题是一种需要证实的真理表述。在数学上，一个命题有时是一种需要完成的运算式。开国者们在这两种意义上，将这个国家奉献给了一个命题。“美国命题”，既是教义性的也是实践性的，既是一个定理，也是一个难题。它是一种肯定，也是一种目的。它表现为一种具有内在一致性的思想结构，并要求理智性的认同。它亦表现为一种具有组织性的政治纲领，并想要获得历史成功。开国者们肯定了它，并最有力地论证了它。他们亦亲身施行了它，并取得了显著成功。[1]

---

1 John Courtney Murray, S.J., *We Hold These Truths: Catholic Reflections on the American Proposition*. Rowman & Littlefield Publishing Group, Inc., 1960, 1988, 2005, p. xi.

值得一提的是，约翰·默里的宗教自由思想，在20世纪50年代以前受到了天主教传统势力的压制。但刚刚摆脱了法西斯极权主义与极端国家主义的西欧所留下的惨痛集体记忆，以及仍然处在苏联极端集体主义与国家主义铁蹄下的东欧所面临的现实威胁，促使一些人包括罗马天主教徒，不得不重新思考既有的政教关系范式，不得不认真考虑处在宗教团体或非宗教团体中的个人尊严与权利。事实上，在世界范围内正在形成这样一种共识，即包括宗教自由在内的人权状况，已经构成了衡量和评判一个政府或组织的普遍标准。就像19世纪的法国人托克维尔欣赏美国民主生活模式那样，20世纪的法国天主教思想家雅克·马里坦（Jacques Maritain，1882—1973年）同样也与美国耶稣会士约翰·默里的观点产生了共鸣。尊重个人本身的尊严，倡导个人按照良心指令来荣耀上帝，在这些开明人士努力下，逐渐成为“梵二会议”的一个重要议题。以专家身份参加“梵二会议”的约翰·默里，在美国代表团的支持下，团结会议上的开明派，譬如马里坦及其追随者，借助两位教宗的开明影响，促使罗马天主教最终接受了所谓的“美国命题”。这也为“美国宗教试验”增添了一种更加广阔和深远的意义。

“美国宗教经验”的试验主义

一般说来，“试验”这个术语是一个具有多种表达形式和多种用途的常用词。“试验”有时被混作“实验”，但两者还是有所区别的。“试验”突出的是试探性质，“实验”着重的是重演或检验。在人文领域多用“试验”，在科学领域多用“实验”。在有些情形下，二者可以通用。在科学研究领域，所谓实验，就是在某种人为和可控的条件下，使某一事物发生或重演的过程。实验通常包括设计、执行和解释三大阶段。就实验过程而言，大致内容包括，根据一定的意图和目的，利用一定的物质手段，人为地创造一定的环境或条件，选取或突出某种要素，主动控制或干预研究对象，以期发现某种现象或结果。实验，可以简化和纯化研究对象。实验，可以强化研究对象：人为地使研究对象处于某种极端状态或情形下。实验，还可以重现或复制某种过程或现象。一种理论、学说或构想，必须经过实验检验，才能判定其效用性和真理性。

与科学实验室里的科学实验不同，人类社会中的宗教自由试验，属于一种人类试验。它是不可控的，没有封闭或无菌的环境，没有完全不受干扰和外部因素影响的条件，没有完全超然或客观中立的参与者，也没有完全掌控一切进程与方向的试验管理员或观察员。人类文明试验，其实就是人类自身精神的探索与成长。与科学实验相比，其在试验的课题、主体、场所、过程、代价与结果等方面，都具有特殊之处。人类试验通常都是人类各种文化或文明在人类自身历史中的推进与展现，所以，这种具有不可掌控性和重复性的试验，都是与人类自身的祸福甘苦密切相关的。人类试验常常都是可遇不可求的，所以也决定了人类已有相关试验的稀缺性和珍贵性。人类试验往往都是同人类文明演进和历史发展本身密切结合在一起的，所以也具有了无可比拟的重要性。

从这个意义上讲，美国的宗教自由试验，是人类文明史上一项全新和大胆的试验。不论试验成败与否，不论试验结果如何，单单就这项试验本身来说，就具有无上的价值，因为这样一种由无数公民或个体大规模参与其中，并以自己的智慧、努力与艰辛完成的试验，在人类文明史上具有不可替代和无可比拟的重要作用。事实上，任何个人或团体，不论是某些精英还是某些政党，都不可能在这种意义上鼓动或发起这样一种涉及人类自身并由人类自身承担的自由试验。在这种自由试验里，人民既是试验的客体也是试验的主体，是试验的发起者也是试验的承载者，是试验的内容也是试验的结果。这种试验是整个人类文明进程中，一种可遇而不可求的弥足珍贵的财富与遗产。

当代美国教会史学家马丁·马蒂，把美国这种试验主义看作所谓“美国传统”的一个重要特征，是美国灵性经验的一个基本要素和统一性主旨。马丁·马蒂指出，美国传统的这种试验精神并非纯粹出于实用考虑，而是在上帝总会赋予新事物的意识下，遵循某些原则与前提，赋予了计划与方案一种可延展性和开放性，赋予了事物一种试探、检验与改变的余地。就宗教信仰而言，美国人总是乐意试验一些“新宗教或新信仰”。当然，这些试验并非任意或随意性的试验，而是以圣经和上帝之道为蓝本，在聆听上帝旨意的前提下，面对新处境、新历史，所作的试探、检验与修正。正是这种试验精神，促使他们在教会运作上发明了独有的宗派体系与自愿模式，从而为宗教自由赋予了崭新的含义。对此，马丁·马蒂总结道：

> 针对A计划以及命定或凝固性，美国人提出了B计划、自由与流动

性——试验。我们的历史已经具有了如下特征：各种积极的与消极的试验，以及各种创新、修订与颠覆——我们对它们所感知的一切，就是一种连续性，并构成了一种传统。我们的基本经验，就是我们自己在宗教上的革命——宗教自由、政教分离以及自愿主义这些活生生与公平的试验。而随后的那些试验，大都是这个基本步骤与转换的推论。[1]

“美国宗教试验”的特征与意义

最初，那些早期移民在北美新大陆开垦的种植园里，不仅有农作物的幼苗，而且还有良心自由的种子。在那里出现了各种“宗教种植园”：人们在那里开垦荒地，撒播种子，除草浇水，收获成果。各种各样的实践、学说、立场、尝试与创新，在“旧世界”里没有生存的政治与社会空间，但在北美却获得了没有限制的自由生长。形形色色的异象（vision）与信仰，在这里可以随心所欲地叫卖兜售或付诸实践。真理与谎言，麦子与稗子，先知与骗子，都在竭力为自己争取生长的空间和养分。

就人的内心世界和精神领域而言，就像是一个并不为人所知晓和明了的“蛮荒”地界，就像殖民者刚刚踏上的这个充满神秘与未知的“新大陆”，里面包含、隐藏着万千条错综复杂的路径、沟壑、溪流、洞穴，其中既有风光旖旎的奇妙仙境，也有暗藏危险与祸害的杀身之地，既有收获丰盛的良田与沃土，也有荒凉与干涸的贫瘠之地。有人的信仰追求结下了累累硕果，有人的宗教探索则坠入了旁门左道。在历尽千难万险之后，有人获得了“新生命”，有人只是白白送掉了“旧性命”。那是一个探索与探险的时代，那是一个企图试验一切，并推进一切试验的时代。

许多早期欧洲移民，都将这个“新大陆”或者“新世界”看作逃避宗教迫害的避难所。在这里，他们可以摆脱一切限制与禁锢，按照自己的意图与方式，来进行他们的精神探索。在这里，他们可以享受到他们先前奢望而不可得的良心自由与信仰宽容。也正是良心自由的前景，才吸引了“旧世界”的许多人，不惧艰险、跋涉重洋，前来一展身手。

---

1 Martin E. Marty, *Religion and Republic: The American Circumstance*. Beacon Press, 1987, p. 39.

这种张扬的“试验与探索精神”，在移民“新世界”时期是如此，在进入新共和国时期以后，也同样如此。它一直伴随着美国人民时至今日的奋斗历程。这种自由自在的试验与探索精神，抛弃了一切成规与旧习，而使自己暴露在新颖与未知面前。譬如说，在“第二次大觉醒”期间，宗教市场上的竞争，就削弱了正统教会的魅力，放大了反叛者的讯息。圣职人员，连同由他们垄断或主导的学识体系、理论架构、教育机制与职业培训计划，都经受了严峻挑战。[1] 在人民群众自发、自觉与自主性意识的觉醒中，它们原先拥有的权威性迅速衰退了。原先的宗派界限、党派分歧、阶层不同等等，对那些追求自由事物的人，大大剥弱了原有的约束与限制。这一切都使得形形色色的人类试验成为可能，并且粉墨登场了。

所以说，殖民地时期与新共和国时期，凸显了美国的这一醒目特征：“只有一本书的国家”“没有信条只有圣经”和“教会即社会”。譬如说，在19世纪的西部移民狂潮中，许多在原先居住地无法立足或者感觉前景黯淡的人们，怀抱着对财富的向往与贪婪之心，携带着对一切权威与约束的蔑视与反叛之情，源源不断地涌向了西部的蛮荒原野。在那里，人们彼此素昧平生，对家庭情感的看重、对传统的尊崇、对法律的畏惧，对于那些渴望无拘无束的冒险者来说，都已经变得淡薄与脆弱了。个体、家庭、教会与社团，都处在一种流动状态，一切都变得不稳定和不持久了。在这个“新世界”里，他们俨然变成了一些新人，就像刚刚降生到世界的婴儿。一切都是崭新的，一切都是可能的。置身于这样一个开放处境里，无限延展的空间，似乎为他们赢得了无限绵延的“时间”。

对此，当代著名历史学家悉尼·米德（Sidney E. Mead）指出，[2] 北美移民先驱，在开始前往北美时，他们原先所处的那个世界，从公元4世纪君士坦丁时代以后的长达14个世纪里，所采取和熟知的政教关系模式，仍然是某一教会形式与国家政府相结合的方式。欧洲“三十年战争”（1618—1648年）后缔结的《威斯特伐利亚和约》，也只是在整个欧洲范围内正式认可了这一做法，亦即，各个国家和政府可以采取各自的宗教信仰形式，并在各自势力范围内竭力维护

---

1 Cf. Nathan O. Hatch, *The Democratization of American Christianity*. Yale University Press, 1989, p. 67.

2 Cf. Sidney E. Mead, *The Lively Experiment: The Shaping of Christianity in America*. Harper & Row, Publishers, 1963.

宗教信仰的一致性。而那些来自“旧世界”的北美移民，则在一个新空间里，为中断那种历史连续性探索出了一套新经验。他们先是相互容忍和宽容，接着开始接受良心自由是一种内在和自然的权利。相应地，那些在“旧世界”长期遭受歧视与迫害的宗教团体，譬如天主教、浸信会、贵格会、犹太教等等，正是在北美这个“新世界”里，首先获得了存在特权与社会认可，接着其公开崇拜受到了容忍或宽容，最后则在法律上赢得了完全的平等与自由。

对于那些早期移民和拓荒者来说，北美这样一个“新大陆、新世界”，也将他们逐渐塑造成了“新人、新国家”。在那里，巨大的自然与地理空间，以及由此造成的巨大社会空间，使得他们能够体会到一种前所未有的无拘无束的自由感。传统的习俗、惯例、规范与法律的约束，已经松弛或不复存在。传统的齐一性压力，让位给了随心所欲的探索与创新。在这里，按照悉尼·米德的说法，“新世界”的广阔“空间”对处于其中的人们，发挥了在“旧世界”里“时间”所发挥的作用。对于不断迁徙和流动的早期移民来说，自由这个概念，具有一种浓重的空间向度。如果他们发现自己难以承受来自“垂直向度”的社会与政治权威的压力与束缚，他们可以很方便地通过“水平空间”位移来摆脱那些麻烦与制约。罗杰·威廉斯与安妮·哈钦森是如此，约瑟夫·史密斯（1805—1844 年）与莱曼·比彻（1775—1863 年）亦是如此。一切都是迅速和新颖的；他们可以在短暂的时间内，完成原先需要长期演化与发展的过程。总之，这些“新人”在那个“新世界”里，面临着一个“新起点”或“新开端”，并将要踏上一个“新征程”。

一般认为，宗教自由或宗教的自由活动，是美国的一项重大发明和创造，是美国人民对整个世界或对整个人类文明所作的最杰出贡献。而宗教自由则是美国人民探索与试验的结果。所谓的美国试验，当然是一种不完善的试验，却是一种卓有成效的试验。美国试验仍在进行中，最终的答案也许尚未成熟，但阶段性的成就已硕果累累。宗教自由是美国经验取得的辉煌成就，也是美国热衷于向世界人民输出的观念与行为模式，因为在美国人看来，宗教在任何地方都不如在这里更强壮更自由。美国在宗教自由上的试验及其果实，对于其他地方的人民和社会，构成了一种值得借鉴和学习的典范与榜样。

在倡导宗教自由和应对政教关系这一永恒问题上，美国试验普遍接受了有关神圣与世俗或者教会权威与民事权威这种二分法的理论预设。在不同历史发展时期，不同的意识形态资源，再加上不同的社会境遇，促使美国人民为应对政教关系作出了一系列创新性试验，以期探寻和发现一种切实有效的解决方案。美国经验的成功已经证明了：

> 没有宗教信念与实践的一致性，没有政府限制宗教的必要性，政治的统一和稳定也是可能的……政治的统一和稳定，并不一定依赖于对某种宗教信仰的共同分享。[1]

在宗教自由与政教关系问题上，美国试验达成了一种前所未有的新颖独创性。有学者对此总结说：

> 在两个多世纪前，美国通过决定不再维持一种官方确立教会，而开辟了一条新颖而激进的路线。它不仅打断了自己的欧洲根基，而且还脱离了先前的人类经验。一直到那个时候，对大多数人而言——美国是显著例外情形，譬如在罗得岛和宾夕法尼亚——这样一种观念是不可理喻的：一个社会，如果其统治权威不支持和促进一种核心信仰体系，也能维持下去。[2]

第二节　宗教自由在当代美国面临的问题与挑战

对于“现代社会发展必然带来宗教信仰消退”这一假说，美国社会是一个显著的例外和具有说服力的否定者。在经过20世纪中期自由主义与世俗主义等激进文化思潮洗礼后，当代美国社会文化呈现出明显的向传统和保守回归的倾向。宗教信仰，不论是在传统体制意义上，还是在精神与灵性探索上，都表现出强劲的发展活力与趋势。宗教信仰，对于当代美国人来说，依然具有至关重要的意

1　John Courtney Murray, S.J., *We Hold These Truths: Catholic Reflections on the American Proposition*. Rowman & Littlefield Publishing Group, Inc., 1960, 1988, 2005, pp. 81-82.

2　Thomas J. Curry, *Farewell to Christendom: The Future of Church and State in America*. Oxford University Press, 2001, p. 3.

义。传统或新型的宗教信仰，依然是当代绝大多数美国人的心理底蕴、精神家园和信仰归宿，依然是当代美国主流社会文化的价值基础与意义源泉。相应地，在当代美国社会里，面对当代社会现实构成的种种挑战，尊重和保证宗教自由这一弥足珍贵的权利，依然是当代美国人追求的目标和献身的事业。

宗教自由是以自由平等为基础的一项政治原则

自由，特别是宗教自由，在专制国家里当然是无法存在的。从逻辑上讲，自由与专制永远是相互排斥的。在专制国家里，譬如 17 世纪末的英国，在足够开明的前提下，充其量只能有宗教宽容，而不可能有宗教自由。宗教宽容是以默认不平等为前提的，而宗教自由则是以平等为基础的。自由而平等的信仰与良心权利，在一个自由民主社会里，是人人都享有的基本权利，同时也是衡量那个社会是否属于真正自由与民主社会的重要指标。

美国的宗教自由理念，强调的是宗教平等这一前提和基础上的宗教自由。自由是平等的自由（equal liberty），平等是自由的平等。形式逻辑对循环论证赋予了十分消极的地位，认为循环逻辑是一种虚假和无意义的逻辑形式，无助于推进对事物的认识。而辩证逻辑看重螺旋上升式的思维与认知发展进程，强调的是这一思维形式的自我发展过程对于认识结果的提升或推进，以及在不同层次上对事物发生的新理解。但在某些特殊概念的认识上，譬如在宗教自由与宗教平等这两个概念的相互关联问题上，二者并不属于发生了某种“扬弃”过程的螺旋上升式辩证逻辑认识过程，而是属于一种比较规范的循环论证性质的形式逻辑认识过程。但这一循环逻辑过程，对于这两个观念的认识与理解，却是积极的和有意义的。所以，从这个角度上，形式逻辑体系倒是有必要赋予循环论证以一定的积极意义和地位，将循环论证重新纳入形式逻辑的认识体系中。

在这个具体案例中，一方面，两者互为前提和基础。宗教自由当然是宗教平等基础上和前提下的宗教自由，没有宗教的平等性，宗教自由就必然蜕变成限制了某种自由的宗教自由，就是包含了某些宗教不自由的自由，换言之，也就变成了宗教的不自由。同样地，宗教平等当然也是宗教自由基础上与前提下的宗教平等，没有这种自由，就不会出现真实的宗教平等。而另一方面，两者又互为结果与推论。宗教自由的推进与发展，逻辑上必然会促进宗教平等。宗教平等性的概念，在逻辑上又包含着宗教自由这一结果。宗教自由与宗教平等当然不能合并成一个概念，亦即它们并不完全是同一的，而是对不同事物或侧面的强调与观察。但这样一种具有辩证意味的循环论证，无疑增进和深化了人们对这二者之关系的理解与认识，同时也丰富了对这两个密切相关范畴的认识与领悟。

只有在自由与平等基础上，个人的良心或信仰权利才能获得尊重或保证。而在美国社会，宗教自由与平等权利是通过宪法规定加以保证的。但宪法保证的宗教自由具体指涉和意味着什么，又是一个见仁见智的问题。在一个自由民主社会里，站在不同立场上的人，自然会从各自的立场出发对相应的问题作出各自的解读。就宪法的“宗教条款”而言，分离派认为，宪法“确立条款”的限制性规定，意味着宗教信仰与国家行为的适当分离；而迁就派认为，宪法“自由活动条款”的保护性规定，意味着宗教信仰对于公民道德与社会秩序是不可或缺的。分离派指责迁就派在肯定宗教自由活动的同时，还确立了某种宗教；迁就派则指责分离派通过不确立宗教，而确立了非宗教或世俗主义，并否定了宗教的自由活动。面对这一僵局，有学者试图从更为一般性和抽象性的理论角度对这一问题作出反思。

不过，宗教多样性与多元论的持续发展构成了一种持续性社会压力，以要求非宗教性的国家及其政府在政教关系问题上保持一种中立立场。宗教多元化的社会存在，决定了通过立法或行政途径为社会确立一种官方宗教，在北美从来都不是一种现实选项。在北美殖民地存在以前，“政”与“教”也许分别指涉一种单一性的社会存在。但是在北美，单一的教会或教派，从来都无法体现人们不同的宗教生活与诉求。在为新组建的共和国制定宪法时，人们必须要考虑到多样化的宗教生活和信仰形式，而不可能确立一种全国性宗教，以适应这个新创建的联邦制政治实体。

宗教多样性的社会现实，亦决定着宗教自由成为一项社会政治原则。而作为一项政治原则的“宗教自由”，也就必然意味着一种自由而全面的政治对话与互动。在民主处境里，这样一种政治对话，就需要对不同的宗教信念加以公开争论和评价，需要消除“局外者”与“局内者”之间的隔膜与猜忌。政治涉及的是人的行为，宗教亦包括人的宗教行为。人的政治行为与宗教行为的交集或重叠部分，就成为探讨宗教与政治的共同主题。

在当代社会里，政治是人们组织和实施公共生活的一种极其主要的途径和领域。在高度社会化的当今世界里，任何人或团体要想完全游离于政治影响之外都是无从想象的。在这样一个与人们生活息息相关的公共领域中，人们就需要确定一些基本政治原则，来界定和规范人们的政治言行。其中，坚持以自由平等为基础的宗教自由原则，就构成了这样一种政治原则。这就意味着，宗教自由不仅是保证公民信仰与良心权利的基本原则，而且是规范人们参与公共政治生活的一个基本原则。坚持恪守宗教自由，就成为保持政治正确的一个基本参照系。依据宗教信仰对人的宗教活动作出某种限制或者偏袒，就不仅侵犯了宪法保证的基本权利，而且也触犯了当代公共政治生活的一个基本标准或原则。这一点，在当代美国公共生活中，已经成为一项为多数人遵守的政治原则，同时也影响着社会公共生活的属性与特征。

宗教自由包括宗教信仰与宗教行为的自由

当然，在某种意义上，宗教本身就具有一种限制"自由"的属性。宗教信仰者是居于此世但不属于此世的人，是属于此岸与彼岸两个世界里的人。信仰者隶属于的精神世界或神圣世界，其自身对于信仰者来说，就构成了一个有意义的世界，并对信仰者发出了特殊的宗教要求和指令，甚至是具有某种绝对性的宗教要求和指令。这就与此世通过法律体现的要求和指令，形成了一种潜在竞争或抗衡关系。换言之，宗教性必然要求服从一种外在于人自身、外在于人类政府、甚至外在于这个世界的某种神圣规则。宗教信仰为信仰者指出了一种超越或超验的向度。这种超验指涉，对于信仰者来说具有绝对的意义，因为宗教性首先不是自由性而是神圣性和信仰性。

但在宗教中被看作神圣义务的东西，在公民社会的公共生活中，则有可能被看作一种权利。宗教自由是构成自由民主社会基础的一种重要权利。但宗教不可能在人类社会里享有无限制的自由，因为国家及其政府控制着人类的一切活动，而任何人行使自己的宗教自由权利，亦需考虑与社会公共生活的交互性。对于早期美国人来说，尽管政府在自身中整合了诸多强迫力量，但政府并不仅仅是一种强迫力量。政府是一种权威，有一种命令的权力。政府的权威来自法律并受制于法律。而法律则是人民意志的体现与表达。人民当然是由自由个体组成的，而唯有具有美德的人才能够是真正自由的。亦即，自由是一种权利而不是一种权力，是做应当做之事的权利，而不是做愿意做之事的权力。这样理解的宗教自由，就与一个体现人民意志的有限政府，处在了一种积极和谐的关系之中。如若片面理解宗教自由权利，或者曲解滥用政府权威，势必就会破坏这种平衡与和谐。

作为一种基本权利，宗教自由包括宗教信仰与宗教行为两个方面的自由权利。在美国政教关系史上，曾经有人主张将宗教自由限制在宗教信念领域，而不是扩展到宗教行为领域。这无疑是出于对西方世界有关意识与物质或者精神与肉体这一传统二分法的一种歪曲。西方传统思想，包括基督教在内，一直都坚持某种类似于观念与行为的二分法，认为这两者之间存在着某种根本不同之处。但西方传统思想并没有试图完全割裂这二者之间的联系。事实上，不论是西方传统思想还是基督教思想，一直都在强调这两者的有机关联。不仅如此，基督教思想还进一步认为，信仰并不仅仅涉及人的观念，而且也涉及人的行为。在基督教看来，信仰是关乎整个人的生命的，信仰就意味着包括身心在内的整个新生命。所以，任何试图将宗教信仰与行为分离甚至割裂开来的尝试，都是对基督教信仰的某种“删减”与“压缩”，是对基督教信仰的某种不当限制与强迫。真正的宗教自由，必然包括宗教信仰与宗教行为的自由，否则，就是一种徒有虚名的宗教自由。

宗教自由当然包括宗教行为的自由。宗教行为或宗教活动，首先是指履行宗教仪式和宗教崇拜的行为，这些是为宗教信仰所专有的特殊行为，是宗教自由明确需要加以保护的宗教行为。此类宗教行为只要没有危害社会秩序与和平或侵害他人的平等权利，就应当被尊重和保护。具有争议性的是，某些基于宗教信仰，或者作为宗教信仰表达形式的其他公共行为，这既包括宗教行为与非宗教行为相互重叠或交叉的行为，也包括以宗教信仰为“理由”而在公共生活中行使的特定行为。此类宗教行为，大致说来仍然隶属于宪法保证的自由范围之内，是公民在民主社会里的正当权利；只要是在法律许可范围内，就仍属正当行为之列。联邦最高法院近期确立的“牧师例外”原则，就为政府处理兼具宗教性与非宗教性的那些特殊行为，提供了一种极具启发意义的思路与途径。

宗教自由与社会文化同质化的压力

就像异质化一样，同质化是一切事物自身表现出的一种天性和倾向。但这种天性和倾向受到人为调控和影响以后，就有可能表现出不应有的程度和后果。社会文化的同质化对于任何边缘或非主流个人或团体，都构成了一种持续的压力。在思想观念和信仰上的同质化压力，有时还会辅以政治权力的直接或间接影响。当代社会文化里，理性主义以及自然主义的长足发展和极端化趋势，已经使得世俗主义占据了当代社会文化的主导地位。世俗主义的兴起和昌盛，更由于这种世俗文化的同质化要求，对包括基督教在内的一切宗教信仰都构成了严峻挑战。

其实，绝对的同质化或齐一性要求，意味着僵硬逻辑所固有的愚蠢与冷酷。不仅如此，它还意味着以逻辑之名对逻辑本身的破坏，因为它在片面强调一般性固有的逻辑中，忽视了特殊性固有的逻辑。它以一种压倒一切的一般性碾碎了特殊性，以一种涵盖一切的一般性吞并了特殊性。更有甚者，它还蛮横无理强行赋予了特殊性以一种可以导致虚假一致性与连续性的一般性。这样的同质化和一致性，就是为专制披上的另一件“合法合理性”外衣。正是这样一种社会文化同质化的压力，在当今非宗教性政治机制与政府权威获得越来越强势发展的社会里，对本质上属于个人性的宗教信仰及其权利，构成了越来越明显的社会压力，从而使得在当今社会里，保持宗教信仰和维护宗教自由权利也成为一件越来越困难的事情。宗教自由权利，在当代高度体制化与组织化的社会里，呈现出一种前所未有的脆弱状态。

就宗教而言，我们首先应当承认，宗教是特殊的。从字面意义上讲，宗教的特殊性，就在于它的宗教性；宗教的特殊性，就在于它的非世俗性。以一种涵盖一切的同质化或一致性，将宗教与其他事物一视同仁，就是对宗教特殊性的抹杀，就是对宗教少数派的不当强制和压抑。承认宗教的特殊性，就要求宗教能够免予某些普适性规定的要求，因为许多所谓普适性规定，都是某些人一时一地的权力诉求，都并不具有真正的普适性，抑或，都是社会多数派的意志体现，而非社会全体成员在自愿性基础上所一致认同的。宗教是个人的良心，是否能够对个人良心给予足够的尊重和保护，考验着一个社会的集体良心。摧毁了个人良心良知的社会，毫无疑问，就是一个丧失了集体良心与良知的社会。在某种意义上，个人的宗教信仰自由构成了一个社会自由程度与属性的风向标。

信仰私人化发展与严格政教分离原则的偏执

宗教信仰不论被看作低于理性的还是超越理性的，反正都具有非理性的特性。因此，宗教信仰不可能完全成为公众争论的问题，亦不能完全受到公众的客观评估，而归根结蒂只能保持为个人的信念或信仰。换言之，宗教信仰在最基本意义上，只能是个人性的。但是宗教的个人性，并不等于宗教的私人性。宗教私人性与宗教个人性，是完全不可同日而语的。

公共生活与私人生活这两个领域的划分由来已久。而自我的分裂与个体生活的“分区化”发展导致的一个崭新发展趋势，则是将这两个领域严格分离开来，使其成为两个完全隔绝或互不往来的领域。当今美国政府与法院，无疑属于民事政府与民事法院，由它们培育的政治文化与法律文化也同样具有民事的性质。这一性质决定了社会文化的非宗教特征，并要求在公共生活与私人生活之间作出划界或分区，并将宗教信仰尽可能限制在个人生活领域内。将个人性质的宗教信仰带入公共生活，就会被看作是不合时宜的和会引发分裂与冲突的。

就这样，官方确立问题，在某种程度上已经由传统确立的基督教让位给了新近确立的不信仰或世俗主义。当法庭不再满足于仅仅在体制或组织形式上对宗教加以非确立化，而是谋求在社会文化上对宗教信仰加以全面“非确立化”时，它就在不知不觉间完成了对“反宗教”或“非宗教”事物的确立化。物质主义、虚无主义、怀疑主义等意识形态，统统在世俗主义的大旗下获得了“确立”，并从各自阵地对传统宗教信仰进一步形成了压迫与围剿。然而，美国宪法列举和保护的宗教自由，绝不是要在公共领域消除一切宗教因素和事务，绝不是要将宗教信仰完全驱逐出公共生活。但绝对化的政教分离原则，却将宗教信仰变成了纯粹的私人性事务。

就当今的社会发展而言，由形形色色的组织、体制、制度和机制所主宰的当代公共生活，逐渐变成了一种同参与这些生活的个体私人世界并不相干的领域。人们在公共生活领域所实践和追求的价值与目标，同他们在私人领域奉行的原则与目标，变成了两个完全分离的世界。受其影响，基督教信仰也呈现出一种从外在公共生活向内在私人生活转移或者说退却的倾向。许多人将宗教信仰仅仅局限于个体私人生活，而放弃将其运用于社会或社团的公共生活领域。果若此，就有可能出现美国宗教领袖理查德·纽豪斯（Richard J. Neuhaus）所说的那种，因放弃或丧失传统精神信仰与价值，而呈“裸露”状态的“公众广场”局面。[1]这样一来，在社会文化领域中就形成了一种“信仰真空”。但是，“公共广场的这样一种宗教撤离，却是无法维持的，不论是在观念上还是实践上。传统或公认形式的宗教被排除出公共广场，并不意味着公共广场实际上就是赤裸的。这是‘赤裸的公共广场’这一隐喻的另一面。排除了公认的宗教，这个真空就被虚假宗教，或者以其他名义走私进公共空间的宗教所充斥”[2]。

所谓赤裸的公共广场，其实只是一种过渡现象。它渴望被填充并很快就会被填充。各种伪信仰或意识形态可谓环伏四周，只要有丝毫缝隙就会乘虚而入，并僭取主位。诚如帕斯卡尔（Blaise Pascal）所言，“精神自然而然要信仰，意志自然而然要爱慕；从而在缺少真实的对象时，它们就非附着于虚妄不可”[3]。

正是在这样一种背景下，严格的政教分离原则往往成为世俗势力限制和反对宗教信仰融入主流社会文化生活的一种“合情合理”的借口。而与此同时，宗教信仰却无法利用政教分离原则，来抵制世俗权威对神圣权威的干预和干涉，从而构成了只有一方权力在限制和制约另一方权力的片面运作模式。

保护宗教自由，不是要在公共生活中排除宗教与道德内容，不是要在公共生活中取消宗教与道德价值。即使是一贯坚持所谓政教分离原则的宗教团体，譬如美国天主教会和犹太教会，也仍然强调宗教团体与个体应当为公共利益，而在观念与价值的自由市场上宣扬自己的信仰与伦理主张。而美国福音派更是认为，宗教自由是政府与社会有义务提供和保护的一项基本人权，民事政府不应干涉宗教事务，宗教也不应谋求政治权力来推进其信仰与实践。[4]

---

1 Cf. Richard John Neuhaus, *The Naked Public Square: Religion and Democracy in America*, William. B. Eerdmans Publishing Company, 1984.

2 Ibid., 80.

3 ［法］帕斯卡尔：《思想录》，商务印书馆，1985 年中译本，第 40 页。

4 Cf. Kenneth S. Kantzer and Carl F. H. Henry ed., *Evangelical Affirmations*. Zondervan Publishing House, 1990, p. 36.

一般地，政府或民事行政当局不能利用宗教来推进自己的政治事业和社会目的，因为那是对宗教的亵渎与滥用；而宗教却可以在合理合法的前提下，通过正当途径，利用政治方案或社会事业来推进自己的宗教信仰，因为那是信仰者与不信仰者平等享有的政治与民事权利。就个人宗教信仰而言，美国宪法禁止以宗教宣誓为担任公职的必要条件，所以，任何候选人的宗教信仰，都不会使其丧失在美国担任任何公职的资格。不仅如此，宗教团体和领袖可以宣传他们认为正确的国家与政治路线及方针，可以劝说他人接受自己的政治观点，可以支持符合自己立场的法律法规，因为这是所有公民享有的政治权利与义务。任何人的宗教信守与信念，都不会使其丧失每个公民都拥有的那些权利与义务，当然也不会使其免予每个公民在公共生活中应当受到的限制与规范。

"个人的"宗教信念与"公共的"政治生活

所谓宗教在"公共广场"（the public square）中的地位问题，也就是宗教信念（religious conviction）在政治对话中的地位问题。在一个自由与民主社会里，个人宗教与公共政治之间如何达致和谐，政教之间如何取得一种适当的平衡，是人们不得不严肃面对的问题。按照自由主义者约翰·罗尔斯（John Rawls）的说法，这个问题就是，民主社会的政治正义为自由而平等公民的社会合作提供了基本法则。[1]那么，宗教信仰者如何能够成为一个民主社会全心全意的成员呢？那些持有宗教教义的人，其中一些宗教教义基于教会或圣经一类的宗教权威，如何能够同时持有一种合理的政治概念，以支持一种合理的宪政民主政体呢？宗教公民需要以一种他人可以理解与接受的理由，来为自己基于宗教信念的政治抉择与行为提供具有"公共合理性"性质的解释或说明吗？[2]

对于这个问题，一些世俗理性主义者，譬如约翰·罗尔斯和罗伯特·奥迪（Robert Audi），认为社会或政治建立在一种世俗原理基础上，是独立于任何宗教命题或宗教信念的。宗教信念与世俗理性之间，并不存在任何相互重叠的一致性。在这些世俗理性主义者看来，自由社会的公共理性（common reason），要求

---

1 Cf. John Rawls, *Political Liberalism*. Expanded ed. Columbia University Press, 2005, pp. 3-4.

2 Ibid., 458-459.

公民只能用世俗语言来证明自己政治选择的正当性。而宗教信仰的多样性以及彼此的不可理解性，则成为他们要求宗教远离政治的主要借口。这就是说，宗教信念不具有公共正当化的特征，是内在的、私人的和无法争论与验证的，因而应当尽量限制宗教信仰或基于宗教信仰的观念与行为进入社会的公共政治领域，并成为部分公民参与和从事公共生活的前提或依据。

面对当代社会这样一些限制或歧视宗教信仰者的预设，一些比较自由的神学家和思想家，譬如肯特·格里纳沃尔特（Kent Greenawalt）、迈克尔·佩里（Michael J. Perry）、尼古拉斯·沃尔特斯托夫（Nicholas Wolterstorff）和富兰克林·盖姆维尔（Franklin I. Gamwell）等人，则认为一个非宗教性自由主义主导的社会，已经预先判定了宗教理性的不充足性和局限性，并把公共政治生活中使用宗教理性的做法判定为不道德的。因此，这些自由派思想家试图在世俗理性主义者建构的基本框架内另辟蹊径，为宗教公民参与公共生活提供某种理论基础和辩护。他们大都认为，基于宗教信仰的政治主张，具有某种正当性、合理性或合法性。通过各自界定和解说这些相关概念，他们为信仰者参与自由民主社会的公共生活提供了各自的学理论证。在他们的神学与伦理学议程里，通常包含这样一些重要论题：信徒公民有必要抑制使用宗教理性来谈论政治事务吗？在自由民主社会里，要成为一个好公民，宗教就必然不能成为政治抉择的决定因素吗？或者说，一个宗教信徒，为了使人接受自己的政治主张，就必然不能使宗教信念成为自己政治立场的决定性因素吗？

这些主张应在某种程度上保留宗教参与公共事务权利的自由神学家，大都认为宗教信念提供了一种“整体或总体方案”，提供了一种“世界观”。要求公民排他性地依据世俗理由来作出政治抉择，就意味着宗教信仰者必须要放弃他们对世界、人性以及价值的根本信念和总体理解。事实上，任何人在这些根本问题上，依据的都是个人性的信念。而这些个人性的根本信念，即使是非宗教性的，也不必然具备普遍的公共合理性。宗教前提的不当性，并不比非宗教前提的不当性，具有更大或更多的不当性。事实上，宗教理由与非宗教理由，在许多前提与根本性方面，并没有什么实质性差别。

就美国个案而言，民主作为政治社团的一种社会组织形式，是以宗教自由为必要条件的。民主制度与基督教信仰，均要求基督徒将他们的信仰作用于政治生活。“我们人民”（we the people）的主权性和至高性，意味着这个政治社团的所有成员都有权利作出自己的政治声明或主张。包括信仰者与非信仰者的人民，成了终极的政治权威。在这个社团里，宗教信徒就像其他社会成员一样，可以平等地成为终极政治权威的组成者。人民享有主权，或者说主权在民，意味着所有社会成员都可以提出自己的政治主张，都可以平等地享有评判这些政治主张的权利。宗教作为一种文化与信仰系统，为追随者提供了一种总体或整体性的自我理解（comprehensive assessments）。正是这种基本或根本性理解，构成了任何人参与公共生活的基础与起点。

具体说来，就政治主张的派别性、分裂性、主观性、审慎性而论，基于宗教理由的政治主张，并不比基于世俗理由的政治主张，具有更明显的正当性不足，或者具有更多的认识论限制。基于宗教理由的道德判断，即使没有可信而独立的世俗基础，也不会妨碍这种主张的合法性。在一个自由民主社会里，一个宗教公民完全可以使用自己希望使用的正当性，来作出自己的政治选择或行为。而在试图说服其他信仰者或不信仰者接受自己的政治主张时，他是否使用宗教正当性，只是一个策略问题，而不是一种公民伦理要求。总之，自由民主制社会的德性要求，并不排除宗教信仰在政治生活中的作用。当然，以宗教信仰为基础的道德信仰，其本身也需要进行检验与批判。而在公共政治对话与讨证中，检验自己的信仰及道德追求，对于宗教信仰本身亦是很重要的。就此而言，应当使宗教“公共化”（publicize），而不是“私人化”（privatize）。不过，上述这些自由神学家大都主张，基于宗教信仰作出政治抉择时，当事者在运用宗教信仰依据时，应保持某种自我节制，并在面对公众时应当尽量使用非宗教用语来提出和阐述自己的抉择。而且，他们几乎全都不认为，可以仅仅依据宗教理由，来作出政治抉择或行为，尤其是含有强制性的政治抉择或行为。

而一些保守派神学家，譬如克里斯托弗·埃伯利（Christopher J. Eberle）[1]等人，则在宗教立场上持有更激进的见解。许多保守派思想家认为，宗教信仰在公共生活中，不必过于迁就或妥协于世俗主义的前提和背景，而应当更加主动地认识到宗教信仰在公共生活中的不可或缺性和自身的合理合法性。在保守派看来，

---

1 Cf. Christopher J. Eberle, *Religious Conviction in Liberal Politics*. Cambridge University Press, 2002.

部分或完全出于宗教理由作出政治抉择，譬如支持或反对某项法律，甚至包括强制法（coercive law），并没有违背良好公民的社会伦理。实际上，仅仅依据宗教信念作出某种政治抉择，对于一个健全的民主自由社会，还是极其有益和不可或缺的。譬如同性恋婚姻问题。在这一问题上人们并没有什么令人信服的非宗教理由，来认为同性恋行为是不道德和反常的。所以，至少在美国，任何支持用法律等方式反对同性恋婚姻的人，必定都会依据某种宗教原理或信念，来支持他们的这一政治主张。宗教信念成为美国社会反对同性恋婚姻的主要依据和基础。而支持同性恋婚姻的人，则认为仅仅依据宗教理由提出的政治反对，构成了自由民主社会里的一种政治不当。但具有反讽意味的是，支持同性恋婚姻的人所依据的基本理由，也同样来自某种部分性和信仰性的非规范性或非理性理解。

当然，在这些公共问题上，人们出于争取支持的策略，可以寻求令人信服的非宗教性理由，但如果没有令人信服的非宗教性理由，仍然可以提出和坚持自己的相关政治主张。政治抉择应当基于良心，其中就包括宗教良心。宗教信念，与那些非宗教信念相比，在道德上，并不更具争议性；在认识上，并不更具不可理解性；在法律上，并不更具不当性。要求一个宗教信徒在政治生活中忽视或违背自己最深刻的信念，否则就将其斥为非理性的固执，这是一种在正当性和合理性名义下的独裁与专制。一个宗教信仰者，假如完全遵从一个社会以世俗主义为背景的公共生活法则，就会导致最终否定上帝和宗教的结局。而一种限制或否定公民宗教信仰权利的公共生活，就是在制造一种新的不平等和不自由，就是在否定一个自由而平等的民主制社会。

总之，上述各种政治伦理或政治哲学学说，通过探求宗教信念与非宗教信念在公共政治生活中的交叉重叠式一致性，或者谋求基于宗教信念的政治行为与抉择所具有的能够为非宗教信仰者所理解的公共可接受性、可检验性或可理解性，而试图为宗教信仰者积极参与自由民主社会的公共生活，提供某种理论基础。但这个问题，应当说主要是一个理论问题，而不是一个实践问题。在理论上的种种限制与不可能性，在实践中已被美国社会的当代政治发展所消解或突破。不顾现实地撇开信仰观与世界观上的根本分歧，为了遵循所谓民主生活的政治伦理，而刻意追求认识论上的相同与契合之处，这种探求也许具有一定的理论意义，但对实践并无太大的影响。这个分支学科在21世纪的日趋式微，也从侧面印证了该议题自身所具有的内在局限性。

在美国现实生活的实践层面上，公民享有宗教自由权利是一种宪法保证的权利。公民不因宗教信仰，而被缩减或影响其民事权利的保证与共识，已确保了宗教信仰者可以像任何公民一样，平等而自由地享有公共生活或政治生活的一切特权。换言之，基于宗教信仰的公民，就像基于任何其他信仰、学说、原则或意识形态的公民一样，在社会的“公共广场”上，享有平等的社会政治权利。宗教公民基于宗教信仰，平等自由地参与公共生活与政治生活，这在美国已经成为一种获得认可的社会现实。

多数派通过“正当手段”实施“专制”的民主陷阱

民主社会里，多数派对少数派实行的“合法专制”，是民主制社会面临的一个重要难题和危险。在民主制下，根据多数派原则，一个社会的多数派就有可能通过“合法途径或正当手段”对少数派实施某种强制或强迫。这样一种由民主社会制造的“专制”，如若用于对人权的侵犯和蚕食，比起专制社会实施的专制，具有更加可憎和邪恶的特性。民主制只是一种政治手段，所处理和应对的也只能是政治事务。而包括宗教自由在内的人权，并不完全属于政治范畴。生硬刻板地把民主制这种政治原则应用于权利问题，就会产生无穷无尽的灾难与邪恶。

托克维尔当年最为担忧和严正警告的，正是在一个自由国家里，通过民主形式，由多数派对少数派实行的统治或专制。他对这种“人民民主专制或专政”的邪恶与不公，作出了发人深省的论述。无论玩弄什么样的名词解释把戏，“专权”或“专政”其实就是“专断”或“专制”（despotism）。作为政治概念，“人民民主专政或专权”，就是“人民”这一多数派，通过少数服从多数等所谓民主原则，对“少数派人民”甚或“非人民”实施的政治专制。在一个民主制社会里，由多数派直接或间接实施的民主专制，也许是民主社会为维护和保持其社会机制与运作，而不得不采取的一种解决问题的切实手段。

但需要时刻注意的是，这样一种政治手段只是一种权宜之计，并在根本意义上是不公正或不正当的，是需要对其加以严格限制与监督的。然而，在当今社会文化或政治生活中，不论是在致力消除异见上，还是在遵循宽容原则上，大多数情形似乎都未能很好区分观念与观念者或异见与异见者，都未能正确校正那些努力与原则应有的对象与目标。一方面，在应当强调宽容原则时，误将宽容的对象当作观念而不是观念的发起者或倡导者。另一方面，在应当致力于消除异见或异议时，却将消除的对象看作异见者而不是异见本身。这种焦点误置或目标错配，在前者那里导致了“乡愿”，在后者那里导致了“专制”。不论何种情形，都是一个民主社会应当竭力避免的政治陷阱。

而且，基本人权，不能依赖多数人的投票表决。基本人权是“天赋的”而“非人赋的”，是先于人类团体和社会组织形式的。后天组成的社会，无权侵犯或剥夺先天的基本人权。美国宪法制定所谓《权利法案》，只是对美国人民已经争取并享有的权利的认可与保证，而不是通过自身权威创造或规定一些权利。美国宪法对权利的认可与保证，其具体途径不是限定什么是人权，而是限制政府自身的权力。防止政府本身对那些基本人权构成某种侵害，构成了美国《权利法案》的宗旨与目标。正是防止这种在根本意义上的不正当手段获得不受约束的自我拓展，才需要明确列举和保证一些基本人权，并将那些基本权利置于政治程序之外。人的基本权利，是不应也不能通过民主制加以决定的。因为人的基本权利是天然具有的，而非社会后天赋予的，所以后天性的社会限制，就是一种应当严加限制的非正常手段。一个民主健全的社会，其实就是一个保证人权得以自由行使与发挥的社会。如果这个民主社会施加的社会限制干扰和侵犯了人权，那么这个社会也就背离了自己形成与存在的初衷，并在不自觉中走上了自我否定与放弃的道路。

民事政府既无权力也无能力处理的宗教事务

一个像美国这样的民主政府，其权力是授予性的，这就决定了政府权力是有限制的；其能力是界定性的，这就决定了政府职能是专属性的。政府的运作和权力的行使，不能超越其权限和职责，否则，就是僭权或滥权。

其实，一个有限权力的政府，并不一定就是一个弱势政府，更不一定就是软弱无力的政府。事实上，通过限制自身权力而保护了人权的政府，由于为人们提供了安全和尊严，而能够从人民那里获得更为积极主动的支持。保证了人权的政府，自身也会从人民那里获得更大程度的认可与支持。政府的权力来自人民的授权。这种授权如果获得良好的界定与限制，就会使民众积极主动地支持和维护这种权威的授予与行使，这就会使这种权威获得维持自身所必要的合理合法性。

就其权限和职责而言，政府没有权力也没有能力，来判定某种宗教或教派究竟是正统的还是异端的、是正确的还是错误的、是真实的还是虚假的、是优等的还是劣等的。宗教是人的信仰与良心问题，它不在民事政府的管辖范围之内。宗教本身不得成为民事政府的立法与管理对象，原因很简单：政府在这个领域，既没有获得必要的授权，又缺乏相应的能力。在体制与组织方面，政教之间的相互依赖，会使政教双方都失去部分的自由，并招致相应的伤害。保持政教之间适当的“分立”而不是“分离”，则有助于政教双方自由权利的保障与健全发展。具体说来，美国联邦政府要想既不僭越权力，又不滥用权力，其总体政府，特别是其司法分支或者法院系统，无权也无力处理的宗教问题或宗教事务，至少包括以下几个方面：

（1）判定某种宗教行为或实践对于宗教信仰的重要性和意义。

（2）甄别或评判某种教义、信条或信仰的真伪、对错或优劣。

（3）处罚宗教异端和执行宗教纪律。

（4）任命或干预任命宗教圣职人员，其中包括宗教领袖、牧师、宣教士或其他宗教专职人员。

（5）干涉或卷入宗教内部事务。

第三节 美国人民经由宪法保证的宗教自由权利

“宗教”在字面直解意义上，意味着一种联系或关联，具体指涉的是人与上帝之间的一种关联。北美殖民地时期以及独立与开国时期的人们，也正是在这种意义上来理解宗教的。譬如，1776 年的《弗吉尼亚权利宣言》，就把宗教看作人对神圣及全能造物主负有的义务，并认为人履行那种神圣义务的方式，只能遵循自己信仰与良心的指令，而不是出于任何外在的强制或逼迫。信仰与良心的作者与主宰，就是造物主与救赎主上帝。上帝创造的人，本质上是自由的，是能够依靠自己的心灵与理性来认识自我启示的上帝，以及上帝创造的世界万物。所以，就其本质而言，宗教是自由的，信仰是自由的，良心也是自由的。可以说，至少在 19 世纪以前的北美人民当中，宗教、信仰与良心这些与安身立命相关的术语与概念，都指涉着人与上帝或神圣的某种关联，都关乎人对万物之源、万物之主的某种使命与义务。它们在很大程度上是相互重叠的，并往往是可以互换的，只不过这些术语各自具有不同的侧重与语境而已。

由上帝创造的心灵是自由的，植根于心灵的人对上帝的宗教信仰也是自由的。自由构成了宗教信仰的本质属性。这就意味着，宗教自由是上帝先天赋予人的一种基本属性与特权。宗教自由，在时间上、逻辑上与优先性上，先于任何人类组织与团体，先于人类后来组建的任何社会与文化形式，先于人类后天通过盟约为了彼此实际利益而组建的政府与政体。人与上帝的神圣盟约，先于和高于人与人之间的社会盟约。人类在形成社会并进入社会生活以后，不但不能损害或侵犯人的那些天赋权利，反而应当尊重和保护属于所有人的那些先天特权，而这也正是社会形式得以组建与存在的理由与目的。从宗教立场上讲，人对造物主上帝的义务与忠诚，先于对任何其他事物的义务与忠诚。任何社会义务或人类权威，都无法据有上帝的神圣义务与权威，也无法折服或逼迫人对上帝的宗教信仰。自由的信仰与良心，是无法为任何外在于上帝的事物所驱使或驯服的。基督教千百年的发展历史已经证明，基督教并不必然需要社会或政府的支持，社会或政府的迫害也绝不能扭曲或摧毁基督教信仰。

早期北美人民普遍认为宗教是极其重要的。在社会里寻求的是生存，在教会里追求的是救赎。宗教关乎人的生命救赎，关乎人的事业追求，关乎人的价值意义与伦理道德。宗教是人的起源、过程与目的，是人安身立命的根本，是人追求永生的源泉，是人生活与意义的基础。宗教对于个人来说当然是至关重要的。但宗教的重要性，并不限于个人层面。在早期北美人民看来，宗教对于一个健全与美德社会来说，同样也是不可或缺的。按照基督教“原子累积式”社会伦理观，好福音造就好公民，好公民造就好社会。作为人们共同精神追求的基督教信仰及其塑造的社会伦理与美德，是一个社会保持秩序与美德必不可少的基础与保障。基督教信仰及其培育的社会道德，是北美这个自由民主社会得以坚实存在与健康发展的先决条件和必要保障。

宗教自由是一项权利。北美人民至少到开国与制宪时期，已经形成了这样一种社会共识，宗教自由是人的一种基本权利，是人权最重要的一个组成部分。宗教自由作为一种神圣与自然权利，是人人生而享有的平等权利，是不可侵犯的、不可剥夺的、不可转让的，是不为任何个人或团体所束缚或限制的。信仰自由构成了心灵自由与精神自由的最本质成分和最突出标志。任何以后天人为方式，通过社会组织方式，利用政治手段与权力，借助强制与暴虐途径，对心灵的束缚，对精神的桎梏，对信仰的钳制，都是反人性的，同时也是反神性的，是人神共怒的丑陋与邪恶。

宗教自由作为一项权利这一观念与原则的普及，在早期北美人民的不懈追求与奋斗中，始终是一个醒目而恒定的主旨。正是通过施加或反抗宗教迫害，推行或收回宗教宽容的反复社会试验与实践，北美人民才逐渐形成了宗教自由的观念与理解。宗教问题，对于早期北美殖民地的创立与发展，一直都是一个重要主题。许多殖民者，正是为了能够自由地按照自己的良心指令来事奉和崇拜上帝，为了逃避"旧世界"的宗教迫害与纷争，才远渡重洋来到了这个"新世界"。清教徒的《五月花公约》，以及约翰·温斯洛普关于"一座建造在山上的城"的著名布道，就生动地表明了这一点。这些殖民者通过自身经验和所感受的种种正面或反面教训，逐渐认识到，通过强制与逼迫方式来解决信仰与良心问题，除了制造血泪与邪恶，最终仍是归于无效的。宗教迫害，从根本上无助于解决宗教不和与分歧。通过神圣或世俗强制权力所达致的宗教一致性，只能是表面而暂时的一致性，只能是自我欺骗并终将导致自我否定的一致性，只能是不在他人墓地就在自己墓地寻得的一致性。

历史教训与现实经验，迫使人们不得不容忍甚或宽容那些异见者。这样就在对待不同信仰者的传统做法之外，开辟了另一种途径，来处理信仰异见者问题。面对不同信仰者百折不挠的抗争，面对宗教多元局面的稳步推进，面对任何人包括自己，都有可能在不同时期或不同地区被看作信仰异见者的现实可能，采用消极或积极方式，来容忍或宽容持有不同宗教信仰的人，就逐渐成为早期北美人民对待不同信仰者时所采纳的立场。宗教宽容方针，是从宗教迫害立场向前迈出的一大步。当宗教不和与分歧得到缓和以后，宗教多元化现实就获得了认可与发展。当宗教信仰一致性不再是亟须实现的首要目标以后，对不同宗教信仰及其信徒的容忍与接受，就成为一种明智的社会选择与政治选择。在信仰上，绝不认同那些不同的信仰，在社会里，却可以容忍那些不同信仰者的社会存在，这就是一种宽容。宗教宽容，在基督教历史上构成了一种革命性发展。而北美人民的宗教经验，则为宗教宽容原则的开拓与推行作出了重要探索与贡献。

宗教宽容是一种进步，但仅有宗教宽容是远远不够的。追求自由与独立的北美人民，迅速将追求宗教宽容的努力推向了追求宗教自由的斗争。自然神论者托马斯·潘恩认为，宽容并不是不宽容的对立面，而是某种经过改造或伪装的不宽容。教会史学家菲利普·沙夫指出，宽容其实意味着一种有节制的专制，意味着一种可以随时收回的让步，意味着对某种或某些确立形式的偏袒。人们越来越普遍地认识到，宗教宽容是在不平等基础上，由某种更高级权威授予的因而也可以收回的一种授权，而不是一种建立在平等基础上的自然权利。由宗教宽容提供的所谓“宗教自由”，其实并不是一种真正的自由，而是有前提、有条件、有限制、有强制、有不自由的“宗教自由”。由追求宗教宽容转变为追求宗教自由，是北美人民在自由斗争史上完成的又一次革命性发展，是基督教历史发展中又一次里程碑式的阶段性质变。

北美各殖民地的独立与自由斗争，极大地推动了北美人的宗教自由事业。到18世纪后期，宗教自由作为一项基本人权，不仅获得了广泛的社会共识，还在各个州普遍获得了法律认可与保护。从弗吉尼亚到卡罗来纳，从马萨诸塞到宾夕法尼亚，各个州纷纷以权利宣言等形式，通过州宪法，对人人平等享有和行使的宗教自由这一权利，进行了正式和具有法律效力的认可与保证。譬如，《弗吉尼亚州权利宣言》承认，所有人都平等地有权按照良心指令享受宗教的自由活动。该州的《宗教自由法案》更指出，在宗教崇拜、事奉与场所等宗教问题上，任何人都不应受到强迫，都不应因为宗教信仰而受到强迫、限制、骚扰，或者在身体或所有物上承受负担，都不应因其宗教观念或信念而承受其他一切损害。譬如，马萨诸塞州宪法规定，任何公民都可以按照自己的良心指令来敬拜上帝，任何人都不应因为宗教问题而在人身、自由或财产上受到伤害、骚扰或限制，只要他没有扰乱公共和平，或妨碍他人的宗教崇拜。再譬如，宾夕法尼亚州宪法亦规定，所有人都拥有一种自然与不可剥夺的权利，以按照自己的良心指令与理解来崇拜全能的上帝。任何人都不应违背自己的自由意愿与认同，被迫参加宗教崇拜，建立或支持崇拜场所，或者维持教牧事奉。任何人都不应因其宗教观点或宗教崇拜形态，而被剥夺或限制作为一个公民的民事权利。任何权威都不应被授予或者攫取任何权力，以在任何情形下或以任何方式，干预或控制在宗教崇拜自由活动中的良心权利。

在那个时候的北美，宗教自由，作为一种观念获得了普及，作为一种权利得到了保障，作为一种原则获得了执行，作为一种价值受到了尊重。以至于1787年，在为新组建的联邦制定宪法时，许多人，包括亚历山大·汉密尔顿和詹姆斯·麦迪逊都认为，联邦宪法没有必要就宗教问题作出任何直接而具体的规定，因为联邦政府作为一种授权性质的民事政府，没有获得任何授权就宗教问题作出任何规定，并从而对宗教自由作出任何消极或积极的影响。换言之，宗教信仰问题，至少在技术层面上，并不在联邦政府的权限范围之内。

不过，1787年联邦新宪法制定出来以后，由于宪法没有包含有关权利的规定，而在全国范围内引发了广泛讨论。鉴于联邦制存在着中央集权这一潜在威胁，鉴于普遍存在着公权力对个人权利予以侵犯这一社会现实，许多人认为，虽然联邦政府在技术层面上，无权就包括宗教自由在内的人权作出干涉，但为防患于未然计，还是应当在宪法这样一种统领性法律文件中，包含对于权利的认可与保证。这样一种观点，最终占据了上风。于是，1789年第一届国会通过修正案这种增补形式为联邦宪法增添了一部《权利法案》。更具体地，就是宪法"第一修正案"，通过所谓的"宗教条款"，认可和保证了美国人民通过长期奋斗争取到的宗教自由权利。

就这样，经由"第一修正案"，美国联邦宪法与宗教自由发生了"有些怪异的"关联。宪法"第一修正案"并没有从正面界定和规范宗教自由，亦没有对宗教事务或组织作出任何要求和规定，因为那超越了联邦政府的权限范围。联邦宪法只是以"某种独特方式"认可和保证了美国人民争取并享有的宗教自由。从宏观上讲，就是通过宪法权威肯定了宗教自由就像言论出版等自由一样，是一项人人应当享有的权利，是一项不容侵犯的天赋人权。宗教自由，既然是一项基本人权，就不是源自任何统治者或政府的授予，而是一种人人自然具有的利益；既然是一项基本人权，就应当享有人权应有的尊严与保证，而不能受到无辜的限制与扭曲；既然是一项基本人权，就不应依赖于任何所谓"正当的"政治程序，就不应通过某种"公权力"，来对其进行蚕食和侵犯。在某种意义上，这是最为重要的一点，但也是经常为人们所忽视的一点。

更进一步讲，要切实保证宗教自由这一基本人权，联邦宪法的做法是，限制联邦政府的权力。“第一修正案”“宗教条款”没有限制宗教，也没有限制宗教与政府这双方，而仅仅是限制了政府这一方。从宪法文本字面上看，宪法限制的对象是“国会”，因为在制宪者看来，在政府权力的三个分支中，作为立法分支的国会，是最为强势和根本性的权力分支，通过约束立法机构的作为，就能够有效约束行政分支和司法分支的政府行为。制宪者这一见解，在当时无疑具有其正当性。至于后来，行政分支在管辖权限上的扩张和司法分支对司法审查权的攫取，尚不在那些制宪者的考虑范围内。所以，宪法“第一修正案”对权利的保证，所限制的主体或对象就是国会，以及由国会制约的整个联邦政府。

而宪法之所以通过限制政府行为来保证宗教自由，则是出于对公权力与个人权利之关系的考虑。宗教自由作为权利主要是一种个人权利，而政府则拥有一种公权力。政府行为通过公权力，有可能采用某种“合法”形式，以这种或那种形式，对包括宗教自由在内的个人权利造成某种实质性侵犯或损害。至于私权对私权的侵害，或者私权对公权的侵害，其侵害行为本身，很难像公权行为那样获得合法性，而易于为人所识辨并受到相应法律的遏制。而宪法对私权免予遭受公权侵害的保证，则在于通过宪法这一根本法或母法，表明政府运用公权对宗教自由这一私权的限制或侵害，即使采取某种“合法”形式，终归也是“不合法的”，即使通过某种“正当”程序而为，终归也是“不正当的”，因为任何行政法规和规章，只要违背了宪法规定，就是“违宪的”“不合法的”或“不正当的”。在这种意义上，宪法对包括宗教自由在内的个人权利的保证，就是要将权利置于那些“合法的”政治程序和政府行为之外，以免使权利遭受那些公权力的侵害。因为政府公权力在本质上就具有一种自我扩张的本能，并往往会依托某种“合理”目标或借口，通过看似“合法”的手段或途径，自觉或不自觉地对个人权利包括宗教自由权利构成间接或直接伤害。这就是制宪者当初增补《权利法案》的主要顾虑和基本出发点。

那么，宪法“第一修正案”为保证宗教自由，而对联邦政府施加了什么样的限制呢？或者说在哪些方面对联邦政府作出了限制呢？“第一修正案”“宗教条款”的条文规定是：“国会不得制定法律以确立某种宗教，或禁止其自由活动。”这就是说宪法“宗教条款”包括两个方面的规定。其中，“确立条款”禁止国会制定法律以确立某种宗教，“自由活动条款”禁止国会制定法律以禁止宗教的自由活动。“确立条款”，基于原宗主国英国国教会的教训，以及北美各殖民地确立宗教或不确立宗教的历史经验，禁止联邦政府对某一或某些宗派或教派，提供确立地位或偏袒待遇，从而使各宗派或教派在联邦政治层面上处于平等与独立地位。“自由活动条款”则禁止联邦政府干涉或阻碍宗教的自由活动，从而在联邦政治层面上肯定了宗教具有自由活动的权利。1789 年《权利法案》的制定者认为，在上述两个方面对联邦政府作出限制，就保证了美国人民作为联邦公民所享有的宗教自由这一基本权利。

宪法“宗教条款”的条文是极其简明的，而且宪法也没有进一步或在其他地方，对所使用的用语及其表达的含义作出更深入、更具体的解释。这就使得“宗教条款”的含义，从一开始就成为人们争议的话题。“自由活动条款”规定，只要没有扰乱公共和平，或妨碍他人平等享有的宗教自由权利，任何人都享有宗教自由活动的权利。一般说来，宗教的自由活动，包括宗教信念或宗教信仰的自由活动，同时也包括宗教行为的自由活动。没有宗教信仰的宗教行为，或者没有宗教行为的宗教信仰，都不可能是完整而健全的宗教信仰，都不可能是真正意义上的宗教信仰。宗教信仰作为一种精神或观念活动，人们对它的自由行使一般并无太大争议。而宗教行为作为一种实际行为，同时也可能隶属于民事政府的管辖范围，人们对扰乱公共和平或妨碍他人宗教崇拜持有不同评判标准，这导致了一些解释与应用上的争执。倾向支持宗教的人，对宗教信仰与宗教行为的自由活动，作出了尽可能宽泛的解释；而倾向限制宗教的人，则作出了相反的努力。

类似的争执，更集中、更激烈地围绕着“确立条款”而展开。倾向以某种方式支持宗教的人，认为“确立条款”只是禁止政府对某种宗派或教派作出偏袒或优惠待遇；而倾向以某种途径限制宗教的人，则认为这个宪法条款禁止政府任何与宗教有关的行为。主要围绕对“确立条款”的不同理解而发生的宪法争论，将美国社会中许多传统和惯例的合宪性问题都牵连进来。从 20 世纪中后期以来，有关此类问题的争执与诉讼，构成了联邦最高法院处理宗教问题案件的核心与主体。总之，这争执不断的双方，围绕宪法“宗教条款”的解释与应用，提出了彼此迥异的理论，形成了各自错综复杂的学说，并由此形成了源远流长的迁就论与分离论之争。

不论是迁就论还是分离论，虽然双方意趣不同甚或相反，均声称自己的理解与解释把握了宪法的原旨与精义，均声称自己的立场能够最好地保护美国人民享有的宗教自由权利，并分别在不同时期或不同处境里占据过上风。而实际上，迁就论也好，分离论也罢，都是从不同立场或视角对宪法“宗教条款”所作的解读与发挥。尽管它们从某些侧面阐明了宪法的某些含义，但它们绝不是宪法规定，也无法取代宪法规定。更重要的是，它们还对宪法相关规定旨在保证的宗教自由权利构成了某种有意或无意的损害。迁就论中包含侵害宗教平等性的潜能，分离论中包含侵害宗教自由活动的潜能。无论是哪一种理论，只要被推向逻辑极端，就会对宪法保证的、同时也是这些理论声称保证的宗教自由，构成一种不当与伤害。譬如，极端分离论在一个时期坚持的政教“分离墙”隐喻及学说，就大有取代宪法条文规定之势。但这种极端立场，不当地为宪法预设了绝对分离的目标，从而在诸多方面形成了对宗教自由的限制与束缚。这就使得旨在保证宗教自由的宪法“宗教条款”，反讽性地变成了对宗教自由的一种束缚与侵害。在实际中，不论是极端分离论，还是极端迁就论，因为将自己的立场推向了极端，也就在不知不觉间走向了自己主张的对立面，从而沦为自己原本倡导和保证的宗教自由的阻碍者与破坏者。

总而言之，在严格意义上，联邦宪法“宗教条款”只是对宗教自由权利的保证，而不是对宗教问题或宗教自由的立法或规定。联邦宪法不可能界定什么是宗教，不可能规定宗教应当如何或不应当如何，因为那些事务属于宗教事务或宗教内部事务。联邦政府作为民事政府，在那些领域，既没有权力也没有能力作出任何评判与规定。联邦宪法“宗教条款”也没有界定什么是宗教自由，没有界定哪些要素或成分、哪些属性或特征构成了宗教自由的主体或内核，因为宗教自由作为一种自由，其本质就具有一种不易被捕捉或把握的特性，它体现了一种不受限制、阻碍或束缚的内在属性，以及一种不受强制、逼迫与惩罚的外在属性，它属于人们自由探索与试验的领域，属于一个开放和具有无限可能的领域，属于一个对神圣启示保持开放与接纳的领域。联邦宪法“宗教条款”没有界定或规范宗教自由，更没有创造或产生宗教自由。它只是通过约束可能的、外在的侵犯者，而保证了所有人享有的宗教自由这一基本人权。可以说，美国人民宗教经验与奋斗的最重要贡献与成就，就是宗教自由。美国联邦宪法“宗教条款”所保证的，就是宗教自由。美国在历史与现实中探索实践的政教关系，其基础、宗旨与核心，就是宗教自由。

第四节 有关美国政教关系的一些总结性简明问答

问：能够说北美殖民地最初是因为宗教动因而创建的吗？

答：不能。但毫无疑问，宗教动因是最初创建北美殖民地的一个重要因素。在有些殖民地创建过程中，宗教甚至还是最重要动因之一，譬如新英格兰各殖民地、宾夕法尼亚和马里兰殖民地。

问：17世纪英国清教徒在北美开辟殖民地是为了实行宗教宽容和自由吗？

答：不是。清教徒移民先驱是为了能够在殖民地按照自己良心指令来崇拜上帝。坚持自己的信仰与崇拜形式，逃避宗教纷争与迫害，是清教徒移民先驱开辟北美殖民地的最初动因。宗教宽容和自由只是后来的发展。

问：早期美国人民是如何看待宗教信仰及其培育道德的社会作用的？

答：人民幸福，社会和平，以及民事政府的良好秩序及维护，必不可少地依赖于虔敬、宗教与道德。基督教信仰具有一种自然倾向，可以矫正道德、抑制邪恶和保持社会和平。

问：美国人民在宗教问题上最重要的贡献和成就是什么？

答：确立了宗教自由原则。

问：美国人民对于宗教自由原则的基本理解是什么？

答：宗教自由是一项基本人权。它是任何人都平等具有的一种自然的、不容侵犯的、不可剥夺的、不可废止的、不可让渡的基本权利。这种基本权利是每个个体作为人的基本权利。它独立于任何人类权威，也不依赖于其他人的意愿或投票表决。

问：早期美国人民是如何根据宗教信仰来为宗教自由这一权利的尊严与地位进行辩护的？

答：至少在18世纪美国主流信仰看来，人人享有宗教自由这一基本权利，对人来说是一种权利，对上帝来说则是一种义务。作为一种神圣义务，它是个人对上帝的崇拜与致敬，并最终将因此而以个人而非集体身份站在上帝审判面前。

问：美国宪法在宗教问题上的核心、宗旨或目标是什么？

答：保证宗教自由。通过限制可能侵犯宗教自由权利的政府权力。

问：美国政教关系模式的起点、核心与目标是什么？

答：保证和实行宗教自由。

问：美国政教关系问题的主要内容是什么？

答：保证和实行宗教自由。保证个人权利，限制社会公权力，是美国社会处理政教关系问题的关键所在。

问：美国宪法对宗教或信仰一方作出了什么限制或规定吗？

答：没有。因为有关宗教问题的实质性权力被保留给了各州和人民，而联邦政府在这一方面没有被授权。而且，联邦政府作为一种民事权威，也没有能力对宗教问题作出任何规定。简言之，联邦政府在宗教事务上，既无权力也无能力。

问：美国宪法规定了什么是宗教自由吗？

答：没有。它只是简单采纳了当时美国人民和各州对宗教自由的一般性理解。但美国宪法认为，保证宗教的自由活动和不确立任何宗教这两点，对于在联邦政治层面上保证宗教自由是不可或缺的。

问：美国人民和各州宪法对宗教自由的基本理解是什么？

答：宗教自由是人在宗教信仰与宗教行为上的，一种无拘束的、自如的、活泼的状态与活动。从肯定角度讲，宗教自由是指人可以自由地按照自己良心指令，采取自己愿意的方式来崇拜至高神圣者，并履行相应的宗教义务。从否定角度讲，宗教自由是指任何人都不应因为自己持有的宗教信念和崇拜方式，而遭受限制、骚扰、拘禁或迫害；任何人都不应因为自己的宗教信仰而在人身、自由或财产上，受到伤害、骚扰或限制；任何人都不应被迫参加、支持任何宗教崇拜与义务；任何人都不应因为自己的宗教信仰，而在社会公共生活中削减或丧失民事特权或资格。这种宗教自由，在一个自由民主社会里，应当尽量从广义或宽泛方面去理解和实施。如果说在此需要明确一个边界，那么就是没有扰乱公共秩序与和平，或妨碍他人平等享有的宗教自由权利。

问：能够把美国政教关系模式概括为“政教分离”或其他原则吗？

答：不能。就严格政教分离来说，这在美国既不是历史也不是现实，既不是宪法规定也不是人民意愿。事实上，不论分离论还是迁就论，不论政教“分离墙”理论还是“非歧视性援助”学说，都是从一个侧面或角度，对美国政教关系的阐释与解读，都需要来自另一侧面或角度的原则与之相平衡。

问：为什么会在一个时期内将“分离墙”隐喻看作政教关系与宪法“宗教条款”的精髓？

答：个别自然神论政治家的倡导；基督教自由派出于限制宗教影响政治的考虑，以及保守派出于限制政治影响宗教的考虑；反罗马天主教的社会文化狂潮；本土排外主义运动的高涨；不信仰者与世俗主义者对宗教的仇视。

问：面对宗教差异与分歧这样一种最深刻的人类分歧，美国经验特别是美国宪法提供的应对方式是什么？

答：实行宗教自由政策。保证了宗教自由权利，宗教的多样性、平等性与自愿性，才能获得健康而充分的发展。

问：在保证权利方面，整个“美国试验”最具天分、最为大胆和最为成功的部分是什么？

答：宪法“第一修正案”“宗教条款”。

问：美国宪法《权利法案》把宗教自由看作第一自由或第一权利是必然的吗？

答：不是，是出于偶然。不过从历史与逻辑上看，宗教自由或良心自由，既可以看作第一自由，也可以看作最后的自由。在自由得到推行时，信仰与良心自由是一切自由的基础与起点；在自由受到限制时，信仰与良心自由是人最后能够保留和恪守的自由。

问：宪法“宗教条款”里为什么要单独包含“确立条款”这一子条款？

答：因为原宗主国英国把圣公会确立为国教会而引发的历史教训，因为北美各殖民地或独立后各州具有各自不同的宗教确立这一现实，因为在制宪时期，北美人民认为政府不确立宗教是保证宗教自由必不可少的因素。

问：“确立条款”对美国宗教发展的最显著和最直接影响是什么？

答：促进了宗教自愿论与宗教多元化发展。由于取消了外部支持与援助，各种宗教或教派必须依据自身吸引力和拓展力来进行自我发展。各种宗教或教派可以独立、平等、自由地追求自己的发展。

问：宪法“宗教条款”里包含的“自由活动条款”这一子条款主要是指哪些方面？

答：主要指宗教信仰与宗教行为两个方面的自由活动。宗教的自由活动是一个宽泛概念，其中包括宗教信仰与崇拜的自由、宗教表现与表达的自由、宗教外拓与宣教的自由、宗教组织与管理的自由，等等。

问：宪法“第一修正案”对宗教作了什么限制吗？

答：没有。宪法“第一修正案”只是对联邦国会或政府作出了限制。

问：美国联邦政府能够对宗教进行立法吗？

答：不能。联邦政府只能对政府行为进行立法，不能对宗教行为立法。因为政府在宗教问题上，既没有权力也没有能力作出这样或那样的肯定性或否定性规定。

问：美国联邦政府可以管理宗教吗?

答：不可以。联邦政府是民事政府，民事政府不具有宗教权威，不具有宗教权威就不能对宗教事务作出评判和规范。宗教信仰者在与其他公民共同遵守普适法律规定的前提下，在宗教事务上应当进行自我管理。

问：美国政府能够评判和规范人的观念吗?

答：不能。正如托马斯·杰斐逊所主张的，政府的权限仅限于人的行为而不是观念。政府对观念进行评判和规范，就是以自己的观念评判和规范他人的观念，而任何人的观念都无权对他人的观念作出评判和规范，任何人的观念都不能成为评判和规范他人观念的标准和原则。

问：美国政府能够评判和规范人的行为吗?

答：对于民事行为，必须依法评判。对于合法的宗教行为，无权无力评判。对于兼具宗教与民事性质的行为，按照“牧师例外”原则进行评判。

问：美国政府或行政当局能够利用宗教，推进民事政策、执行政治任务或实现社会目的吗?

答：不能。因为这对于宗教是亵渎，对于政府是邪恶。

问：宗教能够利用政府的民事、政治或社会方案，推进自己的宗教信仰吗?

答：可以。只要通过正当合法方式，宗教以及宗教者在自由民主社会里，享有同他人平等的公民权利。具有或不具有某种宗教属性，不能成为行使公民权利或享有民事权利的先决条件。

问：联邦最高法院把“第一修正案”保证的自由权利，应用于州政府的法理依据是什么?

答：宪法“第十四修正案”的“正当程序条款”。

问：联邦最高法院解释和实行的吸收合并原则具有充足的法律依据吗？

答：没有。这一原则的实行，反映了20世纪联邦集权与大政府发展的时代影响。

问：在美国联邦宪法语境里，权利（right）和特权（privilege）有什么实质性区别吗？

答：没有。在联邦宪法语境里，权利是主要和常用术语。特权是个不常用和受到忽视的用语，宪法仅在第四条第二款和“第十四修正案”第一款提到过“特权”这一术语。特权所指的也是一种利益或有利条件，与权利相比，更侧重于因某种社会或政治身份而具有的法律利益。

问：联邦最高法院现今对宗教案件的审理存在明确的原则或标准吗？

答：没有。保护宗教自由权利，是法院裁决宗教案件的首要考虑，但并不存在一致性的操作与判定标准。

问：当今联邦最高法院在裁决宗教案件上呈现出什么样的倾向？

答：更加尊重包含宗教因素的美国历史传承与文化惯例；更加尊重宗教信仰的特殊性和珍贵性；更加强调州和地方政府的司法管辖权；在继续遵循已有判例原则的同时，更加注重案件的个体性。

问：美国联邦政府的立法分支与行政分支，如今还能够影响司法分支对宗教案件的判决吗？

答：不能。其中司法分支享有的司法审查权发挥着重要作用。“宗教自由恢复法案”在20世纪90年代的挫败，即是一个例证。

问：解决宗教不和与分歧的权威是什么？

答：是宗教权威或宗教法庭，譬如宗教委员会、宗教组织和宗教会议。民事权威与民事法庭，应当尊重和接受宗教权威与宗教法庭就宗教事务作出的裁决。

问：宪法保证的宗教自治或自主权，具有什么积极的社会意义？

答：宗教团体的自治或自主，在个人权利与国家权力之间构成了一个重要缓冲区。宗教的自治或自主作为宪法“宗教条款”认可与保证的个人领域，构成了一道屏障或盾牌，以保护个体反抗那些压制性的民事法律。

问：所谓“公民宗教”是一种特有的美国宗教形式吗？

答：不是。“公民宗教”是一些学者对美国社会历史某些特有现象的理论概括与指涉。“公民宗教”，其形式是与宗教具有某些类比性的美国主义，其实质是对某些人间事物的偶像崇拜，而并非真正的宗教。美国学术界在 20 世纪 80 年代以后，已经放弃使用这一术语和讨论这一话题了。

问：在一个自由民主社会里，宗教公民与非宗教公民相比，在参与公共生活和政治生活等权利方面，存在什么不同吗？

答：没有。宗教自由保证了宗教公民与非宗教公民具有平等的政治权与民事权。

问：在一个自由民主社会里，将宗教信仰与其他事务一视同仁，是对宗教自由的尊重和保护吗？

答：不是。宗教信仰是特殊的，它的特殊性就在于它的宗教性。将宗教事务与非宗教事务予以无差别对待，只能取得表面的而非实质的公正性。

结　语

19 世纪英国著名历史学家阿克顿勋爵（Lord Acton，1834—1902 年），就权力易于腐败的特性，有一句世人皆知的名言警句。这个警句英文原文为："Power tends to corrupt, and absolute power corrupts absolutely." 在中文里通常翻译为："权力导致腐败，绝对的权力导致绝对的腐败。" 这种实际上存在着严重不当的翻译表述，由于人们不假思索地以讹传讹，而逐渐成为一种广为采纳的中文表述。但推敲起来，这种中文翻译特别是第二句，"绝对的权力导致绝对的腐败"，存在着语法和语意两方面的失误。

在语法方面，这种翻译误解了原文"absolutely"的词性和修饰对象。"absolutely"明显是一个副词而非形容词，所修饰的是动词"to corrupt"，而非名词"corruption"，表示的是"腐败"这个动作，将会绝对而不可避免地发生，表达的是"necessarily"（必然地，不可避免地）或"inevitably"（不可避免地，必然地）的意思。所以，这句话的原意是说，绝对权力本身将会绝对地、必然地、不可避免地走向腐败，而不是说绝对权力将会导致一种最高等级的"腐败"形式，亦即"绝对的腐败"；倘若是后者，其英文表述应为"absolute power tends to absolute corruption"。

错误的翻译表述，必然会引发含混畸变的语意。上述那种不当中文翻译，与其说表述的是绝对权力的必然腐败，不如说它试图在"绝对的权力"与"绝对的腐败"之间建立一种因果关系。但这种因果关联并不必然存在。什么是"绝对的权力"？就是没有与之"相对"的权力，意味着"无条件""无限制""无约束""完全"而"最高"的意思，在政治领域通常见于独裁君主式的专制体制中。什么是"绝对的腐败"？"绝对的腐败"是相对于"相对腐败"而言的，意味着在"绝对的腐败"这种"最腐败"之外，还存在着"腐败"或

“比较腐败”一类的次级可比现象。按照上述不当中文翻译，完全没有限制或制约的“绝对权力”或“专制权力”，必然会导致最高或最大程度的“绝对腐败”。但纵观古今中外的人类历史，我们可以看到，在绝对权力下，在最专制社会里，虽然一定会有暴君或独裁者出现，但在许多情形下也存在某种程度的自我节制。在最专制独裁统治下，并不一定会出现最腐败的社会，因为在这种情形下，社会权力也是有序的并处在严格等级制制衡之下的。而最腐败的社会，往往出现于不存在绝对权力，但相对权力又没有受到有效制衡、有效约束的社会里。在许多情形下，当权力未能高度集中，从而无法获得有序分配和有效辖制时，当有限分散的权力各行其是而又未能得到有效制衡时，其所导致的局面或结果，通常都是最大程度或最高级别的腐败。

鉴于上述那两种考虑，阿克顿勋爵这句名言准确的中文翻译表述应当是：“权力导致腐败，绝对权力绝对导致腐败。”其简洁形式是：“权力导致腐败，绝对权力绝对腐败。”其更简洁的形式是：“权力腐败，绝对权力绝对腐败。”其中，最佳表述形式应为第二种，亦即：“权力导致腐败，绝对权力绝对腐败。”

不论怎样，阿克顿勋爵这句有关权力的名言，一语道出了权力自身固有的性向与特质。权力当然是人的权力。权力的行使，亦掌握在某个或某些人手中。权力的腐败正是源自掌握和行使权力之人的腐败。这就是说，权力是会腐败的，是不可靠的，是不可信赖的。而美国人民对权力根深蒂固的不信任，在更深层面上，是建立在对人性本质腐败这一传统理解基础上的。正是掌握和行使公共权力的人的堕落腐败性，才决定了权力的腐败性。按照基督教信仰，人性本质上是腐败与堕落的；人性就其本能而言，天生就具有为恶而不是为善的倾向；作为个体，人性的堕落使得人只能深陷罪与恶的泥沼，而无力自拔，无从向善；唯有凭借上帝的恩典，通过对基督的信仰，才能在上帝眼里看称为义，并达致与上帝的和解，以及实现自身的救赎。而作为通过社会关系联系在一起的群体，人们组织和实行社会或公共生活的形式与体制，固然无从取得基督教所谓的救赎，更由于在这种社会或公共生活中必然会形成某种高于和强于个体人的公权力，而存在着腐败、堕落与为恶等更大程度的危险。正因为如此，所以必须要对社会或公共生活中的权力，特别是其更具强制性与合法性的民主政府权力，作出限制、约束和制衡。在美国，对政府权力的限制是通过宪法界定和政府分权等方式而实现的。

对此，阿克顿勋爵还有一句权力名言：“自由在于分权，专制在于集权。”

既然“权力导致腐败，绝对权力绝对腐败”，那么腐败的权力直接侵犯与危害的对象，就是个人的权利。腐败的权力就像失去约束或约束不够的猛兽，其撕咬和吞噬的食物，就是个人的权利。两者相比，权力是强制的，权利是自然的；权力是蛮横的，权利是脆弱的；权力是武装的，权利是裸露的；权力是迟钝的，权利是敏感的。在一个自由民主社会里，自由强调的是这个社会里公民的基本权利，民主是组织和实行社会公共生活的基本形式。民主权力侵害自由权利，不但违背了组建民主社会的基本出发点和宗旨，而且也使得那种“民主”成为虚假的民主。在那种情形下，这个自由民主的社会，就既不自由也不民主了，从而蜕变成了一个专制与独裁的社会。

所以说，权力是一种政治强制力，权利是人之为人的基本利益。权力往往具有某种公共性，权利通常具有个体性。具有公共性的权力具有内在扩张性，而不当的权力扩张，是以侵犯权利为途径的；而具有个体性的权利，在社会公共生活中，则具有一种内在的脆弱性。具有某种强制性的公权力，在其运作上往往能够通过某种社会机制和政治程序，为自己的一切行为披上“正当性”或“合理合法性”的外衣；而具有个体性与天然性的个人权利，在社会公共生活中常常是裸露和无助的，并极易成为侵犯与损害的对象。因而，权力应当加以限制，权利应当加以保护。而在像良心与信仰这样一种关乎人的最根本利益方面，在像宗教自由这样一个极其敏感特殊的领域，权力应当加以严格限制，权利应当加以严密保护。这就是所谓“美国经验”或“美国试验”留给世界人民的经验和教训。

参考书目

（一）中文著译文献

李道揆：《美国政府和美国政治》（上、下册），商务印书馆，1999 年第一版。

王希：《原则与妥协：美国宪法的精神与实践》，北京大学出版社，2000 年第一版。

张千帆：《美国联邦宪法》，法律出版社，2011 年第一版。

任东来，胡晓进等：《在宪政舞台上：美国最高法院的历史轨迹》，中国法制出版社，2007 年第一版。

邱小平：《表达自由：美国宪法第一修正案研究》，北京大学出版社，2005 年第一版。

邱小平：《法律的平等保护：美国宪法第十四修正案第一款研究》，北京大学出版社，2005 年第一版。

姜峰：《立宪选择中的自由与权威：联邦党人的政治与宪法思想》，法律出版社，2011 年第一版。

杨明佳：《自由与主权之间：美国制宪辩论的政治逻辑》，中国社会科学出版社，2009 年第一版。

北京大学法学院司法研究中心：《宪法的精神：美国联邦最高法院 200 年经典判例选读》，中国方正出版社，2003 年第一版。

易中天：《费城风云：美国宪法的诞生和我们的反思》，广西师范大学出版社，2008 年第一版。

张训谋：《欧美政教关系研究》，宗教文化出版社，2002 年第一版。

刘澎：《当代美国宗教》（修订版），社会科学文献出版社，2012 年第一版。

段琦：《美国宗教嬗变论》，今日中国出版社，1994 年第一版。

董江阳：《“好消息”里的“更新”》，中国社会科学出版社，2004 年第一版。

程乃胜:《基督教文化与近代西方宪政理念》,法律出版社,2007 年第一版。

董小川:《20 世纪美国宗教与政治》,人民出版社,2002 年第一版。

顾肃:《宗教与政治》,译林出版社,2010 年第一版。

李嘉略主编:《美国联邦最高法院判例(2009—2010 年卷)》,华中科技大学出版社,2012 年第一版。

[美] 杰斐逊:《杰斐逊选集》,朱曾汶译,商务印书馆,2011 年第一版。

[美] 梅利尔·彼得森编辑:《杰斐逊集》(上、下),刘祚昌,邓红风译,生活·读书·新知三联书店,1993 年第一版。

[美] 麦迪逊:《辩论:美国制宪会议记录》(上、下册),尹宣译,辽宁教育出版社,2003 年第一版。

[美] 亚历山大·汉密尔顿,詹姆斯·麦迪逊,约翰·杰伊:《联邦论:美国宪法述评》,尹宣译,译林出版社,2010 年第一版。

[法] 托克维尔:《论美国的民主》(上、下卷),董果良译,商务印书馆,1988 年第一版。

[法] 托克维尔:《政治与友谊:托克维尔书信集》,黄艳红译,上海三联书店,2010 年第一版。

[美] 黛安娜·拉维奇编:《美国读本:感动过一个国家的文字》(上、下),林本椿等译,生活·读书·新知三联书店,1995 年第一版。

[美] 乔治·马斯登:《复兴神学家爱德华兹》(上、下册),董江阳译,中国社会科学出版社,2012 年第一版。

[美] 阿纳斯塔普罗:《美国 1787 年〈宪法〉讲疏》,赵雪纲译,华夏出版社,2012 年第一版。

[美] 约翰·艾兹摩尔:《美国宪法的基督教背景:开国先父的信仰和选择》,李婉玲等译,中央编译出版社,2011 年第一版。

[美] 伯尔曼:《信仰与秩序:法律与宗教的复合》,姚剑波译,中央编译出版社,2011 年第一版。

[美] 小约翰·威特:《宗教与美国宪政经验》,宋华琳译,上海三联书店,2011 年第一版。

[美] 约翰·范泰尔:《良心的自由:从清教徒到美国宪法第一修正案》,张大军

译，贵州大学出版社，2011 年第一版。

［美］约瑟夫・斯托里：《美国宪法评注》，毛国权译，上海三联书店，2006 年第一版。

［美］卡尔威因，帕尔德森：《美国宪法释义》，徐卫东，吴新平译，华夏出版社，1989 年第一版。

［美］杰克・雷克夫：《宪法的原始含义：美国制宪中的政治与理念》，王晔，柏亚琴等译，江苏人民出版社，2008 年第一版。

［美］弗洛伊德・艾尔拉姆斯：《第一修正案辩护记》，王婧，王东亮译，上海三联书店，2007 年第一版。

［美］查尔斯・比尔德等：《伟大的篡权：美国 19、20 世纪之交关于司法审查的讨论》，李松锋译，上海三联书店，2009 年第一版。

［美］杰伊・塞库洛：《美国大法官的法理及信仰》，牛玥等译，中央编译出版社，2011 年第一版。

［美］凯斯・桑斯坦：《就事论事：美国最高法院的司法最低限度主义》，泮伟江，周武译，北京大学出版社，2007 年第一版。

［美］戴维・奥布莱恩：《风暴眼：美国政治中的最高法院》，胡晓进译，上海人民出版社，2010 年第一版。

［美］特伦斯・鲍尔，约翰・波考克等：《概念的变迁与美国宪法》，谈丽译，华东师范大学出版社，2010 年第一版。

［美］查尔斯・比尔德：《共和对话录》，杨日旭译，东方出版社，2008 年第一版。

［美］桑福德・列文森：《美国不民主的宪法》，时飞译，北京大学出版社，2010 年第一版。

［美］杰弗瑞・西格尔等：《美国司法体系中的最高法院》，刘哲玮，杨微波译，北京大学出版社，2011 年第一版。

［美］伯尔曼：《法律与宗教》，梁治平译，中国政法大学出版社，2003 年第一版。

［美］罗伯特・达尔：《美国宪法的民主批判》，佟德志译，东方出版社，2007 年第一版。

［美］阿奇博尔德・考克斯：《法院与宪法》，田雷译，北京大学出版社，2006 年第一版。

［美］斯坦利·库特勒:《最高法院与宪法：美国宪法史上主要判例选读》，朱曾汶，林铮译，商务印书馆，2006 年第一版。

［美］玛丽·莫斯特:《美国建国简史（一）：独立宣言——渴望自由的心声》，刘永艳，宁春辉译，中共党史出版社，2006 年第一版。

［美］玛丽·莫斯特:《美国建国简史（二）：美国宪法——实现良治的基础》，刘永艳，宁春辉译，中共党史出版社，2006 年第一版。

［美］埃里克·方纳:《给我自由！一部美国的历史》（上、下卷），王希译，商务印书馆，2010 年第一版。

［美］托马斯·潘恩:《潘恩选集》，马清槐等译，商务印书馆，1981 年第一版。

［美］亚伯拉罕·林肯:《林肯选集》，朱曾汶译，商务印书馆，2010 年第一版。

［英］洛克:《论宗教宽容》，吴云贵译，商务印书馆，1982 年第一版。

［美］布莱恩·拉姆等编:《谁来守护公正：美国最高法院大法官访谈录》，何帆译，北京大学出版社，2013 年第一版。

［美］克密特·霍尔主编:《牛津美国法律百科辞典》，林晓云等译，法律出版社，2008 年第一版。

［美］彼得·伦斯特洛姆编:《美国法律辞典》，贺卫方等译，中国政法大学出版社，1998 年第一版。

（二）英文文献

Adams, Arlin M., and Charles J. Emmerich. *A Nation Dedicated to Religious Liberty: The Constitutional Heritage of the Religious Clause*. Philadelphia: University of Pennsylvania Press, 1990.

Adams, David L., & Schurb, Ken, eds. *The Anonymous God: The Church Confronts Civil Religion and American Society*. Concordia Publishing House, 2005.

Adamson, Barry. *Freedom of Religion, the First Amendment, and the Supreme Court: How the Court Flunked History*. Gretna, Louisiana: Pelican Publishing Company, Inc., 2008.

Ahlstrom, Sydney E. *A Religious History of the American People*. Yale University Press, 1972.

Allen, Brooke. *Moral Minority: Our Skeptical Founding Fathers*. Dee, Ivan R. Publisher, 2006.

Alley, Robert S., ed. *James Madison on Religious Liberty*. Buffalo, New York: Prometheus Books, 1985.

Amar, Akhil Reed. *The Bill of Rights: Creation and Reconstruction*. New Haven, Connecticut: Yale University Press, 1998.

Audi, Robert. *Religious Commitment and Secular Reason*. Cambridge University Press, 2000.

——. & Nicholas Wolterstorff. *Religion in the Public Square: The Place of Religious Convictions in Political Debate*. Lanham, Maryland: Rowman & Littlefield Publishers, Inc., 1997.

Bailyn, Bernard. *The Ideological Origins of the American Revolution*. Harvard University Press, 1967.

Becker, Carl. *The Declaration of Independence: A Study in the History of Political Ideas*. New York: Vintage Books, 1958.

Bellah, Robert N. *The Broken Covenant: American Civil Religion in Time of Trial*. 2nd ed., The University of Chicago Press, 1975.

——. & Phillip E. Hammond. *Varieties of Civil Religion*. San Francisco: Harper & Row, Publishers, 1980.

Berg, Thomas C., ed. *The First Amendment: The Free Exercise of Religion Clause*. Amherst, New York: Prometheus Books, 2008.

Berns, Walter. *The First Amendment and the Future of American Democracy*. New York: Basic Books, 1976.

Black, Hugo, Jr. *My Father: A Remembrance*. New York: Random House, 1975.

Bradley, Gerard V. *Church-State Relationships in America*. Westport, Connecticut: Greenwood Press, 1987.

Brant, Irving. *The Bill of Rights: Its Origin and Meaning*. Indianapolis: The Bobbs-Merrill Company, 1965.

Brenner, Lenni. *Jefferson and Madison on the Separation of Church and State*.

Barricade Books, 2004.

Bridenbaugh, Carl. *Mitre and Sceptre: Transatlantic Faiths, Ideas, Personalities and Politics, 1689-1775*. New York: Oxford University Press, 1962.

Buckley, Thomas E., S. J. *Church and State in Revolutionary Virginia, 1776-1787*. Charlottesville, Virginia: University Press of Virginia, 1977.

Carter, Stephen L. *God's Name in Vain: The Wrongs and Rights of Religion in Politics*. New York: Basic Books (a member of the Perseus Books Group), 2000.

——. *The Culture of Disblief: How American Law and Politics Trivialize Religious Devotion*. New York: Basic Books, 1993.

Carwardine, Richard J. *Evangelicals and Politics in Antebellum America*. New Haven, Connectinut: Yale University Press, 1993.

Church, Forrest, ed. *The Separation of Church and State: Writings on a Fundamental Freedom by America's Founders*. Beacon Press, 2004.

Cogan, N., ed. *The Complete Bill of Rights: The Drafts, Debates, Sources, and Origins*. Oxford University Press, 1997.

Colson, Charles W., with Ellen Santilli Vaughn. *The Body: Being Light in the Darkness*. Dallas: Word Publishing, 1992.

——. *God and Government: An Insider's View on the Boundaries between Faith & Politics*, Zondervan, 2007.

Conkle, Daniel O. *Constitutional Law: The Religion Clauses*. New York: Foundation Press (a division of West Group), 2003.

Cord, Robert L. *Separation of Church and State: Historical Fact and Current Fiction*. New York: Lambeth Press, 1982.

Cousins, Norman, ed. *"In God We Trust": The Religious Beliefs and Ideas of the American Founding Fathers*. New York: Harper & Brothers Publishers, 1958.

Craycraft, Kenneth R., Jr. *The American Myth of Religious Freedom*. Dallas, TX: Spence Publishing Company, 1999.

Curry, Thomas J. *The First Freedoms: Church and State in America to the Passage of the First Amendment*. Oxford University Press, 1980.

——. *Farewell to Christendom: The Future of Church and State in America*. Oxford University Press, 2001.

Davis, Derek H. *Original Intent: Chief Justice Rehnquist and the Course of American Church-State Relations*. Buffalo, New York: Prometheus Books, 1991.

——. *Religion and the Continental Congress, 1774-1789: Contributions to Original Intent*. New York: Oxford University Press, 2000.

DePauw, Linda Grant, ed. *Documentary History of the First Federal Congress of the United States of America*. 3 vols. Baltimore: Johns Hopkins University Press, 1971.

Documentary History of the First Federal Congress of the United States of America: March 4, 1789 - March 3, 1791. 17 vols. Various edtitors. Each volume bears a different title and publication data. Baltimore and London: The Johns Hopkins University Press, 1972-2004.

Drakeman, Donald L. *Church, State, and Original Intent*. Cambridge University Press, 2010.

Dreisbach, Daniel L. *Real Threat and Mere Shadow: Religious Liberty and the First Amendment*. Westchester, Illinois: Crossway Books, 1987.

——. ed. *Religion and Politics in the Early Republic: Jasper Adams and the Church-State Debate*. Lexington, Kentucky: The University Press of Kentucky, 1996.

——. *Thomas Jefferson and the Wall of Separation between Church and State*. New York: New York University Press, 2002.

——. & Mark David Hall eds. *The Sacred Rights of Conscience: Selected Readings on Religious Liberty and Church-State Relations in the American Founding*. Indianapolis: Liberty Fund, 2009.

Eastland, Terry, ed. *Religious Liberty in the Supreme Court: The Case that Define the Debate over Church and State*. Washington, D.C.: Ethics and Public Policy Center, 1993.

Eberle, Christopher J. *Religious Conviction in Liberal Politics*. Cambridge University Press, 2002.

Eisgruber, Christopher L., & Lawrence G. Sager. *Religious Freedom and the*

Constitution. Cambridge, Massachusetts: Harvard University Press, 2007.

Estep, William R. *Revolution within the Revolution: The First Amendment in Historical Context, 1612-1789*. Grand Rapids, Michigan: William B. Eerdmans Publishing Company, 1990.

Evans, Bette Novit. *Interpreting the Free Exercise of Religion: The Constitution and American Pluralism*. The University of North Carolina Press, 1997.

Fatton, Robert, Jr., & R. K. Ramazani eds. *Religion, State, and Society: Jefferson's Wall of Separation in Comparative Perspective*. New York: Palgrave Macmillan, 2009.

"FBI Helps Restore Jefferson's Obliterated Draft," *Library of Congress Information Bulletin*, vol. 57, No. 6 (June 1998).

Feldman, Noah. *Divided by God: America's Church-State Problem—And What We should Do about It*. New York: Farrar, Straus and Giroux, 2005.

Feldman, Stephen M. *Please Don't Wish Me a Merry Christmas: A Critical History of the Separation of Church and State*. New York University Press, 1998.

Field, Peter S. *The Crisis of the Standing Order: Clerical Intellectuals and Cultural Authority in Massachusetts, 1780-1833*. Amherst: University of Massachusetts Press, 1998.

Fleet, Elizabeth, ed. "Madison's 'Detached Memoranda,' " in *William and Mary Quarterly* (3rd series, vol. 3, Oct. 1946): 554-62.

Flowers, Ronald B. *That Godless Court? Supreme Court Decisions on Church-State Relationships*. Second Edition, Westminster / John Knox, 2005.

Fraser, James W. *Between Church and State: Religion and Public Education in a Multicultural America*. New York: St. Martin's Press, 1999.

Gales, Joseph, ed. *Annals of the Congress of the United States: The Debates and Proceedings of the Congress of the United States*. 42 vols. From the 1st Sess. (1789) to the 18th Cong., 2nd Sess. (1824). Washington, D. C.: Gales and Seaton, 1834-1856.

Gamwell, Franklin I. *The Meaning of Religious Freedom: Modern Politics and the Democratic Resolution*. Albany: State University of New York Press, 1995.

——. *Politics as a Christian Vocation: Faith and Democracy Today*. Cambridge University Press, 2005.

Gaustad, Edwin S., ed. *A Documentary History of Religion in America*. Grand Rapids, Michigan: William B. Eerdmans Publishing Company, 1982.

——. *Faith of Our Fathers*. San Francisco: Harper & Row, Publishers, 1987.

——. *Sworn on the Altar of God: A Religious Biography of Thomas Jefferson*. Grand Rapids, Michigan: William B. Eerdmans Publishing Company, 1996.

——. *Church and State in America*. Oxford University Press, 1999.

——. *Liberty of Conscience: Roger Williams in America*. Judson Press, 1999.

——. & Leigh E. Schmidt. *The Religious History of America: The Heart of the American Story from Colonial Times to Today*. Revisied ed. HarperCollins Publishers, Inc., 2002.

——. *Proclaim Liberty throughout all the Land: A History of Church and State in America*. Oxford University Press, 2003.

Glenn, Charles Leslie. *The Ambiguous Embrace: Government and Faith-Based Schools and Social Agencies*. Princeton University Press, 2002.

Goldberg, Steven. *Bleached Faith: The Tragic Cost When Religion Is Forced into the Public Square*. Stanford, California: Stanford University Press, 2008.

Gordon, Sarah Barringer. *The Mormon Question: Polygamy and Constitutional Conflict in Nineteenth-Century America*. The University of North Carolina Press, 2002.

Greenawalt, Kent. *Religious Convictions and Political Choice*. New York: Oxford University Press, Inc., 1988.

——. *Private Consciences and Public Reasons*. New York: Oxford University Press, Inc., 1995.

Guinn, David E. *Faith on Trial: Communities of Faith, the First Amendment, and the Theory of Deep Diversity*. Lanham, Maryland: Lexington Books, 2002.

Guliuzza, Frank. *Over the Wall: Protecting Religious Expression in the Public Square*. Albany, New York : State University of New York Press, 2000.

Haiman, Franklyn S. *Religious Expression and the American Constitution*. East Lansing,

Michigan: Michigan State University Press, 2003.

Hall, Timothy L. *Separating Church and State: Roger Williams and Religious Liberty*. University of Illinois Press, 1998.

Hamburger, Philip. *Separation of Church and State*. Cambridge, Massachusetts: Harvard University Press, 2002.

Hamilton, Alexander. "Opinion on the Constitutionality of an Act to Establish a Bank" (1791). Reprint in *Papers of Alexander Hamilton*. ed. Horold C. Syrett. New York: Columbia University Press, 1961.

Hammond, Phillip E. *With Liberty for All: Freedom of Religion in the United States*. Louisville, Kentucky: Westminster John Knox Press, 1998.

——. etc. *Religion on Trial: How Supreme Court Trends Threaten Freedom of Conscience in America*. Walnut Creek, California: Altamira Press, 2004.

Handy, Robert T. *Undermined Establishment: Church-State Relations in America, 1880-1920*. Princeton University Press, 1991.

Harris, Matthew L., & Thomas S. Kidd eds. *The Founding Fathers and the Debate over Religion in Revolutionary America: A History in Documents*. New York: Oxford University Press, 2012.

Hatch, Nathan O. *The Democratization of American Christianity*. Yale University Press, 1989.

Holmes, David L. *The Faiths of the Founding Fathers*. New York: Oxford University Press, 2006.

Howe, Mark DeWolfe. *The Garden and the Wilderness: Religion and Government in American Constitutional History*. University of Chicago Press, 1965.

Hutson, James H. " 'A Wall of Separation': FBI Helps Restore Jefferson's Obliterated Draft." *Library of Congress Information Bulletin* 57, no. 6 (June 1998): 136-139, 163.

——. "Thomas Jefferson's Letter to the Danbury Baptists: A Controversy Rejoined." *William and Mary Quarterly*, 3d ser., 56 (1999): 775-790.

——. *Religion and the Founding of the American Republic*. Washington, D.C. : Library of Congress, 1998.

——. ed. *Religion and the New Republic: Faith in the Founding of America*. Lanham, Maryland: Rowman and Littlefield, 2000.

——. *Church and State in America: The First Two Centuries*. New York: Cambridge University Press, 2008.

Irons, Peter. *God on Trial: Dispatches from America's Religious Battlefields*. New York: Viking (A member of Penguin Group Inc.), 2007.

Ivers, Gregg. *Lowering the Wall: Religion and the Supreme Court in the 1980s*. New York: Anti-Defamation League, 1991.

——. *To Build a Wall: American Jews and the Separation of Church and State*. University of Virginia Press, 1995.

Jefferson, Thomas. *Notes on the State of Virginia*. New York: Harper & Row, Publishers, 1964.

——. *The Papers of Thomas Jefferson*. 33 vols. Princeton University Press, 1950-2006.

Kantzer, Kenneth S., & Carl F. H. Henry, eds. *Evangelical Affirmations*. Zondervan Publishing House, 1990.

Konvitz, Milton R. *Religious Liberty and Conscience: A Constitutional Inquiry*. New York: Viking Press, 1968.

Kowalski, Kathiann M. *Lemon v. Kurtzman and the Separation Of Church and State Debate: Debating Supreme Court Decisions*. Enslow Publishers, 2005.

Kraynak, Robert P. *Christian Faith and Modern Democracy: God and Politics in the Fallen World*. Notre Dame, Indiana: University of Notre Dame Press, 2001.

Kurland, Philip B. *Religion and the Law*. Chicago: The Aldine Press, 1962.

Lambert, Frank. *The Founding Fathers and the Place of Religion in America*. Princeton University Press, 2003.

——. *Religion in American Politics: A Short History*. Princeton University Press, 2008.

Lawson, Edward J. *A Magnificent Catastrophe: The Tumultuous Election of 1800 American's First Presidential Campaign*. New York: Free Press, 2007.

Levy, Leonard W. *Constitutional Opinions: Aspects of the Bill of Rights*. New York:

Oxford University Press, 1986.

——. *The Establishment Clause: Religion and the First Amendment*. 2nd ed., The University of North Carolina Press, 1994.

Madison, James. *Notes of Debates in the Federal Convention of 1787*. ed. Adrienne Koch. Athens: Ohio University Press, 1966.

——. *The Papers of James Madison, Congressional Series*. 17 vols. University of Chicago Press, 1962 to 1977; University Press of Virginia, 1977 to 1991.

McBrien, Richard P. *Caesar's Coin: Religion and Politics in America*. New York: Macmillan Publishing Company, 1987.

McLoughlin, William G. *New England Dissent, 1630-1833: The Baptists and the Separation of Church and State*. 2 vols. Cambridge, Massachusetts: Harvard University Press, 1971.

Marsden, George M. *Religion and American Culture*. Harcourt Brace Jovanoich, Inc., 1990.

Marshall, Paul. *God and the Constitution: Christianity and American Politics*. Lanham, Maryland: Rowman & Littlefield Publishers, Inc., 2002.

Marty, Martin E. *Religion and Republic: The American Circumstance*. Boston, Massachusetts: Beacon Press, 1987.

——. *A Nation of Behavers*. The University of Chicago Press, 1976.

——. *Righteous Empire: The Protestant Experience in America*. New York: The Dial Press, 1970.

Mason, George. *The Papers of George Mason*, 1725-1792. 3 vols. ed. R. A. Rutland. Chapel Hill: University of North Carolina Press, 1970.

Meacham, Jon. *American Gospel: God, the Founding Fathers, and the Making of a Nation*. Random House, Inc., 2006.

Mead, Sidney. *The Lively Experiment: The Shaping of Christianity in America*. New York: Harper & Row, Publishers, 1963.

——. *The Nation with the Soul of a Church*. New York: Harper & Row, Publishers, 1975.

——. *The Old Religion in the Brave New World*. University of California Press, 1977.

Miller, Robert T., and Ronald B. Flowers. *Toward Benevolent Neutrality: Church, State, and the Supreme Court*. Revised ed. Waco, Texas: Markham Press Fund, 1982.

Miller, William Lee. *The First Liberty: America's Foundation in Religious Freedom*. Expanded and updated ed. Washington, D. C.: Georgetown University Press, 2003.

Monsma, Stephen V. *Positive Neutrality: Letting Religious Freedom Ring*. Westport, Connecticut.: Greenwood Press, 1993.

Morgan, Richard E. *The Supreme Court and Religion*. New York: Free Press, 1972.

Murray, Bruce T. *Religious Liberty in America: The First Amendment in Historical and Contemporary Perspective*. Amherst, Massachusetts: University of Massachusetts Press, 2008.

Murray, John Courtney, S.J. *We Hold These Truths: Catholic Reflections on the American Proposition*. Rowman & Littlefield Publishing Group, Inc., 1960, 1988, 2005.

——. *The Problem of Religious Freedom*. Westminster, Maryland: The Newman Press, 1965.

Neuhaus, Richard John. *The Naked Public Square: Religion and Democracy in America*. 2nd ed., Grand Rapids, Michigan: William B. Eerdmans Publishing Company, 1984.

Noll, Mark A. *One Nation Under God? Christian Faith and Political Action in America*. San Francisco: Harper & Row, Publishers, 1988.

——. ed. *Religion & American Politics: From the Colonial Period to the 1980s*. New York: Oxford University Press, Inc., 1990.

Noonan, John Thomas, Jr. *The Lustre of Our Country: The American Experience of Religious Freedom*. University of California Press, 1998.

Novak, Michael. *On the Wings: Humble Faith and Common Sense at the American Founding*. San Francisco, California: Encounter Books, 2002.

Nussbaum, Martha C. *Liberty of Conscience: In Defense of America's Tradition of Religious Equality*. New York: Basic Books, 2008.

Opitz, Edmund A. *Religion: Foundation of the Free Society*. New York: The Foundation for Economic Education, Inc., 1996.

Owen, J. Judd. *Religion & the Demise of Liberal Rationalism: The Foundational Crisis of the Separation of Church and State*. The University of Chicago Press, 2001.

Patrick, John J. & Gerald P. Long eds. *Constitutional Debate on Freedom of Religion: A Documentary History*. Westport, Connecticut: Greenwood Press, 1999.

Perry, Michael J. *Religion in Politics: Constitutional and Moral Perspectives*. Oxford University Press, 1997.

——. *Under God? : Religious Faith and Liberal Democracy*. Cambridge University Press, 2003.

Peters, Richard, ed. *The Public Statutes at Large of the United States of America*. Boston: Charles C. Little & James Brown, 1845.

Pfeffer, Leo. *Church, State and Freedom*. Revised ed. Boston: Beacon Press, 1967.

——. *God, Caesar, and the Constitution: The Court as Referee of Church-State Confrontation*. Boston: Beacon Press, 1975.

——. *Religion, State and the Burger Court*. Buffalo, New York: Prometheus Books, 1984.

Ravitch, Frank S. *Masters of Illusion: The Supreme Court and the Religious Clauses*. New York: New York University Press, 2007.

Rawls, John. *Political Liberalism*. Expanded ed. New York: Columbia University Press, 2005.

Rehnquist, William H. *The Supreme Court: The Way It Was — The Way It Is*. New York: William Morrow, 1987.

Reichley, James. *Religion in American Public Life*. Washington D.C.: Brookings Institution, 1985.

Rushdoony, Rousas John. *Christianity and the State*. Vallecito, California: Ross House Books, 1986.

Sandford, Charles B. *The Religious Life of Thomas Jefferson*. Charlottesville, Virginia: University Press of Virginia, 1984.

Schaeffer, Franky. *A Time for Anger: The Myth of Neutrality*. Westchester, Illinois: Crossway Books, 1982.

Schaff, Philip. *Church and State in the United States: or, The American Idea of Religious Liberty and Its Practical Effects, with Official Documents*. New York: Charles Scribner's Sons, 1888, Nabu reprint.

Sekulow, Jay Alan. *Witnessing their Faith: Religious Influence on Supreme Court Justices and their Opinions*. Lanham, Maryland: Rowman & Littlefield Publishers, Inc., 2006.

Sheffer, Martin S. *God and Caesar: Belief, Worship, and Proselytizing under the First Amendment*. Albany: State University of New York Press, 1999.

Sheldon, Garrett Ward & Daniel L. Dreisbach, eds. *Religion and Political Culture in Jefferson's Virginia*. Lanham, Maryland: Rowman and Littlefield, 2000.

Smith, Craig R. *To Form a More Perfect Union: The Ratification of the Constitution and the Bill of Rights, 1787-1791*. Lanham, Maryland: University Press of America, 1993.

Smith, Steven D. *Foreordained Failure: The Quest for a Constitutional Principle of Religious Freedom*. New York: Oxford University Press, Inc., 1995.

Sorauf, Frank. *The Wall of Separation: The Constitutional Politics of Church and State*. Princeton University Press, 1976.

Stokes, Anson Phelps & Leo Pfeffer. *Church and State in the United States*. Revised one-volume ed. New York: Harper & Row, Publishers, 1964.

Stout, Jeffrey. *Democracy and Tradition*. Princeton University Press, 2004.

Sullivan, Winnifred Fallers. *The Impossibility of Religious Freedom*. Princeton University Press, 2005.

Swomley, John M. *Religious Liberty and the Secular State: The Constitutional Context*. Buffalo, New York: Prometheus Books, 1985.

Thiemann, Ronald F. *Religion in Public Life: A Dilemma for Democracy*. Washington, D. C.: Georgetown University Press, 1996.

Tocqueville, Alexis de. *Democracy in America*. translated, edited, and with an introduction by Harvey C. Mansfield and Delba Winthrop. University of Chicago Press, 2000.

Torchiana, Henry Albert Willem Coenen Van. *Holland, The Birthplace of American Political, Civil and Religious Liberty: An Historical Essay*. Chicago: James H. Rook Company Publishers, 1915, Nabu reprint.

Viteritti, Joseph P. *The Last Freedom: Religions from the Public School to the Public Square*. Princeton University Press, 2007.

Waldman, Steven. *Founding Faith: How Our Founding Fathers Forged a Radical New Approach to Religious Liberty*. Random House Trade Paperback Ed., 2009.

Wampler, Dee. *The Myth of Separation between Church and State*. Winepress Publishing, 2003.

Weber, Paul J., ed. *Equal Separation: Understanding the Religion Clauses of the First Amendment*. Westport, Connecticut: Greenwood Press, 1990.

Weiss, Ann E. *God and Government: The Separation of Church and State*. Houghton Mifflin Company, 1990.

Weithman, Paul J., ed. *Religion and Contemporary Liberalism*. Notre Dame, Indiana: University of Notre Dame Press, 1997.

White, Morton. *The Philosophy of the American Revolution*. New York: Oxford University Press, 1978.

Whitehead, John W. *The Rights of Religious Persons in Public Education*. Wheaton, Illinois: Crossways Books, 1991.

Williams, Roger. *The Complete Writings of Roger Williams*. 7 volumes; ed. Reuben Aldridge Guild. New York: Russell & Russell, 1963.

Wills, Gary. *Inventing America*. Garden City, New York: Doubleday, 1978.

Wilson, John Frederick. *Public Religion in American Culture*. Philadelphia: Temple University Press, 1979.

——. & Donald L. Drakeman eds. *The Church and State in American History: Key Documents, Decisions, and Commentary from the Past Three Centuries*. Third Edition, Westview Press, 2003.

Witte, John, Jr.. *Religion and the American Constitutional Experiment: Essential Rights and Liberties*. 2nd ed., Westview Press, 2005.

Wolfe, Alan. *The Transformation of American Religion: How We Actually Live Our Faith*. New York: Free Press, 2003.

Wood, James E., Jr., ed. *Religion and the State: Essays in Honor of Leo Pfeffer*. Waco, Texas: Baylor University Press, 1985.

——. & Derek Davis eds. *The Role of Religion in the Making of Public Policy*. Waco, Texas: J. M. Dawson Institute of Church-State Studies, 1991.

——. *Church and State in the Modern World: A Critical Assessment and Annotated Bibliography*. Praeger Publishers, 2005.

Wuthnow, Robert. *The Restructuring of American Religion: Society and Faith since World War II*. Princeton University Press, 1988.

——. & John H. Evans eds. *The Quiet Hand of God: Faith-based Activism and the Public Role of Mainline Protestantism*. University of California Press, 2002.

引用案例名称对照表及索引

（一）按字母顺序

（二）按时间顺序

Permoli v. First Municipality of New Orleans, 44 U.S. 589（1845）“珀莫里诉新奥尔良第一区案”

Watson v. Jones, 80 U.S.（13 Wall.）679（1871）“沃森诉琼斯案”

Slaughter House Cases, 83 U.S. 36（1872）“屠宰场案”

Reynolds v. United States, 98 U.S. 145（1878）“雷诺兹诉美国案”

Davis v. Beason, 133 U.S. 333（1890）“戴维斯诉比森案”

Church of the Holy Trinity v. United States, 143 U.S. 457（1892）“神圣三一教会诉美国案”

Bradfield v. Roberts, 175 U.S. 291（1899）“布拉德菲尔德诉罗伯茨案”

Jacobson v. Massachusetts, 197 U.S. 11（1905）“雅各布森诉马萨诸塞案”

Reuben Quick Bear v. Leupp, 210 U.S. 50（1908）“鲁本·奎克·贝尔诉勒普案”

Meyer v. Nebraska, 262 U.S. 390（1923）“迈耶诉内布拉斯加案”

Gitlow v. New York, 268 U.S. 652（1925）“吉特洛诉纽约案”

United States v. Macintosh, 283 U.S. 605（1931）“美国诉麦金托什案”

Lovell v. Griffin, 303 U.S. 444（1938）“洛弗尔诉格里芬案”

Schneider v. Irvington, New Jersey, 308 U.S. 147（1939）“施奈德诉新泽西欧文顿案”

Cantwell v. Connecticut, 310 U.S. 296（1940）“坎特韦尔诉康涅狄格案”

Minersville School District v. Gobitis, 310 U.S. 586（1940）“迈纳斯维尔学区诉戈比蒂斯案”

West Virginia State Board of Education v. Barnette, 319 U.S. 624（1943）“西弗吉尼亚州教育委员会诉巴尼特案”

Girouard v. United States, 328 U.S. 61（1946）“吉罗尔德诉美国案”

Everson v. Board of Education, 330 U.S. 1（1947）“埃弗森诉教育委员会案”

McCollum v. Board of Education, 333 U.S. 203（1948）“麦科勒姆诉教育委员会案”

Zorach v. Clauson, 343 U.S. 306（1952）“佐拉赫诉克劳森案”

Fowler v. Rhode Island, 345 U.S. 67（1953）“福勒诉罗得岛案”

McGowan v. Maryland, 366 U.S. 420（1961）“麦高恩诉马里兰案”

Torcaso v. Watkins, 367 U.S. 488（1961）“托卡索诉沃特金斯案”

Engel v. Vitale, 370 U.S. 421（1962）“恩格尔诉瓦伊塔尔案”

Abington School District v. Schempp, 374 U.S. 203（1963）“阿宾顿学区诉谢普案”

Sherbert v. Verner, 374 U.S. 398（1963）“舍伯特诉弗纳案”

Epperson v. Arkansas, 393 U.S. 97（1968）“埃珀森诉阿肯色案”

Walz v. Tax Commission, 397 U.S. 664（1970）“沃尔兹诉税收委员会案”

Lemon v. Kurtzman (Ⅰ), 403 U.S. 602（1971）“莱蒙诉库尔策曼案（Ⅰ）”

Wisconsin v. Yoder, 406 U.S. 205（1972）“威斯康星诉约德案”

Lemon v. Kurtzman (Ⅱ), 411 U.S. 192（1973）“莱蒙诉库尔策曼案（Ⅱ）”

McDaniel v. Paty, 435 U.S. 618（1978）“麦克丹尼尔诉帕蒂案”

Stone v. Graham, 449 U.S. 39（1980）“斯通诉格雷厄姆案”

Widmar v. Vincent, 454 U.S. 263（1981）“威德马诉文森特案”

Thomas v. Review Board, Indiana Employment Security Division, 450 U.S. 707（1982）“托马斯诉印第安纳就业保障部审查委员会案”

United States v. Lee, 455 U.S. 252（1982）“美国诉李案”

Larson v. Valente, 456 U.S. 228（1982）“拉森诉瓦伦特案”

Bob Jones University v. United States, 461 U.S. 574（1983）“鲍勃·琼斯大学诉美国案”

Mueller v. Allen, 463 U.S. 388（1983）“米勒诉艾伦案”

Marsh v. Chambers, 463 U.S. 783（1983）“马什诉钱伯斯案”

Lynch v. Donnelly, 465 U.S. 668（1984）“林奇诉唐纳利案”

Wallace v. Jaffree, 472 U.S. 38（1985）“华莱士诉贾弗里案”

Aguilar v. Felton, 473 U.S. 402（1985）“阿圭勒诉费尔顿案”

Witters v. Washington Department of Services for the Blind, 474 U.S. 481（1986）“威特斯诉华盛顿州盲人服务部案”

Goldman v. Weinberger, 475 U.S. 503（1986）“戈德曼诉温伯格案”

Bowen v. Roy, 476 U.S. 693（1986）“鲍恩诉罗伊案”

Edwards v. Aguillard, 482 U.S. 578（1987）“爱德华兹诉阿圭勒德案”

Lyng v. Northwest Indian Cemetery Protective Association, 485 U.S. 439（1988）“林诉西北印第安人墓地保护协会案”

Employment Division, Oregon v. Smith (I), 485 U.S. 660（1988）“俄勒冈州就业部诉史密斯案（Ⅰ）”

Frazee v. Illinois Employment Security Dept., 489 U.S. 829（1989）“弗雷齐诉伊利诺伊就业保障部案”

Allegheny County v. Greater Pittsburgh ACLU, 492 U.S. 573（1989）“阿勒格尼县诉美国公民自由联盟案”

Employment Division, Oregon v. Smith (Ⅱ), 494 U.S. 872（1990）“俄勒冈州就业部诉史密斯案（Ⅱ）”

Westside Community Board of Education v. Mergens, 496 U.S. 226（1990）“韦斯特赛德社区教育委员会诉默根斯案”

Lee v. Weisman, 505 U.S. 577（1992）“李诉韦斯曼案”

Church of Lukumi v. City of Hialeah, 508 U.S. 520（1993）“卢库米教会诉海厄利亚市案”

Lamb's Chapel v. Center Moriches Union Free School District, 508 U.S. 384（1993）“羔羊教会诉森特莫里奇斯联合自由学区案”

Zobrest v. Catalina Foothills School District, 509 U.S. 1（1993）“佐布雷斯特诉卡塔利纳富特希尔斯学区案”

Board of Ed. of Kiryas Joel v. Grumet, 512 U.S. 687（1994）“柯雅斯乔尔教育委员会诉格鲁米特案”

Capital Square Review Board v. Pinette, 000 U.S. U10267（1995）“州府广场审查委员会诉派内特案”

Rosenberger v. University of Virginia, 515 U.S. 819（1995）“罗森伯格诉弗吉尼亚大学案”

Agostini v. Felton, 521 U.S. 203（1997）“阿戈斯提尼诉费尔顿案”

City of Boerne v. Flores, 521 U.S. 507（1997）“伯尼市诉弗洛里斯案”

Santa Fe Independent School District v. Doe, 530 U.S. 290（2000）“圣菲独立学区诉多伊案”

Mitchell v. Helms, 530 U.S. 793（2000）“米切尔诉赫尔姆斯案”

Good News Club v. Milford Central School, 533 U.S. 98（2001）“好消息俱乐部诉米尔福德中心学校案”

Zelman v. Simmons-Harris, 536 U.S. 639（2002）“泽尔曼诉西蒙斯－哈里斯案”

Locke v. Davey, 124 S.Ct. 1307（2004）or, 540 U.S. 712（2004）“洛克诉戴维案”

Elk Grove Unified School District v. Newdow, 542 U.S. 1（2004）“埃尔克格罗夫统一学区诉纽道案”

McCreary v. American Civil Liberties Union, 000 U.S. 03-1693（2005）“麦克雷里县诉美国公民自由联盟案”

Gonzales v. O Centro Espirita Beneficiente Uniao do Vegetal, No. 04-1084（2006）“冈萨雷斯诉‘UDV 教会’案”

Hein v. Freedom From Religion Foundation, No. 06-157（2007）“海因诉摆脱宗教基金会案”

Salazar v. Buono, No. 08-472（2010）“萨拉查诉波诺案”

Christian Legal Society v. Martinez, No. 08-1372（2010）“基督教法律学会诉马丁内斯案”

Snyder v. Phelps, No. 09-751（2011）“斯奈德诉费尔普斯案”

Arizona Christian School Tuition Organization v. Winn, No. 09-987（2011）“亚利桑那基督教学校学费组织诉温案”

Hosanna-Tabor Evangelical Lutheran Church and School v. Equal Employment Opportunity Commission, No. 10-553（2012）“和散那－塔博福音派路德宗教会及学校诉就业机会平等委员会案”

术语对照表及索引

说明：本术语对照表的编排设计，适于作为独立部分加以系统浏览，主要是方便读者阅读理解，特别是方便人文学科与法律学科读者，分别熟悉对方领域的基本术语概念。索引主要集中于专有名词与专业术语，而省略了一些出现频率极高的术语譬如“宪法”“宗教”等，以及一些含义过于宽泛而缺乏特定指涉的术语，或者一些与本书内容相关但未出现于正文中的术语。